제정러시아 시기 연해주 이주 한인의 한국어 1

Korean language of Korean immigrants at Russian Far-east during the period of the Russian Empire

Корейский язык корейских иммигрантов на русском Дальнем Востоке в период Российской империи

곽충구

충남 아산에서 태어나 서울대학교 사범대학 국어교육과와 같은 대학 대학원 국어국문학과를 졸업했다(문학 석사, 박사). 한국정신문화연구원(현, 한국학중앙연구원) 어문연구실 방언조사연구원을 거쳐 충북대, 동덕여대, 서강대 교수를 역임했다. 현재 서강대학교 명예교수이다. 3 · 4대 한국방언학회 회장을 지냈고 일석국어학학술상(2018년), 학범 박승빈국어학상(저술 부분, 2020)을 수상했다. 국어음운사, 국어방언학에 관심을 두고 100여 편의 논문을 발표해 왔으며 주로 국어 방언의 음운 및 분화, 동북 및 육진방언, 중앙아시아 고려말에 관한 논문을 썼다. 논문으로 「계합 내에서의 단일화에 의한 어간 재구조화」, 「구개음화 규칙의 발생과 그 확산」, 「현대국어의 모음체계와 그 변화의 방향」, 「중앙아시아 고려말의 역사와 그 언어적 성격」, 「동북방언의 만주퉁구스어와 몽골어 차용어」, 「한자어(방언) 속의 특이 한자음」, 「북부방언의 어제와 오늘」 등이 있다. 저서로는 『함북 육진방언의 음운론』, 『한국 언어 지도집, *Language Atlas of Korea*』(공편), 『방언학 사전』(편집 책임 및 집필), 『두만강 유역의 조선어 방언 사전』, 『중국 이주 한민족의 언어와 생활–중국 길림성』, 『중앙아시아 이주 한민족의 언어와 생활–카자흐스탄 알마티』 등 10여 권이 있다.

서강학술총서

137

제정러시아 시기 연해주 이주 한인의 한국어 1

곽충구 지음

서강대학교출판부

서강학술총서 137

제정러시아 시기 연해주 이주 한인의 한국어 1

초판 1쇄 발행 | 2022년 12월 19일

지 은 이 | 곽충구
발 행 인 | 심종혁
편 집 인 | 주세형
발 행 처 | 서강대학교출판부
등록 번호 | 제2002-000170호

주 소 | 서울특별시 마포구 백범로 35(신수동)
전 화 | (02) 705-8212
팩 스 | (02) 705-8612

ISBN 978-89-7273-381-2 94700
ISBN 978-89-7273-139-9 (세트)

값 35,000원

* '서강학술총서'는 SK SUPEX 기금의 후원으로 제작됩니다.

머리말

19세기 후기 三政의 문란과 연이은 자연재해로 북관의 한인들이 러시아 극동 연해주(Primorskij Kraj)로 이주하기 시작하였다. 한인들은 민족 특유의 성실과 근면으로 연해주의 황무지를 개척하여 새 삶의 터전을 일구었고 국권상실 후에는 항일 독립운동을 전개하기도 하였다. 그러다가 구소련 당국의 강제 이주 정책으로 1937년 중앙아시아로 재이주하는 수난을 겪는다. 이 한인들은 자신을 '고려사람'이라 부르고 그들의 모국어를 '고려말'이라 부른다.

160여 년의 역사를 가진 고려말은 러시아 이주 한인의 민족사와 더불어 변화해 왔고 이제는 소멸 위기에 놓여 있다. 이 고려말의 역사는 다섯 시기로 나누어 볼 수 있다.

제1기는 1863년부터 19세기 말까지의 개척기(또는 전통유지기)로 고국의 전통과 관습을 유지하며 살아가던 시기. 한인공동체 내 지역 변종 간의 수평화가 진행되던 시기다.

제2기는 국권상실을 전후한 때로부터 러시아 혁명 전까지로 애국계몽운동이 전개되던 시기. 신문 잡지가 간행되고 민족학교가 다수 설립되어 내지의 중앙어가 영향을 주기 시작하였다.

제3기는 러시아 혁명과 내전이 끝난 후부터 1937년 강제 이주 전까지의 시기. 사회주의 사상과 혁명화, 농촌 집단화, 고려말 표준화와 교과서 간행 등으로 연해주 한국어 전반에 큰 변화가 초래되었다.

제4기는 강제 이주로부터 1960년대 초까지의 시기. 한국어 교육의 폐지로 한국어는 정체의 늪에 빠지고 지배언어인 러시아어를 본격적으로 습득하는 시기다.

제5기는 1960년대에 들어서서 도시로 이주하는 한인이 증가하면서 한국어는 가정방언(family dialect) 형태로 잔존. 모국어를 점차 상실하는 시기다.

이 책은 제1기로부터 제3기까지의 연해주 한국어를 기술한다. 주로 제정러시아 시기 연해주 한인들의 한국어를 수록한 문헌을 해제하고 그 한국어의 음성전사, 음운, 어휘, 문법적 특징과 그 변화를 기술한다.

집필은 Ⅰ, Ⅱ, Ⅲ부로 나뉘어 이루어졌는데 Ⅰ, Ⅱ부는 권 1에, Ⅲ부는 권 2에 수록하였다. 기술 내용은 아래와 같다.

Ⅰ부(권 1)는 이주 시기와 첫 이주 정착지인 지신허 마을을 살펴본다. 연해주 한국어의 형성 및 변화와 관련된 이주 한인의 역사, 사회 문화적 배경을 이해하기 위한 것이다.

Ⅱ부(권 1)는 이주 한인의 한국어가 수록된 러시아 문헌을 유형별로 나누어 서지적인 검토를 하고 이어 그들 문헌에 실려 있는 한국어를 분석·정리한 다음 그 언어적 특징을 기술하고자 한다. M. Putsillo의 『시편 노한사전』(1874)으로부터 20세기 초까지 간행된 노한 대역사전, 회화서, 교과서, 보고서, 여행기, 신문 기사 등이 기술 대상이 된다. 이들 가

운데 당시 동방학의 중심지 카잔(Kazan')에서 러시아정교선교회의 주도로 간행된 일련의 한국어 관련 문헌은 사료적 가치가 크다. 이들 문헌은 역사언어학과 러시아 영내에 거주하는 소수 이민족의 언어를 조사 · 연구한 전통 하에서 편찬된 것으로 문헌에는 당시 연해주 한인의 한국어가 정밀하게 전사되어 있다. 그러나 러시아어로 되어 있어 접근하기가 쉽지 않다. 이 때문에 Ⅱ부는 각 문헌을 해제하고 한국어 전사 및 수록 한국어의 언어적 특징을 간략히 기술한다.

Ⅲ부(권 2)는 3장으로 구성된다.

1장은 Ⅱ부의 문헌 자료를 통해 제1기에 해당하는 20세기 초까지의 연해주 한국어를 음성과 음운, 어휘, 문법으로 나누어 간략히 기술한다.

2장은 제2기(20세기 초~러시아 혁명)의 한국어를 기술한다. 이 시기에는 이주민이 급증하고 내지의 중앙어가 보급된다. 또 한국어 방언 간의 접촉은 물론 민족어 간의 접촉도 증가한다.

3장은 제3기(1923년~1937년 이주)의 연해주 한국어를 다룬다. 제정러시아가 막을 내리고 사회주의 체제에 돌입하면서 사회주의 사상의 보급, 사회 체제 개편, 교육 기회의 균등과 확대, 선전 선동 매체의 증가로 연해주 한국어는 이때 큰 변화를 겪었을 것으로 생각된다.

Ⅲ부는 Ⅱ부의 문헌 자료를 바탕으로 하므로 내용이 다소 중복될 수 있다.

저자가 이 책에서 중점적으로 다루고자 하는 바는 제정러시아 시기에 간행된 한국어 관련 문헌의 해제와 그들 문헌이 보여 주는 제1기 연해주 한국어의 특징이다. 즉, 제1기에 연해주에서 한인들이 실제 사용하던 한국어만을 대상으로 한다. 따라서 당시 중앙어나 전통적인 서사어를 번영하고 있는 교과서의 한국어 또는 대학에서의 한국어 연구 등은 기술 대상에서 제외한다.

Ⅱ부의 문헌 가운데 최초의 한국어 대역사전인 M. Putsillo(1874)의 『시편 노한사전』과 러시아정교선교회에서 펴낸 『시편 노한소사전』은 일찍이 G.J. Ramstedt가 그의 연구에 이용한 바 있다. 또 『시편 노한사전』은 小倉進平(1931), 최학근(1976), 곽충구(1988)에서 그 서지 및 언어적 특징이 논의된 바 있다. 그러다가 제정러시아의 한국어 문헌에 대한 본격적인 연구는 저자와 Ross King 교수(U.B.C.)에 의해 시작되었다. 저자는 주로 곽충구(1986a, b, 1987)을 필두로 카잔의 러시아정교선교회에서 간행한 한국어 문헌을 해제하고 또 그 자료의 음운면을 연구하여 1991년에 박사학위 논문으로 제출한 바 있다. Ross King(1987)은 구소련권의 한국어 자료(현지조사 및 문헌자료)를 소개하고 그 언어적 특징을 서설적으로 다룬 글이다. 그 후 Ross King 교수는 19세기에 제정러시아에서 간행된 한국어 관련 문헌 자료를 대부분 수습하고 문헌의 서지와 언어적 특징을 논의하여 1991년에 하버드대학의 박사 학위 논문으로 제출한 바 있다.

저자는 가능한 여러 문헌에 수록된 한국어를 전면적으로 다루어 당시 연해주 한인들의 한국어를 체계적으로 밝히고자 한다. 또 민족사의 일부를 좀 더 미시적으로 살펴본다는 측면에서 N.A. Nasekin(1895) 등 러시아인들의 조사 보고서에 보이는 한국어 어휘를 분석 정리하고 그를 통해 당시 한인들의 생활 문화도 들여다보고자 한다. Ⅱ부에서 다룬 문헌 외에 함경도 방언의 고저 악센트가 전사에 반영된 M. Xlynovskii(1904), Kim-Pen-Ok(1904)과 같은 문헌이 더 있으나 수록 한국어가 전형적인 연해주 한국어라 보기 어려워 이 책에서는 다루지 않았다.

Ⅱ부의 문헌은 그 일부가 서울대 도서관에 소장되어 있지만 대부분 외국에 소장되어 있다. 문헌을 제공해 주신 이기문 선생님, 고송무 교수, Ross King 교수께 감사 드린다. N.M. Przheval'skij(1870), N.A. Nasekin(1895) 등 몇몇 문헌은 인터넷을 통해 열람하였다.

Ⅱ부의 문헌에 수록된 한국어 어휘는 모두 한글자모로 재전사하여 목록으로 만들어 두었으나 책의 부피가 두꺼워져 전형적인 연해주 한국어를 정밀전사한 카잔 문헌의 한국어 어휘만을 권 2의【부록 1】(고저 악센트가 표시된 문헌)과【부록 2】(고저 악센트가 표시되지 않은 문헌)으로 나누어 제시하였다.

필자는 약 75년간 연해주에 거주했던 한인들의 한국어를 문헌과 자료를 중심으로 소략하게 기술하였다. 앞으로 더 많은 자료가 발굴되고 또 연구가 심화되기를 기대한다. 그리고 이 연해주 한국어를 계승한 중앙아시아 한인들의 고려말에 대한 연구도 활발하게 이루어지기를 기대한다.

마지막으로 이 책의 집필과 출판이 가능하도록 도움을 주신 서강학술총서 관계자 여러분께 심심한 감사의 말씀을 드린다. 그리고 이 책의 편집을 맡아 수고하신 서강하우 편집팀 여러분들께도 감사 드린다.

2022. 6.
저자 씀.

목 차

지도 및 사진 자료

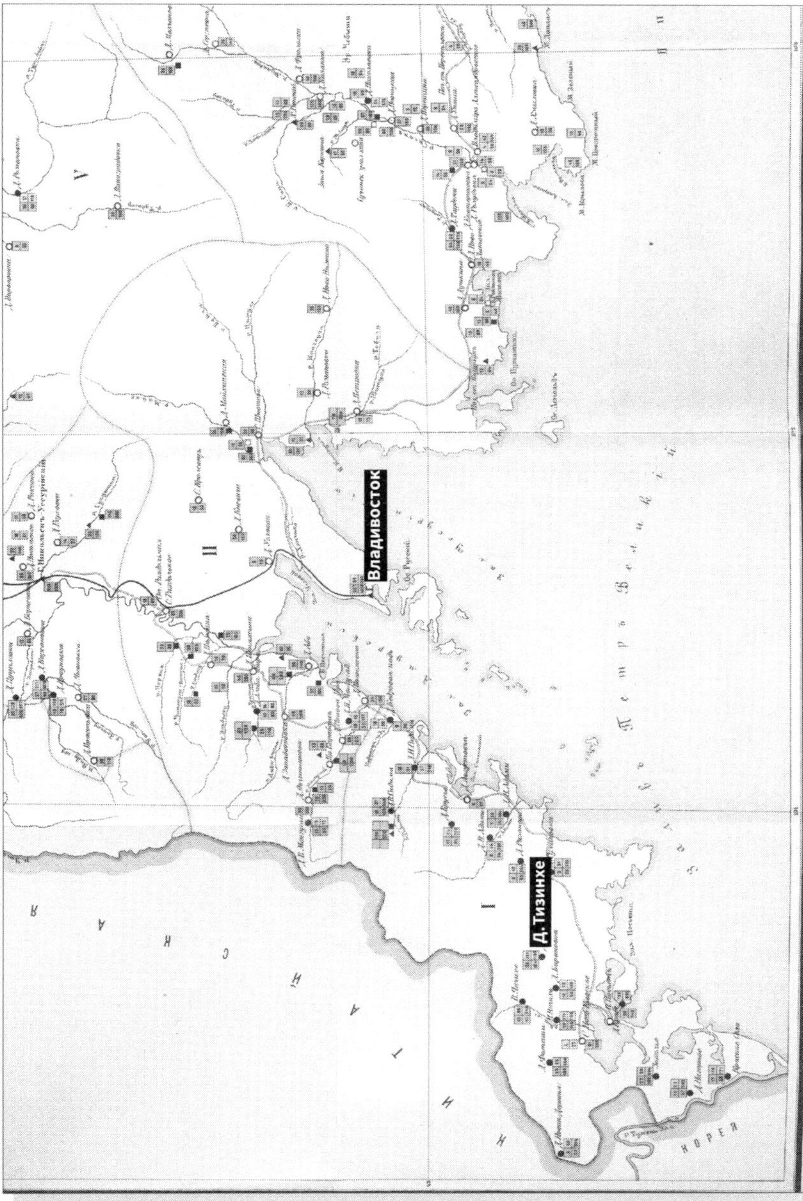

| 지도 1 | 1908년 연해주 한인 거주지 및 인구

ОПЫТЪ

РУССКО-КОРЕЙСКАГО

СЛОВАРЯ.

СОСТАВИЛЪ

М. Пуцилло.

С.-ПЕТЕРБУРГЪ.

ТИПОГРАФІЯ ГОГЕНФЕЛЬДЕНЪ И Ко.

(Вас. Остр., 3 линія, д. № 44).

1874.

| 사진 1 | 푸칠로(M. Putsillo, 1845~1889)

| 사진 2 | 『시편 노한사전』(1874) 속표지

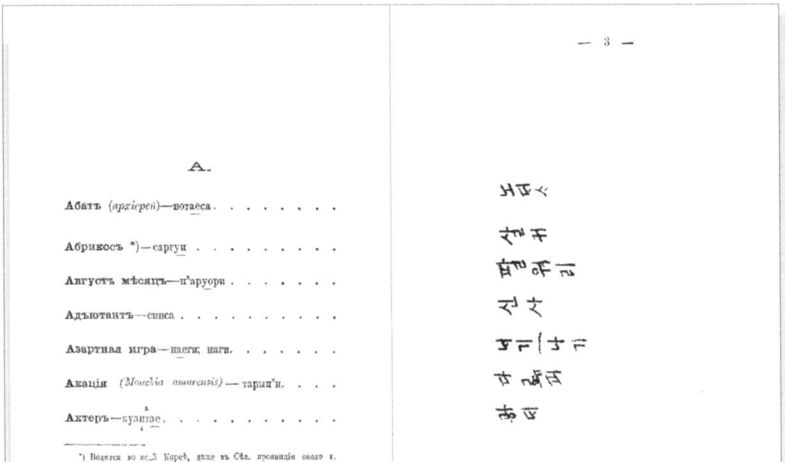

А.

Абатъ (*архіерей*)—потаеса . . . .

Абрикосъ *)—саргуи . . . .

Августъ мѣсяцъ—пʼаруори . . . .

Адъютантъ—синса . . . .

Азартная игра—наеги; наги. . . . . . .

Акація (*Moackia amurensis*)—тарыпʼи. . . .

Актеръ—куантае. . . . .

*) Водятся во всѣй Кореѣ, даже въ Сѣв. провинціи около г. Кыёон-ну.

— 3 —

| 사진 3 | 푸칠로의 『시편 노한사전』 본문

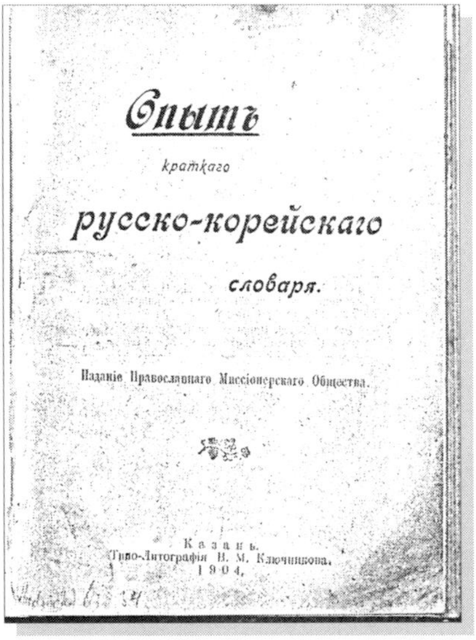

Опытъ
кратк̃аго
русско-корейскаго
словаря.

Изданіе Православнаго Миссіонерскаго Общества.

Казань.
Типо-Литографія Н. М. Ключникова.
1904.

| 사진 4 | 『시편 노한소사전』(1904) 표지

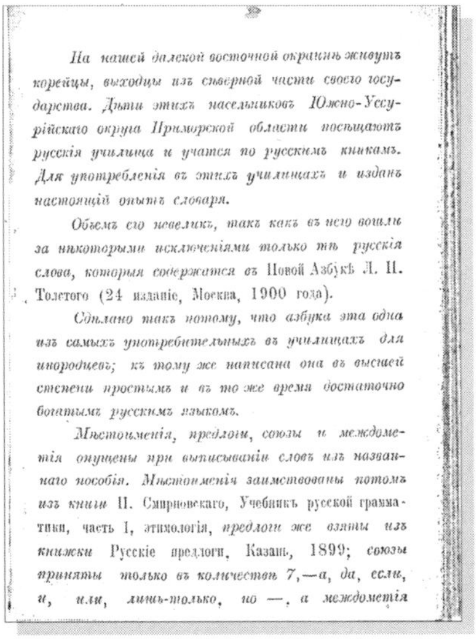

На нашей далекой восточной окраинѣ живутъ корейцы, выходцы изъ сѣверной части своего государства. Дѣти этихъ насельниковъ Южно-Уссурійскаго округа Приморской области посѣщаютъ русскія училища и учатся по русскимъ книгамъ. Для употребленія въ этихъ училищахъ и изданъ настоящій опытъ словаря.

Объемъ его невеликъ, такъ какъ въ него вошли за нѣкоторыми исключеніями только тѣ русскія слова, которыя содержатся въ Новой Азбукѣ Л. Н. Толстого (24 изданіе, Москва, 1900 года).

Сдѣлано такъ потому, что азбука эта одна изъ самыхъ употребительныхъ въ училищахъ для инородцевъ; къ тому же написана она въ высшей степени простымъ и въ то же время достаточно богатымъ русскимъ языкомъ.

Мѣстоименія, предлоги, союзы и междометія опущены при выписываніи словъ изъ названнаго пособія. Мѣстоименія заимствованы потомъ изъ книги Н. Смирновскаго, Учебникъ русской грамматики, часть I, этимологія, *предлоги же взяты изъ книжки* Русскіе предлоги, Казань, 1899; *союзы приняты только въ количествѣ 7,—а, да, если, и, или, лишь-только, но —, а междометія*

| 사진 5 | 『시편 노한소사전』 간행사

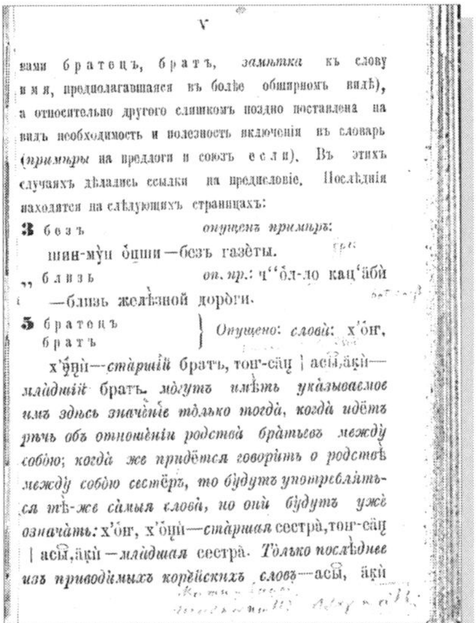

V

вами братецъ, братъ, *замѣтка* къ слову имя, предполагавшаяся въ болѣе обширномъ видѣ), а относительно другого слишкомъ поздно поставлена на видъ необходимость и полезность включенія въ словарь (*примѣры* на предлоги и союзъ если). Въ этихъ случаяхъ дѣлались ссылки на предисловіе. Послѣднія находятся на слѣдующихъ страницахъ:

3 безъ *опущенъ примѣръ:*
шин-мун öщи—безъ газеты.
„ близъ *оп. пр.:* ч''öл-ло кац'äби—близъ желѣзной дороги.
5 братецъ, братъ } *Опущено: слова:* х'öн, х'öщи—*старшій* братъ, тон-сäц | асы,äкі—*младшій* братъ. *могутъ имѣть указываемое имъ здѣсь значеніе только тогда, когда идётъ рѣчь объ отношеніи родства братьевъ между собою; когда же придётся говорить о родствѣ между собою сестёръ, то будутъ употреблятъся тѣ-же самыя слова, но они будутъ ужè означать:* х'öн, х'öщи—*старшая* сестра, тон-сäц | асы,äкі—*младшая* сестра. *Только послѣднее изъ приводимыхъ корейскихъ словъ*—асы, äкі

| 사진 6 | 『시편 노한소사전』 서문 일부

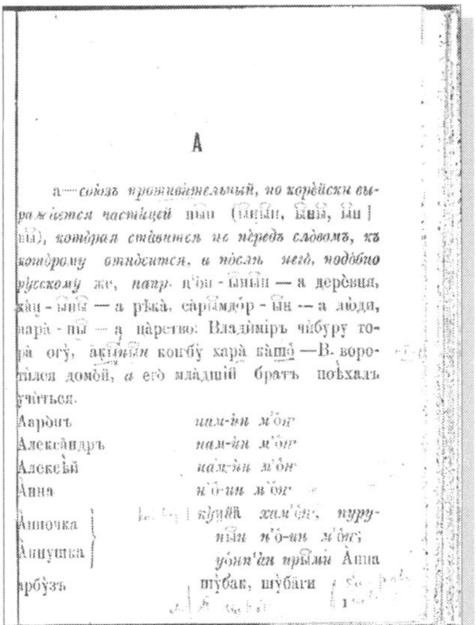

А

а—*союзъ противительный, но корейски выражается частицей* ныи (ыныи, ыны, ын | ні), *который ставится не передъ словомъ, къ которому относится, а послѣ него, подобно русскому же, напр.* н'öн-ыныи — а деревня, кäц-ыны — а рѣка, сäрäмдöр-ын — а люди, нарä-ны — а царство: Владиміръ чибуру торä огу, äкиныи конбу харä кäщö—В. воротился домой, а его младшій братъ поѣхалъ учиться.

Аарòнъ	*нам-ин м'öн*
Александръ	*нам-ин м'öн*
Алексѣй	*нам-ин м'öн*
Анна	*н'ö-ин м'öн*
Анночка / Аннушка	*кäщй хам'öн, нуру-нын н'ö-ин м'öн; уöнп'ан нрыми* Анна
арбузъ	шубак, шубäги

1

| 사진 7 | 『시편 노한소사전』 본문

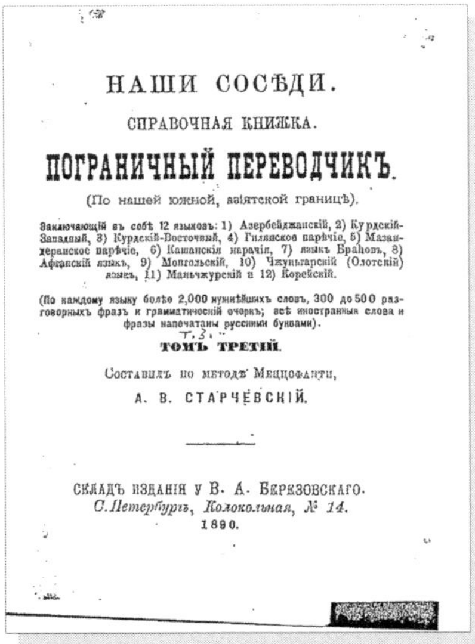

| 사진 8 | Starchevskij(1890)『국경 통역』 표지

| 사진 9 | 『국경 통역』 본문

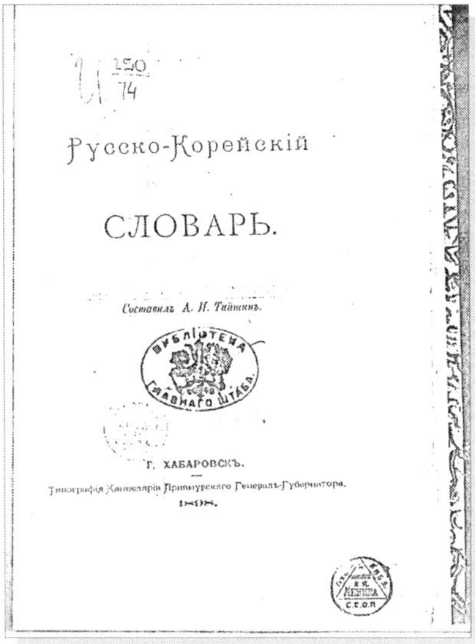

| 사진 10 | Tajshin"(1898)『노한사전』 표지

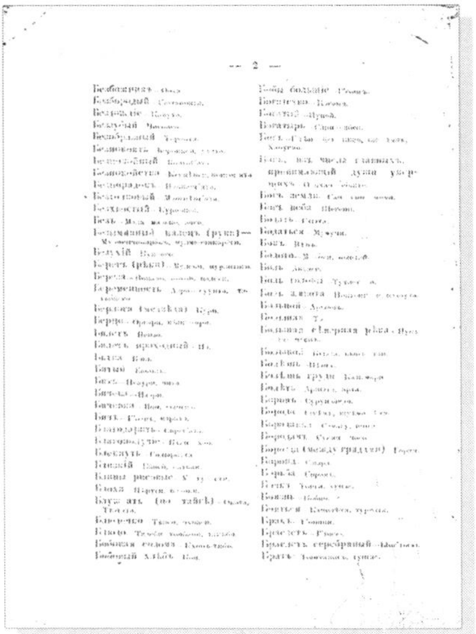

| 사진 11 | Tajshin"(1898)『노한사전』 본문

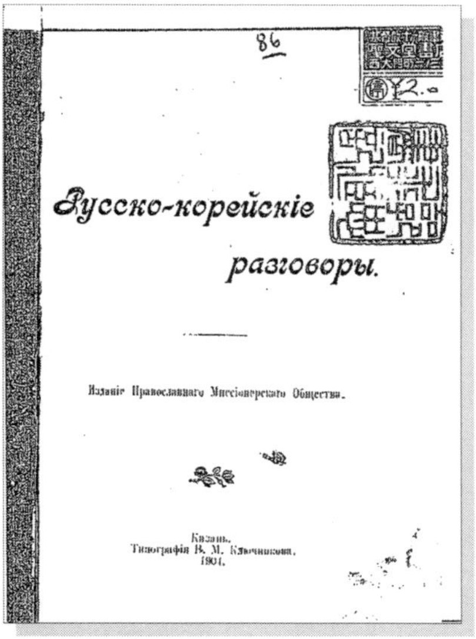

86

Русско-корейскіе разговоры.

Изданіе Православнаго Миссіонерскаго Общества.

Казань.
Типографія В. М. Ключникова.
1904.

| 사진 12 | 『노한회화』(1904) 표지

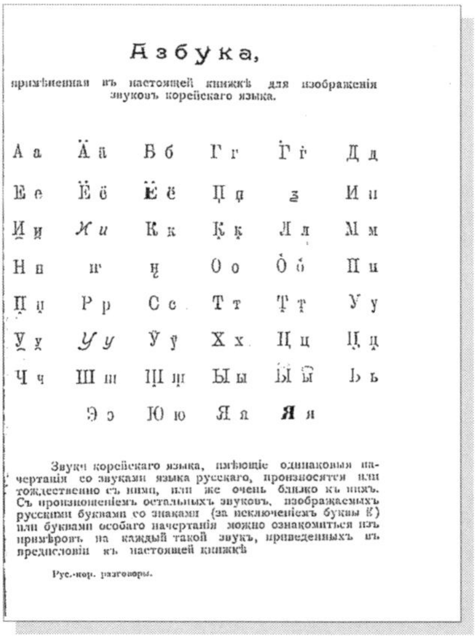

Азбука,

примѣненная въ настоящей книжкѣ для изображенія звуковъ корейскаго языка.

А а	Ӓ ӓ	Б б	Г г	Ġ ġ	Д д
Е е	Ё ё	Ё ё	Ц ц	з	И и
И и	Ж и	К к	Ķ ķ	Л л	М м
Н н	нг	ң	О о	Ȯ ȯ	П п
П п	Р р	С с	Т т	Ṭ ṭ	У у
У у	У у	Ў ў	Х х	Ц ц	Ц ц
Ч ч	Ш ш	Щ щ	Ы ы	Ы ы	Ь ь
	Э э	Ю ю	Я я	Я я	

Звуки корейскаго языка, имѣющіе одинаковыя начертанія со звуками языка русскаго, произносятся или тождественно съ ними, или же очень близко къ нимъ. Съ произношеніемъ остальныхъ звуковъ, изображаемыхъ русскими буквами со знаками (за исключеніемъ буквы Ё) или буквами особаго начертанія можно ознакомиться изъ примѣровъ на каждый такой звукъ, приведенныхъ въ предисловіи къ настоящей книжкѣ

Рус.-кор. разговоры.

| 사진 13 | 『노한회화』 한국어 전사 문자

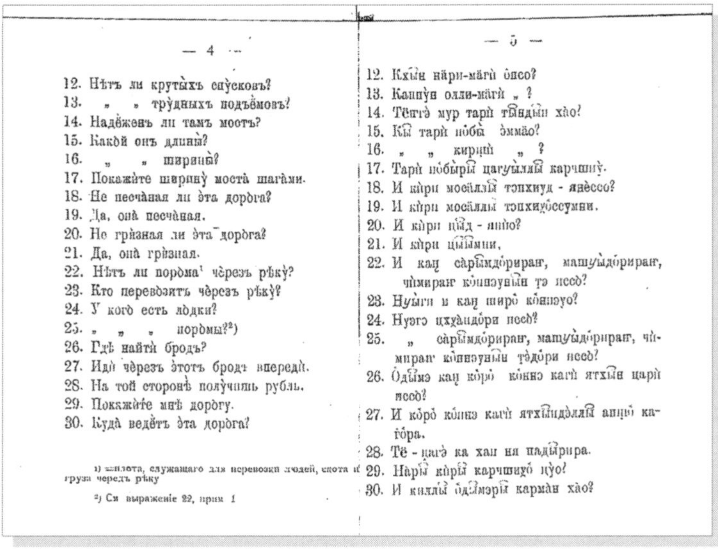

— 4 —

12. Нѣтъ ли крутыхъ спусковъ?
13. „ „ трудныхъ подъёмовъ?
14. Надёженъ ли тамъ мостъ?
15. Какой онъ длины?
16. „ „ ширины?
17. Покажите ширину моста шагами.
18. Не песчаная ли эта дорога?
19. Да, она песчаная.
20. Не грязная ли эта дорога?
21. Да, она грязная.
22. Нѣтъ ли порома[1] черезъ рѣку?
23. Кто перевозитъ черезъ рѣку?
24. У кого есть лодки?
25. „ „ „ поромы?[2])
26. Гдѣ найти бродъ?
27. Иди черезъ этотъ бродъ впереди.
28. На той сторонѣ получишь рубль.
29. Покажите мнѣ дорогу.
30. Куда ведётъ эта дорога?

1) плота, служащаго для перевозки людей, скота и груза черезъ рѣку

2) См выраженіе 22, прим 1

— 5 —

12. Кхын нари-маги опсо?
13. Каппун олли-маги „ ?
14. Тёнгэ мур тари тындын хао?
15. Кы тари нобы эммао?
16. „ „ кирии „ ?
17. Тари нобыры цагыллы карчииу.
18. И кири мосаллы тэпхиуд - янессо?
19. И кири мосаллы тэпхиуоссумни.
20. И кири цыд - янйо?
21. И кири цыымни,
22. И кан сарымдориран, машуыдориран, чимиран коннэуныя тэ иссо?
23. Нуыги и кан широ коннэуо?
24. Нуэго цхуандори иссо?
25. „ сарымдориран, машуыдориран, чимиран коннэуныя тэдори иссо?
26. Одымэ кан коро коннэ каги ятхыя цари иссо?
27. И коро коннэ каги ятхындэллы апио кагора.
28. Тё - цагэ ка хаи ия падырира.
29. Нары кары карчиуо цуо?
30. И киллы одымэры карман хао?

| 사진 14 | 『노한회화』 본문('러시아어 : 한국어' 대역)

АЗБУКА
ДЛЯ
КОРЕЙЦЕВЪ.

Изданіе Православнаго Миссіонерскаго Общества.

КАЗАНЬ
1902.

ПРОВЕРЕНО

| 사진 15 | 『철자 교과서』(1902) 속표지

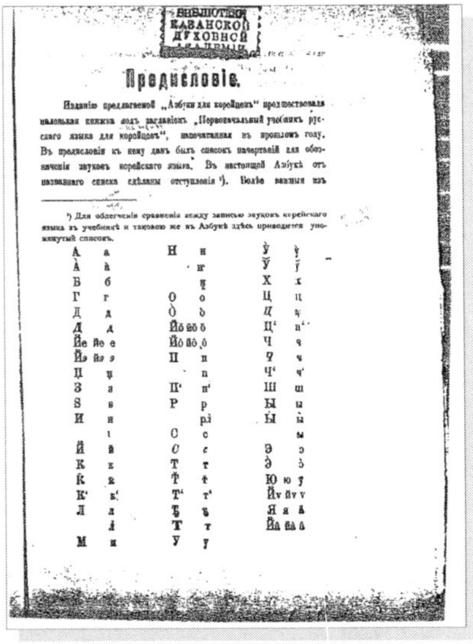

БИБЛІОТЕКИ КАЗАНСКОЙ ДУХОВНОЙ АКАДЕМІИ

Предисловіе.

Изданію предлагаемой „Азбуки для корейцевъ" предшествовала маленькая книжка подъ заглавіемъ „Первоначальный учебникъ русскаго языка для корейцевъ", напечатанная въ прошломъ году. Въ предисловіи къ нему данъ былъ списокъ начертаній для обозначенія звуковъ корейскаго языка. Въ настоящей Азбукѣ отъ названнаго списка сдѣланы отступленія [1]). Болѣе важныя изъ

[1]) Для облегченія сравненія между записью звуковъ корейскаго языка въ учебникѣ и таковою же въ Азбукѣ здѣсь приводится упомянутый списокъ.

| 사진 16 | 『철자 교과서』 서문

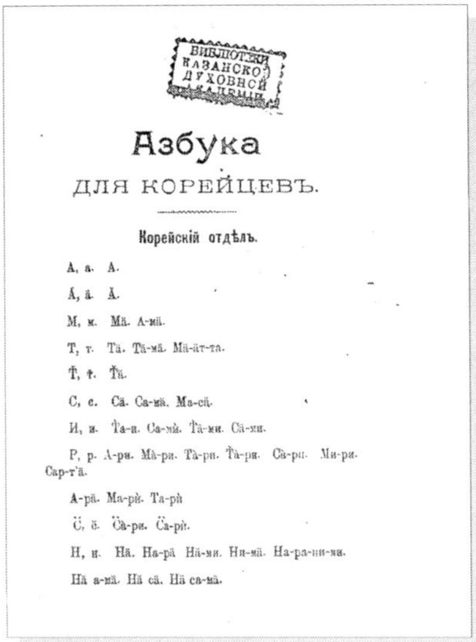

БИБЛІОТЕКИ КАЗАНСКОЙ ДУХОВНОЙ АКАДЕМІИ

Азбука
ДЛЯ КОРЕЙЦЕВЪ.

Корейскій отдѣлъ.

А, а. А.

А̀, а̀. А̀.

М, м. Мă. А-мă.

Т, т. Тă. Тă-мă. Мă-ăт-та.

Ҭ, ҭ. Ҭă.

С, с. Сă. Са-мă. Ма-сă.

И, и. Ҭа-и. Са-мй. Ҭа-ми. Сă-ми.

Р, р. А-ри. Мà-ри. Тà-ри. Ҭà-ри. Сà-ри. Ми-ри. Сар-т'ă.

А-рă. Ма-рй. Та-рà

С̈, с̈. С̈à-ри. С̈а-рй.

Н, н. Нă. На-рă Нй-ми. Ни-мă. На-ра-ни-ми.

Нă а-мă. Нă сă. Нă са-мă.

| 사진 17 | 『철자 교과서』 첫 페이지

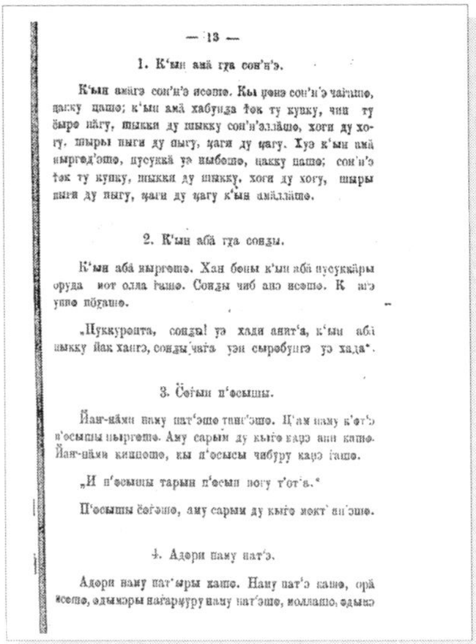

— 13 —

1. К'ын амă гуа сон'н'э.

К'ын амăгэ сон'н'э исошо. Кы ҷонэ сон'н'э чаĭпшо, цакку цашо; к'ын амă хабунда ҭок ту купку, чип ту ёыро пăгу, шыкки ду шыкку сон'н'эллăшо, хоги ду хогу, шыры пыги ду пыгу, цаги ду цагу. Хуэ к'ын амă ныргэд'эшо, пусукă уэ ныбошо, цакку пашо; сон'н'э ҭок ту купку, шыкки ду шыкку, хоги ду хогу, шыры пыги ду пыгу, цаги ду цагу к'ын амăллăшо.

2. К'ын абă гуа сонды.

К'ын абă ныргэшо. Хан боны к'ын абă пусуккăры оруда нот олла ҭашо. Сонды чиб анэ исошо. К аĭэ упно пōуашо.

„Пуккуропта, сонды! уэ хади анит'а, к'ын абă пыкку йак хангэ, сонды чаĭа уэн сыробунгэ уэ хада".

3. С̈оĭын п'осышы.

Йан-нăми наму пат'эшо тапп'эшо. Ц'ам наму к'от'э п'осышы ныргэшо. Аму сарым ду кыĭо каҷэ ани кашо. Йан-нăми кишпошо, кы п'осысы чибуру каҷэ ҭашо.

„И п'осышы тарын п'осып ногу т'от'а."

П'осышы с̈оĭэшо, аму сарым ду кыĭо нокт ан'эшо.

4. Адори наму пат'э.

Адори наму пат'ыры кашо. Наму пат'э кашо, орă исошо, одымэры наĭарцуру наму пат'эшо, моллашо, одымэ

| 사진 18 | 『철자 교과서』 본문

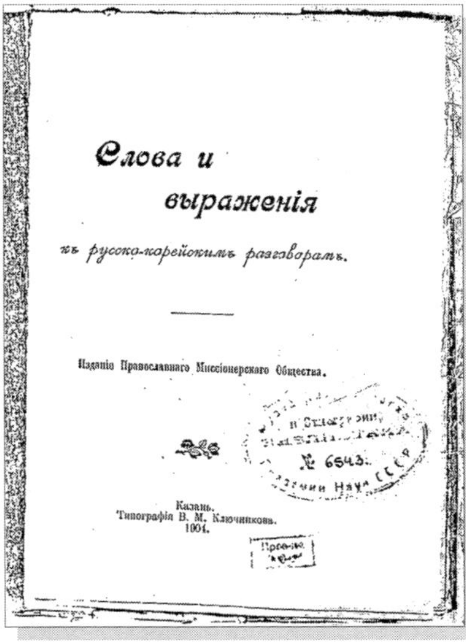

Слова и выраженія

къ русско-корейскимъ разговорамъ.

Изданіе Православнаго Миссіонерскаго Общества.

Казань.
Типографія В. М. Ключникова.
1904.

| 사진 19 | 『노한회화에 대한 단어와 표현』(1904) 속표지

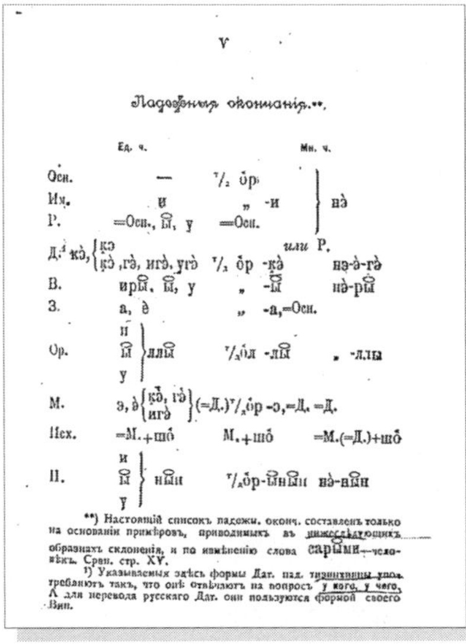

V

Падежныя окончанія.**

	Ед. ч.		Мн. ч.
Осн.	—	⁷/₂ ор	нэ
Им.	и	„ -и	
Р.	=Осн., ы, у	=Осн.	
Д.¹ кэ,	кэ, гэ, игэ, угэ	⁷/₂ ор -кэ	или Р. нэ-э-гэ
В.	ирЫ, Ы, у	„ -Ы	нэ-рЫ
З.	а, э	„ -а, =Осн.	
Ор.	и, Ы, у } ллЫ	⁷/₂ ол -лЫ	„ -ллы
М.	э, э {кэ, гэ, игэ} (=Д.)	⁷/₂ ор -э, =Д.	=Д.
Исх.	=М.+шо	М.+шо	=М.(=Д.)+шо
П.	и, Ы, у } нЫн	⁷/₂ ор-ЫнЫн	нэ-нЫн

**) Настоящій списокъ падежн. оконч. составленъ только на основаніи примѣровъ, приводимыхъ въ нижеслѣдующихъ образчахъ склоненія, и по измѣненію слова сарЫми—человѣкъ. Срвн. стр. XV.

¹) Указываемыя здѣсь формы Дат. пад. [illegible] употребляютъ такъ, что онѣ отвѣчаютъ на вопросъ у кого, у чего, А для перевода русскаго Дат. они пользуются формой своего Вин.

| 사진 20 | 『노한회화에 대한 단어와 표현』 한국어 격조사 목록

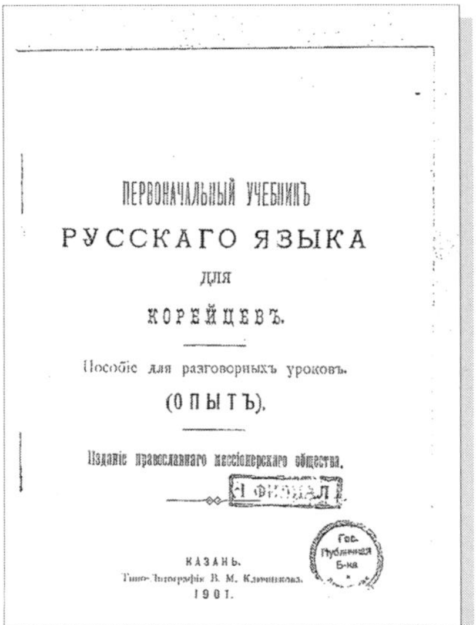

ПЕРВОНАЧАЛЬНЫЙ УЧЕБНИКЪ
РУССКАГО ЯЗЫКА
ДЛЯ
КОРЕЙЦЕВЪ.

Пособіе для разговорныхъ уроковъ.

(ОПЫТЪ).

Изданіе православнаго миссіонерскаго общества.

КАЗАНЬ.
Типо-Литографія В. М. Ключникова.
1901.

| 사진 21 | 『초급 교과서』(1901) 속표지

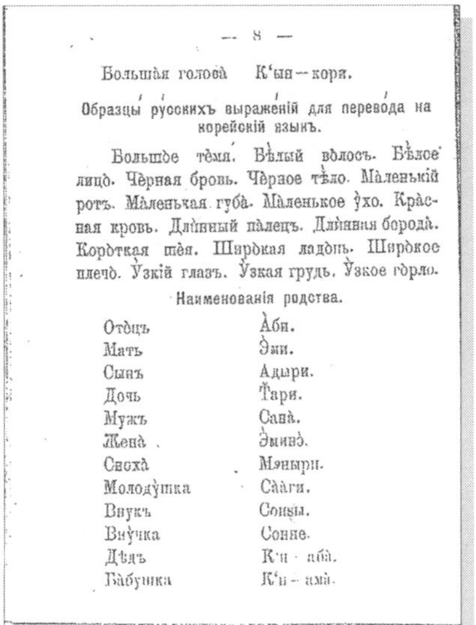

— 8 —

Большая голова К'ын—коря.

Образцы русскихъ выраженій для перевода на корейскій языкъ.

Большое тѣмя. Бѣлый волосъ. Бѣлое лицо. Чёрная бровь. Чёрное тѣло. Маленькій ротъ. Маленькая губа. Маленькое ухо. Красная кровь. Длинный палецъ. Длинная борода. Короткая шея. Широкая ладонь. Широкое плечо. Узкій глазъ. Узкая грудь. Узкое горло.

Наименованія родства.

Отецъ	Аби.
Мать	Эми.
Сынъ	Адыри.
Дочь	Тари.
Мужъ	Сана.
Жена	Эминэ.
Сноха	Мэныри.
Молодушка	Сяаги.
Внукъ	Сонзы.
Внучка	Сонне.
Дѣдъ	К'н - аба.
Бабушка	К'н - ама.

| 사진 22 | 『초급 교과서』 본문

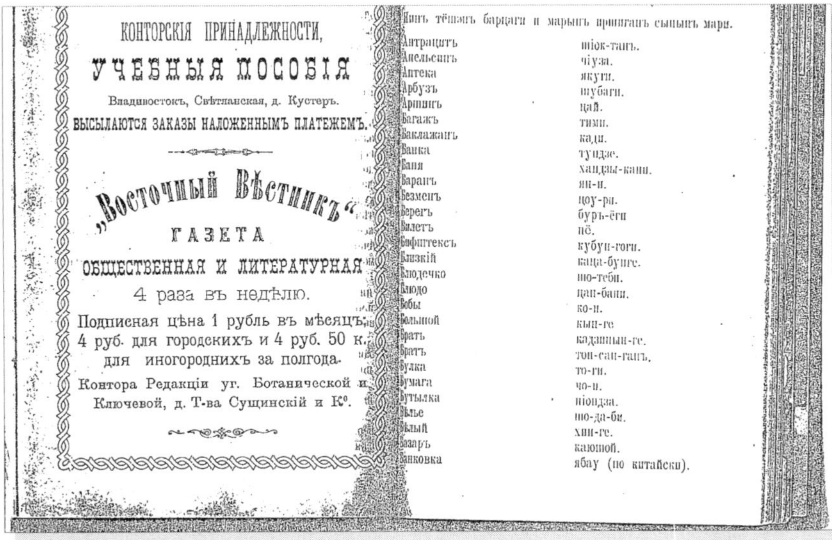

КОНТОРСКІЯ ПРИНАДЛЕЖНОСТИ,
УЧЕБНЫЯ ПОСОБІЯ
Владивостокъ, Свѣтланская, д. Кустеръ.
ВЫСЫЛАЮТСЯ ЗАКАЗЫ НАЛОЖЕННЫМЪ ПЛАТЕЖЕМЪ.

„Восточный Вѣстникъ“
ГАЗЕТА
ОБЩЕСТВЕННАЯ И ЛИТЕРАТУРНАЯ
4 раза въ недѣлю.
Подписная цѣна 1 рубль въ мѣсяцъ;
4 руб. для городскихъ и 4 руб. 50 к.
для иногороднихъ за полгода.
Контора Редакціи уг. Ботанической и
Ключевой, д. Т-ва Сущинскій и К°.

Кинъ тёшэгъ барцаги и марынъ принганъ сыцынъ мари.

Антрацитъ	шіок-тангъ.
Апельсинъ	чіуза.
Аптека	якуги.
Арбузъ	шубаги.
Аршинъ	цай.
Багажъ	тими.
Баклажанъ	кади.
Банка	тундзе.
Баня	хандзы-кани.
Баранъ	ян-и.
Безменъ	цоу-ри.
Берегъ	буръ-ёги
Билетъ	пё.
Бифштексъ	кубун-гоги.
Близкій	каца-бунге.
Блюдечко	шо-теби.
Блюдо	цап-бани.
Бобы	ко-и.
Большой	кын-ге
Брать	кадзиньн-ге.
Братъ	тон-сан-гангъ.
Булка	то-ги.
Бумага	чо-и.
Бутылка	ніондза.
Бѣлье	шо-да-би.
Бѣлый	хин-ге.
Базаръ	каюшой.
Банковка	ябау (по китайски).

| 사진 23 | Matveev(1900)「노한소사전」

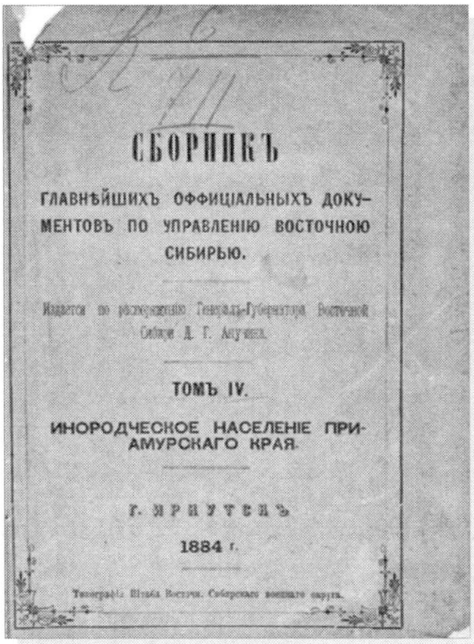

СБОРНИКЪ
ГЛАВНѢЙШИХЪ ОФФИЦІАЛЬНЫХЪ ДОКУМЕНТОВЪ ПО УПРАВЛЕНІЮ ВОСТОЧНОЮ СИБИРЬЮ.
ТОМЪ IV.
ИНОРОДЧЕСКОЕ НАСЕЛЕНІЕ ПРИАМУРСКАГО КРАЯ.
Г. ИРКУТСКЪ
1884 г.

| 사진 24 | Anuchin(1884)
우수리 지역의 한인과 외국인

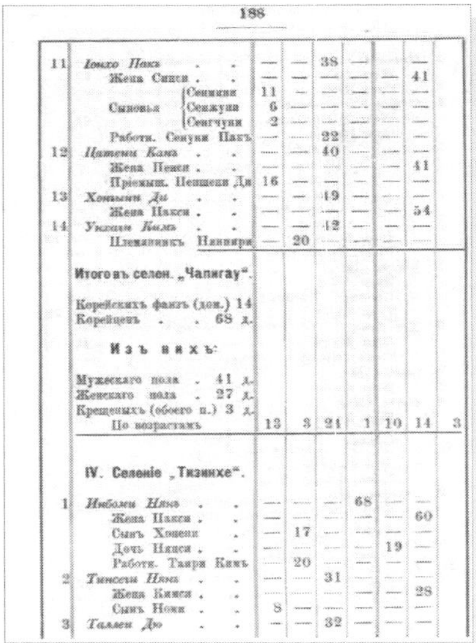

188

11	Іонко Пакъ	—	—	38	—		—	
	Жена Синси	—	—	—	—	—	41	
	Сыновья Сенники	11	—	—	—	—	—	
	Сыновья Сенжуни	6	—	—	—	—	—	
	Сыновья Сенгчуни	2	—	—	—	—	—	
	Работн. Сенуни Пакъ	—	—	22	—	—	—	
12	Цатени Кимъ	—	—	40	—	—	—	
	Жена Пенси	—	—	—	—	—	41	
	Пріемыш. Пеншени Ди	16	—	—	—	—	—	
13	Хоньнин Ди	—	—	49	—	—	—	
	Жена Пакси	—	—	—	—	—	54	
14	Укхани Кимъ	—	—	42	—	—	—	
	Племянникъ Наниири	—	20	—	—	—	—	
	Итого въ селен. „Чапигау“.							
	Корейскихъ фанзъ (дом.) 14							
	Корейцевъ . . 68 д.							
	Изъ нихъ:							
	Мужескаго пола . 41 д.							
	Женскаго пола . 27 д.							
	Крещеныхъ (обоего п.) 3 д.							
	По возрастамъ	13	3	21	1	10	14	3
	IV. Селеніе „Тизинхе“.							
1	Инбоми Нимъ	—	—	—	68	—	—	
	Жена Пакси	—	—	—	—	—	60	
	Сынъ Хошени	—	17	—	—	—	—	
	Дочь Наиси	—	—	—	—	19	—	
	Работн. Таири Кимъ	—	20	—	—	—	—	
2	Тинсени Нимъ	—	—	31	—	—	—	
	Жена Кинси	—	—	—	—	—	28	
	Сынъ Ноки	8	—	—	—	—	—	
3	Таллен Дю	—	—	32	—	—	—	

| 사진 25 | 지신허 호적부의 첫 면

키릴문자의 로마자 표기

키릴	로마자		키릴	로마자
А а	A a		С с	S s
Б б	B b		Т т	T t
В в	V v		У у	U u
Г г	G g		Ф ф	F f
Д д	D d		Х х	X x
Е е	E e/ye		Ц ц	Ts ts
Ё ё	Yo yo		Ч ч	Ch ch
Ж ж	Zh zh		Ш ш	Sh sh
З з	Z z		Щ щ	Shch shch
И и	I i		Ъ ъ	"
Й й	J j		Ы ы	y
К к	K k		Ь ь	'
Л л	L l		Э э	e
М м	M m		Ю ю	Yu yu
Н н	N n		Я я	Ya ya
О о	O o		Ѣ ѣ	Ě ě
П п	P p		І і	I i
Р р	R r			

약호

* Putsillo(1874) : 『시편 노한사전』 → 『노한사전』, (푸)

* Starchevskij(1890) : 『국경 통역』, (스)

* Tajshin"(1898) : 「소사전」, (M, Mat)

* 러시아정교선교회(1904) : 『시편 노한소사전』 → 『노한소사전』, (사)

〃 (1901) : 『초급 러시아어 교과서』 → 『초급 교과서』, (초)

〃 (1902) : 『한인을 위한 철자 교과서』 → 『철자 교과서』, (교)

〃 (1904) : 『노한회화에 대한 단어와 표현』 → 『단어와 표현』, (표)

I부

연해주 이주와 이주촌

I부.
연해주 이주와 이주촌

I 부에서는 한인의 초기 러시아 극동 이주와 정착 및 사회 문화를 들여다보기로 한다. 첫 한인 이주지인 地新墟(Tizinxe) 마을을 대상으로 하되 주로 고려말의 형성과 관련되는 이주 시기, 이주 지명의 유래, 이주민의 원적지와 이주민의 방언, 이주 한인의 교육 등에 초점을 맞추어 소략하게 다룬다. 이는 연해주 한국어의 형성과 변화에 대한 이면적 배경이 된다.

지신허(Tizinhe)는 최초의 이주지이면서 또한 이주 초기에 이곳을 거쳐 간 사람들이 여러 한인촌을 개척하였다는 점, 다른 한인 마을에 비해 마을의 역사를 살펴볼 수 있는 사료가 비교적 많다는 점에서 기술 대상으로 삼았다.[1] 이 마을이 당시 수많은 한인촌의 표본이 될 수는 없지만 비슷한 이주사 및 생활 문화는 보여 줄 수 있을 것으로 생각한다.

1 연해주 한인촌을 연구한 몇 편의 논문이 있다. 반병률(2003a)는 지신허, 반병률(2009)는 얀치헤(煙秋), 반병률(2010)은 크라스노예 셀로(鹿屯島), A.V. Kirillov(1895), Ross King (2001), 반병률(2011: 309-311)은 블라고슬로벤노예(Blagoslovennoye)를 다루었다. 반병률(2011)에도 푸칠로프카, 끄라스노예 셀로 등의 한인촌 설립에 관한 내용과 한인촌 이주 계보가 있다. Valentin Pak(2013)은 초기 이주지인 21개 마을의 역사를 간략히 소개하고 있다.

1863년 첫 이주가 시작된 이래 러시아 극동 지역에서 수많은 난관과 시련을 극복하면서 황무지를 일구어 새로운 삶을 개척한 한인들은 1937년에 단행된 구소련의 강제 이주 정책으로 또 다시 중앙아시아의 카자흐스탄, 우즈베키스탄, 키르기스스탄 등으로 이주하였다. 중앙아시아 이주 직전의 한인 마을의 수에 대해 반병률(2003a: 238-239)에서는 아래와 같이 말하고 있다.

> 1937년 강제이주 당시 사라져 영원히 없어져버린 한인 마을의 수는 약 444개에 달한다. 여기에 이보다 앞선 1929년에 중국 만주 군벌 張作林이 동중철도 점령으로 빚어진 중소간의 무력충돌 당시 폐쇄되었던 연해주 남부의 하산스키구역의 한인 마을 162개를 합치면 무려 606개의 한인 마을이 역사의 뒤안길로 사라진 것이다.

1. 이주 요인과 이주 시기

러시아 연해주 및 중국 간도 지방에 인접한 함경도 사람들은 본격적인 이주가 시작되기 전에도 약초를 캐거나 모피를 얻기 위해 두만강을 건너 만주를 넘나들었고 여기서 한 발 더 나아가 봄에 넘어가 씨를 뿌려 농사를 짓고 가을에 거두어 돌아오는 이른바 春耕秋歸 방식의 농사를 짓기도 하였다.[2] 그러다가 함북 지방에 몰아닥친 연이은 흉년과 기근 및 관의

2 V.V. Grave(1912: 128)에 그런 기사가 있다. “아무르 지역이 러시아에 병합된 직후 한인의 이주가 그곳에서 시작되었다. 1863년 이전에도 블라디보스토크와 남부 우수리스크郡(그 뒤 區로 개편)에 소수의 한인들이 홀몸으로 와 여름에 일하고 가을에 거두어 다시 돌아갔다. 1863년에 가족의 이주가 시작되었다.”

학정으로,[3] 조선 철종 연간인 1860년대 초에 두만강 하류의 함북 慶興 출신 梁應範과 함북 무산 출신 崔運寶의 주도로 한인들이 연해주의 포시예트 인근에 있는 Tizinxe(현, Vinogradnaya) 강가에 정착하였다.[4] 이주 한인들은 이 강의 이름을 따서 마을 이름을 地新墟(Tizinxe)라고 지었다 (p. 15, 「지도 1」을[5] 참고).

최초의 이주 시기, 家口와 이주민 수효는 제정러시아 측의 문헌마다 기록이 조금씩 다르다. 여기서는 이주민의 이주 원인과 정착 과정을 한국어 관련 제정러시아 문헌을 중심으로 간략하게 살펴본다. Putsillo (1845~1889)가 1874년에 간행한 최초의 한국어 대역사전 *Opyt" Russko-Korejskago Slovarya*(『시편 노한사전』)의 서문(Predisloviye, iii-iv)에 이주의 원인과 과정 그리고 이주 연도를 기술한 기사가 있다.

> 대체로 가난하고 수확이 없는 한국 북부 두 道의 주민들은 여러 차례의 흉작과 계속되는 굶주림에 시달렸다. 게다가 그들의 자본과 생산 능력

3 반병률(2011: 299)에서는 이주 요인에 대해, "한국과 러시아의 학계에서 지적되어 온바, 환곡(還穀)의 폐단과 가중된 요역(徭役)을 비롯한 삼정(三政)의 문란에 따른 경제적 부담의 증가와 조선 지배계급의 봉건적 탄압에 더하여 1867년 이후의 흉년이 1869년 북조선과 연해주 일대를 강타한 대흉년과 8월의 홍수가 1869년~1870년 대량 이주를 가져온 직접적인 요인이라고 할 수 있다."고 하였다.

4 『獨立新聞』(상해판)(1920. 3.1.)에 게재된 뒤바보(계봉우)의 글 「俄領實記」에, "地新墟의 開拓 紀元四一九七年 甲子 春에 茂山 崔運寶, 慶興 梁應範 二人이 가만히 豆滿江을 건너 琿春을 經由하야 地新墟(此는 烟秋 等地)에 來住하야 新開墾에 着手하니 …"라 하여 최초로 이주를 주도한 두 인물이 나온다. 위 기사를 따르면 최초의 이주 연도는 1864년(단기 4197년)이 된다.

5 Karta Primorskoj Oblasti Yuzhno-ussurijskago kraya(남우수리 지역 연해주 지도). 이 지도는 1906~7년 사이에, 연해주 한인을 거주지별로 러시아 국적 취득자와 미취득자로 나누어 家口와 주민 수를 조사하고 1908년에 간행한 것이다. Zpiski Imperatorskago Russkago Geograficheskago Obchshestva K trudu P.F. Unterbergera *Priamurskij kraj*, 1906-1910 gg. Ocherk에 수록되어 있다. 김주원 교수(서울대 언어학과) 제공.

에 맞지 않는, 곡물로 부과하는 세금이 지나치고 또 그들이 관리로부터 당하는 혹독한 압제가 가중되면 이 두 道의 가장 가난한 주민들은 조국을 버리고 인접 러시아 영토로 이주할 것이 분명하다. 1863년* 국경 지방의 러시아 영내로 이주한 최초의 출국자인 12가구는 좋은 지역을 점유하였고 …. (밑줄: 저자)

한국 북부의 빈민이 흉작과 기근, 과도한 세금 및 관리의 압제로 1863년 12가구가 이주하였음을 말하고 있다. 그런데 Putsillo는 '1863년'에 각주(*)를 달고 아래와 같이 밝혔다.

*공식 자료에 따르면 최초의 이주는 1864년에 이루어졌다. 그때 60명의 남녀가 걸어서 넘어와 지신허강에 정착했다.

이처럼 Putsillo는 서문 본문에서는 '1863년'이라 했지만 별도로 각주를 달고 "공식 자료에 의하면(Po ofitsial'nym svedeniyam) 1864년"이라고 하였다.

동시베리아 총독부의 행정관 Putsillo는 후에 그의 이름을 딴 푸칠로프카(Putsilovka, 六城村) 마을을 건설한 사람으로 이주 한인들과 함께 생활하면서 그들의 언어를 조사하고 사전을 편찬하였다. 이 푸칠로프카 마을로 이주한 한인들은 첫 이주지 지신허에서 옮겨 온 사람들이고 이 이주를 이끈 이는 바로 최초의 이주를 주도했던 崔運寶였다. 따라서 푸칠로는 이 崔運寶를 비롯한 한인들로부터 첫 이주와 관련된 저간의 사정을 누구보다도 소상히 들어 알고 있었을 것인데 그가 "1863년에 12가구"라고 한 것은 바로 이들 이주민들로부터 확인한 사실임에 틀림없다. 지신허 마을을 직접 답사하고 쓴 Przheval'skij(1870)에도 그와 일치하는 내용이 있다. Przheval'skij(1870)의 "제4장, 4. 한인(Korejtsy)"에서는 다음과 같이 말하고 있다.

> 한반도의 과밀한 인구와 그로 인한 빈곤 그리고 백성들의 주권을 속박한 야만적인 폭정, 비옥하고 손길이 닿지 않은 토지가 풍부한 우리 영토와의 근접성-이 모든 것이 모두 동쪽의 움직일 수 없는 거주자들이 과거의 전통을 버리고 자기 나라를 포기하면서, 새로운 환경과 조건 하에서 그 자신을 위하여 새롭고 더 나은 생활을 추구한 강한 원동력이었다. … 우리에게는 그러한 진술이 한껏 동정심을 불러 일으켰고 1863년까지 12가구가 우리에게 이주해 왔다. (밑줄: 저자)

Przheval'skij도 Putsillo와 동일하게 최초의 이주를 "1863년 12가족"이라 한 것이다.

그러면 Putsillo가 사전 서문에서 "공식 문서(Ofitsial'nyye svedeniye)"라 한 것은 어떤 문서일까. Putsillo는 1870~1871년에 연해주에 머물렀으므로 이 무렵 Putsillo가 볼 수 있었던 공문서는 1863년 12월 30일자로, 노보고로드 초소장인 Rezanov 중위가 연해주 군무지사인 카자케비치(P. V. Kazakevich)에게 보낸 보고서일 것이다. 이 보고는 1863년 12월 30일에 이루어졌고 이에 대한 허가가 1864년에 난 뒤 1월에 14가구 65명이 지신허로 이주하였다고 하였다.[6] 이에 의하면 최초의 이주는 "1864년 1월의 14가구 65명"이 되는 셈이다.[7] Putsillo는 이 공식 문서를 참고한

6 G. Kim(2008)의 Pereseleniye v Rossiyu i prosveshcheniye korejtsev v dorevolyutsionnyj period(http://world.lib.ru/k/kim_o_i/ch2rtf.shtml)를 참조. 이에 의하면 공식 문서는 "러시아 극동 중앙 기록 보관소(TsGA RiDV), f. 87, 참조 1, d. 278, 나. 1, 15."가 된다.

7 이렇게 최초 이주 연도를 1964년으로 보는 견해가 있는데 위 문건에 근거한 것이다.

것이 분명하다.

Putsillo의 『시편 노한사전』이 간행된 후에 출간된 제정러시아 측 문헌에는 위와 조금 다른 견해가 있다. 그 하나는 1895년도에 간행된 「황실부설 러시아 지리학회 연흑룡주 분과 휘보」 권1에 실린 보고서이다.[8] 이 보고서에 의하면 1863년에 13가구가 이주한 것으로 되어 있다. 위 Putsillo 서문의 기록과는 가구 수에서 차이가 난다. 또 아무르탐험대의 보고서인 V.V. Grave(1912: 128)에도 13가구로 되어 있다. 학계에서는 이에 따라 최초의 한인 이주 연대와 가구 수를 '1863년 13가구'로 보고 있다. 또한 N.A. Nasekin(1895)에 의하면,

> 한국 이민자들이 남우수리 영토로 처음 이동한 일은 1863년에 발견되었다. 13가구가 한국 탐관오리의 끊임없는 갈취, 궁핍과 굶주림으로 그들의 나라에서 몰래 우리에게 도망쳐 왔다. 1864년 9월 21일, 노브고로드 초소 대장은 군무지사(voyennomu gubernatoru)에게 보고하면서, 한국인들이 지신허강에 정착하여 경작지에서 부지런히 일을 하고 있고, 식량 특히 메밀을 국고로 구입할 수 있도록 허가해 줄 것을 요청하였으며, 연자방앗간을 만들고 금전적으로 보조하고, 겨울을 지내는 동안 필요한 식량 및 종자 때문에 중국인 라(La)로부터 빌린 200루블의 빚을 갚을 수 있는 은전을 베풀어 줄 것을 요청했다.
>
> 이 요청은 기꺼이 받아들여졌다. 코르사코프(Korsakov) 총독은 보고에

박보리스(1997: 135), "1864년 1월 14가구 총 65명의 한인들이 연해주 지방으로 이주하여 우수리 지역에 최초의 한인정착촌인 티진헤를 건설한 것을 기점으로 러시아로의 대규모 한인 이주가 시작되었다."
Alexander I. Petrov(2008: 162), "… at the beginning of 1864 the first 14 families consisting of 65 persons have moved to the Posjet district of Primorskaya oblast."

8 Korejtsy Priamurskogo kraya, *Trudy Priamurskogo Otdela Imperatorskago Russkago Geograficheskago Obshchestva,* I, 1895, p. 1.

따라, 카자케비치(Kazakevich) 제독에게 1864년 11월 16일자로 보낸 서한(No.581)에서, 그 지역에 (이주민의) 정착이 특별히 중요하므로, 우리 영내에 '확고히 정착하기'를 원하는 '민족'에게 보호와 생산 장려금을 우선적으로 가장 필요한 규모 안에서 비상금으로 지급해 줄 것을 요청하였다. (밑줄: 저자)

Putsillo의 『시편 노한사전』 서문의 기록과 위 N.A. Nasekin(1895), V.V. Grave(1912)의 기술 내용에 의하면 1963년 13가구가 최초로 러시아로 이주한 것이 된다.

2. 첫 이주 한인촌 지신허(Tizinxe) 마을

2.1. 지명의 유래와 정착

'지신허'는 한인 이주의 발원지라 할 수 있다. 여기서는 지신허의 小史를 이주민의 생활사, 한국어 방언을 염두에 두고 살펴보기로 한다.

두만강으로부터 멀지 않은 러시아 영내에는 포시예트(Posjet, 木許偶)라는 소도시가 있다. 이 포시예트의 북동쪽에는 비노그라드나야(Reka Vinogradnaya)라 불리는 강이 있다. 이곳이 최초의 한인 이주지 지신허 마을이 자리하고 있던 곳이다. 비노그라드나야강은 북동쪽에서 남서진하는 글라드카야강(Reka Gladkaya)의 한 지류이다. 이 강은 포시예트(Posjet)가 있는 엑스페디찌灣(buxta Ekspeditsii)으로 흘러들어간다.

F.V. Solov'ev(1975: 29, No.405)에 의하면, 이 강은 18세기의 중국 문헌에 '鷄心河(Jīxīnhé)'라는 이름으로 처음 등장한다. 대표적인 초기 한인

이주촌인 화타시(Fataši, 發大石>所都所), 얀치헤(Yanchixe, 延汉河>煙秋) 등도 지신허처럼 중국어 지명이다. 러시아 지도에는 이 지명이 19세기 60년대에 출현하는데 'Tenxeda'로 명명되었다. Przheval'skij(1870)는 'Tyzenxe'라 하였고 Putsillo의 『시편 노한사전』에는 'Tizenxe'로 표기되었다.[9] 1880년대에 와서 'Tizinxe'로 쓰이기 시작하였다. 그러다가 중소 국경 분쟁의 여파로 1972년에 러시아어 지명을 얻어 비노그라드나야(Vinogradnaya)라 불리게 되었다.

한편 국내에서는 '鷄心河(Jīxīnhé)'의 중국어 발음을 음차하여 적는데 일찍이 『俄國輿地圖』(1884?)(한국정신문화연구원, 1994: 169)에서는 '芝新墟'로 표기하였고 뒤바보(桂奉瑀)는 「俄領實記」(1920)에서 '地新墟'로 표기하였다.[10]

'鷄心河(Jīxīnhé)'라는 지명이 본디 이 지역의 원주민인 나나이(Nanaj, =허저(赫哲)), 우디허(Udehe)족 등 만주퉁구스족의 언어에서 기원한 것인지 아니면 중국인이 중국어로 명명한 것인지는 알 수 없다. 중국어 지명에 흔히 붙는 지명소 '-河'가 있다고 해서 본디 중국어 지명이라고 할 수는 없다. 연해주의 '阿瑪河(Amaxe)'는 만주퉁구스어 'ama'(아버지)에 '-河'가 결합한 지명이고, '都兵河(dobixe)'는 만주퉁구스어 'dobi'(암여우)에 '-河'가 결합한 지명이다. 그러나 '鷄心河(Jīxīnhé)'의 '鷄心'은 알 수 없다.

앞서 언급한 바와 같이 1972년 중소분쟁이 격화되었을 때 러시아는 위 중국어 지명을 모두 러시아어로 개명함으로써 만주퉁구스어 지명은 대부분 그 어원을 상실하고 문헌에만 가까스로 존재하게 되었다.[11] 그나

9 이 밖에 『노한회화』의 서문에는 'Tizin-xè', 『노한소사전』에는 'Tizin-xe'로 표기되어 있다.

10 반병률(2003a: 215)에 의하면 '地信墟, 池新河'와 같은 異表記가 더 있다.

마 최근에 러시아의 지명학자들이 이들 지명에 대한 어원을 연구하였으나 큰 진전은 없는 것으로 보인다. 이 때문에 한인들의 이주 지명을 어원적으로 해석하고 이해하기는 매우 어렵다.[12]

이주 초 한인들은 황무지를 개간하고 농사를 지었다. 또 러시아 당국의 약간의 도움도 있었다. B.D. Pak(1993)에 의하면,

> 한국인들은 집을 짓고 또 자금과 가축이 부족하고 또 농기구가 원시적임에도 불구하고 성공적으로 농사를 지었다. 잘 가꾸어진 텃밭에[13] 씨를 뿌리고 또 밭에 귀리, 보리, 메밀, 옥수수를 심었다. Korsakov는 한국인이 러시아 땅에 머문 첫 해의 결과를 요약하여 다음과 같이 썼다. "이주 첫해에 한인들은 우리 쪽으로부터 아무런 혜택도 받지 않고 그들이 할 수 있는 만큼의 많은 양식을 거두었다. 연해주에서 가능한 빨리 경작의 발전을

---

11 만주퉁구스어가 중국어로 음차되었다가 다시 1972년 러시아어로 개명된 지명을 몇 보인다. 모두 한인촌이 있던 곳이다. F.V. Solov'ev(1975) 및 V.I. Cincius, et. al.(1975-77)을 참조. ('MT.'는 '만주퉁구스어', (중) 중국식 표기.)

MT. tumen-ula(두만강)>Tumen'-Ula>Tumanovka.

MT. lefu(곰)>Lefu(이주 초기에 건설된 한인촌, 레푸 또는 카자케비체바)>Ilistaya.

MT. dobi(암여우)>大北河(중)>(도비허(都兵河): 1883년 개척된 한인촌)>Arsen'evkaya.

MT(우디허語). nekte(멧돼지)>淖大河(중)>Naxtaxe>Kaban'ya.

MT. imagan(야생 염소)>伊瑪崗(중)>Iman(이만: 1898년 이후 한인 거주)>Dal'nerechensk.

MT. Amba-vira(호랑이-강)>王八泊子(중)>(암밤비: 1884년에 개척된 한인촌)>Ambabelaya.

12 F.V. Solov'ev(1975)에서는 러시아어로 바뀌기 전의 중국식 지명 표기를 볼 수 있다. 이 사전은 일부 지명이 만주퉁구스어에서 유래했을 것으로 보고 그 어원을 탐색하였지만 밝혀진 것은 많지 않다. '지신허'도 그 중의 하나일 것으로 추측된다. 러시아 지명학회에서 연해주의 지명에 대하여 발표한 논문들은 https://toponimika.ru/index.php?id=120에서 볼 수 있다.

13 "razveli xorosho ustroyennyye ogorody" 부분을 번역한 것인데 지금도 북한, 중국 조선족, 중앙아시아의 고려인들은 집채 주위를 밭으로 일구어 소채를 심는다. 고려인들은 이 텃밭을 '오고로드(ogorod)'라 부른다.

꾀하고 그 경작지에서 그들 자신의 양식을 보장할 수 있도록 하는 것이 바람직하다. 왜냐하면 이 사람들은 남달리 부지런하고 또 농사에 대한 애착이 강하다는 점에서 구별되기 때문이다.”

1864년에는 30채의 집에 약 140명이 거주하였다. 이때 최운국을[14] 포함한 3명이 침례 세례를 받고 1865년 1월 아내와 함께 러시아정교회로 개종하였다. 1868~1869년 사이에 지신허 마을을 이틀 동안 방문한 Przheval'skij(1870)에 의하면 그 당시에는 마을의 村長(starshina derevni)이었던[15] 최운국을 비롯한 수십 명의 한인들이 러시아정교회 신자였다고 하였다. 1878년의 조사(D.G. Anuchin: 1884)에 따르면 주민 844명 가운데 198명이 신자였다. 한인 이주민의 러시아 公民化와 이를 위한 러시아정교회 信者化가 이른 시기부터 시작되었던 것이다.[16]

2.2. 분산 이주의 거점 지신허

1863년 이후 지신허 마을은 시간이 흐름에 따라 점차 인구가 증가한다. 이주 초기부터 중앙아시아로 이주하기 전까지 지신허 마을의 인구는 1868년까지 가파르게 증가하다가 1869년에는 내지의 기사흉년으로 폭증한다. 이로 말미암아 이 지신허 마을을 거점으로 하여 다른 지역으로의

14 V. Pak(2013)에는 ‘Chxwe ungyk’, N.M. Przheval'skij(1870)에는 ‘Tsui Un Kygi’. 세례명은 ‘Petr Semenov’로 표기되어 있다.

15 ‘starshina derevni’에 대해서는 Ⅱ부의 「俄領實記」, Ⅲ부(권 2)의 “1.2.2(제1기의 어휘)”를 참고할 것.

16 박보리스(1997: 136), “비공식 집계에 의하면, 1872년 남부 우수리지방에는 496가구에 총인원 3,473명(남자 1,850, 여자 1,623명)이 거주하는 13개의 한인 정착촌이 있었다. 이들 가운데 2,154명은 러시아정교회로 개종하였다.”

분산 이주가 시작되었다. 자의로 집단을 이루어 이주하기도 하고 또는 러시아 정부의 주도로 이주하여 새로운 한인촌을 개척하였다. 지신허 마을은 중앙아시아 이주 전까지 대략 1,000명 내외의 인구를 유지하였다.[17]

B.D. Pak(1993)을 인용하여 반병률(2003a: 226)에서는 다음과 같이 말하고 있다.

> 1869년에 육진지방에 몰아닥친 대흉년은 1863년 이후의 간헐적인 이주와는 달리 한층 폭발적인 규모의 대이동을 가져왔다. 러시아 자료에 기록된, 1869년 가을, 겨울의 대이주를 살펴보면 1869년 9월 말~10월 초 1,850명의 농민(남자 1,300명, 여자 550명)이 다양한 루트를 통해 지신허 마을로 이주해 왔는데 이들은 아무런 의복이나 비축한 식량이 없었다. 이어 같은 해 11월 말, 12월 초에는 훨씬 더 많은 4,500명이 지신허로 몰려들었다. 이른바 기사흉년(己巳凶年)으로 불리게 되는 1869년의 대흉년으로 몰려들었다. 이 때문에 지신허는 폭발적으로 인구가 증가하게 됨으로써 새로운 마을을 건설할 필요가 생겼다.

1869년은 육십갑자로 己巳年이어서 이 해의 대흉년을 보통 '기사흉년'이라고 부른다.[18] 이 때문에 慶興을 비롯한 함북 북부의 많은 주민이 지신허로 이주하였다. 뒤바보는 「俄領實記(一)」(1920. 3.1)에서 기사흉년으

17 지신허 마을의 인구 수는 『俄國輿地圖』(193~194쪽), Tizinxe(Wikipediya), B.D. Pak (1993), V. Pak(2017), 반병률(2011), 김엘레나(2011), Karta Primorskoj Oblasti Yuzhno-ussurijskago Kraya(1908) 등을 참조. 같은 해라도 논저마다 수치가 다른 경우도 있다.

18 저자는 중국 조선족자치주 두만강변 한인 마을에서 오랜 동안 방언을 조사한 바 있다. 그때 제보자들은 일제강점기 전후의 '貧困'과 '굶주림'을 말할 때마다 '기사년의 흉년', '기사흉년'이라는 말을 입버릇처럼 자주 썼다. 무려 130여 년이 지난 지금까지도 '빈곤과 기아'의 대명사처럼 '기사흉년'이라는 말이 쓰이는 것을 보면 1869년의 흉년과 홍수로 인한 기근이 얼마나 참담했는가를 짐작할 수 있다.

로 말미암아 연해주로 이주하는 과정에서 이주민들이 겪은 참혹한 상황을 아래와 같이 기록하고 있다.

> 庚午(저자 주: 1870년) 春에 우리 移住民의 慘狀은 聞者後人으로 하여곰 哽咽하야 참 忍言할 수 업게 되엿다 甲子渡江(저자 주: 1864년)으로붓터 始하야 凡 七個年동안 各處에 移住한 者가 五百餘戶가 되는대 烟秋, 목허우(저자 주: 포시예트), 地新墟 等地에 飢死한 僵尸가 路上에 서로 枕藉하엿다 이때 목허우에 駐在한 俄官이 軍粮中으로셔 捐下하야 每一人에게 耳麥 一袋를 賙與함으로 一線生命을 暫時 保去함에 큰 補助가 되엿섯다 그때를 今日과 對照하야 보면 그야말로 太古적이엿다 大牛 一隻에 八元假量하엿다 그러나 小米 一斗(九斤假量)에는 三元을 주더라도 買得하기 難하엿다 그리하야 樹皮를 剝하고 草根을 採하야도 口給할 수 업서셔 父子相離하고 夫婦生別하는 光景도 慘酷다 하려니와 더구나 烹子分食한 나마에 連斃한 父母도 有하엿다 그럼으로 淸人의 斗穀에 그 女息을 換賣함은 常例되는 이때엿다

기사흉년의 여파로 월경한 이주민의 사체가 즐비하였다고 하였다. 황소 한 마리에 8원 하던 시절에 좁쌀 한 말을 3원을 주고도 못 사는 상황이고 초근목피는 물론 인육까지 먹는 일이 있었다 하니 식량 사정이 최악이었음을 알 수 있다. 그리하여 가정이 파탄 나고 중국인에 한 말 곡식을 받고 딸을 팔아넘기는 일도 성행했던 것이다.

1867년에는 600여 명이던 것이—1868~9년 사이에 지신허에서 다른 곳으로 이주하였음에도 불구하고—1871년 1월에는 1,200명으로 증가하였다. 함북 지방의 흉년과 기근으로 지신허에 많은 인구가 유입된 것이다. 때문에 지신허는 몰려드는 이주민을 감당하기 어렵게 되어 자의 또는 러시아 정부의 주도로 새로운 이주지를 찾게 되었다. 그리하여 1869

년에는 최초의 이주민 崔運寶가 한카이 관구 수이푼(Suifun, 秋風)의 '푸칠로프카'를 새로 개척하였다. 이어 1870~1872년 사이에 여러 차례 재이주가 있었다. 그 대표적인 한인 마을로는,[19]

얀치헤(Yanchihe, 煙秋/延秋, 1867)

<秋風四社, Suifun=綏芬河>[20]

푸칠로프카(Putsilovka, 六城村, 1869년 10가구)[21]

코르사코프카(Korsakovka, 허커우[河口], 1869)

크로우노프카(Krounovka, 황커우[黃口], 1872)

시넬리니코보(Sinel'nikovo, 永安坪, 大甸子, 1872)

<기타>

블라고슬로벤노예(Blagoslovennoye, 사만리, 1871년 8월)

아지미(Adimi, 芽芝味, 1872년 23가구)[22]

---

19 개척 연도는 V. Pak(2013)에 소개된 한인 마을의 역사와 「俄領實記」의 기록을 참고하여 제시한 것이다. 반병률(2011: 329~330)에서는 34개 한인촌 가운데 13개 마을이 지신허에서 이주한 이주민에 의해 개척된 마을이라 하였다.

20 '秋風三社'란 말이 『俄國輿地圖』(1884?: 169)에 처음 보인다. 「俄領實記」(『獨立新聞』(상해판) 1920. 3.1)에는 1869년에 秋風으로 이주하였고 그 이듬해(1870년) 6월에 빈민 60가구가 이주하였다고 하였다. '秋風'의 네 마을은 현재의 우수리스크 일대에 있었다. 역사적으로 발해 15府의 하나인 率賓府가 있던 곳으로 Suifun은 본디 '率濱'에서 비롯된 것으로 알려져 있다.

21 V. Pak(1913)에 마을 역사가 소개되어 있다. 푸칠로프카는, 연해주 행정관으로서 마을 건립에 헌신한 M. Putsillo를 기리기 위해 그의 이름을 따서 지은 이름이다. 그는 1874년에 최초의 노-한 대역사전인 『시편 노한사전』을 편찬하였다(Ⅱ부, 1.1 참고).

22 마을 이름은 아무르灣(Amurskij zaliv)으로 흘러드는 강 이름에서 유래하였다. 연해주 한인 사회의 관리 및 조세 수납의 권한을 가진 북도소(北都所)가 있던 곳이다. 지신허 이북의 한인촌은 아지미면(Adiminskaia Volost)에 속했다. 한편, 'Adimi'는 그 어원이 불분명한데 만주퉁구스어에서 유래하였을 것으로 생각된다. 형태 '-mi'를 가진 지명이

향산동(香山洞, 1875)

라선동(羅鮮洞, 黑頂子, 1875)[23]

자레치예(Zarech'e, 1880) 등이 있다.

푸칠로프카 마을은 지신허와 연추로부터 온 빈민들에 의하여 개척되었고 1869~1970년에 이주가 단행된 추풍 지역의 나머지 3개 마을은 지신허로부터 이주한 빈민들에 의해 개척되었다. 이어 1871년에는 러시아 당국의 주도로 하바로브스크 인근 블라고베셴스크의 블라고슬라벤노예(사만리)로 지신허와 연추 주민 103가구 431명이 이주하였다.[24] 이어 최봉준이 1875년에 香山洞을, 安炯國과 金求三이 1875년에 羅鮮洞(黑頂子)를, 金錫甫와 金正運이 1884년에 南石洞을 각각 개척하였다.

2.3. 주민의 성씨와 한국어 방언

최초의 이주로부터 15년이 흐른 1878년에 지신허 마을의 길이는 약 15km에 달하였고 170채의 농가에 844명이 거주하였다. V. Vislenev가

북부 연해주와 아무르강의 중류에 분포한다. 예: Udimi, Sidimi, Kilami, Tulami, Kolomi, Kiotemi, Taudemi(Dajimi). '-mi'가 강 이름에 붙어 있으므로 이 형태소는 '강'이나 '물'을 뜻할 가능성이 높다. F.V. Solov'ev(1975)는 '-demi'가 만주퉁구스어 기원의 지명일 것이나 어원은 분명하지 않다고 하였다. 한편 이 '-mi'가 이기문(1972a)에서 말한 고구려어의 '買[mai, mie]'와 관련되는지는 더 검토해 볼 문제다. 김영진(1982, 2002: 29-47)에서는, 경남 지명에 나타나는 '水, 川, 井'을 뜻하는 '-미'는 加耶語의 화석일 것으로 추정한 바 있다.

23 뒤바보(계봉우), 「俄領實記」(『獨立新聞』(상해판) 1920년 3월 1일자) 참고.

24 '사만리'라는 이름은 『俄國輿地圖』에 처음 '沙末里'로 표기되었다. 뒤바보(『獨立新聞』(상해판), 1920. 3.4)는 '사만리'로 표기하였다. 한편 어린 시절 사만리에서 살았던, 카자흐스탄 알마티에 거주하는 한글라피라 할머니는 '사만리'라는 지명은 마을 근처의 사말라강에서 유래하였다고 하였다. 이주민 가구 및 주민 수는 Ross King(2001: 137)에서 인용.

1878년에 조사한 인구 조사(D.G. Anuchin: 1884)에서 지신허 마을의 호적부에는 당시 한인의 가호 수, 성과 이름 및 가족 구성과 그 가족 구성원의 성별과 나이가 적혀 있다.[25]

가호는 170호이고 주민은 남자 462명(55%), 여자 382명(45%)으로 총 844명이다. 이 가운데 세례를 받은 사람은 198명(23%)이다. 나이는 21세~60세가 전체의 50%를 차지하며 60세 이상은 51명으로 6%에 불과하다. 이들 주민은 조사 시점을 기준으로 할 때 10년 전후에 이주한 사람들이므로 주로 40대 이하의 세대가 이주하였음을 알 수 있다. 힘든 이주와 개척 과정을 견딜 수 있고 정착지에서 왕성한 노동력으로 농사를 지을 수 있는 청장년과 그들의 자녀들이 주로 이주하였던 것이다.

성씨를 보면 다음과 같다. 로마자로 전사된 성씨 뒤의 괄호 안은 세대주의 성씨와 세대 수이다(일부 성씨는 추정). 성과 이름을 통해 지신허 거주민의 원적지와 그들의 한국어 방언을 추적해 보기로 한다.

> Kim(김金, 51), Han(한韓, 15), Pak(박朴, 12), Tsoj(최崔, 11)[26], Kan(강姜, 7), Di(니李, 6), Ten(뎡鄭, 6), Tyan(댱張, 6), Dyu(뉴柳, 5), Yu(유兪柳劉?, 5), An(안安, 4), Nyan(냥梁, 4), Mun(문文, 4), Chen(젼全/쳔千?, 3), Huan(황黃, 3), O(오吳, 3), Om(엄嚴, 3), Ce(서徐, 3), Yun(윤尹, 2), Pan(방方/潘반, 2), Tin(딘陳, 1), Tsa(자慈, 1)[27], Sek(석石, 1), Sin(신申, 1),

---

25 D.G. Anuchin(1884), *Sbornik" Glavnějshix" Official'nyx" Doku-mentov" Po upravleniyu Vostochnoi Sibir'yu*, Tom" 4: Inorodcheskoe naseleniye Priamurskogo kraya, Vypusk" P-j, Korejtsy i inorodtsy Yuzhno-Yssyrijskago Kraya Primorskoj Oblasti(동부 시베리아 경영에 관한 주요 공문서 선집, 권4, 아무르 지역의 비러시아인 인구, 초판, 연해주 남우수리 지역의 한인과 외국인), 1884 g., Irkutsk": Tifografiya Shtaba Vostochi. Sibirskago Voennago Okruga. 이 선집의 서문에는 1878년에 한카이 관구(지신허, 시지미 등)을 조사한 것으로 되어 있다.

26 세대주인 아버지는 Tsoj로 전사하고 딸은 모두 Tse로 전사하였다.

Chan(장張, 1), Nam(남南, 1), Paj(배裵, 1), De(녀呂?, 1), Te(됴趙?, 1).

비세대주: Chu(쥬朱/츄秋?, 1), Da(나羅?, 1), Nim(님林, 1), Nyu(뉴柳, 1), Son(孫손, 1), Ho(扈/許?, 1), Ko(고高, 1).

위와 같이 34개 성씨가 보인다. 이 가운데 자(慈), Sek(石) 씨는 주로 함경도 지방에 거주하는 성씨이다. 타성에 비해 김 씨가 월등히 많다. De, Te씨는 어떤 성씨를 표기한 것인지 분명하지 않다.

먼저 위 이주민들의 원적지를 추정하기 전에 함경도의 방언 특징과 방언구획을 간단히 언급해 두기로 한다.

함경도의 방언은 두 개의 방언권으로 구획된다. 하나는 두만강 유역의 육진 지역에서 쓰이는 육진방언(육읍방언, 룍진방언)이다. 다른 하나는 육진 지역을 제외한 정평 이북의 함경도에서 쓰이는 동북방언이다. 육진은 언어적으로 잔재지역(relic area)이며 이 지역의 방언은 고립방언(isolated dialect)의 성격을 지닌다. Ⅲ부(권 2) 1장에서 보게 되겠지만, 육진방언은 음운 면에서는 중세국어 내지는 근대국어 초기의 모습과 가깝다. 그러나 동북방언은 남부방언과 같은 개신이 이루어져 두 방언권은 음운론적으로 큰 차이를 보인다. 두 방언권을 분별할 수 있는 몇 가지 특징과 그에 해당하는 성씨를 보이면 아래와 같다.

1) ti, tyV: Ten(뎡鄭), Tyan(댱張), Tin(딘陳). cf. Chan(장張).
2) #ni, #nyV: Nyan(냥梁), Nim(님林), Nyu(뉴柳). cf. Yu(유 兪柳劉?).
3) syV: Se(서/셔徐), Sek(석/셕石)
4) #ni, #nyV: Di(니李), Dyu(뉴柳)
5) Tsoj(최崔), Chen(젼全/쳔千?)

---

27 만약에 車 씨라면 Чa로 적힐 것이다.

1)의 성씨를 보면 아직 ㄷ구개음화를 겪지 않았다. 이는 육진방언만의 특징이므로 이 성씨를 가진 이주민은 육진 지역 출신이다. 반면, Chan(쟝 張)은 ㄷ구개음화를 겪었으므로 이는 비육진 지역 출신이다. '댱:쟝'의 비율은 '6:1'이므로 육진방언권 출신이 다수이다.

2)의 성씨를 보면 어두 위치의, /ㅣ/나 활음 /y/ 앞의 /ㄴ/이 아직 탈락하지 않았다. 이도 육진방언의 특징이므로 역시 육진 지역 출신의 성씨라 할 수 있다.

1), 2)를 근거로 지신허 주민들은 대부분 육진 지역 출신자라 할 수 있다. 'Yu'는 俞, 庾씨를 적은 것이라면 모르되 만약 柳, 劉씨 성을 전사한 것이라면 이는 비육진방언권 출신이다. 이는 지신허에는 육진방언 화자 외에 비육진방언 화자가 거주하였음을 시사하는 것이다. 최초 이주시에 비육진방언권(함북 무산) 출신의 '최운보'라는 인물이 있었음을 앞서 말한 바 있다.

3)의 Se(서徐), Sek(석石)은, 이 호적부의 다른 전사 예를 참조하면, 이들이 본디 육진방언 화자라면 'Ше[Šə, 셔]'와 'Шек[Šək, 셕]'으로 전사되어야 하는데[28] 그렇지 않다. 호적부의 이름에는 샤, 셔, 쇼, 슈로 전사된 아래와 같은 예를 많이 볼 수 있다. š=sy.

> š[ш]: syugabi(슈갑이), syubomi(슈범이), insyu(인슈), syungei(슌경이), sensyugi(선슉이), paksyuni(박슌이), syubugi(슈복이) ….

따라서 Se(서徐), Sek(석石) 씨는 비육진방언 출신이다. 또 이를 달리 입증할 수 있는 근거가 있다. 1911년 무렵 상-지신허의 3개 촌락 중에는

28 예컨대 1904년에 간행된 『노한소사전』의 편집에 관여한 사람 중의 하나인 Gleb" Pavlovich" Shegaj(徐 氏)(Sidimi 출신)는 'Š[Ш=Sh]'로 전사하였다.

'Segetuj'라는 촌락이 있었는데 이는 '서개투이(서개툰[徐哥+-이+屯-이])'를 표기한 것이다. 'ㅣ' 모음 앞의 'ㄴ'이 선행 모음을 비음화하고 자신은 탈락한 것인데 이는 비육진방언(동북방언)의 음운 현상이다.

여기서 짚고 넘어가야 할 것이 있다. 그것은 1), 2)의 예가 과연 당시 한인들의 발음을 음성전사(transcription)한 것인지 아니면 전통적으로 써오던 한글 표기를 키릴문자로 문자전사(transliteration)한 것인지를 밝히는 문제인데, 4)의 예를 보면 음성전사가 틀림없어 보인다. 4)의 Di(니李)나 Dyu(뉴柳)를 보면 이들은 육진방언 화자이다. 어두의 '니-'를 'Di-'로 전사한 예는 성씨뿐만 아니라 연해주 한인의 방언을 전사 채록한 Putsillo의 『시편 노한사전』(1874), Matveev의 「노한소사전」(1900)에서도 볼 수 있다. 그리고 여러 외국인의 한국어 전사에서도 볼 수 있다.[29]

---

29 다른 자료의 인명 표기에 대해서는 Ross King(2001: 140-144), 곽충구(2007: 247-249)를 참고할 것. 곽충구(1988: 147, 1991: 76, [각주 13])에 의하면, 『시편 노한사전』(1874), Matveev(1900)에는 [m]이 [b]로, [n]이 [d]로 전사된 예가 다수 보인다. 이는 [ᵇm], [ᵈn]과 같은 동시조음(coarticulation)이 반영된 표기이다. 외국인들의 한국어 전사에서 이러한 예를 많이 볼 수 있다. 小倉進平(1930: 11), Ramstedt(1939), Martin(1982), 송민(1974). 『시편 노한사전』의 이러한 표기와 그 예는 곽충구(1988)을, Matveev(1900)의 예는 Ross King(1988)을 참고할 것.
이 동시조음에 대해서는 이병근(1980)을 참조. 김주원(2007)은 중앙아시아 고려말에 이 조음 특징이 있음을 밝히고 실험음성학적 방법으로 이 음성 특징을 분석하였다. 외국인들의 논저에는 한국어 어두 위치의 'ㄴ'을 [d]로 전사한 예가 많다. 이에 대한 미세한 관찰과 기술은 *Pervonachaljnyj Uchebnik Russkago Jazyka dlya Korejtsev*(Kazan: 1901), Predisloviye p. 17에서 볼 수 있다. "러시아어에서는 보통으로 발음하지만, 한국인들은 Д([d])에 가깝게 발음하는 음성 Н([n])(*각주, nɨbi (누이)는 거의 dɨbi처럼 발음되고, ne(너)는 de에 가깝게 발음된다) 외에, 한국인들은 Н([n])과 같은 성질의 다른 소리를 가지고 있는데, 그 소리는 Н҄([ŋ])로 전사된다. …"([저자 譯]). Matveev(1900)에는 한국어 단어의 어두 위치 'ㄴ'이 [d]로 전사되어 있다. 이는 한국어를 전사한 일본 측 문헌에서도 발견된다(송민: 1974). G.J. Ramstedt(1939)의 *A Korean Grammar* (p. 12)에서도 이러한 음성 특징에 대한 언급이 있다. "… local dialects with an initial sound between *n, l* and *d*, probably some kind of nasalised l with the tip of the tounge in the position of *d*. The word for 'four', elsewhere *nē*, was pronounced as *ⁿdui, ⁿlui* or

아지미(Adimi) 마을의 호적부에는 아래와 같이 '李'를 'Li(Ли)'와 'Di(Ди)'로 표기하였다.

Zhena Dissi(Жена Дисси)(아내 디 씨(=니 씨))

Syuguni Di(Шугуни Ди)(디슈군(=니슈군))

Tsonmei Di(Цонмеи Ди(디존명(=니존명))

Sagugi Li Luka(Сагуги Ли Лука)(리사국 루까)

Doch' Lissi Mariya(Дочь Лисси Мария)(딸 리씨 마리야)

Doch' Lissi(Дочь Лисси)(딸 리씨)

'Li(Ли)'는 전통적인 한자음 '리'를 표기한 것이고 'Di(Ди)'는 발화음 '니'를 전사 표기한 것이다. 다시 말하면 'Li'는 문자전사이고 'Di([^{d}ni])'는 음성전사이다.

서양인들은 국어의 'ni', 'nyV(냐, 녀, 뇨, 뉴)'와 같은 음절 구조의 'n'을 [d]로 전사한 경우가 많다. 활음([y])이나 'ㅣ' 모음 앞의 'ㄴ'을 조음할 때 실현되는 동시조음 [^{d}n]의 [d]를 전사한 것이다. '뉴(柳)'를 [dyu]로 전사한 것도 동일한 조음 특징([^{d}nyu])에 말미암은 것이다. 동시조음 [^{d}n]을 [d]로 지각한 것이다.

5)의 예를 보아도 음성전사일 가능성이 높다. 육진방언권은 중세국어처럼 '쟈, 져, 죠, 쥬'와 '자, 저, 조, 주'가 대립적이다. 5)의 Tsoj(최崔)는 치조음 'ㅊ'를 전사한 것이고 Chen(젼全/쳔千?), Chan(쟝張, Tyan> Ch[ʧ]an)은 경구개음 '져, 쟈'를 전사한 것이 분명하기 때문이다.

위 호적부의 성과 이름 전사는 한국어와 러시아어의 음운체계가 다르기

---

duin, luin. the preson I met seemed not to be able to distinguish between l, n, d and r at the beginning of a word. …"

때문에 키릴문자로 한국어를 정확히 전사하기는 어렵다. 모음체계를 보면,

한 국 어:	ㅣ(i)	ㅔ(e)	ㅐ(ɛ),	ㅡ(ɯ),	ㅓ(ə),	ㅏ(a),	ㅜ(u),	ㅗ(o),	ㅟ(ü),	ㅚ(ö)
러시아어:	и	э		ы		а	у	о		

위에서 보듯 키릴문자로는 한국어 모음 [ɛ], [ə], [ü], [ö]를 적을 방도가 없다. Tsoj(최崔), Paj(배裵)의 모음은 한글 자모 'ㅚ', 'ㅐ'를 각각 'ㅗ+ㅣ', 'ㅏ+ㅣ'로 나누고 그것을 문자전사한 것이다.

자음체계에서, 한국어는 평음, 경음(된소리), 유기음이 변별적이지만 러시아어는 비변별적이다. 간단히 연구개음의 예를 보이면,

한 국 어:	ㄱ(/k/),	ㄲ(/k'/),	ㅋ(/kʰ/),	ㅇ(/ŋ/)
러시아어:		/к/(=k)		/н/(=[n], [ŋ])

또 ㅇ([ŋ])은 러시아어에서 음소가 아닌 /n/의 변이음이므로 역시 한국어의 /ㅇ/을 적을 방도가 없다. 위 성씨의 Ten(뎡鄭), Tyan(댱張), Nyan(냥梁)의 받침이 모두 'n'으로 전사된 것은 그 때문이다.

그리고 호적부에서는 '쟈, 져, 죠, 쥬'와 '자, 저, 조, 주' 그리고 '샤, 셔, 쇼, 슈'와 '사, 서, 소, 수'를 구분 표기하였다. 이는 육진방언의 특징이다.

지금까지 지신허 호적부에 등재된 한인들의 성명을 검토한 바에 의하면 육진방언의 특징이 현저하다. 비육진방언의 특징도 일부 보이나 육진방언에 비할 바가 아니다.[30] 따라서 지신허 한인의 방언은 육진방언이라

---

30 Ⅱ부(5장)의, *Slova i Vyrazheniya k" Russko-Koreyskim" Razgovoram"*(『노한회화에 대한 단어와 표현』, 1904)는 지신허 마을에서 쓰이는 한국어의 문법을 기술한 책인데,

할 수 있다.

한편, 위 호적부를 보면 아이들은 대부분 남자아이건 여자아이건 이름이 없다. 남자아이는 대체로 10세 미만은 모두 '놈(Nomi)'이다. 15세의 사내아이를 '놈'이라 부른 집도 있다. 남자아이가 둘 이상이면 '둘째', '셋째'라 불렀다.

N.A. Nasekin(1895/1904: 43)에 의하면, 남자 아이들은 '놈'이라는 이름 외에 3세 미만의 소년은 "nomi(놈), muadzi[sic.](→šuadzi[šwɛdzi] =쇄지, 송아지), tusdzi[sic.](→tuadzi[twɛdzi]=돼지, 새끼 돼지), kadzi[sic.](→kadzi[kɛdzi]=개지, 강아지)[31] 등으로 불렀다."고 하였으나 위 호적부에는 '놈' 외에는 보이지 않는다. 남자아이들은 대체로 10세 이후 이름을 가진 것으로 보인다. 여자아이는 '고분녜', '귀인녜' 또는 태어난 순서대로 '둘째, 셋째, 넷째'와 같이 불렀을 뿐 이름이 없다. 위 지신허 호적부에 오른 여자는 모두 성씨만 등재돼 있다.

한편 이들 이주민은 여러 세대의 친척으로 구성되어 있다. 이는 가까운 친척들끼리 이주하였거나 처음 이주 후 가까운 친척을 불러들였기 때문이다. 대체로 후에 이주하는 이들은 동향이거나 가까운 친척이 대부분이다.[32] 대가족은 없고 오직 3가구만 5~6명의 자녀를 두었다. 가구당 1~2명의 아이들을 두었는데 88가구가 그런 가족이고 이는 약

육진방언을 보여 준다(p. 461, II부 5장을 참고). 이 책의 [각주 2]에서는 "일상어로 쓰이는 모든 助詞들은 연해주 한인의 방언인데, 그 중에서도 특히 지신허(Tizin-h'e) 마을의 방언이다. 그러나 이 마을에 살고 있는 모든 한인이 이 책에 전사된 것처럼 말하지 않는다는 사실을 미리 말해 둔다. 이는 그들이 각각 다른 지방으로부터 이 마을로 이주한 데 말미암는다."고 하였다.

31 '→'는 표기의 오류를 바로 잡은 것이다. 이는 키릴문자 필기체의 글자꼴이 비슷해서 생긴, 조판 과정에서의 오류이다. 한편, 이 시기의 '돼지'는 '어린 새끼돼지(porosënok)'를 뜻하는 말이었다(표30, 사87).

32 뒤바보의 「俄領實記」(1920) 참조.

51.7%에 달한다.

2.4. 학교와 교회

20세기에 들어서서 계속되는 이주민의 증가로 지신허는 상-지신허, 중-지신허, 하-지신허로 나뉜다. 하-지신허는 '하사(下社)'로 불렸다. '사(社)'는 전통적으로 함경도에만 있었던 행정 구역 명칭으로 보통 큰 리(里)나 면(面) 정도에 맞먹는다.[33] 고국에서 쓰던 행정 구역 명칭을 그대로 쓴 것이다.

1911년 지신허의 농기구와 주민 수는 아래와 같다.

농구와 주민 ╲		상-지신허	중-지신허	하-지신허	합계
농구	가대기[34]	52	?	77	129
	풍구	6	?	4	10
주민	가구	43	78	83	204
	인구	297	500	493	1290

1911년 중-지신허에는 78가구에 500명의 한인이 살고 있었다. 이곳에는 학교, 교회, 농촌 정부, 2개의 제조소 및 식료품점이 있었다. 하나는 한국인의 것이고 다른 하나는 중국인의 것이다. 주민은 모두 농업에 종사하고 귀리, 콩, 수수, 옥수수, 감자를 재배했다.

상-지신허는 지신허 강의 상류에 있었는데 세 개의 작은 마을로 구성되어 있었다. Sam-gori(삼거리), Segetuj(<서개툰-이), Kachegi(개척(開拓)-이)가 그것이다. 이 가운데 Segetuj(서개툰)은 앞서 말한 바와 같이 서(徐)

33 '社'를 비롯한 연해주 한인의 각종 제도와 그 명칭은 III부(권 2, 1.2.2. 1)를 참고할 것.

34 밭갈이에 사용하는 소 두 마리가 끄는 육중한 농기구. 볏이 없다.

씨 집성촌이었던 것으로 보인다. '툰(屯)'은 중국어로 '마을'을 뜻한다. '툰+-이>퉁이>투이(tuj)'의 변화로, 이는 'ㄴ'이 'ㅣ' 모음 앞에서 선행모음을 비모음화하고 탈락한 것이다. 이 같은 비모음화는 비육진방언의 음운 현상이므로 'Segetuj'는 비육진방언권 출신자들의 촌락임에 틀림없다.

1911년에는 83채의 농가가 있었고 493명의 사람들이 살았다. 농작물 재배는 중-지신허와 같다. 그 기간 동안 마을은 4개의 풍구(4 korejskix veyalki[35]), 76개의 한국 쟁기, 1개의 쇠쟁기를 갖추고 있었다.

위 기록에 의하면 중-지신허는 학교, 교회, 농촌 정부 등이 있었던 점으로 미루어 지신허의 중심지였음을 알 수 있다. 하-지신허와 상-지신허의 중간에 위치하여 지신허의 중심이 되었던 것이다.

한편 러시아 당국의 정책 목표대로 1872년에는 정교회 예배당이 생기고[36] 1900년에는 교회가 들어섰다. 교육 기관은 이주 후 30년이 지난 1893년에 이르러서야 정식으로 설립되었다.[37]

이주 직후에는 빈곤과 신교육에 대한 거부감으로 교육이 이루어지기

35 풍구(風-): 탈곡한 후 곡물에 섞인 쭉정이, 지푸라기, 먼지 따위를 날려서 제거하는 농기구.

36 O.V. Lynsha(2006: 4)에 의하면 피얀코프(V.G. P'yankov) 사제에 의해 세워진 것으로 보인다. 피얀코프는 1871년 극동 니콜스키 마을의 한인 선교사 겸 신부로 임명되어 1874년까지 활동하였다. 그는 지신허 소재 선교학교의 학생 Semyon Tsoi, Ivan Ten, Ilya Kim, Peter Tsoi(최재형)을 블라디보스토크로 데려다 가르쳤다. 극동에 체류하는 동안 피얀코프는 최대 1,300명의 한국인에게 세례를 주고 100명 이상의 학생이 있는 3개의 학교를 설립했다. 그리고 1874년에는 상트페테르부르크에서 최초의 한국어 철자 교본 『남우수리 지방 한인 학교용 한국어 철자 교본』(V pol'zu koreskix shkol Yuzhno-Ussurijskogo kraya, *Korejskaya Azbuka*)를 저술하기도 하였다(G. Kim: 2008).

37 N.A. Nasekin(1895/1904: 23-30)에 의하면 1895년에, "한인촌의 학교는 총 10개소로 포시예트 구역에 6(크라스노예 셀로, 자레치예, 노바야, 얀치헤, 지신허, 아지미), 수이푼 구역의 모든 마을에 4개소, 상-우수리와 수찬 지역에는 단 1개소도 없었다. 학생은 총 277명의 남학생으로 여학생은 단 한 명도 없었다."고 하였다. 얀치헤 마을에는 1883년에 소학교가 설립되었다(「俄領實記」).

어려웠고 소수의 사람들만이 전통적인 방식대로 한문 중심의 교육을 받았다.[38] 뒤바보의 「俄領實記」에는 이주 후의 교육 상황을 아래와 같이 말하고 있다.[39]

… 子弟教育은 背景으로 하고 다만 口腹을 謀營하기에 一生을 汲汲히 하엿다 비록 教育을 한다 하더라도 孟孔이 打令에 지나지 못하고 甲子渡江한 後 凡三十年동안 常平通寶라는 母國葉錢을 그양 通用한 그 守舊性에 對하야 新教育이란 三字를 勸導함은 夢中譫語에 不過하엿다 貧困하기 때문에 就學하기 不能한 事實의 그 一例를 擧하면 崔才亨氏의 幼時 苦學한 것이 實證이 되엿다 그가 俄國學校에 做業할 제 그 貧寒이 엇지 到骨하엿든지 곳.「慰神이라말」집에 가서 乞餠療飢한 일도 잇섯고 三冬이면 履●이 업서셔 藁草를 가지고 雪上으로 步往하다가 그 藁草를 펴고 跌足의 凍氣를 禦하엿다고 한다 또 守舊性이 深固하기 때문에 그 子弟를 俄學校에 入學식히려고 아니하엿다 그 一例를 擧하면 이러하다 紀元四二一六年(저자: 1883년) 癸未에 俄學校가 처음으로 烟秋에 設立되야 入學年齡된 韓人子弟를 募集하는데 或 엇더한 父母는 此를 忌避하다가 不得已한 境遇에는 隣家子弟를 雇代하야 工夫식힌 일도 有하다고 한다 設或 그 子弟로 하야곰 就學케 한다 하더라도 그 主意가 高尚한 人格을 養成함에 잇지 아니하고 日常生活上의 將來經營으로 俄文俄語를 做得하여야 된다는 口實下에서 그 父母는 工夫식히고 …

38 『韓人新報』의 고정 칼럼 「강동쉰해」(뎨三장 갑신년 십년간)(1917. 9.23)에는 1884년 무렵의 자녀 교육에 대한 기사가 있다. "유진률, 김도일 등은 아국 즁학교에 입학하다. 이때 한인들은 자녀를 아문학교에 보내기를 슬어하야 혹 피치 못할 경우에는 남의 자뎨를 대로 보내거나 혹은 맛아달은 한문을 읽히고 마감아달이나 아문공부를 식히더라(남의 자제를 대신 보내거나 혹은 맏아들은 한문을 읽히고 막내아들이나 러시아어를 공부시키더라).", "연추의 박영휘, 셔샹준은 내달 과거보라 가니 아령 우리 사람즁에는 처음 일이더라." (밑줄: 저자)

39 「俄領實記」(『獨立新聞』(상해판) 1920, 4.3)에서 인용.

연해주의 재력가이자 독립운동가인 최재형의 사례를 들어 이주 후의 빈곤 및 모국의 전통과 관습 때문에 대부분의 사람들이 러시아 학교에 자녀를 보내지 않았음을 말하고 있다.

O.V. Lynsha(2006: 4)에 의하면 1866년에 최초로 지신허에 학교 설립이 추진되고 교구재가 준비되었으나 마땅한 교사가 없어 1868년에 가서야 문을 열었지만 그마저도 지속되지 못하고 1년 만에 문을 닫았다. 특별히 교육을 위한 시설이나 방은 없었고 어린이들은 예배당이나 여러 개의 방을 가진 개인 집에서 공부했다. 그러다가 1873년에 다시 문을 열었으나 교사들의 급여를 줄 수 없어 다시 문을 닫았다. 그러다가 1979년에 다시 문을 열었다(학생 수-25명. 거리가 멀어 겨울에는 16명). 그 뒤 중-지신허에 面長 최재형의 주도로 1893년 교구 학교(Missionerskiye uchilishcha)가 설립되었다.[40] N.A. Nasekin(1895/1904: 24)에는 지신허 교구 학교의 校舍, 학생, 교과 과정, 교구재 등에 관한 사항이 아주 세세하게 기술되어 있어 번역하여 아래에 보인다.

> 규모가 큰 지신허에서, 학교(중-지신허에 위치)는 面(volost)의 도움으로 지어졌으며, 토목 공사는 물론 건축 자재는 지역 사회(조합)가 제공하였다. 面은 학교의 가구와 교과서뿐만 아니라 목공, 유리 등의 비용을 지불하였다. 학교는 面長 崔 氏의 주도로 1893년에 설립되었다. 이전에는 학교를 위한 별도의 공간이 없었으며 예배당과 방에서 공부했다. 집 외부

40 O.V. Lynsha(2006: 50)에 의하면, 면장이 되기 전 1890년 최재형은 자레치예(Zarech'e), 지신허, 아지미 마을에서도 학교를 설립하는 데 도움을 주었다. 지신허 마을에는 학교 건물이 없었고 아이들은 교회에서 공부했다. 학생은 13명. 아지미 학교에는 인근의 랴자노브카(Riazanovka), 페스차나야(Peschanaia), 브루시예(Brus'e) 마을의 아이들도 통학했다. 학생은 모두 9명. 자레치예 마을에는 14명이 다녔다. 1895년에는 지신허 학교의 학생수가 18명으로 늘어났다. 아지미 학교에는 38명의 학생이 다녔는데 학생들의 나이는 8세에서 16세 사이였다. 그 중 두 명은 결혼한 남자였다.

를 판자로 덧댄 농가 형태의 학교는 교실 공간이 넓고 밝고 높으며 길이는 약 5.7m, 너비는 6.4m이며, 유리창이 4개가 있고, 다섯 사람이 쓸 8개의 책상, 학습용 사진, 지리부도가 있다. 面 학교 운영 경비는 400루블이다. 교사는 얀치헤 학교(Yanchixinskaya shkola) 과정을 졸업한 18세의 신세멘(Semen Sin) 선생으로 한 달에 18루블의 급여와 난방과 조명이 되는 방을 받는다. 학교에는 교사를 위한 2개의 방과 각각 창문 2개가 있고 부엌이 있다. 학생은 18명으로 3개의 반으로 나뉜다.

제1반(상급반)은 3명의 학생이 있고 학습 과정은 2년이다. 이 반에서는 하나님의 율법, 구약과 기도를 가르친다. 하늘에 계신 우리 아버지와 성모 마리아에 대한 기도, 신앙의 상징 및 계명 등은 잘 답할 뿐만 아니라 기도를 알고 있다. 그들은 읽고 받아쓰기를 아주 잘한다. 산술은 4가지 算法(뺄셈, 덧셈, 곱셈, 나누기)를 잘 대답했다.

제2반은 9세~13세 나이의 학생 5명이 있다. 1년 반의 읽기 과정을 밟는다. 하늘의 왕, 우리 아버지, 사도신경에 대한 기도를 가르친다. 읽는데 書法에서는 더듬거린다. 산술: 더하기, 빼기, 곱하기를 한다. 그들은 아주 잘 쓰고 읽고 寓話를 알고 있다.

제3반은 8세~12세 나이의 학생 10명이 있다. 1년차는 알파벳을 알고 약간의 기도를 한다. 몇 학생은 500까지의 수를 잘 읽고 쓴다. 그들은 읽기를 잘하고 석판 위에 쓴 단어를 잘 이해한다. 修學하는 학생은 모두 지신허 마을 사람이다.

위 기록을 통해, 1890년대 초 교구 학교의 규모, 학제, 교과 내용을 알 수 있다. 러시아정교회의 교리를 학습하는 것이 핵심이고 또 키릴문자를 익히고 러시아어를 읽고 쓰는 교육이 이루어졌음을 알 수 있다. 그리고 산수, 과학, 세계지리와 같은 교과가 있었다.

한편, 위 인용문 중에 "寓話를 알고 있다"라고 한 점에 주목할 필요가 있다. 이는 우화를 바탕으로 러시아어의 철자를 가르치는 '철자 교과서'가 있었는데 그와 관련이 있을 것이다. 이 철자 교과서는 L.N. 톨스토이의 *Novaya Azbuka*(1873-4년)(『새 철자 교과서』)이다. 이 교과서는 1902년에 카잔사범학교(Kazanskaya uchitel'skaya seminariya)에 재학 중인 한인 학생들에 의하여 한국어로 번안된다.[41] 그 철자 교과서가 바로 *Azbuka dlya Korejtsev*(『한인을 위한 철자 교과서』)이다(곽충구: 1991/1994: 20-26, 한지형: 2018). 이 교과서는 연해주 한인 학생들의 러시아어 교육을 위해 편찬되었는데 많은 내용이 우화로 꾸며져 있다. 위 지신허의 교구 학교에서는 이 *Azbuka dlya Korejtsev*가 간행되기 전에, *Novaya Azbuka*를 통해 키릴문자를 익히고 러시아어를 학습하였던 것이다. 이러한 사실은 N.A. Nasekin이 "철자를 잘 쓰고 읽고 말한다"고 한 점과 "우화를 잘 알고 있다"라고 언급한 점을 통해서 알 수 있다.

*Novaya Azbuka*는 러시아어를 배우는 초심자가 러시아어 자모인 키릴문자를 효과적으로 익히고 간단한 문장을 터득할 수 있도록 꾸며진 학습서이다. 寓話는 어린 학습자들에게 흥미를 주어 학습 효과를 높이고 교훈을 전달할 수 있다. 이 *Novaja Azbuka*는 러시아인뿐만 아니라 러시아

41 카잔사범학교는 교사 양성을 위한 중등 교육 기관. 1872년에 '카잔 외국인 교사 신학교'로 개교(1884년까지). 러시아인과, 세례를 받은 추바시, 타타르, 마리스, 모르드빈, 우드무르트인 학생이 각각 절반씩 입학하였다. 수업 연한은 3년이고 수료 후 6년 동안 의무 복무를 했다. 1875년 첫 졸업생을 배출한 후 1918년까지 1000여 명의 교원을 배출하였다(http://enc.cap.ru/?t=publ&lnk=248).
한편, 19세기 말과 20세기 초, 카잔사범학교에는 한인 학생들이 있었다(아래 명단 참고). Y.H. Toivonen(1950)에 의하면, 그 무렵 미지의 한국어를 알고 싶어 했던 알타이 어학자 G.J. Ramstedt는 이들 한인 학생들을 만나기 위해 카잔사범학교를 방문하였다가 이교도라는 신분 때문에 만나지 못하였다. 이 때가 1898년이다. 이들 학생들이 『한인을 위한 초급 러시아어 교과서』(1901), 『한인을 위한 철자 교과서』(1902), 『시편 노한소사전』(1904) 등 한국어 문헌의 편찬에 관여한다(Ⅱ부의 문헌 해제를 참고).

영내에 거주하는 소수 이민족의 러시아어 교육에 많이 사용되었다(『시편 노한소사전』, 序文: III). 그러나 러시아어를 배우는 당시 연해주 한인 학생들에게는 러시아어를 쓸 일이 거의 없고 또 러시아어를 잘 알지 못하였기 때문에 러시아어로 된 *Novaja Azbuka*를 이해하기 어려웠을 것이다. 때문에 이 책을 키릴문자로 전사한 한국어로 교육함으로써 쉽사리 키릴 문자를 터득할 수 있었던 것이다.

위 키릴문자로 전사된 『한인을 위한 철자 교과서』의 한국어는 바로 지신허 마을 출신의 두 학생과 시지미 마을 출신 학생의 한국어 방언이다. 이들은 카잔사범학교에 입학하기 전, 위 교구 학교를 다니면서 *Novaja Azbuka*를 통해 러시아어를 배웠을 가능성이 높다.

이 『한인을 위한 철자 교과서』를 비롯하여 II부에서 보게 될, 1901~1904년 사이에 카잔의 러시아정교선교회에서 간행한 한국어 출판물의 편찬에는 카잔사범학교에 재학 중인 한인 학생들이 참여하였다. 그 명단은 아래와 같다.

〈표 2〉 카잔 한국어 문헌 편찬에 참여한 카잔사범학교 학생 명단

책	간년	한국어 화자 겸 편집 참여자	출신지	선대거주지 이주 연도
『한인을 위한 초급 러시아어 교과서』	1901	Yakov" Andreyevich' Kim"(金 氏)	얀치헤	1901 수료
		Moisej Pavlovich' Lyan"(梁 氏)	얀치헤	1901 수료
		Mikhail" Vasil'yevich' Ten"(鄭 氏)	얀치헤	1901 수료
		Petr" Yeliseyevich' Xan"(韓 氏)	아지미	
『한인을 위한 철자 교과서』	1902	Gleb" Pavlovich" Shegaj(徐 氏)	시지미	길주 1882
		Nikita Petrovich" Xan"(韓 氏)	지신허	경원 1872
		Konstantin" Fomich" Kan"(姜 氏)	지신허	경흥 1872
『노한회화』	1904	Konstantin" Fomich" Kan'"(姜 氏)	지신허	
『시편 노한소사전』	1904	Konstantin" Fomich" Kan"(姜 氏)	지신허	
		Nikita Petrovich Xan"(韓 氏)	지신허	
		Gleb" Pavlovich" Shegaj(徐 氏)	시지미	

『시편 노한소사전』	1904	Vasilij Vasiljevich Ogaj(吳 氏)[42]	화타시	
		Andrej Abramovich Xan"(韓 氏)[43]	지신허	
		Andrej Konstantinovich Xan"(韓 氏)	얀치헤	
		Moisej Pavlovich" Lyan"(梁 氏)	니고르노예	

한편 1905년에는 지신허 학교의 학생 수가 남학생 77명 여학생 18명으로 크게 증가하였다. 교사는 아드리안 세르코프(Adrian Serikov)와 니키타 한(Nikita Xan)이었다.

1909년 5월 18일의 총회에서는 교회 규정에 따라 기독교 규율을 연구하고 실행하기 위한 위원회나 협회를 만들자는 제안이 있었다. 그리고 교회 규정에 따라 진보 문명을 위해 노력하고 낡은 전통적 편견을 포기하자고 하였다. 시대의 흐름에 따라 새로운 사조와 문명을 적극적으로 받아들이겠다는 의지의 표현이다. 1909년에는 지신허 선교 캠프에서 168명이 침례를 받았다. 새로운 사상과 제도를 받아들이고 러시아 공민의 길로 나아가고자 한 것이다.

지금까지 지신허 마을을 통해서 본 연해주 한인 사회의 역사 또는 학교 교육에 의하면 제1기(1863~20세기 초)의 한국어는 원적지 방언에서 크게 변화하지 않았을 것으로 생각된다. 왜냐하면 전통적인 생활 문화를 견지해 왔고 신교육에 대한 거부감이 강해 학교 교육을 받은 이가 매우

42 1912년 4월에 사제가 되어 신한촌의 인노겐티 교회 학교의 교사로 활동하였다.

43 Korejtsy-zhertvy politicheskix repressij v SSSR, 1934-1938 gg.,(t.5, Moskva, 2004)에 의하면, Andrej Abramovich Xan"(한명세)는 1885년생으로 레닌그라드 낙농장 교육부장, 코민테른 집행위원회 한국사무국 위원이었으며 1937년 거주지 레닌그라드에서 처형당했다. 반병률(2003a: 236-237)에 의하면, 한명세는 지신허 한인학교 교장을 지내다가 1920년 러시아공산당에 가입 후 이르쿠츠크파 고려공산당의 핵심 간부를 지냈다. 러시아 원동 지역의 당, 교육기관에서 중심적인 역할을 하였으며 니콜스크-우스리스크의 고려사범전문학교의 교장을 지냈다. 한명세를 비롯한 한인 공산주의자들에 대한 숙청은 윤상원(2013: 72~80)을 참고할 것.

적은 데다 그나마도 학교 교육은 러시아어 교육과 정교회의 교리를 가르치는 데에 집중되었기 때문이다. 그러나 지신허에도 한국어의 여러 지역적 변종들이 쓰였을 것이므로 소수의 변종들이 육진방언의 영향을 받아 수평화(leveling)하는 과정을 밟았을 것이다. 뒤에서 보게 될『한인을 위한 초급 러시아어 교과서』(1901)의 한국어가 그러한 사실을 말해 준다.[44]

러시아 혁명 후 극동에서는 1922년에 사회주의 소비에트 체제가 성립되었다. 이로 인해 지신허 한인 마을도 근본적으로 변화하였다. 1926년 마을 소비에트가 만들어졌고 그다음 포시예트 기계-트랙터국에 예속된 크라스느이 옥쟈브르(Krasny Oktyabr) 집단농장이 마을에 들어섰다. 이후 1937년 강제 이주시 지신허 한인들은 중앙아시아 우즈베키스탄의 사마르칸트로 이주함으로써[45] 1863년에 건설된 최초의 한인촌 지신허는 이주 75년만에 역사의 어둠 속으로 사라져 버리고 말았다.

44 변종간의 수평화는 음운에서 현저하게 나타난다. 예컨대 위『철자 교과서』에서 'ㄱ구개음화형'을 모두 비구개음화형으로 교정한 점, 모든 문헌에서 ㄷ구개음화에 대한 과도교정형이 다수 출현하는 점, '디나다>기나다'와 같은 과도교정형이 출현하는 점이 그러한 수평화의 단적인 예다. 어휘에서도 이러한 수평화가 이루어졌을 것인데 수평화는 대체로 수적으로 우위를 점한 육진방언을 중심으로 이루어진다.

45 반병률(2003a: 238, 각주 82)에 의하면 지신허 마을 집단 농장의 주민들은 1937년 가을 우즈베키스탄의 사마르칸트에 위치한 '칼맑스 콜호스'로 강제 이주되었다 한다.

3. 맺음말

三政의 문란과 자연 재해로 인한 기근으로 1863년 함북 주민이 두만강을 건너 연해주로 이주하였다. 최초의 이주 정착지 지신허(地新墟)(Tizinxe, 鷄心河)는 이 마을 앞을 흐르는 강 이름에서 유래하였다. 이후 1968~9년에는 이른바 己巳凶年으로 함북 북부의 주민이 대거 이주하여 지신허에 잠시 머물다가 북부 우수리스크로 이주하여 秋風四社(Suifun)의 네 마을을 개척하였다. 이어 비슷한 시기에 동부 수찬(Suchan, 水淸)에 한인촌 신영동 등이 들어서기 시작함으로써 이 세 거점을 기반으로 연해주 전역에는 1937년 강제 이주 전까지 약 440여 개의 한인촌이 산재해 있었다.

Ⅰ부에서는 지신허 마을을 대상으로 마을의 형성과 그들이 말하는 한국어 방언, 학교와 교육, 생활 문화 등을 살펴 연해주 한인 사회의 이면을 들여다보았다. 1878년의 인구 조사에 의해 호적부에 등재된, 이주민의 성과 이름을 통해 본 지신허 마을의 한국어 방언은 함북 북부의 육진 방언이다.

초기에 교회 학교가 있었지만 한인의 호응도 좋지 않고 또 정부의 지원도 원활하지 않아 제대로 운영되지 못했다. 1893년에 이르러서야 최재형이 주동이 되고 또 주민들의 자발적 지원으로 학교가 들어섰지만 학생 수는 많지 않았다. 이 시기 이전에는 한학 위주의 교육이 이루어졌고 러시아 학교는 기피 대상이었다. 러시아 학교의 교과 내용은 '러시아어, 러시아정교회 교리, 산술, 세계지리' 등이고 한국어 교육은 이루어지지 않았다. 때문에 19세기 말까지 농촌의 한인 마을에서는 러시아어를 아는 이가 드물었다. 일찍이 V.G. P'yankov 사제가 1874년에 『남우수리지방 한인 학교용 한국어 철자 교본』을 간행한 바가 있고 1900년에는 K. Kuzmin이 『문법 규칙과 연습이 딸린 한국어 학습을 위한 초급 교과서』(Elementarnoye posobiye k izucheniyu korejskogo yazyka, s grammaticheskimi pravilami i uprazhneniyami"(Xabarovsk, 1900)를 간행한 바 있지만 이들 책자가 한인 학교에서 사용되었는지는 확인하기 어렵다. 적어도 20세기 초까지는 대체로 한인들의 자녀는 한문 교육을 받고 소수의 학생이 러시아 학교에 다녔기 때문에 이 시기는 원적지 방언이 쓰이되 여러 지역 방언 가운데 이주지를 선점하고 수적으로 다수를 차지한 육진 방언이 우월적 지위를 누릴 수 있었다. 그러나 한인 공동체는 여러 지역 방언 화자들이 모여 살았기 때문에 지역 방언간의 수평화(leveling)가 점진적으로 진행되고 있었다.

20세기에 들어와서 애국계몽운동기에는 개화기 중앙어의 수용이 점차 증가하고 사회주의 혁명 후에는 사회주의 사상이나 혁명과 관련된 새로운 어휘, 러시아어가 연해주 한국어의 어휘 체계에 자리 잡게 됨으로써 연해주 한국어는 큰 변화를 맞게 되는데 이에 대해서는 Ⅱ부와 Ⅲ부(권2)에서 논의된다.

II부

제정러시아에서 간행된 한국어 문헌과 한국어

II부.

제정러시아에서 간행된 한국어 문헌과 한국어

1. 노한사전 및 노한 대역어휘집

1.1. *Opyt" Russko-Korejskago Slovarya*(『試篇 露韓辭典』[1])

(M.P. Putsillo, 상트페테르부르크, 1874)

1.1.1. 『시편 노한사전』의 체재, 편자, 서문

1.1.1.1. 사전의 체재

1874년 제정러시아의 상트페테르부르크(Sankt-Peterburg)에서 미하일

1 곽충구(1988, 1991/1994, 2008)에서는 이 사전을 '로한ᄌᆞ뎐'이라 칭한 바 있다. 이는 저자가 소장하고 있는 사전 복사본의 속표지 맞은편에 '로한ᄌᆞ뎐'이라는 手記가 있어 그리 명명했던 것이다. 저자의 복사본 원본은 현재 그 소재를 알 수 없다. 그런데 서울대 및 러시아 소재 대학 소장본에는 '로한ᄌᆞ뎐'이란 표기가 없다. 따라서 이 표기는 후일 사전 소장자가 기입해 넣은 것으로 보인다. 여기에 그 사실을 밝혀 두며 앞으로는 『시편 노한사전(試篇 露韓辭典)』이라 부르기로 한다. 小倉進平(1931/1944: 398-406)은 사전의 편찬 경위, 수록 한국어의 방언 특징을 음운, 어휘, 어법으로 나누어 간략히 기술하였다. 이어 최학근(1976)은 사전 서문을 번역 소개하고 역시 한국어의 방언 분포, 음운, 어휘, 어법상의 특징을 소개하고 『北塞記略』의 함북 방언과 비교하였다. 곽충구(1988)은 사전의 체재, 구조, 전사, 수록 한국어의 성격 등을 미시적으로 논의한 논문이다. J.R.P. King(1991: 40-157)에서는 음성, 음운(사), 어휘, 문법으로 나누어 수록 한국어를 기술하였다. 그 뒤 홍기순(2011)에서 사전의 편찬 경위 체재에 대한 논의가 있었다. Noskova Natalia(2012)는 이 사전과 『시편 노한소사전』의 표기 및 내용을 비교한 연구이다.

파블로비치 푸칠로(Mixail Pavlovich Putsillo, 1845-1889)에 의하여 편찬 간행된 최초의 한국어 對譯辭典이자 최초의 露韓辭典이다.

가로 12.5cm×세로 16.5cm의 크기에 표지, 속표지, 刊記, 謝辭, 序文(i-xv), 철자: 언문이, 사전 본문 731쪽으로 구성되어 있다.

표지에는 책 이름인 *Opyt" Russko-Korejskago Slovarya*가 세 줄에 걸쳐 씌어 있고 그 아래에는 세로로 '뎌션칙이'라 씌어 있다.[2]

속표지에는 역시 세 줄에 걸쳐 책 이름이 씌어 있고 편찬자인 푸칠로(M.P. Putsillo)의 이름, 간행지인 상트페테르부르크(S.-Peterburg"), 출판사(Tipografiya Gogenfel'den" I Ko. (Vas. Ostr., 3 liniya, d. No 44)), 출판 연도(1874)가 씌어 있다.

다음 페이지 중앙에 아래의 刊記가 있다.

> Dozvoleno tsenzuroyu. S.-Peterburg", 5 Apr/elya 1874 goda.
> (출판검열국의 출판 허가. 상트페테르부르크, 4월 5일, 1874년)

다음 페이지 상단에 사전 편찬에 도움을 준 알렉시이 알렉산드로비치 대공에게 감사를 표하는 謝辭의 글이 있다.

> 한 쪽 건너서, Predisloviye(=서문)(i ~xv)
> 한 쪽 건너서, Azbuka(=철자). (그 밑에 세로로) '언문이'라 씌어 있다.
> 한 쪽 건너서, Slovar'(=사전). 사전의 첫 페이지에 해당. 2쪽부터 사전 본문 시작. 731쪽, 3,369항의 표제어에 약 7,300여의 대역 한국어 단어가

2 사전 안에서는 '조선'이 단 1회 'tēsēn'(=뎌션)(255쪽 각주)으로 전사되었다. 사전에는 'ㅛ, ë'와 'ㅕ, ē'가 뒤바뀌어 전사된 예가 몇 있는데 '뎌션'도 그 하나다. 이는 'ㅓ'와 'ㅗ'의 조음역이 인접해 있었기 때문으로 보인다. Starchevskij(1890), Tajshin"(1898: 14), 『노한소사전』(1904: 47)은 'tyo-šən'(됴션)이다.

제시됨.

1.1.1.2. 편자: M.P. Putsillo[3]

I 부에서 언급한 바와 같이 1869년 기사년의 대흉년으로 함북 북부의 주민이 두만강을 건너 연해주로 대거 이주하였다. 이들은 연추와 지신허 마을에 와 잠시 머물다가 연해주의 여러 곳으로 분산되어 새 한인촌을 개척한다. 그 때에 崔運寶가 거느린 10가구가 한카이 관구 수이푼(Suifun, 秋風)에 정착하여 새 이주촌을 건설하기 시작한 이래 1870년부터 1872년까지 그곳으로 여러 차례 한인들이 이주해 왔다. 바로 그 무렵(1870~1871년)에 연해주 행정청에서 별정직 관리로 일하면서 이주 한인의 정착을 도운 이가 Putsillo이다. 이때 그는 1,000루블(당시 황소 한 마리 값은 100~150루블 정도)에 해당하는 비상 공금을 한인을 위해 지불했는데 이를 갚지 못해 해고를 당했다. 마을 주민들은 기념비를 세워 푸칠로의 공적을 기리고 그의 이름을 따 마을 이름을 푸칠로프카(Derevnya Putsillovka)로 명명하였다.

Putsillo는 역사 지리학자로서 동부 시베리아 총독부에 근무하면서 주로 드봅스키(Dybovskij)가 이끄는 자연 과학자들의 활동에 참가하여 자연 과학 탐사 여행을 했으며 그에 대한 자료들을 수집하기도 했다. 수집한 자료를 모스크바대학 자연과학, 인류학, 민속학 협회에 보냈다. 이 밖에도 Putsillo는 시베리아와 극동의 역사에 대한 많은 보고서와 논문을 제출하기도 하였다.[4] 그리고 이주 한인들의 정착을 도왔다. 이 과정에서

3 푸칠로의 생애에 관한 기사는 고송무(1980a: 198-212), 홍기순(2011: 341-342), 또는 "https://koryo-saram.ru/russkij-koreeved-mihail-putsillo/"의 "Russkij koreyeved Mixail Putsillo(1845-1889)"를 참고할 것.

4 홍기순(2011: 341-342)를 참조.

한인들과의 소통을 위해 『시편 노한사전』을 편찬하였다. 이 사전은 사전 사적인 면에서는 최초의 외국어 : 한국어 대역사전이자 최초의 노한사전이다. 또 19세기 후기의 동북방언과 육진방언을 수록하고 있다는 점에서 그 가치가 인정된다. 그리고 사전 서문에는 그 무렵 연해주 한인 사회의 면면을 들여다볼 수 있는 각종 통계 자료가 있다.

사전의 편찬 목적과 동기, 과정, 참고문헌, 한국어에 대한 인식, 한국어 전사, 사전이 편찬될 무렵의 연해주 한인의 생활사를 엿볼 수 있는 자료가 서문에 실려 있어 이를 번역해 둔다.

1.1.1.3. 사전의 서문

서문(Predisloviye, i-xv)[5]

지난 1873년에, 멀리 떨어진 시베리아는 그 역사에 특기할 만한 사건을 써 넣었다. 알렉시이 알렉산드로비치(Aleksij Aleksandrovich") 대공작 전하가 그의 侍從武官長 포시예트(Pos'et)를 동반하고 블라디보스토크에 상륙한 다음 우수리 지방과 아무르 지방 전체를 여행했다. 여행길에 대공 전하는 지방의 생활에 대한 모든 문제에 관해서 좀처럼 보기 드문 애정 어린 배려와 각별한 관심을 표시하였다.

그때에 남우수리(Yuzhno-Ussuriyskij kraj) 지방에 거주하는 적지 않은 한인들이 눈에 띄지 않을 수 없었다. 근면과 양호한 생활로 식별되는 이들 이주민들은 대공에게 특히 좋은 인상을 주게 되었다. 대공은 그들의 생활 상태와 궁핍에 대해서 동정을 가지고 질문했으며 한국인들의 선교 사업을

5 [역자 주] 서문의 번역은 최학근(1976)을 참고하였다. 단, 최학근(1976)에서 생략한 부분(각주 등)은 저자가 번역해 넣었다. 원문에는 각주가 '*'로 표시되어 있는데 저자가 아라비아 숫자로 바꾸었다. 편의상 Koreya는 '한국', koreyets는 '한인', korejskij yazyk는 '한국어'로 번역한다.

위해서 금전적 기부를 했고 이 선교 사업의 활동은 이미 반가운 성과를 가져왔다.

현재, 포시예트만 근방의 경치가 맑고 아름다운 지역인 한인촌 페레세예크(Pereshcheyek)에는 알렉시이성당이라는 이름의 작은 예배당이 건축되고 있는바, 대공의 남부우수리 지방에 대한 기억을 영구히 보존하기 위해서 그 헌당식을 기다리고 있다.

이 지방을 위해서는 한인 이주민이 이익이 된다는 점과 또한 아직까지는 폐쇄적인 한국인들과 우리가 장차 교류해야 될 중요성에 대한 정당한 관심에서 전하는 그 호의적인 관심을 또한 나의 한국어 연구에도 돌리셨으며, 그리하여 오직 전하의 협조 덕분에 2년 전에 이미 편집을 완료한 사전의 출판 비용을 내가 받을 수 있었던 것이다.

연해주(Primorskaya oblast') 행정청에 속하여 특수한 임무를 맡은 한 관리로서, 남부우수리 지방에 머무는 동안 나에게는 러시아 영토 안으로 이주해 온 한인 이주민들의 정착지를 건설하고 전반적으로 그들을 지원할 임무가 부여되어 있었다. 이 사업의 성공은 이주민들과의 면담에 꼭 필요한 한국어 지식에 많이 좌우되므로 나는 나 자신이 처한 여러 악조건 하에서도 가능한 범위 내에서 한국어 연구에 착수했다.

여기서 한국인들이 우리 영토 안으로 이주해 올 수밖에 없었던 여러 원인과 동기에 대해서 조금 언급해 두는 것이 적절할 것이다.

대체로 가난하고 수확이 없는 한국 북부 두 道의 주민들은 여러 차례의 흉작과 계속되는 기아에 시달렸다. 게다가 그들의 자본과 생산 능력에 맞지 않는 곡물로 부과하는 세금이 지나치고 또 그들이 관리로부터 받는 혹독한 탄압이 가중된다면 이 두 道의 가장 가난한 주민들은 조국을 버리고 분명 인접한 러시아 영토로 이주하려 할 것이다. 1863년*6 국경 지방의 러시아

6 공식 자료에 따르면 최초의 이주는 1864년에 이루어졌다. 그때 60명의 남녀가 걸어서 넘어와 지신허강에 정착했다.

영내로 이주한 최초의 출국자인 12가족은 좋은 지역을 차지하였고 그들의 근면성과 정력 그리고 러시아 정부 측의 약간의 물질적인 도움으로 빠른 시간 내에 그들의 조국에 남은 대다수의 동포들과는 비교할 수 없이 나은 그들의 운명을 개척하기에 이르렀다.

이러한 사실은 고국에 있는 사람들에게 영향을 주지 않을 수 없었으며 이로 인해 이민은 더욱 큰 규모로 이루어지기 시작하였다.

1865년에 한인은 이미 222명(남녀 합)에 달하였고 그다음 1870년에 그들은 이미 개별적으로가 아니라 한 번에 몇 가족이 무리를 지어서 끊이지 않고 이주하게 되었는데, 이는 드디어 이주로 인해 인구가 희소하게 줄어드는 것에 대해서 무관심한 태도를 취할 수 없었던 그들 정부로부터의 박해를 불러왔다.

한국 정부 당국은 이주를 막기 시작했고 도망자의 재산을 몰수하고 전반적으로 이주를 중지시키기 위해 모든 수단을 동원했다. 그러나 이런 모든 조치에도 불구하고 이주는 계속되었고 러시아 영내를 향한 출국자는 대폭 증가했으며 그들의 동포인 최초의 이주자들을 압박해서 먼 곳의 벽지로 쫓아냈다.

이렇게 해서 남우수리 일부 지방으로 한인들의 이주가 점진적으로 이루어졌던 것이다.

헐벗고 굶주리고 가장 가련한 모습으로 무리를 지어 우리 국경 내에 나타나서 그들은 긴급한 물질적 구조를 필요로 했으나 우리 측으로서는 이 이주민들에게 그들이 필요로 하는 원조를 할 수 없었는데 이는 지방 주둔군을 위해서 유럽에서 해로로 반입했던 식량 보유량이 매우 한정돼 있었기 때문이다.

그러나 이러한 온갖 고난에도 불구하고 한인 이주민은 그들의 고국으로 돌아가려는 마음을 먹지 않고 러시아 영내에서 그들 스스로 빠른 시일 내에 정착하고자 노력했다. 이는 한편으로는 재차 그들에게 닥쳐올, 그들이 미워하는 한국 정부의 탄압과 복수를 두려워했기 때문이기도 하나 이와 동시에 탁월한 우리 문화와 종교를 인식했기 때문이기도 하다.

한국 이민의 대다수가 곧바로 러시아화의 지향을 보여 주게 된 것은 이 때문이고 그들은 자발적으로 러시아정교회의 의식에 따라 세례를 받았고 러시아의 풍습과 생활을 모방하고자 노력했다. 물론 이 모방은 초기에는 단지 외면적이고 형식적인 러시아 생활(의복, 주택 건설 방법 등)에 국한됐는데 그러나 이는 초기에 많이 볼 수 있었던 일이다.

한인은 중국과 같은 족속에 속해 있지만 황제에 대한 의존도가 느슨하며 중국인에 없는 천성적인 자질 그리고 개발 가능성은 일본인과 비슷하다는 점에 유의해야 한다.

한인 이민에 관해서 말할 때에 우리는 머지않은 장래에 우리를 위해서 그들이 가져다 줄 의심할 바 없는 경제적 이익에 대해서 언급하지 않을 수 없다. 무엇보다도 먼저 그처럼 황무지인 우리의 남우수리 지방에 이주해 왔다는 점과 더욱이 우리 정부로서는 아무 부담이 없는 이민이며 또한 이 지방의 농업과 상업의 발전에 이익을 줄 것이라는 점을 발견할 수 있다.

한인은 중국의 그것에 의거해서 고도로 개량된 체계적인 농업을 하고 있다. 그러나 농업에 관해서는 러시아 식민자들의 적수가 못 되는데 이는 러시아인이 대경작지 농업에 익숙해 있어 농사를 짓기 위해 평야를 선택하지만 한인들은 이른바 '양지, 따뜻한 곳' 바꾸어 말하면, 산으로 둘러싸인 골짜기를 좋아한다.

현재 한인들의 이주 상황은 피얀코프(P'yankov) 사제의 "남부우수리 지방에 관한 약간의 통계 자료"(Neskol'ko Statitseskiyax Vannyx ob" Yuzhno-Ussurijskom kraye)라는 논문에서 볼 수 있다.[7]

인용한 수치는 아주 흥미로운데 한인 식민의 성과의 증거로서 이를 기록해 두는 것이 꽤 적절하다고 나는 생각한다.

남우수리 지방에 거주하는 총 한인 수는 아래 관구에 분포하는 13개 마을에

7 러시아제국지리학회 소식지, 1874, T.X. No 2, 86-97쪽.

남녀 도합 3,473명을 헤아린다. (그 가운데 2,054명이 세례를 받았다.)

1) 수이푼 관구(Sujfunskij Okrug): 얀치하(연추), 티젠헤(지신허), 페레셰예크, 시지미, 치무헤 마을.
2) 한카이 관구(Xankajskij Okrug): 시넬리니코보, 크로우노프카, 푸칠로프카, 카르사코프카, 자케비체바, 후루켈모프카 마을.
3) 수찬 관구(Suchanskij Okrug): 피얀코바, 바실리예프카 마을.

이들 마을의 이주민 수효는 아래와 같다.8

가옥 및 오두막 - 711

가구(평균 7인) - 496

남 1,850

여 1,623

8 피얀코프 사제의 기사로부터 아래 통계 수치를 또 인용한다. 한인 마을에서는 다음과 같다.
말: 146 마리, 수소와 암소 411 마리, 돼지 238 마리. (저자 보충: 개 617 마리, 고양이 516 마리, 닭 566 마리.)
한인들은 1,190 데샤친의 개척지를 소유하고 있는데 이는 가구당 2 데샤친에 해당한다. 이 경작지에서 1872년에 수확한 양은 아래와 같다. (저자 주: 1데샤친=1.09헥타르).

(단위: 푸드. 1푸드=16.380kg)

종류	파종	수확	사용
Budy(syaumi-dza)	333	26640	26307
기장	20	1000	980
메밀	12	180	168
보리	300	6800	4300
귀리	150	1500	1350
수수	10	500	490
콩	100	3500	3400
옥수수	50	2000	1950
감자	2000	22000	20000
무	-	5000	-
호박	-	56000	-
대마	50	1000	950

이들 이주 한인들이 이룬 성취는 주로 고 동부시베리아 총독 미하일 세메노비치 카르사코프(Mixail Semenovich Karsakov)가 세운 토대 위에서 이루어졌으며 그의 지역 발전을 위한 열정과 초기 이주 한인들의 복지를 위한 물심양면의 지원으로써 이루어진 것이다.

여기에 제공하는 자료는 전혀 알려지지 않은 언어 연구에 그 기초를 놓는 최초의 시도이다. 따라서 독자는 이 저술 속에서 誤記와 어휘의 부족 등 대체로 불충분한 점을 발견할 것인데 이에 대해 너그러이 이해해 주기를 바란다.

일반적으로 어떤 자료이든 그것을 수집하기가 매우 힘들었다. 그럴 것이 이전에 출판된 노작은 거의 이용할 수 없었으며 현지 주민들의 언어를 알게 되면서 이를 이용해 작성했는데 더욱이 그들 가운데 어떤 이는 무식했으며 어떤 이는 유식하기는 했으나 변칙적이었고 또한 명료하지 않은 발음을 하고 있었다. 이와 동시에 중국어의 확고한 지식 없이는 한국어로 편입되어 변해 버린 중국어 어휘를 구분할 수 없었던 것이다. 분명 이 출판 또한 많은 기술적인 어려움에 봉착할 수밖에 없었는데 그것은 활판 인쇄와 석판 인쇄를 함께 하지 않으면 안 되었기 때문이다. 게다가 본문의 모든 한국어는 나의 자필이다. 한때 어쩌다가 내가 갖게 된 한 권의 책이 있었는데 그것은 영국인 선교사 메드허스트(Medhurst)가 출판한 "중국, 한국, 일본 어휘의 비교 연구(Sravnitel'nyj Kitajsko-Korejsko-Yaponskij slovar')"이다.[9] 이는 한 한국 상인이 일본인과 한국인의 무역 교섭을 위한 참고서로서 편찬했다. 이 한국인은 일본인과 한국인이 공통적으로 채택 사용하는 한자어를 기본어휘로서 택했다.

메드허스트는 그의 중국어 지식을 이용하여 한자의 뜻을 영어로 번역하

9 Translation of a comparative vocabulary of Chinese, Corean and Japanese languages to which is added the thousand character classic in Chinese and Corean, by Philosinensis (medhurst), Batavia 1835 in 8.

고 일본어 어휘와 한국어 어휘를 영문자로 기록했다. 그는 한자를 영어로 번역할 때 오류를 범했는데 그 이유는 한 한자가 다른 한자와 아무 관련 없이 씌어 있을 때에는 간혹, 어느 정도 완전하게 차이 있는 개념들을 표시할 수 있기 때문이다. 그뿐만이 아니라 한국어의 음을 영문자로 표기하는 데 있어서 그는 부득이 그 어휘 발음을 왜곡했는데 예를 들면, 도처에서 기호 ы[ɨ]를 메드허스트는 y[=u]처럼 발음하는 영문자 oo로 표기했다. 이 자료를 편찬하는 데 있어 나는 메드허스트의 저서를 이용했는데 그것은 한인들이 중국어를 읽을 때에 그 뜻을 나에게 한국어로 말할 수 있도록 하기 위해서였다. 그와 동시에 당시 우수리 지방에 체류하면서 나의 사업에 활발하게 참여해 준 팔라디이(Palladij) 관장(管長)에 의해서 문자 검사를 받았다.[10] 나는 이 기회를 통해 나에게 베푼 도움에 대해서 성심으로 감사를 표시하고 또한 동시에 나의 한국어 연구에 있어 벗이며 조력자였던 한인 니콜라이 미하일로비치 량(Nikolaj Mixajlovich Lyan")을 회상하고 더불어 그에게 감사한다.

한국어의 자모는 전혀 어렵지 않고 약간은 일본어와 서로 비슷한 점을 지니고 있다. 이 유사성은 중국어처럼 각 문자가 완전한 개념을 표시하지 않고 다만 한 개의 음절을 표시하며 몇 개의 음절을 합해서 하나의 단어를 이룬다는 점이다. 그 주된 또는 기본이 되는 자모는 아홉이며 이들로부터 여타의 182자를 형성한다.

이 자모 중에서 다수의 자모는 그것이 한 단어의 어두에 있는지 또는

---

10 [역자 주] Arximandrit Palladij(1817~1878)는 러시아의 신학자이자 중국 연구가. Palladij 신부가 1871~1872년에 남우수리 러시아정교회 수도원장으로 있을 때 중국어 번역에 대한 자문을 받았다. 1875년 Palladij 신부는 Putsillo 사전에 대한 서평을 『러시아제국 지리학회 회보』에 썼다. Opyt" Russko-Korejskogo Slovarya. Sostavil M. Putsillo. S.-Peterburg. 1874. Izvestiya Imperatorskogo Russkogo geograficheskogo obshchestva. T. XI. 1875. S.-Peterburg: Tipografiya N. Bezobrazova, 1876. S. 488—489.). 이 서평에는 사전 편찬에 관한 논평 외에 한국인의 이주, 한국어의 계통, 한글의 창제 등에 대해서도 언급하였다. 이에 대해서는 고송무(1980a: 208-209)를 참조.

어중에 있는지에 따라 자주 완전히 차이가 있는 각종의 음들을 나타낸다. 예를 들면, *та, тё, ты* 등이 어중에 있으면 *да, дё, ды* 등으로 발음되고 같은 식으로 *Ка*는 *Га*로, *Па*는 *Ба*로, *Ла*는 *Ра*로, *Са*는 *За*로 변화한다. 만약 어중에 맑은 음성(chistyj zvuk") *Ла, Ка, Са, Па*가 나온다면 그때에는 9개 기본자의 하나인 그 음에 해당되고 강화된 자모를 첨가하면 그것은 그 음을 강화하는 결과가 된다.[11]

사전 사용자는 처음에 반드시 가능한 한 러시아 문자로 표기된, 본문의 한국어 단어에 첨가된 기호들에 대한 간략한 설명에 주의를 기울여야만 한다.

두 모음의 아래에 그은 '_'는 두 문자가 지닌 하나하나의 음을 구별하지 않고 함께 발음해야만 한다는 것을 표시한다. 예를 들면, *ыи*는 모음 *ы*처럼 또는 거의 *ый*처럼, *юи*는 *юй*처럼, *яи*는 *яй*처럼 *ое*는 독일어 *ö*처럼 발음된다. *yo, ya*는 불어의 "Voie"와 같고 ae는 *a*와 *e*사이의 한 가운데 음(*저자: [ɛ])을 발음하기 위해 함께 발음해야 한다. 모음 o 위에 (‾)가 있는 (ō)는 장모음 *o*를 표시하고 그리고 e위에 두 점을 가진 (ё)는 *e*가 장모음 *ё*처럼 발음되는 것을 표시한다.[12] 아래에 (̧)를 지닌 н자(=ң)는 불어의 비음 *n*처럼 발음한다. 이들 부호 외에, Ц^{x}a, П^{x}a, К^{x}a, Т^{x}a 등의 음절 상단의 작은 글자 *x*는 이 음절들이 유기음을 동반한 발음임을 표시하나 *x*음은 충분히 발음되지 않는다. 간혹 자음들 위에 д, з, ч, р과 같은 문자들이 놓인 것은 실제 발음을 표시한 것이다. 예를 들면, "Цхон$\overset{з}{ц}$ан-и"의 *ц*자 위에 놓인 *з*자는 *ц*자가 무성음이 아니고 *з*자를 가진 (цз)와 같이 발음됨을 표시한다.[13] 이와 같은 기호들은 초심자가

11 [역자 주] '맑은 음성(chistyj zvuk")'은 無聲音이 아니고 된소리와 유기음을 제외한 9음성 (ㄱ, ㄴ. ㄷ, ㄹ, ㅁ, ㅂ, ㅅ, ㅈ, ㅎ)을 뜻하는 것으로 보인다. 또 '강화된 자모'란 된소리를 표시하는 'c'를 뜻한다. 편자는 된소리를 'сп([p'']), ст([t'']), ск([k'']) …'로 전사하였다.

12 [역자 주] ō는 한국어 'ㅓ'를 전사한 문자인데 Putsillo는 이를 '장모음 o[=ㅗ]'라 하였다. *ё*는 한국어 'ㅕ'를 전사한 문자인데 *e*[=ㅛ]의 長母音이라 하였다. 한국어 'ㅓ'와 'ㅗ'를 [圓脣性]이 아닌 長短의 차이로 기술한 것은 이해하기 어렵다.

13 [역자 주] [ts]가 유성음 [dz]로 조음된다는 말.

한국어 어휘를 정확하게 발음할 수 있도록 해 주기에 충분할 것으로 생각된다.

나의 이 저작을 출간함에 있어서 나에게는 아직도 수행해야 할 하나의 아주 즐거운 의무가 남아 있다. 나는 나의 저작과 관련해서 시종무관장 포시예트 씨에게 그가 보여준 열렬한 성원에 대해서 나의 진심 어린 깊은 감사를 드려야만 한다. 그 이름이 이미 우리 조국의 수많은 새로운 좋은 사업들과 관련되어 있는 포시예트 씨는 그 자신의 조력과 모든 나의 신청과 요청에 대한 호의적 배려로 이 저서의 간행이 실질적으로 촉진되었다는 점을 분명히 밝혀 둔다.

M. 푸칠로

상트페테르부르크, 5월 16일, 1874년.

1.1.2. 대역 한국어의 수집과 한국어의 방언 특징

1.1.2.1. 대역 한국어의 수집

사전에 수록된 한국어는 지리적, 사회 계층적, 통시적 관점에서 볼 때 균질적인 자료라 하기 어렵다. 즉, 서로 다른 시기의 언어 요소나 지역적 변종이 뒤섞여 있고 또 한자어와 고유어를 볼 때 사회 계층적 요인이 반영돼 있어 단일한 언어공동체의 방언이라 할 수 없다. 때문에 이 사전의 한국어가 어디에서 어떻게 수집된 것인지 밝혀 보려 한다. 그래야만 이 사전에 등재되어 있는 한국어의 성격이 드러날 것이기 때문이다. 서문에는 편자가 아래와 같이 사전 편찬 과정을 밝힌 부분이 있다(서문: xi).

한때 어쩌다가 내가 갖게 된 한 권의 저서가 있는데 그것은 영국인 선교사 메드허스트가 출판한, "중국어, 한국어 일본어 어휘의 비교

(Sravnitel'nyj Kitajsko-Korejsko-Yaponskij slovar')"라는 책이다.[14] … 이 자료를 편찬하는 데 있어 나는 메드허스트의 저서를 이용했는데 그것은 한인들이 중국어를 읽을 때 그 뜻을 나에게 한국어로 말할 수 있도록 하기 위에서였다.

Putsillo는 Medhurst의 저서를 통해 한국어를 수집하였던 것이다. 즉, 그는 『朝鮮偉國字彙』의 한자(어)를 한국인에게 제시하고 그 한자의 뜻을 한국어로 말하도록 하는 방법으로 연해주 한인의 한국어를 수집하였던 것이다. 이렇게 수집된 연해주 한인의 한국어와 역시 『朝鮮偉國字彙』에 수록된 「倭語類解」의 한국어 어휘가 퍽 다르다는 사실을 알고 무척 곤혹스러웠을 것이다. 그도 그럴 것이 당시 연해주 한인들은 주로 연해주와 지리적으로 가까운 함북에서 이주한 사람들인데 그들의 말은 한국어 중에서도 가장 보수적이며 이질적인 육진방언 및 동북방언이어서 18세기 중엽의 중앙어가[15] 반영되어 있는 「倭語類解」[16]의 한국어와는 상당한 거리가 있었을 것이기 때문이다. 이렇게 이 사전의 한국어는 『朝鮮偉國字彙』와 남우수리 지방의 한인들로부터 수집된 것이다.

이제 사전에 실려 있는 한국어를 제시하면서 지금까지 논의해 온 내용이 타당한 것인지 검증해 보기로 한다. 아래 자료를 살펴보기로 한다.

---

14 흔히 『朝鮮偉國字彙』라는 이름으로 불린다. 국내에는 서울대학교 도서관에 소장되어 있다.

15 '중앙어'는 서울과 그 인근 지역의 방언 또는 그 방언에 토대를 둔 전통적인 書寫語를 뜻하는 말로 쓴다.

16 『朝鮮偉國字彙』에는 「倭語類解」와 「千字文」이 실려 있다. 鄭光(1988)의 「解題」에 의하면, 「倭語類解」는 1780년대 초에 편찬되었다고 한다. 그리고 「千字文」은 『石峰千字文』을 藍本으로 한 것이라 한다. 앞으로 「倭語類解」는 「倭語」로 칭한다.

사전	쪽수	현대어	「倭語類解」
가슴거리/흉딕	328	말안장의 가슴거리	흉딕 胸帶(73a)
밴너리/션판직	409	갑판	션판즈 船板子(74b)
거렁이/걸인이	359	걸인	걸인 乞人(15b)
귀박소/총명ᄒᆞ오/총명한	537	총명하다	총명 聰明(22b)
길잔치/노ᄎᆞ연이	427	길잔치	로ᄎᆞ연 路次宴(42a)
ᄭᅳ너진셔미/절되	391	절도	절도 絕島(9a)
나는빅/비션이	287	나는 배	비션 飛船(74a)
쇠부셕다지/화텰이	321	부지깽이	화텰 火鐵(69a)
저잣사람이/시인이	273	상인	시인 市人(14b)
누니하나이/일목이	377	애꾸	일목 一目(51b)
싹미/고믹	335	싹마	고마 雇馬(73b)
이블열어말ᄒᆞ오/기그를ᄒᆞ오	345	입을 열어 말함	개구 開口(25a)
잣나무/잣낭기/빅ᄌᆞ	385	잣나무	빅ᄌᆞ 柏子(62b)
비너리는잔치/하션연이	429	하선 잔치	하션연 下船宴(42a)
혼ᄌᆞ당ᄒᆞ오/독당하갓소[17]	377	혼자 당하다	독당 獨當(103a)
쇠잔한 바르미/잔풍이	671	잔풍	잔풍 殘風(2a)

사전에서 옮겨온 예들의 앞부분은 고유어, 뒷부분은 한자어다.[18] 뒷부분의 한자어는 모두 『朝鮮偉國字彙』의 「倭語」에서 전재하였음이 드러난다.

17 '독당하갓소'의 선어말어미 '-갓-'은 서북방언이다.

18 사전에서 가져온 예에서 명사에 결합된 '-이'는 명사를 단독형으로 말할 때 결합된다. 때문에 모음으로 끝난 명사는 '-이'가 그 명사의 일부로 고정됨으로써 육진, 동북방언의 개음절 명사는 언제나 전설모음으로 끝나는 제약이 있다. 예컨대, '념녜(念慮)', '조이[粟]'는 단독형이면서 또한 주격형이다. 자음으로 끝난 명사에 결합되어 있는 '-이'는 조사가 연결될 때에 나타나지 않지만 명사의 일부로 굳어진 예들도 있다. 이 사전에서 볼 수 있는 위와 같은 표기 방식은 이 사전 이후 러시아에서 간행된 『시편 노한소사전』(1904), 『노한회화』(1904), Tajshin"(1898), Matveev(1900) 등에서도 동일하게 나타난다. 『시편 노한소사전』의 편찬자들은 이 '-이'를 주격조사라 하였으나 주격조사와는 성격이 다르다.

그런데 「倭語」에서 전재한 예들에는 간혹 새로운 말이 덧붙어 있다. 가령, '독당'에 대한 '독당하갓소', '개구'에 대한 'ᄀᆡ그를 ᄒᆞ오'('ᄀᆡ그'는 Putsillo의 誤記)가 그런 예인데, 이는 Putsillo가 「倭語」에서 한국어를 전재하면서 그것을 그대로 옮긴 것이 아니고 한인들에게 그 단어의 쓰임 여부, 뜻, 발음, 활용 따위를 조사하였음을 말해 준다. 「倭語」에서 전재한 어사들과 함께 실려 있는 고유어는 Putsillo가 「倭語」에 실려 있는 영어, 중국어, 한글 자모 및 영문자로 표기된 한국어를 제시하고 그것을 한인들이 항용 쓰는 말로 바꾸어 말하거나 풀어 말하도록 하는 방식으로 조사한 연해주 한인들의 말이다. 따라서 이 사전의 한국어는 일단 18세기 중엽의 중앙어(「倭語」의 한국어)와 19세기 중엽의 북부 방언(연해주 한인의 한국어)라고 할 수 있다.

한편 아래 예는 위와 같은 방법으로 수집된 한국어지만 Putsillo 자신이 약간 수정한 듯한 인상을 준다.

사전	쪽수	현대어	「倭語類解」
① 탄마기/순마기	561		숟막店(34b)
			탄막炭幕(32a)
② 돈피/담ᄇᆡ	595	담비	돈피됴 貂(79a)
			담뷔환 獾(79b)
③ 가온ᄃᆡ잔츼/듕연이	427	중연(中宴)	즁연 中宴(42a)
④ 녀식족ᄒᆞ/딜녀	435	조카딸(질녀)	질녀 姪女(13a)
⑤ 역기/여호	283	여우	여으호 狐(79a)
⑥ 믯돗티/산돗치/산뎨	221	멧돼지	산제 山猪(79a)
⑦ 갑오시/갑듀	409	갑옷	갑온갑 甲(40a)
⑧ 노ᄎᆞ연이/갈잔츼	427	길잔치	로ᄎᆞ연 路次宴(42a)
⑨ 거우리/셱경이/명경이	197	거울	거울경 鏡(44b)
⑩ 경ᄀᆡ기/겨르리	151	겨를	결올가 暇(94a)

			경긐 頃刻(99b)
⑪ 긋티/마가믜/마가미	241	끝	긋 말 末(90b)
⑫ 절이/찰이, 졀이/결이	405, 307	절(寺)	졀 찰 刹(52b)

위 예들은 앞서 보았던 예들과는 조금 다르다. 즉, 사전에서 옮긴 맨 왼쪽 열의 어휘와 『朝鮮偉國字彙』의 「倭語」에서 전재한 어휘를 대조하면 사전에 수록된 어휘가 「倭語」에서 전재한 것임은 분명하지만 음변화 등이 「倭語」와 다르다는 점을 알 수 있다. 이를 통해 Putsillo가 한국어를 어떻게 수집하고 가공하였는지를 추론해 보기로 한다.

① 표제어 ‘Saraj ugol'nyj’(=석탄 저장고)의 대역어로 ‘탄막’, ‘순막’이 제시되었다. 이는 명백한 오류다. 본디 ‘순막(<숫막<ᄉᆞᆺ막, 炭幕)’과 ‘탄막(炭幕)’은 ‘酒幕집’을 뜻한다. 그리고 ‘炭幕’의 ‘炭’은 ‘석탄’이 아닌 ‘숯’이다. ‘숟막’은 ‘炭幕’일 뿐이다.
『朝鮮偉國字彙』에서 ‘炭幕’은 ‘A coalhole’로 번역하였고, ‘숟막’은 ‘A inn’으로 번역하였다. ‘炭幕’을 ‘A coalhole’로 번역한 것은 『朝鮮偉國字彙』의 잘못이다. 이에 근거하면, ‘탄막’과 ‘순막(<숟막)’을 유의어로 처리하고 한 표제어 ‘Saraj ugol'nyj’(=석탄 저장고) 밑에 둔 것은 푸칠로의 잘못이다. 그런데 ‘탄막’과 ‘순막’은 본디 ‘酒幕’을 뜻하는 말이니 유의어다. 『朝鮮偉國字彙』와 달리 푸칠로가 연해주 한인을 통해서 ‘탄막’과 ‘순막’의 뜻을 올바로 파악하고 그 둘을 유의어로 처리한 것은 그 때문일 것이다. ‘숟막’을 ‘순막’으로 적은 것은 한인의 발음을 청취하였다는 증거이다. 이러한 혼란은 푸칠로가 ‘탄막’과 ‘숟막’의 본뜻(=A inn, =酒幕)을 조사하였지만 어떤 이유로 표제어를 ‘A inn’이 아닌 ‘A coalhole’로 잘못 대응

시킨 데서 비롯된 것이다.

② '돈피(담비의 가죽 또는 담비)'와 '담뷔'가 유의어 또는 관련어임을 확인하고, 표제어 'Sobol'"(=흑담비, 또는 그 모피)의 대역어로 제시. 또 '담뷔'의 연해주 현지 한인의 방언을 채록하여 '담뷔'라 함.

③ 한자어 '즁연(中宴)'을 고유어로 풀이. '즁연(中宴)'의 연해주 한인의 발음(육진방언) '듕연'을 채록.

④ 한자어 '질녀(姪女)'의 현지 한인의 풀이와 발음(육진방언) '딜녀'를 채록.

⑤ '여으'의 현지 한인의 방언 '역기[19]'를 채록.

⑥ '산졔(山猪)'의 현지 한인의 방언 '믿돗티/산돗치'와 '산졔(山猪)'의 현지 한인의 발음(육진방언) '산뎨'를 제시. ㄷ구개음화의 보수형과 개신형이 공존.

⑦ '갑옫'에 대한 현지 한인의 발음과 유의어 '갑주(甲胄)'를 조사하여 제시.

⑧ '로ᄎᆞ연(路次宴)'의 현지 한인의 발음(두음법칙 적용)과 그에 대한 현지 한인의 방언을 제시.

⑨ 유의어를 모아 함께 제시하고 '셕경(石鏡)'의 현지 한인의 발음(=움라우트)을 제시.

⑩ '결올'과 '경ᄀᆡᆨ'을 유의어로 판단하고, 표제어 'Dosug"'(=여가, 짬)의 대역어로 제시. 현지 한인의 발음(움라우트 적용) '경ᄀᆡ기'를 제시.

⑪ 'ᄉᆞᆺ'의 현지 한인의 육진방언 '긑', '마감'을 제시.

⑫ '졀(<뎔)'의 현지 한인의 방언인 과도교정형 '결'을 제시.

19 '역기'는 주격형. 자음 조사 앞에서는 '여스'로, 모음 조사 앞에서는 '엮'으로 교체된다.

위 사실을 통해,

첫째, 『朝鮮偉國字彙』를 통해 연해주 한인의 한국어를 조사.

둘째, Putsillo는 「倭語」의 한국어를 철저히 조사, 분석, 정리.[20] 유의어를 한데 모아 한 표제어의 대역어로 제시한 것이 그것을 입증한다(①, ②, ⑨, ⑩을 참고).

셋째, 문헌의 한국어보다는 연해주 한인의 구어를 존중하여 발음, 어휘 및 형태음소 정보 등을 밝혔다. 이는 사전 편찬 목적이 연해주 한인과의 소통에 있었기 때문이다. 예: 자음동화(①), ㄷ구개음화[21] 보수형(③, ④, ⑥), 두음법칙(⑧), 움라우트(⑨, ⑩), 과도교정형(⑤ 여으>여호, ⑫), 형태음소 정보(⑥, ⑪).

넷째, '中宴', '山猪', '路次宴'과 같이 연해주 한인들이 사용하지 않는 한자어를 한인들의 말로 치환하고자 노력.

서문에서, "한인의 발음이 사람에 따라 각각 다르고 또 불분명하다"고 한 것은 「倭語」의 한국어와 연해주 한인의 한국어가 다르다거나 한인들 사이의 지역적 혹은 계층적 요인에 의한 방언차를 두고 한 말이다.

1.1.2.2. 한국어 해석의 오류

러시아어 표제어와 그 대역 한국어의 의미가 일치하지 않는 경우가

20 Putsillo는 역사인류학자답게 한국의 역사, 민속, 법제, 동식물 등과 관련된 어휘도 사전에 수록하였다. 그리고 각주를 두고 설명을 보탰다.

21 구개음화는 오히려 「倭語」가 개신적이다. 이 문제는 뒤에서 논의된다.

많다. 이러한 오류가 생긴 원인을 자료 수집 과정과 관련지어 살펴보기로 한다. 몇 예를 보이면 아래 (1)과 같다. 표제어 및 키릴문자로 전사된 한국어는 로마자로 재전사하였다(=는 저자의 번역).

(1)ㄱ. Trostnik Molodoj(=어린 갈대) — tətəksami …… 더덕사미(650-1)
ㄴ. Nasmork(=감기) — kantsiri/haeŋburi …… 간지리/힝부리(340-1)
ㄷ. Volk(=늑대) — iriy/irhiy/yəkki …… 이릐/일희/역기(64-5)
ㄹ. Kamenj zvonkij(=돌로 만든 종) — tol'puphi, syəkkyəŋ …… 돌부피/셕경(224-5)
ㅁ. Ovoshchi(=나물) — namul'tshae …… 나물치(374-5)[22]
ㅂ. Reka gornaia(=냇물) — hammuri/naemuri/naetshyən …… 함무리/닛무리/닉쳔(554-5)
ㅅ. Unestis' Vetrom"(=바람에 날리는) — pʰyopuŋ-i, muraonparimi …… 표붕이/무라온발음이(668-9)

(1ㄱ)의 표제어는 '어린 갈대'이고 그 대역어는 '더덕사미'로 되어 있어 맞지 않는다. '더덕사미'는 「倭語」(61b)의 "young reeds/蔘/더덕 숨"에서 전재한 것이다. '더덕'을 「倭語」에서 'young reeds'로 잘못 번역한 것을 Putsillo가 그대로 러시아어로 번역하여 표제어로 삼은 것이다.

(1ㄴ)의 '간질'은 「倭語」(50b)에서 옮긴 것이고 '힝부리'(=감기)는 Putsillo가 조사한 육진방언이다. 표제어 'Nasmork'(=감기)에는 '간질(癎疾)'의 뜻이 없으니 잘못이다.

(1ㄷ)의 '일희'는 「倭語」(79a)에서 옮긴 것이고 함께 제시한 '역기'(=여

22 이 같은 예가 여럿 발견된다. tuktogi-둑독이(200-1)(←둑 독 纛(「倭語」 41a)), mogaekwani-모기관이(514-5)(←모개 관 關(「倭語」 34a))

우)는 Putsillo가 조사한 육진방언이다. '역기'는 '일희'(=이리)와 동의어가 될 수 없다.

(1ㄹ)의 '돌부피'(돌+붚[鐘]+-이), '셕경(石磬)'(「倭語」(43b))은 표제어와 뜻이 근사하지만 '돌붚'과 '셕경(石磬)'은 유의어가 아니다. 雅樂器의 하나인 '셕경(石磬)'을 모르는 연해주 한인은 아마도 이 악기를 '돌로 만든 종'으로 이해하고 '돌부피'라 하였을 것이다.

(1ㅁ, ㅂ)의 '나물취', '늬쳔'은 「倭語」와 「千字文」에 각각 실려 있는데 이는 '菜'와 '川'의 새김과 字音이다. Putsillo는 이것을 단일어로 생각하고 사전에 올린 것이다. 함께 제시한 '함무리'는 함북 방언이다.

(1ㅅ)은 표제어와 대역 한국어의 뜻이 맞지 않을 뿐만 아니라 한국어 표기도 잘못되었다. '표붕'은 「倭語」(1b)의 "A flowing wind/飄風/표풍"의 '표풍'을 잘못 전재한 것이다. 한편 '무라온발으미'는 '무라온'과 '바름-이'로 분석되는데 '바름'은 '바람'의 육진방언형이다. '무라온'은 함북 방언 '사무랍-'의 활용형 '사무라온'의 오류이다. 그렇다면 '사무라온발음이'는 '사나운 바람'이 되어 표제어와는 뜻이 다르다. 이는 편자가 'A flowing wind'를 러시아어로 옮겨 표제어로 삼고 또 한편으로는 한인에게 '飄風'의 뜻을 물어 - 그 한인에 의해 잘못 제보된 - '사무라온 바름'을 조사하여 사전에 옮겨 놓았기 때문에 생긴 오류이다.[23]

사전에는 이처럼 주석이 잘못된 곳이 종종 눈에 띈다. 이는 Putsillo의 한국어 지식이 깊지 않았고 또 한국어의 수집을 『朝鮮偉國字彙』에 의존하였기 때문에 생긴 결과이다.

요약하면, Putsillo는 『朝鮮偉國字彙』를 통해 한국어를 배우고 또 그것을 통해 연해주 한인으로부터 한국어를 조사 · 수집하였다. 이 사전의 각

23 사전 93쪽에 "ᄉᆞ무라온발암이/악풍이"가 실려 있다.

주 내용을 보면 어떤 경우는 심층적으로 조사한 흔적도 엿보인다. 자신이 역사 지리학자였으므로 한인의 생활 문화에 대해서는 관심을 두고 조사하였던 것으로 생각된다.

이 사전은 두 층위의 한국어로 구성되어 있다. 하나는 한자어로 된 文語, 다른 하나는 연해주 한인이 일상적으로 쓰는 口語이다. 文語는 어려운 한자어가 태반인데, '회강으 하다'(=會講을 하다)에서 보듯 연해주 한인들이 말하는 대격조사 '-으'가 결합되어 있다. 이는 편자가 실제로 이 단어를 조사하였음을 시사한다. 한인 이주민 중 식자 계층으로부터 자문을 받았을 것인데 이는 연해주 식자 계층이 인지할 수 있는 문어일 뿐이지 연해주 한인의 일상어는 아니다.

1.1.2.3. 한국어의 방언 특징

사전에 수록된 한국어 어휘는 『朝鮮偉國字彙』에서 전재한 것이 많다. 그러면 Putsillo 자신이 『朝鮮偉國字彙』를 이용하여 조사한 한국어는 어느 지역의 지리적 변종(variety)일까? 이 물음에 대한 답은 앞서의 논의에서 대략 드러났지만 더 구체적으로 논의해 보기로 한다. 이를 위해 『朝鮮偉國字彙』에서 전재한 어사들과 함께 실려 있는 한국어를 더 정밀하게 살펴보기로 한다. 아래 예를 보자.

사전	쪽수	「倭語類解」
가이/**여기**	617	ᄀᆞᆺ변 邊(11b)
ᄂᆡ천/**함무리**/넛무리	555	ᄂᆡ 쳔 川(9a)
눈두에/**눈두베**	555	눈두에 검 瞼(16b)
짜다/짜다/**짭다**	599	ᄶᆞᆯ 함 鹹(48b)
ᄀᆡ구리/**머그라기**/**머그락지**	293	개구리 와 蛙(83a)
겨드랑이/**겨ᄃᆡ이**/**자ᄀᆡ미**	447	겨드랑이 익 腋(17a)
	259	괴 묘 猫(79b)

괴/**고내/고내이**		
달위/**달븨, 달븨/달뷔**	257, 445	ᄃᆞᆯᄋᆡ 톄 髢(44a)
간지리/**힝부리**	341	간질 癎疾(50b)
모료기/갈기	123	갈기 鬣(80a)
화병이/**화병새리**	37	화병 花瓶(69b)
츄쳐니/**굴긔**/그ᄂᆡ	231	츄쳔 鞦韆(76a)
져나기/나조이	51	나조 석 夕(5a)
거년이/**샹년에**/간ᄒᆞ여	107	거년 去年(3a)
크나ᄇᆡ/크아ᄇᆡ/조뷔	159	조부 祖父(12a)

위 예에서 『朝鮮偉國字彙』에서 전재한 것이 아닌 한국어 어휘 즉, "여기, 함무리, 눈두베, 짭다, 머그락지, 겨ᄃᆡ이, 자ᄀᆡ미, 고내, 달뷔/달븨, 힝부리, 갈기, 병새리, 굴긔, 져낙, 나조, 샹년, 크나ᄇᆡ"는 모두 함북 방언이다. 이들 대부분은 함북 북부 지역에 분포한다. 따라서 위 예들에 국한하여 잠정적으로 말한다면 사전에 수록된 한국어는 함북 방언이라 단정할 수 있다.

다른 측면에서 이 한국어의 특징을 더 논의해 보기로 한다.

함경도 방언(육진, 동북방언)의 현저한 특징으로는 15세기 중세국어에서 특수한 어간 교체를 보였던 명사들의 반사형을 들 수 있는데 이들 명사는 아래와 같이 나타나 이 사전의 한국어 방언이 함경도 방언이라는 확증을 갖게 한다.[24] 아래 예를 보기로 한다.

낭기/나모(木, 215)　　cf. 용언, 맑-~마르-(裁, 83)
궁기/구뭉이(穴, 157)　　곩-~고르-(均, 317)
놀기/놀가지(獐, 243)　　닑-~니르-(謂, 579)

24 20세기 초 함북 방언의 비자동적 교체 어간에 대해서는 곽충구(1987, 1991/1994), 현대의 그것에 대해서는 곽충구(2000a) 및 곽충구(2019a)의 "【부록 Ⅱ】 불규칙 곡용 및 활용 일람표"를 참고할 것. 20세기 초에 '아우'는 자음으로 시작하는 조사와 결합할 때에는 '아스', 모음으로 시작하는 조사와 결합할 때에는 '앆-'으로 교체되었다. 예: 아스두(아우-도), 애끼(아우-가), 아끄는(아우-는), 아께(아우-에), 아끄(아우-를).

역기(狐, 65)　　　　　　　　쥙-~지르-(刺, 515)

품기/풍기(풀무, 115)

날기(津)/희진이(海津, 503)

몰기/모루/말기(모루, 333)

불기(부루-상추, 525)

실기(甑, 257)

쟐기(袋, 323), 잘기(柄, 625)　cf. 칼잘기(刀柄, 551)

초할니(초하루, 359)　　　cf. 하르가리(하루같이, 139), 하르ᄉᆞ리(하루사리, 161)

말기(마루[頂], 687)

위와 같이 어휘 및 형태론적인 면에서 이 사전의 한국어는 함경도 방언의 색채를 강하게 드리우고 있다. 그러나 함경도 방언의 어느 하위 방언인지는 알 수 없다.

흔히 함경도 방언의 하위 방언을 논의할 때에는 음운사적인 특징과 종결어미를 들곤 한다. 그 중 ㄷ구개음화는 하위 방언을 구획하는 데 있어서 필수적이다. 이 규칙은 이 지역의 자음체계와도 관련을 맺고 있다. 즉, 육진방언권은 'ㅈ'이 /ts/이어서 '자, 저 …'와 '쟈, 져 …'의 대립이 존재한다. 반면, 동북방언은 'ㅈ'이 /ʧ/이다. 이 ㄷ구개음화를 통해 하위 방언권을 탐색해 보기로 한다.

小倉進平(1927), 田島泰秀(1918), 곽충구(1986b) 등을 참고하면, 적어도 20세기 초의 六鎭 또는 六邑이라 불리는 함북의 온성(穩城), 종성(鍾城), 회령(會寧), 경원(慶源), 경흥(慶興)의 5개 지역어에는 ㄷ구개음화 규칙이 존재하지 않았다. 만약 이 사전의 한국어가 육진방언이라면 ㄷ구개음화에 대해서는 보수적일 것이다.[25] 이를 바탕으로 Putsillo 자신이 조사한 한국어가 함경도의 어느 지역어인가를 밝혀 보기로 한다. 아래 예에서 보는 바와 같이 『朝鮮(韓國)字彙』의 「倭語」는 ㄷ구개음화가 퍽 개신적이다. 그러나 같은 책의 「千字文」은 매우 보수적이어서 ㄷ구개음화 예를 발견하기가 어렵다. 따라서 「倭語」와 Putsillo가 조사한 한국어를 대조하기로 한다.

사전	쪽수	「倭語類解」
쟝승이/**댱승이**	615	쟝승 후 侯(34b)
죳소/**돗소**	685	죠흘 호 好(19a)
젼쟝이/**젼댱이**	457	젼쟝 戰場(39a)
직히다/**딕힌다/딕히오**	403	직힐 슈 守(39b)
쟝셩한다/**댱셩ᄒᆞ오**	51	쟝셩 長成(19b)
지경이/**디경이**	121	지경 경 境(34a)
바지/**바디**	409	바지 과 袴(45b)
붓친다/**붓티오/붓텨라**	183	부칠 졉 接(96b)

위 예는 한 단어가 「倭語」에는 개신형이,[26] 사전에는 개신형과 보수형이 함께 실려 있는 예들을 뽑아 보인 것이다. 사전에 실린 ㄷ구개음화의 개신형은 「倭語」에서 전재한 것이고 뒤의 보수형은 연해주 한인으로부터 조사한 것이다. 연해주 한인의 한국어가 ㄷ구개음화에 대하여 보수적임을 보여 준다. 아래는 「倭語」에는 개신형이 사전에는 보수형만이 실려 있는 예들이다.

25 곽충구(1986b)는 1904년 무렵 연해주 한인의 함북 경흥 지역어에 대한 논문인데 아직 ㄷ구개음화를 겪지 않았다. 小倉進平(1927)의 조사·보고에는 함북 북부의 경원, 온성, 종성 지역어가 아직 ㄷ구개음화를 겪지 않았고 회령, 종성 등에서는 동화주 /y/가 탈락한 것으로 되어 있다. 한편 田島泰秀(1918)은 함북의 鏡城 지역어에 대한 글인데 ㄷ구개음화가 이루어졌다. 이를 토대로 하면 대략 20세기 초의 함북 방언은 북부 육진방언만이 ㄷ구개음화를 경험하지 않았다고 할 수 있다.

26 「倭語」의 한자어는 대부분 ㄷ구개음화를 겪었다. 그것이 다음과 같이 사전에 그대로 전재되었다. 예: 틔쟝이(笞杖), 쟝마기(帳幕), 쥭슌니(竹筍) …

사전	쪽수	「倭語類解」
단디	267	단지 관 罐(70a)
뎔령이	495	젼령 傳令(6b)
봉툐/다딤이	393	봉쵸 捧招(54a)
슌딕ᄒᆞ다/슌딕스럽소	517	슌직 純直(23a)

위 자료에만 의지한다면, 연해주 한국어에는 ㄷ구개음화 규칙이 존재하지 않았다고 할 수 있다. 그러나 이와 반대가 되는 몇 예가 보인다.

사전	쪽수	「倭語類解」
경뎜/경졈/술ᄂᆡ	617	경뎜 更點(5a)
됴총이/죠총이/총이	551	됴총 鳥銃(41a)
키/치	287	키 긔 箕(59b)

위 예는 앞서 보인 예와 달리 「倭語」에는 보수형이, 이 사전에는 보수형과 개신형이 함께 등재되어 있다.

한편 아래 예들은 「倭語」에 실려 있지 않은 어사들의 ㄷ구개음화 예들을 보인 것인데 역시 개신형과 보수형이 함께 등재되어 있다.

사전	쪽수	표준어	참고
밋돗티/산돗치/산뎨	221	멧돼지	돋 졔 猪(「倭語」 23b)
맛치오/맛친다/맛쳐라	395	맡기다	마티다(『시편 노한소사전』, p. 63)
지오/디오/딘다	397	지다[落]	
셜티한다/셜치ᄒᆞ오	381	설치하다	
수쳥이/수텽이	333	수청(守廳)	슈>수
모긔쟝이/모긔댱이	459	모기장	

위 예들은, 충분히 예견되는 일이지만, 연해주 한인들은 함경도의 단일 지역 방언 화자들이 아니라는 사실을 말해 준다. Putsillo의 한국어

제보자들은 함북의 여러 지역 출신자들이었던 것이다. 그러나 보수형이 절대적이므로 Putsillo가 조사한 연해주 한국어는 연해주와 인접한 함북 북부의 육진방언이다. 그런데 '-tyV → -tV-'의 예가 보이지 않으므로[27] 서북방언이나 육진의 북부 지역어(회령, 종성, 온성 등)보다는 육진 지역 내의 경흥, 경원 지역어일 가능성이 높다.

지금까지 본 바와 같이 형태소 내부의 ㄷ구개음화는 보수적이지만 소수의 개신형도 보인다. 그런데 형태소 경계에서의 ㄷ구개음화는 한 두 예를 제외하고는 규칙 적용 예를 찾아보기 어렵다. 아래 예를 보기로 한다.

① 명사 말자음 'ㄷ'

가디[笠] (717), 삭가디[笠] (717)	
고디[處] (97, 317, 475, 485)	「倭語」곧 쳐 處(下:41a),
	「千字」곧 쳐 處(118a)
나디[鎌] (573)	「倭語」낟 렴 鎌(下:3a)
노디[鍮] (315)[28]	
뜨디[情] (67, 335)	
모디[釘] (97)	「倭語」몯 뎡 釘(下:16a)
cf. 모시[池] (525)	cf. 못 지 池(上:9b)
버디[友] (155, 643)	

27 小倉進平(1927)에는 육진방언권의 북부 지역인 회령, 종성, 온성 등에서 '-tyV->-tV-'와 같은 변화가 있음을 보고하고 있다. 다만, Putsillo(1874)의 육진방언은 小倉進平(1927)보다 약 60여 년 전의 육진방언이므로 그 무렵에 '-tyV->-tV-'가 있었다고 단정할 수는 없다. 참고로, Tajshin"(1898)에는 '당귀'(장구), '등사램이'(中人) 등과 같은 '-tyV->-tV-' 예가 보인다.

28 Tajshin"(1898: 3)에도, "Bronza(=청동): Nodi(=노디), tsyusěgi(=쥬셕이)"라 하여 '놋'이 보인다. '놋-이'처럼 형태소 경계에서는 ㄷ구개음화가 이루어지지 않았지만 '쥬셕이(<듀셕이)'에서는 ㄷ구개음화가 이루어졌다.

부디[筆] (235)

비디[債] (145)

② 명사 말자음 'ㅌ'

긋티[端] (251)

닷티[錨] (729) cf. 다트 노아라(33), 다트거둬라(449).

밋티[低] (59, 141)

겻티/겻[側] (557)

돗티[猪] (565) 맷돗티/산돗치[山猪] (221)

솟티[鼎] (605)

③ 명사 말자음의 ㄷ구개음화

밋치나다, 밋치나온다(탈장(脫腸), 65)

위와 같이 형태소 경계에서 ㄷ구개음화를 겪은 예는 한둘에 불과하여 앞서 본 형태소 내부에서의 ㄷ구개음화보다 퍽 보수적이다. 이는 ㄷ구개음화 규칙의 적용 범위와 관련된다. 즉, ㄷ구개음화 규칙은 형태소 내부에서 시작되어 점차 형태소 경계로 확산된다. 이 연해주 한국어는 형태소 경계에서의 ㄷ구개음화가 매우 보수적인데 이는 육진, 동북방언의 방언 특징이다.[29] 이 점과 앞서 본 형태소 내부에서의 ㄷ구개음화를 고려하면, Putsillo 자신이 직접 조사한 한국어는 함북의 북부 방언 즉, 육진방언의 색채가 농후하나 비육진방언의 요소도 다소간 섞여 있다고 할 수 있다.

29 곽충구(1988, 2001, 2019)에서 동북 및 육진방언에서는 형태소 경계(굴절)에서 ㄷ구개음화가 일어나지 않았다는 사실을 밝혔다.

1.1.3. 대역 한국어의 전사

1.1.3.1. 전사문자

편자는 키릴문자 또는 키릴문자에 보조부호(diacritic mark)를 가하거나 키릴문자 둘을 어울러 한국어를 전사하였다. 그리고 전사한 내용을 수정하고자 할 때 문자의 상단에 교정한 음을 보였다.

한국어 전사에 사용된 한글 자모와 키릴문자를 보기로 한다.

1) 단모음(單母音)

모음	ㅣ	ㅔ	ㅐ	ㅚ[30]	ㅡ	ㅓ	ㅏ	ㅜ	ㅗ
한글 자모	ㅣ	ㅔ	ㆎ, (ㅐ)	ㅚ	ㅡ	ㅓ	ㅏ, (ㆍ)	ㅜ	ㅗ
키릴문자	и	э	ae	oe	ы	ō	a	у	o

2) 이중모음

y-이중모음	ㅑ	ㅕ	ㅛ	ㅠ	ㅖ	ㅒ	ㅢ
한글 자모	ㅑ	ㅕ	ㅛ	ㅠ	ㅖ	ㅒ	ㅢ
키릴문자	я	ё̄, (ё)	ё	ю	ѣ	яи	ый

w-이중모음	ㅟ	ㅚ	ㅘ	ㅝ	ㅞ	ㅙ
한글 자모	ㅟ	ㅚ	ㅘ	ㅝ	ㅞ	ㅙ
키릴문자	уи	oe	уа	уō	уое	уае

30 편자가 'ㅚ'의 음가는 독일어의 [ö]와 유사하다고 하였기 때문에 'ㅚ'를 단모음란에 두었다. 그러나 1904년에 출판된 『시편 노한소사전』에는 'ㅚ'가 모두 [wɛ]로 전사되어 있다(곽충구: 1987).

3) 삼중모음

삼중모음	ᆜ	ᆒ	
한글 자모	ᆜ	ᆒ	
키릴문자	ёи	юи	

4) 자음

	ㄱ		ㄲ	ㅋ	ㅇ	ㄷ		ㄸ	ㅌ	ㄴ	ㄹ
음성	k	g	k’	k^h	ŋ	t	d	t’	t^h	n	l, r
한글	ㄱ	ㄱ	ㅺ	ㅋ	ㅇ	ㄷ	ㄷ	ㅼ	ㅌ	ㄴ	ㄹ
키릴	к	г	ск	$к^x$	ң	т	д	ст тт	$т^x$	н	р, л, ль

	ㅂ		ㅃ	ㅍ	ㅁ	ㅅ				ㅆ	ㅈ					ㅉ		ㅊ		ㅎ	
음성	p	b	p’	p^h	m	s	ʃ	z	ʒ	s’	ʦ	ʧ[31]	ʣ	ʤ	z	ʦ’	ʧ’	$ʦ^h$	$ʧ^h$	h	ɦ
한글	ㅂ	ㅂ	ㅽ	ㅍ	ㅁ	ㅅ	ㅅ	ㅈ	ㅈ	ㅆ	ㅈ	ㅈ	ㅈ	ㅈ	ㅈ	ㅉ		ㅊ	ㅊ	ㅎ	ㅎ
키릴	п	б	сп	$п^x$	м	с	ш	з	ж	сс	ц	ц/ч	ц	ц	з	сц		$ц^x$	$ц^x$	х	х

5) 기타: [’]

한국어를 전사한 키릴문자와 한글 자모는 위와 같다. Putsillo는 서문에서 몇몇 한국어의 음성 특징과 그 전사문자에 대해 짤막하게 설명해 놓았는데 대부분 타당한 것으로 인정된다.[32]

전사문자는 키릴문자를 바탕으로 하되 러시아어와 다른 한국어의 조음 특징을 고려하여 만들었다. 즉, 러시아어와 같거나 유사한 한국어 음성은 키릴문자를 그대로 쓰고 그렇지 않은 한국어 음성은 키릴문자에 부조부호를 덧붙이거나 두 문자를 조합하여 나타내었다.

31 전사한 내용을 수정할 때에만 ‘ч’ 문자를 썼다.

32 Putsillo는 『朝鮮偉國字彙』의 한국어 로마자 표기가 부분적으로 잘못 되었다고 지적하기도 하였다.

자음은 한국어 장애음을 무성음, 유성음, 유기음, 된소리로 나누고 무성음과 유성음은 그와 가까운 음을 가진 키릴문자를 쓰고 유기음은 무성음에 유기성 징표(marker) [ˣ]를 덧붙이고 된소리는 한국어 ㅅ-계 합용자를 그대로 키릴문자로 문자전사화하여 썼다. 그리고 이따금 [’]로 고저악센트(pitch-accent)를 전사하고자 하였다.

그런데 위 전사 체계는 이 사전보다 30년 후에 간행된 『시편 노한소사전』의 전사 체계와 차이가 있다. 『시편 노한소사전』에서 볼 수 있는 육진방언의 음성 특징들(가령, [ʦ]와 [ʧ]의 구별, [ŋ]의 약화 및 탈락, 이중모음 및 삼중모음의 다양한 변화 등)이 전사에 반영되어 있지 않다. 이는 물론 30년 사이에 이루어진 음변화 또는 전사 방식(문자전사(transliteration)/음성전사(transcription), 약식전사(broad transcription)/정밀전사(narrow transcription)의 차이에서 기인한 것일 수도 있다. 여기서는 한국어 전사를 관찰하면서 Putsillo의 전사 태도나 방법을 살펴보기로 한다.

1.1.3.2. 음성전사와 문자전사

Putsillo가 한국어의 발화음을 직접 음성전사했을 것임은 다음과 같은 근거들로 미루어 짐작할 수 있다. 첫째, 전사 기호 [’]이다. [’]는 두 가지 기능을 갖는다. 하나는 모음 위에 놓인 [’]이다.

mȯsi/tɨphi ………… 모시/느피(376-377, 못[池], 늪[沼])
saeu̇o ……………… ᄉᆡ우오(720-721, 새[鳥]가 우오)
su̇ypta/suypso …… 쉽ᄶᅡ/쉽소(278-279, 쉽다[易])
təpso/tə̇pta ………… 덥소/덥ᄶᅡ(164-165, 덥다[暑])
ssaunda/ssȧuo …… ᄶᅡ운다/ᄶᅡ우오(608-609, 싸우다)

모음 위에 얹힌 [ʹ]는 고저 악센트 표지로 보인다.[33] ‘ssáuo’를 제외한 나머지는 모두 동북방언의 고조와 일치한다.[34] 이는 키릴문자 전사가 발화음을 전사한 것임을 말해 주는 것이다.[35]

[']가 사용된 또 다른 예는 아래와 같다.

tori’kae/torittshae …… 도릿기/도릿치(692-693, 도리깨)
kuyt’tae ………………… 귓씩(634-635, 귀가 달린 세숫대야/냄비?)
ma’nɨuy ………………… 맛느위(572-573, 맏누이[姉])
yəsɨ’/yəsɨsi/nyu[sic.] … 여슷/여스시/뉵(712-713, 여섯[六])
no’ttsaŋin, no’ttsaŋ-i … 놋장인이, 놋장이(584-585, 놋갓장이)

키릴문자 전사와 오른쪽의 한글 전사를 대조하면 [']은 한글 자모 ‘ㅅ’에 대응된다. [']은 사이시옷의 [t˺], 휴지 또는 자음 앞에 놓이는 [t˺]를 전사한 것이다. 따라서 [']는 성문폐쇄음 [ʔ]를 전사한 것이다. 이 역시 그가 직접 한국어 음성을 청취하고 그것을 전사에 반영한 흔적이다.

한편 아래와 같은 전사는 Putsillo가 정밀하게 한국어의 음성 특징을 관찰하였음을 보여 준다.

d
nitsyət puryəsso ……… 니젓부렷소(336-7)[36]

33 “Пáри”(410)처럼 [ʹ]로 악센트를 표시하기도 하였다. [각주]에서는 “Пàри”로 전사.

34 중세국어의 上聲과 去聲은 현재 함경도 대부분의 지역에서 高調로 실현된다. 단, 함남 단천, 함북 명천, 길주 지역어에서는 上聲이 상승조로 실현된다. 이에 대해서는 이기문 외(1991)을 참조.

35 다음과 같이 長音을 반영한 예도 있다. 예: 쳐언쳐니(천천히, 293), 힉아미(반찬, 271), 닛꺼어미(잇몸, 139), 파아라오(파랗다, 195). 앞 두 예는 저장조, 뒤의 두 예는 상승조에 잉여적으로 수반되는 長音이다.

36 ‘니젓소’(177쪽)에 대해서는 각주에서, “nditsyəsso(=ндицёссо)로 발음된다.”고 하였다.

d
nirgobi, nirgop ………… 닐고비/닐곱(570-1, 일곱[七])

[n]을 [d]로 교정하였으니 위 전사는 'ditsyət –', 'dirgobi'라고 해야 하나 이는 동시조음 [^{d}n]으로 보는 것이 옳다.[37] 아래 예는 고모음 'ㅡ' 앞에서 [n]이 [t]로 실현된 예다.

tɨphi …… 느피(376-377, 늪[沼]).
cf. nɨpphi/mosi … 늡피/모시(524-525, 늪/못[池])

이는 Putsillo가 미세한 음성 특징을 포착하고 그것을 전사에 충실히 반영한 흔적이다. 아래 예도 음성전사의 예라 하겠다.

(2) timnɨnda …………… 듭는다/듬는다(564-565, 뚫는다)
nimnɨnda …………… 닙는다(376-377, 입다)
pamnɨnda …………… 밥는다(192-193, 464-465, 밟는다)
samnɨnda/samso … 삼는다/삼소(120-121, 삶는다)

(2)의 왼쪽 키릴문자 전사는 자음군단순화에 이어 자음동화를 겪은 예다. 오른쪽의 한글 전사와 달리 발화음을 충실히 전사하였다. 이는 키릴문자 전사가 대부분 음성전사에 기반을 두고 있음을 시사하는 것이다.

앞서 잠시 언급한 바 있는 아래와 같은 교정음도 실제 음성전사의 예가 된다.

---

37 이 동시조음에 대해서는 'Ⅰ부의 [각주 29]'를 참고할 것.

(3)ㄱ. [s] → [z] kasɨmi → kazɨmi(가슴, 28, 124, 326)

ㄴ. [p] → [b] haeŋpuri → haeŋburi(감기, 342), nɨpe → nɨbe(누에, 700)

ㄷ. [t] → [d] tətɨy → tədɨy(더디[遲], 298)

(4)ㄱ. [l'] → [r] namul'tsʰae → namurtsʰae(나물, 374)

ㄴ. [r] → [l'] tarbɨy → tal'bɨy(다리[髢], 66)

ㄷ. [l'n] → [l'l] ul'nio → ul'lio(울리다, 194)

[rl] → [ll] norlakao → nollakao(놀러 가오, 124)

[nl] → [ll] sin-la → sil'la(신라(新羅), 576)

ㄹ. [l'l] → [l'n] nal'lae → nal'nae(빨리, 608)

ㅁ. [l] → [r] talyəra → taryəra(다리다[煎], 414)

(5) [st] → [tt] ste → tte(뗏목, 436)

(6)ㄱ. [ts] → [tš] kamtsye → kamʧye(감자, 228)

ㄴ. [s] → [š] syərɨni → šyərɨni(서른, 650)

(7) [ts] → [dz] katsae → kadzae(가재[石蟹], 536)

(3)은 무성음을 유성음으로 교정한 것이다. (3ㄱ)은 일반적으로 국어의 'ㅅ'은 유성음 사이에서 유성음화하지 않는 것으로 알려져 있지만 실제로 [z]로 발음되었을 개연성도 있다.[38]

(4)는 유음의 전사와 그 교정을 보인 것이다. (4ㄱ~ㄴ)은 동일한 환경임에도 유음이 달리 실현되고 또 교정되었다. 이것이 방언차에 기인한 것인지는 단언하기 어려우나 휴지나 자음 앞의 유음이 [r]로 전사된 점은

38 Tajshin"(1898: 35)에도 'Mozi, mosi'(못[池])와 같은 예가 있다. 이현복(1982)는 'ㅅ'이 어중에서 유성음으로 나타나는 예를 소개하고 있다. 그리고 이경희(2000)은, "/ㅅ/가 놓인 음성적 환경 즉, 유성음과 유성음 사이의 간격, 화자적 특성, 발화 속도 등과 유관한 음성규칙"이라 한 바 있다. 『초급 교과서』(13쪽)에는 유성음 [z]의 예로 'Козун-дочи[kozun-doʧi]'(고슴도치)를 제시하고, "음성 'з[z]'는 카잔사범학교 학생 정(鄭)씨의 발음"이라 하였다. 개인차가 있었던 듯하다.

흥미롭다.[39] (4ㄷ)은 모음 사이의 -l'n-, -rl-, -nl-을 [-ll-]로 교정한 것이다(['[은 러시아어의 軟音 부호). 올바른 교정이다. 그러나 (4ㄹ)처럼 -ll-을 -ln-으로 교정한 예도 있다. 수긍하기 어렵다. (4ㅁ)은 모음 사이의 [l]을 [r]로 교정한 예다.

(5)는 본디 'st, sk, sp, …'로 전사했던 한국어 된소리를 교정한 것이다. 그러나 이러한 교정은 부분적으로 이루어졌다. 때문에 'st, sk, sp, …'로 전사된 것을 음운사적 관점에서 어두자음군으로 해석하기도 하나 이는 옳지 않다.[40] 본디 평음이 된소리로 변화한 예도 그와 같이 표기하였기 때문이다. 'st, sk, sp, …'는 단순히 'ㅅㄷ, ㅅㄱ, ㅅㅂ, …'을 문자전사한 것일 뿐이다.

(6)은 치음을 경구개음으로 교정한 예다. 현재도 육진방언권에서 '감자'를 '감제'라 한다(곽충구: 2019a). (7)은 유성음 사이의 'ㅈ[ts]'가 '[dz]'로 발음된다고 하여 교정한 것이다.[41] 위 예들은 대체로 바르게 교정되었는데, Putsillo는 이렇게 교정한 이유를 아래와 같이 말하고 있다(서문: xiv).

> 간혹 자음들 위에 d, z, ʧ, r과 같은 문자들이 놓인 것은 실제 발음을 표시한 것이다. … 이와 같은 기호들은 한국어 어휘를 초심자가 정확히 발음할 수 있도록 해 주기에 충분할 것으로 생각된다.

---

39 자음이나 휴지 앞의 유음을 [r]로 전사한 것은 이 사전뿐만 아니라 이후 러시아에서 간행된 여타의 문헌에서도 동일하다. 현재 중앙아시아 고려인, 중국의 함경도 방언 화자(노인층 일부)는 이 환경에서 유음을 [r], [ɾ]로 발음하기도 한다. 이에 대해서는 곽충구(1986b, 1991/1994), Ross King(1987) 등을 참고할 것. 이에 대한 음운사적인 해석은 소신애(2008)을 참고할 것.

40 Martin(1982)에서 자음군일 가능성을 언급한 바 있다.

41 Matveev(1900)는 어두에서의 n>d, m>b, 어중에서의 dz>z 실현 예들을 다수 보여 주고 있다. 그리고 『노한회화』(1904: Ⅶ)의 편찬자들은, "[dz]가 이따금 [z]로 들리는 경우가 있으나 실제 전사에는 반영하지 않았다"고 하여 이 같은 자유변이음이 이 시기 육진방언에 있었음을 언명하고 있다.

Putsillo가 『朝鮮偉國字彙』를 이용하여 한국어를 수집할 때, 『朝鮮偉國字彙』에 없는 한인들의 방언은 키릴문자로 먼저 전사하였을 것이고 또 『朝鮮偉國字彙』에 실려 있지만 한인들의 발음이 반영된 한국어도 키릴문자로 전사하였을 것이다. 즉, 이러한 전사는 음성전사가 된다. 그리고 『朝鮮偉國字彙』에서 그대로 전재한 것은 한글 표기를 키릴문자로 문자전사한 것이 된다.

처음에는 한글 자모의 문자 체계에 기반을 둔 키릴문자 전사 체계로 한국어를 전사하였다가 나중에 이를 교정하고자 한 것으로 보이는데 이러한 교정 작업은 사전 전반에 걸쳐 이루어지지는 않았다. 예컨대, 유성음과 무성음을 구분하지 않고 전사하였다거나, 된소리를 st, sk …. 등으로 전사하였다거나, 'ㅒ', 'ㅟ'를 'yai', 'ui'로 전사한 것이 그러한 예다.

1.1.3.3. 키릴문자 전사와 한글 전사

Putsillo는 자신이 조사 수집한 한국어를 키릴문자와 한글 자모로 전사하였다. 표제어인 러시아어와 키릴문자로 전사한 한국어는 활판 인쇄이고 한글 자모로 전사한 한국어는 편자 자필의 석판 인쇄이다. 여기서는 편자가 어떤 방법으로 한국어를 두 문자 체계로 전사하였고 그것이 음성전사(transcription)인지 아니면 문자전사(transliteration)인지 논의해 보기로 한다.

우선 두 문자 체계로 전사된 한국어를 검토해 보고 그 전사가 어떤 방식으로 이루어졌는지 살펴보기로 한다. 아래 예를 보자.

	키릴문자 전사	한글 전사	현대 의미	쪽수
(8) ㄱ.	oraŋk^{h}<u>ae</u>……………	오랄키	오랑캐	292–293
	p^{h}uŋsyugi…………	푸슈기	풍속	372–373
	tsokx<u>ae</u>, tirtsa, tsoksyugi, saeŋtsiri			

	…………족ᄒᆡ/조ᄏᆡ/딜ᄎᆞ/족ᄉᆔ미/싱질이	조카	434-435
ㄴ.	tsammari, kuyyətaegomarhao…귀ᄃᆡ고말ᄒᆞ오		104-105
	waŋ-i, narai………… 왕이	왕(王)	254-255
	tsaeraeri, tsaeryayri… ᄌᆡᄅᆡ리	참나무	136-137
ㄷ.	kɨrɨda/kɨrɨo…긔르다/긔르오/그르오/그르다	그르다	352-353
	mattsitsiri…… 맛지지리, 두다린다[42]	타작하다	668-664
ㄹ.	siŋsa ………………… 싱사	상사(喪事)	476-477
	yərkkɨŋi……………… 열끙	강낭콩	676-677
	tsʰinkʰi……………… 친키	친구	248-249
ㅁ.	syoiyatsi/syowatsi…… 숴야지/쇄지	송아지	636-637
ㅂ.	sin-la*—sil'-na (sil'-la)i…실나	신라(新羅)	576-577

cf. 「倭語」(下2a)

(8ㄱ)은 키릴문자 전사는 바르나 한글 전사가 잘못되었다.[43] 이는 키릴문자로 전사한 한국어를 한글로 재전사하는 과정에서 생긴 오류이다. (8ㄴ)은 키릴문자로 전사한 한국어의 일부가 한글 전사에서는 누락된 예들이다. 한글 전사 항에 있어야 할 '잡말', '나라이(<나랑이)', 'ᄌᆡ래리'가[44] 빠졌다. (8ㄱ, ㄴ)은 키릴문자 전사가 먼저 이루어지고 그 뒤에 한글 전사가 이루어졌음을 말해 준다.

(8ㄷ)은 한글로 전사된 한국어의 일부가 키릴문자 전사 항에서는 누락된 예니 (8ㄴ)과는 반대가 된다. '맛지지리, 두다린다'는 「倭語」에 없는 연해주

42 '마찌질'은, "마당에 널어 말린 콩이나 조 따위를 둘 또는 세 사람이 마주 서서 도리깨 따위로 두드려 털어 내는 일"을 뜻하고, '두다린다'는 '타작하다'라는 뜻. 두 단어 모두 함북 방언으로 지금도 쓰인다.

43 oraŋkʰae는 「倭語」에 오랑개(58b), tsimtsʰae(짐ᄎᆡ)는 팀ᄎᆡ(47b)로 되어 있는바, 이는 편자가 한인들로부터 「倭語」의 한국어를 검증하며 조사하였음을 말해 준다.

44 함북 방언에서는 '잡소리'(잠꼬대), '나랑'(<나랗, 나라님), '재래지'(신갈나무)라 한다.

한국어다. Putsillo가 직접 조사하여 한글로 음성전사한 것이다. 그것을 다시 키릴문자로 재전사하는 과정에서 'tudarinda'를 빠뜨린 것이다.

(8ㄹ)은 키릴문자 전사와 한글 전사가 모두 잘못된 예다. 이는 편자가 어느 한쪽을 먼저 전사한 다음, 그것을 다른 문자로 재전사하였음을 보여 준다. 한글로 전사된 '싱-, -끙, -키'는 '상-, -콩, -귀'를 흘려 썼을 때의 자형과 유사한데, 편자는 그 잘못된(혹은 잘못 판독한) 한글 표기를 그대로 키릴문자로 재전사한 것이다. (8ㅁ)에서, 키릴전사 'syoiyatsi'와 한글 전사 '쇠야지'는 「倭語」(78b)의 것을 키릴과 한글로 전사하여 옮긴 것이니 문자전사이다. 이를 이용하여 Putsillo가 조사한 것이 'syowatsi'와 '쇄지'인데 음성전사이다. 현재의 육진방언형 [šwɛɛǰi](=쇄:지)(곽충구: 2019a)를 참고하면 'sywaetsi'나 'syowaetsi'로 전사했어야 했다. 한글전사는 바르고 키릴문자 전사가 잘못된 예다. (8ㄹ, ㅁ)은 모두 한글 전사가 먼저 이루어지고 키릴문자 전사가 뒤에 이루어진 예다.[45]

(8ㅂ)은 편자가 「倭語」에서 한국어를 전재하면서 그것을 어떻게 전사하여 사전에 수록하였는지를 보여 주는 좋은 예다. 앞서 「倭語」의 어휘는 그것을 사전에 그대로 옮겨놓거나 그것의 한인 발음을 사전에 올렸다는 사실을 확인한 바 있다. (8ㅂ)이 바로 그런 예다. 즉, 「倭語」(58a)에는 '신라sīnlā'로 표기되어 있지만 이 사전에는 "sil'-na (sil'-la), 실나"로 전사되어 있다. '실나'로 표기한 것은 자음동화를 반영한 것인데 '실라'로 표기할 것을 「倭語」의 표기법에 따라 '실나'로 표기한 것이다. 편자는 이를 다시 키릴문자로 'sil'na'로 전사한 것이다. 그리고 그 실제 발음인 'sil'-la'를 괄호 속에 보였다. 이는 편자가 한국어를 어떻게 수집하고 전사하였

45 이러한 예는 한인 조력자가 한글 자모로 적어 제공한 것을 편자가 잘못 판독하여 제시한 것일 가능성이 높다.

으며 또 한국어 표기법을 어떻게 습득했는지를 보여 주는 예다.

(8)의 예를 통해서 한국어의 전사는 「倭語」의 한국어를 기계적으로 전재한 것이 있고 또 Putsillo 자신이 조사하여 키릴문자로 먼저 음성전사하고 그것을 한글 자모로 문자전사한 것이 있으며 또 그 역의 경우도 있음을 보았다. 후자는 한인 조력자가 필사한 것을 키릴문자로 문자전사했을 가능성이 높다.

다음에는 한국어를 전사한 두 문자 체계를 보고 이어 문자전사와 음성전사가 어떻게 이루어졌는지 보기로 한다.

1.1.3.4. 한글 자모에 의한 한국어 전사

한국어의 [ɛ]는 'ㅔ'로, 된소리는 'ㅺ, ㅼ, ㅽ, ㅾ, ㅆ'로 표기하였다. 어중의 '-ㄹㄹ-'은 '-ㄹㄴ-'으로 표기하였다.[46] 이는 『朝鮮偉國字彙』의 영향이다. 자음동화는 아래와 같이 전사하였다.

(9) nyuknoe/nyuŋno……………뉵뇌/늉노(육로(陸路), 522-523).
cf. 륙로(『倭語』(8a)).
tyəlnyəŋ-i……………………뎔녕이(전령(傳令), 494-495).
cf. 젼령(『倭語』(36b)).
nɨpso/nɨmnɨnda/nuwəsso…늡소/늠는다/누웟소(눕다[臥], 278-279)
nimnɨnda/nibəra/nipso……님는다/니버라/닙소(입다, 328-329)

(9)의 '뉵뇌/늉노', '뎔녕'을 『朝鮮偉國字彙』의 그것과 비교해 보면, '뉵

46 키릴문자로 전사한 부분은 -ㅁ-을 -ㄲ-로 교정하기도 하였는데 이의 실제 발음은 -ㅃ-이었을 것으로 생각된다.

뇌/늉노'는 두음법칙과 자음동화 규칙이 적용된 음성형을 사전에 수록하였고, '멸녕'은 자음동화는 물론 비구개음화형을 사전에 수록하였다. 물론 이는 연해주 한인의 발화음이다. 단, '멸령'을 '멸녕'으로 표기한 것은 『朝鮮偉國字彙』의 표기법의 영향인데 이는 근대국어 시기의 일반적인 표기법이다. 또 '늡다[臥]'와 '닙다[被]'의 활용형에 자음동화가 반영된 것을 보면 Putsillo가 꼼꼼하게 발음을 청취하고 전사하였음을 알 수 있다. 대체로 키릴문자 전사가 먼저 이루어지고 그를 바탕으로 해서 한글 전사가 이루어진 것으로 보인다.

한편 받침의 표기는 근대 후기의 일반적인 표기 경향과 유사한데 정제되어 있다. 『朝鮮偉國字彙』의 표기법과 다른 점이 주목된다. 아래 명사 말자음의 표기를 보자.

(10) ㄱ. 고디(處, 97, 317, 415), 노디(鑰, 315), 나디(鎌, 563), 버디(友, 155) ᄯᅳ디(情, 67, 135), 모디(釘, 97), 부디(筆, 235), 비디(債, 145), 가디/삭가디(笠, 717)

ㄴ. 모시(池, 525), 저시(醢, 553), 오시(衣, 375)

ㄷ. 고지(花, 483, 689), 년ᄭᅩ지/년홰(蓮花, 281), 참대ᄭᅩ지/쥭홰(竹花, 97), 국홰꼬지(菊花, 7), 비비송고지(錐, 37), 송고지(715), 비븨/비비/비비손고지(565), 웃틔기지(領, 69), 쟈지(乳, 302, 603), 조지(乳, 125), 쇼쟈지(牛乳, 302), 죠지(男根, 385)

(11) ㄱ. 것치(外, 表, 59), 옷치(漆, 275), 봇치(樺, 21), 바치/쇼뒤(팥[小豆], 117), 콩밧치/두틔(豆太, 477)[47], 깃츠 픠운다(羽, 707), 삿치(蓆, 693),

47 바치(팥, 117), 콩밧치(콩팥, 477)은 각각 '팣', '콩팣'이 옳다. 이는 함북 방언이다. 사전에는 이처럼 유기음이 평음으로 전사된 예가 더러 보인다. 예: 표붕이'(漂風-이)(669).

숫치/숫기(炭, 663), 남빗치(藍色, 577), ᄯᅵ진쇠빗치(綠色, 691)

ㄴ. 긋티/마가믜/마가미(끝, 마지막, 251), 밋티(低, 59, 141), 겻티/겻틔(곁, 557), 닷티(닻, 33, 729)[48], 돗티(豚, 565)

(12) 낫소, 낫다(낮다, 357), 물깃소, 무루깃소(긷다, 703), 붓소(붙다, 119), 좃는다/좃소/조차간다(좇다, 491), 뭇소, 무더라(埋, 189)

명사의 말음이 유기음일 때 모음 조사가 연결되면 (11)처럼 'ㅅ'을 받쳐 표기하였으나 말음이 평음 'ㄷ, ㅈ, ㅅ'일 때에는 (10)처럼 연철 표기를 하였다. 자음 조사가 연결되면 (10), (11)의 명사 말음은 'ㅅ'으로 표기하였다. 이러한 표기법은 비단 체언의 곡용에서뿐만 아니라 형태소 내부에서도 적용되었다. 가령, '부치다'는 '붓치다/붓치오(499)', '흐터지다'는 '흣터지오(535)', '고치다'는 '곳치다/곳친다(417)'로 표기하였다.

그리고 활용 어간의 말자음은 (12)에서 보듯 모음 어미가 연결되면 연철하고 자음 어미가 연결되면 체언에서처럼 'ㅅ'으로 표기하였다.

한편 어간말 자음이 순음일 때도 '갑푸오'와 같이 표기하였는데 그 원리는 (11)과 같다. 그리고 어간말자음군은 '밥소(밟다)', '북소(붉다)'와 같이 단순화된 대로 표기하였다.[49] 자음군단순화 이후 적용된 자음동화는 '밥는다/밤는다(밟는다)'와 같이 자음동화를 수의적으로 표기에 반영하였다.

48 Tajshin"(1898: 3), "tatɨ nonɨta[sic.]"(닫으(=닻을) 놓는다).

49 육진, 동북방언에서는 'ㄺ, ㄻ, ㄼ' 뒤에 자음 조사가 연결되면 'ㄹ'이 탈락하는 자음군 단순화 규칙이 있다.

1.1.4. 사전의 구조

이 사전은 구조가 단순하여 사전이라기보다는 대역어휘집에 가깝다. 품사, 발음 정보(러시아어 악센트 표지) 등이 없다.[50] 또한 표제어의 선정과 그 배열이 일반 사전과는 퍽 다르다. 그리고 대역 한국어를 키릴과 한글의 두 문자체계로 전사해 놓은 점, 일부 표제어에 각주를 달고 주석을 한 점은 다른 대역사전에서 볼 수 없는 이 사전만의 특징이다. 여기서는 여러 유형의 표제어를 통해 이 사전의 편찬 과정과 사전의 거시구조를 알아보기로 한다.

1.1.4.1. 표제어의 선정

이 사전은 연해주 한인에 대한 이해와 그들과의 소통을 위해 편찬되었기 때문에 표제어는 러시아어의 어휘 체계보다는 한국어를 고려하여 선정한 듯한 인상을 준다. 표제항에 한국의 역사, 사회, 생활 문화와 관련된 한국어가 많이 수록되었다는 점, 한국어를 러시아어로 번역한 다음 그 러시아어를 표제어로 삼은 예들이 자주 목격된다는 점이 그 傍證이다. 그리고 편자는 한국어에 대한 전반적인 그리고 체계적인 지식이 온전히 갖추어지지 않은 상태에서 사전을 편찬할 수밖에 없었기 때문에 자연히 편자가 접하고 이해할 수 있는 범위 내의 한국어만을 사전에 반영할 수밖에 없었다.

표제어로 오른 한국어는 주로 『朝鮮偉國字彙』에서 전재한 것들로서 한국과 중국의 고대 국명, 화폐나 도량형의 단위, 생활 문화와 관련된

50 악센트 표지가 있는 Парйть, Пóдать와 같은 표제어가 간혹 보인다. 활용 정보도 제시하지 않았다.

어휘다. 가령, "삼한(三韓), 박졔(→ 백제), 고려(高麗), 당(唐), 돈(화폐의 단위), 말[斗], 되[升], 냥(兩), 뎨기(제기), 필(疋), 바리[馱]" 등이 그 예이다. 대응 러시아어가 없으니 그대로 표제어로 삼을 수밖에 없다.

그리고 "기생(妓生), 쟝승[堠], 싸리[杻], 검띙낭기"처럼 한국의 생활문화 관련 어휘를 실었다. 이들 어휘도 대응 러시아어가 없어 짤막하게 러시아어로 번역한 다음 그것을 표제어로 삼았다. 이 밖에 한국에서만 볼 수 있거나 한국에서 연해주에 이식된 物名 따위도 올렸다. 이처럼 한국어 표제어나 한국과 관련된 내용을 담고 있는 표제어에는 각주를 두고 비교적 자세히 풀이하였다.[51] 그 예를 몇 보기로 한다. [*]는 각주 표시.

Zhenshchiny (prostitutki*) – 기싱이(171).

각주 *위락(慰樂)을 위하여 노예나 첩으로 매매되는 여인들. 그녀들은 춤을 잘 추고 바느질도 잘하며 우리 돈으로 20~50루블까지의 값으로 온갖 일을 해 낸다. 그녀의 남자 아이들은 노예와 같은 '관노(官奴)'로 불리고 여자아이들은 기생이 되기 위한 과정을 밟는데 일반적으로 이러한 점은 일본인과 비슷하다.

Stolb" verstovoj* – 쟝승이, 댱승이(615).

각주 *사람들이 말하기를, 장승은 사람과 비슷하게 생겼으며 10리마다 세워진다고 한다.

Lotok" – 키, 치(287)

각주 *엮어서 만들며 바닥이 평평하고 껍질을 벗긴 곡식을 까부를 때 쓴다.

Derevo (Rod" gibkago dereva)* – 싸리(141).

---

51 약 200여 표제어에 각주를 두고 러시아어로 풀이하였다.

각주 *한국에서는 아이들이 그것으로 활을 만들어 쏜다. 1½싸젠 크기로 가늘다.

Derevo (Rod" dereva)* – 검핑낭기(137).

각주 *한국에서 굴대, 축(軸)에 쓰는 나무. 매우 단단하다.

Rasteniye (Dolichus hirsutus) – 츨기(칡, 541)

각주 *이 식물의 줄기에서 바느질을 위한 실을 얻는다.

Trava, zlak" – 부두기(부들, 649)

각주 *돗자리를 짜는 데 쓰인다.

각주가 있는 위 표제어들의 공통점은 대역 한국어를 러시아어 표제어로는 정확하게 나타낼 수 없다는 점이다. 예컨대, '기생'은 러시아에 없는 신분이므로 그에 대한 정확한 뜻을 제공할 필요가 있는데 그것을 각주를 통해 해결한 것이다. '기생'의 러시아어 표제어는 Zhenshchiny (prostitutki)(=여인들 (웃음을 파는 여인들))"이다. 이 대역만으로는 뜻풀이가 만족스러울 수가 없다.[52] '장승'과 표제어 'Stolb" verstovoj'(=이정표), '키[箕]'와 표제어 Lotok"(판, 賣臺), '부들'과 표제어 Trava, zlak"(풀, 곡초)도 표제어와 대역 한국어의 대응이 적절하지 않다. 따라서 이를 각주를 통해 보완한 것이다. 한국의 민속, 생활 문화와 관련된 기구(키, 활, 바퀴의 굴대, 돗자리)의 재료가 되는 식물(싸리, 검팽나무, 부들), 노끈의 재료가 되는 '칡' 등에 각주를 둔 것이다. 모두 인류학적 관점에서 기술된 것이다. 편자가 한인과의 소통 또는 한국에 대한 이해를 돕기 위해

52 Tajshin"의 사전(1898: 8)에서는 다음과 같이 '기생'을 풀이하고 있다. "11세에서 23세까지의 의무 봉사를 하는 중류층의 딸, 매음을 하거나 처첩, 하녀 등의 일을 한다." 풀이가 옳지 않다.

사전을 편찬하였다는 사실을 엿볼 수 있다. 아래 각주의 예를 더 보자.

Svadebnyj dom"* – 혼ᄉᆞ지비, 혼인지비, 혼가(563)

각주 *즉, 다시 말하면, 혼사가 있는 집을 혼사집이라 부른다.

Lopatki* – 막ᄃᆡ, 형댱이(287)

각주 *이 막대로 죄를 지은 자의 볼기를 친다.

역시 표제어와 대역 한국어의 대응이 적절하지 않다. 'Svadebnyj dom"'은 '결혼식장'이란 뜻으로 해석될 수 있으므로 대역 한국어 '혼ᄉᆞ지비'에 맞도록 '혼사를 치르는 집'이란 뜻을 각주를 통해 밝힌 것이다. 표제어 Lopatki(부삽)도 그 대역어 '刑杖'과는 뜻이 사뭇 다르다. 그것을 각주를 통해 보완한 것이다. 역시 각주는 러시아어 표제어를 위한 것이 아니라 대역 한국어를 위한 것이다.

표제어로 라틴어 學名이 오른 예도 있다. 「倭語」의 상단에는 각 어휘항을 영문으로 번역해 놓았는데 식물명은 라틴어 학명으로 번역해 놓기도 하였다. Putsillo는 이를 표제어로 삼은 것이다. 이는 표제어가 주로 『朝鮮偉國字彙』에 수록된 「倭語」의 한국어를 중심으로 하여 선정되었음을 뜻하는 것이다.

표제어는 아래 (2)에서 보듯 구(句) 또는 문장으로 되어 있기도 하다.

(13) ㄱ. Spisok darov(=선물의 목록)—niedani……녜단이(606-607)

Opis darov(=선물의 목록)—niedani……녜다니(382-383)

ㄴ. Zakrytj trubu v pechke(=페치카의 굴뚝을 막다)—kungmugɨ makso/kungmugɨ magara……궁무그 막소/궁무그 마가라(182-183)

ㄷ. Izbegat' pryamago otveta (otritsat')(=직답을 피하다 (부정하다))—kɨsinda, kɨsio…그신다, 그시오(400-401)

(13ㄱ)은 '예단(禮單: 예물을 적은 단자)'을 러시아어로 대역할 수 없어 구로 제시하였으나 그마저도 마땅찮다. '선물의 목록'이 '예단'이 되기에는 의미의 폭이 넓다. 한국어를 중심으로 표제어를 선정하다 보니 생긴 현상이다. (13ㄴ, ㄷ)은 표제항이 문장이다. (13ㄴ)은 한인의 생활 문화와[53] 관련된 것을 사전에 올리다 보니 불가불 러시아어 문장으로 표제어를 삼게 된 것이다. (13ㄷ)은 한국어 '그시다'에 대응하는 러시아어가 없어 역시 러시아어 문장으로 풀이하고 표제어로 올린 것이다.[54] 이로써 사전의 표제어는 러시아어 학습자를 위해 러시아어의 어휘 체계 내에서 선정된 것이 아니고 편자가 조사한 한국어 어휘를 바탕으로 선정된 것이라는 점을 알 수 있다. 위 예들은 편자가 한국어를 러시아어로 번역한 다음 그것을 러시아 자모순으로 배열한 것이다.

한 표제항에 두 개의 표제어가 제시된 경우도 많다. 이때 두 러시아어 단어는 유의어다.

Gushcha(=찌꺼기, 건더기), Otstoj(=침전물, 앙금)—kiŋtshi, kaŋtsi……궁치, 강지(126-7)[55]

그런데 아래의 예처럼 제시된 두 표제어의 뜻이 다른 예도 있다.

53 함북 지방은 추운 곳이어서 연기의 드나듦이나 화력을 조절하기 위한 기구를 쓴다. '궁무그 막다'는 '열기가 밖으로 빠져나가는 것을 막기 위해 굴뚝을 막다'의 뜻. 조그마한 널판을 굴뚝의 허리에 끼웠다 뺐다 하면서 연기의 배출을 조절하거나 굴뚝의 아가리에 얹어 연기의 드나듦이나 火力을 조절하는 기구를 '구새마개', '구새송침'이라 한다(곽충구: 2019a).

54 '그시다'는 "어떤 사실이 남에게 알려지는 것을 꺼리어 숨기다. 공개적으로 진상을 말하지 않고 감추다."의 뜻(곽충구: 2019a).

55 현재의 육진방언에서는 주로 '강치'라는 말을 쓴다. '강지'는 '강재기'(진흙탕 또는 그 흙 부스러기), '강짓물' 등에 그 흔적이 남아 있다(곽충구: 2019a). '궁치'는 '강치'의 오기가 아닌가 한다.

Nakidka(=덧옷, 비옷), Pal'to(=외투)—nutəgi……누더기(330-1)[56]

위 두 러시아어 단어는 '겉옷' 또는 '웃옷'이라는 공통점이 있다. 그에 대응하는 한국어 '누더기'는 두루마기와 같이 생긴 웃옷이다. 두 표제어는 '웃옷'이라는 공통점이 있어 '누더기'와 대응시킨 것이다. 그러나 이를 역으로 해석하면 한국어 방언 '누더기'는 '외투'와 '비옷'의 의미를 지닌 다의어가 되는 셈이다. 이 사전에는 이와 같은 대역이 적잖다.

표제항에는 표제어 뒤에 그 표제어에 대한 의미를 한정하거나 더하기 위해 괄호를 두고 한정어나 수식어를 부가한 경우도 있다. 이는 대역 한국어의 뜻을 자세히 드러내 보이려는 의도에서 취해진 조처이다. 그리고 편자는 괄호 속의 부가어들을 다시금 표제어로 삼기도 했는데 이때 본디 표제어는 반대로 괄호 속에 넣었다. 사전에는 이러한 예들이 많다.

Vypuskat'(osvobozhdat')—noɨra, noara, paŋsoŋhao…노으라, 노아라, 방송ᄒᆞ오
Osvobozhdat'(Vypuskat')—noɨra, nosso, sonpaŋhao…놋소, 손방ᄒᆞ오

위와 같이 괄호를 써서 표제어의 의미를 보충한 다음 여기에 각주를 두고 좀 더 설명을 보태기도 하였다.

Vĕyat' *) (otveivat', podbrosit')—petkopxuo…… 벳것푸오(92-93)
tadumso……… 다둠소[57]

56 저자가 조사한 어형은 '누데'이다. 두루마기처럼 생긴, 아이들의 겨울용 웃옷으로 안에는 솜을 두며 허리를 감싸는 긴 띠가 달려 있다(곽충구: 2019a). 'Pal'to(=외투)'는 후에 연해주 한국어에 차용되어 '벌또'라 하였다.

57 동북, 육진방언의 '다듬다'는 '까부르다'의 뜻. 표준어 '다듬다'에 대응하는 육진방언은 '검즐하다'이다.

*각주: 껍질을 벗긴 곡물을 담은, 넓게 엮어 짠 기구의 측면을 흔들다.

표제어 'Věyat'(=까부르다)'는 한국어 '까부르다', '키질하다'를 염두에 두고 제시한 것인데 괄호를 두고 의미를 좀 더 보충하였다. 괄호와 각주는 '키'라는 기구의 모양과 그것을 사용하여 곡물 안의 모래나 검불을 제거하는 동작을 말한 것이니 이는 러시아어가 아닌 한국어에 대한 주석이다.

지금까지 본 표제어는 한국어의 대역 러시아어다. 표제어의 선정은 이러한 방식으로 이루어진 것이다. 표제어가 단어, 구, 문장 등 다양한 형식으로 제시된 것은 그 때문이다. 이는 이 사전의 표제어가 한국어를 중심으로 선정되었고 사전이 러시아인들의 이용을 염두에 두고 편찬되었음을 뜻한다.

1.1.4.2. 표제어의 배열

표제어는 물론 러시아어 자모순으로 배열되어 있다. 그런데 이 사전의 표제어 배열은 독특하다. 표제어 중에는 상위어를 표제어로 여럿 제시하고 그 하나하나에 하위어들을 배당하여 배열한 예들이 많다. 예를 들면, 한국어 '첩(妾)', '녈녀(烈女)'의 표제어는 'Zhena'(=여인)으로 같고 '청주(淸酒)', '양칫물'의 표제어는 Voda(=물[水])이다. 즉, 類概念을 지닌 상위어로서 표제어를 삼은 것이다.

그리고 그 표제어 뒤에는 하위어들을 변별하기 위해 각각 괄호를 두어 種差라 할 수 있는 의미를 제시하였다. 아래 (14)는 한국의 민속 명절을 한 곳에 모아 제시한 예로 표제어는 모두 Prazdnik"(=명절, 경축일)이다(482~483쪽). 한국의 명절을 러시아어로 풀이하여 표제어로 삼되 상위어를 표제어로 내세웠다.

(14) Prazdnik" poslědnej luny … 설이, 섯날이

Prazdnik" osenij … 가외, 취셕이, 츄셕이

Prazdnik" 7 dn. 7 měsyatsa … 칠셕이

아래 (15)는 '해[年]'를 지칭하는 명사를 분류사전처럼 한데 모아 제시하였다(106~109쪽).

(15) God" (schitaya lěta cheloveka) … 나이, 사리

God" nastupayushchij … ᄂᆡ년의/ᄂᆡ년네/오는ᄒᆡ여, ᄂᆡ년

God" proshedshij … 거년이, 샹년에, 간ᄒᆞ여

God" budushchij … 명년이, 명년에

God" polnyj, tsělyj … 쥬년이, 오은ᄒᆡ

God" sleduyushchij, poslěduyushchij … 인년이, 이년 인년에[58]

God" Nastoyashchij, sovremennyj … 당년니, 오레, 올에, 당년

God" etot" … 금녀니, 오리, 금년

아래 (16)은 동사 'Govorit''(=말하다)의 예를 보인 것이다(104~105쪽).

(16) Govorit' (zauchenoe na pamyat') … 강으ᄒᆞ오, 회강으ᄒᆞ오.

Govorit' (skazyvat', skazat') … 말이, 말ᄒᆞ오, 니르오, 니른다.

Govorit' (bezrazsudno, neprilichno) … 망바리, 망발하오.

Govorit' vo sně … 귀ᄃᆡ고말ᄒᆞ오.

Govorit' shopotom" … 가마니의논ᄒᆞ오.

(14), (15), (16)은 각각 같은 표제어를 두고 그 뒤에 변별을 위한 부가

---

58 '인년'은 '익년(翌年)'의 오류.

어를 두었다. (14), (15)는 표제어가 사실상 구(句)인 셈이다. (16)은 괄호를 두고 의미를 한정하였다.

위의 표제어 옆의 '괄호'와 '각주'는 주석의 기능을 하는 셈이다. 이처럼 이 사전은 표제어의 선정이 대역어를 중심으로 이루어졌고 또 그 배열이 특이하다. 그 밖에 한국어가 표제어로 오른 점, 한국어 전사를 통해 한국어의 발음이나 활용 정보를 보이고자 했다는 점, 러시아어 표제어에 악센트 표지가 결여되어 있다는 점 등을 지적할 수 있는데 이는 이 사전이 한국인보다는 러시아인을 위해 편찬된 것임을 시사하는 것이다.

1.1.4.3. 그 밖의 미시 정보

러시아어는 악센트의 유무나 악센트가 놓이는 위치에 따라 발음도 달라지고 형태 변화도 달라진다. 따라서 러시아어를 배우는 한인들을 위해 이 사전을 편찬하였다면 표제어에 악센트 표지를 두어야 한다. 그러나 표제어에는 악센트 표지가 없다. 반면 대역 한국어는 키릴문자와 한글 자모로 전사하였고 또 서문에서 본 바와 같이 키릴문자로 전사한 한국어 음성을 교정하였다. 이는 이 사전이 주로 한인에 대한 지식을 얻고자 하거나 통치 목적상 한인과 소통하고자 하는 러시아인을 위해 편찬되었음을 뜻하는 것이다.

대역 한국어 동사는 '-는-', '-엇-', '-어라', '-오/-소' 등의 시제와 서법 어미를 붙여 활용 정보를 제공하고자 하였다. 체언은 대체로 주격형이 제시되었다.

한국의 역사나 민속 관련 어휘에 대해서는 각주를 두고 자세히 설명하고자 하였다. 또 대역어로 제시한 한국어의 유의어, 관련어도 많지는 않지만 각주를 통해 제시하였다. 이 점도 이 사전의 한 특징이다.[59]

1.1.5. 한국어의 특징

사전의 한국어 가운데 연해주 한인들이 일상적으로 쓰는 한국어라고 생각되는 예들을 중심으로 음운 및 어휘적 특징을 간단히 밝혀 둔다.

1.1.5.1. 음운 특징

1) 음운체계

① 모음체계

가) 단모음 체계

/ㅣ, ㅔ, ㅐ, ㅡ, ㅓ, ㅏ, ㅜ, ㅗ/의 8모음체계는 확실하나 'ㅚ'는 불투명하다.

Putsillo는 'ㅚ'를 'oe'로 전사하고 서문에서, " … oe는 독일어 ö처럼 발음된다."고 하였으므로 'ㅚ'는 [ö]라 할 수 있다. 그러나 당시 연해주에는 육진방언권 화자와 비육진방언권 화자가 섞여 있었으므로 두 방언권 화자들이 모두 [ö]로 발음하였는지 아니면 어느 한 방언권 화자만이 [ö]로 발음하였는지는 확인하기 어렵다.

그런데 이 사전보다 30년 후에 간행된, 육진방언을 보여 주는 『노한소사전』(1904), 『노한회화』(1904)에는 'ㅚ'가 [wɛ]로 나타난다. 그 뒤에 함경도 전역을 조사 연구한 小倉進平(1927)에서 육진 지역은 [oy] 또는 [wɛ]로 비육진 지역은 [ö], [e]로 나타난다.[60]

---

59 367쪽의 각주에는 4개의 표제어를 두고 대역어를 제시하였는데 이는 추보(追補)에 해당한다.

만약 Putsillo가 조사한 육진방언 화자의 ‘ㅚ’가 [ö]였다면 30년 사이에 ‘ö>wɛ’의 변화가 있었다고 해야 하는데 이 변화는 입증하기 어렵다. 또 Putsillo의 위 견해는 비육진방언 화자의 발음일 수도 있는데 Putsillo가 그것을 일반화하여 ‘ㅚ’는 [ö]라 한 것일 수도 있다.

한편 한국어 전사에서 아래와 같이 ‘ㅗ’와 ‘ㅓ’ 그리고 ‘ㅛ’와 ‘ㅕ’가 서로 뒤바뀌어 전사된 예가 있다.

(17) ㅓ>ㅗ, ㅕ>ㅛ: 교으리(겨울, 199), 달ᄀᆡ목소(달개먹[食]-소, 월식, 193), 쬭토ᄆᆡ(젹토마, 절따말, 밤색의 말, 103) ….

(18) ㅛ>ㅕ: 뎌션(됴션(朝鮮), 255), 자명졍이(자명죵(自鳴鐘), 169), 펴풍(표풍(漂風), 199) ….

(17~18)이 ‘ㅗ’와 ‘ㅓ’의 조음역이 근접한 탓에 두 음성의 식별이 용이하지 않아 잘못 전사한 것인지 현대의 서북 및 육진방언처럼 ‘ㅗ’의 저설화와 ‘ㅓ’의 후설화에 말미암은 것인지는 확인하기 어렵다.

나) 이중모음 체계

y-계 상승이중모음: ㅖ, ㅒ, ㅕ, ㅑ, ㅠ, ㅛ
y계 하강이중모음: ㅢ, (ㅟ)
w-계 이중모음: ㅟ, ㅘ, ㅝ, ㅞ, ㅙ

Putsillo는 서문에서 한국어 ‘ㅢ’에 대하여, “… ыи는 모음 ы처럼 또는 거의 ый처럼 …”이라 하였다. 즉, ыи(=ㅢ)는 모음 ‘ы[ɨ]’처럼 또는 ‘ый

60 ‘배우다(<ᄇᆡ호다, 學)’가 “뵈우오, ᄇᆡ운다, 뵈운다”(푸675)로 전사된 점도 흥미롭다.

[ɨy]'처럼 발음되었다고 한 것이다. 아래 (19ㄱ)의 예처럼 'ㅢ'는 아직 이중모음을 유지하고 있다. 다만, (19ㄴ, ㄷ)에서 보듯 'ㅢ>ㅡ'나 'ㅢ>ㅣ'의 예가 몇이 있다.[61]

(19)ㄱ. 가븨(<ᄀᆞᄇᆡ[袴], 713), 술긔(<술귀[車], 441), 아의(<아ᄒᆡ[兒], 139), 죵의(<죠ᄒᆡ[紙], 35), 웃틔[衣](433) 등.

ㄴ. 으심이(<의심, 449), 으원이(<의원, 73, 145), 으지ᄒᆞ오(<의지하다, 383), 흐미하다(<희미하다, 497), 그명이(<긔명(器皿), 475)

ㄷ. 밉다(<뮙다, 351), 신이(<신의(信義), 479)

ㄹ. 볘루샹지(벼루상자, 731), 샹즤(상자, 731)

(19ㄴ)의 'ㅢ>ㅡ'는 대부분 한자어의 어두 위치에서 발견된다.[62] 'ㅢ>ㅣ'는 (19ㄷ)의 '밉다', '신이(信義)'가 보인다. (19ㄹ)은 'ㆎ>ㅢ>ㅣ'의 예이다. 샹ᄌᆞ(箱子)+-이>샹ᄌᆡ>샹즤>샹지.

w-계 이중모음은 'ㅟ, ㅘ, ㅝ, ㅞ, ㅙ'가 있으나 이 중 'ㅟ'는 기계적으로 'yи'로 전사하였으므로 그 음성 실현([uy], [wi], [ü])을 확인하기 어렵다.[63]

---

61 30년 후에 간행된 『노한소사전』(1904), 『노한회화』(1904)의 육진방언을 고려하면 (19ㄴ)은 비육진방언일 가능성이 높다.

62 『노한소사전』(1904), 『노한회화』(1904)에서는 'ㅢ'가 'ы(I.P.A.=[ɨ])'로 전사되어 있다. 이는 과도가 짧은 'ㅢ' 또는 [ɨ]일 것이다. 현재의 육진방언은 대부분 'ㅢ>ㅣ'의 변화를 겪었고 'ㅢ>ㅡ'를 겪은 소수의 예도 있다. 일부 노년층에서 드물게 'ㅢ>ɨ'로 조음하는 경우도 있다.

63 1904년에 간행된 카잔 문헌에는 [uy], [wi], [ü]가 보인다.

② 자음체계

'자, 저, 조, 주'와 '쟈, 져, 죠, 쥬'의 대립이 존재했으므로 파찰음 'ㅈ, ㅊ, ㅉ'은 치조음이다. 1904년에 간행된 『노한소사전』과 『노한회화』에서는 [ʦ]와 [ʧ]가 엄격히 구분 전사되었다. 모음 'ㅣ'와 활음 'ㅣ[y]' 앞의 'ㅈ'은 [ʧ]로 실현되었다. 이때 [ʧ]은 /ʦ/의 조건변이음이다.

③ 운소-고저 악센트(pitch-accent)

고저 악센트가 변별적이었을 것이나 이에 대한 Putsillo의 언급은 없다. 또 앞서 1.3에서 다룬 바와 같이 [']로 고저 악센트를 표기한 예가 있으나 양이 적고 정확하지도 않다.

2) 음운변화

① 單母音

가) 비어두 위치에서의 'ㆍ>ㅡ': ᄇᆞ름[風]>바름, 사ᄅᆞᆷ[人]>사름.

나) 'ㅡ>ㅜ': 순자음 뒤에서뿐만 아니라 그 외의 환경에서도 'ㅡ>ㅜ'가 많이 보인다. 비어두 위치에서 'ㅡ'와 'ㅜ'가 점차 대립을 잃어가고 있었던 듯하다.

② 二重母音

가) y계 상승이중모음의 변화

아래 (20)과 같은 흥미로운 예가 보인다.

(20)ㄱ. 볘루샹직(벼루 상자, 731), 몟치오(몇-이오, 581)

ㄴ. 해개부리(451), cf. 뱌우리>뱅우리, 뱌시>뱐셰(『노한회화』).

(20ㄱ)은 순자음 뒤 'ㅕ>ㅖ'의 예이다. 이 변화는 두 가지 음운사적인 사실을 말해 준다. 하나는 이 변화가 'ㅕ[yə]'의 활음 'y'의 견인에 의하여 핵모음인 후설의 'ə'가 전설화(vowel fronting)한 것이라는 점이고, 다른 하나는 현대의 모든 방언에서 볼 수 있는 변자음 뒤의 'ㅕ>ㅔ'가 사실은 'ㅕ>ㅖ>ㅔ'의 단계를 거친 변화라는 점이다. (20ㄴ)은 '해+갸불-+-이'에서 역시 'y'의 견인에 의하여 후설의 'ㅏ'가 전설화한 것이다.[64]

나) y계 하강이중모음 'ㅟ>ㅢ'의 변화

(21) 븨(<뷔[篦], 299), 투긔(<투귀[胄], 717), 동믜(<동뮈[友], 249)

(21)의 예에 의하면, 변자음 뒤에서 'ㅟ'가 'ㅢ'로 변화한 것이 된다.

다) 움라우트

(22)ㄱ. 골방이(537), 어미네(아낙네), 지아비(아버지, 397), 제어미(어머니, 297), 아기/아기씨(13), 하나비(할아버지, 613), 가다기(극젱이, 605), 타기(탁+이<톡, 턱, 445), 히아미(반찬, 271) ….

ㄴ. 석기(<삿기, 새끼[雛], 519), 졔비(<져비, 277), 뎨기(제기[鞬子], 209), 밀기리미(포마드, 461) ….

(23) 뎨기/연뎨기(<뎌기, 제기[鞬子], 325), 베기(벽, 623), 졔비/구졔비(<져

64 이러한 변화는 활용에서도 보인다. 녜라(니-어라, 355)는 '니-[戴]+-어라>녀라>녜라'. 30년 뒤에 간행된 『한인을 위한 철자 교과서』(1902), 『노한회화』(1904)의 한국어는 대부분 이 변화를 겪었다. 현대 육진방언에서도 이러한 변화를 볼 수 있다(곽충구: 2019a).

비, 제비, 277), 셱경이<셕경이(거울, 197)

(24)ㄱ. 별이/볘리(195), 볘리/그물볘리(47), 보셔니/보셰니(709), 셸새/셜샤 (설사, 465), 뭇톄리(<무텰+-이, 무철알. 153) ….

ㄴ. 벼밭>볘밧티(논[畓], 431), 계와/겨와/계외(기와[瓦], 703)

(22ㄱ)은 함경도에서 널리 쓰이는, 빈도가 높은 방언형을 보인 것인데 움라우트를 겪지 않았다. (22ㄴ)은 움라우트를 겪은 예다. 이를 보면, 이 사전이 편찬될 무렵에는 움라우트 규칙이 생산적으로 적용되지 않았다고 할 수 있다. 그런데 30년 후에 간행된 『노한소사전』(1904) 등 카잔 문헌은 움라우트 규칙이 일정한 조건 아래에서 예외 없이 적용되었다(곽충구: 1991/1994). 대략 30여 년 사이에 움라우트 규칙이 생산적으로 적용된 것이다.

(23)의 예를 보면, 피동화주가 ‘ㅕ’일 때 왕성하다. 이들 예들이 지닌 공통점은 동화주인 전설모음 ‘ㅣ’, 전설성 활음 ‘y’ 외에도 피동화주에도 전설성 활음 ‘y’가 있다는 사실이다. 이는 피동화주의 전후에 있는 [+front] 자질의 동화주가 두 방향에서 전설화를 견인하였다는 사실을 말해 준다. 이것이 (22ㄱ)보다 움라우트를 왕성하게 한 요인이다.

(24ㄱ)은 개재자음이 설정자음일 때의 움라우트 예다. 근대국어의 ‘겨집>계집’, ‘겨시->계시-’도 (24ㄱ)과 같은 예에 속한다.[65] 그런데 (24ㄴ)은 움라우트라 볼 수 없는 ‘ㅕ>ㅖ’의 예다. 이는 변자음 뒤의 ‘ㅕ>ㅖ’이다.[66]

65 (24ㄱ)도 (24ㄴ)과 같은 부류라 할 수도 있다. 그러나 ‘겨집>계집’, ‘겨시->계시-’의 변화가 나타날 무렵 움라우트 환경이 아닌, 변자음 뒤의 ‘ㅕ>ㅖ’는 찾아보기 어렵다는 점에서 움라우트일 가능성이 높다.

66 곽충구(1991/1994)의 움라우트 조건을 참고.

라) 어중자음 /-ㄱ-/, /-ㅂ-/, /-ㅅ-/의 보존

(25) 돌가지(도라지, 541), 몰ᄀᆡ(모래, 423), 불거지다(부러지다, 455), 술긔(<*술귀, 수레, 441), 씨갓이(씨앗, 199) ….

(26) 골방이(우렁이, 달팽이, 537), 달뷔/달븨/달위(다리[髢], 257, 445), 방부루 젼는다, 방우루 젓소(방울[鈴], 439), 부부리(부리, 239), 아보기(아욱, 375), 호박(확[臼], 623) ….

(27) 명실(名日, 481), 가새(가위, 361), 그스다(劃, 703), 그시다(<그ᅀᅵ다, 기이다, 401) ….

중세국어 유성마찰음 /ㅇ/, /ㅸ/, /ㅿ/이 위와 같이 /ㄱ/, /ㅂ/, /ㅅ/로 반사되어 있다.

마) 구개음화

(가) ㅎ-구개음화

(28) 셰/솃뒤/혜(혀/혀때기, 727), 셰차름(癸癸, 495), 셋가리(혓+가리, 서까래, 621), 셰미/셰어미(<혬[算], 631), 심쓔리/시무기/힘쥬리(힘줄, 175), 심이/힘이(575), 흉년/슝년(357), 흉셰/슝셰(凶歲, 357)

개신형과 보수형이 함께 보인다. '형님, 형뎨, 효도, 효ᄌᆞ'와 같은 한자어는 개신형이 보이지 않는다.

(나) ㄷ구개음화

(29) ㄱ. 남뎡이(일꾼, 527), 자듀/자디(자주(紫朱), 679), 댱손그락이(407), 뎝시/텹시(695), 뎡바기(정수리), 됴소(좋소), 듕매(563), 딘듕(진중(珍重), 693), 일톄(一切, 527), 텹텹이(첩첩이, 587) ….

ㄴ. 져르다, 져르오(<뎌르다, 짧다, 255), 맛치다(<맡이다, 맡기다, 395), 질벌(<딜벌, 차례, 위계, 557), 졈졔(<뎜제, 삿자리, 693) ….

(29ㄱ)과 같은 보수형이 대부분이다. 연해주에 육진방언 화자가 많았으므로 그들의 방언이 많이 반영된 탓이다. 참고로 육진방언을 보여 주는 『노한소사전』(1904), 『노한회화』(1904)에는 ㄷ구개음화의 개신형이 거의 발견되지 않는다.[67] 따라서 (29ㄴ)과 같은 개신형은 비육진방언 화자의 방언이 반영된 것이다.

(다) ㄱ-구개음화

(30) 져드랑이/자ᄀᆞ미/겨ᄃᆡ이(447, 629), 지지ᄀᆡ를한다(515)

(30) '져드랑이'는 비육진방언이고 '자ᄀᆞ미/겨ᄃᆡ이'는 육진방언이다.

바) 어간말 자음의 변화

(가) 마찰음화

체언의 말자음 'ㄷ'은 변화가 없다. 예는 앞서 보인 바 있다. 예: 뜯[意], 벋[友], 녿[鍮], 곧[處], 붇[筆], 빋[債] ….

(나) 어간말 자음 'ㅺ>ㄲ'의 변화. 예: 둒[薦], 붂[桴], 붂[根土] ….

곽충구(2015b)에서는 '도ᇧ'(薦)을 '*도슥', '북'(桴)을 '*부슥'으로 재구한 바 있다.

사) 漢字音

아래 (31)과 같은 전승 또는 표준 한자음과 다른 특이 한자음이 있

67 『노한회화』(1904)에는 개신형이 없다. 『노한소사전』(1904)의 서문에는 서울 방언이라 하며 ㄷ구개음화를 겪은 '철도'를 소개하고 있다. 그 밖에 '황졔', 어미 '-디>-지'의 한두 예가 보인다(곽충구: 1994).

다.[68] ⇒Ⅲ부(권 2, 1.1.4)를 참고.

(31) '農'의 字音은 [농]이다. 예: 농ᄉᆡ(農事, 197), 농ᄉᆞ마기, 농마기(農幕, 689)

도장(圖章): 도셰(=圖署+-이)(423), 투셰(423)

명일(名日): 명시리, 명일이, 명실날이, 명일나리(481)

백반(白礬): (ᄇᆡᆨ본), ᄇᆡᆨ번, ᄇᆡᆨ번이(233)

붕사(硼砂): 붕ᄉᆞ, 풍ᄉᆞ, 풍ᄉᆡ(37/597)

맹인(盲人): 망인이(589)

'生'의 字音이 [승]과 [생]으로 나타난다: 상승이(雙生)(25), 즘생이(짐승, 175/583)

완두(豌豆): 원두(117), 원뒤(117)

대접: ᄃᆡ텁이(大楪-)(637)

창포(菖蒲): 창뵈/장보(541)

1.1.5.2. 문법 형태

이 사전은 대역어휘집이기 때문에 문법 형태가 극히 제한적으로 쓰여 체계적으로 기술할 수 없다. 단지 대역 한국어의 활용형을 통해서 몇몇 문법 형태를 발견할 수 있다. 그 예들을 아래에 보인다.[69]

1) 어미

(32)ㄱ. 평서법 하오체 어미 '-오/-소', '-으이(127)': 올으이(옳으이, 127).

68 뇌락한다(nyoyrakhanda), 뇌락ᄒᆞ오(擄掠一, 121), 누셜이, 뉴셜이(漏泄, 507)는 의심스러운 예들이다.

69 이들 어미에 대한 체계적인 기술은 Ⅲ부(권 2, 1.3.3)에서 이루어진다.

ㄴ. 명령법 해라체 어미: '-가라', '-어라/-아라'.

'-가라': 니오, 니러나가라(닐-오, 닐어나[起]-가라, 77).

'-어라/-아라' : 골거라(곩[調]-어라, 317), 가라라(갈[耕]-아라, 415).

명령법 하오체 어미: '-오/-소', '-습게(<-습궤)'.

'-습게': 안쑤긔, 안쑥게(573)

ㄷ. 청유법 해라체 어미 '-쟈': 화친ᄒᆞ쟈, 화친으ᄒᆞ쟈(497)

청유법 하오체 어미 '-으셰': 머그셰(663)

(32ㄱ)의 평서법 어미 '-오/-소'는 각기 다른 억양을 동반하고 서술, 의문, 명령법에 두루 쓰인다. 그리고 표준어의 '하오', '하게'를 아우른다. 동년배, 부부 사이 또는 하게할 대상인 장성한 아들, 며느리, 사위 등에게 쓴다. 또 아랫사람이지만 성년이 되어 해라할 수 없는 사람에게 쓴다. 지금도 함경도, 중국 조선족 사회에서 널리 쓰인다.

'-으이'는 용례가 하나밖에 없어 그 등급이나 기능을 정확히 말하기는 어려우나 하게할 자리에서 상태의 서술이나 느낌을 나타내는 어미였을 것으로 생각된다.

(32ㄴ)의 명령법 해라체 어미 '-가라'는 '닐어나-'에 결합되었다. 그러나 이 어미의 결합 대상이나 조건은 드러나지 않는다. '-어라/-아라'는 모음조화 규칙의 적용을 받아 결합된다.

명령법 하오체 어미로 '-오/-소'와 '-습게'가 보인다. '안쑤긔, 안쑥게'는 '앉-습게'의 음성형을 전사하고자 한 것이다. 이 '-습게'는 '-습궤'에서 변화한 말이다. 받침이 있는 어간 뒤에서 쓰인다. 받침이 없을 때는 '-읍게'가 쓰인다. 이 어미는 육진방언권에서 널리 쓰인다. 곽충구(2017b: 106)에 의하면 이 어미는 아래와 같은 기능을 한다.

"'-읍궤/-습궤'는 어른들의 말에서 쓰이는데 '-오/-소'보다는 좀 존중하거나 무엇을 부드럽게 시키는 뜻을 나타낸다. 예컨대, 나이가 지긋한 남편이 아내에게(반대로 아내가 남편에게는 못 씀) 또는 나이가 비슷한 노인들 사이에서 또는 부모가 장성한 아들이나 며느리에게, 나이가 어린 성년에게 말할 때 쓰인다. '하오'보다는 덜 격식적인 표현에 쓰인다."

2) 조사[70]

(33) ㄱ. 주격조사 '-이': 부뫼상세낫소(부모-가 돌아가셨소)(455).

ㄴ. 대격조사: '-으, -우/-르, -를'.

'-으': 화친으ᄒᆞ쟈(화친-을 하자, 497), 화르벌긴다(활-을 벌린다, 345).

'-우': 누누감소(눈[眼]-을, 183), 추무흘니오(침 [唾]-을, 589).

'-르': ᄇᆡ르ᄃᆡ엿소(배[船]-를, 503). cf. 코으푸오, 코으푼다(코-를, 588)

'-를': 지지ᄀᆡ를한다(기지개-를, 515).

ㄷ. 부사격조사(처소): '-긔': 말긔나리오(말에서 내리오, 609).

'-여': ᄇᆡ여올ᄂᆡ잔칙한다(427), 쟝ᄂᆡ여(장래에), 잇ᄯᆡ여(이때에), 어느ᄯᆡ여(어느때에).

ㄹ. 부사격조사 '-써': "Na, s"; cherez": 써"(325)

"Podlě, ot", na, chev": 써"(447)

(33ㄱ)의 주격조사는 '-이' 하나뿐이다. (33ㄴ)은 대격조사의 예로서 받침 있는 체언 뒤에는 '-으'와 '-우'가 결합된다. '-우'는 음운론적 조건에 의한 이형태로 선행하는 명사의 말모음이 원순모음이거나 말자음이

70 보조사도 몇이 있으나 생략한다.

순자음일 때에 결합된다. 받침이 없는 체언 뒤에는 '-르' 또는 '-를'이 결합된다. 그런데 특이하게도 받침이 없는 單音節 명사에 '-르'가 아닌 '-으'가 결합되기도 한다. '코으 푸오'가 그 예다.

(33ㄷ)은 처소의 부사격조사를 보인 것이다. 현대의 함경도에서는 흔히 '-에', '-이', '-여'가 처격조사로 쓰인다. '-에'는 전 지역에서 쓰인다. '-이'는 '집[家]'에만 결합된다. 형태론적 조건에 의한 이형태가 된다. '-여'는 주로 함남 지방에서 쓰인다(정용호: 1988: 196, 곽충구: 1998b). 저자는 함북 종성 출신의 중국 거주 제보자로부터도 '-여'를 조사한 바 있다.

(33ㄹ)은 러시아어 전치사에 호응하는 대역 한국어의 부사격조사를 보인 것이다. '-(으)로써'를 '-써'라 한 것이다.

1.1.5.3. 어휘 특징

언어에는 그 언어를 사용하는 공동체의 구성원들이 이루어 온 역사와 문화가 내재되어 있다. 어휘는 그것을 담고 있는 그릇이다. 따라서 연해주 한인의 역사 또는 사회 현상이나 제도, 문화(통과의례, 친족명칭, 음식, 복식, 가옥구조 등)는 어휘를 통해서 이해할 수 있다. 『朝鮮偉國字彙』에서 전재한 어휘를 배제하고 전형적인 연해주 한인의 한국어 방언 어휘를 골라 계열별로 분류하여 'Ⅲ부(권 2)의 1.2. 어휘'에 제시하였다. 따라서 이 사전에 수록된 주요 어휘는 'Ⅲ부(권 2)'를 참고하기 바란다.

1.1.6. 요약

『시편 노한사전』(1874)은 최초의 노한사전이다. 한국어 대역사전의 효시로서 한국어 사전사와 방언사 연구에 중요한 문헌이다. 이 사전은 19세기 후기의 육진방언과 동북방언을 보여 주지만 『朝鮮偉國字彙』(1834)

를 바탕으로 해서 편찬된 까닭에 『朝鮮偉國字彙』에서 전재한 한국어 어휘가 많이 섞여 있다.

이 사전은 거시구조를 이루는 표제어의 선정과 그 배열 방식이 특이하다. 편자는 러시아어의 어휘 체계에서 표제어를 선정한 것이 아니고 주로 『朝鮮偉國字彙』의 한국어 및 그를 통해 수집한 연해주 한인의 한국어(한국의 역사, 사회, 한인의 생활 문화 관련 어휘 등)를 바탕으로 표제어를 선정한 것으로 보인다. 그리하여 한국어를 직접 표제어로 내세운 예도 있고 세시풍속 관련 어휘처럼 러시아어로 옮긴 다음에 그것을 표제어로 올린 예도 있다. 때문에 표제어가 句인 경우도 많다. 그리고 상위어를 표제어로 내세우고 그에 속한 하위어들을 한데 모아 배열한 예도 많다. 이는 이 사전이 한인들보다는 러시아인의 이용을 염두에 두고 편찬되었음을 뜻하는 것이다. 대역 한국어는 『朝鮮偉國字彙』의 「倭語」에서 전재한 것, 「倭語」에서 전재하되 한인으로부터 검증을 받아 발음이나 활용 등을 추가한 것, 그 자신이 연해주 한인들로부터 조사한 것 등 세 유형이 있다. Putsillo가 직접 조사 · 수집한 한국어는 대체로 함북 북부 방언이다.

대역 한국어는 키릴문자와 한글 자모 두 문자 체계로 전사되어 있는데 대체로, 먼저 키릴문자로 한국어를 음성전사 또는 문자전사하고 이어 한글 자모로 그것을 재전사한 것으로 보인다. 그런데 키릴문자로 전사된 한국어의 일부가 한글 전사 난에서 누락된 경우도 있다. 또 오자도 보인다. 전사 내용 중에는 더러 미세한 음성 특징을 포착하고 전사에 반영한 예도 발견된다. 한글 자모 전사는 당시 표기법을 원용하였으나 독창적인 면도 보이고 또 표기 방식이 정제되어 있는 편이다.

이 사전은 대역어휘집의 형식으로 편찬되었기 때문에 표제항의 러시아어에 대한 한국어 주석(대역 한국어)은 편자 스스로의 말대로 불충분하고 불완전한 곳이 많다. 그러나 한국어에 대한 발음 및 활용 정보를 제공하고자 하였고 200여 항의 표제어에 각주를 두고 섬세한 뜻풀이를 시도하였다.

한국어를 폭넓게 연구할 수 있는 마땅한 문헌도 없고 또 사전 편찬 기간도 짧은데다가, 인구어를 말하는 인류학자가 변이가 심한 한국어 방언을 대상으로 사전을 편찬하였으니, 편자의 말대로 '미지의 언어에 대한 사전 편찬'은 몹시 힘겨운 일이었을 것이다. 그러나 이 사전은 19세기 후기 연해주 한인에 대한 인류학적 보고서의 하나가 되기에 충분하다.

1.2. *Opyt" Kratkago Russko-Korejskago Slovarya*

(『試篇 露韓小辭典』[1], 러시아정교선교회, 카잔(Kazan'), 1904)

1.2.1. 체재와 편찬 목적

사전은 가로 10.2cm x 세로 15.2.cm의 소책자로 속표지, 刊記, 간행사 그리고 '일러두기'와 같은 성격의 글인 序文(Predisloviye) xviii, 본문 138쪽으로 이루어졌다.

ii쪽에는 아래와 같은 刊記가 있다.

> 러시아정교선교회로부터 출판 허가를 받음. 1904년 9월 20일, 카잔. 번역위원회의 대표자는 카잔대학 교수 마샤노프(M. Mashanov).

이 간기는 이 사전의 발행 연월일, 발행처, 사전 편찬 책임자에 대한

---

1 저자는 람스테트의 *A Korean Grammar*(1939)의 "preface"를 통해 이 사전의 존재를 알게 되었다. 그리하여 당시 핀란드에 체류하고 있던 고 고송무 교수의 후의로 헬싱키 대학 도서관의 <람스테트 문고> 소장본을 복사할 수 있었다. 고 교수께는 늘 고마운 마음을 가지고 있다. 사전의 각 페이지 사이에는 람스테트 박사의 친필 메모가 적혀 있는 간지가 있다. 내용은 사전의 한국어와 중앙어를 비교하여 한국어의 음운, 형태 변화를 기술한 것이거나 몽골어, 터키어, 만주퉁구스어 등 알타이제어의 어휘를 한국어와 비교한 내용을 편편히 기록한 것이어서 얼핏 보기에는 *Studies in Korean Etymology* (1953)의 초고를 연상케 한다. 이는 람스테트 박사가 한국어 및 비교 연구를 위해 이 사전을 얼마나 소중히 다루었는가를 보여 준다. 람스테트 박사의 手澤이 그대로 남아 있어 남다른 감회를 갖게 한다.

기록으로 『노한회화』와는 발행 月, 日만 다르다. 이처럼 『시편 노한소사전』(이하 '『노한소사전』'이라 부름)과 『노한회화』는 카잔대학의 마샤노프 교수의 책임 하에 편찬되고 카잔의 러시아정교선교회에서 간행하였는데 『노한소사전』이 『노한회화』보다 6개월 뒤에 나왔다. 그렇지만 한국어 제공자가 다르고 한국어 전사문자도 조금 다르다.

이 사전은 제목이 말해 주듯 시험적인 성격을 띠고 편찬되었는데, 국어 연구는 물론이거니와 한국어 관련 대역사전의 편찬 연구에도 중요하다.[2] 그럼에도 불구하고 곽충구(1987) 이전까지 이 사전에 대한 연구가 이루어지지 못한 것은 이 책이 세계적으로도 稀貴本이어서 쉽사리 접할 수 없었던 데에 말미암는다.

이 사전은 연해주 거주 한인 자녀의 러시아어 교육을 위해 편찬되었다. 앞 장에서 본 Putsillo의 『시편 노한사전』에 이어 러시아에서 간행된 네 번째의 노한사전으로 사전의 구조, 주석 방식, 대역 한국어 및 그 표기가 開港期에 편찬된 여타의 대역사전들과는 判異하다. 우선 이 시기에 간행된 일반 대역사전류에 등재된 한국어는 주로 중부방언이지만 이 사전의 한국어는 키릴문자 계통의 음성전사용 문자로 고저 악센트나 장음까지 精密轉寫한 함북 북부의 육진방언이다. 푸칠로의 『시편 노한사전』은 사전으로서 갖추어야 할 기본적인 구성 요건들이 결여된 대역어휘집이다. 그러나 이 사전은 미시 정보를 제공하기 위한 사전 형식을 어느 정도 갖추고 있어 모름지기 노한사전의 효시라 할 만하다.

2 고송무(1980a)은 러시아의 한국학 연구 목록을 작성하면서 이 사전의 서지를 간단히 밝힌 바 있다. 곽충구(1987)은 이 사전의 서지, 한국어 전사, 한국어의 방언 특징 및 이 사전과 관련된 람스테트 박사의 한국어 연구 등을 기술한 글이다. J.R.P. King(1988)은 이 사전의 음운, 문법, 어휘적 특징을 소개한 논문이다. 곽충구(1991/1994)는 이 사전을 포함한 제정러시아 시기에 간행된 한국어 문헌의 한국어 전사를 논의하고 또 한국어 자료를 통해 음운론 전반을 기술하였다.

그리고 이 사전은 주석 방식이 특이하여 대개 露-韓-露 사전의 풀이 형식을 취하고 있다. 또한 대역 한국어 풀이는, 표제어인 러시아어에 대한 기술에 더하여 한인들의 생활 문화를 상세히 기술하고 있다. 예를 보이면(사전 55~56쪽),

лучина т͡ын, т͡ыни – стебли конопли *или* растения, *называемаго по-корейски* суги, *освобождённые отъ наружных покровов, смазанные особой смесью* (*по-кор.* т͡ын-кä, т͡ын-канци) *из мякины, золы и другихъ веществ и служащие для освещения.* (밑줄: 저자) (번역: лучина(=관솔, 횃불) 등(燈), 드이(등+-이) – 삼의 줄기 또는 한국어로 쑥(sugi)이라고 하는 식물의 겉껍질을 벗겨 내고 겨, 재 및 기타 물질을 섞은 특수 혼합물(한국어로 '등-깨, 등-깡지'라 함)을 발라서 조명에 사용한다.)

표제어 'лучина'의 대역 한국어는 '등(燈)=겨릎등'이지만, 러시아에는 없는 한인들의 '겨릎등'에 대하여 그 제조 방법을 자세히 설명하고 있다. '겨릎등'은 겨릎(=겨릅)이라는 삼의 속대나 쑥대에, 좁쌀 뜨물의 앙금에 등겨를 섞어서 반죽한 혼합물(등깨, 등깡지)을 발라서 말린 다음 등경대라는 꽂이에 꽂아서 불을 밝히는 燈이다.[3] 이는 표제어 'лучина(=관솔, 횃불)'과는 무관하다. 이처럼 주석 방식이나 뜻풀이가 특이하게 이루어진 것은 연해주 한인 자녀의 러시아어 학습을 고려한 조처이다.

한편, 사전 편찬자들은 러시아어와 한국어의 문법을 이해하고 그것을 사전 편찬에 반영하려 노력하였다. 한국어는 단어의 문법 범주, 유의어, 동음어,

---

3 『滿洲源流考』, 중국의 史書, 『北塞記略』 등에서 동일한 내용을 볼 수 있다. 예컨대 『北塞記略』의 "土不産蠟燭用麻幹蓬莖塗以稷糠以燃火名日燈"에서 '麻幹蓬莖'은 '겨릅'과 '쑥대'를 말한다. 이는 滿洲語 '霞綳(hiyabun)'에서 기원한 것이다. 중국에서는 '糠燈'이라 한다(곽충구: 2015a). '겨릅등'은 북방 이민족들의 공동 유산인 것이다.

발음(복합어의 경우 복합어를 구성하고 있는 형태소를 분석해 내고 그것들이 결합할 때의 실제 발음) 혹은 곡용 및 활용형, 용례가 제시되기도 하였다.

iii-iv에는 사전 편찬의 동기와 목적, 표제어의 선정 과정, 사전의 이용 범위를 밝히고 한국어 제보자에 대해 언급한 '간행사'가 있다(곽충구, 1987: 30, 1991/1994에서 전재).

> 우리의 먼 동쪽 邊境에는 그들 나라의 북부 지방 출신자인 한인들이 살고 있다. 연해주의 남우수리 관구 거주민인 이들 한인들의 자녀들은 러시아 학교에 다니고 또 러시아어로 된 책으로 공부한다. 이들 학교에서의 사용을 위해 이 시험적인 사전이 편찬되었다.
>
> 이 사전에는 약간의 예외를 제외하고는 톨스토이(L.N. Tolstoj)의 『새 철자 교과서』(*Novaya Azbuka*)(24판, 모스크바: 1900년)에 포함되어 있는 단지 그러한 러시아어 단어들이 있기 때문에 분량이 많지 않다. 이 『새 철자 교과서』가 異國人들을 위한 학교에서 가장 많이 사용되는 것 중의 하나이기 때문에 이 사전에 이용되었으며, 게다가 이 책은 매우 간단하고 동시에 풍부한 러시아어로 쓰였다.
>
> 대명사, 전치사, 접속사, 감탄사는 위 참고서로부터 단어를 발췌할 때에 생략되었다. 대명사는 나중에 스미르노프스키의 책 중에서 러시아어 문법 교과서 제1편 '語源'을 가져왔다. 전치사는 1899년 카잔에서 간행된 소책자 『러시아어 전치사』로부터 취해졌다. 접속사는 오직 7어(a, da, yes-li, i, ili, lish'-tol'ko, no)만이 채택되었다. 그러나 감탄사들은 전혀 사전에 들어가지 않았다. 얼마간의 명사들은 번역상의 어려움으로 삭제하였다. volshebnitsa(여자 마법사), vĕd'ma(마녀), grach"(갈가마귀), drozd"(개똥지빠귀)가 그렇다. 어떤 단어들은 본 사전에 싣는 것이 유용할 것이라 생각하여 포함시켰다. 예를 들면 단어, kitayets(중국인)-Kitaj(중국), koreyets"(한국인)-Koreya(한국), russkij(러시아인)-Rossiya(러시아), yaponets"(일본인)-Yaponiya(일본). 그러므로 이 시험적인 사전은 제일 쉽게 쓰인 러시아

책을 읽을 때에 충분할 것이라는 점이 명백하다.

한국어의 기입은 남우수리 지역 출신 한국인들 중의 한 사람의 발음에 따라 이루어졌다. 이는 그 지역의 요구에 봉사하기 위한 이 소책자의 사명과 일치한다.

사전의 거시구조를 이루는 표제어와 그 선정에 대해 세세히 언급하고 있다. 즉, 톨스토이(L.N. Tolstoj)의 *Novaja Azbuka*에 수록된 러시아어 단어가 표제어로 오른 것이다. 이 책은 문자를 익힐 수 있도록 집필된 철자 교과서이므로 수록된 러시아어 어휘는 대체로 기초어휘 수준이다. 개중에 한국어로 번역하기 어려운 명사(여자 마법사 등)은 제외하였다. *Novaja Azbuka*는 러시아 영내의 이국인들이 러시아어를 학습할 때 많이 사용하였는데 Ⅰ부(2.4)에서 언급한 바와 같이 당시 연해주 거주 한인 자녀들도 이 책을 가지고 공부한 듯하다. 이 사전의 간행에 앞서 1902년에 출판된 『한인을 위한 철자 교과서』는 바로 이 책을 번안한 것이다. 때문에 *Novaja Azbuka*에서 어휘를 가려 뽑아 사전으로 엮은 것이다.

한편 이 사전의 대역 한국어는 연해주 거주 한인의 방언이다. 사전 이용자가 한국의 중앙어 또는 전통적인 書寫語를 모르는 연해주 한인 자녀들이기 때문에 독해의 능률을 위해 그들이 말하는 일상어로 대역한 것이다.

1.2.2. 서문

서문에는 주석의 형식, 사전 본문의 기술에 대한 보완, 한국어 악센트 등에 대한 언급이 있다.[4] 사전의 면모와 사전의 구조 및 그 특징을 살필 수 있기에 전문을 번역하여 아래에 보인다.

4 [역자 주] 곽충구(1987, 1991/1994)에서는 이 부분을 요약하여 제시한 바 있다.

1. 사전 편찬과 간행 시 어떤 표제어는 사전에 자리를 차지하기에는 너무 광범위한 것처럼 보였다. (단어 братецъ(형제, 애칭)와 братъ(형제)에 대한 보충 설명, 좀 더 넓은 범위의 기술이 예상되는 имя(이름) 등). 그러나 상대적으로 늦게야 사전에 수록할 필요성과 그 유용성을 인식한 경우도 있다. (예: 전치사들과 접속사 если(만약)의 용례). 이런 경우는 본문에서 "서문을 참고할 것"이라는 표시를 하였다.[5] 후자는 다음 페이지에 있다.

3 безъ(=전치사, ~없이) 아래 예를 빠뜨렸음.[6]

шин-мỳн о̆пши(=ʃin-mùn əpʃi, 新聞 없이)

близь(=가까이) 다음 예를 빠뜨렸음: ч"о̆л-ло кац'ӓби̇(=ʧʰəl-lo katsʰ εbì, 철로 가까이) - близь желѣзной доро̀ги.

5 братецъ
братъ } (사전 본문에서) 빠뜨렸음: х'о̆нг, х'о̆ңи̇(=hyəŋ, hyə̃ì=형, 형-이)—형, тонг-сӓң|ас͡ы, ӓк̭и̇(=toŋ-sε̃|asɨ, εk'ì)(=동생|아우, 아우-가) '남동생'은 형제 사이의 친족 관계에 관한 말이 나올 때 그 때에만 여기서 그 의미를 지닐 수 있다. 자매 사이의 친족 관계에 대해서 말할 때에도 같은 단어가 쓰이지만 х'о̆нг, х'о̆ңи̇(=hyəŋ, hyə̃ì)

---

5 [역자 주] 서문은 본문 집필 후에 쓰였다. 때문에 서문에는 본문에서 미처 기술하지 못한 내용이 실려 있다. 본문에 없는 전치사 безъ의 '한국어 용례'를 서문에서 보충하였기 때문에 사전 본문에서는 '*см. пред.*(=서문을 보라)'라 한 것이다.

6 [역자 주] '**3**'은 사전 본문의 쪽수. 원문의 설명 부분은 모두 한국어로 번역하고, 키릴 문자로 전사된 한국어는 원문 그대로 싣되, 저자가 (=) 속에 국제음성기호로 재전사하고 그 뜻을 번역하여 옮긴다.

는 손위 자매(=언니)를, тон⁻сäң|ac͡ы, ε̃ķй(=toŋ⁻sε̃| asɨ, εk'ì)는 나이 어린 자매(=여동생)의 의미를 갖는다. 다만, 인용한 한국어 단어 가운데 ac͡ы, äķй(=asɨ, εk'ì)는 예외를 허용한다. 즉, 그 말은 비록 오빠가 여동생을 가리키는 말로는 쓰이지 않지만 누나가 어린 남동생이라는 뜻으로 쓸 수 있다. 이러한 뜻을 표현하기 위해 н'ǒ⁻тон⁻сäң(=nyə⁻toŋ⁻sε̃)이라는 단어를 쓴다. òрäби(=òrεbi, 오라비)라는 단어는 여형제가 오빠나 남동생을 가리키고 н͡ыбы̀(=nɨbí=느븨, 누이)는 그와 반대로 남형제가 누나나 여동생을 가리킨다.[7]

12 вмѣсто(=대신) 빠뜨린 예: мургǒн тäбир͡ы(=murgən tεbirɨ)[8] – 물건 대신으로

„ внутри(=안⁻에) 빠뜨린 예: тä⁻гуǒр анэ̀(=tεgwər anè) – 대궐 안에

„ вòзлѣ(=곁⁻에) 빠뜨린 예: cap т'ан к'ǒт'э̀(=sar tyaŋ kyət^{h}è) – 막대를 박아 만든 울타리[9] 곁에

13 впереди(=앞⁻에) 빠뜨린 예: xàн⁻гу ап'э̀(=hàŋ⁻gu ap^{h}è) – 항구 앞에

14 въ 전치사의 대격, 전치격. 아래와 같은 설명이 필요하다.[10]

---

7 [역자 주] 형제자매간 호칭어의 지시 범위를 상세히 기술하고 있다. '아스'(=아우)는 오빠가 여동생을 가리키는 말로는 쓰이지 않으며 대신 '녀동생'이라 하고, '오래비'는 여형제가 '오빠'나 '남동생'을 지칭하며 '느븨'는 남형제가 '누나' 또는 '여동생'을 지칭한다는 뜻.

8 [역자 주] Tajshin"(1898: 4)은 '대신으로'로 번역함.

9 [역자 주] '살댱'은 나무 막대를 총총히 박아 둘러친 울타리(chastokol). 울짱. 목책(木柵).

10 [역자 주] 러시아어 전치사 'в'는 대격과 전치격을 지배한다. 따라서 한국어로 번역할 때에는 'в'의 격 지배를 따져서 대격 또는 전치격에 맞도록 번역해야 한다는 점을 강조한 것이다. 대격 지배는 '내부로 향한 동작'을 나타내므로 한국어로는 '~의 안으로, ~으로'로 번역된다. 위 '목욕간으로 (간다)', '범의 굴로 (간다)'는 그 예다. 한편, 전치격

'въ+대격'의 결합은 보통 대격의 용법으로 번역된다: мойо̀к–каны͡ры͡ (=moyòk–kanɨrɨ, 목욕간으로). 그러나 이따금 여기서 부사격도 적용된다: по̆мы͡ куллы͡(=pəmɨ kullɨ, 범의 굴로).

'въ+전치격'의 결합은 전치격의 용법으로 번역된다: у–йуэ̀(=u–yuè, 우유–에). 사용 예를 보이면, 전치사 'в'의 번역어 аны͡ры͡, анэ̀(=anɨrɨ, anè, 안–으로, 안–에)는 다음과 같이 결합하여 쓰일 수 있다: к'у̯äша̀н–аны͡ры͡(=kʰwɛʃàŋ–anɨrɨ, 상자 안으로), муџау̀–анэ̀(=mudʒaù anè, 무자위[水車] 안–에)

21 гру̀ша(배[梨]) 다음과 같이 덧붙일 수 있다.[11]: пä(=pɛ)–배, ц'ам(=tsʰam)–진짜의. 단어 ц'ам(=tsʰam)은 명사와만 결합한다. 예: ц'а̀м–ба, и(=tsʰam–pa, i, 참바=삼으로 꼰 밧줄).

30 если(만일) 기술은 다음과 같이 이루어져야 한다: 조건문은 접속사 없이 한국어로 번역할 수 있다. 그러나 어쨌든 아래의 예문 앞에는 ма̀н–ир (màn–ir=만일)이라는 단어를 놓을 수 있다 (비록 필수적이지는 않지만).

[ма̀н–ир] ниры͡џѝ ан=ѝк'эк̯о̆до̆н ц'äгы͡ каџо̆ каџѝ ма̀о(=[màn–ir] nirɨdʒì anìkʰek'ədən tsʰɛgɨ kadʒə kadʒì mào, 만일 읽지 않겠거든 책을 가져가지 마오).

[ма̀н–ир] му̀ри о̆пто̆м'о̆н, пäк–шо̆нго̆ри, то̆–бы̀ mо̆к̯у̀, цуго̆к̯äс̯о

지배는 '일정한 장소 안에서의 동작이나 상태'를 타나낸다. 한국어로는 '~에, ~ 속에'가 된다. 위 예문의 '우유–에 (설탕이 있다)'가 그 예다.

11 [역자 주] 사전 본문에는 "ц'а̀м–бä *과일의 이름.* ц'а̀м–бä нäнги – 배나무; 서문을 보라."라는 기술만 있다. 이에 서문에서 접두사 '참–'의 뜻을 보충하고 그 결합 조건과 용례(=참바)를 추가한 것이다.

(=[màn⁻ir] mùri əptəmyəŋ, pɛkʃəŋdəri, təbĭ mək'ù, ʦugək'ɛs'o, 만일 물이 없었다면 백성들이 더위를 먹고 죽었겠소).

[мàн⁻ир] кòн⁻гы ŏпсы͡м'ŏнг, цы͡мсы͡ндŏри мот саргäç̭о(=[màn⁻ir] kòŋgɨy əpsɨmyəŋ ʦɨmsɨŋdəri mot sargɛs'o, 만일 공기가 없으면 짐승들이 못 살겠소).

[мàн⁻ир] кòри ŏпсы͡р'ам'ŏнг, сардѝ мот хагäç̭о(=[màn⁻ir] kòri əpsɨry-amyəŋ, sardì[12] mot hagɛs'o, 만일 머리가 없어진다면, 살지 못 하겠소).

41. имя(이름) 한인이 쓰는 人名에 대한 정보는 *Grammaire coréenne*, Yokohama, 1881, p. 19–23(Article VI. des noms propres et titres honorifiques)에서 볼 수 있다.

*

*　　*

이 책에서 쓰이는 문자를 알파벳 순서에 따라 배열하면 아래와 같다.

Aa	[a]	Ää	[ɛ]	Бб	[b]	Гг	[g]	Дд	[d]	Џџ	[ʤ]	ʒ	[ʣ]
Ии	[i]	И̭и̭	[⁻y]	*Жи*	[ʸ]	Йй	[y⁻]	Кк	[k]	К̭к̭	[k']	К'к'	[kʰ]
Лл	[l]	Мм	[m]	Нн	[n]	нг	[ŋ]	ң	[˜]	O o	[o]	Ŏŏ	[ə]
Пп	[p]	П̭п̭	[p']	П'п'	[pʰ]	Рр	[r]	Сс	[s]	С̭с̭	[s']	Тт	[t]
Т̭т̭	[t']	Т'т'	[tʰ]	Уу	[u]	У̭у̭	[w]	*Уу*	[ʷ]	Ӱӱ	[ü]	Хх	[h]
Цц	[ʦ]	Ц̭ц̭	[ʦ']	Ц'ц'	[ʦʰ]	Чч	[ʧ]	Ч'ч'	[ʧʰ]	Ч''ч''	[ʧʰ](*Ч''ч''*)		
		Шш	[ʃ]	Щ̭щ̭	[ʃ']	Ыы	[ï]	Ы͡ы͡	[ɨ]	Ээ	[e]		

12 [역자 주] 이 사전의 한국어에 의하면 'sàdi'가 되어야 한다. 유음 탈락과 악센트의 조치가 석연치 않다.

Ч“ч“ 이런 모양의 문자는 사전에서 쓰이지 않았다. 이는 Џџ가 тц를 표기하는 것처럼 тч“의 음성적 결합을 표기하는 것이다. 이와 일치하게 *Ч“ч“*의 성분이 된 문자 Чч도 Џџ처럼 아래에 동일한 보조부호를 가져야 한다. 이러한 경우에 기울여 표기(이탤릭체)할 필요가 없을 것이다. 이 문자는 아래와 같은 단어들 내에서 쓰일 수 있다. 그러나 발음과 표기에 있어서 약간의 차이를 보이지만 이 단어를 적을 때 보통의 Ч“를 쓸 수 있을 것이다.

ко*ч“*ѝ(=kottʃʰì, 고추) } перецъ(후추, 고추) { 빨간 색
хỳ*ч“*и(=hùttʃʰi, 후추) } перецъ(후추, 고추) { 검은색

м'ǒ*ч“*и(=myəttʃʰi)? 몇이?

ма*ч“*ѝги(=mattʃʰigi) 맞히기

но*ч“*à(=nottʃʰà)! 놓자!

문자 *Ӣи*는 사전에서 오직 2회만 나타난다.

44. клей äг'ỳ*и*(εgyǜʸ[애귀이]=아교)[13], 124 увёртка(꾀, 방법) … шў*и*(ʃüʸ[쉬이]=수+-이)

문자에 결합되어 있는 보조부호 외에 이 소책자에는 또 4개의 아래와 같은 부호(', =, |, ‖)가 쓰인다.

a) 기호 [']는 자음에서 연자음(軟子音)[14]을 표시하기 위해 쓰인다: 2,

13 [역자 주] 『노한회화』에는 'äгѝ(εgi)'로 전사되어 있다.

14 [역자 주] 연자음(мягкие согласные)은 러시아어의 학술 용어로 '구개음'을 뜻한다. 이 사전에서 [']는 구개성 활음 [y]의 표기에 쓰였다. 'tyaŋ(=댱, 市場)'의 [ty-]를 연자음으로 본 것이다. 그러나 본디 구개자음인 [ʤ], [ʧ] 뒤에서는 쓰이지 않았다.

базаръ т'анг, т'äн(=tyaŋ, tyɛ̃, 市場)[15]

b) 기호 '='는 복합어를 구성하는 한 단어가 복합어를 이룰 때 음성을 상실하였음을 나타낸다. 두 단어가 결합하는 경계에서 쓰인다: 36, мус=ы̀рэ?(=musîre)는 두 단어 мусы͡нг(=musɨŋ, 무슨)?과 ир, и(=ir, i, 일-이)의 합성으로 이루어진 것으로 추정된다.[16]

c) 기호 '|'는 완전히 같거나 비슷한 의미를 지닌 한국어 명사를 서로 구분하기 위해 쓰인다. 18, 진흙 чи̍дак, чи̍дäги | куä-хы͡к, куä-хы͡ргѝ(=ʧidak, ʧidɛgi | kwɛ-hɨk, kwɛ-hɨrgì); 기호 '|'는 두 명사를 구분한다. 한 명사의 서로 다른 형태(기본격형과 주격형) 사이를 쉼표로 구분한다. 앞서 제시한 чи̍дак과 куä-хы͡к은 기본격형이며[17] чи̍дäги과 куä-хы͡ргѝ는 주격형이다. 단어의 첫 음성으로부터 마지막 음성까지 전체적으로 변화가 없을 때 주격조사는 쉼표에 의해 구분된다: чо́р, и(ʧər, i=젓가락).

d) 기호 '‖'는 하나의 러시아어 단어가 가진 서로 다른 의미를 나눈다. 예를 들어, 63 навязать; мäк̡и̍ры͡(=mɛk'írɨ)와 хаги̍(=hagí) (아래 '오류'를 보라!)의 결합은 비록, 이 동사가 지닌 여러 뜻 가운데 '단을 묶음'이라는 부분적인 뜻만을 한정하지만 그 러시아어

15 [역자 주] 'tyɛ̃'은 '댱+-이>댕이[tyɛ̃ʸ]>댕[tyɛ̃]'의 변화. 비음성이 소거된 '대'로 발음하기도 한다. 가령, 촌댱(村長)은 [ʦʰondyɛ̃] 또는 [ʦʰondyɛ]라 한다. 지금도 육진방언권 노년층은 그렇게 발음한다.

16 [역자 주] 'musîre(=무싀레)'를 지금은 '무시레'(무엇 때문에, 무슨 일로=왜)라 한다. 편자는 이 'musîre를 'musɨŋ'(무슨)과 'ir[事]+-e'가 결합한 복합어로 분석하고 복합어 형성 시 선행 어기의 말음 /ŋ/이 탈락한 사실을 기호 '='로 나타냈다.

17 [역자 주] 사전 편찬자들은 복수 접미사 '-덜'과 결합한 형태를 격 범주에 넣어 '기본격(основый падеж)'이라 하였으나 '격'으로 볼 수는 없다. 그렇다고 현재 학교문법의 '기본형'과 일치하는 것도 아니다. 예컨대, 'куä-хы͡к(괘흑)'은 형태음소 /ㄹ/이 탈락하였으므로 '기본형'이 될 수 없다. 여기서는 원문의 용어를 그대로 번역하여 '기본격(형)'이라 부른다.

동사의 주의미(主意味)를 나타낸다. 그런데 хймуллы ··· (=hì-mullɨ ···)라는 표현은 전이(轉移)된 뜻에 대한 번역이다(переводъ переноснаго).[18]

*

* *

1. 앞서 기호 'ǀ'에 대해 설명하면서 사전에 기본격형(≒기본형)이 있음을 말한 바 있다. 이 기호는 기본격형이 주격형과 일치하지 않을 때에만 일정한 자리에 제시하였다. 앞서 나온 예 18(쪽)의 '진흙'을 비교해 보라. 그 반대의 경우는 각 한국어 단어에 대하여 하나의 형태만이 제시된다. 즉, 5(쪽), 배[腹] – пä ǀ пäтä(=pɛ ǀ pɛt'ɛ) 여기서는 2개의 격이 아니고 2개의 단어일 뿐이므로 그들 사이에는 기호 'ǀ'를 삽입해야 한다.

기본격형은 흔히 조사의 출현에 의해서가 아니고 조사가 없는 복수형을 참작하여 복수형에서 어미(=접미사) 'т/дǒр(=tər/dər)'을 제외함으로써 결정된다. 기본격형은 독립적으로 쓰이거나 또는 같은 단어의 주격이나 혹은 이 격조사(보통 и(=i)) 앞에 놓일 때 불일치가 생긴다. 문자들로부터 쉼표에 의해 분리되어 있으며 (위 x쪽의 b)를 보라) 문자는 'нг(=ŋ)'이 쓰이며 다른 단어와의 결합 시에 (즉, 해당 격을 실제로 쓸 때) 'н(=[˜])'이 쓰인다. 37, 짐승 цымсынг(tsɨmsɨŋ)과 цымсын пар, и(=tsɨmsɨ̃ par, i, 짐승의 발-이) 51 발.[19]

---

18 [역자 주] 사전 본문에서는, "매끼르 하기 ‖ 힘물르나 억질르 마티기"(매끼를 하기 ‖ 힘으로나 억지로 맡기기)로 풀이하였는데 이 가운데 '매끼르 하기'는 표제어인 러시아어 동사의 주의미에 해당하고 이 주의미에서 뜻이 전이되어(혹은 비유적으로) '힘물르나 억질르 마티기'(매끼를 틀듯이 강제로 일을 하도록 맡기다)라는 뜻을 갖게 되었다는 설명. 표제어가 다의어일 때의 뜻풀이 형식을 말한 것이다.

19 [역자 주] 기본형은 조사와 결합할 때 형태음소론적 규칙이 적용되어 변화를 겪게 마련이다. 때문에 口語에 의지해 한국어를 분석해야 하는 사전 편자들은 기본형을

2. 처음부터 32쪽까지 한국어 형용사는 명사 -гэ(=-ge) (kǒт, кǒши (=kət, kəʃi, 것)과 결합되어 있다. 이 -гэ는 이 -гэ 앞에 있는 형동사(한국어 형용사의 대부분)가 뒤따르는 명사 없이는 쓰이지 않는다는 표시자 역할을 한다. 33쪽부터는 이 -гэ를 제시하지 않는다. 그러한 -гэ를 동반한 한국어 형동사와 다른 단어들은 아래와 같은 러시아어 형용사의 변역 속에 존재한다. (예는 저자가 생략함).[20]

형용사 4, Бòжiй(神-의)는 형동사가 아닌, 명사 т'эн-џỳ(=tʰyen-ʤù, 天主)에 -гэ(=-ge)를 결합하여 이루어진다.[21]

13, воскресный(일요일-의)의 번역을 위한 (한국어) 표현이 구성되었는데, 그 (번역 표현) 속에서 이미 형태 кэ(=k'e)가 또 명사 нар, и(=nar, i, 날)에 직접 첨가되었다.[22] 앞서 열거한 형용사 외에도 다음과 같은 단어들의 번역에도 -гэ(異形態 '-k'e' 포함)가 쓰인다.[23]

추출하는 방법을 마련할 필요성이 있었다. 때문에 조사가 아닌, 음 변화에 영향을 주지 않는 복수 접미사 '-덜'의 결합형을 통해 기본형을 추출해 내고자 한 것이다. 특히 이 연해주 한국어는 단독형을 말할 때 항상 '-이'가 결합되므로 움라우트가 실현되는 경우가 많고 게다가 모음으로 끝난 명사에는 '-이'가 명사에 고착되어 그 명사의 일부가 되므로(예: 념녀(念慮)+-이>념녜) 기본형을 확인할 필요가 있었던 것이다. 위 본문의 기술은 鼻音化(모음 사이의 ŋ은 선행 모음을 鼻母音化함)에 의거 어말의 'нг(=ŋ)'이 'н(=[˜])'으로 변화하는 것을 언급한 것이다. 즉, 기본형이 변화하는 예를 든 것이다. 예로 든 цы͡мсы͡н пар, и(tsɨmsɨ̃ par, i)는 '즘승'에 속격조사 '-으'가 결합된 것이다. tsɨmsɨŋ+-ɨ par(즘승+-으 발) → tsɨmsɨ̃ par.

20 [역자 주] 사전의 32쪽까지 형용사는 '-ge'로 표시하였다. 예: больной(=병에 걸린, 앓는): allɨngè(=알른게, 앓는 것). 그러나 33쪽부터는 '-은'으로 표시하였다. 예: 보드라븐(보드라운), 둏디 아닌(좋잖은).

21 [역자 주] 러시아어 'Бòжiй'(神-의)는 tʰyen-ʤù-ge(=텬쥬+-으 것)로 나타낸다는 말.

22 [역자 주] 사전 본문 13쪽의, 표제어 'воскресный'의 대역 한국어는 'hwansɨŋ han narek'è'(=還生한 날-에-께)이다. 즉, 이 경우에는 '-ge'가 아닌 '-k'è'가 결합되었다고 언급한 것이다. 그것도 앞 형용사들처럼 '~ 한 게'의 구성이 아니고 'nar(날[日])'이라는 명사 뒤에 결합되었다고 특별히 언급하고 있다. 이는 '환승한날+-에+-ㅅ 게'('-게'는 형동사 표지)를 말한다. '환승한날+-에+-ㅅ'이 명사를 수식한다.

8 вашъ	13 вот
Вашъ	14 второй

3. 이 사전에서, 한국어의 어두 위치에는 결코 유성음이 오지 않는다. 예외는, 어떤 단어가 복합어의 한 성분일 때 그 때에만 나타난다.[24] 그리고 그 속에서도 어두에 놓이지 않는다. 자음의 유성음화는 동일한 단어가 포함된 복합어 구성에서 여러 다른 단어들 속에 포함된 유성음의 인접에 의존한다. 즉, 29(쪽)의, '할아버지 цò–бу(=ʦò–bu)'는 어두 위치에서의 пỳ–х'эн | пỳ–ч"ин(=pù–hyẽ | pù–ʧʰin, 父兄 | 父親)에서처럼 цò–пу(=ʦòpu, 祖父)라고 해야 하나 цò–бу(=ʦòbu)라고 출판하였다. 4(쪽)의 п'ǒнг(=pyəŋ)이 37(쪽)에서는 му–б'ǒнг(=mu–byəŋ)이 된다.

4. 한국어 단어의 악센트 표지의 배치는 엄격한 검사를 필요로 한다.[25] 게다가 앞뒤에 놓이는 단어가 악센트의 이동에 영향을 주지만 각 단어의 악센트는 주위의 단어들과의 모든 관계를 떠나서 독립적인 것으로 관찰되었다. 단지 (한두 예를) 직접 보이면(만일 주격 상태에서, 악센트가 주

23 [역자 주] 사전 본문에서 아래 표제어에 대한 뜻풀이는 다음과 같다.
8 вашъ нǒǒдǒрк̭э̀(=nəədərk'è), 13 вот ѝгэ(=ige, 이것이)
Вашъ Таншиннэ̀эгэ(=taŋʃinnèege), 14 второй тур–цäк̭è(=turʦ'ɛk'è)

24 [역자 주] 편찬자들은 한자어를 구성하는 하나의 한자를 '단어'로 인식하고 있다. 때문에 '父兄', '父親'의 첫 자음은 무성음 [p]이지만 '父'가 비어두 위치의 유성음 뒤에서는 '祖父'의 '父'처럼 [b]로 실현된다는 점을 말하고 있다.

25 [역자 주] Putsillo(1874), Matveev(1900), Tajshin"(1898)에도 한국어의 악센트를 전사하려 했던 흔적이 보인다. M. Xlynovskii(1904), *Russko–Iaponsko–Koreiski Voennyi Perevodchik*, Irkutsk에도 동북방언의 악센트가 전사되어 있다. 그러나 정밀하게 전사된 것은 오직 위 Kazan자료와 김병옥이 편찬한 *Razvedchiku v Koree*(1904) 뿐이다. 이에 대해서는 Ross King(1991)을 참고할 것.

격조사 '-и(=i)'로 옮아갔다면 기본격형에는 악센트를 표시하지 않는다): 5. 술[酒] суур, и̇(=suur, i), 24(쪽) 문(門) мун, и̇(=mun, i). 방금 언급한, 각 단어를 독립적으로 간주한 것과는 달리, 기본격형의 악센트가 연관된 말 속에서 뒤에 놓이는 명사로 이동하며 이 명사가 정어(定語) 역할(sluzhit' opredeleniyem)을 한다는 점에 유의해야 한다.

일반적으로 악센트 표지의 배치에 관한 문제는 미해결로 남아 있다. 특수한 것으로서 한 단어에 2개의 악센트가 놓일 수 있다는 점을 지적할 수 있다. 74(쪽), '사시나무 сасы͡-наму̇, сасы͡-нянги̇(=sasɨ-namù, sasɨ-nɛŋgì)', 여기서 음성 ы͡는 그 위에 악센트 표지가 놓인다.[26]

여기서 언급해 둘 것은, ä, ǒ, ы͡의 세 문자는 비록 그것들에 의해 표시되는 음성들 위에 이따금 악센트가 놓이지만 그들 문자 위에는 악센트 표지가 표시되지 않는다는 점이다. 따라서 이 출판물에는 악센트 표지를 지닌 이들 세 문자는 없다. 그렇기는 하나 이들 ä, ǒ, ы͡의 세 문자 가운데 어느 하나로 표시되는 음성에서 이따금 악센트의 존재를 알아내는 방법이 있다. 그 방법은 다음과 같다. 만일 한 단어의 임의의 음절에 위 세 문자 중 하나로 표기된 음성이 있다면, 그리고 그 단어의 다른 음절들 속에 러시아어 정자법에 속한 모음 문자로 표기된 음성들 위에 악센트 표지가 놓이지 않았다면, 악센트 표지는 바로 앞서 말한 세 문자 가운데 어느 하나로 표시된 음절에 놓인다: 9(쪽), 가래[橹] ······карä(=······karέ); 4(쪽), 무서워 мушǒба······(=muʃə́ba······); 4(쪽), 더 크게 ······к'ы͡да(=kʰɨ́ da).[27]

26 [역자 주] 이 복합어 '사스나무'는 악센트가 없다. 그럼에도 불구하고 '-무'에 악센트가 놓인 것은 '어말고조화' 현상 때문이다. 또 '사스-'의 [스]에도 악센트가 놓인다고 한 것은, '사스-나무'의 '사스-'에 휴지를 두고 발음하면 역시 어말고조화 현상에 의거 [스]에 악센트가 놓이기 때문이다.

6. 외형상 к̭ы͡сы͡гу̀ тäнгѝги(=k'ɨsɨgù tɛŋgìgi, 끌고 다니기)와 비슷한 표현의 번역 시에, 예를 들어, ты͡ргу̀ кагѝ(=tɨrgù kagì), кацѝгу кагѝ (=kaʤìgu kagì), шик̭у̀ нäр'ŏ кагѝ(=ʃik'ù nɛryə kagì)의 어미 -гу̀(=-gù)를 지닌 한국어 단어는 러시아어 완료체 과거 부동사로 번역하였다. 그러나 к̭ы͡сы͡гу̀를 번역하기 위해서 완료체 과거 부동사를 쓸 수 없었다. 그래서 이런 경우에만 한국어 -гу̀(=-gù) 부동사의 번역에 현재 시제의 부동사를 썼다.

*

*   *

이 사전의 편집 구성은 카잔사범학교 재학생인 6인의 한국인의 도움으로 이루어졌다. 이들은 지신허 마을 출신인 콘스탄틴 포미치 강(Konstantin Θomich Kan, 姜 氏)과 니키타 페트로비치 한(Nikita Petrovich Han, 韓 氏), 시지미 마을 출신인 글레프 파블로비치 셔(Gleb Pavlovich Shegaj, 徐 氏), 화타시 마을 출신인 바실리야 바실리예비치 오(Vasilija Vasiljevicha Ogaya, 吳 氏), 지신허 마을 출신인 안드레이 아브라모비치 한(Andrej Abramovich Han, 韓 氏), 하-얀치헤 마을 출신인 안드레이 콘스탄티노비치 한(Andrej Konstantinovich Han, 韓 氏)이다. 이 사전의 한국어 음성의 기입은 맨 마지막의 A.K. Han(韓 氏)의 한국어 방언에 토대를 둔 것이다. 앞서 제시한 마을은 연해주 남우수리 포시예트의 아지미면(지신허와 시지미 마을)과 얀치힌면(얀치헤와 화타시 마을)에 있다.

27 [역자 주] карä, мушŏба, к'ы͡да의 문자 'ä', 'ŏ' 'ы͡' 위에는 악센트가 놓이지만, 각 문자의 상단에 보조부호가 있어 악센트 표지를 덧붙이지 못하였다는 말. 위 서문의 기술대로 앞 세 단어의 악센트를 확인하면 각각 [karέ], [muʃə́ba], [kʰɨ́da]가 된다.

얀치힌면의 니고르노예 마을 출신인 모이세이 파블로비치 량(梁 氏)은 이 사전의 편찬에 65쪽부터 참여하였다. 안드레이 한에게 알려져 있지 않은 몇 개의 단어들과 서울 방언에 속하는 단어는 그의 참여로 사전에 보충할 수 있었다. 예를 들면, xàн⁻гу(=hàŋ⁻gu) – 항구, кòн⁻гы(kòŋ⁻gï) – 공기(앞 쪽 vi, viii에 나옴). 또한 한국어 표현에 들어가는 ак도 그에 의해 보충되었다: 88(쪽), 흐르기 시작하다 хы͡рыгира шиʒàк хагѝ (=hɨrɨgira ʃidʑàk hagì); 96(쪽), 육식(肉食)을 시작하다 н'ук⁻шигы͡ мо́к̭ѝр а шиʒàк хагѝ(nyuk⁻ʃigɨ mək'ìra ʃidʑàk hagì) (앞서 제시한 표현과 비슷한 "34(쪽), запеть 노래를 부르기 시작하다, 34(쪽) заревѣть, зарычать 울기 시작하다, 짖기 시작하다, 34(쪽) засвистѣть 휘파람을 불기 시작하다"의 번역에서는 다른 어미를 발견할 수 있다.[28]

약간의 오류

인쇄된 상태	수정
4, 9 하단, бòжiй	Бòжiй
„ „ „ , т''эн⁻џугè	т''эн⁻џỳ: т''эн⁻џỳ тѝ⁻хэ – Бòжiя мỳдрость
(=t^{h}yen⁻ʤugè, 天主게)	(=t^{h}yen⁻ʤú: t^{h}yen⁻ʤú tì⁻he – 天主의 智慧)

… 이하 생략 …

28 [역자 주] 예컨대, 34쪽의 표제어 заревѣть, зарычать에 대한 주석은 "о̆буʒагы͡ т'ѝгир а шиʒӓгѝры͡ хагѝ"(=əbudʑagɨ t^{h}ìgira ʃidʑɛgìrɨ hagì, 아우성을 치기 시작하기)이다. '시작'이 '시잭이'로 되어 있다. '시잭이'는 '시작+–이'의 움라우트형이다. 편자들은 '시작'의 '악'이 '액'으로 바뀐 것을 지적하였다.

1.2.3. 사전의 구조와 형식

1) 표제어의 선정과 문법 정보

표제어는 간행사(iii쪽)에서 밝힌 바와 같이 톨스토이의 『새 철자 교과서』에 수록된 어휘에서 가려 뽑았다. 이 『새 철자 교과서』는 문자를 배우는 어린아이들이 러시아어 철자를 익힐 수 있도록 만들어진 책이어서 비교적 사용 빈도가 높은 어휘가 수록되어 있다. 다만, 대응 한국어(개똥지빠귀, 여자 마법사 등)를 알기 어려운 러시아어 단어는 삭제하였다. 그리고 전치사를 비롯한 몇 개의 어휘가 추가되었다.

고유명사는 국명, 러시아 지명과 인명이 올라 있다. 국명은 "Kitaj: 대국', Koreya: 대한국', Rossiya: 아국', 아라사국', Yaponiya: 일'분"의 넷이다. 지명은 Moskva, Sankt"-Peterburg" 외에 Riga, Tula, Ufa가 아래와 같이 올라 있다.[29]

Moskvà: Arasà kuk tyéer k^{h}ɨn ʃəŋ tyũì; i pɛgy-ə nyən-dʒəné Yàŋ-guk hwaŋ-ʃế (모스크바: 아라사'국 뎨'엘 큰 셩듕이'; 이백여 년-젼에' 양'국 황셍')(사60)

Sankt"-Peterbúrg": A-gùk hwaŋ-ʃế(상트페테르부르크: 아국' 황셍')(사100)

Riga: A-gùk ʃəŋ tyũì(리가: 아국' 셩듕이')(사97)

인명은 널리 불리는 러시아 이름과 그 애칭을 올렸다.

표제어와 관련된 발음, 활용 정보는 별도로 밝히지 않았다. 다만 표제

---

29 Riga(사97), Tula(사123), Ufa(사126)은 좀 생소한 지명이다. 이들 지명이 표제어로 오른 것은 톨스토이의 『새 철자 교과서』에 수록되어 있기 때문일 것이다. Riga는 라트비아 공화국 수도, Tula는 툴라주의 중심도시, Ufa는 바쉬코르토스탄 공화국 수도이다.

어에는 악센트 표지가 붙어 있는데 Putsillo(1874)의 『시편 노한사전』과 다른 점이다. 러시아어의 악센트는 발음이나 문법 정보를 제공하므로 표제어에 표시하는 것이 원칙이다.

품사 정보는 대역 한국어에 반영되어 있다. 명사는 대역 한국어에 주격조사 '-이'를, 동사는 '-기'를, 형용사는 '-게'(또는 '-은')을 결합하여 나타내었다.[30] 전치사는 특별히 '*predl.*'라는 약어를 두어 품사를 밝혔다. 예는 아래와 같다.

(1) ㄱ. громъ(=grom", 우레, 천둥) сонак, сонäгѝ(=sonak, sonɛgì)
　　　грядà(=gryada, 고랑) пат коpàнг, пат корäң(=pat koràŋ, pat korɛ̃)
　ㄱ′. гробъ(=grob", 관(棺)) куàн, и(=kwàn, i)
　ㄴ. грызть(=gryzt', 갉다, 깨물다) нǒǒрги(=nəərgi)
　ㄷ. грѧ̀зный(=gryaznyj, 더러운) тǒрǒбунгэ, куʒу̀рǒбунгэ(tərəbunge, kudzùrəbunge)
　ㄹ. на прèдл.[31] В. П.(=na predl. V. P.) въ первомъ слу̀чае перевòдится вин. п., во вторòмъ мѣ̀стнымъ: кàңы͡ры͡ – на рѣкỳ; сан ҝоктäг'э – на вершѝнѣ горы̀.(=на 전치사. 대격. 첫째 대격으로 번역된다. 둘째 처격으로 번역된다: kâɨrɨ-강으로, san k'oktɛgye-산꼭대기에.)

(1ㄱ, ㄱ′)는 대역 한국어에 주격조사가 결합되어 있다. 주격조사가 명사임을 나타내는 표지인 셈이다. (1ㄱ)은 주격조사가 결합되었을 때 음운규칙이 적용되어 형태음소에 변화가 생긴 예로 이때는 명사와 주격조사를 콤마로 분리하지 않았다. 그러나 (1ㄱ′)는 주격조사가 결합되어도 형

30 이 같은 방법으로 품사를 나타낸 것은 『초급 교과서』(1901)에서 볼 수 있다.
31 전치사 v(=въ)는 vinitel'nyj padézh(대격), méstnyj padézh(처격)의 기능을 한다.

태음소에 변화가 없다. 이때는 콤마를 두고 주격조사를 분리하여 표기하였다. (1ㄱ)은 조사 '-이'가 형태음소의 변화에 직접 관여되어 있어 분리하지 않은 것이다(서문 참조).

동사는 (1ㄴ)처럼 대역어에 정동사 어미 '-다'가 아닌 어미 '-기'를 결합하였다.

형용사는 (1ㄷ)처럼 대역어에 '-은 게'(-은 것+-이), 또는 '-ㄴ/-은'을 결합하였다.

전치사는 (1ㄹ)처럼 품사 표시를 하고 그 격 범주를 밝히고 기능을 기술하였다. 위 예는 전치사 'на'가 두 개의 격 범주를 가지고 있고 각각의 격 범주에 따라 의미가 달라진다는 사실을 간략히 기술한 것이다.

러시아어 동사의 완료체/불완료체에 대한 구별은 아래와 같이 대역 한국어에 일부 반영되어 있다. 완료체에는 '다'라는 부사를 삽입하였다.

пѣть(=불완료체, 노래하다)　　сорӣры͡ ç̥ы͡ги(=소리'르 쓰'기)
пропѣть(=완료체, 노래하다)　　сорӣры͡ та ç̥ы͡ги(=소리'르 다 쓰'기)

2) 주석의 형식

표제어에 대한 한국어 주석은 몇 가지 형식으로 이루어졌다. 서문에서 본 바와 같이 특정 기호('|', '‖' 등)을 써서 표제어가 類義語 또는 多義語임을 나타내거나 또는 뜻풀이에 사용된 한국어 단어의 관련어(類義語, 反意語), 참고어 등을 제시하고 그 의미를 러시아어로 풀이하였다. 이처럼 대역 한국어에 관한 정보를 다시 러시아어로 풀이한 점이 이 사전이 지닌 특징이다. 주석의 형식은 아래 다섯 유형이 있다.

① 러시아어 표제어에 대역 한국어 단어를 제시하는 형식. 대역어휘집

에서 흔히 볼 수 있는 가장 단순한 주석 방식이다. (=)는 저자의 전사 또는 번역.

блю̀до　<u>тäд’ǒп, тäд’эбѝ(=tɛdyəp, tɛdyebì=대뎝, 대뎨비. 대접[器])</u>

Богъ　<u>т‘’эн⁻џỳ(=tʰyen⁻ʤù=텐쥬. 天主)</u> (밑줄: 저자)

대역 한국어가 자음으로 끝난 명사일 때에는 기본격형과 주격형을 제시하였다. 주격조사 결합형의 전사와 표기는 위에서 언급하였다.

② 러시아어 표제어: [대역 한국어 – 러시아어 풀이]. ①의 형식에 러시아어 풀이를 부가한 형식. 이 사전의 주석은 주로 이 형식과 앞 ①의 형식으로 되어 있다.

нагнуть　<u>хỳриги, кубỳриги(=hùrigi, kubùrigi)</u> – гнуть

표제어의 대역 한국어 '후'리기[hùrigi]'와[32] '구부'리기[kubùrigi]'를 제시한 다음 그 한국어 뒤에 기호 ' – '를 두고 러시아어 'гнуть'를 부가하였다. 대역 한국어의 의미가 표제어가 지닌 의미의 일부일 때 그 한국어의 의미를 명시하기 위해 러시아어를 다시 덧붙인 것이다.

брàга　<u>суур, ѝ(=suur, ì)</u> – опьяня̀ющій напѝток, *приготовля̀емый обыкновѐнно изъ чумѝзы*(= – 취하게 하는 음료, *보통 좁쌀로 빚는다*).

대역 한국어 단어 '술'를 제시하고 그 뒤에 기호 ' – '를 두고 한국어

32 '후'리-기'는 '휘[曲]-'의 방언형.

‘술’의 뜻을 러시아어로 풀이하였다. 이어 러시아어(이탤릭 표기)로 그 술의 재료가 ‘좁쌀’이라는 사실을 덧붙이고 있다. 한국어를 삭제하면 ‘러시아어 사전’이 된다. 또 다른 예를 보기로 한다.

> мя̀лка <u>сам⁻д’о̆ӊ подў̀рäби ха⁻ны͡н⁻го̆т······ ⁻гэ(=sam⁻dyə̃[33] podùrɛbi hanɨn⁻gət······ ⁻ge)</u> приспособлѐние, при пòмощи котòраго мнуть ко ноплю̀(=삼[麻]을 분쇄하는 장치).

표제어를 한국어로 길게 풀이한 다음(밑줄 그은 부분) 그것을 다시 러시아어로 풀이하였다. 한국어를 빼면 러시아어 사전이 된다.

아래 예도 위와 같은 형식이다. 당시 연해주 한인의 가옥구조 일부를 러시아어로 자세히 기술하고 있다.

> лежанка <u>пусуӄä о̆ндо̆м, ѝ(=pusuk’ɛ əndəm, ì)</u> – часть плоскости на верху корейской печи, заключающаяся между обоими котлами и ближайшим к ним краем с той стороны, откуда кладут дрова; на описываемом месте ставят посуду, но никогда не лежат(=장작이 쌓여 있는 쪽에 있는, 두 솥과 가장 가까운, (두 솥과 부뚜막의) 가장자리 사이에 있는, 한인의 부엌아궁이 상단(부뚜막)의 평면 부분; 그들은 그릇을 그 자리에 놓지만, 결코 그곳에 눕지는 않는다).

표제어 лежанка는 ‘페치카 옆의 침대, 돌 벤치’를 뜻하는 말이다. 그런데 뜻풀이는 그에 대한 것이 아니고, 한인의 가옥구조에 관한 것이다.

---

33 ‘sam⁻dyə̃’은 ‘삼뎡+⁻으(대격조사)’의 음성실현형. ‘삼뎡’은 삼을 땅바닥이나 얼음장 위에서 두드려 솜처럼 부드럽게 가공한 것(곽충구: 2019a를 참조). 표제어는 삼을 그렇게 만드는 ‘삼분쇄기’.

다시 말하면, 러시아어 표제어에 대한 뜻풀이라기보다는 그 표제어와 유사한 한국의 가옥구조에 대한 뜻풀이다. '부수깨 언덤'은 부뚜막 위의 두 개의 솥이 있는 그 전면을 가리키는 말이다. 솥이 놓인 후면(정지구들(정지방))과 이어진 부분)은 '가맷목', '가맷전'이라 하는데 늘 온기가 있는 따뜻한 곳이어서 사람들이 그곳에 모여 앉거나 눕는다. 그러나 '언덤'은 그릇을 올려놓기는 하나 누울 수 있는 곳은 아니다.

이러한 유형의 주석에서 대역 한국어를 제거하면 러시아어 사전이 된다. 그러나 뜻풀이는 러시아에 관한 것이 아니라 한국에 관한 것이니 러시아어 사전이라 할 수도 없다. 대부분의 주석이 이와 같다.

③ 표제어: [대역 한국어 - 러시아어 풀이]; 한국어 용례-러시아어 풀이]. ②의 형식에다 한국어 용례를 추가한 형식.

> брѝзнуть <u>ч"ѝги(=ʧʰìgi)</u> - разбрѝзгивать жѝдкость по какòй-либо повѐрхности; <u>мỳры ч"ѝги(=mùrɨ ʧʰìgi)</u> - разбрѝзгивать вòду. (밑줄: 저자)

표제어의 대역 한국어를 제시한 다음(밑줄 부분(앞)), 다시 그 한국어에 대해 "어떤 물체의 표면에 액체를 뿌리다."라는 러시아어 풀이를 덧붙였다. 이어 '물을 치기'라는 한국어 용례를 들었다(밑줄 부분(뒤)). 그리고 그 한국어 용례를 다시 러시아어로 풀이하고 있다. '露-韓-露 사전'의 주석 방식이다. 러시아어를 배우는 한인 자녀들에게 러시아어를 좀 더 효과적으로 익힐 수 있도록 이러한 사전 주석 방식을 택한 것이다.

④ 표제어의 의미를 한국어로 길게 풀이한 방식. 온전한 노한사전의

형식이다.

> братецъ sɛŋgàk hɛɛ hamyəŋ, purunɨn hyə̃ìna, toŋsɛ̃ɛna, òrɛbina, ɛk'ìranɨn màri(=생각하면서 부르는 형이나 동생이나 오라비나 아우라는 말), {hyəŋ, hyə̃ì – 손위의 형, toŋsɛ̃ | asɨ, ɛk'ì – 손아래 남자 동생, òrɛbi – 오라비, 서문을 보라!}

표제어 'братецъ'는 형제간에 쓰이는 애칭이다. '애칭'을 '생각하면서(=존중하거나 사랑하거나 정성을 쏟으면서)'라 표현한 것이다. 그런데 러시아어와 달리 한국어는 호칭의 대상이 '손위/손아래' 또는 '남/녀'에 따라 다르다. 때문에 '형이나 동생이나 오라비나 아우나'라는 말로서 그것을 풀이한 것이다(밑줄 부분). 그러고 나서 다시 풀이말에서 사용한 명사들에 대해 자세히 풀이하고 있다. 그런데 이 풀이는 남자 형제가 여자 형제를 부르거나 거꾸로 여자 형제가 남자 형제를 부를 때 또 호칭어나 지칭어가 달라지기 때문에 편집이 끝난 후 다시 序文에서 그 사실을 밝힌 것이다(앞 128-9쪽, 서문의 풀이 내용 참조).

이처럼 이 사전은 앞서 간행된 Putsillo의 사전과는 주석 방식이 판이하다. 뜻풀이에서 완전 주석을 시도하였다는 점에서 露韓辭典다운 면모를 갖추었다고 할 수 있다.

아래는 표제어에 대한 대역 한국어를 제시한 다음 그 대역어의 하위어들을 보인 예다. '울안'이라는 공간을 구성하는 부분 명칭(밑줄 그은 부분)을 제시하고 그 부분 명칭을 러시아어로 풀이하고 있다. 이는 러시아의 가옥구조가 아닌 연해주 한인의 가옥구조에 대한 세세한 설명이다. '관련어' 또는 '참고어'를 제시한 것이다. 이 사전에는 이러한 유형의 주석이 꽤 많다.

> дворъ урä; ур=äн, и (=урä àн, и) – всё вну̀треннее простра̀нство двора̀; мадан, madäн̡ –бо̀льшая (перѐдняя) часть двора̀ находя̀щаяся передъ стеной до̀ма снабжённой наибо̀льшимъ колѝчествомъ о̀конъ; ту сä àн, и | kaŋnyɛ – мѐньшая (за̀дняя) часть двора̀, находя̀щаяся за противолежа̀щей стено̀й до̀ма; сло̀вомъ madäн̡ называ̀ютъ та̀кже токъ. (Dvor"(=농가의 마당) urɛ; ur=ɛn, i (=urɛ àn, i) – 농가 울안의 내부 전체 공간; madaŋ, madɛ̃ – 창문이 많이 나 있는, 집채 벽의 앞쪽에 위치한 안뜰의 가장 넓은 부분; 두새안(tu sä an) 및 강냥(kaŋnyɛ)—집채 뒤뜰의 작은 공간. '마당'은 또 '탈곡장(脫穀場)'이라고도 불린다.

밑줄 친 한국어 '우래(=울안)'와 그에 딸린 '마당', '두새안(=뒤란)', '강냥(처마 밑 공간)'을 가옥구조를 통해 설명하고 있다. '우래'는 '우랜이'라고도 하는데 이는 '우래 안-이'가 줄어든 말임을 언급하고 있다.

아래는 대역어로 동사 '달다'(불을 붙이다)를 제시한 다음, '달다'의 관련어 '쎠다'(<혀다, 點火)를 제시하고 있다. 즉, 마찰을 이용하여 부싯돌로 불을 일으킨 다음에 그 불로 불을 붙인다는 점을 기술한 것이다. 아울러 '톱으로 켜다'의 의미를 지닌 동음이의어 '쎠다'를 참고어로서 제시하고 있다.

> зажечь пу̀ры͡ та̀рги—огонь зажигать, пу̀ры͡ та̀ра нок'и̇̀ – *собств.* огонь зажёгши пускать, пу̀ры͡ що́ги̇̀—вероятно, прежде означало: добывашь огонь путёмъ трения (що́ги̇̀–пилить). (=зажечь(불을 붙이다) pùrɨ tàrgi – 불을 붙이다, pùrɨ tàra nokʰi – 본디, 불을 붙여 놓다, pùrɨ š'əgì—그렇게 불을 붙이기 전에: 마찰로 불을 일으킨다(켠다)(š'əgì–톱으로 켜다).

⑤ 記號를 사용하여 한국어 단어의 의미차를 명시. 표제어에 대응하는

한국어 단어가 여럿일 때, 아래 (2)와 같은 기호들을 써서 대응 한국어 단어들의 뜻 차이를 보였다.

(2)ㄱ. корецъ { т'о‒шбн / тä‒хангỳк } càрЫм, и.

(= 한국인 { 됴‒션 / 대‒한국' } 사'름, 이.)

ㄴ. мужъ   санà, нам‒п''бн, и | нѝм‒ʒä.

(= 남편   사나', 남‒편', 이 | 님'‒재.)

ㄷ. дѣвочка   брѝн сääк, ‒ сääги ‖ канн‒à, сääк‒а ‒ дитя̀ жѐнскаг о пòла

(= 소녀   어린' 새액, ‒ 새'애기 ‖ 간나', 새'애가 ‒ 여자아이)

(2ㄱ)은 '됴션'과 '대한국'을 { } 로 묶어서 두 단어를 제시하였다. { } 가 함의하는 바는 알 수 없는데, 아마도 '됴‒션'과 '대‒한국'을 선택적으로 쓸 수 있음을 나타낸 것으로 보인다.

(2ㄴ)은 러시아어 표제어에 '사나', '남편', '님재'의 세 한국어 단어를 제시하고 '님재'는 '|'를 써서 다른 두 단어와 분리하였다. 서문에서는 '|'가 '동의어' 또는 '유의어'임을 나타낸다고 하였으니 세 단어가 유의 관계임은 분명한데 '님재'를 별도로 구분한 것은 '님재'는 앞 두 단어가 지칭어로 쓰이는 것과 달리 '호칭어'로 쓰이며 또 상대를 존중해 주는 뜻이 더 있다. 의미 자질이 다르기 때문에 별도로 구분한 것이다.

(2ㄷ)은 표제어 дѣвочка가 다의어이므로 그 의미 내항을 ' ‖ '로 구분한 것이다. 첫 의미는 '소녀'란 뜻(=어린 새애기)를, 두 번째 의미는 '여자아이'란 뜻인데 이를 나누어 보인 것이다.[34]

3) 대역 한국어의 형태 분석

사전 편찬자들은 주석란의 한국어에 대해서도 분석적인 태도를 보였다. 한인들의 일상적 구어를 키릴문자로 전사하면서 한국어 단어의 형성에 대해서 관심을 둔 것이다. 한자어와 고유어를 구분하고 한자어를 구성하는 한자 하나하나를 단어로 이해하였다. 그리하여 '됴-션'처럼 자간에 하이픈을 두었다. '대-한국'은 '대-한-국'을 직접구성성분 분석에 따라 '대-한국'으로 분석한 것이다. 그런데 '간나'와 '새'애가'는 각각 'kann-a', 'sɛɛk-a'로 분석하였다. 연해주 한국어에서는 '아이'를 '아'라 하므로 위와 같이 잘못 분석한 것이다.

고유어의 경우 합성어는 '소낙 비'(천둥 번개를 동반한 비), '물 역'(물가)처럼 어기와 어기를 분리하여 표기하였다. 이처럼 합성어는 어기를 분리하여 표기하였기 때문에 고저 악센트도 어기별로 조사하고 악센트 표지를 부가하였다. 때문에 합성어를 한 단위로 하였을 때 고조가 놓이는 위치는 확인할 수 없다.

4) 기타 부수적인 정보

사전 안에서 다른 항목과 연결을 짓거나 또는 참고할 내용을 안내하기 위해, 그리고 특별한 경우 문법 정보를 보이기 위해 약호를 사용하였다. 아래는 그 일부다.

см. ~.	~를 보라. 사전 안의 관련어를 참고하라는 표시.
собств.	용례에 사용된 한국어 단어의 본디 뜻을 표시.

34 '새애기'는 지시 대상의 폭이 넓다. 어린 여자아이부터 처녀, 갓 시집온 색시를 가리킨다. 흔히 귀엽게 이를 때에는 '새애가'라 하며, '간나'는 낮추거나 좀 홀대하여 이르는 말이다.

чит. 표기와 발음이 다를 때 실제 발음을 표시.
예: ç̭ак (*чит.* ç̭аҥ) мар͡ыги.

мн(ȍж). 복수. 예: *мн.* чар͡ыдŏри(=ʧarɨdəri, 자루[袋]들이).

предл. 전치사

сущ. 명사, *прил.* 형용사, *союз.* 접속사

1.2.4. 한국어의 전사

1) 전사문자의 체계

① 모음의 전사

러시아어에 한국어 음성과 같은 음성을 가진 자모가 있으면 그 러시아어 자모를 쓴다는 원칙에 따라 'и[i]', 'ы[ï]', 'э[e]', 'a[a]', 'o[o]', 'y[u]'의 여섯 키릴문자를 그대로 한국어 전사에 썼다. 그리고 한국어에만 있는 음성은 그 음성과 조음위치에서 같은 서열을 이루는 키릴문자에 보조부호를 더한 문자를 만들어 전사하였다. 즉, 한국어 [ə], [ü], [ɨ=ɯ], [ɛ]를 전사한 문자는 같은 서열 모음 중에서 그보다 앞쪽 또는 뒤쪽에서 조음되는 키릴문자에 보조부호를 붙여 만들었다.

i(и)	ü(ÿ)	↞	[ï(ы)	→	ɯ(͡ы)]	u(y)
	e(э)		ə(ŏ)	←		o(o)
	ɛ(ä)	←	a(a)			

즉, 한국어 [ə]와 [o]는 중위모음으로서 원순성 자질에 의해 대립을 보인다. 이에 따라 러시아어 자모 'o'에 보조부호 [<]를 얹어 전사문자 'ŏ'를 만들었다. 한편 한국어 [ü]는 후설의 대립짝인 '[u](y)'에 부호 [¨]를 얹어 문자 'ÿ'를 만들었다. 같은 방법으로, 한국어 [ɛ]는 [a]의 전설의 짝

이므로 [a]에 역시 [¨]를 얹어 만들었다. 한국어 [ɯ]는 그보다 약간 앞쪽에서 조음되는 러시아 자모 'ы[=ɨ]'가 있지만 그 문자를 쓰지 않고 ы에 보조부호 [°]를 더하여 ы̊로 나타내었다.[35] 그 이유는 'ы'의 음가를 가진 한국어 음성 [ï]가 있었기 때문이다. 따라서 보조부호는 [<], [¨], [°]의 세 가지를 썼으니 일관성 있게 적용하였다고 보기는 어렵다. [¨]는 그래도 일관성이 있다. 현대 음성학에서는 중설화(centralized)의 표지로 쓴다.

마지막으로 'ы'가 지시하는 한국어 음성에 대해 언급해 둔다. 이 키릴 문자의 음가는 I.P.A.로는 중설고모음 [ɨ]에 해당하며 [i]와 [ɯ]의 중간에서 조음된다. 이 전사문자는 Putsillo의 『시편 노한사전』에서는 'ы' 또는 'ый'로 조음된다고 하였고, 이 사전과 같은 해에 간행된 『노한회화』에서도 이 사전과 동일한 음을 전사한 문자로 쓰였다. 따라서 'ы'는 單母音을 전사한 문자라 할 수 있다. 그런데 이 문자로 전사된 한국어는 본디 이중모음 'ㅢ'이기 때문에 음가를 추정하는 일이 만만찮다. 그러나 사전 편찬자들은 'ы'를 단모음으로 인식하고 전사하였으니 단모음으로 보는 것이 합당하다. 이에 저자는 [ï]로 추정한 바 있다(곽충구: 1991/1994). 한두복(1962: 63), 한영순(1967: 64) 이후 북한 학자들은 이 음성이 육진방언에 존재한다 하고 이 음성을 [ㅜ], [+]로 전사하였다. 저자도 육진방언 화자로부터 이 음성을 들었다. 따라서 19세기 말에는 'ㅢ'가 [ï]로 실현되었다고 할 수 있으나 푸칠로의 위 증언을 참고하면 과도가 짧은 [ɨʸ]로도 실현되었을 것으로 생각된다.[36] 현대 육진방언에서는 대체로 [i]로 실현되고 보수적인 방언 화자에게서 혹간 [ï]를 들을 수 있다. 따라서 함북 지역에서 이중모음 'ㅢ'는 'ㅢ[ɨy]>ï>i'로 변화한 것이 된다.

---

35 본디 ы 상단에 [°]를 얹은 모양인데 이러한 활자가 없어 ы̊로 표시한다.

36 전사문자 'ы'를 한글 자모로 표기할 때에는 'ㅢ'로 표기한다.

② 활음의 전사

전설성 활음 [y]는 세 가지로 달리 전사하였다. 하강이중모음의 음절 부음은 'ӥ', 그 약화음 [ʸ]는 и[i]의 필기체인 *u*로 전사하였다. 그리고 상승이중모음의 활음은 3가지로 달리 전사하였다. [C=자음, V=모음]

가) #йV-: 선행자음이 없을 때 활음 [y]를 й로 전사. 예: йокчири(=[yokʧiri], 욕질), йŏсы͡т(=[yəsɨt], 여섯).

나) -C'V-: 러시아어의 軟子音化에 기댄 전사법으로 활음 [y]를 [']로 전사. 러시아어의 표기법에 가깝게 표기하고자 하는 의도에서 마련된 것이다. 예: т''эн-џỳ(=[tʰyen-ʤù], 천주(天主)), н'эн-нар(=[nyen-nar], 옛날), т'ò он(=[tyòon], 좋은)).

다) C(=ч[ʧ], џ[ʤ])V: 'C(ч, џ)'가 본디 軟子音(경구개음)이므로 별도로 [']를 부가하지 않음. 예: чŏнäги(=[ʧənɛgi](져내기), 저녁), тäџŏбу хагѝ (=[tɛʤəbu hagì](대접-우 하기), 대접을 하기).

후설성 활음 w는 아래 라)~바)처럼 전사하였다. 'ㅟ'는 아래 마)~아)처럼 매우 세밀하게 전사하였다.

라) -ỵV-(-wa, we, …)

마) C*y*ы-(Cʷï-)

바) -ỵы-(-wï-)

사) Cÿ-(Cü-)

아) Cÿ*u*(Cüʸ)

[w]는 'ỵ'로 전사하고 그 약화음은 y의 필기체인 *y*로 전사하였으니 일

관성을 유지한 셈이다. 마)는 'kamag^{w}ï'(까마귀) 등에서 볼 수 있는데 서문에서 ɣ는 '거의 들리지 않는 소리'라 하였다. 그러나 바)처럼 선행자음이 없을 때 [wï]로 전사된 예도 종종 보인다.[37] 사)는 'ᅱ'가 단모음화한 것인데 경구개자음 ʧ, ʃ 뒤에서 보인다(uy>ü). 아)는 단모음화한 [ü] 뒤에, 명사에 결합되는 '-이'(주격조사 등)가 결합된 후 활음화한 [^{y}]를 전사한 것이다.

③ 자음의 전사

한국어와 러시아어의 자음체계는 큰 차이가 있다. 한국어의 파열음은 '평음-된소리-유기음'의 三肢相關束을 형성하지만 러시아어는 단지 '유성-무성'의 대립만이 있을 뿐이다. 따라서 한국어의 무성 평음은 키릴문자 к, т, п, ц, ч, с, ш를 그대로 쓰고 [후두 긴장성]의 된소리는 이들 문자 하단에 부조부호 [̬]를 부가하였다. 단, ч[ʧ]의 된소리([ʧ'])는 우연한 공백(accidental gap)으로, 존재하지 않기 때문에 전사문자도 없다. 유기음은 평음 표기 문자에 [']를 부가하여 표기하였다. [']를 [유기성]의 징표로 삼은 것이다.

사전 편찬자들은 ч[ʧ]의 유기음을 전사하기 위해 세 개의 문자를 고안하였는데 ч', ч", ч"가 바로 그것이다. 이 가운데 ч"는 서문에서 그 조음 특징을 특별히 언급한 바 있다. 그에 의하면 ч"는 [tʧ^{h}]를 전사한 문자이다. 편찬자들은 유기음 앞에 후두 폐쇄의 음성을 인식하고 그것을 전사

37 만약 전사문자 'ы'가 이중모음 'ɨy'를 전사한 것이라면 'Cɣы'는 'C^{w}ɨy=Cʉy', 'ɣ̬ы'는 'uy'가 될 것이다. Ⅱ부 3장의 『노한회화』(서문VI, XI)에서는 전사문자 'ɣ([^{w}])'에 대하여, "ɣ([^{w}])는 읽을 때 거의 생략된다. … 두 번째 문자(ɣ)는 그것이 나타내는 음이 거의 완벽하게 소실된다. 부연하면, 앞선 위치에 있는 그 음(ɣ)은 그 뒤에 이어지는 모음 - 일반적으로 ы, 그리고 한 단어에서만 일시적으로 발견되는 다음 예(шɣэ-숫소, 암소-э)에 영향을 준다는 것이다."라 하였다.

하기 위해 ч̆"를 마련한 것이다. 예컨대, '몇 일'이 발음의 완급이나 발화 스타일에 따라 'myə[ʧʰ]il'와 'myə[tʧʰ]il'로 달리 조음되는데 그 중 후자를 전사하고자 한 것이다. 때문에 사전 편찬자들은 ч̆" 대신 ч"를 쓸 수 있다고 하였다.

그러면 ч'와 ч"는 어떻게 다를까. 아래 예를 보기로 한다. 편의상 ч', ч", ч̆"는 모두 [ʧʰ]로 재전사한다.

(3) ㄱ. ч[ʧ]: ʧəksam(적삼, 98), ʧənɛgi(저녁, 124), ʧəmak(두루마기, 98)

ㄴ. ч'[ʧʰ]: ʧʰut-tòr(저울추, 18), kaŋʧʰì(찌꺼기, 22), ʧʰiŋgʷì(친구, 28)

ㄷ. ч"[ʧʰ]: pù-ʧʰin, mò-ʧʰin(부친, 모친, 2, 57), ʧʰe(妻, 31), samʧʰigi(삼키-기, 18)

ㄹ. ч̆"[tʧʰ]: kotʧʰì(고추, ix), hùtʧʰi(후추, ix), myətʧʰi(몇-이, ix), matʧʰìgi(맞-히다, ix), notʧʰà(놓-자, ix)

이 사전과 같은 해에 먼저 간행된 『노한회화』에서는 위 (3ㄴ~ㄹ)의 전사문자를 모두 하나의 전사문자 'чш'로 전사하였다. 다른 러시아 문헌도 하나의 문자로 전사하였다. 따라서 위 (3ㄴ~ㄹ)의 예는 경구개파찰음 'ㅊ'의 미세한 調音 특징을 달리 전사한 것이 된다. 위 예 중에서 (3ㄹ)은 서문에서, "ч̆"는 ц̆[ʦ']가 'тц[tʦ]'를 나타내는 것과 같이 'тч"[tʧʰ]'의 음성적 결합을 표시한다."고 하였다. 따라서 ч̆"는 [tʧʰ] 즉, 후두 폐쇄 이후에 산출되는 유기음을 전사하고자 한 것이다. (3ㄹ)의 예에서 'myətʧʰi'는 '몇'과 '-이' 사이에 휴지가 놓일 때 '몇'의 'ㅊ'이 [t]로 실현된 다음 [ʧʰ-i]로 실현되는 음성을 전사한 것이다. 유기음화한 'matʧʰìgi', 'notʧʰà'도 그와 같다. (3ㄴ~ㄷ)의 예는 모두 형태소 내부이지만 (ㄹ)의 ч̆"는 형태소 내부와 형태소 경계에서 나타난다는 점에서 그러한 추정이 타당하다고 할 수 있다.

그렇다면 (3ㄴ)의 ч‘와 (3ㄷ)의 ч“의 차이는 무엇일까? 이 사전의 한국어에는 된소리 /ʧ'/가 우연한 공백(accidental gap)으로 남아 있다. 따라서 사전 편찬자들은 이 공백과 유기음의 조음역을 아우른 영역에서 조음되는 경구개음 ‘ㅊ’를 유기성의 강도에 따라 ч‘와 ч“로 전사한 것이 아닌가 생각된다. 아직 音韻의 개념이 형성되기 전이므로 오로지 조음음성학적 관점에서만 발화음을 미세하게 관찰하고 기술하고자 하였기 때문에 이 같은 조음 특징과 전사문자가 등장하게 된 것으로 생각된다.

마지막으로 언급해 둘 것은 유음의 전사이다. 사전 편찬자들은 어말 어중의 ‘ㄹ’을 모두 [r]로 전사해 놓았다. 설측음 [l]은 오직 ‘-ll-’로만 나타난다. 이는 19세기 말 연해주 한인의 유음은 [r]로 실현되었음을 뜻한다. 현재의 중앙아시아 고려말이나 육진방언 화자(일부 노년층)는 어중 어말의 유음을 대체로 [r], [ɾ]로 발음하는 경향이 있다. 또 이 같은 유음에 대한 관찰과 전사는 Putsillo의 『시편 노한사전』을 비롯하여 다른 러시아 문헌에서도 비슷하다.

1.2.5. 한국어 방언의 특징

1.2.5.1. 음운

세부적인 기술은 Ⅲ부(권 2, 1.1)에서 이루어진다. 여기서는 특징적인 사항만을 간략하게 기술한다.

1) 모음체계

① 단모음

/i, e, ɛ, ɨ, ə, a, u, o/의 8모음이다. [ï]를 포함하면 9모음체계가 되나

이 음성은 이중모음 [ɨʸ]로도 실현되어 단모음화 과정에 놓였던 것으로 보고 배제한다. 전설원순고모음 [ü]가 존재하나 편재되어 있고 최소대립쌍을 발견하기 어렵다. 경구개자음 뒤에 분포한다. 예: wənʃüʸ(원쉬, 원수(怨讐)), yeʃün(예쉰, 예순).

'ㅚ'는 음성적으로 경구개음 뒤에서는 [we]로 실현되고 그 밖의 환경에서는 [wɛ]로 실현된다. 예: ʃwe(<쇼+-이, 소[牛]), swɛ(쇠[鐵]).

② 이중모음

y-계 상승이중모음: ya, yə, yo, yu, ye, yɛ

하강이중모음: uy, 예: tsùygi(쥐[握]-기)

w-계 이중모음: wa, wə, we, wɛ, wï, (ʷï)

[wï]의 예: 갈튀(청벌레), 사위(39), 위대(132), 위해(95), 위태(73)

③ 음절구조

/-tyV-/, /#nyV-/, /-syV-/가 존재하여 중세국어나 근대국어 초기와 같다.

2) 자음체계

/ㅈ/(/ʦ/)는 치조음이다. 변이음으로 [ʦ], [ʣ], [ʧ], [ʤ]가 있다.

유음은 어중, 어말 위치에서 [r]로 실현된다.

3) 운소: 고저 악센트(udareniye, pitch-accent)

연해주 한국어의 악센트에 대해서 주목한 것은 『철자 교과서』(1902)이다. 2장 2.2에서 보겠거니와 『철자 교과서』의 서문에는 악센트에 의해

변별되는 최소대립쌍들이 제시되어 있다. 예: màri[言]: mari[馬], tsùkki (줍-기): tsukkì(죽-기). 악센트가 의미를 변별하는 적극적 기능이 있음을 인식하고 있었던 것이다.

이 사전과 『노한회화』(1904)의 한국어에는 고저 악센트(pitch-accent)가 전사되어 있다. 앞서 본 바와 같이 사전 서문에는, "한국어 단어의 악센트 표지의 배치는 엄격한 검사를 필요로 한다. 게다가 앞뒤에 놓이는 단어가 악센트의 이동에 영향을 주지만 각 단어의 악센트는 주위의 단어들과의 모든 관계를 떠나서 독립적인 것으로 관찰되었다."라고 하였는데 이는 사전의 편찬자들이 한국어의 굴절, 파생 또는 합성어를 이룰 때 악센트의 변동이 있음을 파악하였지만 이 변동을 일일이 사전에 반영하지 못하였음을 말한 것이다. 활용이나 곡용, 파생어 형성에서는 악센트의 이동이 반영되어 있으나 아쉽게도 합성어는 위 편자들의 말대로 어기별로 악센트가 전사되어 있다.

한국어의 고조는 중세국어의 去聲, 上聲과 규칙적으로 대응되고 악센트가 없는 저조는 平聲과 대응된다. 용언 어간의 악센트 변동 유형도 대체로 중세국어의 성조 변동과 일치한다. 다만 중세국어와 다른 점은 휴지 앞에서 무성조 어간(atonic stem)의 마지막 음절이 높아지는 '어말고조화' 현상이 있다는 점이다(곽충구: 1991/1994). 예컨대, 사전 서문에서 언급한 '사스나무'(사xiv), 시대나무'(사44)의 경우, 이들은 본디 악센트가 없는 명사이지만 휴지 앞에서 마지막 음절이 고조로 실현된다.

이 연해주 한국어의 악센트에 대해서는 이미 곽충구(1991/1994: 345-436), J.R.P. King(1991a: 428-476, 1991b)에서 논의된 바 있어 더 다루지 않는다.

4) 음운변화

① 구개음화

ㄷ구개음화. 4예가 보인다. 예: 니르-지(읽-지), 쳘필(鐵筆), 쳘로(鐵路)[38], 황졔'.

ㅎ-구개음화. 예: 셰, 셰때(혀, 138), 쎠기(켜-(鋸, 點火), 33), 셰기(算, 116).

ㄱ-구개음화. 예: 없음.

② 어중자음

중세국어의 'ㆁ', 'ㅿ', 'ㅸ'은 'ㄱ', 'ㅅ', 'ㅂ'로 나타난다. 이는 중세국어보다 더 고어적이다. '느븨(누이[妹])', '오분(온[全])'은 중세국어의 '누의', '온'보다도 고어이다. 어중자음 'ㄹ' 탈락: 후리-기(휘-기).

③ 한자음 ⇒Ⅲ부(권 2, 1.1.4)를 참고

'食'은, '음셕(飮食)', '곡셕(穀食)'에서는 '셕'으로 그 밖의 단어에서는 '식'으로 나타남. 예: 꼐식(금식).

'農'의 字音이 '농'으로 나타남. 예: 농군(農軍)

'人'의 字音이 '쥬엔(主人)', '우엔(愚人)'에서 '엔'으로 나타남.

1.2.5.2. 문법 형태

사전이기 때문에 문법을 체계적으로 기술할 만한 자료가 없다. 문법

38 사전 序文(xvii)에서 '서울말'이라 함.

범주 별로 특징적인 문법 형태만을 아래에 보인다. 연해주 한국어의 문법 전반은 Ⅲ부(권 2, 1.3)를 참고할 것.

1) 격조사 및 보조사

- 주격조사: -이. 예: 코이(코-가), 사름이(사람-이), 념퉈(염통-이).
- 대격조사: -으/르.
- 속격조사: -으.
- 부사격조사: -으르, -을르, -울르.
- 공동격: -과. 개과' 말이'(개와 말, 22), 고래과' 너에'(고래와 물개, 22)
- 보조사

-으느, -으는 /-느, -는: -은/-는.

-텨르: -처럼. 예: 기랜거텨르(그랜 것처럼, 6).

-보구: -보다. 예: 뎌 사'름 보구 쟉'은(저 사람보다 작은, 58).

-을래, -울래/-ㄹ래(-llɛ): -를 위해서. 예: 부'모 없는 아'덜래(부모 없는 아이들을 위해, 95), 손님'울래(손님을 위해, 95), 형님'울래(형님을 위해, 95), 애빌'래(아비를 위해, 26).

-나: 아무' 사'름두나 목가게' 셩듕tyũ 돌과' 싸'기(아무 사람도 못 가게 도시를 둘러싸기, 사73).

2) 어미

① 연결어미

-기라: 늌'식으 먹기'라 시작' 하기'(肉食을 먹기를 시작하기, 96).

어부작으' 티'기라 시잭이'르 하기'(아우성을 치기를 시작하기, 34)

흐르기라 시작' 하기'(88).

-길래: 내 오갯는것두 칩'길래 오디' 몯 해씁구마(내가 오려 했지만 춥기에 오지 못했습니다, 23).

-ㄴ두: 누권두(누구인지, 69).

누'에 일꾼인'두 우리 일꾼'과 같'이 왓'소(누구의 일꾼인지 우리 일꾼과 같이 왔소, 117).

-라: 션-생이' 학-도덜과 한-데' 놀라' 가'오(선생이 학도들과 함께 놀러 가오, 117).

② 종결어미

-소/-오: 하오체 어미. 평서, 의문, 청유, 명령법 어미로 쓰인다. 예: 모'기덜과 잔태애미덜이 즘승덜으 무오'(모기들과 날벌레들이 짐승들을 무오, 117).

-습구마/-읍구마: 하압소체 어미. 동작이나 상태를 손위 사람에게 그대로 서술할 때 쓰인다. =-습니다/-ㅂ니다. 예: 내 오갯는것두 칩'길래 오디' 몯 해씁구마(내가 오려고 했는데 추워서 오지 못했습니다, 23).

-습니/-읍니: 하오체 어미. 어떤 사실을 확인하여 알려 줄 때 쓰인다. 주로 단정적 서술에 쓰이는 '-오/-소'와는 기능이 다르다. 예: 보리스 어딘 사'름이여, 그러나' 홰르 빨리' 내앰니(보리스는 어진 사람이야, 그러나 화를 빨리 내네/내지, 23).

③ 선어말어미

-갯-: -겠-. 용법이 중부방언과 다르다.

내 오갯는것두 칩'길래 오디' 몯 해씁구마(내가 오려고 했는데 추워서 오지 못했습니다, 23).

1.2.5.3. 어휘[39]

사전에 수록된 연해주 한국어는 육진방언의 한 변종이다. 함북 육진 지방은 정치, 사회, 문화의 중심지로부터 멀리 떨어져 있어 잔재지역의 특성을 지니고 있다. 때문에 고어가 잔존해 있다. 그리고 형태는 동일해도 뜻이 다른 어휘가 있다. 그리고 중앙으로부터 고립되어 중부 지역과는 다른 인문지리적 환경 속에서 독특한 사회 문화를 형성해 왔다. 그런 까닭에 농사, 가옥, 의복, 음식, 친족명칭 등 계열어에서 다른 방언과 현저한 차이를 보인다. 한편 20세기를 전후한 시기의 연해주는 러시아인, 중국인, 만주퉁구스족이 거주하였기 때문에 이들과의 접촉으로 차용어들이 쓰였다. 이러한 연해주 한국어의 특징을 이 사전이 고루 보여줄 수는 없지만 사전 자료를 통해 그러한 점들을 아래에 간단히 소개한다.

1) 고어의 잔재

아래 (4)는 음운사적으로 볼 때 고어에 속하는 어휘를 보인 것이다. ( ) 안에 비교를 위해 중세 및 근대국어 어형을 제시하였다.

(4) ㄱ. 구'리(<*글귀. 글위, 그네), 술긔'(술위, 수레), 기둘구'-기(기둘오-, 기다리다), 멀귀'(멀위, 머루), 발귀'(발외, 발구), 살구'다(살오-, 살리다), 씨갓-이'(씨앗), 얼구'-기(얼우-, 얼리다), 여스/예끼'(여ᅀᆞ/여ᇫ이, 여우), 열기'다(열이-, 열리다), 니르-/닐거'(니르-/닐어, 읽다) ….

ㄴ. 느븨'(누의), 느부리'(노을, 놀), 그부리'기(그울이-, 굴리다), 그부러댕기'-기(그울-, 굴러다니기), 오분(:온~오온, 온[全]) ….

ㄷ. 끄스-(그ᅀᅳ-, 끌다) ….

---

39 이 사전에 수록된 한국어 어휘는 권말 【부록 1】에 모두 제시하였다.

ㄹ. 후'리-기(휘다).

(4ㄱ)은 어중자음 'ㄱ'를 보존하고 있는 예를, (4ㄴ)은 'ㅂ'를 보존하고 있는 예를, (4ㄷ)은 'ㅅ'를 보존하고 있는 예를, (4ㄹ)은 'ㄹ'를 보존하고 있는 예를 보인 것이다. ( ) 안의 중세국어형이나 근대국어형보다 더 고어다.

아래 (5)는 주로 중세국어나 근대국어 단계에 보이는 어휘를 몇 보인 것이다. 대부분 이 방언에만 남아 있다.

(5) 고댱(고장[處]), 고티'(방울 모양으로 생긴 것. 예: 느베고티', 물고티', 불고티'), 구실'[職], 깨깬하기'(깨끗하다), 너얼'-기(<너흘-, 깨물다, 씹다), 너출'(넌출), 다티'다(건드리다), 닥쟝(딱정벌레), 뎜제'(삿자리), 드틔우'-기(옮기-기), 무'릐(우박), 믠머리'(대머리), 및-(미치다[及]), 사나'(사내/남편), 술'(숟가락), 시기'-기(시키-기), 아즈바'니/아즈'마니(숙부/숙모), 암'돝(암퇘지), 오좀캐'(膀胱), 우틔'(옷), 자'라다(넉넉하다), 자분대기'(연장), 쯤'(<쁨, 틈), 탈'다(비틀다), 한'새(두루미 등 큰새), 희'다(헤엄치다), 싸'다(값이 있다) ….

2) 생활 문화 관련 어휘

(6) ㄱ. 가옥: 부수깨'(부엌), 부수깨 언덤이'(아궁이 상단의 평면), 부수깨르 때애기(아궁이에 불을 때기), 허덕, 허데기'(헛간), 샤랑'(곳간), 채뎡'(빗장), 바당'(부엌 바닥), 내굴'(연기), 강냥/강내(처마 밑 공간), 텬반'(천장) ….

ㄴ. 음식: 기름굽이', 만'튀, 밴'셰 ….

ㄷ. 농사: 삼뎡(삼 솜), 븨각질'(가을걷이), 조배기'(벼 15단), 하디'(벼 30단), 가대'기(≒극젱이), 살국뒤'(갈퀴), 쉐슈래'(쇠스랑), 셩매'(연자방

아) ….

ㄹ. 친족명칭: 애비'(아비), 에'미(어미), 아'바니, 아'배(아버지), 아'매(어미니), 큰아바'니, 큰아'배(할아버지), 아즈'미(고모, 이모 등), 아즈'마니(숙모), 아재비'(삼촌, 아저씨), 아즈바'니(숙부), 오'래비(오라비), 형, 느븨(누이), 아스(아우), 가스'에미, 댱모(장모), 가새애'비, 댱부(장인), 매븨'(매부), 셔방(서방) ….

ㅁ. 복식: 우틔'(옷), 져마기'(겨울용 두루마기), 바션짝(버선짝), 배젹샘이'(베적삼) ….

ㅂ. 相助: 본'뎨, 고'렴 ….

ㅅ. 기물: 시쇄'(시계) ….

(6ㄱ)의 '부수깨'는 함경도의 양통식 전자형(兩通式 田字型) 가옥구조에서 불을 때는 공간을 이르는 말이다. 달리 '아궁이'를 이르기도 한다. '아궁이'는 또 '부수깨아구리'라 부르기도 한다. '부수깨르때애기'는 '아궁이에 불을 때기'의 뜻이다. 부수깨는 '정지구둘'이라 부르는 방과 벽이 없이 이어져 있다. '샤랑'은 '舍廊'이 아니고 물건을 보관하는 광 또는 곳간을 이르는 말이다. '허덕간, 샤랑'은 집채와 분리되어 있다.

(6ㄴ)의 '기름굽이'는 함경도를 대표하는 음식의 하나로 제사상에 반드시 놓아야 하는 음식의 하나이다. 중앙아시아, 중국의 한인들은 지금도 이를 지키고 있다.

(6ㄷ)의 '삼뎡'은 삼 껍질을 얼음판에 가지고 나가 수차례 두드려 솜처럼 부드럽게 만든 것이다. 이전에 목화가 생산이 안 될 때에는 솜 대신이 삼뎡을 썼다. 또 이 삼뎡으로 밧줄을 꼬았다. '조배기''와 '하디''는 각각 추수한 볏단의 수효를 나타내는 말인데 이 지방에서만 쓰인다. '가대'기'는 소 두 마리에 메워 쓰는 육중한 밭갈이 농기구다. 험준한 산악이 많은 함경도에 적합하게 되어 있다.

(6ㄹ)의 친족명칭은 중부방언과 다른 점이 많다. 경북 방언처럼 조부모의 호칭어에 접두요소 '큰-'을 붙인다. (6ㄹ)은 체계를 논의할 만큼 자료가 충분치 않은데, 이 방언의 친족명칭은 부계와 모계의 호칭어가 대체로 같다. 예컨대, '맏아바니'(또는 '맏아배')는 '큰아버지', '큰고모부', '큰외삼춘', '큰이모부'를 가리킨다. '아재'는 아버지보다 나이 어린 고모, 어머니보다 나이 어린 이모를 가리킨다.

(6ㅁ) '져마기'는 주로 외출할 때 입는 웃옷의 하나. 옷자락이 무릎까지 내려온다. 두 겹으로 짓는데 안에 솜을 둔다. 주로 겨울철에 입는다.

(6ㅂ)의 '본톄'는 사전에서 '선물'이라 하였지만 뜻이 좀 다르다. 慶事가 있을 때의 부조 금품을 '본톄'라 한다. 흔히 돈이나 쌀 또는 닭 등을 가지고 갔으며 형편이 좋은 사람은 아버지 형제의 환갑연에 소나 돼지를 잡기도 하였다(곽충구: 2019a). 반대로 상사에 가지고 가는 돈이나 물건은 '고렴'이라 한다. '고렴'은 제주도방언에서도 쓰인다.

(6ㅅ)의 '시쇄'(<시쇠)'는 앞서 간행된 타이신의 사전에서 '시쇠sisoy'라 한 바 있다.

3) 형태는 같으나 뜻이 다른 어휘

소내기': 천둥, 우레 소리를 뜻한다. 천둥소리가 날 때 '소내기 울다'라 한다. 그리고 번개 천둥소리를 동반한 큰 비를 '소낙비'라 한다.

돼지': '새끼돼지'를 뜻한다. 어미돼지는 '돝'이라 한다.[40]

디'랭: '회충'을 뜻한다. '디랭'은 본디 '地龍'에서 유래한 말로 '지렁이'를 뜻한다. 회충과 지렁이의 생긴 모습이 비슷해서 회충을

40 twɛdʒi-porosonok, no etim slovom oboznachayut takzhe i svin'yu(돼지-새끼돼지. 그러나 이 단어는 '돼지'를 뜻하기도 한다, 사87). 『단어와 표현』(30쪽)에 '돼지'는 '$tot^{h}i$', 새끼돼지(porosёnok)는 'twɛdʒi'라 하였다.

'디랭'이라 한 것이다.

한심하다: 위태롭다.

4) 차용어

연해주에서 서구 문화와 문물을 접하면서 신문물과 신사조를 나타내는 어휘가 쓰이게 되었다. 또 연해주는 여러 민족이 어울려 사는 곳이어서 그들 이민족과 접촉하면서 아래 (7)과 같은 차용어가 쓰이게 되었다.

(7) ㄱ. 고이깨[kòyk'ɛ](침대), 비지깨(성냥), 샤바귀'(가죽장화), 샵'괘(모자), 샬'픠(목도리), 쉬랴빠(중절모), 샬(숄(shawl)), 졔렌'이(마을).[41]

ㄴ. 다스'포(요리사), 다스포안깐이'(여요리사), 만'퉈(밀가루에 효모를 넣고 익힌 음식), 무퉈'(통나무), 커우대'(마대 자루), 챵'아제(←叉子[chāji], 포크), 화륭션(화륜선), 촨'(배), 쾌샹'(작은 상자, 손궤), 광쟝워'(삽).

ㄷ. 시섀리'(亞麻).

(7ㄱ)은 러시아어 차용어다. 생활 문화와 관련된 어휘로 복식 어휘가 대부분이다. (7ㄴ)은 中國語 차용어다. '다스포안깐이'는 중국어와 한국어 '안깐이'(=아낙네)가 결합한 혼성어다. (7ㄷ)은 滿洲語 차용어다. (7)의 차용어는 중국과 중앙아시아의 한인(노년층) 사회에서 지금도 쓰인다.

아래 (8)은 역시 신문명어라 할 수 있는데 내지의 중앙어에서 유입된 어휘다. Putsillo의 『시편 노한사전』(1874)이나 바로 앞서 간행된 『초급 교과서』(1901), 『철자 교과서』(1902)에서는 볼 수 없다.

41 러시아어 'derevnya'를 차용한 말. 중앙아시아 한인 중에는 아직도 이 말을 쓰거나 기억하고 있는 이가 있다.

(8)ㄱ. 공부(工夫), 우유(牛乳), 학교(學校), 학도(學徒), 션생(先生), 목필(木筆), 양국(洋國), 화젹(mir"(러), 平和) 등.

ㄴ. 결-이ㅣ결당'(xram", 절[寺]), 결-이ㅣ결당'(tserkov', 교회), 불'도(佛道, 기도, 기도문), 불도르 니르기(chitat' molitvu, 기도문을 읽다), 걸기'채(십자가), 환승한날'(←還生한날, 일요일), 걸기'채르 시기'기(洗禮하-기), 신부(神父)

ㄷ. 떡(xlěb", 빵), 단떡(pryanik, 糖蜜과자, 달콤한 쿠키), 떡드듸(korovaj, 둥글고 큰 빵)

(8ㄱ)의 우유(牛乳)는 앞 시기에 '쉐졋'이라 하였는데 이 사전에는 두 단어가 모두 보인다. '화젹'은 러시아어 대역어가 '평화'로 되어 있는데 어원은 알기 어렵다. 대부분 개화기에 일본어에서 차용한 중앙어가 유입된 것이다.

(8ㄴ)은 종교 용어를 보인 것이다. 번역차용어도 있고 불교 용어에 새 개념을 담은 어휘도 있다. 이 사전에서는 절(xram")과 교회(tserkov')를 모두 '결(<절), 결당(<절당)'이라 하였다. '걸기채', '환승한날'은 『초급 교과서』(1901)에 처음 등장한다. 신부(神父)를 Starchevskij(1890: 549)에서는 '신보', Tajshin"(1898: 31)에서는 '즁(Chyun')'이라 하였는데 여기서는 '신부'라 하였다.

(8ㄷ)은 '빵', '과자'를 '떡'이라 한 예다. 중앙아시아 고려인들은 지금도 '빵'을 '떡'이라 한다.

1.3. *Pogranichnyj Perevodchik*"(『국경 통역』)

(A.V. Starchevskij, Nashi sosědi. spravochnaya knizhka. *Pogranichnyj Perevodchik*", S. Peterburg", 1890)

(우리의 이웃. 안내서. 『국경 통역』, 상트페테르부르크, 1890)

1.3.1. 책의 체재

이 책은 제정러시아와 국경을 맞대고 있는 여러 나라의 민족과 소통할 수 있도록 엮어진 通譯用 대역어휘집이다.[1] 주로 군사적인 목적으로 편찬된 것으로 보인다. 1880년 처음 간행한 후 1882년에는 50개 언어로 확대하고 이를 몇 권에 나누어 간행하였다.[2] 권두에는 각 언어의 '문법의 대강'을 기술해 놓았다. 본문에 해당하는 각 '언어' 편에서는 어휘를 몇 갈래로

1 이하 『국경 통역』이라 부르기로 한다. 이 책은 고 고송무 교수와 Ross King 교수의 호의에 의해 볼 수 있었다. 한글박물관에도 이 책이 소장되어 있다.

2 이 통역 안내서는 몇 차례 달리 편집되어 간행되었다. 그 가운데 하나가 "Russkij Morskoj Perevodchik""(러시아 해양 통역)이다. 제목 아래에, "vo vsěx" portax" Evropy, Azii i sěvernoj Afriki, na 50 yazykax""(유럽의 모든 항구, 아시아와 북부 아프리카에서 50개의 언어로 소통하는 러시아 해상 통역.)"이라는 문구가 적혀 있다. 이어 그 하단에 "유럽의 북부, 서부 그리고 남부의 여러 나라, 아시아의 남부와 동부의 여러 나라 그리고 아프리카 북부의 나라를 여행하는 러시아인들을 위하여 봉사하는."이라는 문구가 있다. 그 하단에는 "KNIZHKA VI(권 6)"이라 되어 있고 괄호 속에 (극동 지역의 언어를 포함한)이란 구절이 있다. 그리고 A. V. Starchevskij가 1890년에 편집 출판하였음을 보였다.

나누어 '러시아어 : 외국어'의 대역 형식으로 제시하였다. 권말에는 '회화 구문'이라 하여 '러시아어 : 외국어' 대역 회화 문장을 제시하였다.

책제(冊題)는 『우리의 이웃. 안내서. 국경 통역.(*Nashi sosědi. Spravochnaya knizhka. Pogranichnyj perevodchik".)*』이다. 체재는 다음과 같다.

- 표지: 책제, 편찬 목적, 권/호, 편자, 출판사, 출판연도
- 서문(Predisloviye)
- 문법 개요(i-xxxviii): 12개 언어(또는 민족어)의 문법을 약술. 한국어 (xxxv-xxxviii).
- 언어별 목차(Oglavleniye Yazykov"): Ⅰ. 아제르바이잔 ~ XIII. 한국어.
- 언어별 문법 개요 목차(Oglavleniye Grammaticheskix" Ocherkov")
- 본문: I. 아제르바이잔 ~ X. 한국어(pp. 521-578.)
- 회화 구문(Razgovornyya frazy): 각 언어별 회화 구문. 한국어(pp. 662-670.)

위 각 부분을 아래에 간단히 소개한다.

1) 표지

이 『국경 통역』의 서지, 편찬 목적, 대역 언어의 종류, 수록 어휘의 수 등을 적어 놓았다(앞 18쪽의 사진 참고). 그 내용은 아래와 같다.

① 제목: "우리의 이웃. 안내서. 국경 통역. (우리의 남부 및 아시아 국경에서의)"

② 제목 아래에, 수록된 12개의 언어 및 민족어/방언(Narechiye)을 제시. "12개 언어를 수록; 1) 아제르바이잔, 2) 쿠르드-서부, 3) 쿠르드-동

부, 4) 길랸어(Gilyanskoe narechiye), 5) 마잔데란어(Mazanderanskago Narechij) 6) 카샨어(Kashanskiya Narechiya), 7) 브라후이 제어 (yazyk" Brahov")[3], 8) 아프가니스탄, 9) 몽골어, 10) 중가르어, 11) 만주어, 12) 한국어."

③ ②의 하단에, "각 언어 편에는 2,000개 이상의 필수적인 단어, 300~500개의 '회화 구문' 및 '문법 개요'가 있으며 모든 외국어 단어와 문장은 러시아 문자로 인쇄되어 있다."고 함.

④ 편자, 간행 시기와 간행지: A.V. Starchevskij가 편집. 1890년에 상트페테르부르크(S. Peterburg")에서 간행.

2) 서문

"지금까지 러시아인이 남부와 아시아에서 국경을 맞대고 있는 우리 이웃들과 의사소통할 수 있는 통역(서)나 통역관이 하나도 없었다. 나는 그러한 통역(서)의 편찬을 처음으로 생각했고, 이미 1886년에 참모본부 군사과학위원회의 도움을 받아 튀르키예어, 페르시아어, 사르트어[4], 중국어 통역(서)를 출판했다."고 하고 이 책에 수록된 12개 언어를 소개하였다.[5] 그리고 이러한 일은 혼자서 할 수밖에 없는 힘든 일이었음을 토로하

3 1)의 아제르바이잔어는 튀르크어군에 속하고 2)~6)의 언어/민족어는 이란어군에 속하며 7)의 브라후이 제어는 드라비다어에 속한다. 이들 민족어는 모두 러시아 남부와 이란 북부의 카스피해 연안에서 쓰인다. 길란어는 이란 북서부 카스피해 연안의 길란 지역에서 쓰이는 이란어파에 속하는 언어의 하나다. 이 길란의 동쪽에 Mazandaran, 북쪽에 아제르바이잔이 있다. 카샨어는 이란 중부 지역의 카샨(Kashan) 지방에서 쓰이는 언어이다. Brahui 제어는 인도, 파키스탄, 이란, 아프가니스탄 등 Brahui족들이 쓰는 여러 언어를 말한다.

4 투르키스탄에 사는 이란계의 터키족. 튀르키예의 중앙 방언인 사르트 방언을 사용하고 이슬람교를 믿는다.

5 이 책의 출간 전에 간행된 책 목록은 권말에 제시되어 있다.

고 이 책자를 간행하기 위해 1868년부터 지속적으로 자료를 모았다고 하였다. 이어 이 책의 구성과 각 부분의 내용을 소개하였다.

3) 문법 개요

각 언어의 문법에 대한 기술이 간략히 이루어졌다. 한국어는 xxxv-xxxviii에 있다. 그 내용은 아래와 같다. 특이하게도 맨 앞줄에 "1), 2)" 번호를 두고 다음과 같이 기술하였다.

1) 한국어에는 두 성분이 있다. 미확정적(Neopredelennyj): 한, 하나-odin", 많은 수일 때는 '어떤(èttèn)'. 확정적(opredelennyj): i, si, tsi chi, hi, ka. 이들은 어근 명사의 변화 없이 그 명사 뒤에 결합된다. Ka는 단어가 모음으로 끝날 때 쓰인다.
2) 명사의 격(Imena sushchestvitel'nyye): 2개의 수(단수/복수)와 10개의 격이 있지만 7개의 격만을 제시한다. 예: 주격(Im.), 생격(Rd.), 여격(Dt.), 대격(Vn.), 처격(Měst.), 향격(tv.), 출발격(prdl.).

해설

1)에서 한국어에 '확정'과 '미확정'을 나타내는 두 성분이 있다고 한 점이 특이하다. '미확정'의 성분은 '한/하나'와 '어떤'이다. 이들은 어느 하나를 특정하지 않을 때 쓰이는 말이다. 반면, '확정'을 나타내는 성분이라 한 것은 주격조사이다. 'i, si, tsi, chi, hi, ka' 중에서 'si, tsi, chi'를 주격조사라 한 것은, 명사 말음 가운데 치찰음 'ㅅ, ㅈ, ㅊ'은 당시 한국어 표기법에서, 자음과 휴지 앞에서는 'ㅅ'으로 표기되어 형태음소가 드러나지 않지만 주격조사 '-이'와 결합하면 형태음소가 드러나는데 이때 형태음소 'ㅅ, ㅈ, ㅊ'과 조사 '-이'의 결합을 주격조사로 인식한 것이다. 'hi'는 'ㅎ' 말음 체언의 'ㅎ'과 조사 '-이'가 결합된 것이다.

한편 'ka'는 모음으로 끝난 명사에 결합된다고 하여 주격조사 이형태의 결합 조건을 말하였다. 이어서 아래와 같이 격조사를 보였다.

격조사(Padezhnyya okonchaniya)		
	단수형(yedinstvennoye chislo)	복수형(mnozhestvennoye chislo)
주격(Im.)	i, ka, si, kkèisĕ, hi.	tèli.
생격(Rd.)	èi, sai, hèi.	tèl'no.
여격(Dt.)	èikei, kèi, kkèi, saikei, hèikei.	tèl'èjkei.
대격(Vn.)	èl', ral', sal', hèl'	tèl'èl'.
처격(Mst.)	èi, sai, hèi.	tĕl'èi.
향격(tv.)	èro, ro, no, keiro, saro, hèro.	tèl'no.
출발격(prdl.)	èisĕ, keirosĕ, saisĕ, hèisĕ.	tèl'eisĕ

격변화의 실례(obrazets" skloneniya). 사람이(주격), 사람에(-èi)(생격), 사람에게(-èikei)(여격), 사람을(-èl')(대격), 사람에(-èi)(처격), 사람으로(-èro)(향격), 사람에셔(출발격).[6]

이어서,

> 처소격(Mest. pad.)[7], 형용사(Prilagatel'nyj), 수사(chislitel'nyya)의 변화에 대한 보충 설명.

다음에는 대명사들의 예와 그 특징을 기술하였다. 인칭대명사

6 이 격조사는 함경도 방언의 격조사와는 판이하다. 함북의 노인층은 지금도 주격조사 '-가'를 쓰지 않는다. 현재의 함경도 방언에서는 대체로 '-이'와 '-이가'가 쓰인다. 그럼에도 불구하고 이 책에서는 '-가'가 모음으로 끝난 명사 뒤에 결합된다고 하였다. 이 같은 사실뿐만 아니라 위 조사의 형태를 보면 위 격조사는 19세기 중앙어라 할 수 있다. 한편 위 격조사의 표기에 쓰인 키릴문자는 하나의 문자가 여러 음을 나타내는 경우도 있다. 'è(=э)'는 [ə], [ɨ]를 전사한 것이다. 한국어 'ㅔ'를 'ㅓ'와 'ㅣ'의 합음으로 생각하여 'èi(=эи)(=[əi])'로 전사하였다. 문자전사이다.

7 전치사로 나타낸다(Otvechayet na predlogi). v", na, nad", gdĕ; ….

(mestoimeniya lichnyya)의 단수('나, 너, 뎌'), 복수('우리덜, 너헤덜, 뎌덜')의 격변화를 보였다. '뎌'를 3인칭대명사라 한 점이 흥미롭다. 이어서 소유대명사, 지시대명사, 의문대명사, 회답대명사(Mestoimeniya otvetnyya)에[8] 대해 간략하게 기술하였다. 그리고 동사에 대해 언급하였다.

> 동사(Glagoly): 한국어 동사의 활용(Spryazheniye glagolov"), 시제(현재, 과거, 미래), 의문형 어미와 그 활용에 대해 짤막하게 설명.

마지막 쪽(xxxviii)에서 책의 편집에 참고한 문헌을 소개하였다.

> 이 우리의 남부, 아시아 국경에서의 국경 통역을 편찬하면서, 나는 Putsillo의 저서와 그 밖의 다른 저서를 이용하였다.[9]

4) 목차: 수록 언어 및 각 언어의 문법 개요의 차례를 보임.

5) 본문: 각 언어별로 어휘를 몇 갈래로 나누어 대역어휘집(러시아어 : 외국어) 형식으로 제시.

X. 한국어(Korejskij yazyk")(pp. 521-578.)

I. 필수 단어(samonuzhneyshiya slova)

A. 동사(Glagoly): 521-530. B. 대명사(Mestoimeniya): 530-531.

V. 조사, 小辭(Chastitsy)[10]: 531-535. G. 형용사(Prilagatel'nyya): 535-539.

---

8 이런(irèn), 뎌런(tĕrèn), 그런(kyren).

9 아쉽게도 Putsillo(1874) 외의 논저는 언급하지 않았다. 목록에는 우리에게 낯익은 Ivan" Zaharov도 보인다. 이 책의 '滿洲語' 편에서 그의 다음 사전을 참고했을 것이다. I. Zaxarov"(1875), *Polnyj Man'chzhursko-Russkij Slovar'*, St. Petersburg: Tipografiya Imperatorskoj Akademii Nauk.

10 인도 · 유럽어에서 어형 변화를 하지 않는 단어를 통틀어 이르는 말. 부사, 전치사,

D. 수사(Chaslitel'nyya): 539–541. E. 명사(Sushchestvitel'nyya): 541–551.

Ⅱ. 특별부(Spetsial'nyj otdĕl")

A. 전쟁 관련 사항(Voennoe dĕlo) (pp. 551–556)

a) 말[馬]과 그것과 관련된 모든 것(Loshad' i vse k" nej otnosyashcheesya) (p. 556)

b) 地名語(Topografkcheskiya slova) (pp. 556–557)

v) 강과 해상 운송(Rĕchnoe i morskoe sudoxodstvo) (pp. 557–559)

B. 의료 부문(Vrachebnoe dĕlo) (pp. 559–562)

V. 산업과 무역(Promyshlenost' i torgovlya) (pp. 562–565)

사냥(Oxota) (p. 566)

G. 가정생활(Domashniy byt")

a) 의복과 가정 용품(Odezhda i Domashnyaya utvar') (p. 567)

b) 주방, 음식, 음료, 식기 등(kuxnya, kushan'ya, napitki, posuda i t. D.) (p. 569)

v) 가구 및 농업(Domovodstvo i sel'skoye khozyaystvo) (pp. 573–578)

6) 회화 구문(Razgovornyya frazy) (pp. 661–670)

I~Ⅳ로 나누어 짤막한 구어 문장을 “러시아어 : 대역어” 형식으로 제시. I(인사말, 호칭), Ⅱ(명령문), Ⅲ(의문문), Ⅳ(평서문). 아래에 몇 예를 보인다.

Ⅰ. 인사말, 호칭

(1) Zdravstvuj(안녕!) – Nèwasso, wasso(내 왔소!, 왔소!)

(2) Gospodin" Pak"(박 씨) – Pak sĕpang(박 셔방)

접속사, 관사 따위가 있다(<우리말샘>).

(3) Pochtennaya dama(귀부인/마님) – Manuraka(마누라가)

(4) Uvazhayemyj, pochtennyj g-n" Chon(존경하는, 귀하신 전 씨) – Chon saingwèn(젼 생원(全 生員))

(5) Staryj barin"(양반) – Saingwèn-nimkkyn[sic.]sě(생원님끠셔)

(6) Blagodaryu(감사한다) – Syarěhanta(사례(謝禮)한다)

(7) Ax" kakaya prelest'!(오! 정말 기쁘다) – Èi ko-tyohta(에이! 고거 둏다)

Ⅱ. 명령문

(1) Bud' dobr" k" tvoyemu rabu(종에게 잘 해 주십시오) – Tsangyikei[sic.] ryang sěnhako(장[종]의게 량션(良善)하고).

(2) Bud' věren druz'yam"(벗에게 진실해라) – Pètyikei mitpuko(벋의게 믿뿌고).

(3) Vymoy posudu – Sěl'ètsi haěra(셜어지 하여라).

(4) Skazhi gospodinu Kimu – Kim sěpang tèrè (tarě); Kim sěpangyi kei nil'nèra(김 셔방더러 (다려); 김 서방의게 닐너라).

(5) Vot" voz'mi! Kakiya eto den'gi? – Yaiya ky èttsin toninko?(야이야 그 어찐 돈인고?)

(6) Kupi tri chetyre, pyat' ryb" – Saing sěn sènènètèt, sa oèra.(생션 서너너 덧, 사 오너라.)

위 회화문의 어휘와 문장은 당시 연해주 한인들의 그것이 아니다. 19세기 문헌어와 가깝다. 특히 (4)의 후치사 '-더러, -다려' 등이 그러하다. '닐너라', '셜어지', '사 오너라' 등을 함경도 지역에서는 각각 '닐거라', '(시걱)거두매, 식가시질', '싸 오나라'라 한다. 아마도 식자 계층의 한인이 제공한 문어적 표현인 듯하다.

1.3.2. 표기법

1.3.2.1. 單母音

〈 э=è 〉

모음	ㅣ	ㅔ	ㅐ	ㅡ	ㅓ	ㅏ	ㅜ	ㅗ
Starchevskij	и	э, еи, эи	ae, a, аи э, е	ы (э)	э, о, е	а	у	о
Putsillo	и	э	ae	ы	ō	а	у	о

예 ㅔ: ominè(어미네), sabangèi(사방-에), koropkei(괴롭-게), -kkei(-께)

ㅐ: tsaek, tsaigi(책), kkaitata(깨닫다), tongsaing(동생)

hanghata(행하다), tsèsyang(재상), kynabè(큰아배-할아버지), ètapta (애달프다)

ㅡ: nimgɨmi(님금), ɨpnai(읍내), ɨnhasyu(은하수), sirèm(씨름), stèt(뜯, 뜻)

ㅓ: ttètota(떠돌다), mèrihtèl'(머리털), totita(던지다), kektsěngi(걱정)

이 대역어휘집과 Putsillo(1874)의 전사문자를 대조해 보면, Putsillo의 한국어 전사 체계는 一音一字의 비교적 정연한 체계이지만 Starchevskij의 전사 체계는 一字多音의 조잡한 체계이다. 러시아어 모음체계에 없는 한국어 모음의 전사가 특히 그러하다. 예컨대 'э=è'는 한국어 'ㅔ', 'ㅐ', 'ㅡ', 'ㅓ'를 전사하는 데 쓰였다. 이렇게 전사가 균일하지 못한 것은 첫째, Starchevskij는 Putsillo(1874)에서 상당수의 한국어를 전재하였는데 그 Putsillo의 전사문자와 자신이 한국어 전사에 사용한 전사문자가 달라 동일한 한국어 음이 달리 전사된 것이다. 'ㅔ'를 Putsillo(1874)에서는 'э=è'로 전사하였다. 그러나 Starchevskij는 'еи=ei' 또는 'эи=èi'로 전사하였는데 이는 한글 자모의 자형에 영향을 받은 것이다. 즉, 'ㅔ'를 'ㅓ+ㅣ'로 분석하고 'ㅣ'를 별도로 표기에 반영한 것이다. 'ㅐ'도 그와 같다. 즉, 'ㅐ'는 Putsillo(1874)에서 전재한 것은 원전대로 'ae'로 전사하였으나 그 자신이 조사한 것은 'аи=ai'로 전사하였다. 'э=è'로 전사한 것은 이 키릴문자 'э'가 'ㅐ'와 가까운 음가를 지닌 때문이다. 그 밖에 a, e로 전사된 예도 있다.

'ㅓ'는 그보다 전설 위치에서 조음되는 'э=è'로 전사되었다. 한편 Putsillo는 'ㅓ'를 'ō'로 전사하였는데 Starchevskij는 이 'ō' 상단의 보조부호 [¯]를 생략하고 'o'로 전재하였다. 그리하여 이 어휘집의 한국어 'ㅓ'는 'э=è'와 'o'로 전사되었다. 혹 'e'로 전사한 경우도 더러 있다. 이 때문에 한국어 전사는 매우 혼란스럽다.

위 단모음 전사문자를 보면, Starchevskij가 직접 수집한 한국어는 그 자신이 실제 조사한 것이 아니고 대부분 한국어 문헌에서 전재한 것이라는 사실이 드러난다.

1.3.2.2. 이중모음

한국어 이중모음 전사는 아래와 같다. Putsillo의 전사도 함께 보인다.

	ㅑ	ㅕ	ㅛ	ㅠ	ㅠㅣ	ㅖ	ㅒ	ㅢ
Starchevskij	я	ѣ (ё)	ѣ, е (ё)	ю (iu)	юй	ѣ, ѣи	яи	ыи (ый)[11]
Putsillo	я	ё̄	ё	ю	юи	ѣ	яи	ый

	ㅟ	ㅚ	ㅘ	ㅝ	ㅞ	ㅙ
Starchevskij	уи	ое	оа, уа	уо уэ	уоэ	оai
Putsillo	уи	ое	уа	уō	уое	уае

이중모음 역시 Putsillo는 정연한 전사 체계를 가지고 있지만 Starchevskij는 그렇지 못하다.

11 Кыипѣль[=kɨipyəl](긔별), Кыйпѣлькун[=kɨypyəkun](긔별꾼)

y-계 상승이중모음 가운데 'ㅑ', 'ㅠ'는 그 음가를 가진 키릴자모 я[=ya], ю[=yu]로 전사하였다. 그러나 그 밖은 혼란스럽다. 'ㅕ'는 일사분란하게 'ѣ=ě'로 전사하였으나 ѣ=ě는 'ㅛ'와 'ㅖ'를 전사하기도 하였다. 'ㅛ'는 주로 'ѣ=ě'로 전사하였는데 그것이 'ㅕ'와 'ㅛ'의 변별이 어려워 그리된 것인지 아니면 Putsillo의 전사문자 'ё̈[=yə], ё[=yo]'를 기계적으로 'ѣ=ě'로 전사한 때문인지는 알 수 없으나 후자일 것으로 생각된다. Starchevskij가 한국어의 음성을 꼼꼼하게 관찰 기술한 흔적은 찾아볼 수 없기 때문이다. 'e'도 Putsillo의 전사문자(=ё)의 보조부호를 생략한 채 옮긴 것이 분명하다.

이른바 'ㅣ' 相合字인 'ㅟ', 'ㅖ', 'ㅒ', 'ㅢ'는 이들 한글 자모의 자형을 참고하여 'й' 또는 'и'를 덧붙여 전사문자를 고안하였다.[12] 앞서 본 단모음 'ㅔ', 'ㅐ'를 'еи, эи'와 'аи'로 전사한 것도 그와 같다.[13] 이러한 문자 체계에서 하강이중모음 'ㅟ', 'ㅢ'를 전사한 юй, ый는 실제 음가를 표상할 수 있지만 상승이중모음 'ㅖ', 'ㅒ'를 전사한 ѣи[yəi], яи[yai]와 'ㅔ', 'ㅐ'를 'еи[əi], эи[əi]'와 'аи[ai]'로 전사한 것은 그렇지 못하다. 각각 삼중모음과 이중모음으로 읽힐 수 있기 때문이다.

w-계 이중모음을 전사한 문자는 Putsillo의 그것과 큰 차이가 없다. 다만 'ㅞ'와, 'ㅙ'만이 조금 다른데 그것은 체계를 고려한 때문으로 보인다. 즉, 'ㅙ'를 'oai'라 한 것은 'ㅐ'를 'ai'로 전사한 것을 고려한 것이다. 'ㅞ'를 'yoè'로 전사한 것도 'ㅔ'를 'è'로 전사한 것을 고려한 것이다.

12 'ㅖ'는 Кѣицип[=Kěitsip](계집), нѣиhпѣннэи[=něihpěnnèi](녜편네)처럼 전사.

13 Tajshin"(1898), Nasekin(1895)에도 'ㅐ'를 'ай'([ay])로 전사한 예들이 있다. 예: may-ʃu-ki(메옥수수). 이는 'ㅐ=ㅏ+ㅣ'와 같은 한글 자모의 구성에 의지한 전사로 보인다.

예 ㅑ: сынсян⁻и(=synsyan⁻i=siŋsyaŋ⁻i)(승상(丞相))

ㅕ: hтѣн⁻сини(=htěn⁻sini=tʰyən⁻sini)(텬신이-天使)

Онсё(=ənsyə)(諺書)[14]

ㅛ: Цѣннуи(=tsěnnui=tsyoŋnui)(鐘樓), Енката(=yokʰata)(辱하다), тёнта(=tëtha=tyotʰa)(좋다)

ㅠ: Цюнгном(=tsyungnom=tsyuŋnom)(즁놈-중놈)

ㅟ: Цюйценhата(=tsyuytsenhata)(쥐졍하다(酒酊一)), цюйhатта (=tsyuyhatta)(醉했다)

ㅖ: куонсѣ(=kuonsě=kwənsye)(권셰(權勢))

ㅒ: Коняи(=konyai=konyɛ)(고냬-고양이)

ㅟ: камагуи(=kamagui)(까마귀)

ㅘ: коабу(=koabu)(과부)

ㅚ: скоеккори(=skoekkori)(쐬꼬리-꾀꼬리)

ㅝ: саингуэнним(=sainguènnim)(생원님), куонсѣ (=kuonsě=kwənsye)(권셰(權勢))

ㅞ: Куоэ(=kuoè=kwe)(궤)(스578)

ㅙ: оаином(=oainom)(왜놈)

ㅢ: мурыи(=muryi=murɨi)(무릐-우박), hыргыита(=hyrgyita=hɨrgɨita)(흘기다)

---

14 Putsillo(1874: 5)에서 전재한 것. Putsillo는 '언셔-ōнсē'로 전사하였다.

1.3.2.3. 자음

자음의 전사는 아래와 같다. Putsillo의 전사문자도 아울러 보인다.

	ㄱ		ㄲ	ㅋ	ㅇ	ㄷ		ㄸ	ㅌ	ㄴ	ㄹ
음성	k	g	k’	k^{h}	ŋ	t	d	t’	t^{h}	n	l, r
Starchevskij	к	к, г	кк ск (к)	hк	нг, н	т	т, д	ст тт	т, hт	н	р, л, ль
Putsillo	к	г	ск	кх	ң	т	д	ст	тх	н	р, л, ль

	ㅂ		ㅃ	ㅍ	ㅁ	ㅅ				ㅆ	ㅈ				ㅉ		ㅊ		ㅎ	
음성	p	b	p’	p^{h}	m	s	ʃ	z	ʒ	s’	ʦ	ʧ	ʣ	ʤ	ʦ’	ʧ’	ʦ^{h}	ʧ^{h}	h	ɦ
Starchevskij	п	п, б	сп	п, hп	м	с	с	з	з	сс	ц	ц (ч)	ц	ц	сц цц	ц/	ц	ц, ч	h	
Putsillo	п	б	сп	пх	м	с	ш	з	ж	сс	ц	ц/ч	ц	ц	сц цц		цх	цх	х	х

우선 Putsillo(1874)와 다른 점은 후두마찰음 ‘ㅎ’을 ‘h’로 전사한 것이다. 이 ‘h’는 유기음의 징표(marker)로도 쓰였다. Putsillo는 ‘ㅎ’을 키릴문자 ‘x’로 전사하였지만 Starchevskij는 러시아어 자모에 없는 ‘h’로 전사하였다. 음성학적으로, 러시아어 자모 ‘x’는 후설면과 연구개의 협착에 의해서 만들어지는 마찰음이므로 한국어 ‘ㅎ’의 전사에는 ‘h’가 적합하다.

그리고 Putsillo는 연구개 비음 [ŋ]을 ‘ң’로 전사하였으나 Starchevskij는 ‘нг(=ng)’로 전사하였다. 또 [ŋ]을 ‘н(=n)’으로도 전사하였는데 이는 Putsillo의 ‘ң’을 기계적으로 ‘н’로 대체한 것이다. 러시아어에서 [n]과 [ŋ]은 /n/의 변이음일 뿐이다.

한편 Putsillo는 ‘ㅈ’의 치조음과 경구개음을 모두 ‘ц(=ts)’로 전사하였는데 Starchevskij도 그와 같다. 혹간 ‘ㅈ’의 변이음 [ʧ]를 ‘ч’로 전사하기도 하였다.[15] 예: Чинчан[=ʧ^{h}iŋʧ^{h}an](칭찬), Чěmrěi[=ʧ^{h}yəmrye](첨례(瞻禮)=예배).

이처럼 Starchevskij는 Putsillo보다 좀 더 일반음성학적인 면을 고려하여 전사문자를 사용한 듯도 하지만 위 표에서 본 바와 같이 전반적으로 표기 및 전사가 균일하게 이루어지지는 못하였다. 그 이유는 이 『국경통역』의 한국어가 대부분 Putsillo(1874)에서 전재한 것인데 전재할 때 부조부호를 생략하였고 또 자신이 수집하여 수록한 한국어는 Putsillo와 다른 전사문자로 전사하였기 때문이다. 예컨대, 유성장애음은 무성음 또는 유성음으로 전사되어 있는데, Putsillo(1874)에서 전재한 것은 유성음으로 전사되어 있고 그렇지 않은 것은 무성음으로 전사되어 있다. Putsillo는 장애음의 유성음과 무성음을 구별하여 전사한 바 있다. 또 Starchevskij는 유기음을 'hп, hт, hк'로 전사하였다. 그런데 유기음도 Putsillo(1874)의 자료를 전재할 때 유기음 징표 'x'를 생략하거나 'h'로 대체하여 매우 혼란스럽다. 예컨대, 'ㅍ'은 Putsillo가 'пx'로 전사한 것을 Starchevskij는 'п(=p)', 'hп(hp=p^{h})'로 전사하였다. 된소리도 Putsillo의 전사대로 'cп(=sp=ㅆㅂ)'로 전사하거나 평음 'п(=p)'로 전사하였다. 요컨대 유기성과 후두긴장성의 징표(marker)가 대부분 생략된 채로 전재돼 '유기음/된소리/평음'의 변별이 명료하지 않다. 이에는 '유기음/된소리/평음'이 비변별적인 러시아어 자음체계의 영향도 있을 것이지만, 편자인 Starchevskij가 한국어의 자음체계를 면밀하게 살피지 않은 탓이다. 전반

15 Putsillo는 중세국어 표기처럼 치조음(=ц[ʦ])은 'ʦa, ʦə, ʦo, ʦu'로 표기하고 경구개음(=ч[ʧ])은 'ʦya, ʦyə, ʦyo, ʦyu'로 표기하였다. 음소전사라 할 수 있다. Starchevskij도 그와 같다. 다만 극히 일부 '쟈, 지, …'를 'ʧa, ʧi, …'로 전사하기도 하였는데 이는 음성전사이다. 이후 카잔에서 간행된 문헌의 한국어 전사는 음성학에 기반을 둔 음성전사이다.

적으로 한국어 전사 체계가 매우 粗惡하다.

유음은 모음 사이에 놓일 때 'р[=r]'로 전사하고 자음과 휴지 앞의 'ㄹ'은 대부분 ль[=l']로 전사하였으나 이따금 'л[=l]'로 전사한 예도 보인다. 어두의 'ㄹ'(한자음)은 'р[=r]'로 전사하였고 혹 자음 앞의 'ㄹ'을 'р[=r]'로 전사하기도 하였다. 예: rĕnghon(령혼), tarpami(달밤[月夜]), inmurhua (인물화).

1.3.3. 한국어의 방언적 성격

『국경 통역』의 한국어는 Putsillo(1874)에서 옮긴 것이 대부분이다. 따라서 이 책에 수록된 한국어의 방언적 성격은 Putsillo(1874)와 대동소이하다 할 것이다. 다만 아래와 같은 사실을 통해 이 책에는 Putsillo(1874)에서 옮긴 동북 및 육진방언이 대부분이고 여기에 소수의 19세기 중앙어(중부방언)이 혼재되어 있다고 할 수 있다.

이 『국경 통역』에는 數詞가 별도로 제시되어 있다. 수사는 기초어휘에 속하므로 쉬 변하지 않는다. 그런데 이 책의 수사 가운데 '하나'부터 '열'까지는 전혀 북부 방언(평안, 함경 방언)과 일치하지 않는다. 당시의 중앙어인 것이다.[16]

Putsillo의 사전에서 전재하지 않은, Starchevskij 자신이 조사하여 수록한 한국어는 권두의 '문법 개요'에 보이는 문법 형태와 권말 '회화 구문'의 한국어인데 이들 한국어는 역시 북부 방언이 아니다. 19세기 한국의 중앙어인 것이다.

16 '중앙어'는 서울과 그 인근 지역의 방언 또는 그 방언에 토대를 둔 전통적인 서사어를 뜻하는 말로 쓴다.

Putsillo의 사전에는 없고 이 『국경 통역』에만 실려 있는 어휘를 살펴보면 '아참(아촘)', '오날(오늘)', '가삼(가숨)', '구람(구룸)', '녀람(녀룸)', '아달(아돌)', '무삼'(무숨), '하날(하늘)' 따위처럼 'ᄋᆞ'를 기계적으로 '아'로 읽어 전사 수록한 예들이 보인다. 이는 문헌어를 전재한 것이다. 곽충구(1991/1994)에서 언급한 바와 같이 육진방언에서 비어두 위치의 'ㆍ'는 '사름[人]', '바름[風]'이 말해 주듯 'ㅡ'로 변화하였다.

또 '문법 개요', '본문', '회화 구문'에 모두 주격조사 '-가'가 보인다. 예: hkoi, koka(코-가)(546쪽). 이 주격조사 '-가'는 현대의 함경 방언 노년층 화자들도 쓰지 않는다. 함남북에서는 '-이가'가 쓰이고 함북 북부에서는 주로 '-이'만이 쓰인다. 따라서 Starchevskij 자신이 조사 수록한 한국어의 일부는 19세기의 문헌어가 분명하다. 이에 대한 좀 더 구체적인 논의는 아래 1.3.3.1에서 하기로 한다.

1.3.3.1. 한국어 자료의 출처

이 책에 수록된 한국어는 어떻게 수집된 것인가? 편자는 "Putsillo의 저작과 그 밖의 다른 저작을 참고하였다"고 하였으니 Putsillo(1874)와 그 밖의 다른 문헌에서 전재하였음이 분명하다. 12개의 언어를 모아 책을 편찬하였으니 개별 언어마다 현지 조사를 통해 자료를 수집하기란 결코 쉬운 일이 아니다.

이 책은 크게 '문법 개요', '본문', '회화 구문'의 세 부문으로 나뉘어 있다. 앞서 말한 바와 같이 '문법 개요'와 '회화 구문'에는 한국어 북부 방언의 특징이 나타나지 않는다. 따라서 '본문' 부분을 살펴보도록 한다. 이 책보다 먼저 간행된 Putsillo(1874)와 이 책보다 뒤에 나온 Tajshin" (1898)을 대조해 보면서 이 책에 실린 한국어의 성격과 상호 영향 관계를 따져보기로 한다.

유형	표제어	Putsillo(1874) / Starchevskij(1890)
(1)	Dan'(進上)	진샹이(Tsinzyaŋ-i) / Tsinzyan-i.
	cf. Tajshin'':	Tsinzyan-i
(2)	Guby(입술)	입역이, 입슈어리 / 입슈얼, 입역이
	cf. Tajshin'':	ipsul'gi tukopta(입술이 두껍다)
		ibi, ibĕgi, Nipsyuèl', Ipsulyi[sic.]
(3)	Gnĕv(분노)	노옵소, 노으미 / 노븜이(novymi=noβɨmi)
(4)ㄱ.	Dĕvushka(소녀)	식시, 간나의, 녀시기 / kyèitsɨitahai[sic.](계집아해), èrinnĕn(어린년), chĕnĕ(쳐녀), sèkei[sic.](색시)[17]
	cf. Tajshin'':	sajk-si, sèkei[sic.](색시), chĕnĕ(쳐녀),
ㄴ.	Razsvĕt''(새벽)	시바기, 사베기, 시녯키(sinnyetk^hi) / 새벽이
	cf. Tajshin'':	새박이, 새백이
(5)ㄱ.	Dĕd''(할아버지)	크나빅, 크라빅, 조뷔 / Tsobui, khynabè
	cf. Tajshin'':	kxynabè(크나배), xanabani(하나바니), tsobui(조부이)
ㄴ.	Rynok''(市場)	저자이, 시져니 / Sitsĕni
	cf. Tajshin'':	시져니(Sitsĕni), 장(tsang''), 저자이(tsotsai)
(6)ㄱ.	Tsarstvo(왕국, 제국):	_____ / 나라, 나랗이.
	cf. Tajshin'':	나라, 나랗이
ㄴ.	Tron''(龍床):	공상이(Kyoŋzaŋ-i[sic.]) / Kĕnzaŋ-i[sic.]
	cf. Tajshin'':	농사이(Neŋ-sai, 농상+-이)(타35).

(1)은 Putsillo(1874), Starchevskij(1890), Tajshin''(1898) 세 어휘집의 대역 한국어가 동일한 예를 보인 것이다. Putsillo(1874)에 실린 것을 두

17 키릴문자 'c(=[s])'와 'e'가 혼동이 되어 잘못 전사되었다.

어휘집이 전재하였음이 드러난다. Putsillo는 한글 자모로는 '진샹이'라 전사하고 이를 키릴문자로 전사한 곳에서는 's'를 유성음 'z'로 수정하였는데(tsinsyaŋi → tsinzyaŋi, 푸129) 이 수정한 내용을 Starchevskij와 Tajshin"이 그대로 옮겼다.

(2)의 대역 한국어도 Putsillo(1874)에서 전재한 것이다. 함경 방언 '입역'은 '입의 가장자리'를 뜻하는 말이니 '입술'의 방언이라 할 수 없다. 대역 오류이다. Starchevskij가 아무 검증 없이 전재하였음을 보여 준다. 한편 Tajshin"(1898)의 대역 한국어에는, 러시아어 표제어와 뜻이 일치하지 않는 'ibi'가 있다. 이는 편자가 한국어에 정통하지 못하였기 때문에 생긴 결과이다. 그렇지만 Putsillo와 Starchevskij 사전에 없는 'ipsul'gi' 등이 수록되어 있다. 이는 Tajshin"이 앞서 출간된 사전들을 참고하고 또 직접 한국어를 조사하여 사전을 편찬하였음을 뜻한다.

(3)의 예는 Putsillo(1874)와 이 사전에만 실려 있는데 Putsillo와 달리 이 사전에는 순경음 [β]가 전사되어 있다. 이 말은 '노옵다'(<노ᄒᆞᆸ다)의 명사형이다. 즉, '놉:+-음>노ᄫᆞᆷ'이다.[18] 이처럼 Putsillo와 달리, 오히려 그보다 고어적인 형태의 음성형이 채록되어 있다는 것은 편자가 한국어 음성을 청취하였을 개연성이 있음을 시사하는 것이다.

(4)에서 'sèkei[sic.]'를 제외한 나머지 어휘는 Putsillo(1874)에 없다. 따라서 그 나머지는 편자가 조사하여 수록한 한국어라 할 수 있는데 함경도 방언권에서 흔히 쓰이는 말은 아니다. '계집아해'란 말이 그렇다. 함경도 방언에서는 흔히 '새애기, 새아가'란 말을 쓰고 낮추어 말할 때에는 '간나'라 하며 혹간 '에미나이'란 말을 쓰기도 한다. 따라서 Starchevskij 자신이 조사한 한국어는 문헌어나 중부방언일 가능성이 높다. Putsillo

18 현대의 함경도 방언에서는 '놈:[noom]'이라 한다. 예: 노옴낸다(노여움을 낸다).

(1874)의 '식시, 간나의, 녀시기(女息-이)'는 모두 함경도 지역에서 널리 쓰이는 말이다. (4ㄴ)의 '새벽'도 역시 문헌어이거나 중부방언이다. Starchevskij 자신이 조사한 자료는 이처럼 중앙어의 색채가 짙다. 한편 Tajshin"(1898)은 앞서 간행된 Putsillo(1874)와 Starchevskij(1890)에서 한국어를 취사선택하였다. 앞서 간행된 사전들을 참고하면서 연해주 한인들을 대상으로 직접 조사한 것이다. 그 과정에서 제보자들이 제공한 한국어 어휘를 선별하여 사전에 올린 것이다. 비슷한 예를 한둘 더 보기로 한다.

([*]는 새로 추가된 어휘)

표제어	Putsillo(1874)	Starchevskij(1890)	Tajshin"(1898)
Otets" 아버지	아부님, 아ᄇᆡ, 부친이, ᄌᆡ아비, ᄃᆡ친이	*<u>아버지</u>(abètsi), 재아비(tsè-abi), 아부님	*아비, 아부님, 아버지, 재애비(tsèèbi)
Mat' 어머니	아ᄆᆡ, 어모님, 제어미, 모친이, 모님이	*<u>어머니</u>(èmèni), 아매(Amè), 모님이(monimi)	*어미(èmi), 아매(amè), 모님이, 어머니(èmèni)

세 사전을 대조하면 상호 영향과 수록된 한국어 어휘의 성격을 알 수 있다. 먼저 표제어 Otets"(아버지)의 경우, Starchevskij(1890)에는 Putsillo(1874)에 없는 '아버지'가 추가되었는데 이 친족어는 중앙어다. 북부의 평안, 함경, 황해도에서는 '아바지'라 한다. Mat'(어머니)의 경우에도, '어머니'가 추가되었는데 이 친족어 역시 중앙어다. 북부 방언은 '오마니'(평안), '어마니', '어마이'(함경)이기 때문이다. 반면 정작 함경도에서 널리 쓰이는, Putsillo(1874)에 실린 친족어 '아ᄇᆡ', '제어미'가 Starchevskij(1890)에서는 보이지 않는데 이는 그가 참고한 한국어 문헌이 중앙어였거나 또는 한국인 제보자가 중부방언 화자였기 때문일 것이다. 이로써 Starchevskij(1890)에 추가된 어휘 즉, 편자가 조사하여 수록한 한국어는 중앙어라는 사실이 더욱 명백해진다. 어두에 'ㄹ'이 놓인 '룡

(rěng)(543)’, ‘령혼(543)’, ‘례모(rěimo)(546) 따위도 문헌에서 전재한 것이 분명하다.

(5ㄱ)은 Starchevskij가 Putsillo(1874)에서 취사선택한 예를 보인 것이다. Putsillo 사전의 친족호칭어는 모두 함경 방언이다. Tajshin"은 함북 육진방언형 ‘하나바니’를 추가하였다. 이는 누차 언급한 바와 같이 Tajshin"이 연해주 한인을 대상으로 조사하였음을 말해 주는 것이다. (5ㄴ)도 양상은 같다.

(6)은 Putsillo(1874)에는 없고 Starchevskij(1890)에만 있는 예를 보인 것이다. 즉, Starchevskij가 직접 수집한 한국어이다. ‘ㅎ’종성이 반영된 ‘나랗’, ‘바다히’는 문헌에서 전재한 것이 틀림없다. (6ㄴ)도 문헌어를 옮긴 것으로 보인다. Tajshin"의 ‘농사이’에서는 비모음화로 ‘-상’의 ‘ㅇ’이 약화되어 전사에 반영되지 않았으나 Starchevskij(1890)는 그러한 음운현상이 반영되어 있지 않다. 이는 곧 Tajshin"은 현지 조사를 통하여 음성전사를 하였고 Starchevskij는 문헌어를 키릴문자로 전사하였음을 뜻한다. Tajshin"의 사전에서는 Starchevskij의 오류(‘농상(龍床)’을 ‘경상’으로 적은 것)도 바로잡았다. Tajshin"은 앞서의 사전들을 참고하고 또 현지 조사를 통해 자료를 수집하고 사전을 엮은 것이다.

위와 같은 사실을 통해 Starchevskij는 상당수의 한국어 어휘를 Putsillo(1874)에서 그대로 전재하였고 일부 자신이 조사 수집한 것을 그의『국경 통역』에 올렸는데 이는 대부분 중앙어다. 이 책의 ‘문법개요’, ‘회화 구문’도 역시 중앙어임을 상기할 필요가 있다. Putsillo(1874)에서 전재한 것은, 전재할 때 Putsillo의 전사문자를 그대로 사용하지 않았고 또 그 자신의 한국어 전사체계를 갖추지 못하였기 때문에 이 어휘집에 실린 한국어의 음성 정보는 매우 불투명하다. Putsillo는 키릴문자에 보조부호(diacritic mark)를 붙여 음소전사가 가능하도록 하였는데 Starchevskij

는 인쇄상의 어려움 때문이었는지 보조부호를 모두 생략하였다. 이 점 Tajshin"(1898)도 같다.

1.3.3.2. 음운 특징

이 『국경 통역』은, Putsillo(1874)에서 전재한 한국어 및 출전은 알 길이 없으나 그 자신이 조사 수집한 중앙어가 뒤섞여 있으므로 음운론적 특징을 기술하기는 어렵다. 수록 어휘가 보여 주는 음운 특징을 개략적으로 보이면 아래와 같다.

1) 음운체계

모음은 /ㅣ, ㅔ, ㅐ, ㅡ, ㅓ, ㅏ, ㅜ, ㅗ/의 8모음체계로 보인다.

자음체계에서, 파찰음 'ㅈ, ㅊ, ㅉ'는 치조음이었던 것 같다. '자, 저, 조, 주'와 '쟈, 져, 죠, 쥬'의 구분이 비교적 엄격한 것을 보면 'ㅈ'가 아직 경구개음으로 재음소화한 것으로 보이지는 않는다. 그러나 이러한 표기는 Putsillo(1874)나 문헌어의 영향일 가능성이 있다.

앞서 언급한 바와 같이 순경음 [β]가 보인다.[19] Gněv"=노ᄫᅳᆷ이(novymi=noβɨmi)(스542). 현재의 함경 방언에서는 '노옴이'라 한다. 이러한 예는 Tajshin"(1898)에서도 보인다.[20]

---

19 곽충구(2010b: 148-149)에는 18세기 후기의 함경도 방언에 '다배-[爲]'(<ᄃᆞᄫᆡ-)와 같은 동사가 쓰이고 있었음을 보여 주고 있다. 'ㅸ>w'가 아주 늦게까지 점진적으로 함경도에서 진행되고 있었던 것이다.

20 pe'rgi nuvoj(=벌기 누뵈)(Tajshin", 1898: 38), nuvoj pèrgi(=누뵈 벌기)(Tajshin", 1898: 39).

2) 음운변화

① 근대국어 단계에서 볼 수 있는 -syV-, -nyV-, -tyV-와 같은 음절구조가 보편적이다.

② ㄷ구개음화, ㅎ-구개음화, ㄱ-구개음화는 개신형과 보수형이 공존하나 다소 보수적이다.

③ 대체로 어중자음이 보존되어 있다.

보존형: 노흠이(노여움).

탈락형: 달위(다리[髢]), 셜어지(설거지).

④ 움라우트를 겪은 소수의 예가 있다. 아직 활발하지는 않다.

⑤ 명사의 말자음 'ㄷ', 'ㅌ'은 변화가 없다. 예: 빋이(빚, 546), 뜯이(뜻, 546), 곧이(곳, 546), 벋이(벗, 661). '옷[衣]'의 말음이 'ㅈ'인 예가 보인다. 옺이(546, 547).

⑥ ㄷ>ㄹ 변화: 아랄, 아달(아들)(550)

⑦ 과도교정: '역적(逆賊)'을 '역뎍놈'(552), '종이'를 '됴희(tĕhyi)'(541), '도적질'을 '도젹딜')(542)이라 한 과도교정의 예가 보인다. 이 과도교정의 동인이 무엇인지는 분명히 말하기 어렵다. 앞서 언급한 바와 같이 편자는 주로 Putsillo(1874)나 중앙어 문헌을 접촉한 것으로 드러났기 때문이다. 만약 위 과도교정형이 연해주 한인으로부터 수집한 것이라면 ㄷ구개음화를 겪은 방언 화자와 그렇지 않은 육진방언 화자의 접촉에 의하여 생긴 현상이다.

1.3.3.3. 어휘 특징

1) 단음절 한자어

Obez'yana(원숭이): Hu(猴, 546). cf. 진나뷔, 원숭이(푸367).

Okean"(대양): Yang"(洋, 546)

Změj(뱀): 샤(蛇, Sya)(544)

Istina(진실/사실): 실(實, Sil'), 참말(544)

Manera, sposob'(모양): 양(樣, Yang)(545)

Osuzhdeniye(비난, 질책): 폄(貶, Pěmi)(546)

Sobaka(개): 개(kai), 견(犬 Kěn)(549)

Putsillo가 『朝鮮偉國字彙』의 「倭語類解」를 참고했듯이 Starchevskij도 類解書나 한자 학습서를 참고한 듯하다. 위 예는 그런 유형의 책에서 전재한 것이다.

2) 종교 관련 어휘

다른 사전에서 볼 수 없는 종교 관련 어휘가 여럿 보인다.

① 천사(天使, Angel): 텬신이(thěnsini)(541). cf. 텬사인, 조리(tsori)(타1).

② 하느님(Bog"): 텬쥬-께(htěn-tsyu-kkei)(541). cf. 톈쥬, 옥항(←옥황)(타2).

③ 천국(天國, Raj): 하늘이(548). cf. 한늘이, 셩시(聖時)[21], 션간(仙間)이[22](타29).

④ 사제(司祭, Svyashchennik"): 신보(549)[23]. cf. 즁(Chyun')(타31).

⑤ 주교(主敎, Episkop"): 쥬교(Tsyuge, 543).

⑥ 성당(聖堂, Tserkov'): 셩당(550). cf. 졀이(Chyəri)(타38).

⑦ 교우(敎友, Xristiyanin"[24], Katolik"): 교우(keu)(550), 교위(Keui) (544).

---

21 어진 임금이 다스리는 세상 또는 그 시대를 높여 이르는 말.

22 신선이 산다는 곳.

23 중국어 '神甫[shénfu]'를 한국한자음으로 읽어 차용한 말이다.

⑧ 십계명(十誡命, Desyat' zapovedej): 텬쥬에 십계(htĕntsyuèi sipkĕi).

⑨ 예배(禮拜, Ponedĕl'nik"): 쳠례(瞻禮)(547)

⑩ 요일 명칭. '쳠례'에 '이(二), 삼(三) … 칠(七)'의 숫자를 붙여 요일을 나타낸다. 이는 漢語에서 온 말이다. 예: Voskresen'e(일요일) - 쥬일(542), Ponedel'nik(월요일) - 쳠례이(547), Vtornik"(화요일) - 쳠례삼(548), Sreda(수요일) - 쳠례사(549), Chetverg(목요일) - 쳠례오(551), Pyatnitsa(금요일) - 쳠례륙(548), Subbota(토요일) - 쳠례칠(549).

⑪ 거룩하심(Svyatost'): 거륵하심이(549)

Starchevskij가 위 종교 용어를 어디서 전재한 것인지는 알 수 없다. 국내에서 간행된 문헌으로는 『斥邪綸音』(1839)에 '텬쥬, 교우'가 보이고, 『쥬교요지(主教要旨)』에 '교우, 텬신(=天使), 텬쥬, 셩당'이 보인다(조남호: 1997). '천국'을 '하늘'이라 하였으니 편자가 한국인이나 국내 문헌으로부터 수집했을 것으로 생각된다. 이들 어휘 중 "쳠례(瞻禮), 교우(教友), 사제(司祭), 주교(主教)" 등과 '쳠례이(瞻禮二)'와 같은 曜日名은 중국어에서도 쓰이는 말이니 위 용어의 일부는 본디 중국에서 전래된 것이 아닌가 한다. 天使를 '텬신이(天神-이)'이라 한 점이 흥미롭다. Tajshin"(1898)에서는 '텬사인'이라 하였다.

이 『국경 통역』보다 뒤에 간행된 Tajshin"(1898)에서는, '하느님'을 '옥항(←옥황(玉皇))', '천국'을 '션간(仙間)', '사제(司祭)'를 '즁', '성당(聖堂)'을 '졀이'라 하여 도교와 불교의 용어를 차용해 쓰고 있다. 요컨대 새로운 종교를 받아들이면서 그 종교와 관련된 용어의 개념을 전통적인 종교 용어에 담아서 쓰고 있는 것이다. 이때의 불교나 도교의 용어는 당시의 세계관이 반영된 일반화된 개념이다. 즉 '성당(聖堂)'을 일컫는 '절'

24 현대 러시아어 철자로는 'Христианин(Xristianin)'.

은 ‘사찰’보다는 ‘종교 신자들이 모여 예배를 드리는 곳’이라는 뜻이다. Putsillo의 사전에서는 ‘주교’를 ‘노딕ᄉᆡ’라 하였는데 이 역시 불교의 승려를 이르는 말이다. 이러한 사실을 통해 도교와 불교가 당시 연해주 한인의 핵심적인 종교였음을 알 수 있다. 그런데 Tajshin"(1898)보다 10여 년 전에 간행된 이 『국경 통역』에 수록된 종교 용어는 현재 우리가 쓰는 그것과 같다. 이는 Starchevskij(1890)에 수록된 정교회 관련 용어가 당시 연해주 한인들이 아닌, 다른 한인이나 중앙어가 반영된 문헌을 통해서 수집된 것임을 말해 주는 것이다. 따라서 Tajshin"(1898)에서 볼 수 있는 정교회 관련 용어가 그 무렵 연해주 한인 사회에서 쓰이던 용어라 할 수 있다. 지금도 중국 조선족, 중앙아시아 고려인들 가운데 노년층은 ‘교회’를 ‘결당’, ‘졀당’이라 한다.

3) 특이 어휘

① ‘잎(List'ya, 475)’을 ‘sot’라 하였다.[25] 이는 만주어 ‘sata’에서 유래한 말이다. 곽충구(2017a: 15, 2019a)에서는 육진방언에 ‘소샅’(<솔[松]+샅(sata))이 있음을 언급하였다. ‘sat’을 ‘sot’이라 한 것은 키릴 문자의 필기체 ‘a’와 ‘o’가 비슷해서 생긴 오류이다.[26] 이 같은 오류는 Nasekin(1895)에 많다.

② Shamanka(무녀)를 ‘스승이’(푸711, 스551) 또는 ‘무당이[sic.]’(푸711, 스551)라 하였다. 그런데 선생(Uchitel')도 ‘스승이(푸675)’, ‘스증-이(sɨzɨŋ-i)’(스550)라 하였다.[27] 小倉進平(1927)에도 함북 지

25 List(나뭇잎)의 복수형 List'ya(листья)의 대역어는 ‘sot’고 ‘List drevesnyj’(나뭇잎)의 대역어는 ‘Namu nip’임.

26 ‘hani(魂), honbəgi(魂魄)’(스543)에서 보듯 ‘o’가 ‘a’로 표기된 예도 있다. N.M. 프르제발스키이(1870)에도 ‘hani’(魂)로 전사되어 있다.

방에서 무속인을 '스승'이라 한다는 보고가 있다.[28] 따라서 '스승'은 오랜 동안 '무속인'을 뜻하였는데 Putsillo의 사전이 간행될 무렵에는 [師]의 뜻도 지녔던 것으로 보인다. 무속인이나 선생이나 '무엇을 알려주거나 가르쳐 주는 사람'이라는 공통의 의미소성을 지니고 있는데 '무속인'의 신분이 하락하면서 [師]의 뜻만을 지니게 된 것으로 생각된다.

③ 귀부인(Pochtennaya dama)을 '셔울마누라'(547)라 하고, 난봉꾼(Razvratnyj chelovek)을 '계집쟝이'(548), 여행자 / 나그네(Puteshestvennik")를 '길꾼'(kil'kun")(548)이라 하였는데 이런 어휘는 문헌에서는 볼 수 없다.

④ 직종 관련 용어로 '경찰서장'(제정러시아 시기 주요 도시의)을 '슈령(Syuren-i)'(457)이라 하고, 지방장관(Prefekt)을 '목사(牧使)'(548)라 하였다. 앞서 1)의 종교 용어를 말하면서, 전통적으로 써오던 말에 새로운 종교의 개념을 담아 쓴 사실을 말한 바 있는데 이 경우도 그와 같다. 이 어휘집에는 위와 같은 관직명이 많다. '학교'를 '셔당이'(551), '응접실'(priyemnaya komnata)를 '텽-이[廳-이]' (545)'라 한 것도 모두 새로운 개념이나 대상을 그와 비슷한 개념을 지닌 고유어로 명명한 예이다.

---

27 Tajshin"(1898: 36)에서는 "스승-이, 션즤(=senziy<션싀<션싱이), 훈쟈(訓長), 즁사램이"라 함.

28 전경옥(1999: 122, 秋葉隆 · 赤松智域 공편(1938), 심우성 역(1991)에서 인용)에, "함경북도에는 일찍이 여진족의 후예인 在家僧에서 나온 스승이라 칭하는 남자 歌舞巫가 있었고, 조선조 말엽까지 스승청이라 칭하는 남자무당들의 집회소가 있었다. 그래서 함북에서는 남자무당이 가무를 하며 굿을 행했다. 함경북도 길주의 남자무당은 흰 갓에 넓은 소매가 달린 紅衣를 입고, 청색 띠를 매고, 검은 삿갓을 쓰고 춤을 추는데, 이 홍의를 廣大라고 불렀다."

⑤ '속기(速記, Skoropis')'를 '조셔'(549)라 하고 '보증'(Poruka)은 '보게'라 한다고 하였다. 문헌에서는 달리 발견되지 않는 어휘이다.

⑥ 추상명사: 러시아어 Nauka(학문/과학)을 '도리(道理)'(546)라 하였다. 'Nauka'는 학술용어로서 추상명사이므로 적절한 대역어를 찾기가 어려웠을 것이다. '道理'는 '이치'나 '원리'를 뜻하는 말이다.

⑦ 친족어: '아내(Zhena)'를 '집, 쳬, 댕네(댁내)'라 하였는데 모두 지칭어다. 또, '도령, 도령님'(Molodoj gospodin")(545)도 보이는데 중부방언일 것으로 생각된다.

⑧ 기타

혜성(彗星)을 '별살이'(545)라 하였다. Putsillo의 사전에도 실려 있다. 북한의 문화어에 '별살'이 있는데 뜻은 조금 달라 '혜성의 빛살'이다.

4) 어휘 의미

이 어휘집에는 '마누라'가 2회 등장한다. 하나는 앞서 소개한 '셔울마누라(귀부인)'이고 다른 하나는 Gospozha-댁마누라끠셔(Taikmanurakkyi-sě)(542)이다. 모두 '마누라'가 경칭으로 되어 있다. '마누라'가 [+여성]이라는 점은 중세국어와 다르지만 [+경칭]이라는 점에서는 중세국어와 같다. 의미 변화의 과정을 보여 준다.

'우뢰소리, 뇌성벽력(Grom")'(542)을 'sonègi(소내기)'라 하였다. 함경방언에서는 '우레'를 '소내기'라 한다. Putsillo와 Tajshin"의 사전에도 '소내기(우레)'가 실려 있다.

'외국인'(Inostranets"/Chuzhezemets")(551)은 '나가내'라 하였다.

1.4. *Russko-Korejskij Slovar'*(『노한사전』)
(A.I. Tajshin", 하바롭스크, 1898)

1.4.1. 체재, 편자

1) 체재

사전은 '겉표지+속표지+본문(부록 포함) 43쪽'으로 구성되어 있다.

겉표지에는 책제 "*Russko-Korejskij Slovar'*(=노한사전)"와 편자의 이름 "A.I. Tajshin""이 적혀 있다. 하단에는 출판지(하바롭스크), 인쇄소(연해주총독부 인쇄소), 출판연도(1898년)가 쓰여 있다.

속표지에는 "연해주총독부의 허가로 출판함."이라는 문구가 적혀 있다.[1]

이 사전은 서문, 발문이 없어 편찬 목적, 경위, 제보자 등을 알 길이 없다.

1~41쪽은 사전 本文으로, '러시아어 : 대역 한국어'가 수록되어 있다.

41~43쪽은 부록으로, 41쪽에는 러시아와 한국의 도량형을 비교해 놓았고, 42-43쪽에는 한국어 수사를 수록하였다.

---

1 저자가 본 것은 이기문 선생 소장본. "Государственная библиотека СССР имени В. И. Ленина"(소련레닌국립도서관), "Российская государственная библиотека"(러시아국립도서관)의 도서인이 찍혀 있다.

2) 편자

편자 A.I. Tajshin"에 대해서는 알려진 것이 없다. Ross King(1991: 215)에 그에 대한 간단한 소개의 글이 있어 번역하여 아래에 적어 둔다.

> E.T. Smirnov, ed.(1899), Priamurskii Krai na Amursko-Primorskoi Vystavke에는, "하바롭스크시 주변 지역에서의 농업"이라는 제목으로 Tajshin"이 쓴 논문이 있는데 거기서 Tajshin"은 그 자신이 100데샤틴의 농토를 가지고 있으며 한인 노동자를 고용하였다고 하였다. 그리고 한인들은 1889년에 이 지역(하바롭스크)에 정착하기 시작하였다고 하였다.

King 교수는, Tajshin"의 사전에 수록된 한국어는 그의 농장에서 일하던 한인 노동자들로부터 수집한 것으로 보았다. 뒤에서 보게 되겠지만 이 사전에는 앞서 출간된 두 권의 노한사전에서 발췌한 한국어와 자신이 직접 조사한 한국어가 수록되어 있다. King 교수는 이 사전의 한국어가 "육진방언의 변종으로서 귀중한 것들"이라 하였으나 육진방언과 동북방언이 혼재되어 있고, 적게는 당시 문헌어와 중부방언도 일부 수록되어 있으며 한국어 전사가 매우 조잡하여 당시 연해주 한인의 한국어를 연구하기에는 그리 좋은 자료라 할 수는 없다. 이 사전은 총독부의 출판 승인을 받았고 또 총독부 인쇄소에서 인쇄된 점으로 미루어 하바롭스크 일대에 거주하는 한인들과의 소통 및 통치를 위해 편찬된 것으로 보인다.

1.4.2. 사전의 구조

대역사전의 편찬은 표제어의 선정 및 그 언어에 관한 제반 언어학적 정보를 대역 언어에 정확하게 반영하는 일이 중요하다. 어떤 어휘를 표제어로 삼을 것이며 그 표제어가 지닌 의미, 문법 정보(품사, 문형 정보 등), 발음 정보, 용례, 관련 또는 참고 어휘 등을 어떻게 어느 정도로 제공할 것인가 하는 점이 중요한 문제가 될 것이다.

사전의 거시구조를 이루는 표제어의 선정과 그 배열의 관점에서 이 사전을 살펴보기로 한다. 표제어는 사전 편찬의 목적이나 사용자의 수준에 따라서 다를 것인데 이 사전에는 그에 대한 언급이 없다. 이 사전은 하바롭스크에 거주하는 한인들을 대상으로 편찬된 것으로 보이고 또 편찬 기관이 총독부 參謀部인 점으로 미루어 통치 목적상 한인들과의 의사소통과 한인의 민족 정체성에 대한 이해를 돕고자 편찬된 것으로 생각된다. 또 대역사전은 외국어를 학습하고자 하는 이들을 위해 편찬되지만 이 사전은 러시아어를 학습하고자 하는 한인들을 위해서 편찬된 것이 아니고 오히려 러시아인들이 한국어와 한국 문화를 알기 위해 편찬한 것이 아닌가 하는 느낌을 준다. 이 점은 Putsillo의 『시편 노한사전』(1874)과 같다. 말하자면 학습 대상 언어(target language)가 러시아어가 아니라 한국어인 셈이다.

표제어에는 기초어휘가 많이 누락된 듯하며 상대적으로 저빈도 어휘가 꽤 보인다.[2] 그리고 Putsillo의 『노한사전』이 그렇듯이 한인의 민속 어휘가 다수 실려 있다. 이는 대부분 Nasekin(1895)의 한인에 관한 인류학적 조사 보고서에서 전재한 것인데 표제어가 단어가 아닌, 한국 민속에 대한 풀이말로 되어 있다. 이는 한인의 민족 정체성에 대한 정보를 러시아인들에게 제공하고자 하는 목적으로 사전이 편찬되었음을 암시하는 것이다. 러시아어 학습자(한인)를 위한 것이라면 이러한 유형의 표제어를 제시할 필요는 없다. 따라서 표제어 선정과 그 배열에 어떠한 원칙이

2 당시의 어휘 사용 빈도를 말하기는 어렵다. 단지 현대적 관점에서 느낌을 말한 것이다.

있었던 것은 아니었던 듯하다. 사전 편찬자들이 언어학을 전공한 이들이 아닌 정부의 관료나 지식인들이었기 때문에 그러한 면이 크게 고려되지 않았던 것으로 보인다. 요컨대, 이 사전은 사전이 아닌 대역어휘집(Glossary)일 뿐이다. 표제어는 아래와 같이 빈도가 높거나 기초어휘에 속하는 것들이 아니다. 어떠한 표제어가 어떻게 제시되어 있는지 아래 (1)을 보기로 한다.

(1)a. Sěst'(=앉다): anta.
Sěst' na mel'(=坐礁하다): Puttotta(=붙엇다-배가 암초에 붙었다?).
b. Bystro běgushchaya loshad'(=빨리 달리는 말): tsaj-ma(=재마).
c. Pervoe oktyabrya, Prazdnik" v chestj Shyansami, ospovatelya, po ubězhdeniyu korejjtsev" xlěbnashestva(=10월 1일은 한인들의 신앙에 따라 농업을 주관하는 샹삼이를 경배하는 명절): shyansami(=샹삼이[3]).
d. Sup" iz" govyadiny(=쇠고기): Xuayu-txaj(황육탕이)
Sup" iz" kuritsy: Keyuktaj(계육탕이)
Sup" iz" svinny: Teyuktaj(뎨육탕이)

(1a)는 동사 'Sěst''와 그 동사로 시작하는 관용구를 각각 표제어로 내세운 예, (1b)는 기초어휘라 할 수 있는 'Bystro'는 표제어에 없고 'Bystro'로 시작하는 풀이말을 표제항으로 삼은 예를 보인 것이다. 대역어 '재마'에 대응하는 러시아어 'rysak', 'skakun' 등을 표제어로 내세우

3 '샹삼이(→샹산이)'는 '시월샹산(<十月香山)'을 말한다. 학술적으로 '香山祭'라 하는데 '香山祭'의 '香山'을 '샹삼이'라 한 것이다. Nasekin(1895)에서 비롯된 오류가 수정됨이 없이 그대로 전재되었다.

지 않고 그 풀이말을 표제항에 제시하였다. (1c)에서 보듯 한국의 민속은 풀이말을 표제항으로 삼고 그 뒤에 해당 민속 어휘를 두는 특이한 형식을 취하고 있다. (1d)는 육탕(肉湯, 고깃국)의 하위어 '황육탕(黃肉湯, 소고깃국)', '계육탕(鷄肉湯, 닭고깃국)', '데육탕(猪肉湯, 돼지고깃국)'을 표제어 'Sup(=국)'에 한데 모아 표제어로 제시한 것인데 Putsillo의 『노한사전』(1874)을 그대로 답습한 것이다. 관용구나 풀이말을 표제항에 둔 것이나 하위어를 한데 모아 제시한 것을 보면 표제어의 선정에 엄격한 어떤 원칙이 있었던 것 같지는 않다. 사전에는 서문이나 발문이 없어 편찬 목적, 동기, 과정 그리고 참고문헌이나 제보자에 관한 정보를 알 수 없다.

사전에 수록된 한국어는 Ross King(1991: 215)에서 밝힌 바와 같이 Putsillo(1874), Starchevskij(1890) 및 Nasekin(1895)에서 전재한 것이거나 또는 그 자료를 참고하여 자신이 조사한 것이다. Putsillo(1874)의 『노한사전』의 표제어와 그 대역 한국어를 이 사전의 그것과 대조해 보면 Putsillo의 사전에서 그대로 전재한 예도 더러 있지만 대부분 조금씩 차이를 보인다. 즉, Putsillo(1874)의 러시아어 표제어에 딸린 대역 한국어 단어가 여럿 제시되어 있을 때 Tajshin"은 그 일부를 삭제하기도 하고 새로 추가하기도 하였다. 또 전재한 단어의 키릴 전사가 조금씩 다른 경우도 있다. 이는 편자가 Putsillo 사전의 내용을 그대로 전재하기보다는 그 사전을 참고하여 한국어를 조사하면서 대역 한국어 어휘를 수정 보완하였음을 뜻하는 것이다.

사전에 수록된 한국어와 그 전사를 보면 편자 Tajshin"은 언어학 및 한국어에 대한 지식이 많지 않았던 것으로 보인다. Tajshin"이 직접 조사한 것으로 판단되는 항목은 한국어 대역에 미흡한 점들이 많다.

(2) Appetit"(=식욕): tsal'mogusukuma(잘 먹었습구마. =잘 먹었습니다).

Alchnyj(=탐욕스러운, 굶주린): palimogerå, polichapso(빨리먹어라, 뽈리쟙소).

Tyur'ma(=감옥): Putrodaga ka'dunda(붙들어다가 가둔다).

Borodach"(=텁석부리): Suemi¬chòso(수염이 좋소).

Isprazhneniye(=배설, 대변): tu¬pat¬so(두¬우¬밧¬소, =뒤를 보았소).

Valezhnik"(=바람에 쓰러진 나무, 떨어진 나뭇가지, 잔가지): soppi(섶이¬땔나무).

(2)의 예처럼 표제어와 그 대역 한국어의 대응은 생뚱맞은 데가 있다. '식욕'과 '잘 먹었습니다', '굶주린'과 '빨리먹어라, 뽈리쟙소', '텁석부리'와 '수염이 좋다' 등은 서로 전후 인과 관계로 관련을 맺을 수 있기는 하나 뜻풀이가 온당하다고 할 수는 없다. 또 러시아어의 표제어가 지닌 의미는 물론이거니와 품사 정보, 활용 정보, 발음 정보(표제어에 부가하는 러시아어 악센트 표지) 등 각종 미시 정보가 반영되지 않았다.

1.4.3. 대역 한국어의 수집

1.4.3.1. Putsillo(1874)의 『노한사전』의 자료

한국어 어휘의 많은 부분을 Putsillo의 『노한사전』에서 전재하거나 그 사전을 참고하여 조사 수집하였다.

(3) ㄱ. Pad"(=고랑): (타) koran¬i, korsi. (푸) koraŋ¬i, korsi…고랑이, 골시.

Keta(=연어): (타) nyənè(нeнэ). (푸) nyənè(нёнэ)…녀네.

ㄴ. Prud"(=못[淵]): (타) m'ogi. (푸) mógi…모기.

(4) Klevetat'(=쪼다): (타) stsonɨta. (푸) stsónɨnda, stsosso…쫏는다, 쫏소.

(3ㄱ)은 Tajshin"과 Putsillo의 사전 기술 내용이 같다. Tajshin"이 Putsillo의 사전에서 전재한 것이다. 그럼에도 불구하고 두 사전의 한국어 전사가 다른 까닭은 Putsillo의 전사문자에 부가되어 있는 보조부호를 Tajshin"이 삭제하였기 때문이다. 즉, н̧ → н, ё̈ → e.

(3ㄴ)은 Putsillo 사전의 오류까지도 그대로 전재한 예다. 악센트 표지도 그대로 반영해 놓았다([’] → [‘]).[4]

(4)는 Tajshin"과 Putsillo의 사전에서, ‘쪼-[琢]’의 방언형 ‘쫏-’을 전사 수록한 내용을 함께 보인 것이다. Tajshin"의 ‘stsonɨta(=쏘느다)’와 오른편 Putsillo의 전사를 대조해 보면, 두 사전 모두 된소리 ‘ㅉ’을 ‘sts(ㅆ)’로 전사하였고 -nn-을 -n-으로 잘못 전사하였다. Tajshin"이 Putsillo 사전의 오류까지도 그대로 전재한 것이다. 그러나 Putsillo는 시제 어미 ‘-는-’을 ‘-nɨn-’으로 표기하였지만 Tajshin"은 ‘-nɨ-’(-느-)로 표기해 차이를 보인다. 그 밖에 Putsillo는 [’]로서 악센트를 표시하고자 하였으나 Tajshin" 사전에서는 거의 보이지 않는다. Tajshin"은 Putsillo 사전을 그대로 전재한 것이 아니고 참고하여 나름대로 수정한 것이다. 두 사전의 관계를 아래 예를 통해 좀 더 미시적으로 들여다보자.

(5)ㄱ. Pesok"(=모래): (타) morge, marɛ[sic.], mo-saj.

(푸) morgae, morae…몰ᄀᆡ, 모ᄅᆡ.

ㄴ. Polden'(=정오) : (타) irtyung(=日中), natsi(=낮-이), tsem-sim" (=졈심).

(푸) 나지.

4 Putsillo는 악센트가 놓이는 음절 모음 상단에 [’]를 부가하였지만 Tajshin"은 모음 뒤에 [‘]를 두었다. Tajshin"은 Putsillo의 이 악센트 표지를 모두 자신의 사전에 반영하지는 않았다.

Serdtse(=심장, 애정, 감정, 마음속, 중심): Kasɨmi, maami, sim", tyung-ani(=듕앙이), chuani(=쥬앙이-중앙이). (푸) 념통이, 념퉁이.

ㄷ. Shutk(=농담): (타) nondami, tsak-nan"-u-tsyaj(=농담이, 작난 우재) (푸), (스) noŋdami…농담이

ㄹ. Pole(=들): (타) patse(=밫-에), pattsi(밫-이),[5] pori(벌), stɨri(뜰), turui(두루이), tɨri(들).

(푸) 밧티, 쁠이, 들이, 두루이.

(5ㄱ)을 보면, 두 사전은 전사도 다르고 또 Tajshin"의 사전에는 Putsillo 사전에 없는 'mo-saj(=모-새)'가 추가되었다. (5ㄴ)에는 'irtyung'과 'tsem-sim"'이 추가되었다. Putsillo의 사전과 달리 Tajshin"의 사전은 방언형들을 폭넓게 수록하고자 하였다. 그리고 Putsillo의 사전이 주로 주의미만을 수록한 데 반해 Tajshin"의 사전은 주의미와 부차적 의미까지 조사하여 제시하고자 하였다. 즉, 표제어 'Serdtse'에 대해 Tajshin"의 사전에서는 주의미인 '心臟' 외에 여러 부차적 의미를 다양하게 제시하고 있다. (5ㄷ)은 앞서 간행된 Putsillo와 Starchevskij의 사전에서 '농담이'라 한 것에 "tsak-nan"-u-tsyaj(작난 우재)"를 추가하였다. '농담'의 연해주 한국어 방언은 '우재'였기 때문이다. (5ㄹ)에서는 Putsillo의 '들-이'가 삭제되고 '벌'이 추가되었다. '들[野]'의 함경도 방언은 '뜰', '두루', '벌'이다. 따라서 함경도 방언이 아닌 '들-이'가 삭제된 것이다. 이처럼

5 동북 및 육진방언의 '밭'은 주로 [田]이 아닌 [野]의 뜻으로 쓰인다(곽충구: 2007a/2019a). '논[畓]'은 '논밭', '베밭'이라 하고 '숲'은 '나무밭'이라 한다. 한편 Tajshin"의 사전에 실린 '밭'은 종성이 'ㅊ'으로 전사되어 있다. 이는 "밭-이 → [바치]"(구개음화) 이후 교체 계열의 단일화(leveling)에 의거 처격조사 앞에서도 'ㅊ'으로 교체된 것이다. 이는 육진 및 동북방언이 아닌 남부 또는 중부방언에서 볼 수 있는 현상이다. 이미 18세기에 이런 예들이 종종 목격된다(곽충구: 1980).

Tajshin"은 Putsillo의 사전을 참고하되 그보다 폭넓게 변종 또는 의미를 조사하고 그것을 사전에 반영하였다.

아래 (6)은 Putsillo 사전의 오류를 Tajshin"이 바로잡은 예다.

(6) ㄱ. Paluba(=갑판): (타) pɛnnori. (푸) 션판지, 빈너리(=뱃널+-이)
　ㄴ. Poxorony(=장례): (타) santsygi(=상츽이).
　　　(푸) siŋsa[sic.], saŋtsxɨgi…싱ᄉᆞ, 상츽이.
　ㄷ. Lovushka(=덫): (타) tetxi(덭-덫), tsakki(차끼-창애).
　　　(푸) ts^xikki…칙기[sic.]
　Rěsheto(=어레미): (타) Ol'gontsɛ. (푸) olgotsxae-얼거치[sic.].
　ㄹ. Nenast'ye(=악천후, 비가 많음): (타) nimu(=님우(霖雨)).
　　　(푸) tsɨnsae…증싀[sic.].

(6ㄱ)에서는, Putsillo의 '션판지'가 Tajshin"에서는 삭제되었다. '션판지'는 본디 『朝鮮偉國字彙』에 실려 있는 것을 Putsillo가 그의 사전에 전재한 것인데, Tajshin"은 이 '션판지'가 연해주 한국어에서 쓰이지 않는 말임을 확인하고 자신의 사전에 수록하지 않은 것이다.

(6ㄴ)은 Putsillo의 "siŋsa[sic.] … 싱ᄉᆞ"가 오류임을 확인하고 역시 그의 사전에 싣지 않았다. '싱ᄉᆞ'는 '상ᄉᆞ'의 오류다. 함북 지방에서는 '喪事'를 '상츽'이라 한다. 이런 예들은 Tajshin"이 Putsillo와 Starchevskij의 사전을 참고하면서 현지 조사를 행하였음을 암시하는 것이다.

(6ㄷ)에서는, Putsillo가 잘못 전사한 "tsxikki…치끼"를 '차끼(=창애)'로 바로잡고 '덭'(=덫)을 추가하였다. 'Rěsheto'(=어레미)에서도 Putsillo 사전에서 잘못 전사한 '얼거치'를 '얼겅채'로 바로잡았다.

(6ㄹ) 역시 Putsillo의 전사 오류를 삭제하고 러시아어 표제어(Nenast'ye)의 의미에 좀 더 근접한 nimu(=님우(霖雨))를 제시하였다.[6] 이렇게

Tajshin"은 Putsillo의 사전을 참고하여 사전을 편찬하면서 Putsillo 사전의 오류를 바로잡기도 하였다.

지금까지 본 바와 같이 Tajshin"의 사전은 Putsillo의 사전을 참고한 흔적이 역력하다. 그런데 Tajshin"의 사전에는 Putsillo의 사전에서 볼 수 없는 많은 러시아어 표제어가 올라 있다. 이 가운데에는 자신이 직접 조사한 것도 있고 Starchevskij(1890), Nasekin(1895)에서 전재한 것도 있다. 따라서 Tajshin"의 사전은 19세기 말 연해주 한인의 한국어 어휘를 좀 더 많이 그리고 깊이 들여다 볼 수 있게 해 준다.

두 사전의 한국어 어휘를 대조해 보면 위상적 차이를 보이는 경우도 있다.

(7) Kitaets"(=중국인): (타) Chxen-in". (푸) toenomi, oraŋkxae…되노미, 오랑키.

Kitaj(=중국): (타) Chxen-kuk". (푸) 듕국이, 듕워니, 듸국이.

(7)은 표제어 '중국' 및 '중국인'의 대역 한국어를 보인 것이다. Tajshin" 사전은 그 당시 중국의 國號를 써서 'Chxen-kuk"(=청국)'이라 하고 중국인을 'Chxen-in"(=청인)'이라 하였지만 Putsillo 사전은 당시 언중들이 일상적으로 쓰는 어휘를 제시하였다. 지금도 중국 조선족 노인들은 '중국인'을 '돼놈(-늠)', '되놈(-늠)', '대국놈(—늠)'이라 한다.

6 Putsillo의 대역 한국어 '즌새'는 '는개'의 방언이다. 따라서 표제어의 의미와 맞지 않는다.

1.4.3.2. Starchevskij(1890)을 참고하여 수집한 한국어 자료

(8)ㄱ. Starchevskij(1890: 567): Braslet" - *hmocю*(=htosyu, 토슈).

ㄴ. Tajshin"(1898: 2): Braslet" - Г'тосю(=htosyu, 토슈).

(9)ㄱ. Starchevskij(1890: 532): Zavtra - Meŋil', rail', igil'.

ㄴ. Tajshin"(1898: 10): Zavtra - Igil', Meŋil', Men-ir', Rasil'.

(8~9)에서 보인 Starchevskij(1890)의 대역 한국어와 Tajshin"(1898)의 한국어를 대조해 보면 Tajshin"은 분명 Starchevskij(1890)을 참고하였음이 드러난다. 그러나 전사가 달라지고 또 한국어가 추가되기도 하였다. 즉, (8ㄱ)과 (8ㄴ)을 대조해 보면 한국어 유기음 'ㅌ'을 Starchevskij는 [*hm*](=ht)로 전사하였지만 Tajshin"은 [Г'т](=g't)로 전사하였다. 즉, 유기성의 징표 'h'를 'г''로 바꾼 것이다.[7] 지금처럼 유기성의 징표를 무기음의 뒤에 두지 않고(t^h, k^h, …) 무기음(*m*, т)의 앞에 내세운 것($^h t$, $^h k$, …)은 두 사전이 같다. 또 (9ㄱ)과 (9ㄴ)을 대조해 보면 전사문자도 달라졌지만 내용도 다르다. 즉, Tajshin"(1898)에 'Men-ir'(=명일)'이 추가되고 'rail'(=래일)'이 'Rasil'(=래실)'로 바뀌었다. 요컨대, Tajshin"은 Starchevskij(1890)의 한국어를 그대로 옮겨놓은 것이 아니고 그것을 참고하여 조사한 다음 그 조사 내용을 자신의 사전에 반영한 것이다.

1.4.3.3. Nasekin(1895)의 조사 자료

(10)ㄱ. Pribor" dlya sěyaniya(=파종을 위한 도구): tube(두베).

ㄴ. Pervoe oktyabrya, Prazdnik" v chest' Shyansami, ospovatelya, po

7 г'(또는 г')는 영문자로 g'이다. g'는 [g]의 마찰음 [x] 또는 후두음 [h]를 나타낸다. 예: г'уацини(huatsini, 화친), г'э(hɛ, 해=태양).

ubězhdeniyu korejjtsev" xlěbnashestva(=10월 1일은 한인들의 신앙에 따라 농업을 주관하는 샹삼이를 敬拜하는 명절): shyansami(=샹삼이).

ㄷ. Kukurzua, bělaya, s" kruniymi zerami: Xyn-shu-ki(=흰슈끼).

(10)은 Putsillo 사전에서 볼 수 없는 한인의 民俗 어휘다. 대응 러시아어가 없어 러시아어 풀이를 표제항에 두고 그 뒤에 그 한국어 단어를 제시하였다.[8] 이는 Nasekin(1895)에 수록된 한국어 민속 어휘와 그에 대한 설명을 Tajshin"이 자신의 사전에 옮겨 놓은 것이다.

(10ㄱ)의 표제어는 '파종을 위한 도구', 그 대역 한국어는 '두베(드베)'이다. '두베'는 북부 지방(함경 · 평안)에서 볼 수 있는 파종 기구로 조, 피, 수수 등을 뿌릴 때 쓴다. 씨앗을 박통에 넣고 두드리면 씨가 대롱을 통해 통 밖으로 나가 땅바닥에 떨어진다. 손잡이, 씨앗을 담는 박통, 씨가 흘러나가는 긴 대, 씨가 땅바닥에 고루 떨어지도록 쑥 따위로 엮어 붙인 다부지의 네 부분으로 되어 있다(곽충구: 2019a). 대응 러시아어가 없어 '두베'의 '뜻풀이'를 러시아어로 번역하여 표제어로 삼은 것이다.

(10ㄴ)은 함경도의 민속 '香山祭'를 제시한 것이다. 함북 육진방언에서는 '시월샹산'이라 한다. 이는 檀君이 강림한 시월 초하루(또는 초승)에 낟가리 등에 떡을 해 놓고 하늘에 감사를 드리는 제례 의식이다. Nasekin(1895)에는 '샹산'이 '샹삼'으로 잘못 수록되었는데 Tajshin"이 그 오류를 수정하지 않고 그대로 전재한 것이다. 역시 대응 러시아어가 없으니 '시월샹산'의 뜻풀이를 러시아어로 번역하여 표제어로 삼았다.

(10ㄷ)은 알이 흰 옥수수를 말한 것이다. 육진방언권에서는 '옥수수'를

8 Ⅱ부 1.1.4.1에서 본 바와 같이 Putsillo의 『노한사전』(1874)에서는 "신라, 고려, 기생 ⋯."과 같은 어휘를 표제어로 삼고 각주를 이용하여 뜻풀이를 하였다.

‘슈우/슈끼’라 한다.

1.4.3.4. 한국어 자료의 정확성

Tajshin"은 앞서 나온 노한사전류에서 한국어를 전재하거나 또는 자신이 직접 조사하여 대역어휘집을 엮었다. Putsillo의 사전도 그렇지만 이 사전도 당시로서는 사전 편찬에 참조할 만한 한국어 서적이 드물었고 또 성문화된 한국어 규범도 달리 없었던 데다가 변이가 많은 방언을 조사하여 대역 어휘집을 엮은 까닭에 이 Tajshin"의 사전은 정확성이 많이 떨어진다. 여기서는 그러한 문제를 간단히 짚어보기로 한다.

(11) ㄱ. Zapad"(=서쪽): Puk-tsak"(북짝), sěi(셔이), tong"(동)
cf. 셔이, 셔편이(푸187)
ㄴ. Kovsh"(=국자, 주걱): kugi, mir-paj-tsi, pagwatsi.
ㄷ. Ikry nog", Goleni(=종아리): Xotuièri(허튀에리), Sënmuj(셩무이), tsongari(종아리).
ㄹ. Gospodin"(=남자-경칭): Kang"(?), neng-kam"(녕감), sainguènnim"(생원님), sěpang"(셔방), tsyu(?).
ㅁ. Děd"(=할아버지): kxynabè(크나배), xanabani(하나바니), tsobui(조뷔)

어느 사전이나 오류는 있게 마련이지만 이 사전은 오류가 꽤 많은데 유형별로 보기로 한다.

(11ㄱ)은 표제어 ‘서(西)’에 ‘북쪽’, ‘동(東)’이 들어 있다.

(11ㄴ)은 전사 오류의 하나다. ‘kugi’는 ‘器具’를 뜻하는 말. ‘mir-paj-tsi’는 ‘mur-paj-tsi(물배:지)’, ‘pagwatsi’는 ‘pagatsi’의 잘못이다.

(11ㄷ)의 '허뒤'는 '장딴지'의 방언이고 '셩무이(<셩문+-이)'는 '정강이'의 방언이므로 표제어와는 거리가 있다. 지시 영역의 명확한 구분과 그에 대한 명칭이 적절하다고 보기 어렵다.

(11ㄹ)은 남자에 대한 경칭 어휘로 '녕감', '생원님', '셔방'은 화자와 청자 사이의 사회적 관계에 대한 언급이 없다. "Kang", tsyu"는 미상이다.[9]

(11ㅁ)은 지칭어인지 호칭어인지 그에 대한 언급이 없다.

이 사전을 연구 자료로 이용할 때에는 위와 같은 점에 유의해야 한다.

1.4.4. 대역 한국어의 방언적 성격

앞서 본 노한사전에 수록된 한국어는 남부 연해주(연추, 지신허, 아지미, 블라디보스토크 등)에 거주하는 한인들의 한국어다. 그러나 이 Tajshin"의 사전에 실린 한국어는 대체로 하바롭스크주[10]에 거주하는 한인들의 한국어다.

초기 이주 한인은 주로 러시아 국경과 가까운 두만강 인근에서 살던 주민이고 또 그들은 그들의 고향과 가까운 러시아 경내의 남우수리에 정착하였다. 그러나 남우수리 일대에 한인이 밀집하게 되면서 그 뒤에 이주한 한인은 자의 또는 러시아 당국의 정책에 의해 점차 북쪽으로 이주하였다. 그리고 함북 외 지역의 한인들의 이주가 점차 증가하게 되었다.

---

9 'Kang"'은 '공(公)', 'tsyu'는 '쥬(主), 쥬인(主人)'일 것으로 생각된다.

10 하바롭스크 변경주(Хабáровский край)는 러시아의 극동 연방 관구에 속한다. 중심지는 하바롭스크. 면적은 788,600km². 북쪽으로는 마가단주, 서쪽으로는 사하 공화국과 아무르주, 남쪽으로는 중국과 프리모르스키 변경주, 동쪽으로는 오호츠크해에 접해 있다.

이들 가운데에는 함남이나 중부 지방 출신들도 있었을 것이다. 이들은 초기 이주민들과 달리 연해주의 북부, 멀리는 하바롭스크주로 이주한 것이다.

이 사전에 수록된 한국어는 대체로 동북방언과 육진방언이다. 그러나 앞서 본 노한사전의 한국어와는 다른 특징을 보인다. 예컨대 아래 (12ㄱ)에서 보듯 주격조사 '-가'가 등장하는데 이는 중부방언과 남부방언의 특징이다. 평안, 함북 지방의 노년층 화자는 '-가'를 쓰지 않는다. (12ㄴ)의 '성:(姓)>승:'의 고모음화는 중부방언의 전형적인 특징이다.[11] (12ㄷ)의 '강아지', '사다'도 함경도 방언은 아니다. 함경도 방언은 '개애지', '싸다'이다. (12ㄹ)의 선어말어미 '-갓-'('-겠-')은 평안도와 황해도에서 쓰인다.

(12) ㄱ. Ya(=나[我]): Na, nai, naika. (푸) 나(725).

ㄴ. 스이-머요(Sɨi-moë(성이 뭐요?))

ㄷ. 강아지(shchenok"=개, 늑대, 여우 등의 새끼), 사다[買]

ㄹ. Cherpat'(=물을 퍼내다): Pxugatso(푸갓소). (푸) 물깃소, 무루깃소.

한편 19세기 말 방언 화자의 출신 지역을 잘 보여 줄 수 있는 음운 특징은 ㄷ구개음화이다. 앞서 본 예문 (5ㄷ)을 다시 보인다.

(5ㄷ) Pole(들, 밭): patse(빛-에), pattsi(빛-이), pori(벌) …. (푸) 밧티, ….

Vozdělyvat' Pole: Patchal kal'ta(빛-알(밭-을) 갈다)

(5ㄷ) '밭'의 교체 어간에 '빛'이 나타나는데 이는 '밭-이'의 ㄷ구개음화형 [바치]의 교체 어간 이형태 '빛'이 그 교체 범위를 처격으로까지 확

11 'ㅓ:>ㅡ:' 지역은 황해도의 남부와 전북을 아우르는 중부 지역이다. 이를 명시적으로 보여 주는 지도가 곽충구(1997: 5)의 "[지도 가] 'ㅓ>ㅡ' 지역('더:럽다>드:럽다')"이다.

대한 것이다. 이는 서북방언에서는 볼 수 없고 중부방언, 남부방언에서 볼 수 있는 특징이다.

(13) ㄱ. Karandash"(연필): Puchi(븣-이[부지](<붇[筆]-이))

ㄴ. Kak"(-같이, -처럼, 어찌): Kachi(-같이), otti(어찌), chèrèm"(-처럼)

위 (13ㄱ)은 붇[筆]-이 → [부지]의 예를 보여 주는데 이처럼 굴절 환경에서 이루어지는 ㄷ구개음화는 함남 중남부 이남 지역에서나 볼 수 있다.[12] (13ㄴ)의 같이>[가치]와 같은 파생어의 구개음화도 역시 비육진방언의 특징이다. 'cherem'은 '텨럼'의 구개음화형인데 중부방언형이다. 이처럼 구개음화 현상을 통해 이 사전에 수록된 한국어 어휘의 방언적 성격을 알 수 있다.

형태소 내부에서도 구개음화를 겪은 어휘가 보인다. 예: patsi(바지), 좋소(좋소). 이러한 형태소 내부의 구개음화는 비육진방언의 특징이다.

구개음화는 형태소 내부 위치에서 시작되어 점차 형태소 경계 위치로 그 적용 범위를 확대해 나간다. 이 단계에서 더 나아가 교체 이형태가 확장된 것이 (3)의 예이다. '빛'은 동화주 /i/ 앞은 물론 그 밖의 조사(대격, 처격) 앞에서도 출현하는데 이는 교체 이형태의 단일화에 말미암은 것이다. 이는 앞서 말한 바와 같이 중부, 서남방언의 특징이다.

또 ěktek" nom"(역뎍놈: 逆賊놈, 3), Surtibi(술집이, 4), Surundáedi(수룽대에디<수룽대애지, 2. 거세한 수퇘지), 술긔-딤(수레의 짐, 4), 곱디(←곱지, 고뻬, 4), 슈여디(31)[슈여지, 슈예자(水鞋子)(푸561)]와 같은 ㄷ구개음화에 대한 과도교정형이 다수 출현한다.[13] 이는 ㄷ구개음화가 완료된

12 '밭-이'의 ㄷ구개음화와 교체 어간의 단일화는 곽충구(2001a, 2019c) 등을 참고할 것.

소수의 이주민이 아직 ㄷ구개음화를 모르는 다수의 육진방언 화자를 닮아가려는 심리적 동인에서 비롯된 현상이다. 그러므로 이 같은 과도교정형의 출현은 여러 방언권 화자들이 한 언어공동체에 모여 살고 있었음을 말해 준다. 부연하면, Ⅱ부(1.2)에서 본 『시편 노한소사전』(1904) Ⅱ부(3.1)에서 보게 될 『노한회화』는 ㄷ구개음화를 보여 주지 않는다. 당시 육진방언에는 ㄷ구개음화 현상이 없었던 것이다. 그럼에도 불구하고 이 사전에 ㄷ구개음화 예들이 출현하는 것은 이 사전의 한국어에는 비육진 방언이 수록되어 있음을 뜻하는 것이다. 또한 앞서 언급한 바와 같이 ㄷ구개음화가 형태소 경계에서 발생하고 또 그것이 처격조사 앞에서도 나타나는 단일화(leveling) 현상은 육진방언이나 동북방언에서는 볼 수 없다.[14] 중부방언의 특징인 것이다. 과도교정형은 이러한 이질적인 방언 화자들의 집단에서 나타난 것이다. 이러한 점들과 앞서 언급한 주격조사 '-가' 및 선어말어미 '-갓-'의 출현 등에 근거하면 19세기 말 하바롭스크에는 함북 출신인이 주류를 이루었고 그 밖에 중부방언 화자나 서북방언 화자가 뒤섞여 있었다고 할 수 있다. Tajshin"이 조사한 하바롭스크 지역의 한인 사회는 육진방언 화자>동북방언 화자>비함경도 방언(서북, 중부 등) 화자의 순으로 구성되어 있었을 것이다. 그들의 언어가 이 사전에 반영되어 있는 것이다.

---

13 '입슈어리'(입술, 푸125)를 '닙슈얼'(타7)이라 한 과도교정의 예도 보인다. Samets"(수컷): Syuket"(슈것), syunom"(슈놈)(타30)도 과도교정의 예다. cf. 숙케, 숙거시(Putsillo: 559쪽).

14 이러한 현상에 대한 문헌자료의 예는 곽충구(1980), 북한 방언의 예는 곽충구(2019c)를 참고할 것. 그밖에 전반적인 논의는 김수영(2021)을 참고.

1.4.5. 한국어의 전사

한국어 전사는 일음일자(一音一字)가 아닌 일음다자(一音多字)로 되어 있다. 즉, 하나의 한국어 음성을 하나의 키릴문자로 전사한 것이 아니라 복수의 키릴문자로 전사한 것이다. 때문에 한국어의 정확한 음성을 포착하기가 쉽지 않다. 이렇게 한국어 전사가 혼란스럽게 된 데에는 몇 가지 원인이 있다. 하나는 전사법이 다른 여러 문헌의 한국어를 전재한 때문이다. Putsillo(1874), Starchevskij(1890), Nasekin(1895)에서 전재한 것 외에 Tajshin" 자신이 전사한 것이 뒤섞여 있다. 아래 (14)를 보자.

(14) Xolst"(=베[布]): poe, pè[=pɛ], sampoi

'poe'는 Putsillo(1874)에서 전재한 것이다. Putsillo는 한국어 'ㅚ'를 'oe'로 전사하였다. 'pè'는 실제 발화음을 전사한 것이며, 'sampoi'는 '삼뵈'를 전사한 것인데 이는 발화음이 아니라 한글 자모 'ㅚ'를 'ㅗ+ㅣ'로 나누고 그것을 그대로 키릴문자로 전사한 것이다. 음성전사(transcription)가 아니고 '문자 : 문자'의 문자전사(transliteration)인 셈이다. 후자는 아마도 한인이 한글 자모로 쓴 것을 Tajshin"이 키릴문자로 바꾸어 사전에 실었을 가능성이 높다. 'ㅔ, ㅐ, ㅟ'도 'ㅚ'처럼 전사한 예들이 종종 보이는데 이는 앞 1.3.2에서 본 바와 같이 Starchevskij(1890)의 주된 전사 방법이다.

한국어 전사를 모음과 자음으로 나누어 보기로 한다.

1.4.5.1. 모음

1) 단모음

기술의 편의를 고려하여 Putsillo(1874)와 Starchevskij(1890)의 전사문자를 함께 제시한다.

모음	ㅣ	ㅔ	ㅐ	ㅡ	ㅓ	ㅏ	ㅜ	ㅗ
Tajshin"	и	э, е	э, е, ай аи	ы	о, э (а)	а (о)	у	о
Starchevskij	и	э, еи эи	ае, а, аи э, е	ы (э)	э, о, е	а	у	о
Putsillo	и	э	ае	ы	ō	а	у	о

Putsillo의 전사는 一音一字의 정연한 체계를 보여 주지만 Tajshin"의 그것은 그렇지 못하다. Tajshin"은 Putsillo(1874)와 Starchevskij(1890)의 사전에 실려 있는 한국어 자료를 전재하였기 때문에 두 사전의 서로 다른 전사문자가 Tajshin"의 사전에 반영되어 있다. 그리고 Starchevskij (1890)처럼 러시아어에 없는 한국어 모음의 전사가 일관성이 없다.[15] Tajshin"의 위 전사문자로는 'ㅔ'와 'ㅐ'의 변별이 어렵다. 그런데 아래와 같이 'ㅐ'를 종종 'ай[aj]' 또는 'аи[ai]'로 전사하였다.

(15) Son-ts[aj](손자), Xan-t[aj](한때), saj, sè(새-乾草), Murtszi-g[ej]kun"(물지게꾼), Kaont[ai](가운데), M[ai](매[鷹]).

위 전사를 신뢰한다면 'ай[aj=ay]', 'аи[ai]'로 전사된 한국어 'ㅐ'는 單母音化하지 않고 이중모음으로 잔존한 것이 된다. 그러나 위 예들이 이중

15 'ы'는 한국어 [ɨ]와 이중모음 [ɨy] 두 음성을 전사하였다.

모음으로 잔존하게 된 언어 내적 요인들은 발견되지 않는다.16 또한 Tajshin"의 사전보다 먼저 간행된 Putsillo의 사전이나 비슷한 시기에 간행된 카잔의 한국어 문헌에서 'ㅐ'는 단모음 ε일 뿐이다. 따라서 (15)와 같은 전사는 Starchevskij(1890)의 전사문자 체계의 영향이다. Tajshin"이 이중모음 'ㅖ', 'ㅒ'를 'ѣи'(ㅕ+ㅣ), 'яи'(ㅑ+ㅣ)로 전사한 것도 역시 그 영향이다. 1.3.2에서 밝힌 바와 같이 Starchevskij는 'ㅔ, ㅐ, ㅖ, ㅒ'를 'ㅣ' 相合字로 이해하고 그에 따라 키릴문자화했던 것이다. 'ай[aj]' 또는 'аи[ai]'의 'й', 'и'는 바로 'ㅣ' 相合字의 'ㅣ'에 해당한다. 이에 의하면 Tajshin"은 부분적으로 문자전사(transliteration)를 한 셈이다. Putsillo와 Tajshin"의 사전에서 된소리가 'st(=ㅼ), sp(=ㅽ), sk(=ㅺ) …'로 전사된 것도 문자전사이다.

한편 'ㅓ'는 'o', 'э[=è]'로 전사하였는데 대부분 'o'로 전사함으로써 'ㅗ'(o)와의 변별이 어렵다. Tajshin"은 그 자신이 전사문자에 보조부호를 사용하지 않았고 또 Putsillo의 사전에서 전재할 때에도 보조부호를 생략했기 때문에 한국어 모음 전사가 불투명하게 된 것이다. 예컨대, Putsillo는 중위 후설모음 'ㅓ', 'ㅗ'를 'ō'와 'o'로써 전사하였다. 그런데 Tajshin"은 전재시 부호 [-]를 제거함으로써 결국 두 모음 'ō'와 'o'를 같은 문자로 전사한 꼴이 되어 버린 것이다. 때론 'ㅓ'를 'ㅓ'보다 전설에서 조음되는 'э[=è]'로써 전사하기도 하였다. 이 점 Starchevskij(1890)과 같다. 예: p[è]mu-katsugi(범의 가죽), k[è]nda, k[è]o(건다, 거오), sapang-[è]gani(사

16 충청, 황해, 평안도 방언에는 'ㅔ', 'ㅐ'가 이중모음 'əy', 'ay'로 실현되는 예가 있다. 이들은 河野六郎(1951), 이숭녕(1954)에서 지적한 바와 같이 중세국어 시기에 상성의 성조를 지녔던 것들이다. 상성이 음장으로 전환된 후 음장이 단모음화를 저지하였던 것이다. 그러나 이 사전에서 'aj, ai'로 전사된 예들은 그러한 비분절적 자질과는 무관하다.

방 어간이). 그리고 드물게 'ㅓ'를 'a'로 전사하였다. 예: chanuori(정월). 'ㅏ'는 때로 'o'로 전사하기도 하였다. 예: hotsikhata(하직하다). 이는 키릴문자 a와 o의 필기체가 비슷하여 생긴 오류로 보인다.

2) 이중모음

이중모음 전사는 單母音보다 더 복잡하다. 예는 아래와 같다.

	ㅑ	ㅕ	ㅛ	ㅠ	ㆌ	ㅖ	ㅒ
Tajshin"	я	ѣ, е, ё	ѣ, ё е	ю	юи	ѣи ѣ, Е	яи
Putsillo	я	ё̄	ё	ю	юи	ѣ	яи

	ㅟ	ㅚ	ㅢ	ㅘ	ㅝ	ㅞ	ㅙ
Tajshin"	уи уй	ои ой	ы ыи	ва, оа уа	ва	yoè	ваи
Putsillo	уи	ое	ый	уа	уō	уое	уае

이중모음 역시 Putsillo는 전사가 정연하지만 Tajshin"은 그렇지 못하다. 'ㅕ'의 전사가 가장 혼란스럽다. 'ㅕ'를 전사한 문자를 보면, Putsillo(1874)의 전사문자 'ё̄'의 보조부호를 생략한 'е' 및 'ё', 그리고 Starchevskij(1890)에서 쓰인 'ѣ(=ě)'가 있다. 앞서 간행된 두 사전에서 전재하다 보니 생긴 일이다. 'ㅛ'를 전사한 문자들도 'ㅕ'의 경우와 다르지 않다. Putsillo(1874), Starchevskij(1890)과 비교하면 w-계 이중모음의 전사에서 [w]를 'в(=w)'로 전사하였다는 점이 새롭다. 'у(=u)'와 자질이 다른 과도음 'в(=w)'를 인식한 소치다.

아래에 예를 몇 보인다.

ㅕ(e[17], ѣ, ё=/yə/): yə(ѣ)nhwa(영화), tyə(ѣ)guri(뎌구리=딱따구리), kyə(e)ndɨita(=견듸다), pxo-txyə(e)ng"(=포텽-경찰서), pё(벼)

ㅒ(яи=yai=/yɛ/): pyə(ѣ)ngs[yai]ri(병섀리-병(甁)), hɛg[yai]puri(히개부리-해바라기)

ㅖ(ѣ, ѣй=yey=/ye/): s[yey]syang"(셰샹), s[ye]tsa(셰자), s[yei]suhata(셰수하다), [ye]ntsi(옌지-연지(燕脂)

ㅘ(ва=va, ya=ua=/wa/): kwang-chaui(광차위-삽). hoal(=활), huan-du(황두-상여), hual'sari(활살-화살), hwar-chok(활촉)

ㅙ(ваи=wai=/wɛ/): Tswai'-u(좨우-조이오)

ㅛ(ё, e[18], ѣ=/yo/): am-syo(ё)(=암쇼-암소), tyo(ё)-shyən"(=됴션(朝鮮)), Tyo(ѣ)tsyo(ѣ)ni(됴총이(鳥銃)), Syo(e)ngsahata(숑사(訟事)하다), tsyo(ѣ)-ari(죵아리-종아리)

ㅝ(ва=va=wa, yo=uo=/wə/): Siwa(ва)ri(=시월), syuuo(yo)ni(수원(數員))

ㅞ(yoɔ=uoè=/we/): kuoe(궤)

ㅟ(уй=uy, уи=ui=/uy/): kamaguy, kamakui(까마귀), akkuy(악귀), kuisi-ni(귀신)

ㆌ(юи=yui=/yuy/): tsyuixao(쥐ᄒᆞ오-취하다(取一), tangsyui(탕쉬-탕수)

ㅢ(ы=/ɨy/): burómmàtiy(무룺마듸-무릎)

17 Putsillo가 'ё̄[=ㅕ]'로 전사한 것을 Tajshin"이 이를 전재하면서 보조부호 [¨]를 삭제하여 'e'가 된 것이다.

18 Putsillo가 'ё[=ㅛ]'로 전사한 것을 Tajshin"이 이를 전재하면서 보조부호 [¨]를 삭제하여 'e'가 된 것이다. 때문에 Tajshin"의 사전에서 'e'는 'ㅕ', 'ㅛ' 등 여러 음을 나타낸다. 'ㅛ'는 'ѣ'로 전사하기도 하였는데 이는 'ㅛ'와 'ㅕ'의 식별이 잘 안 되었기 때문일 것이다.

3) 자음

	ㄱ		ㄲ	ㅋ	ㅇ	ㄷ		ㄸ	ㅌ	ㄴ	ㄹ	ㅂ			ㅃ	ㅍ	ㅁ
음성	k	g	k'	k^h	ŋ	t	d	t'	t^h	n	l, r	p	b	β	p	p^h	m
Tajshin"	к	к, г	к	к, кх г'к	нг, н н	т	т, д	т	т, тх г'т	н	р, л ль	п	п, б	v, f[19]	п	п, пх г'п	м
Putsillo	к	г	ск	кх	ң	т	д	ст тт	тх	н	р, л, ль	п	б		сп	пх	м

	ㅅ				ㅆ	ㅈ				ㅉ		ㅊ		ㅎ	
음성	s	ʃ	z	ʒ	s'	ʦ	ʧ	ʣ	ʤ	ʦ'	ʧ'	$ʦ^h$	$ʧ^h$	h	ɦ
Tajshin"	с	ш	з	ж	с сс	ц цз	ц,ч чж	ц дз	ц,ч дж	ц	ч	ц, цх г'ц	ч,чх чг',г'ч	г'	г'
Putsillo	с	ш	з	ж	сс	ц	ц/ч	ц	ц	сц		цх	цх	х	х

한국어 자음의 전사도 꽤 혼란스럽다. 때론 한국어의 평음, 된소리, 유기음이 하나의 키릴문자로 전사되기도 하였다. 유기음은 유기성의 징표 'х' 또는 'г''를 평음의 뒤 또는 평음의 앞에 부가하여 전사하였다. 'х'는 Putsillo(1874), 'г''는 Starchevskij(1890)에서 쓰인 전사문자이다. 반대로 한국어에서 비변별적인 유성장애음이 Putsillo(1874)에서는 유성음으로 전사되었으나 이 사전에서는 대체로 무성음으로 전사되었다. 종종 유성음으로 전사한 예를 볼 수 있는데 이는 대개 Putsillo 사전에서 전재한 것이다. 이 점 Starchevskij(1890)와 같다.

이 사전의 한국어 전사는 Matveev(1900)의 노한사전과 거의 같다. 이 사전에서 볼 수 있는 전사의 粗雜性과 不透明性은 러시아정교선교회에서 간행한 일련의 한국어 문헌에 와서 해소된다. 카잔에서는 언어학의 토대

---

19 [f]의 예가 하나 있다. 중국어의 영향으로 보인다. 예: mafu(馬夫).

위에서 연해주 한인의 한국어는 물론이거니와 프랑스외방선교회에서 간행한 『한불ᄌᆞ뎐』과 『한어문전』의 한국어를 치밀하게 관찰 · 분석하여 한국어 음성을 기술하고 그에 맞는 전사문자를 마련한 까닭에 한국어에 대한 精密轉寫가 가능하게 되었다.

이 Tajshin"의 전사문자에는 특이한 것들이 있다. 하나는 후두마찰음 'ㅎ'을 전사한 г'[=g']이다.[20] 한국어의 'ㅎ'이 연구개에서 조음되는 г[=g]와 그 조음위치가 가깝다고 판단한 듯하다. 'ㅎ'은 후행하는 모음이 'ㅡ'일 때 연구개무성마찰음 [x]로 조음된다. г[=g] 옆에 부가한 [']가 어떤 음성 자질을 지시하는 것인지는 밝혀져 있지 않으나 [유기성]의 징표로 사용한 듯하다. г'[=g'] 자체가 유기성의 징표로 사용되기도 하였다. 예컨대 'ㅋ'은 г'k[=g'k] 또는 kг'[=kg']로 전사하였다.

특이하게도 순음에는 마찰음 [f], [β]가 보인다.

> Vozhaki bykov"(황소를 끄는 이): mafu(=마부)(타4)
> Shelkovichnyj chervj(누에): nuvoj pèrgi(=누베 벌기), nɨpe(=느베)(타39)
> cf. Gněv(노여움): novɨmi(=노븜이)(노여움. Starchevskij 542쪽)

위 [v]는 순경음 [β]를 전사한 문자로 보인다. 이 음은 위에서 보인 바와 같이 Starchevskij(1890)에서도 한 예가 보인다.

한편 'ㅇ[ŋ]'은 'н' 또는 'нг'로 전사하였는데 Starchevskij(1890)과 같다. 'н(=n)'로 전사한 것은 러시아어에서는 [n]과 [ŋ]은 비변별적인 /n/의 변이음이기 때문이다. 러시아어의 자음체계를 좇은 것이다. 또 'нг

20 사전 2쪽의 각주에서, "Bukva Γ s" znakom" ' proiznositsya za sredneye mezhdu X i Γ.(['']가 붙어 있는 문자 Γ(=Γ')는 X와 Γ 音의 중간음으로 발음된다.)"라 하였다. 연구개무성마찰음(=[x])과 연구개유성파열음(=[Γ=g])의 중간에서 조음된다고 하였으므로 'x'보다는 협착이 강한 마찰음일 것이다.

=(=ng)’로 전사한 것은 러시아어에서 /n/의 조건 변이음인 [ŋ]의 실체와 그 조음위치를 파악했기 때문일 것이다.

유음 표기는 불투명하다. 자음이나 휴지 앞의 ‘ㄹ’이 종종 키릴문자 ‘p[=r]’로 전사되었다. 그러나 러시아에서 간행된 이 시기의 다른 한국어 문헌과 달리 대부분 ‘л[=l], ль[=l']’로 전사되었다. 추측컨대 중부방언권 화자의 조음 특성이 반영된 것이 아닌지 모르겠다.

그리고 다른 문헌들처럼 어두 위치의 [m]과 [n]을 각각 [b]와 [d]로 전사한 동시조음 표기도 보이나 그 예가 많지는 않다. 예: m>b. Begi(먹-잉크), Bóri(머리-머리털), Burómmàtɨy(무롭마듸-슬개골)

4) 기타(ъ, ь)

Tajshin"은 [n], [ŋ]을 변별하기 위해 혹간 ‘ъ(=["])’를 썼다. 그리고 구개자질을 지시하기 위하여 ‘ь(=['])’를 썼다. 예: Chyun'(즁-사제, 목사).

5) 악센트 전사

이 사전의 한국어에는 악센트 표지로 보이는 [’], [‘]와 [′]가 있다. 후자는 모음 상단에 위치하고 전자는 모음 앞에 위치한다. 아래 예를 보자.

(16) ㄱ. Prud"(=못[淵]): (타) m‘ogi[sic.], (푸) mȯgi…모기[sic.].

ㄴ. Pul's"(=맥(脈)): (타) m‘ɛgi, (푸) må̲egi…믹이.

(17) ㄱ. Komod"(=장롱): tsángoi[sic.]. (현재: HL)

ㄴ. Kosyaki u dveri(=문설주): Mun-kóri(=문골). (현재: LL)

ㄷ. Kotyel"(=솥): kamá. (현재: LH)

ㄹ. Pozěvota(=하품): hápe‘mi. (현재: LH)

ㅁ. Osinovyya drov(=장작): tsámnámusázoni(=참나무사선이). (현재: LH)

ㅂ. Podoshva(=발바닥): pál'patági, pál'patè'gi. (현재: LLH)

(18) Kiset"(=주머니): Tsu'mmóni, tsumóni. (푸) tsumōni…주머니.

(16)은 Tajshin"과 Putsillo의 사전을 대조한 예다. Putsillo 사전에서 모음 위에 놓인 [']가 Tajshin"의 사전에서는 [']로 바뀌어 모음 앞에 놓였다. Tajshin"은 Putsillo의 전사를 그대로 전재한 것이다. (16ㄱ,ㄴ)의 '못', '맥'은 동북 및 육진방언에서 고조를 지닌 명사이다. 중세국어 단계에서는 거성이다. 따라서 두 사전에서 볼 수 있는 기호 [']와 [']는 고조를 나타내는 악센트 표지로 추측된다.

(17)은 모음 위에 [ʹ]를 부가한 예들을 몇 보인 것이다. 이 [ʹ]를 악센트 외의 다른 표지로 생각하기는 어렵다. 이 가운데 현재의 동북방언의 고조와 일치하는 것은 (16ㄱ)과 (16ㄷ) 뿐이다. Tajshin"이 악센트가 놓이는 위치를 정확하게 포착하지 못한 것이다.

(18)은 Putsillo 사전에 실려 있는 'tsumōni'의 보조부호 [¯]를 Tajshin"이 악센트 표지로 착각하고 ó로 전사해 놓은 예다.

(16~18)에서 본 바와 같이 Tajshin"은 연해주 한국어의 악센트를 사전에 반영하고자 한 듯하나 전사가 전면적으로 이루어지지는 않았고 정확하지도 않다.

1.4.6. 대역 한국어의 특징

1.4.6.1. 음운

1) 음운체계

앞서 본 바와 같이 전사가 불투명하여 모음체계와 자음체계를 기술하기 어렵다. 앞 장에서 본 그것과 같을 것으로 생각된다.

2) 주요 음운 현상

① 'ᆞ'의 변화

어두 위치에서는 'ㆍ>ㅏ', 비어두 위치에서는 'ㆍ>ㅡ'로 변화하였다. 이 변화는 거의 예의를 허용하지 않는다. 중부방언에서 위 변화의 예외가 되는 'ᄒᆞᆰ'은 '괘할기'(진ᄒᆞᆰ), '고을[郡]'은 '가울'(<ᄀᆞ옳)로 나타나 'ㆍ>ㅏ'의 변화를 겪었음을 알 수 있다. 순자음 아래의 'ㆍ'도 '발써'(<ᄇᆞᆯ써, 벌써), '바리다(<ᄇᆞ리다, 버리다)'가 보여 주듯 'ㆍ>ㅏ' 변화가 우세하다.

한편 순자음 뒤에서는 일부 어휘가 'ㆍ>ㅗ' 원순모음화를 겪었다. 이러한 변화를 겪은 어휘는 육진방언권의 북부 지역어이다(아래 '원순모음화'를 참고할 것).

비어두 위치에서는 '사름[人]<사ᄅᆞᆷ', '바름[風]<ᄇᆞᄅᆞᆷ'처럼 'ㆍ>ㅡ'가 예외 없이 이루어졌다.

② 구개음화

ㄷ구개음화, ㄱ-구개음화, ㅎ-구개음화 예가 모두 보이는데 개신형과 보수형이 공존한다. 이 공존은 규칙이 어휘에 따라 점진적으로 확산된 결과라고 하기보다는 육진방언과 비육진방언이 뒤섞인 결과로 해석하는 것이 타당하다. 예를 보이면 아래와 같다.

가) ㄷ구개음화

앞 1.4.4에서 본 바와 같이, ㄷ구개음화는 보수적인 모습도 보이지만 그에 못지않게 형태소 내부는 물론이거니와 형태소 경계에서도 왕성하게 이루어졌다. 이는 한 방언권 내에서의 변이가 아니고 동북방언, 육진방언, 중부방언 등 다양한 방언 화자들이 뒤섞여 살았기 때문에 나타난

결과이다.

여기서 특히 주목할 것은 예 (5)에서 본 바와 같이 [바치](밭-이), [바체](밭-에), [바찰](밭-을)과 같이 '밭'이 '빛'으로 재구조화된 예이다. 이는 ㄷ구개음화에 이어 교체 이형태의 단일화(leveling)가 이루어진 것이다. 곽충구(2001a)에서 언급한 바와 같이 ㄷ구개음화는 형태소 내부에서 시작되어 형태소 경계(굴절)로 확산되고 이어 교체 이형태의 단일화가 이루어진다. 이에 의하면 19세기 말 하바롭스크에는 중부방언권이나 남부방언권 출신 한인들도 있었다고 할 수 있다.

나) ㅎ-구개음화

Vyvěska(=현판): Seng-pan"(셩판<현판)). cf. (프) xënp^{x}ani(현판이)

Vozzhi(=고삐): koptschi[sic.], sek(셕<혁), kopti.

Neurozhaj(=흉년): syungsě(<흉셰). cf. (프) 겸셰[21], 흉셰, 슝셰.

Sila(=힘[力]): himi, simi. cf. (프) 심이, 힘이

Zhily(=힘줄): 시묵이, 심쥴이, 심대(simtɛ)(타10). cf. (프) 심쮸리, 시무기, 힘쥬리

Schet"(=계산): syemi(셈<혬), syeomi(셰옴이<혜옴). cf. (프) 셰미, 셰어미, 셰엄이

Goleni(=종아리): Syəŋmuj(<형문-이)

God neurozhaynyj(=흉년): Syungnyəni(슝년)

Yazyk"(=혀): 혀, 헤, 세, 세-띄. cf. (프) 셰, 셋뒤, 혜

위에서 보듯 ㅎ-구개음화 예가 많다. 19세기 말 동북방언과 육진방

21 겸세(歉歲)는 농작물이 예년에 비하여 잘되지 아니하여 굶주리게 된 해. 수해(水害), 한해(旱害), 한해(寒害), 풍해(風害), 충해(蟲害) 따위가 그 원인이다. 비슷한 말로 '황세(荒歲), 흉년(凶年), 흉세(凶歲)'가 있다(<우리말샘>).

언에서는 ㅎ-구개음화가 상당히 진전된 상태였던 것이다(곽충구: 1991/1994).

다) ㄱ-구개음화

Dlina(=길이, 키, 높이): 질이(tsiri)(타)(타8)

Ozhidat'(=기다리다): 지다렷다(타21)

Doroga(=길[路]): 질이(타8)

Vnushat'(=경계하다): 경계하다(타19)

③ tyV>tV, syV>sV, nyV>yV

'-tyV-'는 ㄷ구개음화를 겪을 수 있는 음절이다. ㄷ구개음화를 겪지 않은 보수형이 개신형에 비해 많다. '-tyV > -tV-'의 예로 'tanguj'(=당귀 <댱귀, 장구)(타3), 둥사램이(tung-sarɛmi)(타38) 등이 보인다. 육진방언권의 북부에 위치한 회령, 종성, 온성 등에서 이 현상이 나타나니 그 지역 출신인들의 발화일 것이다. syV>sV, nyV>yV도 소수의 예가 보인다.

④ 전설모음화(스>시, 즈>지, 츠>치)의 변화는 없음.

⑤ ᄋᆞ>오 원순모음화

이 음운 현상은 주로 육진 지역의 북부(회령, 종성, 온성)과 함남 북부 지역(혜산, 삼수, 갑산 등)에서 볼 수 있다. 어휘에 따라 분포 지역이 현저히 다른데 가장 넓은 지역에 분포하는 어사는 '볿-[踏]'이다. 그러나 Putsillo(1874: 193)와 Tajshin''(1890: 11)의 사전에는 '밟-'만이 보인다. 아래 (19)와 같은 몇 예가 보인다. 이들 예는 함남의 압록강 연안 지역보다는 육진의 북부 지역 방언 화자들로부터 채록한 것으로 추정된다.[22]

(19) 뽈리(poli<샐리, 빨리), 보람poram(<ᄇᆞ룸, 바람), 모르다morita(<ᄆᆞᄅᆞ다[乾], 마르다), 몰mol(<ᄆᆞᆯ, 말[馬])

⑥ 움라우트

ㅏ → ㅐ: 새끼[仔](타28), 재애비(<제+아비, 아버지, 타22), 소내기(우레, 타7), 뱀-이(밤[夜], 타20)

ㅓ → ㅔ: 녜편(<녀편네, 여편네, 타10), 뎨기(<뎌기, 제기, 타19), 졔비(<져비, 제비, 타16), 가애기(검댕, 타30)

ㅡ → ㅣ: 가심-이(가슴-이, 타7), 얼임-이(얼음-이, 타16), 이림-이 머요?(이름-이, 타12)

ㅜ → ㅟ>ㅣ: (없음)

ㅗ → ㅚ>ㅔ: 발멕-이(발목이, 타16)

위와 같이 후설모음의 전설화를 볼 수 있다. 형태소 내부일 때 그리고 피동화주가 비원순모음일 때 생산적이다. 'ㅡ → ㅣ'는 형태소 경계에서도 왕성하게 이루어지고 있다. 이는 비육진방언의 특징이다. 피동화주가 후설원순모음일 때는 상대적으로 예가 적다. 자료상의 제약이라기보다는 그 환경에서 움라우트가 잘 이루어지지 않아서인 듯하다. 그리고 동화주 앞에 놓이는 개재자음은 변자음이다. 그러나 '뭇톄리(<무텰이[水鐵], =처란)'와 같이 'ㄹ'인 예도 보인다.

⑦ 어간말 자음의 변화

가) ㆆ>ㅇ: 육진방언에 '나랗[國]>나랑'. '바닿[海]>바당', '놓[繩]>농'

22 'ㆍ>ㅗ'의 변화는 앞에서 언급한 '-tyV > -tV-' 지역(육진방언권의 북부)에서 강하게 나타난다.

등이 보이나(곽충구: 2015b), Tajshin"의 사전에서는 각각 '나라이, 나라히', '바다이, 바다히', '노이'로 전사되어 있다. 다만 'Panui(방위<바회[巖])[23]' 한 예가 보인다.

나) ㄷ>ㅅ: 어간말 자음 'ㄷ>ㅅ'의 변화는 보이지 않는다. 뜯-이[意], 갇-이[笠], 놛-이[鑰]. 몯-이[釘].

다) ㅍ>ㅂ: '딮'이 '디비'로 전사된 예가 하나 있다. 현대의 동북 및 육진방언에서도 이러한 변화는 발견되지 않으므로 이는 다소 의심쩍은 예이다.

⑧ 유음 탈락

다양한 활용형을 볼 수 없으므로 유음 탈락의 기제를 정확히 말하기는 어렵다. 다만, 종결어미 '-다' 앞에서는 'ㄹ'이 필수적으로 탈락하므로 치조음(ㄷ, ㅌ, ㅅ, ㅈ, ㅊ, ㄴ) 앞에서는 'ㄹ'이 탈락하였다고 할 수 있다.

⑨ 한자음 ⇒Ⅲ부(권 2, 1.1.4)를 참고.

아래에 특이 한자음의 예를 보인다.

실(日): 일모자(日母字) '日'의 字音이 '실'이다. 예: rasil'(래실(來日), 타10), myəngsiri(명실(名日), 타11).

셕(食): 직운자(職韻字) '食'의 字音이 '셕'이다. 예: koksegi(곡셕이(穀食), seki(셕기(食器), 타27).[24]

---

23 [한국방언검색시스템]에는 '바위'의 방언 '방위'가 함북 경성, 경원, 무산에 분포한다고 하였으나 저자는 조사하지 못하였다.

24 이에 대해서는 곽충구(2018a: 18-24)를 참고할 것.

텝(楪): tetěbi(대텝이~대접(大楪), 타34/38). cf. 딕텝이(푸637).

상(生): tsɨmsang"(즘상~짐승, 타11)에서 보듯 '生'의 字音이 '상'이다. '즘승', '즘생'이 함께 실려 있다.

갼(間): sur~kyan"(술갼~창고, 타4)에서 보듯 '間'의 字音이 'kyan'이다.

눙(農): '農'의 字音이 눙'이다. 예: Nĕngmagi(눙막이, 타37/38). cf. 눙식(푸197).

쟉(昨): '昨'의 字音이 '쟉'이다. 예: tsyakse[sic.](쟉셕, 昨夕, 타5). cf. 쟈셕(tsyaksyəx, 昨夕, 푸79), 쟉일이(tsyagiri, 昨日, 푸79).[25]

'權勢(Vlast')'의 字音이 'Kuansi(관시)', 'kuansĕ(관셰)'로 되어 있다. 전자는 현대중국어 [Quánshì]이다. 중국어로부터 직접 차용한 것이다. 'kuansĕ'는 첫 음절은 중국어, 두 번째 음절은 한국 한자음이다. 민족 간의 접촉에 의하여 두 언어의 字音이 혼효된 것이다. Putsillo의 『노한사전』에는 '권셰'로 되어 있다.

망(盲): '盲'의 字音이 '망'이다. 예: Monini[sic.](망인이, 타32). cf. 망인이(푸589)

엔(人): '人'의 字音이 '엔'이다. '愚人'이 '우예니'로 나타난다. Putsillo 사전에서는 '우예니, 웨이니'. 현대의 함경 방언에서는 '웬:이'라 한다. 우엔(愚人)+-이>웬:이.

25 저자의 육진방언 조사에서 원 함북 경흥 지역어 화자인 박남성 씨는 '작(昨, 作)'을 [쟉]으로 발음하였다.

1.4.6.2. 어휘

1) 대역의 유형

풀이항의 대역 한국어에는 보통 2~3개의 어휘가 제시되어 있다.

(20)ㄱ. Kak": Kachi, otti, chèrèm"

ㄴ. Kotoryj: nu, nui, nuika, nuka, nuku, èna(어나), ènygè(어느 게)

(20ㄱ)의 러시아어 표제어 'kak"'에는 '가치(같이)', '어띠(어찌)', '쳐럼(처럼)'의 세 한국어 대역어가 제시돼 있다. 이들 가운데 '가치(<가티)', '쳐럼(<텨럼)'은 ㄷ구개음화를 겪었고 '어띠'는 아직 겪지 않았다. 이처럼 육진방언과 비육진방언이 섞여 있다. 또 (20ㄴ)의 표제어 Kotoryj는 의문대명사, 관계대명사, 부정대명사로 쓰이는데 'nu'는 '누구'의 동북 및 육진방언형이다. nui, nui-ka, nu-ka는 그 주격형이다. 'nui'는 육진방언형이고 'nui-ka, nu-ka'는 함남 또는 중부방언형이다. 'nuku' 역시 함경도 방언이 아니다. 역시 여러 방언이 뒤섞여 있다.

아래 (21)처럼 음운론적 변이형들만을 제시한 예도 있다.

(21) Ambar"(=창고): Sarang-i, syaraj, syarang-i, sare

(21)은 표제어 Ambar"에 대역 한국어 단어 넷을 제시하고 있다. 'syarang-i'는 육진방언 주격형이고 'syaraj'는 그 발화음을 전사한 것으로 모음 사이의 'ng(=[ŋ])'가 약화 탈락하였다. 그리고 'sarang-i'는 동북방언이고 'sare[=sarɛ](<saray<saraŋi)'는 그 주격형이다. 즉, '곳간'의 육진방언형 '샤랑'과 동북방언형 '사랑(<샤랑)' 및 그 주격형의 변이형들을

제시한 것이다.[26]

이 사전은 다른 노한사전에 비해 오류가 많은 편이다. 풀이가 미흡하거나 석연치 않은 곳이 많고 또 전사의 오류도 적잖다. 아래 (22)는 그런 오류의 한 예를 보인 것이다.

(22) Luk''(=파, 양파): yəmʤi(=염지-부추). (푸) 파이.

표제어 'Luk''(=파, 양파)의 대역어를 '염지'(=부추)라 하였으니 분명한 오류이다.

아래 (23)은 표제어와 대역어가 서로 관련은 있으나 표제어에 대한 풀이라 할 수 없는 예들을 뽑아 보인 것이다.

(23) ㄱ. Nalozhnitsa(=첩(妾)): (타) sutěn-i(=수텽-이). (푸) 수쳥이, 수텽이.
ㄴ. Nadezhda(=희망, 포부): mitso(=믿-소).
ㄷ. Nasěkomoe(=곤충, 이[蝨]): pori(=벌[蜂]).
ㄹ. Luzha(=웅덩이, 괴어 있는 물): kantsyagi(=강쟈기[27]).
ㅁ. Lug''(=풀밭, 목초지): tsho-txeng(=초텽(草廳)[28]).
ㅂ. Naseleniye(=주민, 인구): tson-tyun'', tson''-tyn''(=촌듕, 촌둥(村中).

26 함경도에서는 '곳간' 또는 '광'이라 할 수 있는 공간을 '샤랑(>사랑)'이라 한다. '사랑방'의 '사랑'이 아니다. '샤랑'은 집의 본채와 분리되어 있다. 이 '샤랑'은 '두지칸'(벼나 옥수수와 같은 곡식을 보관하는 곳), '곳간'(장, 간장 따위를 담은 그릇을 보관하는 곳), 어간칸(잡살뱅이를 두는 곳), 허덕간(수레나 땔나무 따위를 보관) 따위로 공간을 나누기도 하는데 이를 통틀어 '샤랑'이라 한다(곽충구: 2019a).

27 『시편 노한소사전』에는 '강재애기'로 전사되어 있다. 현대 육진방언에서도 쓰인다. 이 말은 '강지(앙금, 침전물)'에 접미사 '-아기'가 결합된 파생어이다. 강지+-아기>강쟈기>강재기. '강지'는 Putsillo의 『노한사전, 127쪽』에 보인다.

28 짚이나 풀로 인 헛간. 현재 육진방언권에서는 '허텽', '헤텽'이라 한다(곽충구: 2019a).

ㅅ. Bezbozhinik"(=무신앙자, 무신론자): Opta(=없다).

(23ㄱ)은 첩(妾)을 수청(守廳)으로, (23ㄴ)은 '희망'을 동사 '믿다[信]'로, (23ㄷ)은 '곤충'을 '벌[蜂]'로 풀이하였다. 이들 표제어와 대역어는 일정한 의미 범주 내에서 서로 관련을 맺을 수는 있겠지만 뜻풀이로서는 부적절하다. (23ㄹ)의 '강쟈기'는 '빗물이 고여 만들어진 진흙탕이나 그 흙부스러기'를 이르는 말이어서 표제어의 의미와 관련은 있으나 역시 그 풀이가 적절하지 않다. (23ㅁ, ㅂ)도 역시 대응이 옳지 않다. (21ㅅ)은 적절한 대역어가 없어 '종교가 없다' 또는 '신앙이 없다'라 할 것을 '없다'라 하였다. 이는 편자의 한국어 능력과 한인 조력자의 러시아어 능력이 모두 깊지 않았음을 뜻하는 것이다.

아래 (25)는 어느 정도 풀이 형식을 갖추었지만 만족스럽지 못하다.

(25) Nezhenatyj(=남자 독신): èmene-opso(=어미네 없소-아낙이 없소).

홀로 사는 남성은 두 유형이 있다. 하나는 아내와 사별하거나 이혼하여 홀로 지내는 사람이고 다른 하나는 나이가 지긋하도록 결혼을 하지 못하고 혼자 사는 사람이다. 전자를 함경도 지방에서는 '호불애비', '하불애비'라 하고 후자를 '보토리'라 한다. '보토리'는 중국어 跑腿兒[pǎotuǐér]를 차용한 말이다. (25)는 후자에 해당하는데 이에 대한 적절한 대응 한국어가 없어 '어미네 없소'라 풀이한 것이다.

한편 이 사전은 한인들의 民俗을 아래 (26)과 같이 설명해 놓았다.

(26)ㄱ. Natsional'naya Korejskaya pricheska-shishka, obrazusmaya iz" soedinennyx" na temeni golovy volos"(=머리카락을 정수리에 모아서 만드

는 한인의 머리 모양): shya'ntu(=샹투-상투).

ㄴ. List" bumagi, na kotorom pishetsya rodstvennikami – chem byl dlya nix umershiy: otets, mat' t. n.(=친족이 쓴 종이-고인이 그들과 어떤 관계인지: 아버지, 어머니, 형 등.): kuyə(=e)ni(=구연이-几筵).

ㄷ. Pyatnadtsatoe avugusta, pominoveniye umershix"(8월 15일, 사자(死者)들에 대한 추선(追善)): ka-o, kau(가오, 가우=가위, =한가위), chusyəgi(츄셕이), chusyəni(츄션이).

ㄹ. Svetloye vos'moye chislo. Prazdnik vos'mogo chisla, chetvertogo mesyatsa (luny) ; v etot den' kupayut idolov – tsxo-pxa-i[sic.](초파일). (밝은 여덟 번째 숫자. 음력으로 넷째 달 초팔일의 명절. 이날 그들은 우상을 목욕시킨다.)

(26ㄱ)은 '상투', (26ㄴ)은 '궤연', (26ㄷ)은 '추석', (26ㄹ)은 '초파일'을 설명한 것이다. '우상을 목욕시킨다'고 한 것은 아기 부처님을 목욕시키며 진언(眞言)을 읊는 '관불(灌佛) 의식'을 말한 것이다. 편자는 러시아정교회 신자이므로 부처님을 우상이라 한 것이다.

Putsillo(1874)에도 이처럼 한민족의 역사 · 문화와 관련된 내용이 수록되어 있다는 사실을 앞서 본 바 있다. (26)은 표제항에 긴 풀이말이 있고 주석란에 그에 대한 단어가 제시되어 있다. 이러한 사전 형식은 노-한 대역사전에 어울리지 않는다. 그럼에도 불구하고 Putsillo와 Tajshin"의 두 사전에서 한인의 民俗을 수록한 것은 러시아인들에게 한인의 전통이나 관습 등에 관한 지식을 제공하기 위해서였을 것이다. 이로 보면, 이 사전은 연해주 한인보다는 러시아인을 염두에 두고 편찬된 것이라 할 수 있다. (26ㄴ)은 Nasekin(1895)에 동일한 내용이 수록되어 있으니 그것을 전재한 것이 분명하다. 민속 관련 어휘 외에 한국의 도량형, 지적(地積)에 관한 술어도 위와 같은 형식으로 제시하였다.

2) 인칭대명사

이 사전은 인칭대명사를 상세히 다루고 있다. 러시아어 인칭대명사의 각 格形을 표제어로 내세우고 그 대역 한국어를 다양하게 제시하고 있다. 때문에 19세기 말 연해주 한국어의 인칭대명사를 口語와 文語의 양면에서 볼 수 있다. 아래 (27)을 보자.

(27) ㄱ. 1인칭대명사(복수)

My: Adɨng-i, uri, urimuri, uritel', uritɨli. cf. (푸) 아등이, 니의무리.

Nam": Adɨng-i, urimuri, uritɨng-i

Nac": Adɨng-i, urimuri, uritɨng-i

Nash": Uri, urinɨn

문어와 구어가 망라되어 있다. '아등(我等)'은 문어이다. '우리무리'에서 '무리[群]'가 '-덜', '-들'과 함께 복수 표지로 쓰였다. '우리무리'가 실제로 쓰였는지는 확인하기 어렵다.

ㄴ. 2인칭대명사(단수)

Ty: kɨtai(=그대), ne(=너), nei(=네), neika(=네-가), tsanei(=자네)[29]

경어의 등급은 밝히지 않았으나 '그대'는 평대, '네'는 하대에 쓰였을 것이다. 주격조사 '-가'가 보인다. 이는 함남 방언이나 중앙어의 반영이다.[30]

---

29 nei(=네), tsanei(=자네)의 'ei=([e])'는 앞서 말한 바와 같이 한글 자모 'ㅔ'를 'ㅓ+ㅣ'로 분석하고 그 하나하나에 키릴문자를 대응시켜 표기한 것이다.

30 복수형도 제시되어 있으나 전사가 불투명하다.
Vy(=당신): Ne, nehɨi, nehɨimuri, nehɨitɨngi, nehyetil', tangzini, tang-ʃini.

ㄷ. 3인칭대명사

(단수) On", a:

kɨ(=그), kɨi(=그이), tye(=뎌), tĕj(=뎨=뎌+-이), tĕika(=뎨가=뎌-이가), teankani(=뎌 안깐이-저 여자), tèsarami(=뎌 사람이), tsye(=졔?제?), tsei(=제=저+-이), tseka(=저-이가), tsogɨj(=저긔).

cf. 저의, 뎌사람이, 저긔(푸381)

(복수) Oni, ĕ(=ѣ):

kɨni(=그니), kɨri(=그리), tĕmuri(=뎌무리-저무리), tĕtɨl'(=뎌들), tyetɨngi(=뎌등(-等)이), tyetel'(=뎌덜), tsehɨi(=저희), tsehɨitɨl'(=저희들).

3인칭대명사로 '그'(주격형은 '그이'), '뎌'(주격형은 '뎨(뎌+-이)', '뎨가') 및 ㄷ구개음화를 겪은 '져'(주격형은 '졔(져+-이)')를 제시하고 있다. 그 밖에 여성(*she*)은 '뎌안깐이'(=저+아낙네), 남성(*he*)은 '뎌사람이'라 하였다. ⇒Ⅲ부(권 2, 1.3.1)를 참고.

3인칭대명사 복수형에서, 'kɨni'는 '그이'의 경기도 방언 '그니'와 관련이 있을 듯하다. '그리'는 방향 부사로 보인다. 복수 표지로 '-무리', '-들', '-등(等)', '-희', '-희+-들'이 쓰이고 있다.

3) 신문물, 신사조 등에 대한 명칭

신문물 또는 신사상, 신사조를 접하면서 그에 대한 개념어를 생성하는 방식은 크게 세 가지가 있다.

Vam": Noidɨngi, noɨimuri, neti, Tangzini, Tangʃinkě.

Vas": nèiril'.

Vasha": kɨtae.

첫째, 차용하고자 하는 외국어를, 그것과 개념 또는 형태, 용도, 기능 면에서 유사한 자국어 어휘로 대체하는 방식.

둘째, 외국어를 번역하여 차용하는 방식.

셋째, 외국어를 직접 차용하는 방식.

방언 간의 접촉에서도 이 같은 방식이 적용될 것이다. Tajshin"의 사전에서 유형별로 그 예를 들어 본다.

① Chasy(=시계): sisoy(시쇠). '시계'를 개화기에는 '時票, 時鐶' 등으로 의역하여 소개하기도 하였다(강신항, 2004: 47).[31] 그러나 그 후 일본어 '時計'를 차용하여 지금까지 쓰고 있다. 그런데 이 사전에서는 'sisoy'(시쇠)라 하였다. 이는 '시(時)+쇠[鐵]'의 어구성이니, '때를 나타내는 금속 물건'이라는 뜻이다. '자물쇠, 열쇠, 부쇠(부시), 다리쇠, 굽쇠 …'의 '쇠'에 유추된 것이다. 2년 뒤에 간행된 『노한소사전』(1904: 84)에서는 'šiswɛ(시쇄<시쇠sisoy)'라 하였다.

② Chemodan(=트렁크): pinong-i, ɨjrong". cf. (平) 가족농이, 피농이. '트렁크'를, Putsillo의 『노한사전』에서는 '가족농', '피농'이라 하였고 이 사전에서는 '피농(皮籠)', '의롱(衣籠)'이라 하였다. 이는 의역 차용이라 할 수 있는 예이나 이미 국어에 존재하는 단어들이다. '피롱(皮籠)'은 '짐승의 가죽으로 만든 큰 함'(<우리말샘>)이다. 본시 이전의 '농'은 옷이나 물건을 보관하기 위해 '버들채나 싸리채 따위로 함같이 만들어 종이로 바른 상자'를 뜻하는 말이었으니 '농'과 '트렁크'는 그 기능이 같다. 다만, 재질과 형태가 약간 다를 뿐이니

31 <우리말샘>에는 '시표(時表)', '시푯줄'(시곗줄의 북한어)가 등재되어 있다.

'트렁크'를 '피농' 또는 '가족농'으로 명명할 수 있다. '의롱(衣籠)' 역시 '옷을 넣어 두는 물건'이라는 점에서 트렁크와 기능이 같다. 다만, 피농(가족농)과 의롱은 트렁크와 용도에서 차이가 있다. 즉, [移動]이라는 자질에서 차이를 보인다. 이처럼 트렁크와 '피농' 및 '의롱'은 '의류를 담아서 나르는 기구'라는 의미소성에서 차이를 보이기 때문에 러시아어 '체모단'을 직접 차용하여 쓰게 되었다. 지금도 육진방언권 노년층의 일부는 이 말을 쓴다(미승우: 1987, 곽충구: 2019a). 이후 일제강점기에 들어서서 일본어 '도랑꼬(トランク← trunk)'가 차용되어 '체모단'과의 유의경쟁에서 승리하여 지금까지 널리 쓰이고 있다. 정치적인 배경 하에서 러시아어와 일본어가 경쟁을 벌이다가 '도랑꼬'가 세력을 얻게 된 것이다.

③ Chernila(=잉크): Begi(멕이<먹[墨]+-이)). 한국어의 어두 'ㅁ[m]'이 [b]로 전사되었다. '잉크'를 '먹'이라 한 것은 '먹'과 '잉크'가 재질은 다르지만 '액체', '찍어서 글씨를 쓰는 재료' 등 형태와 기능이 같기 때문이다. 다만 그 구체적인 사용 방법에서는 양자가 일치한다고 할 수는 없는데, 이러한 사소한 차이점은 의미론적 대조에서 捨象이 된다. 그리고 '먹물'이라 하지 않은 것은 '먹'이 '먹물[墨水]'을 함의하기 때문이다. 그러나 지금은 일제강점기에 차용된 일본어 'インキ'(←ink)가 쓰인다. '잉크'가 들어온 뒤에도 '먹(물)'을 계속 사용했기 때문에 양자의 변별을 위해 '잉끼'가 차용되었을 것이다. 물론 이는 20세기 들어서서 내지의 개화기 신어가 연해주에 널리 보급될 때 차용되었을 것이다.

④ Shkola(=학교): Sědani(셔당이). '학교'와 '셔당'은 교육 기관이라는 점에서 즉, '선생 : 학생', '가르치다 : 배우다'라는 자질 면에서 동일하기 때문에 '셔당'이라 한 것이다. 『철자 교과서』에서도 '학교'를

'서당'이라 하였다.

⑤ Karandash"(=연필): Puchi(붗이[부지]<붇-이). 형태는 달라도 기능이 같아 '연필'을 '붗-이'라 한 것이다. 그러나 붗은 먹물이 있어야 하지만 연필은 그렇지 않다. 형태가 다르기 때문에 이후 러시아어를 직접 차용하여 흔히 '가란다시'라는 말을 쓴다. 지금도 함경도, 중국 조선족(함경도 방언 화자), 중앙아시아 고려인 노년층에서는 이 말을 쓴다. 小倉進平(1927), 미승우(1987), 곽충구(2019a)에도 이 차용어가 보인다. 『노한소사전』(1904: 54, 87)에 '목필'이 보이나 차용어 '가란다시'에 밀려 널리 쓰이지 않은 듯하다.

⑥ Karman"(=호주머니): tsumani, tsumeni(주머니). 한인의 전통 복식에는 서양 복식에서 볼 수 있는 '호주머니'가 없다. '주마니'(또는 '주머니[32]')와 '호주머니'는 형태가 전혀 다르지만 물건을 담아 일시 보관한다는 점에서 그 기능 또는 용도가 같다. 때문에 Karman"을 '주머니'라 한 것이다. 그러나 옷에 달린 '호주머니'와 괴춤에 차는 '주머니'는 형태가 다르기 때문에 결국 러시아어를 직접 차용하여 쓰게 되었다. 그리하여 '거르만', '거르마이'라 하는 차용어가 지금도 함경도, 중국 조선족, 중앙아시아 고려인 사회에서 쓰인다.[33]

지금까지 본 바와 같이 이 사전이 간행될 무렵까지는 신문물에 대해서 러시아어를 차용해 쓰는 대신 모국어를 썼다. 그러다가 점차 러시아어를 차용하여 쓰게 되었고 20세기에 들어서서 일제강점기에

32 자잘한 물건을 담아서 허리춤에 차고 다니는 물건. 아가리에 끈을 꿰서 그 끈으로 여닫는다.

33 러시아어 차용어로서 토착어처럼 함경도에 뿌리를 내리고 쓰이는 말로 '비지깨(←Spichka)'가 있다. 이 사전에는 "Spichka: 불켜라(타33)"라 하였지만, 3년 뒤에 간행된 『초급 교과서』(1901)에는 '비디깨'가 보이고, 6년 후 간행된 『시편 노한소사전』(1904)에 '비지깨"가 실려 있다.

는 일본어의 영향으로 일본어가 차용되어 쓰이기도 하였다. 이러한 사실을 표로 보이면 아래와 같다.

표준어	러시아어	19세기	20세기 이후	현대
호주머니	Karman	주마니, 주머니	거르마니	거르마니(이)
트렁크	Chemodan	피농, 의롱	체모단	체모단(러)> 도랑꼬(일)
	trunk(영어)	×	도랑꼬(일)	
잉크	Chernila	먹[墨]-이	잉끼(일)	잉끼
연필	Karandash"	붓[筆]-이	가란다시 목필	가란다시, 목필>연필
학교	Shkola	셔당(書堂)	학교	학교
시계	Chasy	시쇠(時-)	시표, 시계(일)	시계

러시아어 차용어 '거르마니', '체모단', '가란다시'는 지금도 함경도, 중앙아시아, 중국 조선족 사회에서 쓰이고 있지만 '거르마니'를 제외하고는 사용 빈도가 낮다. '잉크'와 '학교'는 러시아어를 차용해서 쓰지 않고 고유어 '먹', '셔당'으로 대체하여 쓰다가 일본어에서 차용한 '잉끼<잉크', '학교'로 바뀌었다.

⑦ Věk"(=世紀): Pak-xaj(백해(百-)). 지금은 인구어의 영향으로 100년을 한 단위로 나타내는 '세기'라는 단어가 쓰이지만 19세기만 해도 국어에는 그러한 단어가 없었다. 때문에 이를 번역차용하여 '백해(百-)'라 하였다.

⑧ General" gubernator"(=총독): Keng-sing"(경승<정승). 총독을 '경승(←政丞)'이라 하였다. '경승'은 '정승'의 과도교정형.

⑨ Adymiral"(=해군 대장): Påkwåndye[34](배관대<배+관당(官長)+-이). '배'를 관리 · 감독 · 지휘하는 官長이라고 해서 '배+관당'이라 한

34 전사문자 상단에 놓인 권점의 기능이 무엇인지는 알 수 없다.

것인데 신조어다. '수사'(水使, 수군절도사)가 쓰임직하지만 쓰이지 않았다.

⑩ Dvoezhenets"(=중혼자, 재혼자): Tsen-pontaik-it-nak-sarɛm"(젼-본댁-잇-낙-사램). 중혼자(重婚者)나 재혼자(再婚者)를 지칭하는 적절한 말이 없었는지 '전처(前妻)가 있는 사람'이라 풀이하였다. '잇-낙'은 '잇-난'의 오기일 것이다. 적절한 번역이라 할 수 없다.

⑪ Kukla(=인형): Na[o]rim-tsirko[a]m"[sic.](놀음질감). '놀음질감'(또는 '놀옴감', '놀옴질감')은 '장난감'을 뜻하는 함경도 방언. 따라서 대역어 '놀음질감'은 오히려 '인형'의 상위어로 적합하다. 『노한소사전』에서는 '인형'을 '헤재비"(=허수아비)라 하였다. 인형과 허수아비는 '목숨이 없고 사람을 닮았다'는 점에서 공통의 의미 자질을 지닌다.

⑫ Portmone(=돈지갑): samdzhi(쌈지). '지갑'을 그와 기능이 유사한 '쌈지'로 풀이하였다. 그러나 이 말은 널리 쓰이지 않은 듯하다. 현재는 '돈가방', '들가방', '손가방'이란 말이 쓰인다. '톄보재'란 말이 김태균(1986), 곽충구(2019a)에 실려 있는데 현재 노년층의 기억 속에 남아 있을 뿐 쓰이지 않는다. '지갑'은 지금도 쓰이지 않는다.

⑬ Politsiya(=경찰서): pxo-txeng"(포텽-포도청). 기능이 동일한 고유어로 대치하였다.

⑭ Politsejskiye sluzhiteli desyatnik(=공원(公員)): 고온이(kooni?)(타25). '공원'은 조선 후기에 보부상 조합의 실무를 맡아보던 사람. 러시아 표제어는 '경찰의 하급 감독 직원'. 중국의 육진방언권에는 마을에 '향뒤텽(鄉徒廳)'이라는 상사(喪事)를 주관하는 계(契)가 있는데 이 조직에서 실무를 맡은 사람을 '고원'이라 한다. 위 '고온'은 '공원>고원>고온'의 변화.

⑮ Praviterl' Kantselyariya gubernatora(=총독부 관리자): 참뎌관(Tsam-te-kuan)(타27). cf. 참뎡관. '참뎡관'은 구한국 시대의 관직명인 '참정(參政)'에서 유래한 것이다. 사전 편찬자가 어떤 경로로 구한국 시대의 관직명을 접했는지는 알 수 없다. 김병옥이[35] 지은 *Razvedchiku v Koree*(『한국에 대한 정탐』, 1904, 상트페테르부르크)에 이러한 구한국 시대의 관직명이 나오는데 아마도 그의 조력이 있지 않았나 생각된다. 이 밖에 관직명으로 "Pravitel'j kantselyarii Okruga: Sheky-kuan(셔긔관-관구 사무실의 관리자, 서기관)"이 하나 더 있다.

⑯ Portret"(=초상화): Xuasyan"(화샹). Portret"와 비슷한 의미를 지닌 화샹(畫像)으로 대역. Putsillo의 『노한사전』에서는 "인물화, 인물그림이"라 하였다. 현대국어의 '인물화'는 '초상화'의 상위어다.

⑰ Rasteniye(=식물): 초목(草木). '식물(植物)'은 후에 차용된 말.

⑱ Sovět"(=협의회, 조언, 충고): 공논(公論)이. 공론은 '여럿이 모여 의논함' 또는 '사회 대중의 공통된 의견'을 뜻하는 말이어서 표제어와 일치한다고 하기는 어렵다. Putsillo(1874: 595)에서도 '공논이'라 하였다. 러시아 혁명 후 '소비에트'란 말이 쓰였다.

⑲ Stakan"(=컵): tsěngtsa(죵자), chěnchi(죵지). cf. (푸) 종쥐, 죵즈. '컵'을 기능이나 용도가 비슷한 '종지'로 풀이하였다. 그러나 컵은 주로 물 따위의 마실 것을 담고 종지는 음식을 담으므로 서로 그 기능이 다르다. 하여 일제강점기에 '고뿌(<네덜란드어 kop)'란 말을 차용하

35 김병옥은 제2대 駐러시아 한국 공사이자 페테르부르크대학의 한국어 강사. 그는 *Razvedchiku v Koree*에서 한국어를 Severnoye Narechiye(북부 방언)과 Iuzhnoye Narechiye(남부 방언)으로 나누어 전사해 놓았는데 고저 악센트도 아울러 전사하였다. 부록으로 사전(대역어휘집)이 부재되어 있다(곽충구, 1991/1994: 44-45). J.R.P. King(1991)에 이 책자와 그의 다른 저작물에 대한 자세한 내용을 볼 수 있다.

여 지금까지 쓰고 있다.

⑳ Tserkov'(=교회): Chëri(졀이). 러시아정교회의 '교회'를 '졀'이라 하였다. '교회'와 '절[寺]'은 둘 다 종교 시설물로서 예배를 보는 공간이다. 기능이 같은 까닭에 '교회'를 '졀'이라 한 것이다. 중국 조선족 노년층과 중앙아시아 고려인들은 지금도 '교회'를 '절당' 또는 '결당'('절당'의 과도교정형)이라 한다(곽충구: 2019a).

㉑ Chasovnya(=작은 예배당): Tsèrtan"(졀당).

㉒ Svyashchennik"(사제, 목사): Chyun'(즁). '교회'를 '졀(당)'이라 한 것처럼 '목사'를 '즁'이라 하였다.

㉓ Moloko(=우유): sětsětsi(쇼졋이). '쇼졋'은 고유어다. 지금도 국어사전에 '쇠젓'이 올라 있지만 쓰이지는 않는다. '쇼졋'은 『철자교과서』(1902)에서 자주 쓰였다. 그 무렵에 널리 쓰였던 듯하다. 『노한소사전』(1904)에는 '우유'와 '쉐졋'이 함께 보인다.

㉔ Moneta Mědnaya(=구리로 된 돈-동화(銅貨), 동전(銅錢)): txun-toni(=퉁돈). 구리나 주석이 들어간, 불그레한 빛을 띠는 합금을 '퉁'이라 하는데 지금도 동북, 육진방언권의 노년층 화자들 사이에서 널리 쓰인다(곽충구: 2019a). '퉁[銅]'은 일찍이 漢語에서 차용한 말이다. '퉁돈'은 '퉁'에 '돈'이 결합한 합성어다. 지금은 '퉁전(-錢)'이라 하지만 19세기 말에는 순수고유어인 '퉁돈'이란 말을 쓴 것이다. '퉁전'(=구리돈)은 북한의 문화어다. 북부 지방에서 '퉁전'(또는 '퉁젼')이 널리 쓰이는 까닭에 문화어로 삼은 것이다.

㉕ Pidzhak" verxnij, vatnyj(=신사복 상의): chágori(쟈고리), shan-cheguri(샹-져구리). 양복 상의를 '쟈고리' 또는 '샹져구리'라 하였다. 지금도 '저고리', '웃저고리'라는 말을 쓴다. 현대의 서울말에서는 '재킷(jacket)'이라는 차용어를 쓰기도 한다.

㉖ Nauka(=과학, 학문): tori(=道理). Starchevskij(1890)에서 전재. '道理'는 '이치'나 '원리'를 뜻하는 '道'에서 비롯된 말.

㉗ Obshchestvennyj(=사회의, 공공의): kěngsyen-i(경셩이). 당시 함북의 중심지인 '경성(鏡城)'으로 대역하였다.

㉘ Obshchestvo(=사회): ĕarosarami(여러 사람이). '사회'는 "공동생활을 영위하는 모든 형태의 인간 집단"을 뜻하는데 이를 '여러 사람'으로 대역하였다.

㉙ Obshchina(=마을 공동체): sya(=샤(社)). '샤'는 조선 시대에 함경도 지방에만 있었던 행정구역 명칭. 대략 面과 里의 중간 정도에 해당한다(458쪽 및 Ⅲ부(권 2, 1.2.2)를 참고). 표제어는 러시아 혁명 전에는 '마을 공동체'를 뜻하는 단어였으므로 '샤'라 한 것이다. 일제강점기에도 훈춘의 중국 조선족 사회에서는 이 행정 구역 명칭을 썼다(곽충구: 2019a의 '샤'를 참고). 예: 아랫샤, 웃샤.

㉚ Pisar'(=書記): 셔리, 즁-사램이(타24). '서기'를 조선 시대의 중인 신분인 '서리(胥吏)'에 대응시킨 것은 '서기'와 '서리'는 모두 '행정 실무를 맡아보던 하급 관리'라는 공통의 의미소성을 지니고 있기 때문이다. '즁-사램이'는 양반과 평민의 중간 계급인 '中人'을 지칭한 말.

㉛ Teatr"(=연극): 놀음(Norym"). '배우'는 '광대'라 하였다. 유사한 뜻을 지닌 순수고유어로 대치한 것이다.

4) 특이 어휘[36]

① 숟물

Svězhij(=신선하다, 싱싱하다): Saege(새게), sunmuri(숟물이). (푸) 식게, 식거시.

'sunmuri'는 숟+물(物)로 분석된다. 곽충구(2019a)에는 '숟엣거'라는 단어가 등재되어 있는데 이는 '처음 손을 대거나 거둔 것', '아직 손대지 않거나 다루지 않은 첫 것'이라는 뜻이다. '숟+에+ㅅ+거(=것)'로 분석되므로 여기서 '숟'을 추출할 수 있다. 그 뜻은 '아직 손을 대지 않은 싱싱한 것', '사람이 손댄 것에서 처음'으로 풀이할 수 있다. 위 '숟+물'은 '처음 접하는 물건' 또는 '처음 수확한 물건'을 뜻하는 말이다.

② 쟈랴지

Dub"(=참나무): tsamnengi(참냉기), tsyazatszi(쟈자지), tsyaryatszi(쟈랴지).

곽충구(2019a)에는 '재래지'로 조사되어 있는데 '참나무'의 하나인 '신갈나무'를 말한다. 현재 쓰이고 있는 '재래지'는 '쟈랴지>재래지'.

③ 조하다

Chistoplotnyj(=청결한, 깨끗한 것을 좋아하는 (사람)): tsoxansarim", tsoxansarim".

36 사메기(수박, 타2)와 같이 어원을 알 수 없는 예들이 더러 있으나 여기서는 언급하지 않는다.

'조하다'는 '깨끗하다'의 뜻을 지닌 형용사. 고어가 잔존한 것이다.

④ 아지다

Zavtrakat'(=조반을 먹다): Atsita.

'아지다'는 육진방언형 '아젹[朝]'과 관련이 있을 듯한 흥미로운 동사다. 관련이 있다면 '아젹'은 '아지-+-억'으로 분석되는 파생어가 된다.

⑤ 물구뷔

Zaliv"(灣): murkubui(물구뷔).

고어 '물구븨'의 후대형. 물굽이는 "강물이나 바닷물이 굽이지어 흐르는 곳"을 뜻하는 말이나 여기서는 만(灣)을 뜻한다.

⑥ Karaul"(=무장한 파수꾼, 감시인): 수메군(Sumeguni).

⑦ Kartina(=그림): 환. cf. 환: 아무렇게나 마구 그리는 그림(<우리말샘>).

⑧ Plotnik"(=목수): moktsyangi(목쟝이, 목장(木匠)).[37]

⑨ Urchaniye v" zheludkě(=위장에서 꼬르륵 소리가 나다): 배때기가 울다.

⑩ Chelověk srednyago klassa, bezzemel'nyj zemuya(토지가 없는 중류 계급 사람): 둥사램이(tung-sarɛmi), 즁사램이(chung-sarɛmi). =中人.

37 <우리말샘>에는 "조선 시대에, 관아에 속하여 나무를 다루는 일을 맡아 하던 사람."이라 풀이하였다.

⑪ Chelověk srednyago klassa, vladeyushchij(토지를 점유한 중류 계급 사람): 딘민(Tin-min"). =鎭民(?).

⑫ Cherep"(=머리뼈, 두개골): 바가지(Pagachi). =해골바가지.

⑬ Yarichnaya soloma(=빨대): 필딥(Pxil'tipi). <필(觱)+딥[稿].

5) 차용어

사전이 간행된 19세기 말에는 러시아어로부터 차용한 어휘들이 있었을 것으로 생각되나 사전에는 보이지 않는다. 다만, 중국어, 만주어로부터 차용한 어휘가 몇 예 보인다.

① 만주퉁구스어

가) Drova(=장작): Sasennegi(i[sic.](Sasennengi, 사션냉기)[38]

'Sasennegi'의 'Sasen'은 만주어 'šašun'을 차용한 말이다. 『御製增訂淸文鑑』에, "šašun[引火木片]: olhon moo be giyafi fuhen i oilo sindafi daburengge be šašun sembi."(마른 나무를 잘라서 불쏘시개의 겉에 놓아 불붙이는 것을 šašun이라 한다.)라 하였으니 장작과 상통한다. 현재 육진방언권의 노년층에서는 '샤션, 샤션낭기, 새션'이라 한다(곽충구, 2018: 14). 이 밖에도 사전에는 'tsámnámusázoni'(참나무사전이), 'tsapsazoni'(잡사전이) 등이 보인다.[39] 'sazoni'는 'sazəni'를 전사한 것이다. 이 사전에는

38 'Sasennegi' 외에 'skɛnnamu', 'sɨymogi'가 제시되어 있다. 'skɛnnamu'는 '깬나무', 'sɨymogi'는 '싀목(柴木)'이다. 지금도 쪼개 놓은 장작을 '깬나무'라 하는 이가 있다.

39 표제어 'Drova'(장작), 'Osinovyya drov(사시나무 장작)', 'Drova berezovyya'(자작나무 장작), 'Drova dubovyya'(참나무 장작), 'Drova kedrobyya'(삼나무 장작)'의 대역 한국어에 'sazoni'가 보인다.

모음 사이의 'ㅅ'을 [z]로 전사한 예가 허다한데 'sazoni'도 그 한 예다. 또 [ə]를 표기할 방법이 없어 그와 가까운 'o'로 전사한 것이다. '사전'은 '샤션'에서 활음이 탈락한 방언형이다.

나) Listjya(=잎): sot".

'잎'을 'sot"'이라 하였다. 이는 Starchevskij(1890)에도 실려 있어 그로부터 전재한 것이 분명하다. 'sot"'는 만주어 'sata'에서 유래한 것이다. Cincius(1975: 67-15)에서는 'sata'를 xvoya(針葉)이라 하였다. 따라서 'sata'는 '솔잎'과 같은 침엽이다. 한편 곽충구(2017a: 15)에는 육진방언에 '소샅(<솔+샅)'이 쓰인다 하였다.[40] 만주어 'sat'과 이 사전의 'sot'을 대조하면 'a:o'의 대응을 볼 수 있다. 이 사전에서 'o'로 전사되어 있는 것은 전사상의 오류이다. 이 사전을 비롯하여 키릴문자로 한국어를 전사한 문헌에는 한국어 'ㅏ'를 o로 전사한 예를 흔히 볼 수 있다. 이는 러시아어 자모 'a', 'o'의 필기체가 비슷하여 생긴 오류임은 앞에서 누차 언급한 바 있다.

다) Zherebit'sya(=암말이 새끼를 낳다): mari kargajnɨngeta(말이 갈개는 게다).

대역 한국어 'kargaj-'는 만주어 'garimbi'(교배하다)와 관련이 있을 듯하다. 육진방언에서는 '가리-', '가리우-', '갈기우-'와 같은 동사가 쓰인다.

40 『同文類解』(下: 44b)에는 "松針 솔닢 ○사타"라 하였으나 J. Norman(1978) 등에는 'sata'와 'sada'가 올라 있다. 만주어 내에서 /t/:/d/ 대응을 보인다. 육진방언은 '소샅'이라 하여 말모음 /a/가 탈락하였다. '소샅'은 '솔[松]+샅'의 합성어다.

라) 살공(살강)[41]

만주어 'sarhū'와 같은 기원의 명사로 보인다. 여기에 접사 '-앙', '-옹'이 결합된 것이 살공이다(곽충구: 2017a).

② 중국어

아래 차용어가 함경도에 차용된 후 이주로 말미암아 연해주에서 쓰이게 된 것인지 또는 연해주에 거주하는 중국인들로부터 차용한 것인지는 판단하기 어렵다.

가) Kapusta(=양배추): Taty-paj-ttsaj(다드배채).

나) Mel'nitsa zhernovaya(=제분기-연자방아): Nyan'-za(=연자, 연자방아)

다) Zastup"(=삽): Kuangtsangui(=광창위). cf. Putsillo(1874: 191): 광차위.

라) Pel'meni(=고기만두): 만투이, 뱐시(타23).

가) '다드배채'는 중국의 동북삼성 특히 길림성에서 쓰이는 '양배추'의 중국어 방언 '大頭白菜'를 차용한 말이다. 『노한소사전』(1904)에도 실려 있다. 지금도 함경도, 중국 조선족 사회에서 널리 쓰인다.

나)의 'Nyan'-za'는 중국어 '碾子'를 차용한 말인데 함경도 지방에서는 흔히 '셕매'(혹은 '석매')라 한다. 위 차용어는 함경도가 아닌 평안도 지방에서 쓰인다. 따라서 이는 연해주의 중국인이나 인접 중국으로부터 차용한 말일 것으로 생각된다.

다)의 '광차위'는 한어 '鋼鍬[gāngqiāo]'를 차용한 말이다. Putsillo의 『노

41 J. Norman(1978)에 "sarhū: a rack or shelf for dishes"라 되어 있어 '살강'임을 알 수 있다.

한사전』에 실려 있는 것을 보면 아주 오래 전에 함경도에 차용되었던 것으로 생각된다. 지금도 함경도, 중앙아시아, 중국 조선족 사회에서 널리 쓰인다.

라) '뱐시'는 중국어 扁食[biǎnshí](또는 鯿食)를 차용한 말. 지금은 흔히 '밴세'라 한다. '뱐시(pyansi)'는 중국어에서 차용된 후 아직 한국어에 정착되지 않은 말로 보인다. 그 뒤에 간행된 『철자 교과서』(1902), 『노한회화』(1904)에서는 '밴셰'라 하였다. 앞의 만투이(만튀, 饅頭)도 중국어에서 차용한 말이다. ⇒Ⅲ부(권 2, 1.2.2, 9) 음식).

1.5. Kratkij Russko-Korejskij Slovarj(「노한소사전」)
(Matveev, 블라디보스토크, 1900)

1.5.1. 사전의 체재

이 「노한소사전」은 *Spravochnaya Kniga g.Vladivostoka*(블라디보스토크 안내서)라는 책자의 부록이다. 대략 255여 쪽으로 된 안내 책자로 연해주의 항구 도시 블라디보스토크의 기후, 통신과 도로(우체국, 전신, 도로), 행정부, 무역, 공공 편의 시설 등에 관한 각종 정보를 담고 있다.[1] 저자는 블라디보스토크의 세 인종 집단인 한인, 중국인, 일본인의 언어와 문화에 관심을 두고 그들의 달력, 도량형, 화폐 등을 소개하고 있다. 그리고 부록에는 '노-중 소사전', '노-일 소사전', '노-한 소사전(Kratkij Russko-Korejskij Slovar')을 싣고 있다. '노-한 소사전' 아래에는 "널리 쓰이는 구문 예(obraztsami upotrebitel'neyshix fraz)"라는 부제가 붙어 있다. 소사전이라 하였지만 대역어휘집(Glossary)이다. 면수와 어휘량은 아래와 같다.

1~17쪽: 600여 항의 노-한 대역 어휘 수록. 말미에 한국어 대명사, 수

1 이 책의 한국어에 대한 전반적인 논의는 Ross King(1988)에서 이루어진 바 있다. 저자가 본 이 Matveev의 '소사전'도 Ross King 교수가 제공한 것이다.

사를 제시.

17~20쪽: 93개의 회화 구문(句文), 시간 표현, 화폐(달러, 루블, 코페이카) 단위를 소개.

수록 한국어에 관한 정보는 전혀 알 수 없다. 음운, 어휘적 특징으로 보아 이 한국어는 다른 문헌에서 전재한 것이 아니고 당시 블라디보스토크에 거주하는 한인들로부터 직접 조사한 것이다.[2] 이 사전이 간행된 직후 카잔에서 간행된 일련의 한국어 문헌들은 한국어에 대한 언어학적 관찰과 분석을 통해 한국어 구어를 조사하고 또 한국어 음성을 낱낱이 전사할 수 있는 전사문자를 마련하여 한국어를 전사하였지만 이 사전은 한국어 음성에 대한 관찰 없이 키릴문자로 한국어를 전사해 놓았다. 러시아어와 한국어의 음운체계는 판이하므로 키릴문자로만 전사한 이 사전의 한국어는 그 발음 정보가 불완전하고 불투명할 수밖에 없다. 그러나 이 소사전에 실린 한국어는 직후에 간행된 카잔 문헌과 달리 도시 거주 한인들의 한국어를 채록한 것이어서 당시 신문물에 대한 명칭 등을 엿볼 수 있다. 그 일부는 20년 뒤에 쓰인 「俄領實記」에도 보인다. 그리고 일상적으로 쓰는 회화 구문과 화폐 단위 등을 기록해 놓아 도시 주민의 생활상을 엿볼 수 있게 한다.

이 대역어휘집은 표제어의 품사 정보를 대역어를 통해 알 수 있도록 하였다. 동사는 어미 '-기'가, 형용사는 '-ㄴ/-는 게'가 결합되어 있는데,

2 블라디보스토크에는 1870년대부터 한인이 점차 집중하기 시작해 1886년에 400명, 1891년에는 840여 명에 이르렀다. 한인 인구가 늘어가자, 시 당국에서는 1893년 한인들만 집단으로 거주하도록 하는 구역을 설정하였다. '카레이 스카야슬라보드카(한인촌)' 혹은 '개척리'라 부르던 이 지역은 블라디보스토크에서 신한촌 성립 이전 한인 집단 거주지로 비교적 시내 중심지에 위치해 있었다[한국민족문화대백과사전(신한촌(新韓村))].

뒤에 간행된 『시편 노한소사전』(1904)도 그와 같다.

1.5.2. 한국어의 전사

1.5.2.1. 모음

1) 單母音

한 국 어:	ㅣ(i),	ㅔ(e),	ㅐ(ɛ),	ㅡ(ɯ),	ㅓ(ə),	ㅏ(a),	ㅜ(u),	ㅗ(o),	ㅟ(ü),	ㅚ(ö)
러시아어:	и	э	а	ы	о	а	у	о	х	х
			э	у	э					
					а					
				ï, ɨу=ы						

위와 같이 러시아어의 모음체계에 한국어와 일치하는 모음이 없을 때는 그와 조음 위치가 가까운 러시아어 자모로 전사하였다. 예컨대, 한국어 'ㅐ'는 러시아어 자모 'а, э'로, 한국어 'ㅓ'는 러시아어 자모 'о, э, а'로, 한국어 'ㅡ'는 러시아어 자모 'ы, у'로 전사하였다. 예는 아래와 같다.

ㅐ: −а: цаги(ʦagi → ʦʰɛgi, 책), хами(hami → hɛɛmi, 반찬).

−э: пэ(pe → pɛ, 베[布]), тамбэ/тамба(tambe/tamba → tambɛ, 담배), намут−хунзэ(namutʰunze → namutʰuŋʥɛ, 물통), сарэми(saremi → sarɛmi, 사람).

ㅓ: −о: одымэ(odɨme → ədɨme, 어디), имшоги(imʃogi → imʃəgi, 음식), болги(bolgi → məlgi, 파도), посуси(posusi → pʰəsɨsi, 버섯).

−а: шадай(ʃaday → ʃəday, 셔당=학교), тип−каудэ(tip−kaude → kʰəude, 가마니).

–э: кэудэ(keude → k^həudɛ, 마대).

ㅡ: –ы: тицыми(titsɨmi → $tits^h$ɨmi, 기츰), одымэ(odɨme → ədɨme, 어디).

–у: куруси(kurusi, 그릇), cf. кырыси(kɨrɨsi, 그릇=찻잔, 16).

‘ㅐ’를 러시아어 ‘a’로 전사한 것은 ‘ㅐ’의 조음역이 ‘a’에 근접해 있기 때문이다. 그런데 아래 예에서 보듯 ‘ㅐ’를 ‘–ay’로 전사한 예가 있다.

say(새[乾草], 14), ‘pongay(항만, 포구, 2), ʃironayo(실어 내오, 3), day[=^{d}nɛ] ao(내 아오), day boru(내 모루(모르오), 18). cf. bosoy[sic.](모래, 12).

키릴문자 ‘a’는 한국어 ‘ㅏ’와 ‘ㅐ’를 전사하였으므로 위 예의 ‘ay’는 이중모음 [ay] 또는 [ɛy]를 전사한 것일 수 있다. 그러나 ‘ay’를 이중모음으로 볼 언어 내적 요인을 찾기가 어렵다. 이 같은 표기는 Starchevskij (1890), Tajshin"(1898)에서도 보인다. 이는 앞 1.3.2와 1.4.5.1에서 언급한 바와 같이 한글 자모 ‘ㅐ’를 ‘ㅏ+ㅣ’의 합음으로 보고 그것을 키릴문자로 대치한 것이다. 한인 조력자의 한글 표기를 편자가 키릴문자화한 것으로 보인다. 그런데 ‘ㅔ’의 경우는 이러한 표기 예가 보이지 않는다.

‘ㅓ’는 대부분 ‘o’로 전사하였다. 이는 당시 ‘ㅓ’와 ‘ㅗ’가 원순성 자질로 대립을 이루는 후설모음의 짝이었음을 뜻한다. 예가 적기는 하나 전설의 ‘э[=e]’ 또는 후설의 ‘a’로 전사된 예도 보이는데, 이는 ‘ㅓ’의 조음역이 넓은 데 기인한다. ‘ㅡ’는 러시아어 ‘ы[=ɨ(I.P.A.)]’ 또는 y[=u]로 전사되었는바 이는 한국어 ‘ㅡ’의 조음위치가 러시아어 ‘ы’보다는 후설 위치에서 조음되기 때문이다. 그런데 키릴문자 ‘ы’는 아래에서 보듯 한국어 ‘ㅡ’ 외에 [ï](또는 ‘ㅢ’)를 전사한 것으로 보인다.

ㅡ: тицыми(titsɨmi → titsʰɨmi=디츰, 기침), одыру, (оды-меру)(odɨru, (odɨ -meru), 어디로)

ㅢ: вонды(wəndï=원듸, 완두)

2) 이중모음

① y계 이중모음

ㅑ(ya)-я: хундяй(hundyay, 훈장=선생), янсани(yaŋsani, 양산)

-(ч/ш)а: пашагуй(pɛʃaguy, 뱃사공)

ㅕ(yə)-ё: а-джё-ге(adʒyoge → adʒəge, 아침), ёсо(yoso → yəsə, 여섯)

-е: янтери(yaŋtyeri → yaŋtʰyəri, 양철), менди(myeŋdi → myəŋdi, 명주)

-іо: тіоми(tiomi → tyəmi, 뎜(店), 5), піондза(piondʑa → pʰyəŋdʑɛ, 병(瓶))

-йо: падаммуръ-йоги(padammur-yogi → -yəgi, 바닷물가[海邊]).

-(ч/ш)е: хоаруншени(hoarunʃeni → hwaryunʃəni, 화륜션)

-(ч/ш)о: шо-да-би(ʃodabi → ʃədabi, 빨래)

ㅛ(yo)-ё: пё(pʰyo, 표(票))

-(ч/ш)о: шогчони(ʃogtʃoni → ʃoktʃəni, 속전(贖錢))

ㅠ(yu)-ю: азим-тяню(azim-tyanyu → azim-tʰyɛnyu, 고맙소)

-(ч/ш)у: шубаги(ʃubagi, 수박), шунда(ʃunda → ʃundɛ, 순대)

ㅖ(ye)-(ч/ш)е: шекян(ʃyekyan → ʃyekyəŋ, 석경=거울)

ㅒ(yɛ)-е: амконе(amkonye → amkʰonyɛ, 암고양이)

② w계 이중모음

ㅘ(wa): кван-дзи(kwaŋdʑi, 광주리), квандяй(kwandyay, 관장(官長))

ㅝ(wə): вонды(wəndï=원듸, 완두), ивони(iwəni, 의원(醫員))

ㅞ(we): вэ(we, 오이)

ㅙ(wɛ): кансоа(kaŋswɛ, 강쇠=강철), ванцаги(wɛntsagi, 왼쪽)

1.5.2.2. 자음

1) 전사 체계

한국어 자음은 평음-경음-유기음의 삼지상관속을 형성한다. 후두긴장성, 유기성의 자질이 변별적이지만 러시아어에는 그러한 대립이 존재하지 않는다. 따라서 한국어 장애음을 전사하려면 키릴문자에 후두긴장성, 유기성의 징표를 나타내는 보조부호를 덧붙인 전사문자가 필요하다. 그러나 이 Matveev 소사전은 키릴문자 그 자체로만 한국어를 전사하였기 때문에 전사된 내용이 불투명하다. 파열음 가운데 연구개음의 전사 예를 보이면 아래와 같다.

한국어	ㄱ(/k/)	ㄲ(/k'/)	ㅋ(/kʰ/)	ㅇ(/ŋ/)
러시아어	/ к /(=k)			/ н /(=n)

예 ㄱ(/k/): katsa-bunge(=가찹운 게(katsʰabunge), 가깝다)

ㄲ(/k'/): kakadzao(=깨까자오(k'ɛk'azao), 깨끗하다)

ㅋ(/kʰ/): keude(=커우대(kʰəudɛ), 마대)

그런데 유기음은 [유기성]의 징표 'x'를 덧붙인 кх(=kʰ), пх(=pʰ), тх(=tʰ)로 전사하기도 하였다. 예: кхыо(크오), тхарамоди(타래몯, 나사못), тхаbi(탑), пхuani(푸안<풍안, 안경). 그러나 경음은 [후두 긴장성]의 징표 없이 전사되어 평음과 식별이 안 된다.

한편 러시아어에는 치음과 경구개음이 변별적이어서 해당 음을 전사할 수 있는 문자들이 갖추어져 있다. 예를 들면, ‘c[s]:ш[ʃ]’, ‘ц[ʦ]:ч[ʧ]’, ‘з[z]:ж[ʒ]’가 그 예다. 또 러시아어는 유성과 무성의 대립이 존재하기 때문에 유성음과 무성음을 나타내는 문자가 있다. 때문에 1900년 당시 블라디보스토크 한인들의 언어에 존재했던 두 계열의 음성인 치조음(유성/무성)과 경구개음(유성/무성)은 자연스럽게 전사에 반영될 수 있었다. 위 한국어 치조음과 경구개음 또는 그 유성음과 무성음은 단지 비변별적인 변이음일 뿐이다. ‘ㅈ[ц=ʦ], [ч=ʧ]’의 예는 아래와 같다.

[ц=ʦ], [дз=ʣ]: цаши(ʦaʃi, 잣), кадзуги(kaʣugi, 가죽)
[ч=ʧ], [дж=ʤ]: чонаги(ʧənagi, 져낙=저녁), аджёге(aʤyəge, 아젹-에=아침-에)
чодзи(ʧəʣi, 졎=젓), чори(ʧəri, 졀=젓가락)
анджу(anʤu, 안쥬=안주)

마찰음 ‘ㅅ’의 변이음으로는 ‘c’[s]와 ‘ш’[ʃ]가 있다. ‘ㅣ’ 모음 앞의 ‘ㅅ’은 ‘ш’[ʃ]로 전사하였으나 일관성 있게 이루어지지는 않았다. ‘ㅈ’도 ‘ㅣ’ 앞에서 ʦ 또는 ʧ로 전사하여 역시 일관성이 없다.

kapʃi(값이, 16), ige kapsi beo seo(이게 값이 매오 세오=이게 값이 매우 높소, 18)
ʦibi-iso(집에 있소, 4), ʧiburu-torakao(집으로 돌아가오, 4).

그 밖에 러시아어에서 [ŋ]과 [n]은 /n/의 변이음이어서 두 음성은 ‘н(=n)’로 표기된다. 때문에 한국어 /ㅇ/, /ㄴ/도 ‘н(=n)’로 전사되어 두 음성은 변별이 안 된다. 단, 종종 /n/을 ‘нъ(=n")’으로 전사한 예가 있다.

한편 전사된 한국어에는 ‘z’가 자주 보인다. 이 z는 아래와 같이 두

유형으로 나눌 수 있다.[3]

첫째 'ㅈ[dz]'가 모음 사이에서 z로 실현된 예. kozegi(거적, 13), dizopurio(=닞어뿌리오, 잊어버리오, 5), puzu-tagi(=부주-때기, 부지깽이, 7).

둘째 'ㅅ[s]'가 모음 사이에서 z로 실현된 예. kaze(=가재, 가위, 10), azim-tyanyu(=아짐-탸뉴, 고맙소, 2).

두 유형 모두 Putsillo의 『노한사전』(1874)에서도 볼 수 있다. 첫 유형은 『노한회화』(1904)의 서문에서 특별히 언급한 바 있는데, 모음 사이에서 치조유성파찰음([ʣ])이 치조유성마찰음([z])으로 실현된 것이다. 첫 유형은 마찰음화이고 둘째 유형은 모음 사이에서 무성음 'ㅅ'이 유성음으로 변화한 유성음화이다. 둘째 유형 "s>z/V__V"는 ㅿ의 발달과 관련될 수 있어 흥미롭기는 하나 그러나 이는 단순한 음성 규칙에 불과하다. s>z의 변화를 겪은 뒤 z(ㅿ)로 정착된 예는 아직 발견되지 않기 때문이다.

2) 전사상의 특징

① #mV- → #bV-

이는 #^{b}mV-와 같은 동시조음을 전사한 것이다. 이 조음 특징은 '어두위치'에서만 나타나되 개구도가 큰 저모음 /ㅏa/에 선행하는 [m]에서는 나타나지 않는다. 예: bolgi(=멀기, 파도), bursurgi-tomi(=불술기-텀, 기차역). cf. mar, marɨ(말, 말-을), manʤio(=만져, 먼저).

3 Ross King(1988: 297)에서는 네 유형으로 나누었는데 3, 4유형은 첫 번째 유형에 속하는 것들이다.

② #nV- → #dV-

이는 [#^{d}nV-]와 같은 동시조음을 전사한 것이다. 제약은 위 (1)과 같다. 예: dukso(=눅-소, 低價), dipsari(=닙-쌀, 입쌀). cf. nampati(나무-밭, 숲), anio(아니오).

③ 유음의 전사

(1) ㄱ. 물역(bur"-yogi, 물가, 1), 바닷물역(padammur"-yogi, 바닷가, 2), 낼/넬(der", 내일, 5), 불 붙는데(pur" punnunde, 불, 12), 얄(yar", 열[十])

ㄴ. 돌르한게(tol"lye-han-gye, 돌로 한 것, 6), 할고우제(hal"gouze, ??, 10), 골목이(kol"-mogi, 골목, 15),

ㄷ. 기랠 만하오(kiryel'-man-xao, 그럴 만하오, 8), 하불리불이(habul' liburi, 홑이불, 12), 값이 얼매 쥬이재[쥬우재] 한내(kapsi ol'me ʧuiza[sic. ʧiuza] hanna, 값이 얼마(인가) 귤 하나(가))

앞서 수차례 언급한 바와 같이 러시아에서 간행된 한국어 문헌에는 'ㄹ'이 대체로 어중, 어말 위치에서 'p'[=r]로 전사되어 있다. 이 사전도 그와 같다. (1ㄱ)은 활음 /y/와 휴지 앞의 'r' 뒤에 경자음 부호 '"'(=ъ)를 부가한 예를 보인 것이다. 이 표기는 해당 자음 r이 연자음(구개음)이 아니라 경자음임을 표시한 것이다. (1ㄴ)은 드물게 자음 앞에서 l로 전사된 예를 보인 것이다. (1ㄷ)은 역시 l로 전사한 예를 보인 것인데 (1ㄱ)과 달리 연자음 부호 '''(=ь)를 부가하였다. 따라서 이러한 표기만을 가지고는 유음 'ㄹ'이 실제로 어떻게 조음되었는지를 구명하기는 어렵다. 다만 어중 어말 위치에서 'r'로 전사된 것으로 보아 이 위치에서 실제로 'r'로 조음되었을 것임은 의심할 여지가 없다.

④ 비음 전사

앞서 언급한 바와 같이 한국어 'ㄴ', 'ㅇ'은 모두 키릴문자 'n(=н)'으로 전사하였다. 그런데 개중에는 아래와 같이 'n(=н)'에 '"(=ъ)'와 ''(=ь)'를 부가한 전사 예도 발견된다.

(2)ㄱ. san"(산, 3), ʃin-mun"(신문, 3), ʃen-pyo kan"(=션표간(船票-), 출찰구(出札口), 6), marme-ki-kun"(=말멕이군, 말먹이꾼, 6), imʃok-hanïn" an-kani(=임셕하는 안깐이, 여자 요리사, 7), kumán"(=구만, 그만), orun" tsagerï(=오룬짝에르, 오른쪽으로, 20).

ㄴ. ʃon-dyun"(=셩듕, 성중(城中)=성안=읍내, 3), pusurgi ʧireyʃa Soan" nyan" përï sara(=불술기 질에셔 소앙녕 표르 사라. 기찻길에서 소왕령(니콜스키) 가는 표를 사라, 20). cf. 소앙-녕(soan-nian, 소왕령=니콜스키, 10).

ㄷ. man'-tianiu(=많-댜니우, 많잖소, 9), thagu kan'nya(타고 가느냐? 19)

ㄹ. pion-kani(=병간-이, 병원, 2), 양산이(yansani, 양산, 5).

(2ㄱ)은 경자음 표시 부호 '"(=ъ)'를 부가한 예들이다. 대체로 어말 위치의 'ㄴ'이다. '"(=ъ)'는 선행 자음이 구개화하지 않는다는 부호이므로 'ㅇ'이 아닌 'ㄴ'임을 표시하는 데 쓰일 수 있다. 그런데 동일한 어말 위치의 'ㄴ'에 軟音 부호 ''(=ь)'를 부가한 예도 보인다. 예: yensa-fan'(영사관, 6), yen'(=옌, 연(鉛)/총알, 14). 일관성이 없으나 '"(=ъ)'는 'n(=н)'이 'ㄴ'임을 지시하고자 한 부호로 보인다.

(2ㄴ)은 'ㅇ'에 '"(=ъ)'를 부가한 예다. 'ㅇ'은 연구개음이므로 ''(=ь)'가 적합하다. 또 같은 지명임에도 '"(=ъ)'를 부가하지 않은 예가 있다. 역시

일관성이 없다.

(2ㄷ)은 연음 부호 'ʹ(=ь)'를 부가한 예다. [ɲ]을 전사하고자 한 것으로 보인다.

(2ㄹ)은 자음 앞 'ㅇ'의 예를 보인 것인데 'ʺ(=ъ)'와 'ʹ(=ь)'를 부가하지 않았다.

따라서 'nʺ(=нъ)'과 'nʹ(=нь)'은 각각 'ㄴ'과 'ㅇ'을 전사하고자 한 것으로 보이지만 둘을 변별하는 데 실익이 없다. 사전 편자는 한국어의 'ㅇ'과 'ㄴ'을 변별하여 전사하고자 노력은 하였지만 口語에서 그 식별이 용이하지 않았던 듯하다. 러시아인에게는 한 음소의 변이음인 [ŋ]과 [n]의 식별이 쉽지 않기 때문이다.

1.5.3. 한국어의 특징

1.5.3.1. 음운

1) 음소 배열

중세국어 및 근대국어처럼 치음 뒤에 활음 y가 연결될 수 있어, ʃV(=/syV/): sV, tyV: tV, nyV: nV, ʧV(=/tsyV/): tsV의 대립이 존재한다. 다만, 일부 어휘가 ㄷ구개음화를 겪어 tyV: tV에 동요가 보이나 극히 미미하다.

① syV : sV

syV: 샹게(쌍것), 셔당(서당=학교), 셔른, 셩뉴왜(잎성냥), 셔답(빨래), 쇼텹(작은 접시), 숑새(訟事), 슈끼(옥수수), 슈박이(수박), 슌대(순대), 문셰(文書), 구묵셰져(kumugsyedzyo[4], 굴뚝청소), 셰띄(혀),

sV: 산(山), 삼추(샘[泉]), 소곰(소금), 소내기(우레), 수꾀(수렁), 술(숟가락), 새줄간(우체국).

② ʧV(=/ʦyV/) : ʦV

ʧV(=/ʦyV/): 쟈이(장(醬)), 죠이(종이), 쟉소(작-소), 쟝갑이(장갑), 쟝물이(국[羹]), 져낙(저녁), 젹삼(적삼), 졀(젓가락), 죠꾸만(조끄만), 쥬인이(主人), 안쥬(안주).

ʦV: 자이(재[尺]), 조이(조[粟]), 잔반이(잔반(盞盤)), 잰나비(잔나비), 저울(저울), 주머니(주머니), 주어기(공[球]).

③ tyV, nyV

tyV: 관댜이(관댱, 官長), 죠익댜이[sic.](종잇장), 뎐보(電報), 뎜이(店-이=공장), 됴기(조기[處所]), 됴슈(潮水), 둏다(좋다), 셩듕(城中=도시, 시내), 뎨(뎌, 저), cf. 죠션-사램이(조선사람).

nyV: 성뉴왜(잎성냥), 암고냬(암코양이)

2) 음운 변동과 변화

① 움라우트: 전사가 불투명하고 예가 많지 않으나 '사램이(사람-이), 셰 지림이(쇠기름-이, 버터), 셱겨이(ʃyekyai, 거울)'의 예를 보면 형태소 경계에서도 생산적이었던 것으로 보인다.

② -VŋV- > -VV-: 모음 사이의 ㅇ[ŋ]이 탈락한 것으로 전사되었으나, 앞 모음을 鼻母音化하고 그 자신은 탈락하였을 것이다. 예: 바우리(방

4 '셰져'는 '셰졍(洗淨)'의 구어 발음을 전사한 것. 육진, 동북방언에서 어말의 'ㅇ'은 약화됨이 일반적이다. '셰졍'은 "①깨끗이 씻거나 다듬어 정리함. ②말끔히 치우고 정리함."의 뜻을 지닌 명사. 지금도 육진방언에서 널리 쓰인다(곽충구: 2019a).

울-이). 그러나 '-Vni-'의 /n/은 앞 모음을 비모음화하지도 않고 탈락하지도 않는다. 예: 주머니(주머니), 안깐이(아낙네), 슈건이(수건) …. 이는 육진방언의 특징이다.

③ 구개음화: ㄷ구개음화는 보수적이나 ㄱ-구개음화, ㅎ-구개음화는 개신형이 많이 보인다.

ㄷ구개음화: 보수적이나 다음과 같은 몇몇 개신형이 보인다. 예: 점직구둘(<뎜ᄌᆡ구둘, 삿자리를 깐 방), 죠션사램이(조선사람).

ㄱ-구개음화: 전후에 간행된 다른 한국어 자료에서와 달리 ㄱ-구개음화가 광범위하게 이루어졌다. 앞서 말한 ㄷ구개음화는 매우 보수적이지만 상대적으로 ㅎ-구개음화와 ㄱ-구개음화는 퍽 개신적이다. 곽충구(1991/1994)에서는 육진방언권에서는 ㅎ-구개음화가 맨 먼저 이루어졌을 것으로 보았다. ㄱ-구개음화의 예는 아래 (3)과 같다.

(3) 지둘구오(기다리오), 지름(기름), 질(길), 졔자(겨자), 지오(기[長]-오), 지뿌오(기쁘오) ….

ㅎ-구개음화

(4) 불우-셔(불을 켜-어), ʃetï(셰띄, 혀), 션판이(懸板이)

주어진 자료에 의지하면, 이 소사전이 엮어진 1900년의 블라디보스토크 한인의 한국어는 ㄱ-, ㅎ-구개음화가 꽤 생산적이다. 그런데 아래 (5)와 같이 'ㄱ>ㄷ', 'ㅈ>ㄷ'의 과도교정 예가 보인다.

(5)ㄱ. 디러기(기러기), 디츰이(기침)

ㄴ. 딥이(집[家]-이), 딤이(짐[荷]-이), 가디(가지[茄子]), 디남셕(지남석)

ㄷ. 짓이(깃[羽]-이)

(5ㄱ)의 'ㄱ>ㄷ'은 '기러기>지러기>디러기'의 과정을 거친 것으로 보아야 한다. 위 (3)의 예를 보면 ㄱ-구개음화가 퍽 개신적이기 때문이다. '지러기'가 '디러기'가 된 것은 'ㄱ>ㅈ'의 'ㅈ'을 ㄷ구개음화의 출력(ㄷ>ㅈ)에 의한 것으로 생각하고 'ㅈ → ㄷ'으로 수정한 것이 아닌가 한다. (5ㄴ)은 본디 'ㅈ'을 역시 ㄷ구개음화의 출력(ㄷ>ㅈ)에 의한 것으로 생각하고 'ㅈ → ㄷ'으로 수정한 것이다. (5ㄱ, ㄴ)의 동인은 모두 ㄷ구개음화에 있다. 그것은 'ㄷ구개음화'가 진행 중의 변화이면서 또한 그 용례가 상대적으로 ㄱ-구개음화, ㅎ-구개음화 환경을 지닌 예보다 많았기 때문이다.

(5ㄷ)은 현대 중앙어에서 과도교정이 이루어진 예인데 이 방언에서는 아직 이루어지지 않았다.

④ 전설모음화: 아직 이 음운변화는 이루어지지 않았다. 예: 즈오(질다[泥]), 산즘수이(산짐승), 니츠개(이쑤시개), 디츰이(기침), 물즌차이(burz'ntsay, 진창)

⑤ 한자음 ⇒Ⅲ부(권 2, 1.1.4)를 참고.

食의 字音이 '셕'으로 나타난다. 예: 곡셕(穀食), 임셕(飮食).

生의 字音이 '승(숭)', '상'으로 나타난다. 예: 션수이(<션승+-이, 先生), 환승(還生), 즘수이(즘승+-이, <衆生), 동상(同生) ….

楪의 字音이 '텹'으로 나타난다. 예: 쇼텝이(ʃo-tyebi)

瓶의 字音이 '평'으로 나타난다. 예: 셰졋평재(우유병). 함북 지방에서는 '평섀리, 평샤리'란 말도 쓴다. '-샤리'는 '길쭉한 물건'을 뜻하는 접사. 예: 팔뚝섀리, 항섀리(항아리).

1.5.3.2. 어휘

이 소사전에 실린 어휘는 대략 700여 항이다. 어휘는 그 어휘가 사용되는 시대의 역사와 사회 문화를 보여 준다. 이 소사전은 이 소사전의 전후에 간행된 한국어 자료, 특히 카잔에서 간행된 문헌 자료와는 달리 19세기 말 연해주에서 쓰인 서구문화와 관련된 신어를 보여 준다. 사전에 실린 어휘를 몇 갈래로 나누어 그 특징적인 면을 보기로 한다.

1) 차용어

연해주 한인들은 러시아를 통해 서구 문명에 접하게 된다. 또 당시 연해주에는 러시아인들뿐만 아니라 중국인, 일본인, 만주퉁구스족 등이 거주하고 있었으므로 그들 이민족과 접촉하면서 그들의 언어를 차용하게 된다. 또 아직은 그 영향이 미미하지만 개화기에 본국에 차용된 외국어나 신어가 이 연해주 한국어에도 수용되기 시작한다.

외국어는 몇 가지 유형으로 차용되는바, 언어 접촉의 결과로 외국어의 음과 뜻이 그대로 차용되는 유형이 가장 일반적이다. 차용 과정에서 한국어의 음운체계에 맞도록 조정된다. 또 자국어로 번역차용하는 경우가 있다. 형태와 기능이 비슷한 국어 단어로 대치하는 방법도 번역차용의 범주에 들 것이다. 외래 사조와 문물은 차용의 방식 외에 신조어를 생성하여 받아들이는 방법이 있다. 초기에는 어휘화가 이루어지지 않은 구(句)로써 나타내기도 한다. 이 소사전에는 다음과 같은 차용어들이 보인다.

① 다두배채(tadu-betse, 6). =양배추. 중국어 동북방언(길림성)인 '大頭白菜[dàtóubáicài]'를 차용한 말. 지금도 함경도, 중국 조선어(함경도 방언의 변종), 중앙아시아 고려말에서 널리 쓰인다. 『노한소사전』(1904), Tajshin"의 『노한사전』(1898)에도 실려 있다.

② 마우재(maudze, 13). =러시아인. 중국어 '毛子[máo-zi]'를 차용한 말. 사전에는 'yain'(=洋人), 'orasa(=아라사)'와 함께 올라 있다. 세 단어는 뜻이 다르다. '마우재'는 러시아인을 예사로이 또는 경멸적으로 이르는 말이다. '아라사(俄羅斯)' 역시 중국어를 차용한 말인데 한국 한자음으로 읽어 차용한 것이다. '마우재'와 달리 나라 이름이다. '야인(<양인)'은 본디 서양인을 뜻하는 말일 터인데 '러시아인'을 지칭하는 말로 쓰였다. 『노한소사전』(1904: 97)에서 '러시아'를 '양국'이라 하였다.

③ 밴셰(pyanʃe, 11). 만두의 일종. 중국어 '匾食[biǎnshí]'를 차용한 말. Tajshin"(1898: 27)은 '뱐시', 『철자 교과서』(1902), 『노한회화』(1904)는 '밴셰'라 하였다. 지금은 흔히 '밴세'라 하며 함경도, 중국 조선족, 중앙아시아 고려인 사회에서 널리 해 먹는다. ⇒Ⅲ부(권2, 1.2.2, 9) 음식).

④ 야바우(yabau, 1). 중국어 押宝[yābǎo]를 차용한 말로 속임수로 돈을 따는 중국 노름의 하나. 「俄領實記」(1920)에도 보인다.

⑤ 쥬재(ʧiuza, 1). =귤(橘). 중국어 '橘子'를 차용한 말. 흔히 '쥬우재'라 한다.

⑥ 쳬모단(ʧyemodan, 19). =트렁크(trunk), 러시아어 chemodan을 차용한 말.

⑦ 촨(ʦuani, 8). =배. 중국어 '船[chuán]'을 차용한 말. 일찍이 함북 지방에 차용되어 지금도 함경도, 중국 조선족 사회에서는 '배'를 '촨'이라 한다. 『同文類解』의 만주어에도 실려 있다. 일찍이 여진인이 차용해 쓰던 말이 함북 지방에 잔존한 것일 수도 있다(곽충구: 1986a).

⑧ 퉁재(tundzye, 1), 나무-퉁재(namut-xunze, 2). =물통. 중국어 '桶子[tǒngzi]'를 차용한 말.

⑨ 벙타이(pentaj, 13). =꿀. 표제어 Saxar"(=설탕)의 대역어로 제시되어 있는데 이는 중국어 蜂糖[fēngtáng](꿀)을 차용한 말이다. 벙탕+-이>벙타이[pəŋt^{h}ãi].

⑩ 화룬션(hoarunʃeni←hwaryunʃəni, 11). =기선(汽船). 중국어 '火輪船'을 한국한자음으로 읽어 차용한 말.

2) 신어 (번역차용 포함)

① 부술기(pusurgi, 20). 불술기(pursurgi, 2). =기차(汽車). 중국어 '火車'의 번역차용어. 계봉우는 「俄領實記」(1920)에서 이 신조어를 '우리말로 된 훌륭한 문명어'라 한 바 있다. '부술기'는 '불[火]+술기[車]'에서 'ㅅ' 앞의 'ㄹ'이 탈락한 합성어다. 두 어형이 모두 사전에 실려 있는 것으로 보아 함께 쓰였던 것으로 보인다. '술기(<술긔<*술귀)'는 '수레'의 함북 방언이다. 지금도 중앙아시아 한인들은 '불술기'란 말을 쓴다.

② 불술기-텀(pursur-gi-tomi, 2). =기차역. 예: 짐우 불수루지 터무루 시러 가거라(pursurutʃi temuru ʃiro kagera, 짐을 기차역으로 실어 가거라, 20). '텀'은 몇몇 명사 뒤에 붙어 '자리'나 '장소'의 뜻을 나타내는 말. 따라서 '텀'은 '터[基]'와 관련이 있을 듯한데 말자음

'ㅁ'을 설명하기 어렵다. 함북 지방에서 널리 쓰인다. 곽충구(2019a)에는 구리텀'(그네를 매어 놓은 곳) / 낚시텀'(낚시터) / 술기텀'(수레를 세워 두는 곳) / 화장텀'(화장터) / 후리텀'(후리질하기에 알맞은 곳) / 휴식텀'(휴게소)이 실려 있다.

③ 새줄간(sezurkani, 11, 20). =우체국. 특이한 신조어다. 역시 「俄領實記」에, "電報를 「쇠줄글」이라 하며 火車를 「불술긔」라 하는 等 語는 우리 國語의 新發明이니라" 하여 이 신조어의 출현을 特記하였다. '새줄(<쇠줄)'은 '電線'을 우리말로 옮긴 것이다. '電線' 속에 鐵絲가 들어 있어 그리 부른 것이다. '-간(칸)'은 본래 건물 안에서 주위를 둘러막은 하나의 공간을 이르는 말. 전선을 통해 소식이나 정보를 주고받는 일을 전신국이나 우체국에서 수행하였기에 '새줄간'이라 한 것이다.

「俄領實記」의 언급처럼 '쇠줄글'은 '電報'를 뜻하는 말인데 이 어휘집에서는 '뎐보'라 하여 한자어를 쓰고 있다. 예: 가졔 가거라 덴/뎐보루 새줄간에르(가져가라, 전보를, 우체국으로, 20). 새줄간엘 가거라(우체국엘 가거라, 20).

④ 문셰소이(munʃyesoj, 7). '동사무소'와 같은 행정기관을 말한 것으로 보인다.

⑤ 셔답-싯는 안깐이(ʃo dab-ʃinen ankani, 12). =세탁부(洗濯婦).
임-셕하는 안깐이(im-ʃok-ha-nïn ankani, 7). =여자 요리사(料理師).
여성들이 사회에 나가 전문적인 일에 종사하는 경우는 극히 드물던 때이므로 그 전문 직종의 여성을 나타내는 말은 없다. 러시아의 영향으로 사회가 서구식으로 변모하면서 새로운 직종이 생겨났을 터인데 그에 대한 명칭은 위와 같이 명사구로 되어 있다. '셔답'은 '빨래', '안깐이'는 '아낙네', '싯다'는 [洗], [濯]의 뜻을 지닌 육진방언이다. 'prachka(=세탁부)'를 '빨래를 빠는 아낙네'라 한 것이다. 또 kuxarka(여자 料理師)를 "임셕하는 안깐이"라 하였는데 '임셕'은 '음셕>읨셕>임셕'의 변화를 거친 육진방언형이며 '안깐이'는 '아낙네'의 육진방언이다. 이 어휘집이 나온 후에 간행된 『노한소사전』(1904)에서는 여자 요리사를 '다스포-안깐이'라 하였는데 '다스포'는 중국어 大師傅[dàshīfù]를 차용한 말이다. 이 말은 뒤바보의 「俄領實記」에도 수록되어 있다. 또 후에는 '뽀바리(povar+-이)'라는 러시아어를 차용하여 썼는데 중앙아시아의 한인들은 이 '뽀바리'라는 말을 쓴다.

⑥ 챠물-구루시(ʧamur-kurusi, 6). =냄비. '챠물'은 '차(茶)'의 육진방언. '차'는 차의 재료가 되는 잎이나 뿌리를 달이거나 우려낸 물이니 '차물'이라 하는 것이 온당하다. '냄비'를 '찻물-그릇'이라 하였는데, 러시아 한인들에게는 이 그릇의 용도가 주로 茶의 물을 끓이는 것으로 인식되어 그리 명명한 것이 아닌가 생각된다. 참고로 '냄비'는 19세기 문헌에 '남비'로 나온다. 이 '남비'는 일본어 'nabe[鍋]'에서 유래한 것으로 본다.

⑦ 앉는-사이(anïn-saj[sic.], 안락의자, 7), anen-sai[sic.](등받이 의자, 14). '앉는상(-床)'은 표제어 Kreslo(안락의자)와 Stul"(의자)의 대역어로 두 차례 나온다.[5] 이러한 형태의 의자를 지칭하는 고유어가 없어 조어를 한 것이다. 대역 한국어의 전사가 모두 불완전하다.

⑧ 어름고(orumkoi, 8). =빙고(氷庫). <어름[氷]+고(庫). '얼음고'는

5 사람이 앉거나 눕거나 음식을 올려놓는 기구는 모두 '상(床)'을 중심어로 삼고 조어를 하였다. 『노한소사전』(1904)에는 '먹는상이(식탁), 걸앉는상, 앉는상(걸상), 걸앉는긴상(벤치)' 등과 같은 복합어로 된 신어가 있다. 그러나 침상(Kojka)은 러시아어를 차용하여 '고이깨[kòyk'ɛ]'(<Kojka+-이)라 하였다(『노한소사전』(1904: 46).

lednik(빙고, 제빙실, 얼음 집, 냉장실)의 대역어인데 구체적으로 어떤 대상을 가리키는지 알기 어려우나 ‘얼음을 보관하는 창고’일 듯하다.

⑨ 셰지림이(ʃe ʧirimi, 8). =버터(butter). 쉐(<쇠)+지름(<기름)+-이>셰지림이. ‘버터’는 ‘우유의 지방을 분리하여 응고시킨 식품’이므로 이를 ‘셰지림이’라 하였다. 카잔 문헌은 ‘소’를 ‘쉐(ʃwe)’(<쇠)라 하였는데 이 사전에서는 활음 w가 탈락하여 ‘셰’가 되었다. 이 시기에는 ‘우유’를 ‘쉐졋’이라 하였으니 ‘쉐졋기름’이라 해야 하나 ‘셰지림이’라 하였다.

⑩ 주어기(ʦuogi, 9). =공[球]. cf. 주어기>줴에기. ‘주어기’는 지금은 ‘줴에기’라 하는데, 나물을 삶거나 데친 뒤 두 손바닥으로 물기를 짜서 공 모양으로 둥글게 뭉쳐 놓은 것. 또는 밥을 둥글게 뭉쳐 놓은 것. 용도나 기능은 다르지만 형태가 비슷해 ‘Myach’(=공)를 ‘주어기’라 한 것이다.

3) 새로운 제도, 문물 등에 대한 명칭

① ‘학교(Uchilishche)’는 기존에 쓰던 ‘셔당(syaday, 15)’이라는 말로 대치.

② 성냥(Spichiki)을 ‘셩뉴왜(syen-nyu-wa, 14)’라 하였으나 ‘셩뉴왜(<셕뉴황(石硫黃)+-이)’는 ‘잎성냥’이다. 함경도 지방에서는 흔히 10cm~20cm 정도의 겨릅대나 나뭇개비 끝에 녹인 유황을 발라 ‘셕뉴왜’를 만들었다. 성냥처럼 마찰로 불을 얻지는 못하고 다만 부싯돌을 쳐서 얻은 불씨 또는 화로에 담아 놓은 불씨에서 불을 붙여 불을 옮기는 데 썼다.

현재의 ‘성냥’은 러시아어로부터 직접 차용한 ‘비지깨’(Spichika+

-이)라는 말을 쓴다. 『노한소사전』(1904)에 '비지깨'가 올라 있다. 따라서 이 소사전이 간행될 무렵에는 이미 한인 사회에서 'Spichika'를 차용해 쓴 듯하다. 다만, 한국어 어휘 체계 속에 자리 잡지는 못했던 것으로 보인다. '비지깨'는 지금도 함경도, 중국 조선족, 중앙아시아의 고려인 사회에서 쓰인다.

③ 임셕간이(7): 표제어 kuxnya(부엌, 조리장)의 대역어. 함경도의 가옥구조에서 취사를 하는 공간은 '부수깨'와 부수깨에 이어진 '졍지구들'이다. 불을 때고 재료를 다듬는 일은 '부수깨'에서 하고 밥을 푸고 조리를 하고 만든 음식을 그릇에 담는 일은 주로 정지구들에서 한다. 따라서 러시아 가옥구조 처럼 취사를 하는 하나의 공간을 '임셕간'이라 명명한 것이다. 즉, kuxnya와 전통적인 함경도의 '부수깨'는 형태나 용도가 달랐기 때문에 '임셕간'으로 대역어를 삼은 것이다.

④ 뱃드이(patïj, 9): 등대(燈臺). '뱃등'은 '배[船]+ㅅ+등(燈)'의 어구성.

⑤ 등-잔이(taïn-zani[sic.], 8): 표제어 Lampa(남포)의 대역어.

⑥ 큰-방(kyn-bani, 5): 표제어 Zal"(=홀)의 대역어. 서양식 건물에서 볼 수 있는 홀(hall)을 '큰방'이라 한 것이다.

⑦ 문보이(munpoi, 5): 표제어 Zanavěs"(=커튼)의 대역어. 이는 '문(門)+보(褓)+-이'로 분석된다. 커튼을 '문 앞에 치는 보'로 인식하고 그리 명명한 것이다. 함북 지방에서는 '문발[門簾]'이라 하기도 한다.

⑧ Chernila(=잉크)를 '먹이(mogi, 16)'라 하였다. 『초급 교과서』도 그와 같다. 거기서는 잉크병을 '먹병새리'라 하였다.

⑨ Politsejskij(=경찰관)'을 '슌-금이'(ʃun-gïmi, 11)라 하였다. '순검(巡檢)'이란 말을 '경찰관'의 뜻으로 쓴 것이다. '슌검'은 조선 후기 지

방 관아에 두었던, 지금의 순경과 같은 관원(『표준국어대사전』).

⑩ 션수이(syonsuy, 15): 표제어 Uchitel'(=선생)의 대역어. '셔다-훈댜이(syoda-hundyay, 15)'가 함께 올라 있다. 션수이는 '션승(先生)+-이'를 전사한 것이다. '션승'의 '승'은 '生'의 字音이다. 학교 교사라는 뜻을 지닌 '션승(先生)'이 처음으로 러시아 문헌에 등장하였다. 곽충구(2019a)에는 '선상', '선싱이'(<선승이)가 올라 있다. cf. 산즘수이(산짐승이, 5).

⑪ 셔당아긔(syodanagï, 15): 학생. 이 소사전보다 1년 뒤에 간행된 『초급 교과서』에서는 남학생을 '셔당아', 여학생을 '셔당새애기'라 하였다.

⑫ 영사관(yensa-fan', 6), 영사(yensa, 6): 표제어 Konsul'stvo, Konsul"의 대역어. 두음법칙을 적용한 표기가 이색적이다. 이 무렵은 '령사관'이 일반적인 표기다. 연해주 한인(육진방언 화자)의 발음으로는 '녕사관'이다. 19세기 말 『國漢會語』(1895), 『독닙신문』(1896)은 '령사관'으로 표기하였지만 『每日新聞』(1898)은 '영사관'으로 표기하였다. 따라서 이 사전의 '영사관'은 내지의 중앙어를 차용한 것으로 보인다. 영사관의 '관'을 'fan''으로 전사한 것은 의문이다.[6]

⑬ 딥-커우대(tip-kaude, 7): 표제어 Kul'(=대형의 섬, 가마니)의 대역어. '가마니'는 일제강점기에 일본어 'kamasu[叺]'를 차용한 말이다. 이 어휘집이 간행된 1900년에는 '가마니'라는 말이 아직 차용되지 않아 '딥-커우대'라 한 것이다. '커우대'는 일찍이 중국어 '口袋[kǒudài]'를 차용한 말이다. 지금도 함경도나 중국 조선족 노인층

6 영사관의 '관'이 'fan''으로 전사된 것에 대해 Ross King(1991: 296)에서는 제보자가 '-kvan'의 'k'를 발음하지 않아 사전 편자가 v를 무성음 f로 들었을 것으로 추정하였다.

에서는 '麻袋'를 '커우대'라 한다. '딮-쟈르'라 하지 않은 것은 '쟈르'는 무명 천 따위로 촘촘하게 짠 '자루'이고 '커우대'는 굵은 삼실로 성글게 짠 자루이므로 '커우대'에 가깝다. 따라서 'Kul''을 '커우대'에 대응시킨 것이다.

⑭ 군부 차디 관(kumbu tsadi kwan, 11): 표제어 Ofitser"(=장교)의 대역어. '차디'는 '책임자', '지휘자'의 뜻이니 kumbu tsadi kwan은 '軍部의 지휘관'이 된다. '장교'가 언제부터 쓰이기 시작하였는지는 알 수 없으나 20C 초 한인들은 이렇게 '차디-관'이라 하였다.

⑮ 단술(tan-suri, 2): Vino(=포도주)의 대역어. 전통 土酒나 러시아의 보드카에 비해 도수가 낮고 당도가 높아 '단술'이라 한 것으로 생각된다. cf. 단수울-이'(사11).

⑯ 슌대(ʃunda, 6): 표제어 Kolbasa(=소시지)의 대역어. 형태적 유사성에 의거 소시지를 순대라 한 것이다. 내용물은 다르지만 돼지창자를 이용해서 만든 음식이라는 점, 생김새가 비슷하다는 점에서 순대와 소시지는 공통점이 있다.

⑰ 셰졋평재(ʃyedzë pyendza, 19): 우유병.

4) 화폐와 도량형

이민족과 교류, 교역, 접촉을 할 때에는 화폐나 도량형의 기구를 쓰게 마련이다. 19세기에 간행된 러시아 문헌에 의하면, 연해주 한인들은 러시아의 화폐나 도량형의 단위를 모국의 화폐나 도량형의 단위로 치환하여 불렀다.[7] 먼저 화폐 단위를 보기로 한다.

7 특히 『초급 교과서』(1901: 39-40)에 상세하게 소개돼 있다. 『노한회화』(39쪽)에서도 루블은 '냥', 10코페이카는 '돈'이라 하였다.

1 달러=иронъ(iron"=이론, 1원), 2 달러=йвонъ(ywon=이원, 2원) …,

1 루블=хан-няи(han-nyai=한 냥), 2루블=ту-няи(tu-nyai=두 냥) …,

1 코페이카(копейка)=хан-гырцэ(xon-gïrtse, 한 글째),

2 코페이카=ту-гырцэ(tu-gïrtse, 두 글째),

10 코페이카=яр-гырцэ(=хандонъ)(yar-gïrtse=handon"(얄 글째=한 돈)) ….

화폐 단위로 "원(元), 냥(兩), 돈, 글째"가 있다. 조선 말기에는, "1901년에 이르기까지 원(元)과 냥(兩)의 두 화폐 단위가 혼용되는 상태에 있었다. '1元=100錢=1,000厘'라는 화폐산식이 적용되고 있었다. 한편 민간부문에서는 엽전이 여전히 널리 유통되고 있었으므로, 주로 '1냥=10전=100푼'이라는 화폐산식이 그대로 사용되고 있었다."[8]

미국 달러화를 '원'으로 부른 점이 흥미롭다. 또한 당시 러시아의 기본 화폐 단위인 '루블'을 '냥'으로 부르고 있다. 그러나 그 아래 단위의 명칭은 중앙어와 다르다. 즉, 1/10 루블은 '돈'이라 하고 1/100루블 즉 1 코페이카는 '글째'라 하였다. 이 같은 화폐 단위는 지금도 중앙아시아 한인들 사이에서 쓰이고 있다. 중앙아시아의 한인들은 거주국의 기본 화폐 단위를 전통적인 용어를 써서 '냥'이라 한다. 예컨대 카자흐스탄의 화폐는 '탱게'인데 이를 '냥'이라고 한다.[9] 그리고 중국의 조선족 노년층에서도 이러한 표현을 쓰는 경우가 더러 있다. 중국 조선족 노년층은 중국 화폐 '錢'(元의 1/100)을 '글째'라 한다. '錢'의 가치가 하락하면서 '글째'는 '푼돈', '잔돈' 정도의 뜻으로 쓰이기도 한다. 예: 빋으' 다아' 데하구' 나니

8 화폐단위(貨幣單位)-『한국민족문화대백과사전』에서 인용.

9 중앙아시아 한인은 아래와 같이 우즈베키스탄 화폐 단위 '숨' 대신 '냥'을 쓰고 있다. "그저 어찌갯소. 뻰시(пенсия)랑 타구 사는 사름우느 여기 시장 돈으르 한 오백냥두 하고."(그저 어찌하겠소. 연금을 타고 사는 사람은 (부조를) 여기 지금 돈으로 한 500냥도 하고. 우즈베키스탄 타시켄트). 구술자는 500숨을 500냥이라 하였다.

한글'쨰두 없'다(빛을 다 제하고 나니 '한 글쨰'(한 푼)도 없다)(곽충구: 2019a). 이 밖에 길이나 무게의 단위도 역시 자국의 도량형 단위로 치환하여 불렀다.

5) 주요 어휘와 뜻풀이

가삭이(kazagi, 5). Zhalovan'ye(=보수, 월급)의 대역어. 「俄領實記」(1920)에 '새경'의 뜻을 지닌 '가삭'이란 말이 있다. 'kazagi'는 '家삯'일 것으로 생각된다.

간딤고기(kan-dim kogi, 13). Solonina(=소금에 절인 육고기)의 대역어. 곽충구(2019a)에는 동사 '간'딤하다'(=소금에 절이다)가 실려 있다. '간'은 '음식에 짠맛을 내는 물질'을 뜻한다. '딤'은 미상이다.

건주(konzu, 19). 널려 있는 것을 정리하거나 깨끗이 치우고 닦음. 예: 우래르 건주르 하여라(집채 주변을 청소를 해라, 19). 현재는 '건쥐'라 한다(곽충구: 2019a).

구묵셰져(kumugsyedzyo, 19). 굴뚝청소. '구묵'은 '굴뚝'의 방언. '셰져'는 '셰경(洗淨)'.

구새(kusa, 15). 표제어 truva(=관(管)/파이프)의 대역어. 대역이 적절하다고 보기는 어렵다. 구새는 속이 썩어서 텅 비거나 구멍이 난 통나무를 이르는 말. '구새먹다', '구새들다'와 같은 동사가 있다. 이전에는 이 구새로 굴뚝을 세웠기 때문에 '구새'는 '굴뚝'이란 뜻도 지닌다.

깨까자오(kakazao, 16). '깨끗하다'의 함북 방언. 중세 문헌 자료를 참고하면 '깨끗하다'는 '*곶곶-ᄒᆞ-'로 재구된다.[10] 어근 말음 'ㅈ'를

10 '깨까자-'는 '깨까재애서(깨끗해서), 깨까자니(깨끗하니), 깨까자구(깨끗하고)'로 활용

아직껏 보존하고 있다.

꽈꽈자다(kwakwazao, 16). '꽛꽛하다'의 함북 방언. '*꽞꽞-ᄒᆞ-'로 재구된다.

남밭이(nampati, 8). '나무밭'이 줄어든 말. 나무가 많이 들어선 곳.

노는게(donunge, 12). 표제어 Progulka(=산책)의 대역어.

놀온감이(doronkami, 6). 장난감. 표제어 igrushka(=인형, 장난감)의 대역어. '놀옴감'이 옳다. 곽충구(2019a)에는 '놀옴감', '놀음감', '노랑감'이 등재되어 있다.

놀우 백이다(doru-paginïnge, 4). 노를 젓다. 놀[櫓]+-으(대격조사) 백이다. Putsillo(1874: 48-9), Tajshin"(1898: 4)에 '노리(놀[櫓]+-이)'가 있다. '노르(노+-를) 젓다'의 '노르'를 '놀+-으(대격조사)'로 잘못 분석한 결과(誤分析) '놀'이 출현하게 된 것이다. 같은 예로 '높'(<높-으<뇨+-르, =모이)이 있다.

누기(dugi, 14). 치즈(cheese). 뻣뻣하지 않고 무르며 부드러운 기운을 '누기'라 하는데(곽충구 2019a), 이를 구체명사에 쓴 것으로 보인다.

니츠개(ditsïge, 5). 이쑤시개. <니[齒]+츠-+-개. '츠-'는 곽충구(2019a)에 의하면, "불필요하게 쌓인 물건을 파내거나 옮기어 깨끗이 하다. 똥 따위나 외양간의 두엄을 내다. 물길 따위를 만들기 위하여 땅을 파내거나 고르다. 이빨 사이를 쑤셔 음식 찌꺼기를 없애다." 등의 의미를 가진 동사다.

도방(tobay, 11). 표제어가 Okrug(=管區, Volost'의 상급 행정 구역)으로 되어 있어 Okrug(管區)를 지칭하던 말이었을 것으로 생각된다. 都

한다. 그 아래의 '꽈꽈자-'도 그와 같다. 이들 형용사의 재구는 곽충구(2013, 2019a)를 참고. Ross King(1991)에서도 '*곶곶이'를 재구한 바 있다.

房(?).

도소이(tosoy, 3). 표제어 Volost'(=面 정도의 행정구획 단위)의 대역어. 「俄領實記」(1920)에 의하면 연해주 남부 우수리 한인 사회에는 都所라는 자치 조직이 있었다. 연추에 南都所가 있었고 아지미에 北都所가 있었다. 이 도소에서 예하 여러 한인 마을을 관장하였다.

마개-쟈이(mage-ʧaj), 마개 파는 재이(magapanïnʧey, 12). 마개제조인. <마개장이.

마푸즈깐(mapuzïkan, 14). 가축도살장. 표제어 Skotobojnya의 대역어. <마(?)+푸줏간.

머리태(moritxa, 7). 중국인의 변발(辮髮). '머리태'는 '땋은 머리[編髮]'를 가리키는 함경도 방언이나 사전에서는 '중국인의 변발'을 지칭하는 말로 쓰였다.

멀기(borgi, 3). '물결, 파도'의 뜻을 지닌 명사.

바당-물이(padan-muri, 9). '바닷물'의 방언.

번개이(pongay, 2). 표제어 'Buxta'(=작은 灣)의 대역어. 푸칠로의 『노한사전』(95쪽)에 '번개'가 보이는데 '항구, 항만'을 뜻한다. 이로 보면 '번개이'는 '港灣'을 뜻하지 않았을까 생각된다. 그런데 『한글』(9-5, 조선어학회, 1941)의 「함북 경흥 방언」에서는 '번개'가 '늪'의 방언이라 하였고 또 함북 『北靑郡誌』와 함남 『永興郡誌』는 '호수'의 방언이라 하였다.[11] 따라서 좀 큰 늪을 '번개'라 한 것으로 보인다. 러시아 문헌과 국내 문헌의 뜻풀이가 차이를 보인다.

분슈(punʃu, 6). 표제어 Inzhener(=엔지니어, 기술자)의 대역어.

11 咸鏡南道 北靑郡誌 編纂委員會(1994), 『北靑郡誌』(改訂增補版), 480~488.
咸鏡南道 永興郡誌 編纂委員會(1989), 『永興郡誌』, 265~273.

붉운-무끼(purugun-muki, 9). 당근. '무끼'는 '무수(무)'의 주격형. '붉은무끼'는 함북방언.

삼추(samtsu, 6). 샘[泉]. 흔히 함북 지방에서는 '삼취, 삼췻물>삼치, 삼칫물'이라 한다. 삼추+-이>삼취>삼치.

생지(sen-dzi, 15). 행주. 본디 1음절이 저장조이나 전사에 반영되지 않았다.

셕납(syagnabi, 11). 표제어 Olovo(=朱錫)의 대역어로 되어 있으나 '주석'이 아닌 '땜납'이다. 문헌에, "鑞 납 랍 俗稱錫鑞(『訓蒙字會(初)』(中:15))",[12] "錫鑞 납(『同文類解』(下:23))"가 있다. 이 '鑞' 또는 '錫鑞'은 '납'과 '주석'의 합금인데 이를 '납'이라 부른 것이다. 이때의 '납'은 땜질에 쓰이는 '납'이다.

션표간(syen-pyo-kan", 6). 선표-간(船票간). 출찰구(出札口). 배표를 끊고 배를 타기 위해 나가는 곳.

셤되(ʃyemdoi, 10). 섬[島]. 표제어 Ostrov"(=섬)의 대역어. 곽충구(2019a)에 의하면, 중국 거주 육진방언 화자들은 두만강의 강 가운데에 있는 섬을 '셤도'라 한다.

소지(원서, 청원서, 12). 예전에, 청원이 있을 때에 관아에 내던 書面을 '所志'라 하는데 연해주에서도 쓰였던 것으로 보인다. 관련어 숑새(訟事), 관댱(官長) 등도 실려 있다.

손골목이(sonkormogi, 11). 고샅. <솔-[狹]+-은+골목+-이.

쇼텹이(ʃo-tyebi, 1). 작은 접시. 지금은 흔히 '쉐텹'이라 한다. 쇼텹(小楪)>쉐텹. '쉐텹'은 작은 것은 지름이 5cm 좀 큰 것은 10cm 남짓하고 운두가 거의 없어 그저 판판하다. 지금은 볼 수 없다.

---

12 錫 납 셕 俗稱花錫又賜也.

속전(ʃogʧoni, 16). 벌금. <贖錢.

수꾀, 진털밭(sukkoj, tsintorbatti, 2). 표제어 Boloto(=습지, 수렁, 소택지)의 대역어. '수꾀'는 '수렁'이다. 지금은 '스꽤, 수꽤, 쑤꽤'라 한다. '스꽤밭', '스꽤판'과 같은 합성어도 쓰인다. 한편 '진털밭'의 '진털(<즌털)'은 '진창'(땅이 질어서 질퍽질퍽한 곳)을 말하며 '진털밭'은 '진창'으로 된 넓고 평평한 땅을 이르는 말이다. 함북에서는 '즌털'이라 한다. 동북 및 육진방언에는 '즐->질-(전설모음화)'과 같은 변화가 없어 위 '진털'은 예외적인 존재이다. Putsillo(1874: 125, 645)에도 '즌터리'가 올라 있다.

슈끼(ʃuki, 7). 옥수수. 육진방언권의 경흥 등 일부 지역에서 '옥수수'는 '슈:/슈ㄱ'으로 어간이 교체된다. 모음 조사 앞에서는 '슈ㄱ', 자음 조사 앞에서는 '슈:'로 교체된다.

아젹-에(a-ʤɘ́(=yə)-ge, 15). 아침. 악센트 표지가 있다.

암고내(amkonye, 7). 암고양이. 본디 '암코내'이다. 『노한소사전』(1904), 곽충구(2019a)에도 '암'코내[ámkʰonyɛ]'로 실려 있다.

용잿돈/용잣돈?(ën zaton, 19). 용돈. 예: 용잣돈우 주오(ën zatonu ʦuo, 용돈을 주오). 곽충구(2019a)에 '용돈'의 뜻을 지닌 '용체', '용쳇돈'이 있다. '용잿돈'은 '용쳇돈'을 전사한 것일 가능성이 높다.

우티(utï, 10). 옷. 전형적인 북부방언이다.

쟉은-물이(ʧagnmuri, 11). 표제어 otliv(=썰물)의 대역어. 干潮 때 물이 빠져나가 물이 적어지기 때문에 '쟉은-물'이라 한 것이다. 육진방언의 '쟉다'는 [小], [少]의 의미를 모두 지닌다.

지닥이(ʧidagi, 3). 진흙. 『노한소사전』(1904)에도 실려 있다.

타래몯이(txaramodi, 2). 나사못. <탈-+-애+몯[釘]+-이. '탈-'은 '비틀다'의 뜻.

통싀(txonsïri tare onara=통사를 데려 오너라, 19). 통사(通事). 통ᄉᆞ+-이>통ᄉᆡ>통싀. 「俄領實記」(1920)에는 '통새(통사+-이)'라 하였다. 곽충구(2019a)에도 '통새'로 올라 있다.

햄이, 안쥬(hami, andʒu, 5). '햄이'는 반찬. 본디 1음절은 저장조이나 전사에 반영되지 않았다. cf. ᄒᆡ아미(푸271).

6) 난해 어휘

해독이 어려운 어휘가 있다. 여기에 몇 단어를 적어 둔다.

방젼이(pantʃoni, 13). Sad"(=뜰, 정원, 텃밭)의 대역어. 방전(房前)?

할 고우제(xal" gouze, 10). 농어의 일종.

잠자무시(tsamtsamusi, 12). Pshenitsa(=밀, 소맥)의 대역어.

강구(kangu, 5). Zaponka(=단추, 장식 못, 징)의 대역어.

2. 교과서

2.1. *Pervonachal'nyj uchebnik russkogo yazyka dlya korejtsev*(『한인을 위한 초급 러시아어 교과서』)

(러시아정교선교회, 카잔, 1901)

2.1.1. 교과서의 체재, 서문

2.1.1.1. 편찬 목적과 체재

이 책은 가로 11.8cm × 세로 16.1cm의 소책자로 러시아 극동 지역에 거주하는 한인 학생의 러시아어 회화 수업을 위한 교재로 편찬되었다. 카잔의 러시아정교선교회에서는 극동에 거주하는 한인 자녀의 러시아어 교육을 위해 두 권의 교과서, 한 권의 노한소사전을 간행하고 또 노일전쟁에 즈음하여 한 권의 회화서를 간행한 바 있다. 이 책은 1901년에 간행된 그 첫 번째 출판물이다.

속표지 상단에는 "Pervonachal'nyj uchebnik russkogo yazyka dlya korejtsev(한인을 위한 러시아어 초급 교과서)"라 씌어 있고 그 밑에 "Posobiye dlya razgovornyx urokov (Opyt) (회화 수업을 위한 교재 (시험적인))"라 附記되어 있다. 하단에 "Izdaniye Pravoslavnago missionerskago obshchestva(러시아정교선교회 출판)"이라는 구절이 있고 맨 하단에는 "Kazan', Tipo-Litografiya V. M. Klyuchnikova, 1901(카잔, 붸. 엠. 클류친

코프 석판 인쇄소, 1901)"이라 되어 있다.

책은 아래와 같이 구성되어 있다.

- 서문(pp. 1–21): 편찬 목적 · 과정과 교과서가 지닌 문제점을 말하고 이어 한국어를 전사하기 위한 문자를 제시하고 그 문자가 지시하는 음성 특징을 조목조목 설명한 뒤 마지막으로 한국어 제보자의 조음 특징, 이름과 거주지를 밝혔다.
- 본문(pp. 3–81): 회화 학습을 위한 '러시아어 단어 : 대역 한국어 단어'를 제시하고 그 단어를 활용하여 간단한 러시아어 구문이나 문장을 지을 수 있도록 하였다. 그리고 러시아어 문장을 일부 한국어로 번역해 놓았다. 그다음에는 용언의 접두 파생어 또는 명사 파생을 보이고 그러한 지식을 통해 러시아어를 학습하고 표현할 수 있도록 꾸몄다.
- 부록(pp. 82–84): 한국어 단어 표기의 몇 가지 오류(Někotoryya nepravil'nosti v" nachertanii koreyskix" slov"), 러시아 단어의 오식(Opechatki v" russkix" slovax").

이 책은 곽충구(1991/1994: 50), Ross King(1991d: 48–51)에서 간략하게 소개한 바 있다. 그리고 곽충구(1991/1994: 49–72)에서는 이 책의 한국어 전사문자를 제시하고, Putsillo(1874)의 『시편 노한사전』 및 역시 러시아정교선교회에서 간행한 『한인을 위한 철자 교과서』(1901), 『노한회화』(1904), 『시편 노한소사전』(1904)의 전사문자들과 대조하여 전사문자의 改廢, 자료의 성격에 대해 언급하였다. 곽충구(2004a, 2007)에서는 이 교과서의 한국어 전사 및 자료의 성격과 특징 등을 소개한 바 있다. 최근에는 러시아 어문학을 전공하는 분들이 이에 관심을 두고 서지와 표기를 중심으로 논문을 발표한 바 있다(한지형: 2016, 2017).

이 책은 19세기말 러시아 음성학의 일단을 보여 준다는 점, 한인을 위한 최초의 외국어 학습서라는 점, 카잔(Kazan')의 러시아정교선교회에서 출판한 최초의 한국어 문헌이라는 점, 19세기 후기 연해주 한국어에 대한 면밀한 관찰과 기술을 엿볼 수 있다는 점, 제정러시아에서의 초기 한국어 연구의 일단을 보여 주므로 국어학사의 관점에서 주목할 만하다는 점, 이후 카잔에서 간행된 다른 한국어 문헌과 대조하여 한국어 전사 체계의 변화 및 연해주 한국어의 다양한 변종 등을 살필 수 있다는 점을 고려하여 자세하게 살펴보고자 한다.

다음 절에서는 序文을 한국어로 번역하여 소개하고 또 本文 일부를 보여 이 책의 구성 및 내용상의 특징을 보이고자 한다. 그리고 이 책의 전사문자 및 전사상의 문제, 이 책의 한국어 방언의 성격 등을 간단히 언급하기로 한다.

2.1.1.2. 서문

서문(Predisloviye, pp. 1-21)

이 교과서는 우리나라 동쪽 변경의 블라디보스토크 인근에 사는 한인들에게 러시아어 학습용 교재를 제공할 필요성에 의해 편찬되었다. 試作의 모습을 띠고 있는 이 교과서는, 비록 원고가 이 교과서를 사용할 민족의, 다소간 넓은 범위의 대표자들의 읽기 과정을 거쳐 이루어졌지만, 이 교과서가 계획한 목표에 적합한 것인지 그에 대한 검증도 이루어지기 전에 소량으로 인쇄되었다. 너무 서둘러 일찍 인쇄에 부친 까닭은, 이 인쇄본이 어느 정도 부족한 점을 야기하기는 하였지만, 올해(1901) 카잔사범학교의 교육 과정을 수료하는 한인들에게 (*이 책을)[1] 제공하기 위한 바람에 말미암은 것이다. (*2쪽) 비록 불완전한 수업 교재지만, 그들의 동포인 한인들에게 러시아어에 대한 지식을 주고자 하는 그들의 노고를 덜어 줄 수 있을 것이다. 이 책의 임무는 회화 수업을 이끌어 갈 때의 선별된 단어들과 러시아어 예문을 교사들에게 제공하는 것이다. 이 책에 인용된 그러한 예문의 양은 결코 충분하다고 할 수 없다. 교사는 그 과에서 제공되는 모든 단어들에 대한 표현(제시한 것들과 유사한)을 교사 스스로가 선택해야만 한다. 낯선 외국어로부터 가져온 지식을 학생들에게 전달하기 위해서는 그렇게 (교사에 의해) 다시 주어지는 자료를 활용해야 하고 그런 후에라야만 그에 대한 숙달을 기대할 수 있다.

음성 표시와 관련하여, (*표기 문자의) 겉모습[外樣]의 관점에서 볼 때, 이 교과서의 출판은 인쇄기에서 가용할 수 있는 문자에 의존하였다. 시간의 부족, 사업의 참신성 (한국어 음성을 전사하기 위한 러시아어 문자의 활용과 같은) 그리고 새롭게 고안된 문자들이 부적합하거나 지나칠 수 있다는 우려로, 새로운 문자를 鑄造하여 사용하는 편의를 제공하지 못하고, 우리가 즉시 쓸 수 있는 것으로 만족하게 되었다.

대체로 이 교과서를 편찬하면서, 특별히 아래 음성 목록의 작성에는 아래 세 권의 책이 큰 도움이 되었다.

1) *Grammaire Coréenne et exercices gradués*—par les missionnaires de Corée de la société des missions étrangères de Paris. Iokohama, 1881.(『한어문전(韓語文典)』)
2) *Dictionaire Coréenne-français*. Составленъ ими же. Iokohama, 1880. (『한불ᄌᆞ뎐(韓佛字典)』)
3) *Manuel de la langue coréenne parlée*, à l'usage des français, par M.

1 [역자 주]: '*'로 표시된 단어, 문장, 음성기호는 모두 저자가 추가한 것이다.

Camille Imbault-Huart, Paris, 1889.(『불어 사용을 위한 한국어 구어 매뉴얼』)

위 세 권의 책과 또 생생한 발화에 대한 관찰을 통해서 제시된, 그리고 이 교과서에서 채택한 (한국어 전사에 쓰이지 않은) 예외들을 아우르는 음성들의 <목록>은 아래와 같다.[2]

А		а	[a]	Д		д	[d]	Џ		џ	[ʤ]
À		à	[ɛ]	Д		д	[d^{ʒ}]	З		з	[z]
Б		б	[b]	Йе	йе	е	[ye]	S		s	[dz]
Г		г	[g]	Йэ	йэ	э	[yə]	И		и	[i]
		ĭ	[^{y}]			n	[p’]	*Ц*		*ц*	[ts’]
Й		й	[y]	П‘		п‘	[p^{h}]	Ц‘		ц‘	[ts^{h}]
К		к	[k]	Р		р	[r]	Ч		ч	[ʧ]
К̄		к̄	[k’]			pљ	[ɹ]?	*Ч*		*ч*	[ʧ’]
К‘		к‘	[k^{h}]	С		с	[s]	Ч‘		ч‘	[ʧ^{h}]
Л		л	[l]	*С*		*с*	[s’]	Ш		ш	[ʃ]
		љ	[ʎ]	Т		т	[t]	Ы		ы	[ɨ],[ɨy]
М		м	[m]	Ť		ť	[t’]	Ы̀		ы̀	[ɨy]
Н		н	[n]	Т‘		т‘	[t^{h}]			*ы*	[^{w}ɨy=ʉy]
		нг	[ŋ]	Ђ		ђ	[t^{ʃ}]	Э		э	[ə]
		ң	[˜]	Т		т	[t^{ʃ}’]	Э̀		э̀	[e]
О		о	[o]	У		у	[u]	Ю	ю	ÿ	[yu]
Ò		ò	[ö]	ỳ		ỳ	[ü]	Йv	йv	v	[yü]ㅟ
Йö	йö	ö	[yo/ö]	Ў		ў	[w]	Я	я	ä	[ya/ɛ]
Йô	йô	ô	[yö]ㅚ	Х		х	[h]	Йâ	йâ	â	[yɛ]
П		п	[p]	Ц		ц	[ts]				

2 [역자 주]: [ ] 속의 음성기호는 저자가 추정한 전사문자의 음가이다.

소문자로만 표시된 음성은 어두 위치에 나타나지 않는다. 유일한 예외는 음성 л̇(연음화한 л)이다; 그 음은 어두에서 관찰되지만[3] 단지 폐모음(uzkimi glasnymi)들 앞에서만 나타나며 반드시 선행하는 자음이 연음이어야 한다. (p. 5.)[4] ‘ㅣ’ 모음 바로 그 자신에 의해 선행 자음이 연음화(구개화)되기 때문에, 이런 경우 교과서에서 음성 л̇은 л로 표시된다.[5] 이는 두 개의 동일한 л̇(혹은 긴 л̇)로 실현되므로, 그것을 표시하기 위해 동일한 문자 л의 중복 즉, л의 조합인 лл이 사용된다. 예:

Хабул–либури (15)[6] 홀이불. *[habuʎʎiburi] → [habul–liburi](홀이불)[7]
Ял–лäнги (40) 10 루블. *[yaʎ–ʎaŋi] → [yal–lyaŋi](열 냥)

그런데 음성 п(=강한 [п]=*[p’])는 소문자만으로 나타나는데, 왜냐하면 그 문자는 대문자를 가지고 있지 않기 때문이다. 소문자는 대문자 대신에 사용된다. 예: пами(*p’ami) (3) 뺨. (p. 6.)

위 <목록>에는 59개의 기호가 포함되어 있는데, 독립된 개별 음성들이거나 그 음성들의 조합을 나타낸다. 이러한 음성들의 많은 부분은 아

---

3 [역자 주]: ‘л̇’은 구개화한(연음화한) [l^y=ʎ]이다. 이 음성은 뒤에 보인 예 ‘habuʎ–ʎiburi(=하불+니불)’, yaʎ–ʎaŋi(=얄 냥[十兩])의 [ʎ]인데, ‘니불’, ‘냥’의 어두 ‘ㄴ’이 유음화(n → l=ʎ/__i, y)에 의거 l[=ʎ]이 된 것이다. 따라서 음성 ‘л̇(=ʎ)’이 ‘어두’에 위치하는 것은 아니다.

4 다음 행이 시작되는 原典의 쪽수를 표시한다.

5 [역자 주]: i와 같은 폐모음은 그 자신이 軟音이기 때문에 선행하는 자음도 軟音化된다는 말. 폐모음 ‘i, y’ 앞에서 l은 구개음 ʎ로 실현되므로 즉, 자동적으로 예측이 되므로 ‘л̇л̇(=ʎʎ)’은 ‘лл(=ll)’로 표기한다고 한 것이다.

6 키릴문자로 전사된 단어 뒤 괄호 안의 숫자는 그 단어가 출현하는 교과서의 쪽수를 가리킨다. 라틴 문자들로 전사된 단어 뒤의 숫자들은『한불ᄌᆞ뎐』안의 페이지를 가리키며, 기호 ” “는 앞 쪽수와 같다는 표시이다.

7 [역자 주]: ‘*’는 원문의 이해를 돕기 위해 저자가 삽입한 내용임을 표시.

직 실제로 적용되지 않았는데 앞으로 필요한 경우를 위해 <목록>에만 남겨 둔다. 왜냐하면 동등한 기호들이 위에서 언급한 『한어문전』에서 발견될 수 있기 때문이다. 그 책의 XXII 쪽에는 아래의 음성 기호 조합들이 씌어 있는데 이 책에는 그것들의 어느 것과도 일치하는 음성이 없다.

『한어문전』		목록
YAI	[*yε=ㅒ]	Йâ йâ â
EUI	[*ɨy=ㅢ]	ы̀ ы̀
YOI	[*yö/yoy=ㆉ]	Йô йô ô
YOUI	[*yü/yuy=ㆌ]	Йv йv v

그러나 ă, ȁ로 표시되는, 같은 책(『한어문전』) 안의 음성 기호 Ă(XXI 쪽), ĂI(XXII 쪽)는, Ă, ĂI에 의해서 표시되는 음성들과 A, AI(=교과서 안의 a, à)에 의해서 표시되는 음성들이, 만약 동일하지 않다면, 가능한 근접한 同等性이 있을 것으로 보고 <목록>에는 등가적인 기호를 남기지 않았다.[8] (p. 7.)

동일하게, ўa[*wa], ўà[*wε], ўэ[*wə][9], ўэ̀[*we]에 의해서 표시되는 음성기호 OA, OAI, OUE, OUEI(같은 책)에 대한 등가의 음성기호를 <목록>은 포함하지 않는다. 이 다섯 문자들의 각각은[10] 이러한 조합들의 밖에서 나타나니[11], <목록>에 한 단위로서 그것들을 포함시킬 필요가 없고,

---

8 [역자 주]: Ă, ĂI와 A, AI의 음가가 동등하거나 아주 비슷할 것으로 생각되어 Ă, ĂI의 음가를 나타내는 음성기호를 따로 제시하지 않았다는 말. 『한어문전』의 ă, Ă는 'ᄋᆞ', ȁ, ĂI는 'ᄋᆡ'의 문자전사이다. 『한어문전』이 간행될 당시의 'ᄋᆞ'와 'ᄋᆡ'는 그 음가가 [a]와 [ε]이니 Ă, ĂI와 A, AI는 그들 음이 等價이다.

9 [역자 주]: 'ㅝ'는 'ўo'로 전사된 경우도 있다. 예: кэдэц'иўopa(거두어 치워라, p. 74).

10 [역자 주]: ў, a, à, э, э̀.

11 ў에 대한 예로는 아래 단어를 들 수 있다.

그것들의 구성소를 보여 주는 것만으로도 충분하다. 하나의 유사한 분석이 Йэ, Йö의 글자 조합에도 적용될 수 있는데 여기에서는 그렇게 하는 것이 편리하지는 않다. 왜냐하면 음성기호 э, ö는 어두에서는 활음([y])이 없이는 나타나지 않기 때문이다. 그리고 그래서 그것들은 선행하는 й 없이, 그것이 동반되지 않은 형태로는 독자들에게 친근하지 않다. 따라서 (가장 중요하게) 조합 Йэ, Йö는 분리할 수 없는 온전한 하나의 문자인 Ю, Я와 부합한다.[12]

한국어 정서법의 예에 따른 모든 모음은[13] <목록>에서 4가지 유형으로 나타난다.

a *ㅏ	à *ㅐ	ä *ㅑ	â *ㅒ
э *ㅓ	э̀ *ㅔ	ӭ *ㅕ	e *ㅖ
o *ㅗ	ò *ㅚ	ö *ㅛ	ô *ㅙ
y *ㅜ	ỳ *ㅟ	ÿ *ㅠ	ŷ *ㅞ

왼쪽으로부터, 각 열에 배열된 문자들을 연속해서 발음하면 口腔이

саўы (9) 사위
kўанчаўы (29) 삽(лопата)
그리고 다른 예로서,
adыри (8) 아들
àби (" ") 아비
эргури (3) 얼굴
э̀ми (8) 어미

12 [역자 주]: Йэ[yə], Йö[yö]는 'э, ö'가 독립적으로 쓰이지 않고 Й와 어울려 쓰이는 이중모음이라는 점에서 같은 이중모음을 나타내는 Ю[yu], Я[ya]와 부합한다는 말.

13 [역자 주]: 제시한 모음의 배열 순서는 한글 자모의 배열 순서인 'ㅏ[a], ㅓ[э], ㅗ[o], ㅜ[y]'를 따른 것이라는 말. 이 배열 순서에 따라 모음을 발음하면 개구도가 점점 좁아진다.

점차 좁아진다. 문자 à, э̀, ò, ỳ는 악센트 음절을 표시하는 것이 아니다. 강세 부호(*모음 위의 [`])는, 인쇄 시 윗점([˙])이 없었기 때문에 그 윗점 대신 사용된다. 문자 *э*, e는 그와 같은 고려 없이 채택되었다. *Э*는 й(*[y])가 없는 러시아어 ё를 지시하고 e는 같은 식으로 й가 없는 러시아어 e를 지시한다.[14] 예를 들면,

> им-нэги(*im-nyəgi<ip-yəgi) (4) 입술
> педà(*p'yedɛ) (6) 뼈대
> (p. 9.)

어두에서 이러한 음성(*[yə], [ye])이 항상 나타나게 되면 그 때는 й*э*, йe를 쓴다. 예: "й*э̄*кури[15](*=yək'uri) (5) 옆구리", "йешуни(*=yeʃuni) (36) 60". 문자 *ы*는 y(*[u])를 조음할 때 필요한 입술과 혀 모양으로 발음되는 음성 ы를 나타내기 위해 도입되었다.[16]

가장 뚜렷한 예는 단어 "сабаг*ы* (15) 목이 긴 구두" (카잔사범학교 한

14 [역자 주]: '*э*', 'e'는 다른 표기 문자와 달리 글자 위에 보조부호가 없다. '*э*'는 이중모음 [yə]를 전사한 문자인데, [yə]는 어두 위치에서는 'й*э*'로, 자음 뒤에서는 '*э*'로 전사되었는바, 위 문장은 그 사실을 말한 것이다. 즉, '*э*'는 'й(=y)'를 드러내지 않았다는 점에서 러시아어 자모 ё[=yə]와 같다는 점을 말한 것이다. 부연하면, 전사문자 '*э*[=yə]'와 러시아어 자모 ё[=yo]는 둘 다 활음 [y]를 내재하고 있지만 활음을 나타내는 문자 й가 없다는 말. 이러한 전사는 교과서 본문 안에서 많이 발견된다. 예: Сунгн*э*ни=숭년(凶年), Ђўд*э*н=쥬뎡(酒酊), Ђ*э̄*ком=져꼼(조끔), Т*э*=뎌(저), Шòд*э*ы=쇠뎟-으(쇠젖=우유-를), Мой*э*гы-хаги=목욕하기, модум*э*нше=모두면셰(모으면서) ….

15 [역자 주]: йэ-는 й*э*-가 되어야 한다. 오식이다.

16 [역자 주]: 러시아어의 'ы'는 단모음이지만 한국어 이중모음 [ɨy] 또는 [ɨ]를 전사하였다. 하나의 문자로 두 음을 전사한 것인데 과도가 짧은 [ɨʸ]와 [ɨ]를 동일한 음성으로 이해한 결과이다. *ы*는 [ɨy]의 핵모음 [ɨ]가 원순성을 가진 [ʉy]를 전사한 것이다.

(韓) 씨의 발음). 예로서 아래 단어들을 더 보일 수 있다.

йэмт‘*ы* (6) 염통 [=*yəmt^{h}ʉy, =염튀<념튀<념통+-이]

казынд*ы* (13) 게으름뱅이 [*kazɨŋdʉy, =가중뒤<가중둥이]

танч*ы*[17] (16) 단추 [*tanʧ^{h}ʉy, =tanʧ^{h}ʉy<단춰tanʧ^{h}uy<단츄+-이]

ўэнд*ы* (19) 완두(豌豆) [*wəndʉy, =원뒤<원두+-이]

тарг*ы* (20) 딸기 [*targʉy, =달귀]

п‘арг*ы* (26) 썰매(*발구) [*p^{h}argʉy]

наг*ы* (27) 나귀 [*nagʉy]

kамаг*ы* (31) 까마귀 [*kamagʉy]

н*ы* (37) 뉘(한뉘=한세상, вѣкъ) [*nʉy]

*с*араг*ы* (41) 등에(=мошка) [*s’aragʉy]

хўанд*ы* (43) 환도(環刀) [*hwandʉy, =환뒤<환되<환도+-이]

пуранг*ы* (” “) 대포(大砲) [*puraŋgʉy]

(p. 10.)

몇몇 단어에서, 선행하는 모음에 부가되는 아주 짧은 (활음) и의 존재를 확인할 수 있다. 그러한 и를 표기하기 위하여 부호 ĭ를 사용한다. 이 음성은 짧게 발음되는 소리인데, й(=[y])를 통해서 표시되는 유사한 자음과는 다르다.[18] ĭ의 예:

цоĭ (19) 조[粟] [*=ʦo^{y}]

---

17 [역자 주]: ‘танч‘*ы*’가 옳다. 이 책에서는 경구개음으로 조음되는 한국어 ‘ㅈ, ㅉ, ㅊ’을 대부분 ‘ч’로 전사하였다.

18 [역자 주]: 전사문자 ‘ĭ’는 짧게 발음되는 활음 [^{y}]를, 문자 ‘й’는 활음 [y]를 전사한 것이다. 미세한 음성차를 전사에 반영한 것이다. 교과서 편자들은 [y]를 자음으로 보았다.

п‘aĭ (21) 파[蔥] [*=p^{h}a^{y}]

чуĭ (27) 쥐[鼠] [*=ʧu^{y}]

кўĭт̯ури (42) 귀뚜라미 [*=kü^{y}t’uri]

й의 예:

цай (40) 자[尺](аршинъ) [*=ʦay]

т̯ай (44) 땅 [*=t’ay]

문자 ў는 같은 방식으로 활음임을 표시한다. 음성 a, á[19], э, э̀, ы로 표시되는 그러한 모음들과 결합한다. 예는 다음과 같다:

kўандипе (3) 광대뼈 [*관디뼤]

шўàширà (29) 쇠스랑(грабли) [*쇄시래(ʃwɛʃirɛ)]

иўэни (48) 의원(醫員) [*이원이<의원이]

kўэ̀т‘ö (” “) 콜레라 [*궤퇴<괴통(怪痛?)+-이]

또 위에 제시한 단어들뿐만 아니라:

саўы (9) 사위 [*사위]

kўанчаўы[20] (29) 삽 [*광쟈위]

(p. 11.)

러시아어와 달리, 한국어 음성 목록에는 강한 무성음(*이하 ‘된소리’

19 [역자 주]: ‘á’가 아니라 ‘à’이다.

20 [역자 주]: 중국어 ‘鋼鍬[gāngqiāo]’를 차용한 말. Putsillo(1874: 191)에 ‘광창위’로 올라 있다. 지금도 함북 지방에서 널리 쓰인다.

라 함)을 나타내는 문자들이 들어 있다. 이러한 된소리를 나타내는 문자들은, 보조부호 없이 쓰이는, 동일한 음성을 나타내되 단지 약한 무성음(*=평음)의 문자들과 몇 가지 특징에서 구별된다. 이 간행본을 인쇄하는 과정에서 문자의 선정이 불충분하게 이루어져, 모든 그러한 음성들을[21] 동일한 요령으로 나타낼 수 없었다. 된소리를 다음과 같은 기호로 표시한다: к̄, т̆, n([=p']), *с*, т, *ц*, *ч*.

이 음성들이 러시아어에서 겹자음으로 표시되는 것과 近似하다는 점에서, 이 음성들을 겹자음으로 써야 할지 된소리를 표기하기 위한 별도의 글자꼴을 도입해야 할지 또는 반대로 된소리를 나타내는 각 글자 대신에 겹자음을 써야 할 것인지에 대한 의문이 생긴다. 이는(=*겹자음 사용) 앞서 이 서문의 앞머리에서 언급한 세 권의 프랑스 책에서 사용된 방법이다.

그러나 된소리는 겹자음에 의해서 표시되어야 할 만큼 충분한 긴장성을 지니고 있지 않다. 이 교과서에서는 된소리를 표기하기 위한 독립된 문자(*к̄, т̆, n, *с*, т, *ц*, *ч*)들과 겹자음(*кк, тт, пп …)을 둘 다 사용할 것이지만, 이것이 실제 상황에서는 어느 정도까지 요구될지는 단정하기 어렵다. '동사류'라고 제목이 붙은 課에서는 독립된 문자들이 된소리 표기에 전적으로 사용되며 겹자음은 일체 쓰이지 않는다. 이러한 표기의 불일치는 결국 일관성을 결여한 셈이나 두 가지로 전사한 음성 사이의 근접성(유사성)을 고려하여 나중에 개발된 課에서는 허용되었다.

아래는 『한불ᄌᆞ뎐』에 전사되어 있는 단어의 예를 들어 된소리, 무성 평음, 유성음을 나타내는 데 사용되는 문자를 보여 주고자 한 것이다.

---

21 새 문자들의 선정에서, 각각의 문자 위에 보조부호 ⌒ 를 쓸 수 있다.

교과서	『한불ᄌᆞ뎐』
К̄оди (19) 꽃 [*k'odi]	Kkotsi (195).
Караги (5) 가락 [*Karagi]	Karaki (133).
Моги (3) 목 (p. 13.) [*mogi]	Moki (248).
Моги (3) 목 (p. 13.) [*mogi]	Moki (248).
поми (40) (¼)[22] [*p'omi]	Ppomta (333).
Пан-гыни (39) 반 근(半 斤) [*pan-gɨni]	Pani (298).
Иби (4) 입 [*ibi]	Ipi (41).
*С*оги (42) 쏘다[*벌이 ~] [*s'ogi]	Ssota (430).
Сарыми (3) 사람 [*sarɨmi]	Sarămi (376).
Козун-дочи[23] (30) 고슴도치 [*kozun-doʧi]	Kosyountottchi(195).
Т̆ы (15) 띠[帶] [*t'ɨy]	Tteui(476).
Ту̀тты (3) 목덜미 [*tüt'ɨy]	Toui (499).
Сады (5) 등(снина) [*sadɨy]	Sateungi (370).
T	
Ђянсэ-куни (10) 장사꾼 [*tʃyaŋse-kuni]	Tyangi (464).
Пудӓ (54) 부자 [*Pudʒya]	Poutjya (350).
*Ц*аги (16) 짜다[織] [*ʦ'agi]	Ttjata (530).
Цаги (25) 자다 [*ʦagi]	Tjata (" ").
Пàзà[24] (" ") 바자울 [*pɛʣɛ]	Patjăi (308).

22 [역자 주]: 'поми(=뽐)'은 '뼘'의 방언. 이 '뽐'을 '¼'이라 한 것은, 한 뼘은 약 18cm로 이는 1아르신(аршин)의 ¼에 해당하는 길이가 되기 때문이다.

23 음성 'з[z]'는 카잔사범학교 학생 정(鄭) 씨의 발음이다.

(p. 14.)

Ч

*Ч*уĭ (27) 쥐 [*ʧuʸ] Tjoui (579).

Tàцä (10) 대장장이 [*tɛʤyɛ] Taitjangi (452).

위에 보인 유성자음에 대해 말하자면, 한국인들은 이런 유형의 **불변(不變)**의 음(*postoyannyx* zvukov)을 가지고 있지 않다.[25] 만약 그 유성자음들이 나타난다면 그것은 정해진 조건 하에서이다. 예를 들면, 모음들 사이 또는 н(*=n)과 하나의 모음 사이에서이다(후자의 경우는 항상 그런 것은 아니다). 변화의 조건에서, 모음이 제거되거나 혹은 유성자음에 선행하는 н(*=n)이 제거될 때 문제의 그 유성음은 무성의 평음으로 바뀐다.[26] 예:

	ту⁻дони (39) 20 코페이카,	[*tu⁻doni]
	тон⁻бани (" ") 15 코페이카,	[*ton⁻bani]
	шин⁻дари (5) 넓적다리,	[*ʃin⁻dari]
	тари (3) 다리[脚],	[*trai]
그런데,	сон⁻караги (5) 손가락,	[*son⁻karagi]
	караги 손가락	[*karagi]

(p. 15.)

24 이 교과서는 다른 발음 пàзà[*pɛzɛ]를 취한다.

25 [역자 주]: 한국어에는 유성음이 음소로서 존재하지 않는다는 말. 아직 음소 및 변이음의 개념이 확립되지 않은 시기이므로 이런 용어를 썼다.

26 [역자 주]: 모음과 모음 사이 또는 н(=n)과 모음 사이의 유성자음이 유성음 환경이 소거되면 무성음이 된다는 말. 즉, tu⁻[don]i(두 돈)의 'd'는 [ton]⁻nani(돈 半)에서는 't'가 되고 ʃin⁻[dari]의 'd'가 [tari]에서는 't'가 된다는 말. 그러나 son⁻karagi와 karagi에서는 그런 변화가 없다는 말. 요즘처럼 무성 평음이 유성음 사이에서 유성음화한다는 기술을 하지 않은 것은 아직 음소, 변이음 등의 개념이 확립되지 않아서이다.

문자 s는 하나의 음으로 융합된 음성 дз[*=ʣ]를 나타내기 위하여 채택되었다. 다시 말하면, s는 유성음화한 ц[*=ʦ]이다.

예 хабунsа (12) 혼자, [*habunʣa]

т'анsà (15) 담요, 모포(одеяло). [*t^hanʣɛ]

문자 Т Ҧ Д는 軟音化한 Ť Т Д를 나타내기 위하여 채택되었다. 그 문자들은 그 뒤에 아주 미약한 쉬 소리가 나는 附加音을 갖는다(Т, Ҧ는 부가음 ш[*=ʃ], Д는 부가음 ж[*=ʒ]를 가짐). 이 부가음은 Ť Т Д와 한 덩어리로 융합한다. 그렇지만 그 부가음은 ч, ч, џ 계열에서 관찰할 수 있는 것처럼 선행하는 치음을 가릴 정도로 그렇게 강하지는 않다. 만약 Ҧ가 역시 연음화한 Ч[*=ʧ]의 형태로 들리면, 여기서 음성 Ҧ의 구성 요소인 연음화된 Т를 판별해 내기가 어려운데, 음성 Д의 경우에는 치음이 주된 소리이고 부가음 ж는 단지 쉬 소리 음의 색채를 띤다.

이러한 음성들에 대한 가장 분명한 예로 "Пудä Ҧäнсэ[*pud[ʒ]ya t[ʃ]yaŋse] (54) 부자 장사꾼"이 있다. 그 음은 한(韓) 씨의 발음에 따라 기록된다. 치음들과 그 쉬 소리가 나는 부가음 ш ж의 약화가 명확하게 표현된(발음된) 것에 대해서 여기서는, 쉬 소리의 자음들을 표기하기 위한 통상적 기호 즉, 문자 ч, Ч, џ의 적용을 배제하였다.[27] (p. 16.) 여기서 논의한 문자 Т, Ҧ, Д는 연음화한 Ť Т Д와 온전한 쉬 소리인 ч, Ч, џ 사이의 중간적 성격을 지니고 있는 음을 지시하여야만 한다.

남아 있는 자음들을 대립적 관점에서 보면, 그 자음들은 세 가지 형태로 나타나는데, 음성 ш(*=[ʃ])는 홀로 쓰이는데, 왜냐하면 한국어에는 ж

27 [역자 주]: 분명한 [t[ʃ]], [d[ʒ]] 발음은 џ[ʤ], ч[ʧ]로 표기하지 않는다는 말.

(*=[ʒ])음이 존재하지 않기 때문이다. 그리고 'ш의 된소리'(*=[ʃ']) 의 존재는 아직 설명되지 않았다. 아마도 이는 음성 ш가 독립적인 것이 아니고[28] 단지 c를 대치한다는 사실에 의해서 설명될 수 있을 것이다. 몇 단어에서 c 대신에 ш를 대체할 수 있다.

예 си-дуги(*[s'i-dugi]) (20, 씨 뿌리다)와 더불어 ши-дуги(*[ʃ'i-dugi])라고 말한다.

сунгнэни(*[suŋnyəni]) (49, 흉년)과 더불어 шунгнэни(*[ʃuŋnyəni])라고 말한다.

сигунгэ̀(*[siguŋge]) (61, 시다[酸])와 더불어 шигунгэ̀(*[ʃiguŋge])라고 말한다.

기호 [']는, 문자 k п т ц ч 뒤에 놓이며, 이 다섯 음 각각의 뒤에서 x와 유사한 부가음(附加音, =*[+유기성]의 징표)을 나타낸다.

k'ынгэ̀(*[kʰɨŋge]) (7) 큰,

п'ари(*[pʰari]) (3) 팔[腕],

т'ок̄и(*[tʰok'i]) (30) 토끼,

(p. 17.)

ц'амä(*[tsʰamɛ]) (20) 참외,

ч'àмири(*[ʧʰɛmiri]) (19) 밀[小麥].

그 밖에 음성 н(*=[n])는, 러시아어에서는 통상적으로 쓰이지만, 한국인들이 발음하는 н는 (항상 그런지 또는 그렇지 않은지 분명하지 않은

28 [역자 주]: 현대 음운 이론으로 말하면, 'ш[ʃ=š]'는 음소가 아니고 변이음이라는 말.

데) д에[29] 가깝다. 한국어에는 이러한 유(類, *=비음)의 다른 음이 있는데 그 음은 문자 нг(*=[ŋ])로 나타낸다. 이 음성은 아래 단어들에서 보인다.

Таӈшини(*[taŋʃini]) (11) 당신	Tangsini (459),
тоӈи(*[toŋi]) (34) 동(東)	tong (487).

тоӈи와 유사한 단어들에서, 음성 нг는 그 뒤에 и가 놓이면 이 и는 нг과 결합되지 않는데(음절 ни에서 볼 수 있는 것처럼 그렇게), 그 어떤 연음화(구개화)도 허락되지 않는 음성 нг의 특별한 성질 때문에 결합되지 않는 것이다. 그래서 음성 и는 언제나 нг과 따로 분리되어 들리는데, (p. 18.) 오직 нг의 발음이 이미 끝났을 때 그렇게 분리되어 들린다.[30]

문자 ң은 선행하는 모음에 동반되는 비음성의, 위에 덧놓이는 음(носовой пазвукъ)을 지시하기 위하여 채택되었다. 예:

пуңэ(*[pũe]) (32) 붕어(карась),	pounge (342)
шуңэ(*[ʃũe]) (" ") 숭어(беленкасъ[31]),	syounge (443)

기호 л̆(연음화한 л)과 рл̆에 대한 설명에 앞서, 이들 기호에 의해서 표시되는 음성들은 정(鄭) 씨의 발음에서 주목되었다는 사실을 기록해 둔다. 음절을 종결하는 р(=[r]) 대신에 (교과서의 읽기에서), 그는 рл̆, л̆ 음

---

29 "ныби (9) 누이"는 거의 дыби처럼 발음된다, "нэ (11) 너"는 дэ와 가깝게 발음된다. [역자 주] 앞의 여러 문헌에서 이러한 동시조음 기술 내용을 수차례 본 바 있다.

30 [역자 주]: 육진방언을 포함한 여러 방언에서는 'ㅣ' 모음 앞의 'ㅇ[ŋ]'은 선행하는 모음을 비음화한다. 때문에 'ㅇ'이 'ㅣ'모음과 결합될 수 없다고 한 것이다.

31 [역자 주]: 이 러시아어 단어는 사전에서 확인이 안 된다. 참고로 '숭어'는 러시아어로 кефаль.

을 가지고 있었다. 이는 아래 단어들에서 생성되는데, 정 씨의 발음에 따라 기록되었다.

паколтà	밭고랑 (21),
курлгунгэ̀	굵다 (" "),
сырлги	쓸다 (22),
мäндырлги	만들기 (" "),
курлмуги	굴뚝 (23),
эрлгэнц'à	어레미 (24),
калги	가루 (24),
нарлынгэ̀	낡다 (" "),
марлтä	말뚝 (25),
(p. 19.)	
марл-кани	마구간 (25),
мурл-шэӊмà	물방아 (" "),
марл-шеги	말혁(повод) (26),
марл-пàЎа	말 뱃대끈 (" "),
мал-ц'à	말채찍 (" "),
йэрлги	열다 (27),
мурл-мэгиги	물 먹이다 (28),
мурлги	물다 (" ")
пуЎурлги	붙들다 (" ", 82),
илbун	일본,
пидурлги	비둘기 (28),
цàмäктирл-hаги	자맥질하다 (29),
налги	날다[飛] (" "),

<목록>에 수록된 전사문자 가운데 설명되지 않은 채로 남겨진 문자들은 러시아어에서 읽히는 대로 읽힌다(x와 같은 약간의 문자들이 그러한데 러시아어와 얼추 같다).

마지막으로, 이 교과서는 4명의 한인들의 노고 덕분에 그 모습을 드러내게 되었다는 사실을 말해 둔다. 모두 카잔사범학교의 학생들로서, 야코프 안드레예비치 김(金), 모이세이 파블로비치 량(梁), 미하일 바실리예비치 명=정(鄭) 그리고 표트르 옐리세예비치 한(韓)이 바로 그들이다. 앞의 3명은 올해(1901년) 그들의 교육 과정을 수료하였으며 동쪽 고향으로 돌아갈 것이다. 그들의 출발에 대해서는 이 서문의 앞머리에서 이미 언급한 바 있다. 3명 모두 연해주 관구(область), 남우수리 지구(округ), 포시예트 구역(участок), 얀치힌면(面, волость) 출신으로 김(金) 씨는 자레치야 마을, 량(梁) 씨는 나고르노예 마을, 정(鄭) 씨는 크라스노예 마을 출신이다. 한(韓) 씨의 고향 지신허 마을은 포시예트 구역에 있지만 다른 면(아지미면)에 속해 있다. 이러한 정보는 이 책의 한국어 단어와 표현이 어느 지역에 속하는 말인지를 알려 주기 위해 제공하는 것이다. 량(梁)의 발음은 이 책의 토대로서 수용되었는데, 폐음절 말에서 pл̇와 л̇음이 결핍되어 있다는 점 – 절대적인 것은 아니지만 – 에서 구별된다. 량 씨가 졸업을 앞두고 시험이 다가옴에 따라 시간이 모자라서, 인쇄를 위한 원고의 막바지 준비 단계에 학생 한(韓) 씨를 참여시켜야만 했다. (p. 21.) 그의 발음은 교과서에 여러 한국어 단어를 기입하는 데 도움을 줄 수 없었으며 “Пудä (54) 부자”, “тàдэп-хаги (18, 82) 대접하기, тàдэбу (77)” 및 문자 *ы*를 도입하는 계기가 되었다.

2.1.1.3. 교과서 본문

분문은 크게 두 부분으로 나뉜다. 전반pp. 1~49)는 사람, 머리, 다리,

수사, 친족명칭, 직업, 신체 등 類別로 어휘를 제시하거나, 어휘를 제시하고 하단에 그 러시아어 어휘들을 이용한 러시아어 표현들을 제시하였다. 후반(49~81)는 동사, 형용사를 제시하고 동사와 형용사의 활용과 접두사에 따른 의미의 변화 등을 보였다. 전반부와 후반부의 몇 가지 유형을 보이고 독자들의 이해를 돕기 위해 저자의 해설을 추가하였다. "(*)"는 저자가 추가한 것임을 표시한다.

Ч е л о в ѣ к ъ(*사람, p. 3)

*러시아어	*한국어	*로마자 전사(저자)
Человѣкъ	Сарыми.	*Sarɨmi(사람)
Душà	Хони.	*Honi(혼(魂))
Тѣло	Шинче, моми.	*ʃintʃe, momi(신체, 몸)
Головà	Кори.	*Kori(머리)
Шèя	Моги.	*Mogi(목)
Грудь	Касыми.	*Kasɨmi(가슴)
Спинà	Сады.	*Sadɨy(등)
Рукà	П'ари.	*P^hari(팔[腕])
Ногà	Тари.	*Tari(다리[脚])

해설

교과서의 제1과로 사람의 주요 신체 어휘를 제시하고 있다. 본격적인 러시아어 회화 학습에 앞서 러시아어 기초어휘를 익히는 학습 단원이다. 한국어 어휘를 살펴보기로 한다.

*Sarɨmi(사람): 사ᄅᆞᆷ>사름. 비어두 위치의 'ㆍ>ㅡ' 변화. cf. ᄇᆞᄅᆞᆷ[風]>

바름.

*ʃintʃe, momi(신체, 몸): '신톄>신쳬' ㄷ구개음화가 이루어졌다. 비육진 방언이다. 그리고 'ㅊ'를 'ч[ʧ]'로 잘못 전사하였다. 이 책에는 이렇게 'ㅈ, ㅉ, ㅊ'를 'ч'로 전사한 예가 많다. ㄷ구개음화 예가 많은 것으로 보아 교과서의 한국어 발음을 제공한 주 제보자 량(梁) 씨는 육진방언 화자가 아니다. 이 책에는 ㄷ구개음화와 관련한 과도교정형이 다수 출현하는데 이는 한 언어공동체 내에서 소수의 비육진방언 화자가 다수의 육진방언 화자와 함께 살아가면서 육진방언을 닮아 가려는 심리적 요인에 의해 나타난 현상이다.

*Kori(머리): 동북, 육진방언권에서는 '머리'라는 말을 쓰지 않고 '골'이라 한다. '머리'는 '머리털' 또는 '머리'의 존칭어로 쓰인다.

*Sadɨy(사듕): 'ы'의 전사 음이 불투명하다. 위 'Сарыми(사름)'에서는 분명 'ㅡ[ɨ]'를 전사한 것이다. '사듕'은 현재의 육진방언권에서는 '사디이', '사듸'로 나타난다. 본디 '사듕+-이'의 어구성에서 변화한 말인데 이 시기는 '사듸'로 발음되었을 것으로 추정된다. 따라서 전사문자 'ы'는 과도가 짧은 'ㅢ[ɨy]' 또는 [ï]를 전사한 것이다. 요컨대 편찬자들은 'ㅢ 또는 [ï]'와 [ɨ]를 분명히 포착하지 못한 것이다. 이는 『철자 교과서』(1902), 『노한소사전』(1904)에서 구분 전사된다.

Г о л о в а̀(*머리, pp. 3-4)

Во̀лосъ	Мэрики̅.	*Mərik'i(머리카락)
Тѐмя	Суку̅нги.	*Suk'uŋgi(숨구멍)
Заты̀локъ	Ту̀тты.	*Tüttɨy(뒤띠, 뒤통수)
Лобъ	Има̀.	*imɛ(이마)

Висòкъ	Кўандипе.	*Kwandip'e(광대뼈)
Лицò	Эргури.	*Ərguri(얼굴)
Глазъ	Нуни.	*Nuni(눈)
Щекà	nами.	*P'ami(뺨)
Носъ	К'ои.	*K^{h}oi(코)
Ротъ	Иби.	*Ibi(입)
Подборòдокъ	Т'äги.	*T^{h}ɛgi(턱)
Вородà	Шуэ̀ми.	*ʃuemi(수염)
Усы̀	У – сэ̀ми.	*U-semi(윗수염)

해설

앞 1과에 이어 머리 부분의 주요 신체 어휘를 제시하고 있다.

*Mərik'i(머리카락): 『朝鮮館譯語』에 '髮墨立吉'가 보인다.

*Suk'uŋgi(숨구멍): '숫궁그(대격), 숫궁게(처격), 숫구무(자음 조사 앞)' 처럼 '숫구무/숫궁ㄱ'으로 교체된다.

*Tüttɨy(뒤통수): 'Тỳтты'의 전사문자 가운데 'ỳ'와 'ы'가 지시하는 음이 불투명하다. 전자는 서문에서 제시한 전사 체계에 따르면 [ü]가 된다. 'ы'는 [ɯy]를 전사한 문자이다. 한편 'ы'는 'ㅡ'와 이중모음 'ㅢ'를 전사하였다. 하나의 문자로 두 음을 전사한 셈이다. 앞서 말한 바와 같이 뒤에 간행된 『철자 교과서』, 『노한회화』에서는 이러한 문제점이 해소되어 위 두 음 'ㅡ'와 'ㅢ'는 각각 ы͡와 ы로 전사된다. 편찬자들은 음성 '[ï], [ɨ^{y}]'와 '[ɨ]'를 하나의 음으로 인식한 것이다.

*imɛ(이마): 비육진방언형. 『노한소사전』에 [nimɛ]라 되어 있고 현재의 노년층 육진방언 화자도 그렇게 발음한다. 'Йэмт'ы(*yəmt^{h}ɨy, p. 6)', 'Йэк̄ури(*yək'uri, p. 7)'에서도 어두 n탈락을 볼 수 있다.

*Kwandip'e(광대뼈): 함남북에 '관지뻬, 광지뻬'가 분포한다.

*P'ami(빰), *Tʰɛgi(턱)은 전형적인 동북, 육진방언형이다.

Н о г а̀(*다리[脚], p. 5).

Бедро̀	Шин – дари.	*ʃindari(신다리-넓적다리)
Колѣ`по	Ђэнга̀.	*tʃəŋgɛ(무릎)
Го̀лень	Шэнмуни.	*ʃəŋmuni(종아리)
Икра̀	ЂанЋанди.	*tʃaŋt'andi(장딴지)
Пя̀тка	Пар – ту̀чиги.	*Par-tütʃigi → Par-tütʃʰigi, 발꿈치)

Примѣры на употреблѐнiе числѝтельныхъ

(*수사 사용 예, pp. 6-8).

Одѝнъ	Ханна̀.	*hannɛ(하나)
Два, двѣ	Тури, Тухури.	*turi, tuhuri(둘)
Три	Сэи.	*səi(셋)
Четы̀ре	Нэи.	*nəi(넷)
Пять	Тасыси.	*tasɨsi(다섯)
Одѝнъ человѣкъ	Хан-сарыми.	*han-sarɨmi(한 사람)
Одѝнъ глазъ	Хан-нуни.	*han-nuni(한 눈)
Одѝнъ ротъ	Хан-ниби.	*han-ibi(한 입)
Одна̀ голова̀	Хан-кори.	*han-kori(한 머리)
Одна̀ рука̀	Хан-р'ари.	*han-pʰari(한 팔)
Одна̀ нога̀	Хан-тари.	*han-tari(한 다리)
Одно̀ сѣрдце	Хан-йэмт'ы.	*han-yəmtʰɨy(한 염통)
Одно̀ тѣмя	Хан-сук̄унги	*han-suk'uŋgi(한 숨구멍)

Однò ребрò	Хан–карбиттà.	*han–karbittɛ(한 갈빗대)
Два ỳха	Ту–кỳтты.	*tu–kỳтты(küttiy, 두 귀때기)
Два глàза	Ту–нуни.	*tu–nuni(두 눈)
Два пàльца	Ту–сон–караги.	*tu son–karagi(두 손가락))
Двѣ брòви	Ту–нун–сэ̀би.	*tu–nun–sebi(두 눈썹)
Двѣ рукѝ	Ту–р‘ари.	*tu–pʰari(두 팔)
Двѣ ногѝ	Ту–тари.	*tu–tari(두 다리)
Одѝнъ пàлецъ	Хан–сон–караги.	*han–son–karagi(한 손가락)
Два бòка	Ту–йэк̄ури.	*tu–yək'uri(두 옆구리)
Три зỳба	Сэ̀–ни.	*se–ni(세 이[齒])
Четы̀ре ребрà	Нэ̀–карбиттà.	*ne–karbittɛ(네 갈빗대)
Пять пàльцевъ	Тасы–сон–караги.	*tasɨ–son–karagi(다섯 손가락)
Большòй	К‘ынгэ̀.	*k‘ɨŋge(큰 것)
Мàленькій	Ꚋäгынгэ̀.	*tʃyagɨŋge(작은 것)
Бѣлый	Хингэ̀.	*hiŋge(흰 것)
Чёрный	Кэмунгэ̀.	*kəmuŋge(검은 것)
Крàсный	Пургунгэ̀.	*purguŋge(붉은 것)
Длѝнный	Тингэ̀	*tiŋge(긴 것)
Корòткій	Ꚋарынгэ̀	*tʃyarɨŋge(짧은 것)
Ширòкій	Нэбунгэ̀	*nəbuŋge(넓은 것)
Узкій	Цобунгэ̀	*tsobuŋge(좁은 것)
Большòй носъ	К‘ын–к‘ои	*k‘ɨn–k‘oi(큰 코)
Большàя голобà	К‘ын–кори	*k‘ɨn–kori(큰 머리)

Образцы русскихъ выраженій для перевода на корейскій язкыъ (*한국어 번역을 위한 러시아어 표현 예시).

Большое темя. Бѣлый волосъ. Бѣлое лицо. Черная бровь. Черное тѣло. Маленькій ротъ. Маленькая губа. Маленькое ухо. Красная кровь. Длинный палецъ. Длинная борода. Короткая шея. Широкая ладонь. Широкое плечо. Узкий глазъ. Узкая грудь. Узкое горло.(*큰 왕관. 흰 머리카락. 하얀 얼굴. 검은 눈썹. 검은 몸. 작은 입. 작은 입술. 작은 귀. 붉은 피. 긴 손가락. 긴 수염. 짧은 목. 넓은 손바닥. 넓은 어깨. 좁은 눈. 좁은 가슴. 좁은 목.)

해설

러시아어 기초어휘를 공부한 다음 그 기초어휘를 발판으로 '관형어+명사'의 구 구성을 학습할 수 있도록 꾸며져 있다. 문장 단위의 표현으로 나아가기 전 단계가 된다. 그를 위해 먼저 기초어휘 수준의, 관형어가 될 수 있는 수관형사와 형용사를 익힌다. 그런 다음 '관형어+명사'의 구 구성으로 이루어진 예시문을 제공하여 학습자가 다양한 표현을 접하고 익힐 수 있도록 한다. 또 이를 바탕으로 교사가 새로운 例句를 제시하여 학습 영역을 확장한다.

Наименованія родства(*친족명칭, pp. 8–9).

Отѐц	А̀би.	*ɛbi(아비)
Мать	э̀ми.	*emi(어미)
Сынъ	Адыри.	*adɨri(아들)
Дочь	Т̆ари.	*t'ari(딸)

Мужъ	Санà.	*sanɛ(사내)
Женà	ѐминэ.	*emine(성인 여자)
Снохà	Мэныри.	*myəniri(며느리)
Малодỳшка	Сäàги.(Сààги를 수정)	*sɛɛgi(여자아이)
Внукъ	Сонзы.	*sondziy(손자)
Внỳчка	Сонне.	*sonnye(손녀)
Дѣдъ	К‘н-абà.	*k^{h}n-abɛ(할아버지)
Бàбушка	К‘н-амà.	*k^{h}n-amɛ(할머니)
Прàдѣдъ	Нок‘н-абà.	*nok^{h}n-abɛ(증조할아버지)
Прàвнучка	Тўн-сонне.	*tyun-sonnye(증손녀)
Прàвнукъ	Тўн-сонзы.	*tyun-sondzï(증손자)
Свѐкоръ	Сэ-àби.	*se-ɛbi(시아비)
Свекрòвь	Сэ-ѐми.	*se-emi(시어미)
Тесть	Кас-àби.	*kas-ɛbi(장인)
Тѐща	Кас-ѐми.	*kas-emi(장모)
Зять (Мужъ дòчери)	Саўы.	*sawï(사위)
Зять (Мужъ сестры̀)	Мäби.	*mɛbi(매부)
Сватъ	Садуни.	*saduni(사돈)
Свàха	СадунЋàги.	*sadunt’ɛgi(안사돈-사돈댁)
Вдовѐцъ	Хабур-àби.	*habur-ɛbi(홀아비)
Вдовà	Хабур-ѐми.	*habur-emi(홀어미)
Ребѐнокъ, дитя̀	А.	*a(아이)
Стàршій братъ	Шэңними.	*ʃeŋnimi(형님)
Млàдшій братъ	Ак̄и.	*ak’i(아우)
Сестрà	Ныби.	*nibi(누이)
Старѝкъ	Ноини.	*noini(노인)
Старỳха	Ан-ноини.	*an-noini(안-노인)

Мужѝкъ, рабо̀тникъ	Намде.	*namdye(남정=남편, 일꾼)
Жѐнщина	Анкани.	*ankani(아내, 아낙네)
Крѐстный	Кергиц'-а̀би.	*kərgits^h–ɛbi(대부)
Крѐстная	Кергиц'-э̀ми.	*kərgits^h–emi(대모)

해설

연해주 한국어의 지칭어 중심의 친족명칭을 어느 정도 체계적으로 살필 수 있다.

'sanɛ(사내)'는 그 기본형이 '사나'(또는 '스나')이다. '사내'는 그 주격형이다.

'k^{h}n–abɛ'(할아버지), 'k^{h}n–amɛ'(할머니)에서 '큰–'을 'k^{h}ɨn–'이 아닌 'k^{h}n–'으로 전사하였다. 강한 유기음 아래의 'ㅡ'가 무성화(devocalization)되어 전사에 반영하지 않은 것이다.

'tyun–sonnye'(증손녀), 'tyun–sondzï'(증손자)의 'tyun–'의 전사가 의심스럽다. 전통적인 육진방언 화자는 '중손지'라 하여 'ㅜ'로 발음한다. '중'을 과도교정에 의해 '듕–'이라 한 것으로 보인다. '曾'은 曾韻에 속하니 이 음이 'yu'나 'yɨ'로 변화할 근거는 없기 때문이다. 'tyun–'은 'tyuŋ–'의 잘못.

'a(아이)'는 흔히 상승조로 실현되어 장음을 동반하나 여기서는 그 장음이 전사에 반영되지 않았다. 'kas–ɛbi(장인), kas–emi(장모)'도 역시 장음이 전사에 반영되지 않았다.

'ak'i(아우)'는 주격형이다. 『노한회화를 위한 단어와 표현』에는 이 명사가 '아스–덜'(아우–들), '애끼'(아우–가), 아끄느(아우–는), 아끄(아우–를)처럼 곡용한다. 따라서 휴지나 자음 앞에서는 '아스', 모음 조사 앞에서는 '앆–'으로 교체되었던 것이다. 중세국어 '앗–/아ᅀᆞ'와 그 교체가 같다.

'nɨbi(누이)'는 이 교과서 뒤에 나온 카잔 문헌에는 모두 'nɨbɨy'로 전사되어 있다.

'namdye'(<남뎡+-이). 남정(男丁)은 '남의 집 남편'을 홀하게 이르거나 '일꾼' 등의 뜻으로 쓰인다. 아직 ㄷ구개음화를 겪지 않았다.

'kərgits^h-·ɛbi(대부), *kərgits^h-·emi(대모)'의 '걸기채'는 '십자가'를 뜻한다.

З а н я̀ т і я(직업, p. 10).

Пасту̀хъ	Шо̀-мурэ̀миры-Тикхинын-сарыми
(для коро̀въ)	*ʃö-muremirɨ-tik^{h}inɨn-sarɨmi(소 무리를 지키는 사람=목동)
Пасту̀хъ	Мар-мурэ̀миры-Тикхинын-сарыми
(для лошадѐй)	*mal-muremirɨ-tik^{h}inɨn-sarɨmi(말 무리를 지키는 사람=목동)
Рыба̀къ	Коги-куни(*kogi-kuni, 어부, 고기잡이꾼)
Охо̀тникъ	Са̀нен-куни(*sɛnyen-kuni, 사냥꾼)
Горшѐчникъ	Токтä(*toktɛ, 도공(陶工))
Пло̀тникъ	Мокшы(*mokʃʷɨy, 목수)
Сапо̀жникъ	Шин-џä(*ʃin-dʒɛ, 제화공)
Кузнѐцъ	Та̀џä(*tɛdʒɛ, 대장장이)
Учѝтель	Хунџä(*hundʒɛ, 훈장=선생님)
Учѝтельница	Анкан-хунџä(*ankan-hundʒɛ, 여선생님)
Ученикъ	Шэдан-а(*ʃədaŋ-a, 학생)
Ученица	Шэдан-са̀аги(*ʃədaŋ-sɛɛgi, 여학생)
Торго̀вецъ	Ђäнсэ̀-куни(*tʃyaŋse-kuni, 장사꾼)
Торго̀вка	Анкан-Ђäнсэ̀-куни(*ankan-tʃyaŋse-kuni, 여자 장사꾼)

해설

첫 줄의 '무레미'(<물[群]+-엄+-이)는 '무리'의 뜻. '디키-'는 아직 ㄷ구개음화를 겪지 않았다. Шȍ는 [ʃö]를 전사한 것으로 비육진방언형이다. 육진방언형은 [ʃwe]라 한다. 『노한소사전』에도 그렇게 전사되어 있고 현재도 그렇게 말한다. '쇼+-이>쇠'.

Коги-куни, Сȁнен-куни에서는 '-куни'의 'к'가 된소리로 전사되지 않았다. Сȁнен의 -нен-는 -нэн-(=녕[nyəŋ])으로 수정되어야 한다.

'Токтä'는 '독-장이'가 줄어든 '독재'가 되어야 하는데 과도교정에 의해서 '독대'가 되었다. 그 아래의 '신재', '대재'는 옳게 전사되었다. 'Хунцä'는 '훈당+-이'가 ㄷ구개음화한 뒤에 줄어든 말이다. 훈댱(訓長)-이>훈대>훈재.

학교와 관련된 신어가 보인다. 선생님은 '훈재'라 하고 여선생님은 '안깐-훈재'라 하였다. 남학생은 '셔당아', 여학생은 '셔당새애기'라 하였다. '안깐이'는 '아낙네'의 뜻을 가진 명사이고 '새애기'는 어린 여자아이로부터 미혼의 젊은 여성 또는 갓 결혼한 새댁까지 이를 수 있는, 지시 영역이 넓은 지칭어다. 『노한소사전』(1904: 117)에서는 '학교', '션생', '학도'란 말이 쓰였는데 내지의 중앙어가 차용된 것이다.

Г л а г ȍ л ы.(*동사, pp. 55-81)

	Пахȁть	Пат'ы карки	
Вы̀-	* * *		
До-	* * *	Та	* * *
На-	* * *		
От-	* * *	Т'он	* * *
Пере-	* * *	(прервȁть связь)	

* * * * * * (снòва спахàть)

Пàшня 경지, 전답

Пàшенка (Пàшня의 지소사)

за пàшка

Мужѝкъ пàшетъ. Крестьѧ̀нинъ вы̀пахалъ кòрни изъ землѝ. Онъ допахàлъ своѝ пòлосу. Рабòтникъ мнòго напахàлъ. Онъ отпахàлъ своѝ часть. Крестьѧ̀ не перепахàли дорòгу. Мужикѝ перенахàли побѝтые морòзомъ огорòды.

1. Ц‘он—сарыми пат‘ы канда(*촌-사름이 밭으 간다-마을 사람이 밭을 간다). 3. Тэ - sарыми цэ та пат‘ы карасо(*뎌-사름이 제 밭으 다 갈아쏘-저 사람이 제 밭을 다 갈았소). 4. Ир-куни мани пат‘ы карасо(*일-군이 마니 밭으 갈아쏘-일꾼이 많이 밭을 갈았소). 5. Тэ - sарыми цэ т‘он пат‘ы карасо(*뎌-사름이 제 통 밭으 갈아쏘-저 사람이 제 모든 밭을 갈았소).

해설

'동사 편'의 첫 부분이다. 제1과라 할 수 있는데 학습 내용은 크게 3부분으로 구성되어 있다. 1부는 러시아어 단어, 2부는 1부의 단어를 이용한 러시아어 표현, 3부는 2부의 러시아어를 한국어로 번역한 것이다.

상단에 공부할 러시아어 동사 'Пахàть'가 제시되어 있고 그 오른쪽에 대역 한국어 'Пат‘ы карки'(밭을 갈기)가 보인다. 그리고 그 아래는 다시 두 부분으로 나뉜다.

첫 부분은 제시어 'Пахàть'에서 파생된 동사들의 접두사 'Вы-, До-, На-, От-, Пере-'를 적고 역시 그에 대응하는 한국어 단어를 보였다. 예컨대, "До- ***(=Пахàть) Та ***(=Пат‘ы карки)"의 "Допахàть"는 "다 밭을 갈기"라는 뜻을 나타낸다.

둘째 부분은 파생 명사 “Пàшня(경작지), Пàшенка, за пàшка”를 제시하였다. 요컨대, 제시된 동사 ‘Пахàть’와 관련된 파생어를 제시한 것이다.

위 교과서의 예시처럼 러시아어의 접두사는 그 자신이 일정한 의미를 지니고 있는바, 이 접두사가 동사에 결합하여 어기의 의미를 좀 더 구체화하거나 세분화하고 확장한다. 또 ‘완료/불완료’를 나타내기도 하므로 이러한 파생법에 대한 이해는 러시아어 학습에서 중요하다. 이를 통해 단어를 좀 더 쉽게 익히고 이해할 수 있기 때문이다. 이 교과서는 바로 이러한 점을 학습에 이용하고 있는 것이다.

2부는 앞서 배운 러시아어 단어를 다양한 러시아어 표현에 이용할 수 있도록 예문을 제시하고 있다. 서문에서 말한 ‘러시아어 단어’와 ‘그 단어를 이용한 러시아어 표현’의 실례가 된다.

3부는 2부의 ‘러시아어 표현’ 일부를 한국어로 번역하여 키릴문자로 표기해 놓았다. 그런데 2, 6, 7번째 러시아어 문장은 번역하지 않았다. 학습자 스스로가 해결할 수 있도록 꾸민 것이다.

2.1.2. 한국어 전사

교과서 편찬자들은 한국어를 전사하기 위하여 59자의 전사문자를 마련하였다. 이 가운데에는 사용되지 않은 문자도 있다. 이는 『한어문전』, 『한불ᄌᆞ뎐』을 참고하여 앞으로 쓰일 수 있을 것으로 보고 미리 예비해 둔 것이다. 이들 문자는 대체로 비체계적이다. 이는 서문에서 밝힌 바와 같이, 한국어의 음성 체계를 충분히 파악하고 또 그를 전사할 수 있는 문자를 온전히 갖출 만한 시간적인 여유가 없었기 때문이다. 또 인쇄소의 활자 사정에도 기인한다. 또 한국어 제보자(카잔사범학교 학생)의 조음 특징이 학생에 따라 조금씩 다르게 나타나는데 그 때마다 그 조음 특징을 전사에 반영하고자 하였기 때문에 전사문자를 체계적으로 마련하기 어려웠던 것이다. 조음 위치, 방법, 자질 특성에 따라 음성들을 분류하고 그에 맞추어 전사문자를 마련해야 하는데 그렇게 하지 못한 것이다. 이에 대해서는 다음 해에 간행된 『철자 교과서』(1902)에서 비판적으로 검토되고 새로운 전사문자가 마련된다.

한편 일부 문자는 둘 이상의 음성을 전사한 경우도 있고 한국어 음성을 옳게 전사하지 못한 예도 눈에 띈다. 이러한 사실을 중심으로 간단히 교과서의 전모를 살펴보기로 한다.

2.1.2.1. 모음

1) 單母音

모음을 전사하기 위한 문자 체계는 모음의 조음위치나 조음방법 자질에 따라 마련된 것이 아니고 전통적인 한글 자모의 배열순서와 한글 모음자의 구성 원리에 따라 고안되었다. 이는 프랑스외방선교회에서 간행한 『한어문전』 등의 영향을 받은 것이다. 즉, 『한어문전』에 보이는 한글 자모 'ㅏ, ㅓ, ㅗ, ㅜ'를 키릴문자 'a, э, o, y'로 교체하였다. 편찬자들은 이들 모음을 차례로 이어 발음하면 '점차 구강이 좁아진다'고 하였다. 여기서 『한어문전』의 'ᄋᆞ=Ă'는 '아=A'와 같거나 또는 그와 가까운 음을 가진 문자로 보고 별도의 문자를 만들지 않았다. 올바른 판단임은 물론이다. 그다음 字形에 따라 모음자(합용자)를 세 그룹으로 나누고 위 기본자 'a, э, o, y'에 각각 보조부호를 부여하여 아래와 같은 전사문자를 고안하였다.

	기본자	1류	2류	3류
(1)	a	à	ä	â
	э	э̀	э	e
	o	ò	ö	ô
	y	ỳ	ÿ	ŷ

제1류는 字形上 'ㅏ, ㅓ, ㅗ, ㅜ'에 'ㅣ'가 결합된 'ㅐ, ㅔ, ㅚ, ㅟ'를 한 부류로 묶은 것으로 이를 기본자에 부조부호 [`]를 얹어 전사문자화한 것이다. [`]는 기본 모음(a, э, o, y)과 開口度는 같고 전설 위치에서 조음되는 모음 문자임을 나타낸다.

제2류는 'ㅑ, ㅕ, ㅛ, ㅠ'를 한 부류로 묶어 기본자에 보조부호 [¨]를 얹은 것이다. 기본자를 핵모음으로 하는 上昇二重母音이다.

제3류는 본디 三重母音이었던 'ㅒ, ㅖ, ㅙ, ㅞ'를 한 부류로 묶은 것으로 기본자에 보조부호 [^]를 얹어 나타내었다.

그런데 이 문자들 가운데 일부는 음가가 불투명한 것들도 있고(ò, ỳ, ô, ŷ) 일부는 교과서에서 전혀 쓰이지 않았다(â, ô, ŷ). 또 일부는 키릴문자로 표음할 수 있는 것들도 있다(ä=я, ÿ=ю). 따라서 위 전사문자 체계는 일견 정연한 듯하지만 한글 자모가 지닌 音을 반영한 것이 아니고 단지 字形을 고려하여 고안한 것이어서 一字一音의 원칙에서 벗어나는 등 여러 문제점을 내포하고 있다. 또 'э[=yə]', 'e[=ye]'는 보조부호가 없다는 점에서 비체계적이라 할 수 있는데 [ӭ]가 아닌 'э'를 채택한 것은 인쇄소의 활자 사정에 기인한 것으로 보인다. 'e'는 [ye] 음을 가진 키릴문자 'e'가 있었기에 그대로 수용한 것이다. 따라서 위 보조부호들은 어떤 음성의 자질 특성을 나타내거나 변별해 주는 역할은 적극적으로 하지 못한다. 또한 제1류 문자(à, э̀, ò, ỳ)는 러시아어 표기에도 쓰인다. 이들 문자의 보조부호 [`]는 러시아어에서는 악센트 표지다. 한 교과서 안에서 하나의 문자가 두 가지 音價를 가지고 쓰였으니 불합리하다. 더욱 러시아어 문자와 초급 러시아어를 배우는 학생들에게는 혼동을 줄 수 있다. 이 때문에 이후에 간행된 카잔 러시아정교선교회의 한국어 문헌에서는 이들 전사문자의 대부분을 폐기하였다.

2) 이중모음

앞서 본 것처럼 (1)의 제2류에 속하는 문자는 상승이중모음인데 전사문자 체계의 관점에서도 그렇고 실제 한국어 전사에서도 불투명한 점이 있다. 'ä[ya]', 'ÿ[yu]'는 키릴문자에 그 음을 가진 문자 'я', 'ю'가 있으니 원칙적으로 불필요하다. 또 [yə]는 선행하는 자음이 있을 때에는 'э'로 전사하고 어두에서는 'Йэ'로 전사하도록 하였다. Йâ/â[yɛ], Йe/e[ye], Йö/ö[yo], Йô/ô[yö, yoy], Йv/v[yü, yuy]도 그와 같다. 이 중 Йâ/â, Йô/ô, Йv/v는 앞으로 可用할 수 있을 것으로 보고 예비로 만든 문자이다.

유일한 하강이중모음 [ɨy]는 ы̀로 전사하도록 하였는데 실제 교과서에서는 쓰이지 않았다. 이 문자 외에 교과서에는 'ы', '*ы*'가 쓰였는데 이들 문자가 나타내는 음이 무엇인지 불투명하다. 'ы'는 분명 [ɨ]를 전사한 문자이지만 과도가 매우 짧은 이중모음 [ɨʸ] 또는 이것이 단모음화한 [ï]도 전사하였다. '*ы*'는 [ɨy]의 핵모음 [ɨ]가 원순성을 띤 음[=ʷɨy=ʉy]을 전사한 것이다. 카잔사범학교 재학생인 한(韓) 씨의 발음이라 한다.

하강적 활음(off-glide)을 ĭ와 й로 전사하고자 한 것도 음성에 대한 미세한 관찰이 엿보이나 이처럼 두 음을 달리 전사하는 것은 음성적으로나 음운론적으로나 실익이 없다. 이는 발화 속도 등에 따라 실현되는 수의적 변이음이기 때문이다.[32]

2.1.2.2. 자음

음성기호는 각 음성들의 조음위치 자질과 조음방법 자질을 유기적으로 조합하여 구현한다. 예컨대 三肢相關束을 형성하는 한국어의 무성파열음은 무표적인 음에 후두긴장성의 자질, 유기성의 자질을 나타내는 상관 징표를 부가하여 세 자음이 서로 조음위치가 동일하고 조음방법에서 차이가 난다는 사실이 드러나도록 한다. 예: k[ㄱ], k'[ㄲ], k^h[ㅋ].

이 교과서가 편찬된 19세기 말에는 아직 음운(체계)의 개념이 수립되어 있지 않았다. 따라서 어떤 음성 자질이 변별적인가 하는 점을 지금의 음운 이론처럼 체계적으로 이해할 수는 없었지만 음성들의 체계나 대립은 이해하고 있었다. 그리고 이를 바탕으로 전사문자를 정하고자 하였다. 전사문자는 한인이나 러시아인이나 한글 자모를 배우지 않고도 한국어를 쉽게 발음할 수 있도록 고안되어야 하고[33] 또 키릴문자를 익히고 러시아어를 배우는 데에도 효과적이어야 하기 때문에 키릴문자를 바탕으로 만들어질 수밖에 없다. 교과서 편찬자들의 한국어 음성에 대한 정밀한 관찰은 치음과 구개음, 유음, 유무성음에 대한 기술에서 엿볼 수 있다. 이는 19세기 역사언어학의 소산이다. 게다가 카잔(Kazan')은 당시 동방학의 중심지였다. 소수 이민족의 언어를 조사하고 연구한 경험이 축적되어 있었던 것이다.[34] 또 언어학 분야에서 카잔학파의 활동이 활발했었다.[35]

---

32 Куӗ-мэктä[*kuʸ-mətɛ](귀머거리, 53), Кумектä[*ku-myetɛ](귀머거리, 13)

33 노일전쟁(1904년) 무렵에 군사적인 목적으로 편찬된 *Russko-Korejskie Razgovory* (『露韓會話』)나 같은 해 김병옥에 의해서 편찬된 *Razvedchiku v Koree*(Russko-Korejskij Slovarj), S. Peterburg: Izdanie Voenno-Statisticheskago Otdela Glavnago Shtava(『한국에 대한 정탐』)이 그 같은 목적으로 만들어진 것이다.

34 몽골어-노어사전(1893~5, 1896), 만주어-노어사전(1875), 골디어-노어사전(1900), 노어-부랴트 사전(1909), 노어-야쿠트소사전(1916) 등과 같은 대역사전이 간행된 바 있다.

35 카잔학파의 Baudouin de Courtenay(184-1929) 및 Nikolaj Kruszewski(1851-1887)의 활

한국어와 러시아어의 자음체계는 서로 다르므로 러시아어 문자만을 가지고는 효과적으로 한국어를 전사할 수 없다. 때문에 한국어 음성을 전사할 수 있는 새로운 문자를 고안해야 하는데 그 일은 한국어 음성에 대한 정밀하고도 체계적인 관찰이 필요하지만 편찬자들에게는 그럴 만한 시간적인 여유가 없었고 또 인쇄소의 활자 사정도 여의치 않았다. 그리하여 이 교과서의 한국어 전사용 문자 체계는 편찬자들 말대로 비체계적인 것이 되었다. 아래 전사문자를 보기로 한다. ( )는 저자가 부가한 것임.

(7)	k(ㄱ),	т(ㄷ),	п(ㅂ),	c(ㅅ),	ц(ㅈ-ts),	ч(ㅈ-ʧ)
	к̄(ㄲ),	т̆(ㄸ),	n(ㅃ),	*c*(ㅆ),	*ц*(ㅉ-ts'),	*ч*(ㅉ-ʧ')
	к'(ㅋ),	т'(ㅌ),	п'(ㅍ),		ц'(ㅊ-ts^h),	ч'(ㅊ-$ʧ^h$)

된소리의 전사문자들은 비체계적이다. [+후두긴장] 자질을 나타내는 표지가 일관성이 없다. 즉, 각이한 부조부호의 사용(к̄, т̆), 키릴문자가 아닌 문자의 도입('n'), 이탤릭체의 사용(치찰음 계)이 그것이다. 또 된소리는 (7)의 문자 외에 (8ㄴ)처럼 겹자음을 쓰기도 하였다.

(8) ㄱ. Тэгэ̀т̆эри(뎌겟덜이, 저것들이, 12), Ик̄э̀ми(이껨이<잇+검+-이, 잇몸, 4), к̄ысы(ㄲ싀, 턱뼈, 4)

ㄴ. Этти(어띠, 어찌, 12), Карбиттà(갈빗대, 5), Кыттà(그때, 13), Эккэ̀ (어께, 어깨, 5)

(8ㄱ)은 (7)의 문자로 전사한 예로 형태소 내부와 경계에서 모두 쓰였

동과 주요 언어 이론에 대해서는 김경란(1992: 13-22)를 참고.

다. (8ㄴ)은 겹자음을 쓴 예를 보인 것인데 역시 형태소 내부와 경계에서 모두 쓰였다. 그러나 어두 위치에서는 쓰이지 않았다. 한국어에 대한 형태 분석이 이루어져야 일관성 있게 한국어를 전사할 수 있을 것인데 편찬 과정에서 그에 대한 연구가 심도 깊게 이루어지지 못한 것이다.

이러한 비체계성은 『철자 교과서』(1902)를 거쳐 『노한회화』(1904)와 『시편 노한소사전』(1904)에 와서 극복된다. 마지막으로, 서문에서 밝힌 바와 같이 'n(ㅃ)'는 어두에 나타남에도 불구하고 어두에 나타나는 그 음을 전사할 대문자가 없다. 'n'과 모양이 같은 대문자가 키릴문자는 물론 로마자에도 없기 때문에 그리되었던 것이다.

유기음은 유기성의 표지 [']을 무표적인 평음에 부가하고 있다는 점에서 일관성을 유지하고 있다.

유음 전사용 문자는 'p', 'л̆', 'pл̆', 'л'의 넷이다. 여기서 주목할 것은 'p[=r]'가 모음 사이는 물론 자음 앞이나 음절 말 또는 어말 위치에 나타난다는 점과[36] 개인의 발화에서 나타나는 변이음을 전사하기 위해 'л̆', 'pл̆'과 같은 문자를 만들었다는 점이다. 후자는 해석에 따라 국어 유음 변화의 중요한 단서가 될 수도 있다. 그러면 이들 네 문자는 어떤 음성을 전사한 것일까?

한국어와 러시아어 두 언어의 음성을 대조한다고 할 때 그 대조의 기반은 러시아어이다. 한국어의 어떤 음성을 전사하고자 할 때 그와 調音位置나 方法이 같은 키릴문자가 있으면 그 문자를 그대로 쓰고 유사하되 차이가 있다면 차이를 보이는 음성 資質을 보조부호로 표시하여 쓰기 때문이다. 따라서 러시아어의 유음을 먼저 살펴볼 필요가 있다. 러시아어의

36 Ross King(1987)에서는 중앙아시아 고려말에서, 곽충구(2007b: 255, 2007c: 213) 등에서는 중앙아시아와 중국 함경도 방언 화자의 발화에서 나타난다고 하였다.

유음은 'р'[=r])와 л(=[l])이 있다. 'р'는 혀끝을 수회 잇몸에 대고 떨려 내는 설전음이다. 그리고 설측음 'л'은 혀끝은 치조에 대고 혓몸을 연구개 부위로 올려 내는 'dark l'로서 [ɫ]에 가깝다(곽충구: 1991/1994: 60-61). 한국어 유음은, 현대 중앙어의 경우 모음 사이에서는 탄설음 [ɾ]로 조음이 되고 자음 앞이나 어말에서는 설측음 [l]로 조음이 된다. [l]은 'ㅣ'나 활음 'y'앞에서는 [ʎ]로 실현된다. 어말에서는 약한 권설음으로 조음되기도 한다. 따라서 러시아어의 dark [ɫ]과 국어의 [l]은 차이가 있다. 때문에 러시아인이 한국어의 [l]을 들으면 '연음화한 [l']'로 듣게 되므로 연음부호 'ь'를 추가하여 'ль'(=[l'])로 표기한다.[37]

그런데 이 교과서를 비롯하여 카잔에서 간행된 한국어 문헌에서는 한국어 유음 전사에 'р', 'л'을 사용하였다. 'р'은 모음 사이, 자음 앞, 어말 위치에 나타나고 'л'은 'лл'로만 실현되기 때문에 한국어의 유음은 'р(=r)'로 실현되었다고 할 수 있다. 이는 카잔사범학교 재학생 량(梁) 씨의 발음인데 이는 육진방언을 보여 주는 『노한소사전』, 『노한회화』의 유음과 같다. 서문에서는 이 량(梁) 씨의 발음은 이 책의 토대가 되었다고 하고 음절 말에서 'л̆'과 'рл̆' 발음이 결핍되어 있다고 하였다.

그런데 카잔사범학교 학생 정(鄭) 씨는 그와 달리 유음을 'л̆', 'рл̆'로 조음하였다고 하였다. 위 량(梁) 씨와 'ㄹ' 발음이 다른 것이다. 앞서 정 씨의 발음을 전사해 놓은 다수의 예(서문 18-19쪽)을 보면 'л̆'은 자음 'ㅂ, ㄷ, ㄱ, ㅊ' 앞에 분포하고 'рл̆'도 역시 모든 자음 앞에 나타난다. 그러니 'л̆'과 'рл̆'은 조건변이음이 아닌 자유변이음이다. 이 정 씨의 발화에서 모음 사이의 'ㄹ'는 어떻게 조음되었는지 달리 언급이 없는 점으

37 Putsillo의 『노한사전』은 'р', 'л', 'ль'로 전사하였다. 카잔에서 간행된 문헌들은 한국어 유음을 'р(=r)'로 전사하였고 어중 '-ll-'만을 'лл'로 전사하였다.

로 미루어 [r] 또는 [ɾ]로 조음되었을 것이다. 그렇다면 정 씨는 모음 사이에서는 'р'(=r)로, 자음 앞에서는 'л̆'과 'рл̆'로 발음한 것이 된다. 'л̆'은 앞서 교과서 편찬자들이 '연음화한 [l]'이라 하였으니 [l'], [ʎ]일 터이고 'рл̆'은 'р'와 'л̆'의 합체이고 또 자음 앞에 분포하므로 齒槽舌側彈音 [ɺ]과 비슷한 음성일 것이다. 즉, 설측음이되 치조에서 가볍게 한 번 튀김이 있는 설측음이다. 이 해석이 타당하다면 이는 국어 유음의 통시적 변화에 시사하는 바가 크다. 즉, 모든 위치에서 'р'(=r)로 실현되던 유음이 현대국어처럼 두 異音으로 실현되는 변화의 중간 과정을 보여 준다고 할 수 있다.[38] 부연하면, 국어 유음은 자음 앞 또는 음절말 위치에서 'р[r]>рл̆[ɺ]>л̆[l']'과 같은 변화를 겪었다고 보는 것이다.[39] 또 이 연해주 한국어 방언의 설측음 [l]은 '-ll-'로만 실현된다. [l]은 아마도 '-ㄹ+ㄹ-'과 같은 연쇄에서 내파화를 겪으면서 형성된 것이 아닌가 한다.

이 밖에 주목할 만한 것은 파찰음 [Ђ]이다. 아래 예를 보자.

(9) ㄱ. Ђўдэн(tʃyudyəŋ=쥬뎡(酒酊), 주정, 50)

Ђан-муры(tʃaŋmurɨ=쟝물-으, 국-을, 62)

Ђäран-хаги(tʃyaraŋ-hagi=쟈랑-하기, 자랑하기, 70)

Ђўрà(tʃyurɛ=쥬래(목구멍, 후두, 4)

Ђäгынгэ̀(tʃyagiŋge=쟈근게, 작다, 70)

Ђäнгаби(tʃyaŋgabi=쟝갑, 장갑, 15)

Ђэгури(tʃyəguri=져구리, 저고리, 15)

---

38 뒤에 제시한 예 (15)를 보면 형태소 경계(굴절)에서의 ㄷ구개음화 예를 많이 볼 수 있다. 이는 중부방언의 특징인데 정 씨의 발화가 아닌가 한다. 정 씨의 유음 발음은 중부방언의 특징과 가깝기 때문이다.

39 한국어 유음의 변화에 대한 논의는 소신애(2008)을 참고할 것.

ㄴ. Ђäрынгэ̀(t^{ʃ}yariŋge=쟈른 것<댜른 것, 짧다, 52)

Ђäнсэ̀–куни(t^{ʃ}yaŋse–kuni=쟝세구니<댱ᄉᆡ꾼, 장사꾼, 10)

ㄷ. Ђäмäктир–хаги(t^{ʃ}yamɛktir–hagi=쟈맥딜하기, 자맥질, 65)

ㄹ. Ђӱнди(45)(t^{ʃ}yundi=쥰디, 진주(眞珠), 45). cf. ʧindʒü^{y}(진주, 『노한회화』 viii).

서문(15~16쪽)에서 'Ђ'은 연음화한 치음에 미약한 쉬 소리 [^{ʃ}]가 부가된 음을 표시한다고 하였으니 [t^{ʃ}]로 나타낼 수 있을 것이다. 이는 파열에 이어 수반되는 마찰음 [ʃ]가 미약한 'ㅈ' 소리이다. 그래서 편찬자들은 "Т[t^{ʃ}'], Ђ[t^{ʃ}], Д[d^{3}]는 연음화(구개화)한 Ť[t'^{y}], Т[t^{y}], Д[d^{y}]와 온전한 쉬 소리를 가진 Ч[ʧ'], Ч[ʧ], џ[ʤ] 사이의 중간적 성격을 지니고 있는 음"이라고 하였다. [t^{ʃ}]가 음성적으로 또는 국어음운사적으로 유의미한 것인가 하면 그렇지는 않다. 이는 한국어 제보자 한(韓) 씨 개인의 조음 특징일 것이다. Ђ가 [t^{s}]가 아닌 [t^{ʃ}]라 하였고 [t^{y}]와 [ʧ]의 중간음이라 하였으니 이는 後齒槽(post–alveolar) 또는 후치조와 경구개 사이에서 조음되는 'ㅈ'일 것이다.

(9ㄱ)은 본디 '쟈, 져, 죠, 쥬'였던 어휘인데 이 음들이 [ʧ] → [t^{ʃ}]로 실현되거나 또는 변화할 요인이나 동기는 발견되지 않는다. (9ㄴ)은 '댜->쟈-'의 변화 예다. 이 예만을 보면 ㄷ구개음화의 점진적 변화 과정을 보여준다고 할 수도 있다. 그러나 이 교과서에는 ㄷ구개음화의 예가 많지만 'Ђ'로 전사된 예는 (9ㄴ)뿐이다. (9ㄷ)은 본디 '자'가 '쟈'로 전사된 예이고 (9ㄹ)은 전사가 전혀 잘못된 예다. 요약하면, 'Ђ'는 한 개인의 조음 특징인 것이다. 이 교과서에는 ㄷ구개음화에 반하는 과도교정형들이 지나치다 할 정도로 많다. 이는 소수의 비육진방언 화자들이 다수의 육진방언 화자들의 발음을 따라가려는 심리적 요인에 기인한 것이다. 이

과정(본디 경구개의 'ㅈ'를 치음 'ㄷ'로 발음하려는 노력)에서 이 같은 변이음이 생겨난 것이거나 이 한국어 제보자가 본디 중부방언 화자여서 중부방언 'ㅈ'의 조음 특징이 드러난 것일 가능성이 있다.

2.1.2.3. 한국어 전사의 문제

서문에서 누차 강조한 바와 같이 이 교과서는 시험적인 성격으로 만들어졌고 또 편찬 일정이 촉박하였다. 그 때문에 한국어 전사에 오류가 많다. 또 한국어의 방언적 성격도 불투명한 점이 있다. 제보자인 카잔사범학교 학생들의 한국어 방언이 뒤섞여 있기도 하고 또 이주 이후 새로이 형성된 방언형이 반영된 때문이다. 여기서는 전사상의 문제점과 몇몇 오류를 지적해 보기로 한다.

1) 一字二音의 예

하나의 문자가 둘 이상의 음을 나타내는 예를 보기로 한다.

① ä, à

모음 전사문자에서 가장 불투명한 것은 'ä'와 'à'이다. (1)의 목록에서, ä는 상승이중모음 [ya]를 나타낸다. 그런데 [ya]의 음을 가진 키릴문자 'я'가 있으니 'ä'는 불필요하다. 그러니 'ä'는 (1)의 문자 체계를 구성하는 하나의 모음 표기 문자일 뿐이다. 그런데 아래 (2)에서처럼, [ε]를 표기하는 문자 'à'가 있음에도 불구하고, 'ä'는 [ya]가 아닌 [ε]를 표기하였다.

(2) ㄱ. П'äги(=패기-딸꾹질, 48), Цäмури(재물-잿물, 49), Пä(배[腹], 49), Мäбунгэ̀(매붕게-매운 것, 51), Мäби(매비-매부, 9), acanäǐa(=아사뺏다-빼앗다, 과일을 따다, 59), Куĭ-мэктä(귀먹대-귀머거리, 53).

ㄴ. Хўàрынàги(홰르내기-화를 내-기, 71), Цагà-барыми(자개바름-자개 바람, 3, 48), Яктамбà(약담배-아편, 21).

ㄷ. Сä-ры п‘аги(새-르 파기-새[草]를 베기, 59)[40]. Сà-пинын сарыми(새-비는 사름이-새[草]를 베는 사람, 59), tàп‘ä(대패).

ㄹ. к̄ääми(깨애미-개암, 20), Сääги.(새애기-여자 아이, Cààги를 수정함, 8)

Kääгy → Kääгy(개애구-가지고, 42)

ㅁ. Нипадä(니빠대-이가 없는 사람, 13), Кумектä(구멕대-귀머거리, 13) Шин-џä(신재[ʃin-ʤɛ]-製靴工, 10), Tàџä(대재[tɛʤɛ]-대장장이, 10)

ㅂ. Ђäрынгэ̀(tʃyariŋge-짧다, 52), Ђäнсэ̀-куни(tʃyaŋse-kuni-장사꾼), Tàџäн-гани(tɛʤyaŋ-gani-대장간, 47), Ђäку(tʃyaku-자꾸, 72)

(2ㄱ)은 [ɛ]를 ‘ä’로, (2ㄴ)은 [ɛ]를 ‘à’로 전사한 예다. (2ㄷ)은 한 단어 안의 음성 [ɛ]를 ‘ä’와 ‘à’로 달리 전사한 예다. (2ㄹ)의 ‘깨애미’는 LLH, ‘새애기’는 HLL의 음조를 갖는데 두 단어의 긴 소리 ‘-ɛɛ-’를 특이하게도 ‘-ää-’로 전사하였다. 더욱 Сääги는, Cààги가 오류라고 해서 수정한 것인데 무엇이 오류인지는 알 수 없다. (2ㅁ)은 본디 ‘-댱이’, ‘-쟝이’에서 변화한 ‘대(<댜)’, ‘재’를 전사한 것으로 ‘ä’로 전사되어 있다. ‘ä’는 위 (1)의 문자 체계에 따라 당연히 상승이중모음 [ya]를 전사해야 하는데 (1ㅂ)에서 보듯 경구개음 뒤에서만 제구실을 한다. 요컨대, ‘ä’는 음성 [ɛ] 또는 [ya]를 전사한 문자이다. 한편 [ɛ]는 ‘à’로도 전사하였다. 이처럼 一字二音 또는 一音二字의 표기가 이루어진 원인은 알 수 없다. 성조와는

40 지붕을 해 이거나 생활 용품(밧줄, 망태, 그물 등)을 만들기 위해 새를 베는 것을 ‘새를 판다’고 한다. 지금도 그렇게 말하는데 제보자들은 ‘판다’가 무슨 뜻인지 알지 못하며 관용적으로 쓸 뿐이다.

무관하다. 『한어문전』의 ‘ㅐ’, ‘ㅔ’ 표기의 영향도 아니다. 혹 ‘ㅐ’의 발화 시 개구도의 차이([ε], [æ])가 느껴져 그것을 반영한 것이 아닌가 하는 생각이 들기도 하지만 그도 확인하기 어렵다. 한국어를 전사한 카잔사범학교 학생에 따라 전사문자에 대한 이해가 조금 달랐거나 음성을 다르게 청취한 때문이 아닌가 추측해 볼 따름이다.

② ö, йö, ò

(3)ㄱ. Cö(쇠[鐵], 47), Кангсö(강쇠, 45), Cö⁻ч‘иги(쇠를 불리다[鍛鍊], 47), хöчир⁻хаги(회칠하다, 45), kўэт‘ö(콜레라, 서문, 48), Чö⁻иннынтэ̀(=죄(罪) 있는, 55), Моттöнтэ̀(못된 것, 10, 55), Хöпарамдир⁻хаги(휘파람질하다, 68, 69).

ㄴ. Чўэни маннар йöгы⁻ханда. kазын⁻хандагу намдэ(쥬엔이 만날 욕으 한다. 가증한다구, 남뎌.(주인이 만날 욕을 한다. 게으름을 떤다고, 남정네를. 71).

(4) [ò]: Тòги(되다[升], 46), Шòдэѕы(=쇠뎢-으[41] 데피기(우유를 데우기, 63), Шò⁻мурэ̀миры⁻Тикхинын⁻сарыми(쇠-무레미르 디키는-사름이).(소무리를 지키는 사람=목동, 10).

(3ㄱ)의 ‘ö’는 음성 [ö]를 전사한 문자이고, (3ㄴ)의 йö는 이중모음 [yo]를 전사한 것이다. 이 음성 [yo]에 대한 전사 원칙은 어두에서는 йö로, 자음 뒤에서는 ö로 전사하는 것이다. 그러나 자음 뒤의 문자 ö는 이중모음 [yo]가 아닌 단모음 [ö]를 전사한 것이다. 그런데 (4)를 보면 전사문자 ‘ò’는 ‘ㅚ[ö]’를 전사하였다. 따라서 음성 ‘ㅚ[ö]’를 ‘ö’와 ‘ò’의 두 문자로 전사한 셈이다. 전자가 일반적이다. 앞서 [ε]를 ‘ä’와 ‘à’로 전사한 것과 평행하게 ‘ㅚ’를 두

41 ‘졎’을 ‘뎢’이라 한 것은 과도교정이다.

문자 'ö'와 'ò'로 전사한 것이다. 이렇게 된 원인은 역시 알 수 없다.

③ ÿ, ỳ

(5) ㄱ. Ђÿдэн-ханынгэ̀(tʃyudyəŋ-haniŋge=쥬뎡(酒酊) 하는 것, 50)

Ђÿра̀(tʃyurɛ=쥬래, 목구멍, 후두, 4), Пам-тÿнги(=밤듕, 밤중, 38)

Шешÿры(셰슈-르=세수-를, 65)

Шэнцÿры[42](ʃəndʒyu-ri=션쥬(城中)-르,[43] 읍내로, 68)

Чÿэ̀ни маннар йöгы-ханда(=쥬엔이 만날 욕으 한다(주인이 만날 욕을 한다). 71).

ㄴ. Адэри кургиры тÿнда[44](=아이들이 굴기르 뛴다(아이들이 그네를 뛴다), 77)

Кÿӣтури(küʸt'uri=귀이뚜리, 귀뚜라미)

ㄷ. kỳтты(=küttɨy=귀띄, 귀때기, 7), Тỳтты(=Tüttɨy, 뒤띄, 뒤통수, 7)

Шỳни(=ʃüni, 쉰[五十]-이, 36)

(5ㄱ)의 'ÿ'는 [yu]를 전사한 문자이다. 다만 경구개자음 뒤에서만 출현한다. 그 밖의 환경에서는 키릴문자 'ю'를 썼다. 그런데 (5ㄴ)의 'ÿ'는 [ü]를 전사한 것이다. 'ÿ'는 [yu], [ü] 두 음성을 전사한 것이다.

그런데 한국어 [ü]는 (5ㄷ)에서 보는 바와 같이 'ỳ'로 전사하였다. [ü]를 'ÿ'와 'ỳ'의 두 문자로 전사한 것이다. 'ㅟ'는 [wi], [ü], [uy], [ʉy] 등 여러 음으로 실현되는데 그 음들은 'ỳ[ü]', '*ы*[ʷɨy=ʉy]', 'уӣ[uʸ][45]', 'ÿы

42 Шэнцÿры는 Шэнгцÿры[ʃəŋdʒyu-ri]의 오식.

43 '셩듕(城中)'의 ㄷ구개음화형 '셩즁'에 부사격조사 '-으르'가 결합한 어형.

44 тÿнда는 Ӣÿнда의 오식.

[wɨy=uy]' 등으로 전사하였다.[46]

④ e, э̀

서문에서, 'e'는 러시아어에서처럼 이중모음 [ye]를 전사하는 문자라 하였다. 그러나 아래 예에서 보는 바와 같이 주로 [e]를 전사하였다,

(5) ㄱ. Цегэ̀(tsege, 제-게(자기-에게), 11)

ㄴ. пеккиги(p'ekkigi, 벗기다(단추, 지퍼 따위를 풀다), 16)

(5ㄱ) Цегэ̀(=tsege)의 첫 음절 'Це[tse]'는 '저+-이>제'이므로 전사문자 'e'는 [ye]가 될 수 없다. 그럼에도 불구하고 왜 한 어절 내의 음성 [e]를 문자 'e'와 'э̀'로 달리 전사하였는지 알 수 없다. 'Це'의 'Ц'가 경구개음이라면 그 뒤의 모음을 'e'(=[ye])로 적을 수도 있지만 그도 아니다. (5ㄴ)은 동북방언 '뻣기-'가 움라우트를 겪어 '뻿기[p'ekki]-'가 된 것이므로 역시 문자 'e'는 [ye]가 될 수 없다.

⑤ ы

앞서 몇 차례 언급한 바와 같이 'ы'는 분명 한국어 [ɨ]를 전사한 문자이다. 그러나 이 문자로는 과도가 짧은 이중모음 [ɨʸ] 또는 이것이 단모음화한 [ï]도 전사하였다. 비교적 후설쪽에 치우쳐 조음되는 한국어 'ㅡ[ɯ]'와, 그보다 전설 쪽에서 조음되는 [ɨʸ] 또는 이것이 단모음화한 [ï](러시아어 'ы'의 음가와 유사)를 모두 하나의 문자로 전사한 것이다. 때문에 3년

45 식귀-인능게(ʃik'uʸ-innɨŋge, 식구가 있는 것, 51)

46 [wi]는 'ўи'로, [uy]는 'уй'와 같은 문자 조합으로 전사될 수 있지만 이 교과서에는 보이지 않는다.

후에 간행된 『노한회화』와 『시편 노한소사전』에서는 [ɨ]를 'ы'로 [ɨʸ], [ï]는 'ы'로 전사하게 된다.

2) 전사의 오류

전사의 문제를 보기로 한다. 아래 (10ㄱ, ㄴ)은 키릴문자를 음성기호로 바꾸었다.

(10)ㄱ. kazɨndʷɨy → kazɨŋdʷɨy(게으름뱅이, 13)

ㄴ. ankan-tʃyaŋse-kuni → ank'an-tʃyaŋse-k'uni(여자 장사꾼, 10)

nipadɛ → nip'adɛ(이가 없는 사람, 13)

ətəntɛ → ət'ənt'ɛ(어떤 때), tənda → t'ənda(떨다[慄], 77)

Tyə-sarɨmi tənda(tənda → t'ənda). haktirɨ mazɨŋgəʧʰərɨ(저 사람이 떤다. 학질에 걸린 것처럼, 77)

Adəri kurgirɨ tünda → t'ünda(아이들이 그네를 뛴다, 77)

ㄷ. Козун-дочи(고슴도치, 서문 13), Шинче(신체, 3), Качи(까치, 31)

чочи-анингэ̀ → чоч'и-(좋지-아닌 게, 11)

Пирэнгэрэ̀ чибэшэ тэнда(비렁거레 칩어셔 떤다. 77)

Кўанчаўы(광쟈위, 삽, 29)

(10ㄱ)은 нг[ŋ]이 н[n]으로 전사되었다. 러시아어에서 이 두 음성은 한 음소의 변이음이다. 때문에 러시아인에게는 두 음성의 변별이 어려워 전사의 오류가 생긴 것이다. (10ㄴ)은 한국어 무성파열음의 된소리를 평음으로 전사한 예로 이런 오류가 꽤 많다. 러시아어에는 유성 : 무성의 대립만 있을 뿐 [후두긴장성]이나 [유기성]은 비변별적 자질이므로 한국어의 된소리와 평음이 잘 구분되지 않았을 것이다. (10ㄷ)은 유기음이 평음

으로 전사된 예를 보인 것인데 역시 오류가 많다. 이처럼 이 교과서에는 한국어 음성 전사에 오류가 보인다.[47] 그러나 3년 뒤 1904년에 간행된 『노한회화』와 『노한소사전』의 한국어 전사문자 체계와 한국어 전사는 정연하고도 정밀하다.

전사문자의 가장 큰 문제점은, 교과서 내에서 러시아어와 한국어 전사에 쓰인 동일한 문자가 나타내는 음성이 언어마다 다르다는 점이다. 가령, 'à'는 러시아어에서는 악센트를 지닌 [a]음이고 한국어에서는 [ɛ] 음을 나타낸다. 학생들의 학습에 지장을 줄 수밖에 없다.

2.1.3. 한국어의 방언적 성격과 특징

교과서의 한국어를 보면 육진방언과 비육진방언이 뒤섞여 있다. 편찬에 관여한 카잔사범학교 학생들의 한국어 방언이 달랐기 때문이다. 이 교과서의 한국어는 량(梁) 씨의 방언이 토대가 되었다고 했는데, 량(梁) 씨와 流音을 달리 발음하는 정(鄭) 씨는 본디 비육진방언권 출신으로 보인다.

교과서 한국어의 두드러진 특징은 ㄷ구개음화와 관련된 상당수의 과도교정형이 출현한다는 점이다. 이는 육진방언 화자와 비육진방언 화자가 한 언어공동체에서 살게 됨으로써 방언 접촉으로 변이가 발생하고 또 방언 혼합이 이루어지기 시작하였음을 뜻하는 것이다. 이러한 문제는 뒤에서 논의하기로 하고, 여기서는 교과서 한국어의 특징을 음운, 문법, 어휘로 나누어 간단히 언급하기로 한다.

47 교과서 전반에 걸쳐 된소리는 대부분 무성의 평음(к, т, п)으로 전사되었다. 그 가운데 몇 예가 권말의 부록에서 수정되었다. '코기리 → 코끼리', '새-가리 → 샛가리[새까리][草積]'. 이 교정은 정(鄭) 씨의 발음에 따른 것이다.

2.1.3.1. 음운

1) 모음

① /ö/와 /ü/

모음체계에 /ö/와 /ü/가 보인다. 따라서 한국어 제보자 중에는 10모음 체계를 가진 방언 화자가 있었음을 알 수 있다. 비육진방언권 화자이다. 물론 'ㅚ'가 'ㅙ'로 변화한 예(육진방언형)도 있다. 예: 왜(오이). 『노한회화』와 『시편 노한소사전』 및 현대의 육진방언을 참고하면 19세기 초의 육진방언에는 /ö/와 /ü/가 존재하지 않았다. 지금도 그와 같다. 육진방언에서 'ㅚ'와 'ㅟ'는 각각 [wɛ]와 [uy], [wi]로 실현된다.

② 'ㅗ'와 'ㅓ'의 혼기

혼기의 예가 몇 보인다. 'ㅗ>ㅓ'가 대부분이다. 이것이 현대의 육진 및 동북방언처럼 'ㅗ'의 저설화와 'ㅓ'의 후설화에 기인한 것인지 또는 단순히 전사상의 오류인지는 말하기 어렵다. 전자일 가능성이 높다.

(11) 젼눔-우(→죵눔-우) 보내기(종놈을 보내기, 76)
떠차보내기(→뚀차보내기)(쫓아 보내기, 75)
졍뒤(→죵뒤), 마느래(종두(種痘), 천연두, 마마, 47)
개 디뽀셔(→디뻐셔) 어부작딜 해애따(개가 기뻐서 아우성을 쳤다, 69)
역심(→욕심)-만-한게(욕심 많은 것이, 30)
모역으(→모욕으)-하기(목욕을 하기, 65)

③ 'ㅢ>ㅣ'

'ㅢ>ㅣ'의 단모음화 예가 다수 보인다. 예: 느비[妹](<느븨), 비[篦](븨

<뷔), 비각딜하기(<븨각질<뷔각질, 낫으로 추수하기), 술기(<술긔<*술귀, 수레) …. 역시 비육진방언형이다. 3년 뒤에 간행된 『노한회화』와 『시편 노한소사전』에서는 육진방언형 '느븨', '븨', '술긔'가 보인다.

④ 움라우트

이 음운현상을 겪은 예들이 다수 보인다. 예: 말-셱이(말셕<말혁, 26), 보셰피(<보셥+-이, 보습, 26).

2) 자음

① '자, 저, 조, 주'/'쟈, 져, 죠, 쥬'(ʦV/ʦyV[=ʧV]), '사, 서, 소, 수'/'샤, 셔, 쇼, 슈'(sV/syV)의 대립.

(12) ㄱ. ʦV: 참새(74), 촌-사름(78)
　　ㄴ. ʦyV: 쟝이/쟹이(=Чäнги, 쟝(종이 세는 단위), 41), 춍춍한게(51), 쟈랑(70), 쥬엔(주인, 71), 대쟤(대장장이, 69), 신쟤(제화공, 69), 죵에(77)

(13) sV: 사름이(사람, 69), 사즤, 주디(사자, 30)
　　syV: 셔방강게(51), 셰답우(66), 셔당아덜(69)
　　syV>sV: 무셉아-하는게(무서워하는 것이, <무셥다, 30)

ʦV/ʦyV, sV/syV의 대립은 대체로 지켜지고 있다. 어두 'ㄴ' 탈락의 예도 많다. 이 예들에 의하면 이 교과서의 한국어는 육진방언 화자와 비육진방언 화자의 방언이 뒤섞여 있고 방언간의 접촉에 의하여 제3의 연해주 한국어가 형성되고 있다 할 것이다.

② 어중 'ㅈ'의 전사

어중 'ㅈ'는 [z], [dz]로 전사되어 있는데 [z]로 전사된 예가 많다. 『노한회화』에 이러한 조음상의 특징이 언급되어 있다.

③ 구개음화

ㄷ구개음화, ㅎ-구개음화가 대체로 이루어졌다. 그리고 ㄷ구개음화와 관련된 과도교정형이 상당수 출현한다. 이는 곽충구(2004)에서 밝힌 바와 같이 소수의 비육진방언화자가 다수의 육진방언의 영향으로 그 육진방언을 닮아가려는 과정에서 생겨난 것이다.

가) ㄷ구개음화

(가) 형태소 내부

(14) ㄱ. 보수형: 속바디(속바지, 15), 밤-듕이(밤중, 38), 어딩게(어질다, 55), 남뎡(6), 뎌-사름이(56)

ㄴ. 개신형: 타아-치기(<티-, 작은 조각으로 쳐 내다, 17), 치기(<티-, 치다, 때리다, 21), 셩쥬르(<셩듕(城中)으로, 읍내로, 68), 말으-쳘으-싱기기(<텰, 말에게 철을 신기기, 47), 붙치기(=putʧigi, 붙이기, 44), 고지기(<고티-기, 고치기, 48), 쟈르다(<댜르-, 짧다, 52), 훈쟤(<훈댱(訓長)+-이, 69), 쟝세군이(<댱세꾼, 장사꾼, 70), 절당(<뎔당, 절당=교회, 80), 신체(<신톄(身體), 3)

(나) 형태소 경계

(15) 풀-빛이(풀밭-이, 풀밭, 19), 나무새-빛이(나무새밭-이, 남새밭, 21), 긑지-빵게(긑-이, 끝이 뾰족한 것. 50), 도지=도치(돝-이, 27)

(14)에서 본 바와 같이 ㄷ구개음화는 개신형과 보수형이 모두 보이나 개신형이 훨씬 많다. 또한 여기서 주목할 것은 (15)처럼 형태소 경계에서 ㄷ구개음화가 활발하다는 점이다. 함경도(육진, 동북방언권)에서는 형태소 경계에서 ㄷ구개음화가 이루어지지 않는다(곽충구: 2001, 2019b). 따라서 (14ㄴ), (15)의 예는 제보자 가운데에 함남 남부나 중부방언권 출신이 있었다는 중요한 단서를 제공한다.

한편 아래와 같이 ㄷ구개음화에 대한 과도교정형이 다수 발견된다.

(16) ㄱ. 뎍사미(적삼, 15), 쇠-뎓이(=шò-дэди=ʃö-dyədi, 쇠젖=우유, 17), 뎨비(제비, 31), 소곰대(잠자리, 41), 살이-딩게(살이 찐 것이, 54), 아뎍이(아침, 38), 디구-이끼(쥐고 있기, 73), 딥이(집, 22), 어뎨(어제, 38), 매애디(망아지, 26), 나무-겁디(나무껍질, 33), 시댜길-하기(시작을 하기, 80), 눈-꺼부디(<눈거붗, 속눈썹, 4)

ㄴ. 꼳이(꽃, 19, 33), cf. 꽂으 말리우기(63)
쇠-뎓이(шò-дэди=ʃö-dyədi, 쇠젖=우유, 17), 쇠뎢으 데피기(우유를 데우기, 63)

(16ㄱ)의 과도교정은 ㄷ구개음화가 모두 이루어진 방언화자가 ㄷ구개음화가 이루어지지 않은 육진방언 화자들과 살면서 그들의 방언을 일종의 표준(norm)으로 인식하여 생긴 결과이다. 대체로 '쟈, 져, 죠, 쥬, 지'를 '댜, 뎌, 됴, 듀, 디'로 바꾸었는데, 그렇지 않은 소수의 예도 보인다. 예: 어뎨(어제). 또 어간 말자음의 과도교정을 보여 주는 (16ㄴ)을 보면 ㄷ구개음화의 동화주인 주격조사 '-이' 앞에서는 '꼬디', ㄷ구개음화 환경이 아닌 대격조사 '-으' 앞에서는 '꼬즈'라 하였다. '쇠뎓-이', '쇠뎢-으'(<쇠졎, =우유)도 그와 같다. 이는 ㄷ구개음화 규칙에 반하는 과도교정이 ㄷ구개음화 규칙에 대한 심리적인 반작용임을 말해 주는 것이다.

다시 말하면, 화자는 ㄷ구개음화 규칙을 인지하고 그것을 내면화한 다음 그 규칙을 역으로 적용하여 과도교정형을 산출해 내는 것이다. 자신이 말하는 '쟈, 져, 죠, 쥬, 지'를 ㄷ구개음화 규칙의 출력형으로 간주하고 그것을 입력형으로 삼아 '댜, 뎌, 됴, 듀, 디'로 바꾸는 것이다. 즉,

A. t → ʧ /__ (+) y, i

B. ʧ → t /___(+) y, i

이때의 의문은 화자가 A 규칙을 어떻게 생성해 낼 수 있었는가 하는 점이다. 자신의 모방언에서 ㄷ구개음화 규칙이 진행 중이라서 그 영향을 받은 것인가 아니면 모방언은 이미 ㄷ구개음화가 완료되어, 완료된 자신의 방언과 거주 집단의 방언을 대조함으로써 심리적으로 이끌어 낸 것인가. 형태소 경계에서의 ㄷ구개음화는 중부방언, 남부방언권에서 볼 수 있으므로 후자일 것으로 생각된다.[48]

나) ㅎ-구개음화

(17) 심이(<힘이, 30, 52), 숭년이(<흉년, 49), 셍님이(<형님이, 69), 말셕이(=mar-ʃegi, 말혁, 26), 샹매(<향마+-이, 수말, 상마, 26), 셩문이(<형문이, 정강이, 5)

다) ㄱ-구개음화

(18) ㄱ. 져리(<져얼이<겨울+-이, 38)

ㄴ. 싱냬덜이 뎌레 어부작딜-한다(승냥이들이 겨울에 아우성을 친다,

48 이 시기 명사 말음 ㄷ, ㅌ의 구개음화는 그 예를 찾기 어려운데 앞 1.4.4에서도 지적한 바와 같이 이는 중부방언, 남부방언의 특징이다.

69), 디슴우 매기(김을 매다, 21), 뎨(<졔<겨[糠]+-이, 29), 딩게tiŋge (긴 것, 7), 디름(기름, 79), 디림굽이(기름굽이, 17), 딮이(깊이, 40), 딮웅게(깊은 게, 52), 디름이(기름, 17), 개 디뽀셔 어부작딜 해애따 (개가 기뻐서 아우성을 쳤다. 69), 디르매(길마, 26). 디침(기침, 48)

변화하지 않은 원래의 형태(#ki-, #kyV-)는 발견되지 않고 대부분 (18ㄴ)에서 보는 바와 같이 #ki-, #kyV- > #ti-, #tyV-로 변화하였다. 그렇다면 이 변화는 #ki-, #kyV- > #ti-, #tyV-의 변화인가 아니면 #ʧi-, #ʧyV- > #ti-, #tyV-일까? (18ㄱ)의 '져리'는 '겨슬>져을>결+이'의 변화형이다. 즉 ㄱ-구개음화형이다. 이 ㄷ구개음화형에 대한 과도교정형이 (18ㄴ)의 '뎌레'(뎔:-에)인 것이다. 따라서 이들은 모두 이미 ㄱ-구개음화를 겪어 본디 ㄷ-구개음화의 출력형과 같은 (가)에 합류한 것들이 다시 (나)에 의해서 형성된 과도교정형인 것이다.

라) 어두 위치의 #ni-, #nyV-

(19)ㄱ: 탈락: 이(이[虱], 42), 여름(37), 염튀(<념튀<념통+-이, 6), 여꾸리(7), 이매(3), 잇검이(ik'emi)(잇몸, 4) ….

ㄴ. 유지형: 니르기(이르다[謂], 14), 니불이(이불, 16), 니(리(里), 40), 뉴꼘(뉵혈-포(六穴砲) 총이(리볼버 권총, 연발권총, 43), 년에(연어, 32), 년이(연(鳶), 32)

ㄷ. 과도교정형: 냬애고기(양(羊)의 고기,17), 니색이(이삭, 29).

어두의 n탈락도 다수의 예가 보인다. 역시 비육진방언이다. 그리고 (19ㄷ)처럼 과도교정형이 보인다. 이러한 사실은 앞서 본 ㄷ구개음화와 함께 이 책의 한국어 방언이 보여주는 특징이다. 따라서 이 책의 서문 말미에는 카잔사범학교 학생 모이세이 파블로비치 량(梁) 씨의 방언이 이 책의 토대가 되었다고 하였으므로 량(梁) 씨는 분명 비육진방언권에서 이주해 온 사람이거나 가정에서 출생한 사람이다. 또 『노한소사전』(서문: xvii)에 의하면 량(梁) 씨는 서울 방언에 속하는 몇몇 단어를 제공하였다고 하였으니 비육진방언권 출신임이 분명하다. 과도교정형이 많다는 점도 적극적인 그 증거가 된다. 이 과도교정형의 수효가 너무 많아 '쟈, 져, 죠, 쥬, 지'를 기계적으로 '댜, 뎌, 됴, 듀, 디'로 치환한 것이 아닌가 하는 생각이 들 정도이다. 심지어는 '자, 저 …'도 '댜, 뎌 …'로 전사한 경우를 본다. 예: 뎌울(저울). 이 같은 과도교정형은 19세기 말 연해주 한인공동체에서 역동적으로 벌어지고 있던 방언 접촉의 한 산물이다.

마) 명사의 말자음 /ㄷ/

명사의 말자음 'ㄷ'이 'ㅅ'으로 변화하지 않고 남아 있다. 이는 육진 및 동북방언의 공통 특징이다.

(20) 붇우 개기kεgi(붓=펜을 갖기, 77), 빋이pidi(빚[債], 49)

2.1.3.2. 문법 특징

문법 사항을 종합적으로 다루기에는 자료가 너무 적다. 격조사는 육진 및 동북방언형도 나타나고 때론 대격조사 '-을'과 같이 육진이나 동북방언에서 잘 쓰이지 않는 조사도 나타난다. 또 대격중출문이 자주 보인다. 이는 육진, 동북방언의 두드러진 특징이다.[49]

(21) 내 동미르 책으 주엇소(내가 동무에게 책을 주었소, 77).

---

49 이 시기 연해주 한국어의 문법적 특징은 "Ⅲ부(권 2)의 1.3. 문법"에서 기술한다.

2.1.3.3. 어휘[50]

어휘는 대부분 육진 및 동북방언이므로 특별히 언급할 사항은 없다. 다만, 새로운 문명어에 대한 조어 또는 의미 부여 방식이 흥미롭다. 문명어는 직접 차용하거나 신어를 만들어 쓰는 것보다 기존의 어휘에 그 문명어의 개념을 넣어서 쓰는 경우가 일반적이다.

1) 학교 관련 어휘

(22) 칠판: 샹판이(상판(上板)? 14)

잉크: 먹이(14), 잉크병: 먹벵섀리(14)

펜: 붇이(14), 펜대: 붇대(14)

선생님: 훈재(훈장), 여선생님: 안깐훈재(안깐+훈재)

학생: 셔당아(셔당+아[兒]), 여학생: 셔당새애기(셔당+새애기)

종전에 볼 수 없었던 '칠판'은 '샹판'이라고 하였는데 위에 걸려 있다고 해서 한자를 이용하여 '上板'이라 한 것으로 보인다. 잉크와 잉크병은 기존에 쓰던 '먹'이란 말을 썼고 잉크병은 '먹벵섀리'라 하였다. '벵섀리'는 육진방언으로 '병(甁)'을 뜻하는 말이다.[51] '펜'과 '펜대' 역시 기존의 어휘 체계에서 유사한 의미를 가진 어휘를 가져다 썼다. '선생님', '학생'도 역시 그와 같다. 여선생님을 뜻하는 '안깐훈재'의 안깐은 '아낙네'의 뜻을 지닌 방언이고 여학생을 뜻하는 '새애기'는 어린 여자아이부터 혼전까지의 여자를 이르는 말이다. '에미나', '간나'는 낮춤말이지만 '새애기'는 존중해 주는 뜻이 있다. 때문에 '셔당새애기'라 한 것이다.

---

50 이 교과서에 수록된 주요 한국어 어휘는 권말 【부록 2】에 제시하였다.

51 Tajshin"(1898)의 『노한사전』에서는 잉크병을 'bugi'(타39)라 하였고 『단어와 표현』에서는 '먹 절윙'[ʧər^{w}ĩ']'(표 XVII)이라 하였다.

2) 종교 관련 어휘

(23) 불도(佛道): 기도(祈禱), 기도문(祈禱文)=경문(經文). 셔당-아덜이 불도르 소리르 슨다(=쓴다)(학생들이 소리 내어 기도한다, 69).

절당: 교회. 예: 느비 절다르 늦어 갓다(누이가 교회로 늦게 갔다, 81).

걸기채: 십자가(十字架): 『노한소사전』(49)에도 '걸기'채'가 실려 있다. 예: 걸기'채르 시기'길래 한 잔'츼(세례축하연[52]).

대모(代母): 걸기체:미(←걸기채 에미)=Крѐстная/Кергиц'–·э̀ми(*kərgitsʰ–·emi, 9)

대부(代父): 걸기채:비(←걸기채 애비)=Крѐстный/Кергиц'–·а̀би(*kərgitsʰ–·ɛbi, 9)

'기도, 기도문(molitva)'을 '불도'라 한 것이다. 불도는 본디 '부처님의 가르침'을 뜻하는 말이지만 여기서는 '기도문', '경전' 정도의 일반화된 의미로서 쓰인 것이다.

'교회(tserkov')'를 '절당'이라 하였는데 이 말도 불교에서 가져온 것이다. '절당' 역시 '사찰'이라는 의미보다는 '예배를 보는 공간'이라는 일반화된 의미로 쓰인 것이다. 얼마 전까지도 중앙아시아와 중국 조선족자치주 한인들은 '교회'를 '절당', '결당'이라 하였다.

'십자가(krest")'를 '걸기채'라 한 점도 흥미롭다. 러시아 정교의 십자가는 'X'형도 있고 또 가로대가 셋인 것도 있다. 이 '걸기채'는 '걸기[掛]-+채'의 합성어로 보인다. '걸기-'는 '걸리-'의 함경 방언이다.

'代母', '代父'를 지칭하는 말은 '걸기채'에 '에미'와 '애비'를 결합한 합성어다.

---

52 =ustraivayemyj po povodu sovershenie kreshcheniya(세례를 한 것에 대한 연회).

3) 화폐 단위(39-40쪽)

(25) ㄱ. 글재[글째]: 코페이카(1/100루블(ruble). 러시아의 동화(銅貨)). 한-글재 (han-girtsɛ, 1코페이카), 세 글재(3코페이카), 얄-글재(10코페이카), 얄-다스-글재(15코페이카), 스무-글재(20코페이카), 스물-다스-글재(25코페이카), 쉰-글재, 오십-글재, 닷-돈이(50코페이카) ….
반글재(1/2코페이카), 반에반글재(1/4코페이카)

ㄴ. 돈: 10코페이카. 두-돈(20코페이카), 20코페이카짜리 은화.

ㄷ. 냥: 1루블. 한-냥이(1루블), 냥-반이(1/2루블), 얄-량이(10루블), 백-냥이(100루블), 천-냥이(1,000루블) ….

러시아 화폐 단위를 우리 말의 화폐 단위로 바꾸었다. '글재[글째]'는 1코페이카를 뜻하는 말이며 10코페이카는 '돈', 100코페이카(=1루블)는 '냥'이라 하였다. Matveev(1900), 『노한회화』(1904)에도 이 화폐 단위에 대한 내용이 있다. 저자가 수 년 전 중앙아시아 한인들을 대상으로 고려말을 조사할 때에도 이 말을 쓰는 노인이 있었다. 그리고 중국의 조선족 노인들도 '글재'라는 말을 쓴다. 전에는 중국 돈 일전(一錢)을 '한 글째'라 하였는데 요즘은 화폐 가치의 하락으로 뜻이 변하여 '한 푼' 정도의 의미를 지닌다(곽충구: 2019a '글재' 항의 (II)를 참조).

4) 어휘적 특징

① 고어

'굴기'(그네, 32, 77)의 중세국어형은 '글위'이다. '글위'와 '굴기'를 통해 '*글귀'를 재구할 수 있다. *글귀>글긔>굴기.

'술기'(수레, 26)의 중세국어형은 '술위'이다. 이를 통해 '*술귀'를 재구할 수 있다. *술귀>술긔>술기. '술기-띄'(굴대, 軸, 26)는 중세국어 '술위찌'의 반사형이다. cf. 술긔(『노한소사전』, 『노한회화』).

'머리끼'(머리카락, 3)는 『朝鮮館譯語』의 '髮 墨立吉'의 '墨立吉'이다.

'통'은 부사로는 '모두 다'의 뜻으로 쓰이고 관형사로는 '모든'의 뜻을 지닌다. 현대국어에서는 거의 쓰이지 않고 '온통'에 그 잔재가 남아 있다. 예는 아래와 같다.

(26) 통 비각딜-하기(모두 다 추수하기) / 통 디슴우 매기(모든 김을 매기).
더-사름이 제 통 밭으 갈앗소(저 사람이 자기의 모든 밭을 갈았소).

'통'에서 파생된 부사 '통구'(모두, 싹 다, 12)가 보인다. <우리말샘>에는 '통구'가 황해도 방언으로 '온통'의 뜻을 지닌다고 하였다.

아직 '-가락'이 결합되지 않은 '졀'(젓가락, 23), '술'(숫가락, 23)이 보인다. 그 밖에 고어라 할 만한 예로 '핥-'(핥-, 18), '신다리'(넓적다리, 5) 등이 있다.

② 파생어

가) -각질/-걱질: 동사 어간에 결합하여 '노릇', '짓', '일'의 뜻을 나타내는 접미사. 예: 비각질(곡식을 베는 일), 싣각질(추수한 것을 수레 따위에 싣는 일), 디각딜(<디각질)-하기: 바람에 곡식을 날려 검불 부스러기나 먼지 따위를 제거하는 일을 하기(29).

나) -당이>대~대: 신체의 장애를 나타내는 용언 어간에 결합하여 그런 장애를 가진 사람을 뜻하는 접미사. 낮잡는 뜻이 있다. 예: 귀먹대(<귀먹대<귀먹당이. 귀머거리, 53), 눈먹대(<눈먹대<눈먹당이. 맹인, 53). cf. 눈멀때(『철자 교과서』 15쪽), 곱당이(곱사등이).

다) -둥이>뒤: 일부 명사 뒤에 결합하여 그 명사가 지닌 성질이 있는

사람을 뜻하는 접미사. 예: 가증뒤(게으름뱅이, 13). cf. 가증하다(게으르다, 나태하다).

라) -쟝이>-쟤: 일부 명사 뒤에 결합하여 그 명사와 관련된 일을 업으로 하는 사람을 뜻하는 접미사. 예: 대쟤(대장장이), 신쟤(제화공), 독대(독쟤<독+-쟝이, 옹기장(甕器匠)). cf. 소곰대(<소곰쟤<소곰쟝이, 잠자리, 42).

마) -샤리>-섀리: 일부 명사에 결합하여 가늘고 길쭉한 대상임을 나타네는 말. 예: 먹-벵섀리(잉크병, 14). cf. 팔뚝섀리(팔뚝), 항섀리(항아리).

바) 피-: 암컷을 뜻하는 접두사. 예: 피매(암말, 26). cf. 피야리(야레-주로 두만강에 서식하는 물고기 이름)

사) 기타: -어미, -을, -옹이.

-어미. 예: 무레미(<물[群]+-어미. 무리, 떼, 10).

-을. 몯[集]-+-을->모들-(뻗었거나 펼친 것을 한 곳으로 모으다, 20).

-옹이: 쵸[食醋]+-옹이>춍이(18).

③ 차용어

(가) 러시아어: 비디깨(<비지깨(Spichka+-이), 성냥, 23), 사젼이(sazhen" =2.13m, 1里=500사젼이, 40)

(나) 만주어: 시섀리(亞麻, 59)

(다) 혼종어: 팔귀(26)[53] 중국어 '爬犁+-귀'.

---

53 만주어 '法喇fara'가 漢語에 차용되어(이기문, 1990: 211) '爬犁, 扒犁, 扒棏, …' 등으로 불렸는데 이 차용어가 다시 국어에 차용되어 '파리'가 된 것이다(곽충구, 2019b: 132-133). '팔귀'는 '파리+-귀'의 어구성에서 형성된 말이다. 육진방언 화자들은 흔히 '발

④ **관용어**

새르 파다(30): 이엉을 엮거나 짜거나 틀어서 기물을 만들기 위해 새[草]를 낫으로 베다.

채밀씨르 두다(57): 밀의 씨를 뿌리다.

춍을 놓다(44): 銃을 쏘다.

⑤ **특이 어휘**

특이 어휘 몇을 아래에 보이고 어원을 알 수 있는 것은 간단히 주석을 단다.

(28) 가투리-배앰이(drakon"=龍, 43), 개기(갖-기, 77), 구렝물이 → 구렁물이(우물(물)), 25), 궤퇴(<괴통+-이, 콜레라, 48), 끄싀(턱뼈, 4), 날뭉게-넒다(이윤 49), 더굴레(말의 굴레, 25), 덩때(시렁, 선반, 23), 동-냉기(굵은 통나무, 33), 배우리(<뱡우리, 병아리, 28), 셩문이(정강이, 5), 수룽이(surũi, 去勢한 돼지, 27), 시굼재(→시굼채)(수영(풀), 승아, 19), 싸라긔(등에(moshka), 41), 주디(<주지, 獅子, 30), 가랎-냉기(참나무, 33), 원데(구덩이, 44), 쟈개(재갈[嚼], 26) ….

(29) 감티(모자, 75), 끌매(나무망치, 46), 나무-바치(<나무밭+-이, 숲, 32), 눈꺼부디(<눈꺼부지<눈+ㅅ+거붗(거웃), 속눈썹, 4), 떡(빵, 16), 맥(면적의 단위, 1만평, 58), 물-셩매(<물-셕매, 물방아, 25), 물-쳐리(散彈, 43), 사랑(<샤랑, 곳간, 광, 창고, 78), 주에기(공[球], 32). 셰피(다람쥐, 30) ….

(28)은 어원이 불분명한 어휘를 모아 놓은 것이다.

'용'을 뜻하는 '가투리-배앰이'가 흥미롭다. 그런데 『物譜』(上: 14)에서

귀', '파리'라 부른다.

는, "蛇 白厭 七寸子 七步蛇 가토리븨암"이라 하여 '뱀'을 뜻한다.

'개[持]-'는 '가지-'의 방언이다. 18세기 중엽에 李匡明이 쓴 流配 記事 「이쥬풍쇽통(夷州風俗通)」(『贈參議公謫所詩歌』에 수록)에는 '가이-'로 나온다. 그러니 '가이->개-'의 변화이다. 함경도의 노년층은 지금도 '개:-'라는 말을 많이 쓴다. 여기서 '가지-'와 '가이-'의 대응이 성립하는데 음 변화를 설명하기가 쉽지 않다.

'구렁물'의 '구렁'은 '굴헝[壑]'에서 나온 말로 보인다.

'궤통'은 '怪疾'과 가까운 뜻의 '怪痛'일 것으로 생각된다.

'끄싀, 낢다, 더굴레'는 아직 조사 보고된 바 없는 방언 어휘다.

'병아리'를 뜻하는 '배우리'는 18세기 중엽에 간행된 『北關路程錄』과 『철자 교과서』(1902)에 '뱡우리'로 나타난다. 『노한회화』(1904)에는 '뱅우리pyẽuri'(348). 뱡우리>뱅우리>배우리>배우리.

'셩문이'는 함북, 전남, 제주에서 쓰여 그 분포가 특이하다.

'시굼채'는 강원도, 함경도 및 중앙아시아 고려말에서 쓰인다. 수영(풀) 또는 승아를 뜻한다.

'주디'는 '주지'의 과도교정형으로 '사자'를 뜻한다. 함남의 북청사자 놀음의 '주지탈', 별신굿의 '주지춤', 함경북도 산간 마을에서 설날이나 대보름 단오 추석 같은 명절날 밤에 노는 놀이인 '어베(배)주지춤'의 '주지'이다. 곽충구(2019a)의 '쥬지', '어배쥬지' 등의 항목에서는 '쥬지'가 아이들의 울음을 그치게 하는 무서운 대상으로만 풀이되어 있다.

(29)는 어원이 분명하거나 비교적 잘 알려진 어휘다.

'감티(<감퉈<감투+-이)'는 '원추형의 모자'를 뜻한다. 예: 아 감티르 개구 다라나따(아이가 모자를 가지고 달아났다, 75). 이전에 머리에 쓰는 물건은 '갇', '감퉈', '삿갇' 등이 있었다. 여기에 서구의 모자가 들어오면서 그것을 '감티'라 칭한 것이다. 위 예문의 '감티'는 러시아어 'shapka'

를 번역한 것이다. 그러나 전통적으로 써 오던 '감티'와 러시아의 'shapka'는 모양이나 용도가 다르다. 때문에 결국에는 'shapka'를 차용하게 되었다. 이 교과서에서도 차용어 '삽깨'라는 말이 쓰였다. 이미 '감티'와 '삽깨'가 유의경쟁을 벌이고 있었던 것이다. '삽깨'는 오늘날 함경도와 중국, 중앙아시아의 노년층(한인)에서 널리 쓰인다. 현재 '감티'는 '상사 때 쓰는 두건'만을 뜻한다.

'끌매'는 끌을 나무에 대고 칠 때 쓰는 나무로 만든 망치이다(곽충구: 2019a).

'나무-밭'은 나무가 들어선 평평한 땅을 뜻하니 '숲'과 비슷한 말이다. 북한의 문화어.

'빵'을 '떡'이라 한다. 지금도 중앙아시아의 한인들은 그렇게 부른다.

'맥'은 1만평의 면적을 나타내는 단위명사. 김동환의 장편시 「국경의 밤」에도 나온다.

'셩매(<셕매)'는 '연자매'의 방언이다. 그 합성어 '물셩매'는 '물방아'를 뜻한다.

'물쳐리'는 '물+텰+-이'로 분석되며 散彈을 뜻한다. 흔히 '물'의 'ㄹ'이 탈락한 '무철'이란 말을 많이 쓴다. 육진방언권에서는 'ㄷ, ㅅ, ㅈ' 앞에서 'ㄹ'이 탈락하지 않는 합성어의 예들이 종종 보인다. '활살'(화살)이 그 대표적인 예다. '무철알'은 북한의 문화어.

'주에기'는 흔히 '쥐에기'라 하는데 뭉쳐서 둥글게 만든 덩이를 가리키는 말이다. 예컨대, 나물이나 시래기 따위를 삶아서 물기를 짜내고 둥그스름하게 뭉친 것을 '쥐에기'라 한다. 본디 '쥐[握]-'에 접사 '-어기'가 결합되어 파생된 명사이다. 19세기 말의 '공'은 재료와 용도가 어떠했는지 확인하지 못하였는데 어쨌든 형태상 유사한 '쥐에기'를 가져다 썼다.

2.2. *Azbuka dlya Korejtsev*(『한인을 위한 철자 교과서』)
(러시아정교선교회, 카잔, 1902)

2.2.1. 편찬 목적과 체재

이 『철자 교과서』는 연해주 한인 자녀들에게 러시아어 문자를 익힐 수 있도록 하기 위하여 편찬되었다. 톨스토이(L.N. Tolstoj)가 지은 *Novaja Azbuka*(『새 綴字教科書』)에 수록되어 있는 짤막한 이야기(주로 寓話)를 연해주 한국어로 옮기고 그것을 키릴문자 및 그것을 가공한 전사용 문자로 표기하였다. 아이들이 흥미를 가지고 쉽게 다가갈 수 있는 寓話를 연해주 한인들의 일상적 구어로 번안하고 키릴문자로 전사해 놓았기 때문에 문자를 익히기에는 안성맞춤이다. 또한 글 내용이 생생한 구어체로 되어 있어 20세기 초 연해주 한인들의 한국어를 살피기에는 더할 나위 없이 좋은 문헌이다.

서지와 체재는 다음과 같다.

Azbuka dlya Korejtsev, Izdaniye Pravoslavnago Missionerskago Obshchestva, Kazan': Tipografija V.M. Kljuchnikova, 1902.(『韓人을 위한 綴字教科書』, 러시아정교선교회 출판, 카잔: V.M. 클류치니코프 인쇄소, 1902.)

책의 크기는 세로 25.7×가로 17cm이고, 1902년 4월 7일 카잔의 러시아정교선교회에서 출판하였다. 책은 아래와 같이 세 부분으로 구성되어 있다.

서문(Predisloviye, iii-xxi)

전사문자(iii-vii): 전사문자의 목록과 그에 대한 설명

한국어 단어의 오류와 오식(viii-xxi)

목차(Oglavleniye, xxii-xxvii)

본문: 한인을 위한 철자(Azbuka dlya Korejtsev, 1-86)

한국어 편(korejskij otdel, 1-75)

러시아어 편(Russkij otdel, 76-86)

2.2.2. 서문

2.2.2.1. 전사문자

이 책이 간행되기에 앞서 1901년에 *Pervonachaljnyj Uchebnik Russkago Jazyka dlya Korejtsev*(『한인을 위한 초급 러시아어 교과서』)가 간행되었음을 밝히고 그 교과서의 한국어 전사에 사용된 文字와 이 『철자 교과서』의 한국어 전사용 문자를 대조하면서 문자의 改廢, 그들 문자가 지시하는 한국어의 음성 특징을 설명하였다.

한국어를 전사한 문자는 아래와 같다(서문, x). 전사문자 옆에 제시한 [ ] 속의 음성기호는 저자가 삽입한 것이다.

А	а	[a]	Н	н	[n]	У̭	у̭	[w]
Ӓ	ӓ	[ɛ]		нг	[ŋ]	*У*	*у*	[ʷ]
Б	б	[b]		ң	[˜]	Ӱ	ӱ	[ü]
Г	г	[g]	О	о	[o]	Х	х	[h]
Ѓ	г̇	[ɣ]	Ӧ	ӧ	[ö]	Ц	ц	[ts]
Д	д	[d]	Ф	ф	[ə]	*Ц*	*ц*	[ts’]
Џ	џ	[ʤ]	П	п	[p]	Ц‘	ц‘	[tsʰ]
	ȝ	[dz]	*П*	*п*	[p’]	Ч	ч	[ʧ]
И	и	[и]	П‘	п‘	[pʰ]	Ч‘	ч‘	[ʧʰ]
И̭	и̭	[⁻y]	Р	р	[r]	Ч“	ч“	[ʧʃʰ]
Й	й	[y⁻]	С	с	[s]	Ш	ш	[ʃ]
К	к	[k]	С̈	с̈	[s’]	*Ш*	*ш*	[ʃ’]
К̄	к̄	[k’]	Т	т	[t]	Ы	ы	[ɨ]
К‘	к‘	[kʰ]	Т̌	т̌	[t’]	**Ы**	**ы**	[ɨy], [ï]
Л	л	[l]	Т’	т‘	[tʰ]	Э	э	[e]
М	м	[m]	У	у	[u]			

『초급 교과서』에서 『철자 교과서』로 넘어오면서 점차 한국어 음성에 대한 관찰이 정밀해지고 또 개인어의 음성 특징을 전사에서 배제하고자 하는 경향을 보이며 음성전사가 정교해지고 문자 체계가 유기적으로 체계화하는 경향을 보인다. 위 전사문자를 보면서 몇 가지 특징적인 사실을 언급해 두고자 한다.

1) 모음

모음에서는 『초급 교과서』에서 한국어 ‘ㅓ’를 전사한 문자 ‘э’를 ‘ф’로 대체하였다. ‘э’는 러시아어에서 [e]의 음을 가지고 있기 때문에 한국어

'ㅔ[e]'의 표기에 제격이지 'ㅓ[ə]'의 표기에는 적절하지 않다. 게다가 'э̀'는 'ㅔ[e]'를, 'э'는 'ㅕ[yə]'를 각각 표기함으로써 변별이 용이하지도 않다. 이 때문에 'э'를 'ɷ'로 대체하게 된 것이다. 그러나 이 『철자 교과서』는 러시아어 문자를 익히기 위한 교과서이므로 키릴문자에 없는 'ɷ'를 도입한 것은 적절한 선택이라고 할 수는 없다. 때문에 2년 후에 간행된 『노한소사전』에서는 'ㅓ'의 원순성 자질에 의한 대립짝 'o'에 보조부호를 붙인 'ŏ'로 대체하게 된다.

『초급 교과서』에서 보조부호 [¨]는 '상승이중모음'의 표지였으나(ä(ㅑ), ö(ㅛ), ÿ(ㅠ)), 『철자 교과서』에서는 '전설모음'의 표지이다. 현대의 국제음성기호에서 [¨]는 'centralized'를 나타낸다. 한편 『초급 교과서』에서 보조부호 [`]는 전설모음의 표지였으나(à(ㅐ), э̀(ㅔ), ò(ㅚ), ỳ(ㅟ)) 『철자 교과서』에서는 이를 폐기하고 고저 악센트(pitch-accent)의 표지로 삼았다. 『초급 교과서』, 『철자 교과서』 모두 전후 대립을 보이는 모음의 짝을 조합해서 그것을 유기적으로 이해할 수 있도록 보조부호를 사용한 것인데 『철자 교과서』가 진일보한 조치다. 『초급 교과서』에서는 [`]가 러시아어의 악센트 표지와 한국어의 전설모음 표지로 쓰였다. 같은 책에서 하나의 기호가 두 가지 기능을 수행한 셈이니 불합리하다. 때문에 『철자 교과서』에서는 [`]를 오직 러시아어와 한국어의 악센트 표지로만 사용하게 된 것이다.

모음 전사에서 특이한 것으로는 [-шы]이다. 예: Ку-шы(=구시, 구유), мопшы(몹시), Шыʒäги(ʃïʣɛgi, 始作). 이때의 'ы'는 경구개마찰음 [ш] 뒤에 나오는 [i]의 변이음이라 할 수 있으나 [ш] 외에 'халмы'(할미)에서 보듯 м([m]) 뒤에서도 보인다. 후자가 속격형일지도 모르니 전자에 국한하여 말한다면 [ш]는 경구개 마찰성이 강하고 혀의 중간 부분을 입천장을 향해 높이 올리는 탓에 후속 'i'의 조음 위치가 그보다 약간 뒤에서 조음되는 것으로 편자들이 인식하였던 것으로 보인다. 바꾸어 말하면 이는 러시아어의 영향에 말미암은 것으로 생각된다.

상승이중모음은 『철자 교과서』에서는 이원적으로 전사 체계를 마련하였다. 즉, 어두 위치에서는 음절 부음 й-([y-])와 핵모음(a, ɸ, o, y)을 결합한 문자 조합으로, 자음 뒤에서는 [']를 써서 아래와 같이 전사하였다(서문 v, 4).

어두: йa([ya]), йɸ([yə]), йo([yo]), йy([yu]), йэ([ye]), йä([yɛ]), йö([yö]), йÿ([yü])[1].

자음 뒤(C'-): C'a, C'ɸ, C'o, C'y, C'ä, C'э, C'ö, C'ÿ.

예 -м'ɸнг(-myəŋ=-며), Намд'e(namdye(남뎡(男丁)-이), т''ecco(t^hyesso=티[打]-+-엇+소)

후자는 러시아어의 연자음(軟子音)에 근거한 표기이다.[2] 앞서 출판된 『초급 교과서』의 상승이중모음은 문자 체계가 가지런하지 못하였다. 어두 위치에서는 'йV'로 자음 뒤에서는 'ä, э, ö, ÿ'로 전사하고 'я, ю'는 모든 위치에서 쓸 수 있도록 하였다. 또 하나의 문자로 두 음성을 전사한 예도 있다. 즉, 'ä'는 [ya] 외에 때론 [ɛ]를 전사하였다. 이 때문에 『철자 교과서』에 와서 그런 불합리한 점을 바로잡은 것이다.

하강이중모음의 전사는 꽤 복잡하다. 『철자 교과서』의 전사 예를 검토

1 서문(v)에서, 'йo([yo]), йö([yö]), йÿ([yü])'는 응용하여 사용할 뿐 이 책자에는 그러한 음성들이 없다고 하였다.

2 нэ ɸдымэ исɸн'н'a?(ne ədɨme isəɲɲa?=네 어디에 있었냐?(7쪽)의 '-н'н'-(=-ɲɲ-)'처럼 '-ㄴㄴ-'을 연음화한(구개음화한) '-ɲɲ-'으로 전사하였다. 또, 예끼 싱내르 얼렛소 əʎʎesso(여우가 승냥이를 얼렸소, 9)에서 보듯 '-ㄹㄹ-'도 '-ʎʎ-'로 전사하였다. 세밀하게 음성을 관찰하였다.

해 보면, 하강이중모음은 'ㅢ'와 'ㅟ'만이 잔존해 있는데 둘 다 그에 대한 전사가 단순하지 않다. 'ㅢ'는 'ы'로 전사되어 있어서 일단 『철자 교과서』의 편찬자들이 단모음으로 인식하였음을 알 수 있다.[3] 앞서 말한 [⁻шы]도 그 한 방증이다. 여기에 'ㅡ'를 동일한 문자 '**ы**(고딕체)'로 전사하였음을 보면, 'ы'는 러시아어의 음가를 지닌 [ï](국제음성기호로는 [ɨ])로 인식하고 그보다 후설에서 조음되는 한국어의 [ɯ]를 '**ы**'로 전사한 것이다. 실제로 'ы'는 [ï] 또는 과도가 아주 짧은 [ɨ^y]를 전사한 문자일 것이다.[4] 어떻든 이는 'ㅢ'가 'ㅣ'로 단모음화하는 중간 과정을 보여 주는 것이다.

'ㅟ'는 다음과 같이 전사되어 있다.

(1) [уи̯]([uy]): Тўи̯⁻м'ɸнг(t'uy⁻myəŋ=뛰⁻며), машуи̯г**ы**(maʃuyrɨ=마쉬⁻르).

(2) [*у*ы]: мɸр⁻г*у*ы(멀귀, 머루), н*у*ы(뉘, 세상), Чин⁻г*у*ы(친귀, 친구+⁻이), Цä⁻ʒ*у*ы(재쥐, 재주), ка⁻ма⁻г*у*ы(까마귀), Шабаг*у*ы(<샤바귀, 가죽장화).

(1)은 [uy]를 전사한 것이다.

(2)는 'ы'가 '*у*[w]' 뒤에 나타난다. 'ы'가 [ï]라면, [*у*ы]는 [^{w}ï]라 할 수 있다. 또 달리 'ы'를 과도가 있는 [ɨy]로 본다면 [^{w}ɨy]가 되는 셈인데 이는 [ʉy]로 재해석할 수 있을 것이다.

Ӱ, ӱ는 전사문자의 체계로 보아 단모음 [ü]를 전사한 것이 분명하다. 「한국어 편」의 전사문자 예에서는 오직 'Кӱи̯ттури'[küyt'uri](귀뚜라미) 한 예만이 보인다. [ü]가 단독으로 나타나는 예는 발견하지 못하였다.

---

3 푸칠로는 사전 서문에서 'ы'는 러시아어의 'ы' 또는 'ый'로 조음된다고 한 점도 하나의 방증이다.

4 이에 대해서는 곽충구(1986b)에서 언급한 바 있다. 일찍부터 북한의 학자들은 이 음성 [ï]를 전설고모음 '+'(또는 'ᅮ')로 전사하였다(곽충구 1991b, 1994, 2019 등을 참고). 현재도 일부 노년층 화자들은 이 음성을 발음한다.

2) 자음

『초급 교과서』에서 개인의 조음 특징을 전사한 문자 T[t^ʃ'], Ђ[t^ʃ], Д[d^ʒ]는 삭제되었다.[5] 그 이유는 이 문자들이 나타내는 음성들이 경구개음 [ʤ], [ʧ]와 구개화된 [d^y], [t^y] 사이의 중간 음인데 그 음이 고정적으로 나타나지 않고 [ʤ], [ʧ]와의 식별이 용이하지 않은데다가 T[t^ʃ']는 아예 쓸모가 없었기 때문이다. 개인적인 변이를 전사에서 배제한 것이다.

유기음은 『초급 교과서』와 동일하게 유기성(aspiration)의 징표 [']를 써서 나타내었다.

된소리의 전사문자는 『초급 교과서』에서 사용했던 *с*([s']), n([p'])를 폐기하고 c̈, *п*를 채택했지만 여전히 정제되지 않하였다. 예: к̄, c̈, т̆, *ц*, *п*. *ш*. 후두긴장성([+glotal])의 징표가 없이 된소리마다 각기 다른 보조부호를 붙이거나 이탤릭체을 사용하였다. 'ч'의 된소리(=[ʧ'])가 없는 것은 이 연해주 한국어 방언에 그 음성이 없었기 때문이다. ㄷ구개음화 규칙이 존재하지 않는 것도 그 한 요인이다. 부연하면, 이 한국어 방언에는 '쨔[ʧ'a], 쪄, 쬬, 쮸, 찌'와 같은 음절 구조가 없다. 중세국어에 'ㅉ'이 없었던 점을 상기할 필요가 있다. 그리고 '띠[蒸]->찌[ʧ'i]-', '띻[搗]->찧[ʧ'ih]-'와 같은 ㄷ구개음화가 이루어지지 않아 'ч'의 된소리 [ʧ']가 존재하지 않는 것이다. 때문에 서문(Ⅵ, 10)에서 "'*ч*'[ʧ']는 한 번도 써 본 바가 없다"고 하였다. 『초급 교과서』의 <목록>에 있던 '*ч*'를 『철자 교과서』에서는

---

5 목록에 들어 있는 문자 Д[d^ʒ], Ђ[t^ʃ], T[t^ʃ']는 『철자 교과서』에서 삭제되었다. 처음 두 문자(Д[d^ʒ], Ђ[t^ʃ])는 џ'[ʤ], ч'[ʧ]로 직접 전환되지 않고 또 안정적으로 조음되는 Д'[d^y] T'[t^y] 및 џ', ч' 음 사이의 중간 음을 식별하기 어렵기 때문이다. 문자 T는 『초급 교과서』에서는 발견하지 못했다(서문 Ⅵ, 9). [ ]의 음성 기호는 독자의 이해를 돕기 위해 저자가 삽입한 것이다.

삭제하였다.

한편 된소리는 위 к̄, с̈, т̆, *ц*, *п*. *ш*와 겹자음 кк, тт, пп …의 두 가지로 전사하였다. 된소리가 출현하는 환경에 따라 달리 전사한 것이다. 교과서 편자들의 한국어 음성에 대한 세밀한 관찰과 그 전사를 엿보기 위해 아래에 이를 부연하기로 한다.

『초급 교과서』와 이 『철자 교과서』의 한국어는 모두 한인(카잔사범학교 학생)의 실제 발화음을 전사한 것이다. 한글 자모와 정서법에 의한 표기가 아니라 발화 표면의 된소리를 전사하는 일이니 이를 어떻게 전사할 것인지 무척 곤혹스러웠을 것이다. 게다가 러시아어에서 된소리는 음소가 아니다. 때문에 된소리의 전사는 이미 『초급 교과서』의 편자들이 당면했던 어려운 문제 중의 하나였다. 러시아어나 다른 인구어처럼 겹자음(geminate)을 쓸 것인지 아니면 별도의 된소리 전사문자를 만들 것인지 하는 문제가 그것이다. 한국어 된소리의 실체를 분명히 파악하지 못한 상태였기 때문에 더욱 그러한 문제에 직면할 수밖에 없었다. 때문에 이 『철자 교과서』에서는 한국어 된소리를 분석적으로 이해한 바탕 하에서 된소리를 두 부류로 나눈 다음, 한 부류는 평음 전사용 문자를 중복 표기한 겹글자(кк, тт, пп …)로, 다른 한 부류는 이미 『초급 교과서』에서 만든 된소리 전사용 문자를 수정 및 가감하여 각각 전사하였다. 서문(Ⅵ~Ⅸ)에는 매우 길게 이 문제를 다루고 용례를 보였다. 그러나 아직 音素, 形態素, 공시적 音韻規則 등의 개념이 확립되기 전이므로 두 부류로 나누어 전사한 것도 문제점을 안고 있다.

현대의 음운론에 기대어 말하면 한국어의 된소리는 音素로서의 지위를 갖는 된소리가 있고 또 형태소 경계에서 음의 접합에 의해 이루어지는 된소리가 있다. 후자는 선행하는 형태소의 말음이 평파열음화한 후 후행하는 무성 장애음이 된소리로 발음된다. 전자의 경우는 두 갈래로 나누어 달리 전사하였다. 아래 (1)처럼 단일 형태소 내부의, 모음과 모음 사이의 된소리는 겹자음으로 전사하였다. 모음 사이의 된소리를 내파화에 이은 漸强音의 파열, 곧 geminate로 인식한 것이다.

(1) kuytturi(귀뚜리=귀뚜라미, 34), kappuda(가뿌다=가쁘다, 33), pappuda(바뿌다=힘들다, 33, 49), uppə pöwaʃə(우뻐 뵈와=우스워 보였어, 13, 35), əttəkʰwade(어떠콰데, 56)

그리고 어두 위치처럼 앞 음절의 영향을 받지 않는 음소로서의 된소리는 된소리 전사용 문자로 전사하였다. 아래 (2)가 그 예다.

(2) k'εεnamu(깨앰나무=개암나무, 59), t'ari(딸, 42, 59), t'εεʃə(때애서[炊], 56, 59), p'adyeɲɲa(빠졌냐, 56), s'akta(싹 다, 58), s'ɨgεtta(쓰겠다, 56)

(1)와 (2)는 모두 음소로서의 된소리다. 그럼에도 불구하고 조음상의 차이점 때문에 표기 문자를 달리하여 전사한 것이다.

한편 형태소 경계에서 경음화 규칙에 의해 나타나는 된소리도 (2)처럼 단일 문자로 전사하였다. 아래에 예를 보인다.

(3) mək'ənyanɨn(먹겠는가마는, 17), sik'εtta(식겠다, 56), ʦuk'εsso(죽겠소, 30), ʦart'e əpku(잘 데 없고, 56), turʦ'εk'ənɨn(둘째 것은, 18)

(3)은 선어말어미 '-갯-'과 결합할 때의 경음화, 관형사형 어미 '-을' 뒤에서 의존명사 '데'의 경음화, 단어 경계(둘째#것)에서의 경음화 예이다. 다양한 환경에서 나타나는 된소리를 제시한 것이다. 교과서 편자들은 이처럼 (2)와 (3)의 된소리를 (1)의 된소리(geminate)와 구분하여 전사한

것이다.

그런데 (1)처럼 두 모음 사이에서 조음되는 된소리 가운데 아래 (4)와 같은 예는 겹자음(ʦʦ, ʧʧ)으로 표기하지 않고 't+ʦ', 't+ʧ'로 표기하였다 (서문 Ⅶ).

(4) settsɛ(셋째, 18), utʧa(웃-자, 8), tɨtʧagu(뜰-자구, 25), kɨtʧeʃə(그쳤어, 37), notʧagu(놓-자구, 38)

(4)는 본디 (1)에 준하여 'setstsɛ, tɨʧʧagu …'로 표기하여야 하지만 (4) 처럼 표기한 것은 이 환경의 된소리(geminate)를 '내파+파열'로 인식하였기 때문이다. 따라서 VʦʦV를 Vt+ʦV로 분석하고 그리 표기한 것이다. 된소리의 표기 규정은 이에서 그치지 않는다. 서문(Ⅶ~Ⅷ)에는 아래와 같은 단서 조항이 있다.

단어 안에 된소리가 있고 자음(ŋ, n, r) 뒤에 올 때, 그 음성은 된소리 표기 문자(t', k', p' …)로 표시된다.

'단어 안'이라고 한 것은 실제로 형태소 내부, 형태소 경계, 단어 경계를 포함한다. 예는 아래와 같다.

(5) ㄱ. təŋt'ɛrɨ(시렁-을, 69), kort'ɛ(고랑, 5), parʃ'ə(벌써, 7, 11), irʃ'e(일쎄=날씨, 67)

ㄴ. ank'u(앉-고, 38), sɨrs'o(슳-소=싫소, 39)

ㄷ. karts'uru(가[去]-ㅡㄹ 줄-을, 14), harts'əgenɨ(하-ㄹ 적-에는, 44), isɨrk'ɛba(잇-을, 있을까봐, 22)

(5ㄱ)은 단어 내부, (5ㄴ)은 형태소 경계, (5ㄷ)은 관형사형 어미+의존명사 구성의 예다. 이처럼 특별히 유성자음 'ŋ, n, r' 뒤에서의 된소리를 언급한 것은, 장애음+장애음(평음)의 연쇄에서 뒤의 장애음(평음)은 필수적으로 된소리가 되지만 유성자음 'ŋ, n, r' 뒤에 장애음(평음)이 오면 방언에 따라 그 장애음은 된소리가 되기도 하고 그렇지 않기도 하기 때문이다. 예컨대 이 연해주 한국어에서는 유성자음 뒤에 장애음으로 시작하는 어미나 조사가 연결되면 경음화가 이루어지지 않는다(곽충구, 1991/1994: 194-204). 예: 신[履]+-도->[신도], 신-+-고[신고~싱고], 알[卵]+-도->[알도], 알[知]-+-고->[알고], 남[他]+-도->[남도], 남[餘]-+-고->[남고]. 이어서 교과서 편자들은 'm' 뒤에는 경음화가 이루어지지 않는다고 하였다. 교과서 편자들이 꽤 정밀하게 한국어를 분석하고 그에 알맞은 표기법을 마련하였음을 알 수 있다.

Ч"도 특이한 전사문자이다. ч([ʧ]), ч'([ʧʰ])와 구분하여 특별히 'ч"'를 전사문자로 사용한 것은, 'ㅣ' 앞의 'ч''가 강한 마찰성을 가져 그때의 음을 'ч"'로 전사한 것이다. 따라서 현대 음운론으로 말하면, 'ч"'는 'ㅣ' 모음 앞에 나타나는 ч'([ʧʰ])의 조건 변이음이 되는 셈이다.

또 한국어의 연구개 유성마찰음 [γ]를 전사하기 위한 새로운 문자 [ṙ]를 제정하였다는 사실과 이 문자는 동사 'hagi'(하[爲]-기)가 末音이 /n, r/인 선행어와 함께 빨리 발음될 때에 발음되지 않는다는 사실을 지시하기 위하여 쓰이기도 한다고 하였다. 예: marγɛ(말[言] 해).

그 밖에 두 가지로 발음되는 단어가 있는 경우 어느 한 쪽을 선택하였다는 점을 밝혔다. 예컨대, "kidurgugi, ʧidurgugi(기둘구-기, 지둘구-기)"에서는 'kidurgugi(기둘구-기)'를 택하였다고 하였다. 육진방언을 기준으로 했을 때 ㄱ-구개음화의 개신형(지둘구-기)은 적합하지 않다고 판단한 듯하다.

2.2.2.2. 음의 변별성 확인

한국어의 음성 가운데 어느 것이 변별적 기능(distinctive function)이 있는가 하는 점을 보이기 위해 최소대립쌍(minimal pairs)을 제시하고 아울러 악센트가 이 한국어에서 역시 변별적 기능이 있음을 보이기 위해 그 구체적인 예를 본문에서 가려 뽑아 제시하였다(서문xi~xiii). 키릴 전사는 로마자로 재전사하고, 뜻은 한국어로 번역한다('Str.'은 본문의 쪽수). 최소대립쌍은 세로로 나열되어 있다.

Str. 1.	tɛ	대(管)
	t'ɛ	때[時]
	samɛ	소매
	samì	삼(蔘)
	sɛmi	삼[麻)]
	màri	말[言]
	marì	말[馬]
	tàri	달[月]
	t'àri	딸[女]
	tarì	다리[脚, 橋]
	sàri	살(膚, 먹[墨], 화살)
	s'àri	곡물의 알맹이[6]
	s'àri	싸리

Str 2.	kɛ	개[犬]
	k'ɛ	깨[荏]
	katta	갔다[去]. cf. 가-+-앗-
	kɛɛtta	가졌다[持]. cf. 개애-+-앗-
	kàkki	갇-기
	k'akkì	깎-기[削]
	kimi	김[烝]
	k'imi	쐐기[楔]
	kɛɛmi	감[材]
	k'ɛɛmi	개암[榛]
	kɨri	글[文], kɨ 그[其]
	k'ɨri	끌[鑿], kɨy 기[旗]
	ʃikki	싣-기
	ʃikkì	식기(食器)

6 동북 및 육진방언의 '쌀'은 '벼에서 껍질을 벗겨 낸 알맹이'란 뜻보다는 벼과에 속하는 곡식의 껍질을 벗겨낸 알맹이를 뜻한다. 『단어와 표현』(29쪽)에서는 's'àri(쌀-이)'의 뜻풀이를 'krupà'(껍질을 벗긴 곡물)이라 하였다. cf. 닙쌀, 차닙쌀, 좁쌀, 조찹쌀, 보리쌀 ….

Str. 3. màllɨ 말[言]-로

malli 말[馬]-로

hɨygi(희-기) 희다[白]

hɨygì(희-기) 헤엄치기

Str. 6. nərgi 널다(빨래를 ~)

nə̄rgi 널:다(개가 뼈다귀를 ~)

Str. 5. pami 도토리

p'ami 뺨

pɛmi 밤[夜]-이

Str 4. ʦagì 자-기[眠]

ʦ'àgi 짜-기[織]

ʦɛgi 재-기[裝彈]

kùri 굴[窟]

k'ùri 꿀[蜜]

ʦùkki 줏-기(줍-기)

ʦukkì 죽-기

Str. 6. ʃəgi 셔[立]-기

ʃ'əgi 쎠-기(톱으로~, 불을 ~)

ʃ'əgɛ 쎠개(서캐)

məlli 멀리(먼 곳, dal')

məllì 멀리(부사, vdali)

Str. 8. utʧa(웃쟈) 웃[笑]-자)

Str. 11. utʧʰa 우차(牛車)

위 예들의 최소 대립 유형은 아래의 네 가지다.

① 자음 : 자음. (tɛ[管] : t'ɛ[時]), (kùri[窟] : k'ùri[蜜]), (pami(도토리) : p'ami(뺨))

② 모음 : 모음. (samì(蔘) : sɛmi[麻)]), (ʦagì[眠] : ʦɛgi[裝彈])

③ 악센트. (màri[言] : marì[馬]), (ʦùkki(줍다) : ʦukkì(죽다))

④ 長短. (nərgi(빨래를 ~) : nə̄rgi(널:다<너흘다)[7]

7 '널-'은 'nərə́sə/nə́lgu'로 '널:-'은 'nəə́rəsə/nəə́lgu'(상승조)로 실현된다. 이 연해주 한국어 방언의 고저 악센트(또는 성조)는 변별적 기능을 갖는다.

자음, 모음, 악센트, 장단에 의한 최소대립쌍을 다양하게 보여 준다. 위와 같은 최소대립어를 통한 비분절음소 및 음성들의 변별성 확인은 모든 음성에 걸쳐 이루어지지는 아니했다. 그것은 편자들이 이러한 방법으로 음운 목록을 작성하고 음운체계를 세우려 한 것이 아니고 다만 중요한 음성 특징들이 최소대립쌍 안에서 변별적이라는 사실을 보이려 한 것이기 때문이다. 이 시기는 '音韻'과 '音韻體系'라는 개념이 확립되기 전이므로 이와 같은 방법으로 한국어의 음성 특징을 기술한 점은 퍽 흥미로운 일이다. 이는 당시 소수 민족의 언어 연구에 많은 관심을 가졌던 카잔에서의 언어 연구 및 카잔학파의 음운 이론과 관련이 있다.[8]

그 밖에 서문에는 어간 모음의 장음화에 대해서 언급하고 동사 '하-'의 활용에서 그리고 명사 '때'[時]의 곡용에서 나타나는 장모음화의 예를 본문에서 가려 뽑아 소개하였다. 이는 이 책의 편찬자들이 口語를 정밀 전사하였음을 시사해 주는 근거이기도 하다.

예	장모음	orkhi hɛɛsso	10, 6	옳게 했소
		soun hɛɛšə	20, 13	소원(所願)을 했어
	단모음	mot hɛšə	27, 1,	못했어
	장모음	kɨ t'ɛɛnɨn	33, 4	그 때에는

8 19세기 후기 Baudouin de Courtenay(1845~1929)를 중심으로 한 카잔학파의 언어 연구는 R. Jakobson(1971)을 참고. 김경란(1992: 16~17)은 카잔학파에 대해, "Baudouin de Courtenay는 공시 언어체계에 관한 연구에 물리적인 면과 심리적인 면이 있다고 보고 순전히 언어 물리적인 면에 관한 것은 순수음성학(anthropophonics)이고, 언어 소리의 비물리적인 면에 관한 것-예를 들면 어떤 특정한 언어공동체가 갖는 언어에 대한 느낌 같은 것-은 심리음성학(psychophonetics)이라 했다. 따라서 물리적인 음성학적 관점에서의 말에 대한 연구와 음성적 차이가 뜻을 구분하는 데 사용되는 방법에 대한 연구 사이에는 차이가 있음을 강조하여, 음의 차이가 단어의 뜻을 구분할 경우에 그 차이가 심리음성적 가치(psychoponetic value), 나아가 변별 가치(distinctive value)를 지니게 된다는 "음소원리"(phonemic principle)를 주장한다."고 하였다.

	kɨ t'ɛɛsa	59, 3	그 때에야
단모음	kɨ t'ɛ irɨllɛ	3, 6	그 때의 일로 해서
	amut'ɛdəndi	17, 8	아무 때든지

2.2.2.3. 한국어의 형태 분석

한국어 전사에서 파생어와 복합어에는 어기 사이에 원칙적으로 '-'을 두었음을 언급하였다(서문 XV). 예: am-ʃö(암-쇠, 암소), yəm-ʃö(염-쇠, 염소), kum-man(굼만, 하자마자)[9]

그런데 'panban hao'(판판하오), 'tɨrə ɣasso'(들어갔소), 'nam sɛ pathe'(남새밭-에) 따위와 같은 語構成에서는 하이픈을 두지 않았음을 밝혔다. 'tɨrə ɣasso'에서 보듯 비록 띄어쓰기는 하였지만 한 발화 단위로 전사하였음을 알 수 있다.

2.2.2.4. 한인의 인명과 개 이름

서문(XV~XⅥ)에는 본문에 등장하는 인명을 남녀로 나누어 나열하고 그 인명이 지니고 있는 뜻을 일부 밝혀 놓았다. 몇 예를 보인다.

남자: ʃəŋnyüri(셩뉘리), ʃəŋsɛmi(셩새미), Kunpʰiri(군필이), Tsɛt-tori(잿[灰] 속의 돌), Poŋ-nɛmi(福男이, 복 있는 남자 아이), Kuin-dori(귀여운 돌[石]), Man šegi(만셕(萬石)이), Tyaŋsoni(댱손(長孫)이, 첫아들, 맏아들), Kuy-nɛmi(貴男이), Tsoŋnɛmi(종남이), Maŋ Gɨmi(萬金이), ʧʰəŋ Gɨmi(쳥금이(千金이), Wəngiri(원길이), Myəŋnɛmi(명냄이=명남

9 한자어를 구성하는 한자 사이에도 하이픈을 두었다. 한자 하나를 하나의 형태소로 이해한 결과이다. 'kum-man'도 그 중 하나로 보이는데 어원을 알기 어렵다. '急晩'이 아닌가 추측해 볼 따름이다.

이), Kɨmani(그만이)

여자: Kobuň ňe(고분녜=고운 소녀), Sɛp pyeri(샙벨이=샛별이), Šuŋ-gumi (슌-금(順金)이)

개 이름: kamagɯy(가마귀), nurəŋdɯy(누렁두이<누렁둥이)

2.2.2.5. 교과서의 편찬에 참여한 한국어 제보자

서문의 마지막 쪽(XVII)에서는, 이 책의 편집에 카잔사범학교에 재학 중인 3인의 한인이 참여하였음을 말하고 그들의 출신 지역 및 한국의 선대 거주지와 그 위치, 연해주로의 이주 연도 등을 밝혔다. 이 기록은 이 책에 실려 있는 한국어가 어느 방언인지를 명시적으로 보여 주는 것이어서 번역하여 아래에 소개한다(곽충구: 1994).

현재의 이 소책자의 편집은 카잔사범학교 재학생인 3명의 한인의 노력으로 이루어졌다. 두 명은 지신허(Tizinhe) 마을 출신이고, 다른 한 명은 시지미(Sidimi) 마을 출신이다. 그리고 이들 두 마을은 연해주의 남우수리 관구 포시예트 구역의 아지미(Adimi)面에 위치한다. 3인 모두는 한국의 북부 지역으로부터 이주하여 30년 동안 살고 있는 가정에서 태어났다.

위 시지미에서 온 한국인은 글레프 파블로비치 徐 氏인데, 그는 20년 전에 그의 故國 吉州/Kil'-chzhyu(kil-tjyou, 姜 氏의 발음으로는 kil’-tʧ‘u, 徐 氏의 발음으로는 kil’-ts’u라 함)에서 이주한 가정에서 태어났다. 吉州는 Pulkova에 의하면 북위 40° 57', 동경 99° 4'에 위치한다.

지신허로부터 온 한 사람은 대략 1872년 慶源/Kiön"-uon'(Kyeng-ouen, 姜 氏의 발음에 따르면 ‘Kyəwə́ni’이고, 韓 氏의 발음으로는 ‘Kyəwəní’임)으로부터 이주한 가정에서 태어난 니키타 페트로비치 韓이다. 慶源은 Pulkova에 의하면 북위 42° 18', 동경 100° 5'에 위치함.

다른 지신허 출신자는 콘스탄틴 포미치 姜 氏로 대략 바로 그 해에(1872년)

도시 慶興/Kiön"-hɨn"(Kyeng-heung, 姜 氏의 발음으로는 Kyəhiŋ-ɨbi임)으로부터 이주한 가정에서 출생한 사람이다. 慶興은 북위 42° 4', 동경 100° 15'에 위치함. 이들 중 맨 마지막 사람의 발음은 이 출판물의 토대가 되었다. 그렇기 때문에 이 책 '한국어 편'의 문자 전사된 내용은 '慶興'이라는 도시와 무관하지 않다. 라틴 문자로 전사된 도시의 명칭은 1880년 요꼬하마에서 파리외방선교회 소속의 한국 주재 선교사들에 의하여 간행된 *Dictionnaire coréen-français*(『한불주뎐』)이라는 책으로부터 그 위치와 함께 가져온 것이다. 괄호 밖에 있는 러시아 문자로 표시된 도시의 명칭은 1900년 러시아 財務省에서 편찬한 大作 *Opisanie Korei*(『韓國誌』)의 제3편을 참고하여 가져온 것이다.

2.2.3. 본문의 구성과 내용

본문은, 「한국어 편」과 「러시아어 편」으로 구성되어 있다.

2.2.3.1. 「한국어 편」

1) 한국어 전사용 문자

「한국어 편」은 한국어를 전사하기 위한 47자의 전사문자들을 제시하고 그 사용 예를 보였다. 이어 91편의 이야기를 제시하였다.

한국어를 전사한 문자를 하나하나 차례로 소개하고, 그 음성이 나타나는 환경을 고려하면서 한국어 단어를 예로 들었다. 이때 제시된 한국어 단어는 대개 最小對立雙을 이루도록 배려하였다. 그리고 단어들이 同綴異音語일 때에는 악센트 標識를 두어 의미 변별이 용이하도록 하였다. 또 그 한국어 단어들의 실제 쓰임을 보이기 위해 한국어 문장을 제시하였다. 그 예의 일부를 보인다. ( ) 속의 '*'로 표시한 한국어는 독자의 이해를 돕기 위해 저자가 삽입한 것임.

A, a. A.

Ä, ä. Ä.

M, м. Mä(*매[鷹]), A-мä(*어머니)

T, т. Tä(*관(管)), Tä-мä(*올빼미), Mä-äт-тa(*(밭을) 맸다)

Ť, ť. Ťä(때[*時])

C, c. Cä(*새[草, 鳥]). Cä-мä(*매), Ma-cä(*말싸움, 말다툼)

И, и. Ťa-и(*땅), Ca-мѝ(*삼[蔘]). Ťä-ми(*땀[汗]), Cä-ми(*삼[麻])

P, p. A-ри(*알). Mà-ри(*말[言]), Tà-ри(*달[月]), Ťà-ри(*딸), Cà-ри(*살[膚, 支]), Ми-ри(*밀), Cap-т'ä(*sartyɛ(=살대<살댱+-이, 울짱)), A-pä(*아래), Ma-pѝ(*말[馬]), Ta-pѝ(*다리[脚]).

č, č. čà-ри(*곡물의 알, 쌀[10]), ča-pѝ(*싸리나무).

H, н. Hä(*대명사 '나'의 주격 및 속격형), Ha-pä(*날개), Hä-ми(*남[他]), Hи-мä(*이마), Ha-pa-ни-ми(*나라님=임금).

Hä a-мä(*나의 어머니), Hä cä(*나의 새), Hä ca-мä(*나의 소매).

해설

위에서 본 바와 같이 전사문자의 대문자와 소문자를 보이고, 그 실례를 들었다. 실례는 앞서 말한 바와 같이 가급적 최소대립쌍을 이루도록 배려하였다. 즉, "Mà-ри(말[言]), Tà-ри(달[月]), Ťà-ри(*딸), Cà-ри(*살[膚, 支])"는 각각 고저 악센트는 같고 다만 어두의 자음 M[m], T[t], Ť[t'], C[s]만이 다르다. 그 차이 나는 자음이 변별 기능을 한다. 한편 "čà-ри(*쌀), ča-pѝ(*싸리나무)"는 고저 악센트에 의해 두 단어가 변별된다.

10 육진, 동북방언에서 '쌀'의 주의미(primary meaning)는 '방아를 찧은 곡물의 알'이다.

(2쪽)

К, к. Кä(*개). Àк-ки(*앗[奪]-기). Äк-кѝ(*애끼=아우[弟]). Ик-ки(*잇기=있-기). Кàк-ки(같-기). Мак-ки(*막기). Ка-мä(*가매=솥). Ка-рä(*가래). Ки-ми(*김[烝]). Кан-на(*간나=계집아이). Кат-та(*같다, 갔다). Кар-мä(*갈매=물이끼). Ан-ка-ни(*안간이=아낙네). Кä-ä-ми(*개미). Кä-ä-та(*개앳다=가졌다).

К̄, к̄. К̄ä(*깨), К̄и-ми(*낌이=쐐기). К̄ак-кѝ(*깎-기). К̄ä-ä-ми(*개암).

К̄ар т̆ä(*깔 대=갈대의 대). Кин мà-ри(*긴 말). Кин т̆ä(*긴 때). Нä к̄ä-ä-ми(*내 개암).

О, о. О-рä(*오래=집 주위), О-мі(*옴). О-рі(*오리). но-рä(*노래). Но-сä(*노새). Ко-мі(*곰). к̄о-рі(*꼬리). Мо-мі(*몸). Но-мі(*놈). Со-ні(*손). Со-рі(*소리). То-рі(*돌). Нок-кі(*녹-기). c̆ас-со(*쌓-소). Тос-со(돋-소). Но-ро-мі(*놀옴=놀이). Н'о-і(*뇨이=龍). Т'ос-со(*돟소=좋-소).

А со-рі(*아이의 소리). Сä к̄о-рі(새 꼬리). Та-рі тос-со(달이 돋소). Кä та-ра нас-со(개가 달아났소).

해설

연구개음 К([k]), к̄([k']) 및 О([o])의 분포와 그 용례를 보이고 있다. 용례들의 의미를 분명히 드러내기 위해 역시 최소대립쌍을 이용하고 있다.

Ы, ы. Ы-ни(*은(銀), Кы-ми(*금(金)), Кы-ни(*근(斤)), Кы-ри(*글[文]), К̄ы-ри(*끌[鑿]), Сы-на(*사내), Нык-ки(*늦-기), c̆ык-ки(<쓿[拭], *닦-기), Тык-ки(*듣-기), А-ры-ми(*아름), И-ры-ми(*이름), И-сы-ри(*이슬), Ка-сы-ри(*가을), Са-ры-ми(*사람).

К̄ыр–мä(*끌을 칠 때 쓰는 나무로 만든 망치), Так кын–ни(*닦은 이), Ма–ры тык–ки(*말을 듣기), И sa–рым Т̆а–ри(*이 사람 딸), Нä сыр–öо(*내 싫소), Кы са–ры–ми нык–со(*그 사람이 늙소), И са–ры–ми ма–ры тыс–со(*그 사람이 말을 듣소).

Ы, ы. Кы(*긔(旗)), Т̆ы(*띄[帶]), Ы–сä(*의사), Ка–сы(*가싀[莿]), К̄ы–сы(끄싀, *턱뼈), Ток–кы(*도끼[斧])

И ка–сы(*이 가시[莿]), Нä кы(*내 긔=내 기[旗]), И а Т̆ы(*이 아이의 띠), Кы–сары–ми ы–сä ис–со(*그 사람이 의사(意思)가 있소).

Ш, ы. Шы(*시), Шы–ми(힘*), Шы̀к–ки(*싣–기), Шык–кӥ(*씻–기), ша–рä(<샤랑+–이, 곳간), Ма–шы(*맛), На–шы(*나위), Та–шы(*다시), Ип–шы(*음식을 가까이 하며 좋아하는 정도나 양. 먹성), Кап–шы(*값), Та–сы–шы(*다섯), Шы–ры–ми(*시름), Шы–шä–ри(*아마(亞麻)).

Щ, щ. *Щи*(*씨).

К̄ä *щи*(*깨 씨), К̄о *щи*(*꽃 씨), Сам *щи*(*삼 씨), Ан–ка–ни *щи*–ры ка–рäс–со(*아낙네가 씨를 가렸소), Ша–ра–а шы–шä–ри ис–со(*곳간에 아마(亞麻)가 있소)

해설

'Ы'와 'Ы'는 각각 [ɨ]와 이중모음 [ɨy](또는 단모음 [ï])를 나타낸다. 'Ш', '*Щ*'는 각각 구개마찰음 [š=ʃ]와 [š'=ʃ']를 전사한 문자이다. 용례들의 의미를 투명하게 하기 위해 부분적으로 최소대립쌍을 제시하였고 단어, 구, 문장 단위로 예를 제시하였다.

(2~3쪽)

Ö, ö. Сö(*쇠), Шö(*쇠[牛]). Ам–шö(*암쇠=암소). Су–шö(*수쇠=수소). Сö к̄и–ми(*쇠로 된 쐐기). Шö ни(*소의 이빨). Ам–шö оо(*암소가 오오).

Л, л. Ил-лы(*일-로). Мàл-лы(*말[言]-로). Мал-лы(*말[馬]-로). Кäл-лы(*개[犬]-로). Мäл-лы(*매[鞭]-로). Нäл-лы(*나-로 인해). Сäл-лы(*새-로). Сöл-лы(*쇠-로). Шöл-лы(*소-로). Шыл-лы(*실-로). Тал-ли(*달리). А-мäл-лы(*할머니-로). ыныл-лы(*은(銀)-으로). Масäл-лы(*말씽-으로). Самäл-лы(*소매-로). Нык-кил-лä(*늙-기에/늦-기에). Тык-кил-лä(*듣-기에).

Ма-ри нол-лан-да(*말이 놀란다). А сä-ры тал-лан-да(*아이가 새를 달란다). Кы т̇ä и-рыл-лä ма-сä ис-со(*그 때 일로 해서 말씽이 있소).

해설

[ö]는 비육진방언이거나 오전사일 가능성이 높다. 왜냐하면, 2년 후에 간행된 『노한소사전』, 『노한회화』에서 Сö(쇠)는 [swɛ], Шö(쇠[牛])는 [ʃwe]로 전사되어 있기 때문이다. 현재의 육진방언도 그와 같다.

유음은 어중, 어말 위치에서 'р([=r])'로 실현된다. 설측음 л[l]은 위 예처럼 항상 '-ll-'로만 실현된다. '-ыл-лы(-illɨ)'는 부사격조사 '-으로'의 방언. '-ыллä(-illɛ)'는 '원인'을 나타내는 부사격조사.

——— 중략 ———

(10~11쪽)

Ц', ц'. Ц'ä(*채). Ц'а-ц'а(*차차). Ц'а-ди(*책임자). Ц'аң-и(*창). Ц'а-ри(*차리[11]). Ц'о-ни(*촌(村)). Ц'ä-ше-ги(*채석[12]). Ц'äн-ги-ги(*챙기-기). Мит-ц'у-ри(*물뱀).

Комиры ц'оныры сан'ары[13] каu̧еда, интешɸса кыг̇ɸккуа кыт'ы нääшɸ.

11 자리돔과 바닷물고기의 하나. (『표준국어대사전』 참고)

12 집채 주위를 마당보다 좀 높게 돌을 쌓아 둘러 친 곳. 석축과 흙으로 다져진 평평한 바닥을 이르기도 한다. 그 가장 자리에 쌓은 돌을 채석돌이라 한다(곽충구: 2019a).

13 '살-+-은 양+-으르>산양으르>사냐아르'. 육진방언에서 '-은 양'은 특이하게도 '-으냥'으로 조음된다. 이에 대해서는 곽충구(2019a)를 참고할 것.

Митц'ури ибе иссо к'ыд'анин пон нидФри; кыге цуидФры путтырФ, сäкк Фци путтырФ, казугиры ниллы кун'Ф тыпки сУыбФ, кырФна тоги кы н'е ФпсФ. митц'ури мунге уФнп'ан хä ФпсФ. Ури н'онмагы турФ гам'Фн, ц'ы нц'ын хан цари мадан ани чакт' аник'и пääмидФри исФшФ. – Намд'е ц'äллы мары т''ессо. Мари те нашФ, ц'оныры туегассо. – Нари паргашФ. ури обун ц'оныллы к'ынгена, чагынгена токкына амугена кацигу, т'онсу ынын ц'аны кацигу, кассо.(*곰을 촌으로 산 채로 가져다, 여기에서야 그것과 끝을 냈어. 물뱀 입에 있소, 크지 않은 뾰족한 이들이; 그게 쥐들을 붙들어, 새까지 붙들어, 가죽을 이로 구멍을 뚫기 쉬워, 그러나 독이 그 이에 없어. 물뱀이 문 것이 원래 해 없어. 우리 農幕을 돌아가면서 질척한 자리마다 적잖게 뱀들이 있었어. – 남정네가 채찍으로 말을 쳤소. 말이 뛰쳐나갔어, 촌으로 달려갔소. – 날이 밝았어. 우리 온 촌으로 큰 것이나 작은 것이나 도끼나 아무것이나 가지고, 통수(統首)[14]는 창을 가지고, 갔소.)

Ч', ч'. Ч'он-и(*쵸-이[ʧʰõ-i], 총(銃)). Ут-ч'а(*우차(牛車)).

И ч'они кири парыу(*이 총이 길이가 바르오). Т''Фр тäры ч'ону цäр тä ёымни(철대(鐵臺)를 총을 잴[15] 때 쓰지). Ныбурмеги тымуд' анинк'и маш Уыры мурФссумни(*율모기가 드물잖게 마소를 물었지); ц'онешФ ныргын к'ын абäры суи ч'Фн хä оги мот хаму, машУы т'Фнн'Фк'у[16] цугФ(*촌에서 늙은 할아버지를 쉬 청해 오지 못하면, 마소는 정녕코 죽어). кы к'ын абä ара, мусун йагы тоги иннын пääми мунде ёынынду(*그 할아버지는 알아, 무슨 약을 독이 있는 뱀이 문 데 쓰는지를).

Ч'', ч''. Ч''и-ми(*침(針)). Ч''и-ги(*치[養]-기).

---

14 조선 시대의 민가 조직인 통(統)의 우두머리.

15 총, 포 따위에 화약이나 탄환을 넣어 끼우다.

16 (tyəŋnyəŋkʰu, 뎡녕쿠)의 誤植일 것이다.

Ч“ими модиу(*침이 모디우=침이 굵소). Ч“имуллы аллын сарыму носсымни(*치물르 알른 사릅우 노쓺니=침을 앓는 사람에게 놓네). Ч“иму куриллы мäндымни(*침을 구리로 만드네). – Иркуни наму сä бат‘е муру ч“иу(*일꾼이 남새밭에 물을 치오). Муру ч“ин наму сäдФри цар цараy(*물을 친 남새들이 잘 자라오). Чаġын намудФры муру ч“ид’ анимун, цуксумни(*쟈근 나무더르 무루 치댜니문, 죽숨니=작은 나무들에 물을 치지 않으면 죽네).

해설

Ц‘, Ч‘, Ч“의 세 음성(치조 유기 파찰음, 경구개 유기 파찰음)의 쓰임 예를 보였는데, 앞서와는 달리 대부분 문장 단위의 예를 제시하고 있다. 앞서는 최소대립쌍 중심의 단어들을 예로 들었는데 뒤로 가면서 구 단위 예가 증가하고 이어 위와 같이 문장 단위의 예를 들었다. 이는 전사문자가 점차 증가하면서 앞에서 제시한 문자도 함께 익히도록 배려한 조치이다.

---

2) 이야기

본문의 13～75쪽에는 짤막한 이야기부터 제법 긴 이야기까지 모두 합쳐 91편의 이야기가 수록되어 있다. 이야기는 대부분 톨스토이(L.N. Tolstoj)가 지은 *Novaja Azbuka*(『새 綴字敎科書』)라는 책 속에 수록되어 있는 것을 연해주 한인들의 말로 번역한 것이다.[17] 이들 이야기는 모두 구술자가 청자에게 口演하는 文套의 구어체 문장으로 정밀전사되어 있다. 그러므로 이 책은 함북 六鎭方言의 音聲, 音韻, 形態, 文章論에 이르기

---

17 *Novaja Azbuka*는 러시아어를 배우는 초심자가 러시아 자모인 키릴 문자를 효과적으로 익히고 간단한 문장을 터득할 수 있도록 꾸며진 학습서이다. 이 책은 러시아인들뿐만 아니라 러시아 영내에 거주하는 이민족의 러시아어 교육에 많이 사용되었다(『노한소사전』 서문).

까지 전 부면을 연구할 수 있는 귀중한 문헌이다. 한 가지 아쉬운 것은 『노한회화』나 『노한소사전』과 달리 악센트가 전사되어 있지 않다는 점이다. 이 책에서의 악센트 전사는 앞서 언급한 바와 같이 同綴異音語의 의미 변별을 위하여 부분적으로만 이루어졌다.

이제 본문 91편의 이야기 중에서 3편을 골라서 그 실례를 보이기로 한다. (제목 앞의 아라비아 숫자는 이야기의 차례 번호) 저자가 원문(키릴문자 전사)을 로마자와 한글로 재전사하고 현대국어로 옮겼다.

1. К‘ын амä куа сон’н’э(*큰아매과 손녜)

К‘ын амäгэ сон’н’э исɸшɸ Кы џɸнэ сон’н’э чаґашɸ, цакку цашɸ; К‘ын амä хабунʒа Ťɸк ту купку, чип ту c̆ырɸ нäгу, шыкки ду шыкку сон’н’эллäшɸ, хоги ду хогу, шыры пыгиду пыгу, *ц*аги ду *ц*агу. Хуэ К‘ын амä ныргɸд’эшɸ, пусуккä уэ ныбɸшɸ, цакку цашɸ; сон’н’е Ťɸк ту купку шыкки ду шыкку, хоги ду хогу, шыры пыгиду пыгу, *ц*аги ду *ц*агу К‘ын амäллäшɸ.

〈로마자 전사〉(저자)

1. K^{h}ɨn amɛ kwa soɲɲe

K^{h}ɨn amɛge soɲɲe isəʃə, Kɨ ʤəne soɲɲe ʧaɣaʃə, tsakku tsaʃə; K^{h}ɨn amɛ habundza t’ək tu kupku, ʧip tu s’ɨrə nɛgu, ʃikki du ʃikku soɲɲellɛʃə, hogi du hogu, ʃirɨ pɨygidu pɨygu, ts’agi du ts’agu. Hue k^{h}ɨn amɛ nɨrgədyeʃə, pusukkɛ ue nɨbəʃə, tsakku tsaʃə; soɲɲe t’ək tu kupku ʃikki du ʃikku, hogi du hogu, ʃirɨ pɨygidu pɨygu, ts’agi du ts’agu k^{h}ɨn amɛllɛʃə.

〈한글 자모 전사〉(저자) 1. 큰아매과 손녜

큰아매게[18] 손녜 이서셔,[19] 그젼에 손녜 쟉아셔, 자꾸 자셔; 큰아매 하분자[20]

18 ‘할머니’를 뜻하는 친족어. 중앙어와 달리 조부모의 호칭어에 접두 요소 ‘큰-’ 또는

떡두[21] 굽구, 집두 쓸어내구, 식기두 싳구 손녤래셔[22], 호기두 호구, 실으 븨기두[23] 븨구, 짜기두 짜구. 후에 큰아매 늙어뎨셔, 부수깨 우에[24] 늡어셔[25], 자꾸 자셔; 손녜 떡두 굽구 식기두 싳구, 호기두 호구, 실으 븨기두 븨구, 짜기두 짜구 큰아맬래셔.

〈현대 국어〉(저자) 1. 할머니와 손녀

할머니에게 손녀가 있었어, 그전에 손녀가 작았어, 자꾸 잤어; 할머니가 혼자 빵도 굽고, 집도 쓸어 내고, 식기(食器)도 씻고 손녀를 위해서, 호기도 호고, 실을 비벼 꼬기도 비벼 꼬고, (젖을) 짜기도 짜고. 후에 할머니가 늙어졌어, 부엌 위에 누웠어, 자꾸 잤어; 손녀가 떡도 굽고 식기도 씻고, 호기도 호고, 실을 비벼 꼬기도 꼬고, 짜기도 짜고 할머니를 위해서.

44. Паданг мур гұа кандФри(*바당물과 강덜이).

Хан намд'э тарынгФк кұа тот'ашФ мани машыг̇ан(ны)рагу. Кы сарыми

'클-'이 결합된다. 경북 방언도 그와 같다. 할아버지는 '큰아배'라 한다.

19 '이서셔'는 '잇-'[有]에 '-어셔'가 결합된 것이다. '-어셔'는 본디 '-어+-이시-+-어'로 분석된다. '-어+-이시-'는 '-었-'에 해당하고 '-어'는 반말체의 종결어미이다.

20 '혼자'의 뜻. 중세국어 'ᄒᆞᄫᆞᅀᅡ'의 후대형이다.

21 흔히 '떡으 띠다'라 하는데 여기서는 '떡으 굽구'라 하였다. 이를 통해 '빵'을 '떡'이라 하였음을 알 수 있다. 본디 한국어에는 '빵'이란 말이 없으므로 이를 '떡'으로 대체한 것이다. 지금도 중앙아시아 고려인들은 '빵'을 '떡'이라 한다.

22 '-을래셔'는 '-를 위해서'의 뜻을 지닌 조사.

23 '븨-'는 '실을 비벼 꼬다'의 뜻. 중세국어는 '뷔-', 근대국어는 '븨-'이다.

24 '부수깨'는 함경도의 특이한 가옥구조 의 한 부분을 이르는 명칭. 불을 때고 밥을 짓는 공간을 이르는데, 정지방과 벽이 없이 이어져 있다. '부수깨'는 움푹 파인 '바당'이 있고 솥이 걸려 있는 '가맷목'이 있으며 그 뒷부분은 '가맷젼'이라 부른다. 이 가맷젼은 따뜻하므로 겨울에는 여기에 앉아 이야기를 나누기도 하고 눕기도 한다. '부수깨 우'라고 한 것은 바로 이 '가맷젼'을 말한 것이다. '우'는 중세국어 '웋'의 후신으로 '위'를 뜻한다.

25 '눕-'의 모음 'ㅜ'가 후행하는 원순자음 'ㅂ'의 영향으로 비원순화하였다. 'ㅜ>ㅡ'.

мар хагиры:

„Нä радаҥ муру т‘оҥ машырман хада!“

– „Мот харира!“

„машыґäтта! Нäгиры хаџа! Ч‘эн’ н’аҥ нäгиры хаџа, радаҥ муруныn нä т‘оҥ машыґäтта.“

Аџɸгэ намд’ɸҥ гуа уа, мар хагиры:

„Падаҥ муру машына, тоны ч‘эн’ н’аҥ цуна хääра.“

Кы сарыми мар хагиры:

„Нä падаҥ муру машыџагу хääкк’э машыґäк̄ɸн’аны. Нä каҥдɸрыныn машыџагу ханбä ɸпсɸ. Каҥдɸр гуа тораҥ мурдɸры максо, мури падаҥ муллы тырɸ кади мал’л’ары, кы т̆ääны нä падаҥ муру машыури.

〈로마자 전사〉(저자) 44. Padaŋ murgwa kaŋdəri.

Han namdye taringəkkwa totʰaʃə mani maʃïɣɛn(nɨ)ragu. Kɨ sarɨmi mar hagirɨ:

„Nɛ padaŋ muru tʰoŋ maʃïrman hada!“

„Mot harira!“

„maʃïɣɛtta! Nɛgirɨ hadʒa! ʧʰeɲɲaŋ nɛgirɨ hadʒa, padaŋ murunɨn nɛ t‘oŋ maʃïɣɛtta.“

Adʒəge namdyəŋgwa wa, mar hagirɨ:

„Padaŋmuru maʃïna, tonɨ ʧʰeɲɲaŋ ʦuna hɛɛra.“

Kɨ sarɨmi mar hagirɨ:

„Nɛ padaŋ muru maʃïdʒagu hɛɛkkye maʃïɣɛk’ənyanɨ. Nɛ kaŋdərɨnɨn maʃïdʒagu hanbɛ əpsə. Kaŋdərgwa toraŋ murdərɨ makso, muri padaŋ mullɨ tɨrə kadi maʎʎarɨ, kɨ t’ɛɛnɨ nɛ padaŋmuru maʃïuri.

〈한글 자모 전사〉(저자) 44. 바당물과 강덜이.

한 남뎨[26] 다른 것과 도타셔[27] 마니 마시갯(느)라구. 그 사름이 말 하기르:

"내 바당물우[28] 통[29] 마실 만하다!"

"못 하리라!"

"마시갠다! 내기르 하자! 쳰 냥 내기르 하자, 바당물우는 내 통 마시갠다."

아젹에[30] 남뎡과[31] 와, 말 하기르:

"바당물우 마신다. 돈으 쳰 냥 주나[32] 해라."

그 사름이 말 하기르:

"내 바당물우 마시쟈구 해액계 마시개꺼냐느.[33] 내 강덜으는 마시쟈구 한 배 없어. 강덜과 도랑물덜으 막소, 물이 바당물르 들어 가디 말랴르,[34] 그 때애느 내 바당물우 마시우리.[35]

〈현대 국어〉(저자) 44. 바닷물과 강들.

한 남정(男丁)네가 다른 사람과 많이 다투었어, 많이 마시겠노라고. 그 사람이 말하기를:

"내 바닷물을 모두 마실 만하다!"

---

26 '남뎡(男丁)'의 주격형. 지금은 육진방언(노년층)에서 '남데'로 굳어져 쓰인다.

27 '도투(<ᄃᆞ토[爭鬪])+아셔 → 도타셔'. 모음조화 규칙에 따라 어미 '-아셔'가 결합되었다.

28 '바당물'의 '바당'은 '바다'의 뜻. '바닿'의 종성 'ㅎ'이 'ㅇ'으로 변한 것으로 보인다. 그러나 접사 '-앙'이 결합된 것일 수도 있다.

29 '통'은 '모두', '다'의 뜻을 지닌 부사. 문헌에 보이지 않는 古語다. 중앙어에서는 '온통'에 그 잔재가 남아 있다. '온통'은 연해주 한국어에 의하면 본디 '오분[全]'과 '통'의 합성어다.

30 '아젹'은 '아침'의 뜻.

31 '-과'는 그 기능이 중부방언과 다르다. 여기서는 '-에게'의 뜻을 지니는데 뒤에 '말하-', '이르-' 등의 동사와 공기한다.

32 '-거나'의 동북, 육진방언형은 '-거'가 생략된 '-나'이다.

33 '-갠꺼냐느'는 '-갯-거-냐느'로 분석되는데 '-냐느'는 '-만은'은 정도의 뜻을 갖는다.

34 '-으랴르'는 '-도록'의 뜻을 지닌 종결어미. 흔히 연결어미로 쓰이며 현재는 '-으래르, -으래르, -으라르' 따위로 변화하여 쓰인다.

35 모음으로 끝난 어간에는 '-우리', 자음으로 끝난 어간 뒤에는 '-수리'가 결합된다. 하오할 대상에게 쓰이는 종결어미로 미래에 대한 화자의 '의지'를 나타낸다.

"못 하리라!"

"마시겠다! 내기를 하자! 천(千) 냥(兩) 내기를 하자, 바닷물은 내가 모두 마시겠다."

아침에 남정에게 와, 말하기를:

"바닷물을 마신다. 돈을 천 냥 주거나 해라."

그 사람이 말하기를:

"내가 바닷물을 마시자고 했기에 마시겠건마는. 내 강들은 마시자고 한 바가 없어. 강들과 도랑물을 막소, 물이 바닷물로 들어가지 말도록, 그 때는 내가 바닷물을 마시겠소.

86. K'ɛɛm namu kadʒi(*깨앰나무 가지)[36]

〈한글 자모 전사〉 86. 깨앰나무 가지

부재 댱새[37] 살아셔, 그 사름우게[38] 딸덜이 서이 이서셔. 물건 싸라[39] 가쟈구 그 사름이 챙기명,[40] 딸레과 물어 바셔, 무스거 가제다 달라는가. 맏으는 구술우 싸다 달라구 하구, 둘째는 가락지르 싸 오라구 해. 쟈근거느 말 하기르:

"나는 아무걷(amuɣət) 두 슳소(sɨls'o). 만약 내 생객히우거던,[41] 깨앰 나무

36 원문과 로마자 전사는 생략한다.

37 '댱새'는 '댱ᄉᆞ+-이'가 굳어진 말. 물건을 파는 '장수'를 뜻한다.

38 '사름'은 '사ᄅᆞᆷ'의 'ㆍ'가 비어두 위치에서 'ㆍ>ㅡ'를 겪은 예. 'ᄇᆞᄅᆞᆷ[風]>바름', '문툭<문특<문(門)+ᄐᆞᆨ(문턱)'도 그와 같다.

39 '싸-'는 '사-[買]'의 방언. 함경도에서 널리 쓰인다.

40 '-으며'에 'ㅇ'이 결합한 것. '-으명'은 중세국어에서도 쓰였다.

41 '생각히우-'는 함경도 방언권에서 널리 쓰이는 피동사로 '생각이 나다/떠오르다' 정도의 뜻을 지닌다.

가지르 가졔 오오."

당새 떠나 가셔, 제 일으 다 하구, 맏딸으(mat'arɨ) 주쟈구는 구술우 싸구, 둘째 딸으 주쟈구는 가락지르 싸셔. 그 사름이, 큰 나무 밭을르[42] 돌아 오다가(odaɣa), 쟉은(ʧaɣin) 딸이 아무것 두 싸다 달라구 아니 하구, 깨앰 나무 가지르 달라던 거 생각 하구 술게셔 내례셔 깨앰나무 가지 떼라 가셔. 불셰르(purʃerɨ) 그 사름이 보니, 깨앰 나무 가지 이서. 그거 거저 가지 아녜: 그거게(kɨɣəge) 금 깨앰덜이 열어셔. 당새 궁니르[43] 하기르:

"이게 내 쟉은 간나르[44] 줄 톄급이르다.[45]"

업데셔,[46] 가지르 겂쟈구 해애셔. 불셰르[47] 어드르셔[48] 왓던디, 곰이, 당새 손으 쥐구(tsuygu), 말 하기르:

"어띠 네 내 가지르 겂느냐(kəŋnɨnya)? 이저는(idzənɨn) 내 너르 잡아 먹갠다."

당새, 겝이[49] 나 하명, 말 해:

"내 가지르 아니 가졔 가렴마는, 쟉은 딸이 나르 빌어셔."

---

42 '나무밭'은 '나무가 심어져 자라는 넓은 땅'을 이르는 말. '숲'과 근사한 의미를 갖는다. 함경도에서 '밭'은 중부방언과 달리 주의미가 '식물 따위가 자라거나 자연물이 들어찬 평평한 땅'이다(『단어와 표현』(28쪽)). '풀밭', '자갈밭' 따위의 '밭'과 같다. 고어적이다. '쌀'(볏과에 속한 곡식의 껍질을 벗긴 알을 통틀어 이르는 말)도 그와 같다(『단어와 표현』(29쪽)). 곽충구(2019a)도 그와 같다.

43 '궁니'(=궁리)는 표준어와 뜻 차이가 있다. '깊은 생각' 정도의 뜻을 지닌다.

44 '간나'는 여자아이를 낮추거나 홀하게 이르는 말.

45 의미상으로 보아 '톄급'은 '선물'로 보인다. '션물'이라는 말은 Putsillo(1874: 447), Tajshin"(1889: 25)에 보이는데 그 뜻은 'Podkup'(매수. 뇌물을 주는 것)으로 되어 있다.

46 '업데-'는 '엎드리-'의 방언. 고어다.

47 '갑자기'의 뜻. '불시(不時)-에-르'가 줄어든 말이다.

48 '어드르셔'는 '어디로부터'의 뜻을 지닌 말. '어드'는 '어드메', '어드셔' 등에서도 보인다.

49 '겁(怯)'의 움라우트형.

곰이 말 하기르:

"집우루 가그라(kaɣɨra), 그러나 닞어 부리디 말아라: 뉘기던디(nuygidəndi)[50] 네 마주우[51] 만져 나 어는(ənɨn)게거던,[52] 나르 다구."

댱새 허락으 하니, 곰이 그 사름우 놓아(noa) 보내셔. 댱새 더 가셔 집우루 와셔.

굼만 마다르 들어 가쟈, 그 사름 마주우 달아 나와, 생각하는 쟉은 딸이. 댱새 제 곰이르[53], 뉘기 만져 나 어는거, 주쟈구 허락으 한거, 생각하구, 긔졀 해애셔.

댱새 다 내애기르[54] 해애셔, 제과[55] 무승[56] 일이 띄운[57] 거, 쟉은 딸으 곰이르 주어사 쓸꺼[58]; 통 울기라 시잭이르(ʃïdzɛgirɨ) 해애셔. 에미 말 하기르:

"우디 마오, 내 아오, 어띨 줄우. 곰이 우리 딸을래 오거던, 우리 마쉬(maʃʉï)르[59] 보는 사름 딸으 챙계셔, 우리 딸 대비르 주오."

---

50 '뉘기'는 '누구'의 방언. <누+-이+-고+-이.

51 마중+-으>마주-우(마중-을). 모음 사이에서 'ㅇ'이 탈락하고 대격조사 '-으'가 선행모음에 동화되었다. 뒤에서는 '마쥬'로 전사하였다.

52 'ㅗ'가 'ㅓ'로 전사되어 있다. 현재의 함경도 방언은 'ㅗ'의 저설화, 'ㅓ'의 후설화 경향이 현저한데 그러한 체계 변화가 이 시기에 진행되고 있었던 것이 아닌가 한다.

53 '곰이'는 '곰'의 방언. 이 한국어에서는 모음으로 끝난 명사에 '-이'가 결합하여 명사의 일부가 된다. 자음으로 끝난 명사에도 '-이'가 결합하여 그 명사의 일부가 된 예가 있는데 '곰이'가 그런 예다. '-르'는 모음으로 끝난 명사에 결합되는 대격조사. 자음으로 끝난 명사 뒤에는 '-으'가 결합된다.

54 이 연해주 한국어는 아직 'ㅣ'나 활음 'y' 앞에서 어두 위치의 'ㄴ'이 탈락하지 않는다. '니야기>냐:기>내:기'의 변화.

55 공동격조사 '-과'는 모음으로 끝난 명사에도 결합된다. 따라서 이형태 '-와'는 이 한국어에 존재하지 않는다.

56 '무슨'의 방언.

57 '띄우-'는 '우연히 마주치다', '어떤 사건을 만나거나 겪다'의 뜻을 지닌 동사.

58 남부방언에서는 '-어야 쓰겠다'의 꼴로 쓰이지만 이 한국어에서는 그보다 활용의 폭이 넓다.

59 '마+쇼[牛]+-이'의 변화형.

한 번으 통, 집이[60] 앉아 이스명, 보니 마다르[61] 둉운(tyoun) 술긔[62] 들어 와. 통 보기라 시잭이르 해애셔. 보니, 술게셔 곰이 나 와. 댱새게 곰이, 들어 와, 말 해:

"딸으 다구."

댱새 몰라, 어띠 대답우 할줄우. 에미 알아 맏졔셔, 마싊 보는 사름 딸으 채례셔, 곰이게르 대례 와셔. 곰이 그 새애기르,[63] 술게 앉예,[64] 가지구 가셔. 죠꿈(ʧokkum) 떠나 가셔, 곰이 어부작으[65] 티명, 마싊 보는 사름 딸으 잡아 먹쟈구 해애셔. 그 때 그 새애기 실속(ʃirsok)ㄱ)[66] 해애셔, 제 마싊 보는 사름 딸이구, 댱새 딸이 아니느라구.

곰이 댱새게, 돌아 와, 말 하기르:

"네 나르 얼렌다(əʎʎetta), 당[67] 딸으 다구."

우다가(udaɣa) 닙혜셔, 하딕 하구, 곰이르 주어셔. 곰이 그 새애기르, 술게 앉예, 가지구 가셔. 그걷덜이, 가다, 가다 큰 방쳔에 와. 셰셔(ʃeʃə). 곰이 술게셔

60 '집-이'의 '-이'는 중세국어에서 이른바 특이 처격조사라 불리는 형태소로 명사 '집'에만 결합되는 형태론적 제약이 있다.

61 본디 '마당+-으르'이므로 '마다아르'로 전사되어야 하는데 장음이 생략되었다.

62 중세국어 '술위'를 참고하면 '수레'는 '*술귀'로 재구할 수 있는데 '술긔'는 그 '술귀'가 변화한 것이다.

63 '새애기'는 나이 어린 여자아이로부터 혼기가 찬 처녀 또는 갓 시집온 새색시를 이르는 말이다.

64 '앉-'에 접미사 '-이-'가 결합된 사동사. 지금도 육진방언권에서 쓰인다.

65 '사람이나 동물이 요란스럽게 소리를 내지름'이라는 뜻을 갖는 명사. 흔히 '어부작으 티다'의 꼴로 쓰인다. 작은말은 '아부작'이다. 흔히 표준어 '고함, 아우성' 등으로 옮긴다.

66 '실토(實吐)'의 뜻을 지닌 말일 듯하다.

67 '당'은 친족 관계에 있는 어떤 인물을 가리킬 때 쓰인다. 가령, '당아바니'라 하면 지금 대화에 등장하는 그 어떤 사람의 '할아버지'를 가리킨다. 따라서 '당딸'은 이 이야기의 중심 인물인 '장사꾼의 딸'을 가리킨다.

내례셔, 말해(mar ɣɛ):

"이게 우리 집이르다, 내 두우[68] 따라 오나라."

곰이 웅더르[69] 들어 가니(ɣani) 새애기 두, 그거 두우 따라, 들어 가셔. 그 담에 곰이, 큰 문우 열구, 새애기르 어듭운 디 굴우[70] 대례 오구, 말 하기르:

"내 두울루 오나라."

새애기, 무셥운짐에[71] 떨명, 죽울 때 돌아 왇거니, 마암우 두어셔; 그래멩셔 두 곰우 두우 따라 가셔. 불셰르 소내기텨르[72] 워자끈 하더니, 화내뎨셔. 새애기 본즉(pondʑɨk), 디 굴이 아니구 값이 스레 채린 궁걸인데(kuŋgərinde): 환하구 (hwanagu), 풍각두 놀구, 잘 챙긴 사름덜이, 마쥬 하명, 인새르 하구, 제과 가티는 졀문 왕이여(wãiyə). 왕이, 그 새애기 젙에 와, 말 하기르:

"내 곰이 아니구, 왕이르다; 네게 댱개 들기 소온이르다."

그 딸은 애비과 에미 대리라[73] 보내구, 나가내덜으[74] 쳥 하구, 혼새르 지내셔. 그걷덜이, 잘 살명, 댱즈[75] 깨앰 나무 가지르 잘 모셰셔.

---

68 '뒤[後]'의 방언. 중세국어에서도 쓰였다.

69 '웅덩이-으로'의 방언. 육진방언에서는 명사의 말음 '이'는 뒤에 모음으로 시작하는 말이 연결되거나 합성어의 선행 어기가 연결되면 탈락한다. 예: 져굴셮(저고리 섶). 가닥날(<가대기+날).

70 '디굴'은 '땅굴'의 방언으로 보인다.

71 '짐'은 '김'의 ㄱ-구개음화형.

72 '소내기'는 '우레'를 뜻하는 말. '-텨르'는 '-처럼'의 방언.

73 'ᄃᆞ리->대리-'. '데리-'의 방언.

74 흔히 함경도에서는 '나그내'라 하는데 다의어다. '남편', '손님'의 뜻을 갖는데 여기서는 '손님'의 뜻으로 쓰였다. 특히 중앙아시아 고려말에서는 후자의 뜻으로 많이 쓰인다.

75 '늘', '항상'의 뜻을 지닌 부사.

〈현대 국어〉 86. 개암나무 가지

부자 장수(장사꾼)이 살았어, 그 사람에게 딸들이 셋이 있었어, 물건을 사러 가려고 그 사람이 챙기며, 딸들에게 물어 보았어, 무엇을 가져다 달라는지. 맏이는 구슬을 사다 달라고 하고, 둘째는 가락지를 사 오라고 해. 작은 놈은 말하기를:

"나는 아무것도 싫소. 만약 내가 생각나거든, 개암나무 가지를 가져오오."

장수가 떠나갔어, 제 일을 다 하고, 맏딸에게 주려고는 구슬을 사고, 둘째 딸에게 주려고는 가락지를 샀어. 그 사람이, 큰 숲으로 돌아오다가 작은딸이 아무것도 사다 달라고 아니 하고, 개암나무 가지를 달라던 것을 생각하고 수레에서 내려서 개암나무 가지를 떼러(=따러) 갔어. 갑자기 그 사람이 보니 개암나무가 있어. 그건 그저 가지가 아니야: 그것에 금(金) 개암들이 열었어. 장수가 궁리하기를:

"이게 내 작은 계집아이(딸년)에게 줄 선물이로다."

엎드려서, 가지를 꺾으려고 했어. 갑자기 어디서 왔던지, 곰이, 장수 손을 잡고, 말하기를:

"어찌하여 너는 내 가지를 꺾느냐? 이제는 내 너를 잡아먹겠다."

장수가 겁을 내면서, 말해:

"내(=나라면) 가지를 안 가져가련마는, 작은 딸이 나에게 부탁했어."

곰이 말하기를:

"집으로 가거라. 그러나 잊어버리지 마라: 누구든지 네 마중을 먼저 나오는 사람이 있거든, 나에게 다오."

장수가 허락을 하니, 곰이 그 사람을 놓아 보냈어. 장수가 더 갔어, 집으로 왔어.

금방 마당으로 들어가자, 그 사람 마중을 하러 달려 나와, 사랑하는 작은 딸이 장수가 자기가 곰에게, 누군가 먼저 (마중) 나오는 사람을 주겠다고 허락한 것을 생각하고 기절했어.

장수가 다 이야기를 했어. 제게 무슨 일이 일어난 것을, 작은딸을 곰에게 주어야만 할 것을: 모두 다 울기 시작했어. 어미가 말하기를:

"울지 마오, 내가 아오, 어찌해야 할지를. 곰이 우리 딸 때문에 오거든, 우리 마소를 보는 사람 딸을 챙겨서, 우리 딸 대신으로 주오."

한 번을 모두 다 집에 앉아 있으며, 보니 마당으로 좋은 수레가 들어와. 모두 다 보기 시작을 했어. 보니, 수레에서 곰이 나와. 장수에게 곰이, 들어와 말해:

"딸을 다오."

장수가 몰라, 어찌 대답을 할지를. 어미가 알아맞혔어, 마소 보는 사람 딸을 차려서, 곰에게로 데려 왔어. 곰이 그 처녀를, 수레에 앉혀 가지고 갔어. 조끔 떠나갔어, 곰이 고함을 치며, 마소 보는 사람 딸을 잡아먹으려고 했어. 그때 그 처녀가 실토했어, 자기는 마소 보는 사람 딸이고, 장수의 딸이 아니로다 하고.

곰이 장수에게, 돌아와, 말하기를:

"네 나를 속였다, 당신 딸을 다오."

울다가 (옷을 차려) 입혔어, 하직하고, 곰에게 주었어. 곰이 그 처녀를, 수레에 앉혀, 가지고 갔어. 그 사람들이, 가다, 가다 큰 방천에 와. 섰어. 곰이 수레에서 내려서 말해:

"이게 우리 집이로다, 내 뒤를 따라 오너라."

곰이 웅덩이로 들어가니 처녀도, 그 사람 뒤를 따라서 들어갔어. 그다음에 곰이, 큰 문을 열고, 처녀를 어두운 땅굴로 데려오고, 말하기를:

"내 뒤로 오너라."

처녀가, 무서운 김에 떨며, 죽을 때가 돌아왔거니 하고, 마음을 먹었어; 그러면서도 곰의 뒤를 따라갔어. 갑자기 우레처럼 와지끈 하더니, 환해졌어. 처녀가 본 즉, 땅굴이 아니고 값이 있을 듯하게 차린 궁궐인데: 환하고, 풍각도 울리고, 잘 챙긴 사람들이, 마중을 하며, 인사를 하고, 자기와 같이 있는 (사람은) 왕이여. 왕이, 그 처녀 곁에 와, 말하기를:

"내 곰이 아니고 왕이로다; 네게 장가를 들기 소원이로다."

그 딸은 아비와 어미를 데리러 보내고, 손님들을 청하고, 혼사를 지냈어. 그 사람들이, 잘 살며 언제나 개암나무 가지를 잘 모셨어.

2.2.3.1. 「러시아어 편」

「러시아어 편」에서는 러시아의 키릴문자를 제시하고 그 키릴문자의 쓰임을 러시아어 단어로써 보였다. 그리고 키릴문자를 「한국어 편」의 한국어 전사문자와 대응시켜 보이기도 하였다. 예: Ю, ю=йу, –'y[yu]. Ё, ё=йо, –'o[yo]. Я, я=йа, –'a[ya]. Ѣ, ѣ=йэ, –'э[ye] 등.

2.2.4. 한국어 방언의 특징

『철자 교과서』의 한국어는 육진방언의 특징을 지니고 있다. 이 교과서는 당시 연해주 한인의 口語를 정밀전사한 것이므로 음운, 문법, 어휘에 대한 체계적인 기술이 가능하다. 이 책 "Ⅲ부(권 2)의 1.3. 문법"은 전적으로 이 교과서의 한국어를 바탕으로 기술한 것이므로 『철자 교과서』의 한국어가 보여 주는 文法 면은 Ⅲ부(권 2)를 참고하기 바란다. 음운 특징은 『노한소사전』(1904), 『노한회화』(1904)와 대체로 같은데 이에 대해서는 "Ⅲ부(권 2)의 1.1. 음성과 음운"에서 종합적으로 다루었으므로 여기서는 생략한다.[76]

76 이 교과서에 수록된 한국어 어휘는 권 2의 【부록 2】에 제시하였다.

3. 회화서

Russko-Korejskiye Razgovory

(『露韓會話』[1], 러시아정교선교회, 카잔(Kazan'), 1904)

3.1. 『노한회화』의 체재

이 책은 1904년 3월 22일 러시아의 카잔(Kazan')에서 간행된 러시아어 : 한국어 대역 會話書로서 러일전쟁(1904. 2. 8~1905. 9. 5) 시기에 정보 수집용으로 편찬되었다. 현재 서울대학교 도서관에 소장되어 있다. 가로 12cm x 세로 16cm, 면수 xx+76쪽의 작은 책자이다. 책의 편집과 출판은 러시아정교선교회의 주관 하에서 이루어졌으며 카잔대학의 마샤노프(M. Mashanov) 교수가 '번역위원회'의 대표자로 되어 있다.

이 책은 아래와 같이 네 부분으로 구성되어 있다.

서문(Predisloviye)

전사문자(Azbuka)

회화(Razgovory)

1 서울대학교 도서관에 국내 유일본이 전한다. 이 책은 곽충구(1986a, 1986b)에서 서지, 편찬 동기와 목적, 한국어 전사와 한국어의 음운 특징이 전반적으로 논의된 바 있다. 여기서는 책의 체재, 전사문자 그리고 회화 본문의 모습을 소개하는 것으로 그친다. 수록 한국어의 '음운, 문법, 어휘'는 'Ⅲ부(권 2)의 1장'을 참고할 것.

제Ⅰ, Ⅱ편에 대한 단어와 표현(Slova i Vyrazhenia k" pervym" dvum" razgovoram")

서문은 회화편의 도입부로서 '서언(iii~ⅴ), 목록(ⅴ~vi), 목록에 대한 주의(vi~xiii), 실례(viii~xix), 오류에 관하여(xix)'의 다섯 부분으로 나뉘어 있다.

전사문자(Azbuka)에서는 한국어를 전사한 46자의 문자를 보였다.[2]

회화(Pazgovory)는 총 10편의 '사ㆍ셔리'(辭說+-이=회화)로 나뉘어 있다. 왼쪽 페이지에는 러시아어, 맞은편의 오른쪽 페이지에는 그 대역 한국어가 음성 전사용 문자로 전사되어 있다. 예컨대 첫 페이지는 "Razgovor" Ⅰ (O dorogě.): Tsʰət-tsɛ Sàʃəri."로 되어 있다.

각 편의 '주제(쪽수)'와 여기에 딸린 '러시아어 : 한국어' 대역 회화문의 수는 아래와 같다. 443개의 회화문에는 각각 고유 일련번호가 붙어 있다. 각 편은 정보 수집 대상, 대상지, 인사(人事), 수집 요령, 식료품의 조달, 일본군의 동정, 포로 등의 내용을 담고 있다.

Ⅰ. 도로 정보(pp. 2-7), 회화문 1~37.

Ⅱ. 마을 소개(pp. 6-21), 회화문 38~79.

Ⅲ. 마을에서(pp. 20-31), 회화문 80~160.

Ⅳ. (가족 관계)(pp. 30-35), 회화문 161~200.

Ⅴ. 주문 및 질문(pp. 34-37), 회화문 201~218.

Ⅵ. 시장에서(pp. 36-47), 회화문 219~324.

Ⅶ. 식품 구매(pp. 48-51), 회화문 325~360.

Ⅷ. 일본군이 점령한 마을에 대하여(pp. 52-57), 회화문 361~400.

---

2 有氣音 전사용 문자(5자)는 포함되지 않았다. 이를 포함하면 51자가 된다.

Ⅸ. 적(敵)에 대하여(pp. 56-61), 회화문 401~427.

Ⅹ. 포로로 잡힘(pp. 60-61), 회화문 428~443.

부록의 성격을 지닌 '단어와 표현'은 '사셔리'(Ⅰ,Ⅱ편)에 나오는 한국어 단어의 뜻과 그 단어들의 연결 관계를 보인 것이다.

3.2. 서문(Predisloviye)

3.2.1. 서언

서문의 앞 부분을 번역하여 옮기면 아래와 같다(요약).

러일전쟁(Russko-yaponskaya vojna)으로 인하여 러시아와 한국의 관계가 새로이 긴밀하게 되었다는 것과 이러한 관계는 이미 1860년대 초에 60여 명의 한국인이 연해주의 지신허(Тизин-х'э)에 이주하기 시작하면서 비롯되었다고 밝히고, 이 책은 함북 慶興邑에서 연해주로 이주한 가정에서 출생한 카잔사범학교 3년생인 姜 氏(К. Ѳ. Кана)와 그의 동료 한인들의 도움을 받아 편찬되었음을 밝혔다.[3] 그리고 이 책은 자국의 극동 변경의 전쟁과 병사들에게 유용한 것으로 판명되고 있다고 하고, 이 책의 한국어는 위의 姜 氏라는 한인의 고유한 발음으로 그 자신이 이 책에 기입 수록하였다고 하였다.

이어서 이 책을 이용하는 사람들은 한국어가 소수의 方言으로 나뉘어

3 『한인을 위한 철자 교과서』(1902)의 서문에 의하면 姜 氏의 성명은 "Konstantin""' Fomich" Kan"이다. 이 학생은 『시편 노한소사전』(1904)의 편찬에도 참여했다. 함북 경흥에서 1872년에 연해주로 이주한 가정에서 출생하였다. 그 밖의 한인 학생들에 대해서는 "Ⅰ부 1.2(53-54쪽)"을 참고할 것.

있음을 알아야 한다고 하고 이 책자는 주로 해안 지방과 慶興邑에서 멀리 떨어지지 않은 지역에 거주하는 한국인과의 대화를 위한 것이라 하여 이 책에 수록된 한국어의 사용 범위를 한정하였다. 그리고 이 책에는 46자의 전사문자가 쓰이고 있으며 그 가운데 26자는 러시아 자모에서 가져온 것이고, 나머지 20자는 러시아어에 나타나지 않는 한국어 음성의 전사에 쓰인다고 하고 이 20자의 전사문자를 제시하였다. 또 이 20자의 전사문자들에는 각각 용례가 제시될 것이고, 이들 전사문자들은 각각 그 출현 환경이 제약된다고 하였다.

3.2.2. 목록(Spisok)

러시아어에는 없고 한국어에만 있는 음성들을 전사하기 위한 20자의 전사문자들을 모음과 자음으로 나누어 그 목록을 소개하고 그 한국어 음과 유사한 음을 가진 러시아 문자를 옆에 제시하였다. 그리고 전사문자가 지시하는 한국어 음성을 러시아 문자로 나타낼 수 없는 경우에는 짤막하게 그 음성 특징만을 지적하여 놓았다. 아래에 원문 내용을 보인다. (*)는 저자가 부가한 것이다.

목록(Spisok)

러시아어에 없는 모음	유사한 발음	러시아어에 없는 자음	유사한 발음
Ä (*[ɛ])	Э	Ѓ (*[ɣ])	Г
Ë (*[yə])	Ë	Џ (*[ʤ])	ДЖ
И̭ (*[y])	Й	ʒ (*[ʣ])	ДЗ
ϰ (*[ʸ])	거의 들리지 않음	К̭ (*[k’])	КК

ŏ (*[ə])	О	Н̓ (*[ŋ])	Н
У̭ (*[w)	В	ң (*[˜])	앞 모음의 비음 표시
𝒴 (*[ʷ])	거의 들리지 않음	П̭ (*[p’])	ПП
Ӱ (*[ü])	И	Т̭ (*[t’])	ТТ
ы͡ (*[ɨ])	Ы	Ц̭ (*[ʦ’])	ЦЦ
Я (*[yε])	Е	Щ̭ (*[ʃ’])	ШШ

3.2.3. 목록에 대한 주의(Zametki k spisku)

위 ‘목록’에서 제시한 전사문자 가운데 불투명한 한국어의 음성 특징을 정밀하게 관찰·분석하고 아래와 같이 그에 대해 설명해 놓았다.

‘유사한 발음’란의 문자는, 한국어 음성이 실제로 어떻게 발음되어야 하는지 그에 대한 먼 암시만 제공할 뿐이다.

철자 ϰ([ʸ]), 𝒴([ʷ])는 읽을 때 거의 생략된다. 즉, 첫 문자(ϰ)는 그것이 나타내는 음이 특수한 短音 범주에 속하는 데 비해 두 번째 문자(𝒴)는 그것이 나타내는 음이 거의 완벽하게 소실된다. 부연하면, 앞선 위치에 있는 그 음(𝒴)은 그 뒤에 이어지는 모음 - 일반적으로 ы, 그리고 한 단어에서만 일시적으로 발견되는 다음 예(ш𝒴э–숫소, 암소–э[4])에 영향을 줄 뿐이다.

Ѓ([ɣ])는 благо, богатый 등과 같은 단어 속의 ‘г’와 비슷하게 발음되는데 그러한 발음은 교회슬라브어에서는 일반적이다. 따라서 Ѓ는 중개음 Г로 설명할 수 있을 것이다.

Џ(*[ʤ])는 Ч의 유성음이다. 즉, Ч(*[ʧ])는 한 개의 음처럼 발음되는 철자 Т

4 ‘àм–ш𝒴э’의 오식. 이 책의 43쪽 문장번호 281에는 àм–ш𝒴э로 전사되어 있다.

Ш(*t+ʃ=[ʧ])를 뜻함과 같이 Ц̣는 그러한 방법으로 발음되는 관련 유성음 ДЖ (*d+ʒ=[ʤ])를 나타낸다.

ʒ(*[ʣ])는 Ц(*[ʦ])의 유성음을 표시한다. 즉, 일반적인 무성음 Ц의 구성은 함께 발음되는 TC(*t+s=[ʦ])라 할 수 있다. 그러므로 철자 ʒ는 한 개의 형태로 발음되는 관련 유성음 ДЗ(*d+z=[ʣ])로 구성된 음을 뜻한다. 그리하여 이로부터 ц̣:ʒ=дж:дз=ж:з(*ʤ:ʣ=d+ʒ:d+z=ʒ:z)라는 관계를 이끌어낼 수 있다. 그밖에도 ʒ(*ʣ) 대신에 з(*z)가 들리기도 한다.[5]

문자 К̭([k']), П̭([p']), т̭([t']), Ц̭([ʦ']), Щ̭([ʃ'])는 보조부호가 붙지 않은 문자들보다 强한 음을 표시한다. 그러므로 '유사한 발음'란에서는 위 문자들의 교체를 위해 2개의 같은 문자를 이어 쓰고 있으나 이 2개의 문자는 强化된 한 음을 나타내기 위해 쓰인 것이다.[6]

3.2.4. 실례(PRIMERY)

목록의 전사문자 하나하나에 대하여 그것이 나타내는 한국어의 음성을 語頭, 語中, 語末 위치로 나누어 예를 보였다. 특정 음성이 출현할 수 있는 分布를 고려하면서 그 음성 특징을 설명한 것이다. 그리고 두 개 이상의 형태소가 결합하여 복합어나 파생어를 이룰 때 형태소의 접합 위치에서 음운 탈락이 있은 경우에는 그러한 사실을 나타내기 위하여 특별한 기호를 사용하였다는 사실을 언급하고 그 예를 보였다. 이것은 이 책의 편찬자들이 音聲은 물론이요 單語의 形態 분석에 이르기까지 한국어를 철저하게 연구하였음을 시사하는 것이다. 아래에 원문

5 한국어 'ㅈ'는 모음 사이에서 종종 파찰음 [ʣ]가 아닌 마찰음 [z]로 들린다는 말.

6 '强한 音'은 '된소리'를 말한다. 한국어 된소리 전사에는 т, п 등의 하단에 부조부호 [ˆ]를 가한 문자가 쓰이는데 тт, пп 등과 같은 겹자음도 같은 음가를 지닌다.

내용을 보인다.

연구된 음의 실례(PRIMERY na izuchayemyye zvuki)
(위 문자들은 마지막으로 아래에 인용한 단어와 표현에 배치된다.)[7]

A) 모음 예

Ä

語頭	語中	語末	類似한 發音
äги̇́(εgì, 아교)[8]			эги̇́
ӑбари(ɛ̀bari[9], 노력, 수고)			э̀бари
	чо̀нäги(ʧə̀nεgi, 저녁)[10]		чо̀нэги
	кадäги(kadɛ̀gi, 쟁기)[11]		кадэ̀ги
		карä(karɛ̀, 가래[楸])	карэ̀
		шо̆дä(ʃədɛ̀, 서당(=학교))	шодэ̀

7 예로 제시된 한국어에는 대역 러시아어 단어가 딸려 있다. 키릴문자로 전사된 한국어를 저자가 I.P.A.로 재전사하고 뜻풀이에 사용된 러시아어 단어를 한국어로 제시한다.

8 아교(阿膠)+-이>아귀>애귀>애귀>애기.

9 '애발'은 '일을 이루려고 힘들여 애를 씀'의 뜻. 이 책의 편찬자들은 모든 단어와 문장의 악센트를 파악하였다. 그러나 전사문자 상단에 보조부호가 있을 때에는 그 문자에 악센트 표지([`])를 부가하지 못하였다. 그런데 한국어와 유사한 발음을 표기한 맨 우측 키릴문자 표기를 보면 악센트가 표시되어 있다. 그것을 참고하여 'εbari'가 아닌 'ɛ̀bari'로 재전사한 것이다. 이처럼 악센트를 부가하지 못한 것에 대해 『시편 노한소사전』 서문(XV)에서는 그 악센트를 확인하는 방법을 언급한 바 있다(앞 137쪽, 『시편 노한소사전』의 서문 참조).

10 '져낙'은 악센트가 없는 명사(atonic stem)인데 어두 음절에 악센트가 놓이는 것으로 전사되어 있다. 착오이다.

11 소 두 마리에 메워 밭을 갈아엎는 데 쓰는 농기구. 볏은 없고 보습만이 있으며 주로 밭을 가는 데 쓴다.

Ё

ёги(yə̀gi, 가장자리)	ѐги
ёр͡ымä(yərɨmɛ̀, 열매)	ёрымэ̀
пёкто́ри(pyə̀ktəri, 벽-들)	пѐктори
sанён-гини(sanyə̀ŋguni, 사냥꾼)	санѐн-гини
тѝрё(tìryə, 들이-어)	тѝрё
тäрё(tɛryə̀, 데리-어)	тэрѐ

И̭

т̭уи̭гѝ(t’uygì, 뛰-기)	ттуйгѝ
цу̀и̭ги(ʦùygi, 쥐-기)	цу̀йги
щ̭ӱ̀и̭шѝги(ʃ’üyʃigi, 쑤시-기)	шшийшѝги
ку̀и̭(kùy, 귀)	куй

u

чинц̭ӱ̀*u*(ʧinʤǜʸ, 진주)	чинджѝ
чо́ нц̭ӱ̀*u*(ʧənʤǜʸ, 정주간(鼎廚間)[12])	чонджѝ
а̀р-щ̭ӱ*u*(àr ʃ’üʸ, 알 수-가)	а̀р-шши
ха̀р-щ̭ӱ̀*u*(har ʃ’ǜʸ, 할 수-가)	hap-шшѝ

о́

о́руни(əruni, 어른)	о̀руни
о́ры̀ми(ərɨ́mi, 얼음)	оры̀ми
ко́мы̀(kəmɨ̀, 거미)	комы̀
ко́ры̀ми(kərɨ̀mi, 걸음)	коры̀ми

12 чо́ нц̭ӱ̀*u*(ʧənʤǜʸ)는 чо́ нц̭ӱ̀*u*(ʧəŋʤǜʸ)의 오류. ‘경쥐’는 함경도의 양통식 가옥구조에서 흙바닥으로 된 ‘바당’과 불을 때고 밥을 짓는 ‘부수깨’(부엌) 및 이 부수깨와 벽이 없이 이어진 ‘구둘’(방), 방앗간, 외양간을 아우른 공간.

апщ̆о̆(apʃ'ə, 앞서)	апшо̀
карчшиу̯о̆ (karʧʰiwə̀, 가리켜)	карчшиво̀

У̯

у̯ä(wɛ, 오이)	вэ
у̯о̆нды̀(wəndɨ̀, 완두)	вонды̀
у̯ärа̀ри(wɛgàri, 왜가리)	вэга̀ри
ху̯анды̀(hwandɨ̀, 환도(還刀))	хванды̀
цху̯а̀ни(ʦʰwàni, 배[船])	цхва̀ни
ыу̯о̆ни(ɨwə̀ni, 의원)	ыво̀ни

ℓ/

нℓ/ы̀ги?(nʷɨ̀gi, 누구?)	ны̀ги?
сℓ/ы̀бо̆(sʷɨ̀bə, 쉬[易]-워)	сы̀бо
сℓ/ы̀ги(sʷɨ̀gi, 쉬[呼吸]-기)	сы̀ги
камагℓ/ы̀(kamagʷɨ̀, 까마귀)	камагы̀
моргℓ/ы̀(morgʷɨ̀, 머루)	моргы̀
ракхℓ/ы̀(pakʰʷɨ̀, 수레바퀴)	ракхы̀

Ӳ

ӳи̯рѝ(üyri, 유리)	ийрѝ
нӳрѐ(nürye̊, 이레)	нирѐ
ешӳ̀ни(yeʃǜni, 예순)	еши̇̀ни
пор-щ̆ӳ̀и(por-ʃ'üy, 볼 수-가)	пор-шши̇̀

ы͡

ы͡ни̇̀(ɨnì, 은(銀))	ыни̇̀

ы͡ншиги(ɨŋʃigi, 급료[13]) — ы̀ншиги

ма͡ыни(maɨni, 마흔) — маы̀ни

шо́ры͡ни(ʃərɨni, 서른) — шоры̀ни

му̀ры͡(mùrɨ, 물-을) — му̀ры

саны͡(sanɨ, 산-을) — саны̀

Я

яң(yɛ̃, 양(羊)) — е

яги(yɛ̀gi, 약(藥)) — ѐги

п̯ями(p'yɛ̀mi, 뺨) — ппѐми

ня(nyɛ, 냥(화폐의 단위))[14] — не

(XIII쪽)

B) 자음의 예

Ѓ

маѓӓми̇(maɣɛmì, 마지막) — маГэмѝ

кы͡-ѓóttóри(kɨgəttəri, 그것들이) — кы-Гòttopи

tё-ѓóttóри(tyəgəttəri, 저것들이) — tё̂-Гòttopи

каѓätta(kaɣɛ̀tta, 가-겠다) — каГэ̀tta

оѓätta(oɣɛ̀tta, 오-겠다) — оГэ̀tta

täнгӥѓätta(tɛŋgìɣɛtta, 다니-겠다) — tэнгѝГэtta

Џ

кàмџи(kàmʤi, 감자) — кàмджи

камџѝ(kamʤì, 감주) — камджѝ

---

13 응식(應食): 직무에 따라서 보수로 받는 쌀이나 그 밖의 급료.

14 냥(兩)+-이>냥이[nyɛ̃y]>내.

самцѝ(samʤì, 쌈지) — самджѝ
хамцѝ(hamʤì, 함지) — хамджѝ
чэ̀ци(ʧèʤi, 젖) — чэ̀джи
кääци(kεὲʤi[15], 강아지) — кээ̀джи

ӡ

ка̀ӡä(kàʣε, 가재) — ка̀дзэ
каӡы͡(kaʣɨ̀, 게으름)[16] — кадзы̀
паӡä(paʣὲ, 바자) — падзэ̀
саӡы̀(saʣɨ̀, 사자) — кадзы̀
tха̀нӡä(tʰànʣε, 담요, 모포) — tха̀ндзэ
tхỳнӡä(tʰùnʣε, 물통)[17] — tхỳндзэ

— 중략 —

Щ̭

щ̭и(ʃ'i, 씨[種]) — шши
щ̭äрѝ(ʃ'εrì, 정신착란)[18] — шшэрѝ
щ̭ӧгѝ(ʃ'əgì, 켜[鋸]-기)[19] — шшэрѝ
парщ̭ӧ̀(parʃ'ə̀, 벌써) — паршшо̀
пỳрщ̭эры͡(pùrʃ'erɨ, 갑자기) — пỳршшэры
путтур-щ̭ӱ̀и(put'urʃ'ǜʸ, 붙들 수-가) — путтур-шшѝ

---

15 저자가 조사한 바로는 악센트가 맨 마지막 음절에 놓인다. kεεʤì.

16 '가증'인데 어말의 'ㅇ'이 탈락하였다. 육진방언에서는 휴지 앞 'ㅇ'이 약화하거나 탈락된다. 게으름뱅이를 '가증둥이'라 한다. 형용사 '가증하다'도 쓰인다.

17 tхỳнӡä(tʰùŋʣε)의 오류.

18 흔히 '쌰르 쓰다'(미친 짓을 하다)라 한다.

19 '혀->써-'(톱질하다). ㅎ-구개음화의 예.

音을 실현할 수 있도록 하려면, 위에 인용한 단어들을 조급하게 읽지 않도록 한인에게 요청하는 것이 필요하고, 한국어 음성을 조사하려는 사람은 한인의 발음을 주의 깊게 들어야 하며, 각각의 音을 기록하기 위해 바로 그 음에 어떠한 문자들이 쓰이는지를 기억해야 한다.

단어의 결합을 나타내는 부호의 사용과 관련하여 다음 사항에 유의해야 한다. 부호 (⁻),

a) 합성어의 중간에 나타나는 부호 (⁻)는 그 부호에 인접한 문자를 버리지 않고 그 부호를 통해 통합된 두 부분 또는 그 중 하나가 한국어를 공부하지 않은 한국인에게는 이해되지 않는다는 것을 보여 준다. 예: тä⁻муни (*tɛ⁻muni) – 大門.

b) 동일한 부호 (⁻) 이지만, 단지 그 부호에 인접한 문자들을 끊어서 두 단어의 합성임을 나타내기 위해 이 책에서 채택되었는데 그것이 한인들에게는 식별 가능하지만, 이 경우 공통의 악센트를 가진 하나의 단어가 된다. 예: шóн⁻цä[*ʃəŋ⁻ts'ɛ] – 姓字. (부록[*단어와 표현]에서 이러한 부호의 기능은 쓰이지 않는다.) 이런 식으로 유형이 다른 단어에 통합하는 단어들은 순수 한국어 수사에 나타나며 이 책의 [각주 5]에 주어진 "около⁻대략"의 뜻을 가진, 수사의 뒤에 위치하는 많은 단어가 그것이다.[20]

c) 부호 (=)는 이 책에 쓰인 단어 가운데, 복합어의 구성에서 (語基가 되는) 한 단어나 두 단어가 그 단어를 구성하는 音을 상실하는 예를 보이기 위해 채택되었다.

---

20 이 책 12쪽에 [각주 5]가 있는데 본문의 hanna⁻ts'ùm(하나⁻쯤), tw⁻ə(두어), sə⁻nə(서너), nə⁻də(너덧), tɛ⁻ɛ(대앳) 등 부호 '⁻' 뒤의 '⁻ts'ùm', '⁻ə', '⁻nə', '⁻də', '⁻ɛ'에 대한 설명이 나온다. 이 뒷자리에 나오는 요소들을 '대략'의 뜻을 지닌, 수사와는 별개의 단어로 본 것이다.

예 канан=àн(*kanan=àn) – 가난한(<канàн–хан(*kanàn–han))

ŏтт=я(*ətt=yɛ) – 어째(<ŏтти хää(*ətti hɛɛ))

3.3. 전사문자

한국어의 음성을 전사하기 위한 46개의 전사문자를 아래와 같이 제시했다.

문자(Azbuka)

(이 책에서 한국어 음성 전사를 위해 사용된 문자)[21]

А а	[a]	Ä ä	[ɛ]	Б б	[b]	Г г	[g]	Ѓ ѓ	[ɣ]	Д д	[d]
Е е	[ye]	Ë ë	[yo]	Ë ë	[yə]	Џ џ	[ʤ]	ʒ	[ʣ]	И и	[i]
И̯ и̯	[i]	И и	[ʸ]	К к	[k]	К̯ к̯	[k']	Л л	[l]	М м	[m]
Н н	[n]	ŋ	[ŋ]	ӈ	[˜]	О о	[o]	Ŏ ŏ	[ə]	П п	[p]
П̯ п̯	[p']	Р р	[r]	С с	[s]	Т т	[t]	Т̯ т̯	[t']	У у	[u]
У̯ у̯	[w]	У у	[ʷ]	Ÿ ÿ	[ü]	Х х	[h]	Ц ц	[ʦ]	Ц̯ ц̯	[ʦ']
Ч ч	[ʧ]	Ш ш	[ʃ]	Щ щ	[ʃ']	Ы ы	[ï]	Ы͡ ы͡	[ɨ]	Ь ь	
		Э э	[e]	Ю ю	[yu]	Я я	[ya]	**Я я**	[yɛ]		
< 그 밖의 전사문자(유기음) >											
кх	[kʰ]	тх	[tʰ]	пх	[pʰ]	цх	[ʦʰ]	чш	[ʧʰ]		

러시아어와 동일한 한국어 음성을 전사한 문자는 그 러시아어 문자와 동일

21 有氣音은 위 전사문자 목록에 넣지 않았다. 유기음을 무기음 k, t, p, ʦ, ʧ와 x의 합음으로 이해한 듯하다.

하게 발음되거나 매우 가깝다. 보조부호가 붙은 전사문자 (문자 ё를 제외하고) 또는 특수한 모양의 문자로 표시되는 나머지 음성의 발음은 이 책의 서문에 제공된 각 음성의 예에서 확인할 수 있다.

3.4. 본문: 사셔리(會話)

10편의 '사셔리'(=회화)가 '러시아어 : 한국어' 대역으로 나열되어 있고 각 회화문의 머리에는 일련번호가 붙어 있다. 이 회화는 총 443개의 문장이 왼쪽에는 러시아어, 오른쪽에는 그 러시아어를 연해주 한인의 말로 옮겨 놓은 譯文이 짝을 이루어 배열되어 있다. 위에서 본 각종의 전사문자로 분절음소뿐만 아니라 고저 악센트까지 모두 전사하였다. 따라서 이 『노한회화』는 19세기 후반 20세 초 연해주 한인의 언어를 생생하게 보여 주므로 연해주 한국어의 음운, 형태, 통사, 어휘의 전 부면을 연구할 수 있는 소중한 문헌이다. 이 가운데 음운 특징은 전기 근대국어와 흡사하다. 이렇게 19세기 한 지역 방언을 정밀전사한 자료는 달리 보기 어렵다.

10편 가운데 Ⅰ편과 Ⅲ편을 소개한다. 러시아어는 생략하였다. 그리고 대역 한국어를 국제음성기호로 재전사하였다. 그리고 그것을 다시 한글 자모로 전사하였다. 한글 자모로 전사할 수 없는 음성([ɤ])도 있으나 이 경우 그와 근사한 음으로 대체하였다. 그리고 고저 악센트는 방점으로 나타내었다. 고조가 놓이는 음절의 앞에 [·]를 가하였다. 한 가지 아쉬운 점은 원문에서는 고저 악센트가 모두 표기되지 못하였다는 점이다. 그것은 전사문자 상단에 이미 보조부호가 붙어 있어 그 위에 다시 악센트 표지 [']를 부가할 수 없었기 때문이다. 그런 경우 『노한소사전』에서는 악센트 표지가 놓이는 음절을 확인할 수 있는 방법을 언급하였다. 즉, 한 어절 내에 악센트 표지가 없으면 그 어절 내의 부조 부호가 붙은 음절에 악센트가 놓인다는 것이다. 아래 본문에서는 그러한 방법으로 확인한 악센트도 표시하였다. 그러나 한 어절 내에 부조 부호가 붙은 음절이 둘 이상이면 어느 음절에 악센트가 놓이는지 확인할 수 없다.

전사된 연해주 한국어에 대한 이해를 돕기 위해 각주를 두고 설명을 보탰다. 각 회화문의 머리에는 원본의 일련번호를 두었다. 그리고 키릴 계통의 문자로 전사되어 있는 한국어를 I.P.A.로 다시 전사하였다. 그리고 그것을 다시 한글 자모로 재전사하고 그 뒤에 표준어 대역을 두었다. 『노한회화』에 수록된 연해주 한국어에 대해서는 Ⅲ부(권 2)의 제1장에서 체계적으로 논의될 것이다.

ʦʰət‒ʦɛ sàʃəri(첟‒재 사'셔리=첫째 회화)

(도로 정보)

1. taŋʃin[22] ʃəŋ‒ʦ'ɛrɨ ətti s'ɨo?

   당·신 셩째르 ·어띠 ·쓰오[23]?(당신 성자(姓字)를 어찌 쓰오?)

2. nɛ ʃəŋ kim‒gaò.

   내 셩 김가·오.(내 성은 김가(金哥)오.)

3. ənɨ tsʰonɨrɨʃə òo?

   어·느 촌으르셔 ·오오?(어느 촌(村)에서 오오?)

22 '당신'은 본디 악센트가 없는 저조 어간이지만(아래 회화문 5를 참고), 어말고조화에 의거 '저고'로 실현되었다.

23 함북 방언 및 이 연해주 한국어의 상대경어법은 '하압쇼, 하오, 해라'의 3등급 체계다. '‒오/‒소'로 교체되는 이 어미는 하오체에 해당한다. 지금도 일상적으로 널리 쓰인다. 동년배 사이에서는 물론 부모가 장성한 아들이나 며느리 등에게도 쓴다.

4. nɛ Məŋ Koɣɛɛʃə òo.

내 멍고개애셔[24] ·오오.(내 '멍고개' 마을에서 오오.)

5. taŋʃinì kinà on kìri tyòs'ute?

당신·이 기·나온[25] ·길이 ·둏숩데[26]?(당신이 지나온 길이 좋습디까?)

6. i killɨ ʧim surgɨ́y tɛŋgirmàn hàapte?

이 길르 짐술·긔[27] 댕길·만 ·하압데?(이 길로 짐수레가 다닐 만합디까?)

7. tɛŋgir màn hàapte.

댕길 ·만 ·하압데.(다닐 만합디다.)

8. i kirè mur tarì əpsupte?

이 길·에 물 다·리 ·업숩데?(이 길에 물 다리가 없습디까?)

9. is'ùpte.

이·쑵데.(있습디다.)

10. əpsupte.

·없숩데.(없습디다.)

11. i kirè kipʰún hómi əpsupte?

이 길·에 깊·운 ·홈이[28] ·없숩데?(이 길에 깊은 홈이 없습디까?)

12. kʰɨn nɛri-mɛgí əpso?

큰 내리맥·이 ·없소?(큰 내리막이 없소?)

13. kappùn olli-mɛgì əpso?

24 1884년 연해주 하산 지역의 멍구가이강 유역에 건설된 한인촌.

25 디나->기나-. 과도교정(hyper-correction)의 예. 연해주 한국어에는 이러한 '디>기' 과도교정의 예들이 많다.

26 '-읍데/-습데'는 하오체 서술형 및 의문형 종결어미. 여기서는 일단 표준어의 '-읍디다/-습디다'로 번역해 둔다. '-읍디다/-습디다'는 표준어에서 '합쇼'체로 규정하고 있지만 흔히 하오체로 쓰인다.

27 '*술귀>술긔'의 변화형. 중세국어형은 유음 아래에서 'ㄱ'이 약화된 '술위(<*술귀)'로 근대 이후 '수레'로 변화하였다.

28 '홈'은 '깊이 파인 곳'을 말한다.

가·뿐[29] 올리맥·이 ·없소?(오르기 힘든 오르막이 없소?)

14. tyəŋgè mur tarì tɨndɨn xào?

뎡·게 물 다·리 든든·하오?(저기에 물 다리가 든든하오?)

15. kɨ tarì nəbɨ́y èmmɛo[30]?

그 다·리 너·븨 ·엠매오?(그 다리의 너비가 얼마이오?)

16. kɨ tarì kirʃ'ì èmmɛo?

그 다·리 길·씨 ·엠매오?(그 다리의 길이가 얼마이오?)

17. tarí nəbɨ́yrɨ tsagwíllɨ kartʃʰiú.

다·리 너·븨르 자·귈르 갈치·우.(다리의 너비를 발자국으로 가르치오.)

18. i kìri mosɛllɨ tepʰiud-yɛnés'o[31]?

이 ·길이 모샐르 데피우대·녯소?(이 길이 모래로 덮이지 않았소?)

19. i kìri mosɛllɨ tepʰiwəs'umni.

이 ·길이 모샐르 데피·웟숨니.[32](이 길이 모래로 덮였네.)

20. i kìri tsɨd-yɛniò?

이 ·길이 즈대·니오?[33](이 길이 질지 않소?)

21. i kìri tsɨɨmni.

이 ·길이 즈음니.(이 길이 지네.)

22. i kã sàrɨmdəriraŋ, maʃwìdəriraŋ, tʃìmiraŋ kənneunɨn t'e is'ò?

이 강 ·사름덜이랑, 마·쉬덜이랑[34], ·짐이랑 건네우는[35] 떼[36] 잇·소?(이

---

29 '가뿌-'는 '힘에 겹다'의 뜻을 지닌 형용사.

30 중세국어 ':언·마'의 후대형. 현재는 '언매', '얼매', '엠매'라 하는데 여기서는 '엠매'가 쓰였다.

31 '-대넷소'는 '-디 아니-+-엇-+-소'로 분석된다. 현재의 육진방언에서는 자음 앞에서 선어말어미 '-었-'이 '-엇-'으로 교체되기에 이를 참작하여 '-넷-'으로 적은 것이다.

32 '-읍니/-습니'는 어떤 사실을 확인하여 알려 줄 때 쓰이는 하오체 종결어미. 표준어로는 '-네', '-지' 정도의 의미를 갖는다.

33 이 연해주 한국어는 중세국어처럼 'ㄷ' 앞에서 'ㄹ'이 탈락한다. 또 전설모음화(또는 구개모음화) 규칙이 없다. 때문에 '즐[泥]-+-디>즈디'가 된 것이다.

강을 사람들이랑, 마소랑, 짐이랑 건네주는 떼가 있소?)

23. nʷi̊gi i kã ʃirə kənneuo?

·뉘기 이 강 실·어 ·건네우오?(누가 이 강을 (배에) 실어 건네주오?)

24. nuege ʦʰwàndəri is'ò?

누에게 ·촨덜이랑[37] 잇·소?(누구에게 배들이랑 있소?)

25. nuege sàrɨmdəriraŋ, maʃwìdəriraŋ, ʧimiraŋ kənneunɨn t'èdəri is'ò?

누에게 ·사름덜이랑, 마·쉬랑, ·짐이랑 건네우는 ·떼덜이 잇·소?(누구에게 사람들이랑, 마소랑, 짐이랑 건네주는 떼들이 있소?)

26. ədɨme kã kərə kənne kagì yatʰɨn ʦarì is'ò?

어드메 강 걸어 ·건네 가·기 얕은 자·리 잇·소?(어디에 강을 걸어서 건너 갈 만한 얕은 자리가 있소?)

27. i kərə kənne kagì yatʰɨndèllɨ apʃ'ə kaɣəra.

이 걸어 ·건네 가·기 얕은·델르 앞·셔 가·거라.(이 걸어 건너가기 얕은 데로 앞서 가거라.)

28. tyə-ʦ'agè ka xan nya[38] padɨrira.

뎌-짝·에 가 한 냐 받·으리라(저 쪽에 가서 한 냥(兩, =1루블)을 받으리라.)

29. nàrɨ kìrɨ karʧʰiwə ʦùo.

·나르 ·길으 갈치·워 ·주오.(나에게 길을 가르쳐 주오.)

30. i killɨ ədɨmerɨ karmàn hào?

이 길르 어드메르[39] 갈·만 ·하오?(이 길로 어디를 갈 만하오?)

---

34 마쉬는 '마쇼+-이>마쇠>마쉬'의 변화를 겪은 어형.

35 '건너-'에 접미사 '-이우-'가 결합하여 파생된 사동사.

36 '떼'는 '나무나 대나무 등의 토막을 엮어 물에 띄워 타고 다니는 운송 수단'을 말한다.

37 '촨'은 漢語 '船[chuán]'을 차용한 말. 함북에서는 배를 '촨'이라 한다. 이 '촨'은 『同文類解』에도 실려 있으므로 여진족이 차용해서 쓰던 말이 함북 지방에 잔존한 것으로 생각된다.

38 'nyãã'(←nyaŋ[兩]+-ɨ(대격조사))로 실현되었을 것이나 長音이 전사에 반영되지 않았다.

39 '어드메'는 '어디', '어느 곳'을 뜻하는 말.

31. nàrɨ tɛrèda tàgu.

·나르 대·레다 ·다구.(나를 데려다 다오.)

32. yəŋgè sɨk'wɛ is'ó?

영·게 스패[40] 잇·소?(여기에 수렁이 있소?)

33. i sɨk'wɛrɨ turə karmàn hào?

이 스패르 둘·어 갈·만[41] ·하오?(이 수렁을 둘러서 갈 만하오?)

34. i sanɨ ət'i puruò?

이 산·으 ·어띠 부루·오?(이 산을 어찌 부르오?)

35. i sanì kaŋ–hào?

이 산·이 강·하오[42]?(이 산이 강파르오?)

36. k^{h}ɨn ʦ^{h}wàndəri is'ó?

큰 ·촨덜이 잇·소?(큰 배들이 있소?)

37. kaʦ^{h}ɛbì sàrɨmdəriraŋ, maʃwìdəriraŋ, ʧimiraŋ kã kənneunɨn t'e is'ó?

가채·비[43] ·사름덜이랑, 마·쉬덜이랑, ·짐이랑 강 건네우는 떼 잇·소?(가까이에 사람들이랑, 마소들이랑, 짐이랑 강을 건네주는 떼가 있소?)

---

40 '스패'는 물이 들어차 있고 바닥이 쑥쑥 들어가는 수렁과 같은 곳을 이르는 말.

41 '둘어가다'는 '둘러서 가다'의 뜻. 둘거가다>둘어가다.

42 '강하다'는 '산이 몹시 가파르고 험하다'의 뜻.

43 '가채비'는 '가찹-'에 접미사 '-이'가 결합한 파생 부사. 가찹-+-이>가차비>가채비.

se-ttsɛ sàʃəri(셀-재 사'셔리=셋째 회화)

(마을에서)

80. yəŋgè nʷi̇̀gi noyeù?

영·게 ·뉘기 노예·우?[44](여기에 누가 촌장(村長)이오?)

81. noyerɨ tɛryè òo.

노예·르 대·례 ·오오.(촌장을 데려 오오.)

82. taŋʃinnége kunsɛdəri nyuàr kʰɨn ʧibí is'ò?

당신·네게 군새덜이 뉴·할 큰 집·이 잇·소?(당신들에게 군사들이 유(留)할 큰 집이 있소?)

83. urirɨ N kəʤi kìrɨ karʧʰiùr sàrɨmu nɛnoà tagù.

우리·르 N 꺼지 ·길으 갈치·울 ·사름우 내놓·아 다·구.(우리를 N까지 길을 가르쳐 줄 사람을 내놓아 다오.)

84. maàllɨ kìna kanɨn kìllɨ urirɨ tɛryè kàgəra.

마·알르 ·기나 가는 ·길르 우리·르 대·례 ·가거라.(마을로 지나가는 길로 우리를 데려 가거라.)

85. apʃə kàgəra.

앞·셔 ·가거라.(앞서 가거라.)

86. tsòʃim hɛɛra, əllìdi marára!

·조심해애라, 얼·리디 말·아라.(조심해라, 속이지 마라!)

87. noòrmyəŋ kərəra.

노·올명[45] 걸어라.(천천히 걸어라.)

88. swi[46]. 쉬.(빨리.)

---

44 대역 러시아어는 'starosta'인데 이 말은 러시아 혁명 전에는 '村長'을 뜻하는 말이었다. '노예'는 중국어 '老爺[lǎo yé]'를 차용한 말이다. '로예'라 하기도 한다.

45 '천천히'라는 뜻을 지닌 부사. 유의어로 '나아랑'이 있다. 둘 다 함경도에서 널리 쓰인다.

46 대역 러시아어는 'skoree'(빨리, 얼른)이다.

89. aʃimt^{h}–yɛnìt^{h}a.

아심태·니타.(고맙다.)

90. yət'a suùrɨ[47] s'a məgəra.

여따 수·울으 싸[48] 먹어라.(옜다! 술을 사 먹어라.)

91. i ʧibì ʧwèni n^{w}ɨ̀gio?

이 집·이 ·줸이[49] ·뉘기오?(이 집에 주인이 누구요?)

92. ʧwenim ʦar kyéʃio?

줸님 잘 ·계시오?(주인님 잘 계시오?)

93. nárɨ t'an pãá[50] nɛʦùo.

·나르 딴 방·아[바:~] 내·주오.(나에게 딴 방을 내 주오.)

94. nɛ–gwa nɛ–gwa kàt^{h}i on sàrɨmdər megyè–man ʦùo.

내·과[51] 내·과 ·같이 온 ·사름덜 멕·예만· 주오.(나와 나와 같이 온 사람들을 먹여만 주오.)

95. nɛ ʧəmʃimù kaʦ^{h}wà noòragu ʃigìo.

내 졈심·우 갖·촤 놓·오라구 시·기오.(내 점심을 갖추어 놓으라고 시키오.)

96. nɛgèrɨ swi kwɛʃirɨ kɛɛ òo.

내·게르 쉬 괘실으 개애 ·오오.(내게로 빨리 과일을 가져오오.)

97. taŋʃinnége musugèdəndi məgɨrk'ò[52] kaʦ^{h}wa noònge əpso?

---

47 보통 '수우·르' 또는 '수·우·르'로 실현된다. '수울'은 무성조 어간(atonic stem)이다,

48 '사[買]–'의 함경도 방언.

49 '쥬+엔(主人)'이 줄어든 말. '人'의 字音이 특이하게도 '엔'이다. '웬:이'(愚人, 바보)도 그와 같다.

50 'paŋ+–ɨ(대격조사)'의 어구성. 'ŋ'은 모음 사이에서 선행모음을 비모음화한다. 대격조사 '–으'는 선행하는 모음 'a'에 순행동화되어 'a'로 실현된다. 실제로는 이 'a'도 비모음 [ã]로 실현되어 상승조로 실현된다. [pãã̂].

51 공동격조사 '–과'는 모음으로 끝난 명사에도 결합된다. 이형태 '–와'는 없다.

52 드물게 'ㅗ'를 'ㅓ'로 또는 'ㅓ'를 'ㅗ'로 전사한 예들이 보인다. 예: 멉씨(몹시). 이 시기에 'ㅓ'의 후설화가 진행되고 있었던 듯하다. Putsillo의 『노한사전』(1874) 겉표지에는 '됴션칙'이 '뎌션칙이'라 씌어 있다. 이러한 예들이 카잔 문헌에서 종종 발견된다.

당신·네게 무수·게던디[53] 먹을·꼬 갖촤 놓·온게 ·없소?(당신들에게 무엇이든지 먹을 것을 갖추어 놓은 것이 없소?)

98. taŋʃnnége musugèdəndi maʃirk'e əpso?

당신·네게 무수·게던디 마·실께 ·없소?(당신들에게 무엇이든지 마실 것이 없소?)

99. taŋʃnnége sarmùn kogìna, kuŋ-mùrina, pyɛnʃena əpso?

당신·네게 삶·운 고·기나, 궁·물이나, ·뱬셰나[54] ·없소?(당신들에게 삶은 고기나, 국물이나, 만두나 없소?)

100. taŋʃinnége maudzɛ suùrina, tʰò-dʒüyna, tan mərgwi suùri əpso?

당신·네게 마우재수·울이나, ·토쥐이나,[55] 단 멀귀수·울이 ·없소?(당신들에게 러시아 술이나, 토주(土酒)나, 단 머루술이 없소?)

101. ne mandʒə màsɨ pàra.

네 만·져 ·맛으 ·바라.(네가 먼저 맛을 보아라.)

102. namù-gwa mùrɨ kadʒè òo.

나·무과[56] ·물으 가·졔 ·오오.(장작과 물을 가져 오오.)

103. kamɛrɨ kadʒè òo.

가매르[57] 가·졔 ·오오.(솥을 가져 오오.)

104. ədɨme mardərɨ megìr mùrina, kurəŋmùri is'ò?

어드메 말덜으 멕·일 ·물이나, 구렁·물이[58] 잇·소?(어디에 말들을 먹일 물이나 우물이 있소?)

---

53 '무스거'는 '무엇'의 방언. 중세국어 '므스것'의 후대형.

54 '뱬셰'는 중국어 '扁食[biǎnshí]'를 차용한 말. 함경도의 대표적인 음식의 하나. 만두의 일종.

55 '토쥐(<土酒-이)'는 전통적인 방식으로 증류하여 곤 '술'.

56 대역 러시아어는 'drov'(장작)이다. '나무-과'는 보통 '-과'(공동격조사)에 악센트가 놓인다.

57 함경도에서는 '솥'이란 말을 쓰지 않고 흔히 '가매'라 한다.

58 '우물'의 함경도 방언.

105. ədɨme mardəri mur megìr kuʃì is’ò?

어드메 말덜으 물 메·길 구·시 잇·소?(어디에 말들에게 물을 먹일 구유가 있소?)

106. ìgə ta kartʃ^{h}iwəra.

·이거 다 갈치·워라.(이거 다 가리켜라(=제시해라).)

107. uriri sɛnà, tìp^{h}u ʦùo.

우리·르 새·나 ·딮우 ·주오.(우리에게 새[草]나 짚을 주오.)

108. uriri ʃwè-ʤəʤina, kirɨmu ʦùo.

우리·르 ·쉐젖이나,[59] 기·름우 ·주오.(우리에게 우유나 기름을 주오.)

109. ansò. 앉·소.(앉소.)

110. kàt^{h}i kào. ·같이 ·가오.(같이 가오.)

111. uùri kào. 우·우르 ·가오.(위로 가오.)

112. nɛ mari anʣà[60] ʧəra.

내 말·으 안·자 ·져라.(내 말의 안장을 얹어라.)

113. nɛ mari ʧagɛri p’ekyèra.

내 말·으 쟈·개르[61] 뺏·계라.(내 말의 재갈을 벗겨라.)

114. nɛ mari anʣà p’ekyèra.

내 말·으 안·자 뺏·계라.(내 말의 안장을 벗겨라.)

115. nɛ mari mùri megyèra.[62]

내 말·으 ·물으 멕·예라.(내 말에게 물을 먹여라.)

---

59 우유(牛乳)란 말이 쓰이지 않던 시절이라 ‘쉐젖’이라 하였다. 쇼+ᆖ이+졎>쇠졎>쉐졎. 같은 해에 간행된 『노한소사전』에는 ‘우유’와 ‘쉐졎’이 함께 실려 있다.

60 ‘anʣà’는 ‘anʣaŋ’에 대격조사 ‘-ɨ’가 결합되어 ‘anʣáã’이 되고 이후 빠른 발화에서 비음성과 장음이 소거되었다.

61 ‘쟈·개’는 말의 입에 물리는 ‘재갈’의 방언.

62 동북, 육진방언의 전형적인 대격중출 구문이다. ‘-에게, -을/-를’ 구문이 ‘-으/-르, ~으/-르’ 구문으로 쓰인다. 이는 중세국어의 잔재이기도 하다. 이에 대해서는 Ⅱ부(5.2)와 Ⅲ부(권 2, 1.3.2의 4) 부사격조사)를 참고할 것.

116. nɛ mari megyèra.

내 말·으 멕·예라.(내 말을 먹여라.)

117. mari tʰyəri ʃiŋgìragu nirgəra.

말·으 텰으[63] 싱·기라구 닐·거라.(말에게 징을 신기라고 일러라.)

118. tɛʤã tɛrè ònəra.[64]

대쟈 대·례 ·오너라.(대장장이를 데려 오너라.)

119. ne tɛʤɛ̃nya?

네 대쟤냐?(네가 대장장이냐?)

120. mari tʰyəri ʃiŋgyèra.

말·으 텰으 싱·계라.(말에게 징을 신겨라.)

121. nɛ ʧibù turtsʰə poɣɛʃini noɛ mào.

내 집·우 둘·춰 보·개시니[65] 노·애 ·마오.(내가 집을 들춰 보겠으니 노(怒)하여 마오.)

123. ìrəbo! swi apʃə kào, ət'yɛ ʃəgù is'ò?

·이러보! 쉬 앞·셔 ·가오, ·어때 셔·구 잇·소[66]?(여보! 얼른 앞서 가오, 어째 서 있소?)

124. ʧibì innɨn ʧʰòŋdəriraŋ, tsʰaŋdəriraŋ tarɨn tsɛŋgìdəriraŋ ta nɛ pãè moda nos'ò.

집·이 잇·는 ·춍덜이랑, 창·덜이랑 다른 쟁·기덜이랑 다 내 방·에 모다 놓·소.(집에 있는 총(銃)들이랑 창(槍)들이랑 다른 병장기들을[67] 다 내

63 말굽이나 쇠굽 또는 가죽으로 된 신창에 박는 쇠못. 대가리가 크고 넓으며 길이가 짧다.

64 tɛʤaŋ+-ɨ→tɛʤã:. 한편, 'ònara'라 하는데 여기서는 특이하게도 ònəra가 쓰였다.

65 선어말어미 '-갯-(=-겠-)'은 '-으니' 앞에서 '-개시-'로 교체된다.

66 '셔구 잇소'(=서 있소)는 進行相의 어구성. 함북 방언의 문법 특징이다.

67 러시아어 원문에 딸린 [각주 6]에서는 "소총, 창, 그 밖의 다른 기구"라 함. 함북 방언의 '쟁기'는 '연장', '도구'의 뜻을 지닌 명사.

방에 모아 놓소.)

125. nyəmneri màо. ·념네르[68] ·마오.(염려를 마오.)

126. urì t'ə-na kàr t'ɛ taŋʃinège ta torù tìre nos'ùri.

우·리 떠나·갈 때 당신·네게 다 도·루 ·딜에 놓·쑤리.(우리가 떠나갈 때 당신들에게 다 도로 들여놓으리다.)

127. pamé tɛ-muni tas'ò. 밤·에 대문으 닫·소.(밤에 대문을 닫소.)

128. amuɣəttu muʃəba màrgu, ʧibidəri kamàni anʤà is'ò.

아무겉두 무·셥아 ·말구, 집이덜으 가·만이 앉·아 잇·소.(아무것도 무서워 말고, 집에들 가만히 앉아 있소.)

129. urì ʃiginin ìri hào.

우·리 시기는 ·일으 ·하오.(우리가 시키는 일을 하오.)

130. nwìgidəndi punʤù=an sàʃərina ìri hanin sàrimu kʰin ʦweri ʦuɣɛs'o.[69]

·뉘기던디 분·주안 ·사셔리나 ·일으 하는 ·사름우 큰 줴·르 주·갯소.(누구든지 소란한 말이나 일을 하는 사람에게 큰 죄를 주겠소.)

131. kunsɛdəri tuùri taŋʃinnége tenʤà matʰio.

군새덜으 두·울으 당신·네게 뎬·쟈[70] 마·티오.(군사 둘을 당신들에게 볼모로 맡기오.)

132. tenʤà matʰin sàrimdəri məpʃ'i kúdi mào.

뎬·쟈 마·틴 ·사름덜으 ·멉씨 ·구디 ·마오.(볼모로 맡긴 사람들에게 몹시 굴지 마오.)

133. obún ʦʰòni tɛdap hàuri.[71]

---

68 념녀(念慮)+-이>념녜.

69 앞서 말한 바와 같이 'NP-에게 NP-를'의 구문은 대격중출 구문 'NP-으/-르 NP-으/-르'로 실현된다. 함북 방언의 문법 특징이다.

70 '뎬쟈'의 대격형. 뎬쟈+-으>뎬자아>뎬쟈:. Putsillo(1874)에는 '뎐쟝이/볼뫼(183쪽)'라 함.

71 Vsya derevnya budet otvechat'의 대역어. 'otvechat''는 '대답하다, 응하다, 책임지다'의 뜻을 지닌 동사.

오·분[72] ·촌이 대답 ·하우리.(온 촌이 책임져야 할 것이오.)

134. nɛ udʒɛrɨ s'ɨd-yɛnìnda.

내 우재르 쓰대·닌다.(나는 실없는 말을 하지 않는다.)

135. allɨn kunsɛdərɨ taŋʃinnége tùo, kɨ sarɨmdərɨ tsar mòʃio.

알른 군새덜으 당신·네게 ·두오. 그 ·사름덜으 잘 ·모시오.(앓는 군사들을 당신들에게 두오. 그 사람들을 잘 모시오.)

136. məgɨrk'eraŋ maʃirk'eraŋ tswəra.

먹을께랑 마·실께랑 ·줘라.(먹을 것이랑 마실 것이랑 줘라.)

137. yaŋʃigɨ komtsʰɨyúdi mào, urì ədə nɛmu, tə kutʃʰà hàuri.

양식·으 곰칙·우디[73] ·마오, 우·리 얻어 내무[74], 더 구·챠 ·하우리.(양식을 감추지 마오, 우리가 찾아내면, 더 구차할(=난처할) 것이오.)

138. ìgə ta p'allì modùo.

·이거 다 빨·리 모·두오.[75](이것을 다 빨리 모으오.)

139. ta tònɨ murə tsùuri.

다 ·돈으 물·어 ·주우리.(다 돈으로 물어 주리다.)

140. èmmɛna modɨrmàn hào?

·엠매나 모들·만 ·하오?(얼마나 모을 만하오?)

141. tsɛwən hɛ ònəra.

재원[76] 해 ·오너라.(구해 오너라.)

142. yəŋgè ʃəŋ-mɛ is'ò?

영·게[77] 셩매[78] 잇·소?(여기에 제분기(=연자방아)가 있소?)

---

72 '오분'은 '온[全]'의 방언. 중간자음 'ㅂ'이 약화 탈락한 뒤 후행 모음 'ㅜ'가 선행모음에 동화되어 '온:'이 되었다.

73 곰초->감추-+-이우(접사)->감취우->감칙우-.

74 '얻-'은 [得]의 뜻 외에 '찾-[尋]'의 뜻이 있다. '얻어보-'는 '찾아보-'의 뜻이다.

75 중세국어 '모도-[集]'의 후대형. 자동사 및 타동사로 쓰인다.

76 러시아어 Dostav'(공급하다, 나르다, 조달하다)의 대역어. 재원(財源)인 듯하다.

143. ümiri han-bɛk simu kʰəudɛri t'yəsa s'iɣɛt'a.

위밀으 한 ·백 ·스무 커우대르[79] 뗘·어사 쓰갯다.(나맥(裸麥)을 120마대를 찧어야만 하겠다.)

144. negè sɛ mèt-tani innya?

네·게 새[80] ·몇-단이 잇냐?(네게 새[草]가 몇 단이 있냐?)

145. taŋʃinnè urigè mardəri myèt-pʰiri nɛ normàn hào?

당신·네 우리·게 말·덜으 ·몇-필으 내 놀·만 ·하오?(당신네 우리에게 말 몇 필을 내놓을 만하오?)

146. taŋʃinnè urigè surgíydəri myətsʰi nɛ normàn hào?

당신·네 우리·게 술·긔덜으 ·몇으 내 놀·만 ·하오?(당신네 우리에게 수레를 몇을 내놓을 만하오?)

147. taŋʃinnè urigè kokʃəgi èmmɛna nɛ normàn hào?

당신·네 우리·게 곡셕으[81] ·엠매나 내 놀·만 ·하오?(당신네 우리에게 곡식을 얼마나 내놓을 만하오?)

148. taŋʃinnè urigè kumiri myet kʰəudɛri nɛ normàn hào?

당신·네 우리·게 구밀·으[82] 멧 커우대르 내 놀·만 ·하오?(당신네 우리에게 귀리를 몇 마대를 내놓을 만하오?)

149. taŋʃinnè urigè sɛri myèt-tanina nɛ normàn hào?

당신·네 우리·게 새[草]르 ·멧-단이나 내 놀·만 ·하오?(당신네 우리에게 새를 몇 단이나 내놓을 만하오?)

---

77 말하는 이에게 가까운 곳을 가리키는 지시대명사. '잉게'라는 말도 쓰인다. 이 밖에 '긍게, 뎡게, 둥게, 용게'와 같은 대명사가 쓰인다.

78 '셕매'는 '연자매'의 육진방언.

79 '커우대'는 중국어 '口袋[kǒudài]'를 차용한 말. '마대(麻袋)'를 뜻한다.

80 볏과 식물에 속하는 띠나 억새 따위를 통틀어 이르는 말.

81 '穀食'의 '食'의 字音이 '셕'이다. '임셕(飮食)'도 그와 같다. ⇒Ⅲ부(권 2), '1.1.4. 한자음'을 참고할 것.

82 귀+밀[小麥]>구밀. 표준어 '귀리'는 '귀+보리>귀오리>귀리'의 변화.

150. taŋʃinnè urigè tìpʰu èmmɛna nɛ normàn hào?

당신·네 우리·게 ·딮우 ·엠매나 내 놀·만 ·하오?(당신네 우리에게 짚을 얼마나 내놓을 만하오?)

151. taŋʃinnè urigè kargɨ èmmɛna nɛ normàn hào?

당신·네 우리·게 갈·그[83] ·엠매나 내 놀·만 ·하오?(당신네 우리에게 가루를 얼마나 내놓을 만하오?)

152. taŋʃinnè urigè naŋgɨ èmmɛna nɛ normàn hào?

당신·네 우리·게 낭·그 ·엠매나 내놀·만 ·하오?(당신네 우리에게 나무(=장작)를 얼마나 내놓을 만하오?)

153. urigé sam–ʃib ʧʰarɨ nɛ noà tàgu.

우리·게 삼·십 챠·르 내 놓·아 ·다구.(우리에게 30차(=수레)를 내놓아 다오.)

154. nɛ yəŋgè tikʰir sàrɨmdərɨ tùo.

내 영·게 디·킬 ·사름덜으 ·두오.(내 여기에 지킬 사람들을 두오.)

155. mur mɛgìrɨ kotìo.

물 맥·이르 고·티오.(물막이를 고치오.)

156. swi ìrɨ hào! 쉬 ·일으 ·하오!(얼른 일을 하오!)

157. i tarì mòs–sɨɣɛs'o, kotʰyè nos'ò.

이 다·리 ·모쓰개쏘. 고·톄 놓·소.(이 다리 못 쓰겠소. 고쳐 놓소.)

158. nɛ ir–k'undərɨ sam–ʃim–myə ədəsa s'ɨɣɛs'o.

내 일꾼덜으 삼·심며[84] 얻어사 쓰갯쏘.(내가 일꾼들을 30명을 얻어야 되겠소.)

159. onùr ʧənagè magàm hɛ nos'ó.

---

83 '가루[粉]'는 모음으로 시작하는 조사 앞에서는 '갈ㄱ-'로, 자음으로 시작하는 조사 앞에서는 '가르'로 교체된다. 중세국어 'ᄀᆞᄅᆞ'는 'ᄀᆞᆯㅇ-'과 'ᄀᆞᄅᆞ'로 교체되었다. 중세국어의 후두유성마찰음 'ㅇ'이 이 연해주 한국어에서는 'ㄱ'로 나타나는데 이는 중세국어보다 고형이다.

84 명+-으(대격조사)>명어>며:[myə̃:].

오·눌 져낙·에 마·감 해 놋·소.(오늘 저녁에 마감해 놓소.)

160. p^hùru pèe nos'ò. ·풀우 ·베에 놓·소.(풀을 베어 놓소.)

3.5. 단어와 표현

권말에는 부록으로 '單語와 表現'(첫 번째와 두 번째 회화에 대한)이 附載되어 있다. 이 부록은 본문에 들어 있는 단어를 문장의 일련번호에 따라 차례로 뽑아 배열한 다음, 그 단어의 뜻을 러시아어로 새김한 일종의 단어집이다. 비단, 단어의 뜻뿐만 아니라 이들 단어를 서로 연결 시켜 문장을 구성할 수 있도록 꾸며져 있다. 제3편에서 10편까지는 2개월 후에 간행된 『노한회화에 대한 단어와 표현』에 실려 있다.

3.6. 『노한회화』에 수록된 한국어의 방언 특징

위 본문 '회화 편'에서 본 바와 같이 『노한회화』에 수록된 한국어는 전형적인 19세기 말 20세기 초 함북 육진방언을 보여 준다. 이에 대한 음운 특징은 곽충구(1986b, 1991/1994) 및 이 책의 Ⅱ부 1.2와 권 2의 Ⅲ부(권 2) 1.1을, 문법 특징은 Ⅲ부(권 2) 1.3을, 어휘는 Ⅲ부(권 2) 1.2를 참고할 것. 그리고 이 책에 수록된 한국어 어휘 목록은 권 2의 【부록 1】을 참고할 것.

4. 여행기 · 보고서 · 신문 기사

1963년 한인이 러시아 연해주 지방으로 이주하기 시작한 이래로 러시아에서는 여행가, 지리학자, 행정가 등이 이주 한인들에 대한 다양한 관찰을 하고 그것을 기록으로 남겨 놓았다. 이들 기록은 한인들의 이주사, 생활문화사, 언어 등에 걸쳐 매우 다양하다. 여기서는 19세기 제정러시아 시기에 간행된 여행기, 보고서 그리고 20세기 초 신문 기사에 보이는 연해주 한인의 한국어를 살펴보기로 한다.

4.1. *Puteshestviye v Ussuriyskom kraye*(1868-1869) (『우수리 지방의 여행(1868-1869)』) (N.M. Przheval'skij, 상트페테르부르크, 1870)[1]

가장 이른 시기의 기록물로는 지리학자이자 탐험가인 N.M 프르제발스키이(N.M. Przheval'skij, 1839-1888)가 최초의 한인 이주지 지신허를 답사하고 쓴 『우수리 지방의 여행(1868~1869)』이다. 이 책의 제4장 4절에는 한인의 이주, 이주 동기, 역사, 자연 지리, 농업, 마을(지신허), 복식,

1 N.M. Przheval'skij, *Puteshestviye v Ussuriyskom kraye* 1868-1869 gg.: s kart. Ussuriyskogo kraya, Sankt-Peterburg: izd. avt., 1870.

종교, 상례, 예절, 각종의 생활 양식과 러시아에 인접한 조선의 경흥부 방문 내용 등이 세밀하게 기록되어 있다. 다만, 기술 내용과 관련된 한국어 어휘는 몇 예에 불과하다. 그 예는 아래와 같다.

1) naran-nimi(나랑-님이), 또는 naran(나랑)(임금), Puhan?(궁궐)
2) Putenimi(부톄님이-하나님), Hani[sic.](혼(魂)-영혼)
3) Haniri(하늘이-하늘 또는 천국)
4) Kygen-Pu(慶興府), Tumen'-Ula(두만강), Amnoka(압록강)
5) leu-tangi: 한인들이 말하는, 백두산에 살고 있다는 고산족.
6) kauli: 한인. '高麗'의 중국어 발음.

1)은 '나라님'을 적은 것인데 『철자 교과서』와 『노한소사전』에도 '나랑이[narãi]'로 나온다. 중세국어 '나랗'의 'ㅎ'이 'ㅇ'으로 변화하여 '나랑'이 된 것으로 보인다. 'Puhan'은 임금이 사는 곳을 말하는데 미상이다.

2)는 절대자인 하나님을 '부톄님이'라 한 것이다. 불교의 '부처님'을 빌어다 쓴 것인데, 여기서 '부톄님'은 불교의 '부처'를 뜻하기도 하지만 보다 일반화된 개념 즉, '우주를 창조하고 주관하는 절대자'라는 뜻이다. 앞서 여러 문헌에서 자주 본 바와 같이 당시 한인들은 러시아 정교회를 받아들이면서 정교의 종교 용어를 불교 용어로 대체하여 썼다. 예컨대, 교회를 '뎔당, 졀당'이라 하고 신부를 '노대사', '즁'이라 하고 기도문을 '佛道'라 한 것 등이 그런 예다. 이 역시 일반화된 개념이다. 'Hani'는 'Honi'의 오기이다.

3)은 '하늘'을 '하늘' 또는 '천국'을 뜻하는 말로 썼다.

4)는 고유명사의 일부를 보인 것이다. 'Kygen-Pu'는 'Kyeng-heung Pu'를 잘못 기록한 것으로 연해주에 인접한 두만강 연안의 함경도 '慶興

府'를 표기한 것이다. 'Tumen'–Ula'는 '두만강'의 만주어 표기이다. 이 밖에 만주 지방의 중국 지명이 보인다.

5) 저자는 한인들의 진술을 토대로, 백두산 남쪽 경사면에 한국과 만주로부터 독립되어 사는 레우–탄기(leu–tangi)라는 고산족이 있다고 한다 하였다. Putsillo의 『시편 노한사전』(1874: 688–9)에도 "Xykygugi…희긔구기"란 국명이 있다. 이에 대해 각주에서, "알려지지 않은 한 나라의 이름; 장발, 텁수룩한의 뜻이다."라 하였다. 백두산에 관한 전설이 있어 이와 같은 말들이 나오지 않았는가 생각된다.

6) 프르제발스키이는 한인들이 자신들을 일컬을 때 '가우리[高麗]'라 한다고 하였다.[2] 한인들이 실제로 그렇게 불렀는지 아니면 한인들이 중국어를 빌려 그렇게 말한 것인지는 확인하기 어렵다.

---

2 V svoyem domashnem bytu koreytsy, ili, kak oni sami sebya nazyvayut, – kauli, otlichayutsya trudolyubiyem, osobenno chistotoy, chto sovershenno protivopolozhno kitayskim manzam, gryaznym donel'zya.(=가정생활에서 조선인 또는 스스로 가우리라고 부르는 사람들은 근면, 특히 청결로 구별된다. 이는 아주 더러운 중국 만주족과 완전히 반대이다.)

4.2. *Korejtsy priamurskogo kraya*(『아무르 지역의 한인들』) (N.A. Nasekin, 하바롭스크, 1895)

이 보고서는 N.A. Nasekin이 1895년에 '아무르 지역의 한인들'이라는 제목으로 IRGO(러시아제국 지리학회) 아무르국 회보(하바롭스크)에 실은 글이다. 부제로 '남우수리 지역의 한인 정착에 관한 간략한 역사적 에세이'라 하였다.[1] 이 보고서는 19세기말 연해주 거주 한인에 관한 전반적인 사항을 조사 · 기록한 인류학적 보고서이다. 내용은 아래와 같다.

Ⅰ. 남우수리 한인 이주 약사

Ⅱ. 한인 마을의 행정 구획

Ⅲ. 한인 마을의 지리적 및 경제적 개요

Ⅳ. 농업과 어업, 가축, 가금, 양 사육, 양봉, 공예품, 선박, 염전, 교회와 선교, 학교, 주거, 음식, 의류, 한국어, 통과의례(장례, 환갑)

이 보고서는 위 목차에서 보는 바와 같이 1895년경 연해주 한인들에 관한 종합 보고서로서 이를 통해 그 무렵 한인들의 생활문화를 엿볼 수

1 N.A. Nasekin(1895), "Korejtsy Priamurskogo kraya," (Kratkij istoricheskij ocher k pereseleniya korejtsev v Yuzhno-Ussurijskij kraj), *Trudy Priamurskogo otdela IRGO*, Vyp.1(T.11), Xabarovsk, s.1-66. N.A. Nasekin(1904), Korejtsy Priamurskogo kraya, Senatskaya tipografiya, S.-Peterburg, Zhurnal Ministerstva narodnogo prosveshcheniya.)

있다. 모두 러시아어로 기술되어 있는데 때로 핵심어나 주제어가 되는 한국어 고유 명칭을 키릴문자로 전사하여 제시하였다. 예컨대, 농경에서는 '가대기', '후치', '두베'와 같은 농기구의 명칭을 제시하고 그 형태, 용도, 파종법 등을 상세히 기술하였다. Nasekin이 기술한 연해주 한인의 농법은 얼마 전까지도 함경도 지방에서 행해졌고 또 그가 제시한 농기구는 지금도 쓰이고 있거나 쓰였던 것들이다. 여기서는 위 보고서에 수록된 한인들의 한국어 어휘를 제시하고 그를 통해 19세기 연해주 한인들의 언어와 생활문화를 보이고자 한다. 이 보고서의 기술 내용 전반을 보면 Nasekin의 현지 조사 조력자 또는 제보자는 식자 계층의 한인이다. '황육탕(黃肉湯)', '계육탕(鷄肉湯)', '복슈(福手)', '난장(蘭章)', '냔재(=연자매)처럼 잘 쓰이지 않는 한자어나 중국어 차용어가 보이기 때문이다.

보고서에 수록된 한국어 어휘는 육진방언이다. Ross King(1991: 196-207)에서 이들 어휘에 대한 어원이나 뜻풀이를 시도한 바 있다. 그러나 더러 누락된 어휘도 있고 또 미상이나 의문으로 남겨 놓은 것이 있다. 또 더러 기술에 오류도 보인다. 이 글에서는 이를 보완하거나 바로잡고자 한다. 그러나 저자도 역시 미상으로 남겨놓은 것이 있다.

당시 연해주 한인의 생활문화를 보이기 위해 Nasekin이 관찰 기술한 내용을 번역하여 제시하되, 필요한 경우 저자의 조사 내용을 덧붙이기로 한다. 보고서에는 어휘 외에 한국어의 系統이나 경어법 종결어미에 대한 짤막한 서술도 있는데 그 내용도 아울러 보이기로 한다.

4.2.1. 어휘

일련번호는 저자가 매긴 것이다. 번호 뒤에 키릴문자로 전사된 한국어를 제시하고 그것을 저자가 다시 ( ) 속에 음성기호와 한글 자모로 재전사하였다. 이어 대응 표준어를 '=' 뒤에 제시하였다. 그리고 필요한 경우 보충 설명을 보탰다. '/'는 달리 읽힐 수 있는 어형들 사이에 삽입하였다.

1. Нянбони(nyaŋboni, 냥반). =양반(兩班). 'a'가 'o'로 잘못 전사되었다. 두 문자의 필기체가 서로 비슷해서 빚어진 오류다. 이 보고서의 1장에서는 한인의 연해주 이주 약사를 서술하면서, 이주민 중에는 1865년에 부유한 양반 관료(dvoryanin-chinovnik)인 양반-최 씨, 한인국이란 사람이 이주하였다는 사실을 말하였다. 함북 지방의 빈민이 연해주로 이주하였지만 개중에는 부유한 양반층도 있었던 것이다.
2. чани(ʧaŋi, 장이). =된장(-醬). 함북 지방에서는 '된장'이라는 말을 안 쓰고 흔히 '장' 또는 '토장'이라 한다.
3. чирени(ʧiryeŋi/ʧiryəŋi, 지렝이/지령이). =간장(-醬). 지금은 일부 노년층에서만 '지렁', '지렝이'[čiɾẽí], '지령이'[čiɾyə̃í]라는 말을 쓴다.
4. каолян, (гаолян)(kaolyaŋ, gaolyaŋ, 까오량, 가오량). =수수. 중국 거주 육진방언 화자들은 '밥슈끼', '꼬량'이라는 말을 비슷한 빈도로 쓴다. 중국어 '高粱(gāolyáng)'을 차용한 말이다. 'gaolyaŋ'으로 전사한 것을 보면 중국어를 참고한 듯하다. Nasekin은 한인들은 이 수수로 밥과 감주를 하고 술을 빚으며 말의 사료로 쓴다고 하였다. '수수쌀'은 '꼬량미'라 하고 그것으로 지은 밥은 '꼬량밥'이라 한다. 예: 그때'에 군대덜'으는 꼬량밥'우 먹엇단 말'입니다. 꼬량밥'우 먹엇는데:' 아파' 노니까데 꼬량밥'우 못' 먹으니 …(그때의 군인들은 수수밥을 먹었단 말입니다. 아파서 수수밥을 못 먹으니 …)(곽충구: 2019a).
5. таби(tabi, 밥이). =밥. 'tabi'는 러시아어 'kasha'(밥)을 번역한 것이

므로 'pabi'의 오류이다. 키릴문자 т와 п의 필기체가 유사하여 생긴 오류로 보인다.

6. камджи(kamʤi, 감지). ≒감주(甘酒). 감쥬+-이>감쥐>감지. 현재 노인층은 '감쥐(감쥐)' 혹은 '감지'라 하는데 이 음료는 두 가지가 있다. 하나는 중부방언의 '감주'와 비슷한 것으로서 흔히 '밥감지'라 부른다. 먹다가 남긴 밥 등에 엿기름을 넣어서 삭힌 음식이다. 한편 찹쌀, 입쌀, 옥수수, 찰옥수수 따위로 밥을 하거나 가루를 내서 물을 부어 죽을 쑨 것에 엿기름을 넣어 발효시킨 다음 체로 걸러낸 음료를 감쥐(감지) 또는 '청감지'라 부른다(곽충구: 2019a, 감쥐[2]). 약간의 알코올 기운이 있다.
7. сули(suli, 술). =술[酒]. 저장조의 음조를 갖는데 여기서는 그것이 전사에 반영되지 않았다. 보고서에는 한인들이 증류하여 술을 고아내는 방법을 자세히 기술하고 있다.
8. Кка(k'ɛ, 깨). =깨[眞荏].
9. окшики(okʃiki, 옥시끼). =옥수수. 두 가지 종류가 있는데 하나는 알맹이가 희고 굵은 '흰슈끼'이고 다른 하나는 황색의 둥근 알맹이를 가진 '매슈끼'다. 육진방언권의 '경흥, 경원' 등지에서는 옥수수를 '슈끼'라 한다. 자음 조사 앞에서는 '슈우'로 교체되고 모음 조사 앞에서는 '슈ᇰ-'으로 교체된다.
10. хын-шу-ки(hɨyn-ʃu-ki, 흰슈끼). =옥수수. 옥수수의 한 종류. 알이 희고 굵다.
11. май-шу-ки(maj-ʃu-ki, 매슈끼). =메옥수수. 알곡과 줄기는 짐승의 사료로 쓰이며 갈아서 곡식으로 쓴다고도 하였다. '매슈끼'의 '매'를 이중모음 [aj]로 전사한 것이 특이하다. <항목 8> '깨'의 'ㅐ'는 'a'로 전사하였다.

12. емджи(yəmdʒi, 염지). =부추. Nasekin은 'polevoj luk'(밭에 심는 파)라 하였으나 '부추'가 옳다. 키릴문자 'e'는 [ye] 외에 [yə]를 전사한 문자이다. '지'는 джи[dʒi] 외에 ци[tsi], зи[zi]로도 전사되었다.

13. хора-гори(hora-gori, 호라고리). =하루갈이. 현재의 육진방언형은 '하르갈이'이다. 혹시 'ᄒᆞᄅᆞ갈이'를 전사한 것이 아닌지 모르겠다. Nasekin은 러시아 농민의 1데샤찌나의 1/2 즉, 2,400싸젠(=1.092헥타르)x1/2=약 5,000㎡에 상당하는 면적이다. 그런데 중국의 육진방언권 화자는 하루갈이는 3,000평(1만㎡)이라 하였다.

14. семи(syəmi, 셤). =섬. 부피의 단위. Putsillo(1874: 294, 682 각주), Tajshin"(1898: 25)에서는 15말이 한 셤이라 하였다.

15. тубе(tube, 두베). 주로 함경도 지방에서 볼 수 있는 독특한 파종기구(pribor dlya seyaniya)이다. '드베', '댓드베', '댓두베' 등으로 불리기도 하며 이 가운데 '드베'는 북한의 문화어다. 조, 기장, 수수, 피, 깨 따위의 씨앗을 파종할 때 쓰인다. '손잡이', '씨앗을 담는 박통', '씨가 흘러나가는 긴 대롱', '씨가 땅바닥에 고루 떨어지도록 쑥 따위로 엮어 붙인 다부지'의 네 부분으로 되어 있다. 씨앗을 박통에 넣고 두드리면 씨가 대롱을 통해 통 밖으로 나가 땅바닥에 떨어진다. Nasekin은 이 농기구의 사용에 대해 자세히 설명하고 있는데, 동북 지방에서는 얼마 전까지만 해도 이 농기구를 썼다. 가대기로 밭을 갈면 그 뒤에 '앞자귀'가 발자국을 내서 씨 뿌릴 곳을 만들고 그 뒤에 '씨재'가 이 기구를 들고 씨를 뿌리면 그 뒤를 따르는 사람이 발로 흙을 덮어 준다. 빠른 속도로 넓은 면적에 씨를 뿌릴 수 있다.[2]

16. кицани(kitsaŋi, 기장). =기장.

17. хучи(huʧi, 후치). =후치. 밭갈이 농기구. 가대기보다 작고 가벼우며 김매기 전후에 고랑을 째고 흙을 좌우로 갈라 김을 덮는 데 쓴다. 가대기는 고랑을 내고 두둑을 짓는 데 쓰지만 후치는 주로 밭고랑을 째고 흙을 파내어 김을 덮거나 북을 주는 데 쓴다. 그리고 가대기는 소 두 마리에 메워 쓰지만 후치는 한 마리에 메워 쓴다(곽충구: 2019a). Nasekin도 가대기는 소 두 마리나 말 두 마리에 메워 쓰고 후치는 한 마리에 메워 쓴다고 하였다.

18. катаги(katɛgi, 가대기). =가대기. 밭갈이에 쓰는 육중한 농기구. 소 두 마리에 메워 쓴다.

19. хоми(homi, 호미). =호미. Nasekin은, "손으로 일할 때 쓰는 도구로 호미가 있다. 우리의 괭이 종류로, 1 아르신(аршин)(=71.12cm) 길이의 나무 손잡이가 있으며, 세모진 얇은 철 조각이 붙어 있는데 직각으로 구부러져 있으며 길이는 22cm, 너비는 17.6cm이다."라고 하여 호미의 생김새를 세밀히 기록하고 있다. 이처럼 함북 지방의 '호미'는 중부 지방의 '호미'와는 생김새가 확연히 다르다.

20. каакци(kaaktsi, 각지). =괭이. 지금은 '꽉쥐, 깍지, 꽉지'라 한다. 첫 음절이 장음으로 전사되어 있는 점이 특이하고 'i' 모음 앞의 'ㅈ'이 'ʧ'가 아닌 'ʦ'로 전사되어 있는 점이 특이하다. 『초급 교과서』(1901)에서도 이러한 전사를 볼 수 있다. 활음 'y'보다 모음 'ㅣ' 앞에서는 구개화가 약했던 것으로 보인다.

21. нян-шхезо(nyan-ʃhyezo, 냔-쉬혜조). kamennyj katok(돌 롤러)라

2 Tajshin"(1898: 27)에 전재되어 있다. '드베'에 대해서는 황철산(1960), 곽충구(2015a, 2019a)를 참조.

고 하였으니 연자매의 윗돌을 말한 것이다. Nasekin이 제시한 'nian-ʃhyezo'는 중국어 차용어로 보인다. 'нян-'은 중국어 '碾子'의 '碾[niǎn]'이다. 그러나 '-шхезо'의 중국어는 확인하기 어렵다. 참고로 '연자매의 윗돌'은 중국어로 '碾滾'이라 한다. '碾-石○子'일 듯하나 분명하지 않다.

22. нян-пхани(nyan-pʰani). 연자방아의 밑돌. 'нян-пхани'는 중국어 '碾盘[niǎnpán]'을 차용한 말이다. 함북 지방에서는 '판셕[pʰanšə gi]'라 한다. 혹, '셕매판, 셕매판셕'이라 부르기도 한다.
23. няньза(nyanzɛ-냔재/년자?). =연자매(研子-). 중국어 차용어의 접미사 '子'는 '재'로 차용하므로 '냔재'가 맞을 듯하다. 함북 지방에서는 '셕매'라 부른다. Tajshin"(1898:18)에 Mel'nitsa zhernovaya (연자방아): Nyan'-za.(=연자, 연자방아)
24. мурбон(murboŋ, 물봉). =물방아. 함북 지방에서는 '물바이'라 한다.[3]

<Pishcha(음식)>

24. хуачи(hwaʧi, 화지/화치?). =쇠고기(myaso bych'e). =황육(黃肉). 어원 미상. 삶거나 지진 모양으로 쓰인다고 하였다. 함북 지방에서는 '쉐고기'라 한다. Tajshin"(1898: 19)에도 보인다.
25. хуаю-тхай(hwayu-tʰaj, 화유-타이). =쇠고깃국(sup iz govyadiny). '황육탕(黃肉湯)'을 불완전하게 전사. 모음 사이에서 약화된 'ㅇ'이 전사에 반영되지 않았고 '화육-'의 'ㄱ'이 전사에서 누락되었다. 함북 지방에서는 쇠고깃국을 '쉐탕', '쉐장물'이라 한다. 야채, 감

3 앞서 본 "1. nyaŋboni"처럼 'a'가 'o'로 잘못 전사되었다. 이는 러시아어에서 두 문자의 필기체가 비슷해서 빚어진 오류다. murbaŋi가 옳다.

자, 채소를 넣고 끓인다고 하였다. Tajshin"(34)에도 보인다.

26. теюктаи(tyeyuktaj, 뎨육타이). =돼지고깃국. =뎨육탕(猪肉湯). 육진방언 화자는 '뎌(猪)'를 '뎨'로 발음한다. 예: 대뎨(大猪)르 잡앗소!(큰 돼지를 잡았소!) 함북 지방에서는 흔히 '도투쟝물'이라 한다. 식자가 제보한 한자어일 것인데 식자 계층에서 썼을 가능성이 있다. "감자와 야채에 간장을 넣어 …"라 하였는데 현재 함북 지방에서는 맹물에 돼지고기를 삶은 다음에 장을 풀고 시래기를 넣고 두부를 얇게 저며서 넣어 끓인다.
27. кеюктай(kyeyuktaj, 계육타이). =닭고깃국. 돼지고깃국과 같은 방법으로 요리하며 닭고기는 작은 조각으로 으깬다 함.
28. ненгуги(nɛŋgugi, 냉국이). =냉국. 찬물에 장을 풀고 오이, 파, 마늘 따위를 넣은 음식. 생선을 썰어 넣기도 한다. 중부 지역의 '냉국'과는 다르다. Nasekin은 "잘게 썬 생선과 간장을 넣어 차게 만든 국(okroshka)"라 하였다.
29. кукши(kukʃi, 국시). =국수.
30. тоги(togi, 떡이). =떡. [ə]를 o로 전사하였다. 밀가루나 메밀가루, 팥으로 만들며 명절에 먹는다고 하였다.
31. паби(pabi, 밥이). =밥. Nasekin은 극빈할 때는 조밥을 먹고 손님을 대접하거나 명절에는 이밥과 쌀로 만든 떡을 먹는다고 하였다.
32. дипаби(dipabi, 디팝이). =이밥. 'dipabi'의 첫음절 'di-'는 '^{d}ni-'를 [di-]로 청취하고 전사한 것이다. 또 'dipabi'의 p가 b가 아닌 p로 전사된 것은 '니팝'의 'ㅍ'을 전사하고자 한 때문이다. 현재 육진방언권에서는 '니팝'이라 한다. Nasekin은 "손님을 접대하거나 명절 등 祝日에 먹는다."고 하였다. 1950년대만 해도 함북 지방의 주식은 피밥이었다.

33. дитои(ditoi, 니떡이). ‘니떡’을 전사한 것이다. 역시 “^{d}ni-’를 [di-]로 전사하였다. togi의 g가 전사에서 누락되었다. 쌀로 만든 떡(risovoj xleb).

34. камзи-тоги(kamzi-togi, 감지-떡이). =감자떡. 함북 지방의 ‘감지떡’은, “감자의 녹말가루 또는 녹말가루에 감자를 갈 때 나온 무거리를 한데 섞어서 이긴 다음에, 둥글넓적하게 반대기를 빚고 그 위에 강낭콩을 박아 시루에 쪄서 익힌 떡.”이다(곽충구: 2019a).

35. кумир-тоги(kumir-togi, 구밀떡이). =귀리떡. 귀리를 가루 내어 찐 떡. ‘구밀’은 ‘귀리’의 함북 방언.

36. пари(pari, 바리). =보리. ‘보리’를 잘못 전사한 것.

37, кон(koŋ, 콩). =콩.

38. шюки-октай(ʃyuki-oktay, 슈끼옥다이). =옥당(玉糖). 옥수수 녹말로 만든 당분. 설탕이나 포도당보다 더 달고 물에 잘 풀린다. 과자나 식료품을 가공하는 데 널리 쓴다(『표준국어대사전』). ‘옥당’은 북한어. ‘슈끼’는 함북 경흥 등지에서 쓰이는 ‘옥수수’의 방언.

39. кидзай(kidzay, 기자이). =기장.

40. доктуй(doktuy, 녹뒤). =녹두(綠豆). “^{d}nok-’을 [dok-]으로 청취하여 전사한 것이다. ‘녹뒤’(<녹두+-이)는 함북 방언.

41. пак(pak, 박). 미상. ‘팥’의 함북 방언 ‘퐉’을 적은 것으로 보인다.[4]

42. цхамури(ts^{h}amuri, 차물). =차(茶). Nasekin은, 모든 한인들이 차를 마시는 것이 아니고 부유한 사람들만이 마시며, 벽돌과 같이 압축된 낮은 등급의 차로 설탕을 넣거나 그것이 없이 주전자에 물을

4 Tajshin"(1898: 37): Xlyĕb" iz" kaolyana - pak". 수수로 만든 떡을 ‘pak"’이라 한다고 하였다.

끓여 부어서 마신다고 하였다.

43. сули(suri, 술이). =술. Nasekin은 누룩을 빚고 증류하여 술을 얻는 과정을 상세히 기술하고 있다.

44. Камзи(kamzi, 감지). ≒감주. 앞서 언급하였다. '밥감지'와 '청감지'의 두 종류가 있다. Nasekin은 술보다 더 강하게 만들 수 있으며 그 힘은 홉의 양에 달려 있다고 하였는데 이는 청감지를 두고 한 말이다.

45. кури(kuri, 꿀). =꿀.

46. Мишю(miʃyu, 미슈). =미시. 지금 함북 지방에서는 '미쉬' 또는 '미시'라 한다. 따라서 '미쉬'는 '미슈+-이'에서 변화한 것이 된다. 문헌에는 "糗 미시 구"(『訓蒙字會』(中: 10ㄴ))(1527)가 보인다. '미슈'와 16세기 '미시'의 대응은 앞으로 밝혀져야 할 과제이다. Nasekin은 밀가루 또는 기장 가루로 만들며, 솥에서 충분히 볶은 다음 끓는 물을 부어 먹는다고 하였다. 러시아의 kisel'(분말가루로 만드는 걸쭉한 음식물)이나 kvas 같은 것이라 하였다. Tajshin"(1898: 23), Putsillo(1874: 233)에도 '미슈'가 보인다.

<Domashnyaya utvar'(가정용 기구)>

47. каме(kame, 가매). =솥. 함경도에서는 '솥'을 '가매'(<가미+-이)라 한다.

48. ногуй(noguy, 노귀). =노구. 놋쇠나 구리쇠로 만든 작은 솥. 자유롭게 옮겨 따로 걸고 쓸 수 있다.

49. памсанки(pamsaŋki, 밤상기 → 반상기). =반상기(飯床器). '밤상기', '사과-밤상기' 등 몇 차례 '밤상기'가 보인다. Nasekin은 구리나 청동, 사기 따위로 만든 28개의 그릇이 한 세트를 이룬다고 하

고 그 가격을 말하기도 하였다.[5]

50. секи(syeki, 셕기/셱기). =식기(食器). '食'을 '셕'이라 한 것은 '食'의 字音이 '셕'이기 때문이다. cf. 곡셕(穀食), 음셕(飮食). ⇒Ⅲ부(권 2), '1.1.4. 한자음'을 참고.[6]

51. тадеби(tɛdyəbi, 대뎝이). =대접(大楪).[7] ⇒Ⅲ부(권 2), '1.1.4. 한자음'을 참고.

52. тепси(tyəpsi, 뎝시). =접시.

53. саги(sagi, 사기). =사기그릇. '기(器)'를 '긔'가 아닌 '기'로 전사한 것으로 보아 'ㅢ>ㅣ' 변화가 진행되고 있었던 것으로 보인다.

54. сагы–шабеди(sagɨy–ʃabyedi). 사기(沙器)+–ʃabyedi(?). 러시아어로 blyudechko(작은 접시, 접시받침, 화분의 받침)이라 하였는데 미상이다.[8]

55. саи(sai, 사이). =상(床). 모음 사이에서 'ㅇ'이 약화되어 전사에 반영되지 않았다.

56. сесю–таги(syesyu–tɛgi, 셰슈대기). =세숫대야. 현재의 육진방언은 '쉐싯–소래[swesis'orɛ], 쉐싯양대'다. 'syesyu–tɛgi'는 '셰슈'에 '비하'의 뜻을 나타내는 접미사 '–때기'가 결합된 것으로 보인다.

57. саги–тан(sagi–tan, 사기단/–당). =세숫대야. Nasekin은 '점토'나 '도자기'로 만든 세숫대야를 '사기당'이라 한다 하였다. '단/당'의 어원은 알 수 없다. 참고로 전남방언에서는 '세숫당'이라 하는데 이 때의 '당'과 관련되는 것으로 생각된다.

---

5 Tajshin"(1898: 27)에도 보이는데 Nasekin의 이 보고서에서 전재한 것이다.

6 Tajshin"(1898: 27)에도 보이는데 Nasekin의 이 보고서에서 전재한 것이다.

7 푸칠로(1874: 637)에는 '듸텹이'라 하였다.

8 Tajshin"(1898: 37)에도 나오는데, Nasekin의 이 보고서에서 전재한 것이다.

58. цхот-хон(tsʰot-hon, 찻통). =찻주전자(-酒煎子). Nasekin은 "구리, 청동, 철로 만든 주전자(chajnik)"라 하였으므로 차를 끓이는 그릇인 듯한데 'tsʰo-thoŋ, 찻통'을 'tsʰot-hoŋ'으로 잘못 분절한 것이다. 현재의 함북 지방에서는 '차관'이라 한다.

59. ссури(ssuri, 쑬이). =숟가락. 함북 방언은 '술'.

60. цери(tsyəri, 졀). =젓가락. 함북 방언은 '졀'.

Odezhda(의류) -Muzhskoj kostyum(남자 의상)

61. сакади(sakadi, 삿갇이). =삳갓. 중세국어처럼 말자음이 'ㄷ'이다.

62. хуяни(huyaŋi. 후양이). =남바위. <후냥이. 평안도와 함경도에서 이 말을 쓴다. 추위를 막기 위해 머리에 쓰는 쓰개다. 겉의 아래 가장자리에 털가죽을 둘러 붙였고 앞은 이마를 덮고 뒤는 목과 등을 덮는다. Nasekin은 bashlyk(외투 깃에 붙여 모자 위에 쓰는 방한용 두건)이라 하였다.

63. чемаги(ʧyemagi/ʧyəmɛgi, 졔마기/져마기). ≒두루마기. 함북 지방에서는 '져매기[čəmέgi]', '제매기'라 한다. 주로 외출할 때 입는 웃옷의 하나. 옷자락이 무릎까지 내려온다. 두 겹으로 짓는데 안에 솜을 둔다. 주로 겨울철에 입는다.

64. чагори(ʧagori, 쟈고리). =저고리. 아직 보고된 바 없는 방언형. 함북 지방에서는 흔히 '져구리', '죠고리'라 한다. 첫 음절의 'a'는 [o]를 잘못 전사한 것이거나 [ə]음을 전사한 것일 수도 있다.

65. паши(paʃi, 바시). =바지. [paʃi]의 [ʃ]는 [d]를 잘못 전사한 것이다. 육진방언은 '바디'이다. 바로 뒤에서는 пати(pati)로 옳게 전사하였다.

66. шини(ʃini, 신이). =신. Nasekin은, 한인의 신은 단화를 짓거나 혹

은 가죽, 타이어로 만들고 혹은 신총을 꼬아서 만든 'ʃyek-hri'가 있다고 하였다(아래 항을 참고). 또 나무로 만든 신도 있다고 하였다. 일제강점기 함북 지방에서는 가죽으로 지은 신으로 '갓신', '도로기'가 있었으며 타이어로 지은 신은 '다이야신, 다이아구지'라 하였다(곽충구: 2019a). 한편 미투리를 함북 지방에서는 '메커리, 머커리, 며커리'라 하였다.

67. шек-хри(ʃyek-hri/ʃyək-hri, 셱흐리/셕흐리). =미투리. [ʃyek-hri]는 '셕리<혁리(革履)'와 관련지을 수 있지만 이 신은 글자 그대로 가죽신이다.[9] Nasekin이 "신총을 꼬아서 만든다"고 하였으니 미투리가 틀림없다. 이는 미투리의 함북 방언 '메커리'(또는 '며커리')를 잘못 전사한 것이다. 키릴문자 'м'이 'ш'로 잘못 판독된 것이다.
68. пошени(poʃyəni, 보션이). =버선. 육진방언도 이와 동일하다.
69. табоги(tabogi, 도복이). =도포(道袍). 함북 방언과 동남방언에서는 '도포'를 '도복'이라 한다. 64의 '쟈고리'처럼 [o]가 'a'로 잘못 전사됐다. 필기체의 'o'와 'a'가 비슷하여 혼동을 일으킨 것이다. Nasekin은 '도복이'에 대해서, "도복은 중치막(?) 위에 걸치는데, 넓고 헐렁한 주머니 모양의 소매가 달린 긴 웃옷의 일종으로, 그 소매에는 여러 가지 작은 물건이나 손수건 등이 들어 있다. 도포는 정중히 차려입고 가야할 곳이나 관청에 갈 때 입는다. 도포는 술이 달려 있거나 또는 없는 명주 띠가 있는데, 작은 구리관이 걸려 있고, 작고 좁은 케이스에 놓인 식탁용 기구, 또한 구리 케이스의 형태로 되어 있는 필기구가 그 옆에 걸려 있어서 붓과 먹을 담고 그

9 Putsillo(1874: 655)에는 '멋트리, 초혜', Tajshin"(1898: 35)에는 'tufli (Korejskiya)(미투리): Mek-kri(머커리).

리고 담배쌈지, 부싯돌 또 작은 거울이 들어 있는 그와 같은 주머니가 달려 있다."고 하였다.

70. чамоги(ʧamogi, 쟈모기). "쟈모기 위에 도포를 걸친다"고 하였는데 어떤 옷인지 알 수 없다. 'чамоги'의 'o'가 'a'를 잘못 적은 것이라면 이는 '쟈막이'로 읽을 수 있다. '치마'의 육진방언으로 '쟈매, 쵸매, 치매' 등이 있다. 이를 참고하면 '쟈막이'는 '중치막'의 방언인 듯하다.

71. чагори(ʧagori, 쟈고리). =저고리. 위 [64]를 참고. Nasekin은, 여성의 저고리는, "일반적으로 흰색 광목, 꽃무늬를 박은 무명, 빛깔이 있는 옥양목이며 주로 라일락과 녹색이다. 나이가 많은 여성은 보라색을, 젊은 여성은 녹색을 착용한다. 부인의 짧은 상의의 색깔은 나이에 따라 다르다. 어린 소녀 또는 신혼부부는 분홍색 또는 노란색, 30세 미만의 여성은 자주색을 입고 이 나이를 겪은 사람들은 흰색이다."라고 하였다. 그리고 과부들은 아무리 나이가 적어 항상 흰색이나 회색의 옷을 입어야 한다고 하였다.

<Korejskij yazyk(한국어)>(p. 37.)

일부 작가에 따르면 한국어는 타타르어군에 속한다. 한국어 동사는 하나의 놀라운 특성을 지닌다. 보통의 어미들은 종종 바뀌거나 다른 어미로 교체되기도 한다. 이러한 변화는 세 그룹으로 나눌 수 있다.

경어법 어미. 한국인들은 그가 누구를 상대하는지에 따라 어미를 바꾼다. 화자가 상대하는 사람이 좀 더 높은 사람, 대등하거나 혹은 하위자인가에 따라. 더욱이 화자는 좀 더 높은 지위 또는 낮은 지위를 가진 사람, 또 알고 있는 사람이나 우정을 맺고 있는 사람, 또 화자가 후원하는 사람이거나 무관심한 사람, 멸시하는 사람과 대화할 때 다른 말투를 사용한다.

예 동사 주다: 상위자 цуопсе(tsuopsyə, 주웁셔)

대등 цуо(tsuo, 주오)

하위자 цусе(tsusye, 주세)

감탄사(대답 말) 상위자 нее(nyee, 녜:)

대등 яа(ya, 야)[10]

하위자 aa(aa, 아)[11]

남자는 여자를 하위자로 보고 말하며 여자는 그 반대로 말한다. 마지막으로, 화자가 제 삼자에 대해 말하면, 그가 대화 상대보다 높은지 대등한지 낮은지를 명확히 알 수 있다. 그리고 확신, 가능, 의심, 가망, 희망, 비난 등을 표현하는 많은 어미들이 있다. 마지막으로, 휴지(休止)를 나타내거나 구의 종결을 나타내는 어미들이 있다. 요컨대, 구두점의 기호를 대체한다. 한국인들의 그러한 어미들은 수천 개를 헤아린다.

한국어 철자는 모음 11개와 자음 14개로 구성된다. 후자의 자음 가운데 b, v, g, ǰ, d, z, ʃ, ʧ 및 ь(저자: 러시아어의 연음부호)가 결여되어 있다. 문자 p[=r]에 해당하는 한국어 음은 오직 두 개의 모음 사이에 놓일 때만 발음된다. 예; karinozhik. 그리고 단어는 문자 r로 시작할 수 없으며 t, s를 제외한 문자로 끝날 수 없다.

한국인들은 위에서 아래로 써 내려간다. 한 음절 한 음절씩 세로로. 중국어나 일본어처럼 페이지의 오른쪽 편에서 시작하여 왼쪽 편으로 쓴다. 내려쓴다는 점은 같지만 왼쪽에서 오른쪽으로 쓰는 만주어와는 반대로. 번호 매기기도 오른쪽에서 왼쪽으로 진행되므로 모든 한국 서적의

10 육진방언권에서는 '냥[nyā]'이라 하고 육진방언을 제외한 함경도에서는 '양[yā]'이라 한다.

11 보통 '옹[ō]'이라 하지만 '앙[ā]'이라 하기도 한다.

끝은 우리 러시아 책이 시작하는 부분이 된다. 한국어에는 문장부호가 없다. 우리의 마침표와 동일한 부호(。)가 하나 있을 뿐이다. 쉼표 대신 빈 공간이 남아 있다. 오직 두 개의 인칭대명사만 있다; я(나)⁼na, ты(너)⁼ne. 3인칭대명사 '그' 대신에 지시대명사 тени(tyəni)를 쓴다.[12] 지금은 거의 한국어로 책을 쓰지 않는데, 얼마간의 소설, 얼마간의 시 모음집, 어린이와 여성을 위한 이야기 등이 한국어로 된 거의 전부다.

<Muzyka(음악)>

72. тянгуй(tyaŋguy, 댱귀). =장구.
73. напхари(nap^{h}ari, 나팔). =나팔. 다소 큰 치수에 길고 큰 구리 관.[13]
74. набари(nabari, 나발). =나발. 밸브가 없는 소형 나발. 길이는 1⅔ 아르신(=119cm). 소리가 매우 크고 높다.[14]
75. ханшми(hanʃmi, 한시미). 미상. 발랄라이카(러시아의 guitar 비슷한 삼각형의 현악기)의 일종이며 4개의 현이 있고 활로 연주한다.[15]
76. кетай(kyətɛy, 겻대이). =젓대. =대금(大笒). Nasekin은 "밸브가 있는 나무 플루트처럼 매우 날카로운 소리를 가진 악기"라 하였다.

12 'тени(tyəni 또는 tyeni)'는 대명사 '뎌'와 관련된 말일 터인데 '뎌'에 어떤 형태가 결합된 것인지 분명하지 않다. 'tyəi'(뎌+-이)의 오류로 보인다.

13 Tajshin"(1898: 35)에 다음과 같이 설명되어 있다. "구리 파이프, 최대 1싸젠의 길이, 밸브 없음(관(管): napxari(나팔))".

14 Tajshin"(1898: 35)에는 다음과 같이 설명되어 있다. "구리 파이프, 길이 1.5아르신, 밸브 없음(관(管): nabori(sic. 나발))".

15 현이 4줄이고 활로 연주하는 것은 없다. 현이 4줄인 국악기는 월금, 당비파가 있으나 뜯어서 연주한다.

77. тегами(tyegami, 뎨금). =제금(提琴). 중국에서 들어온 현악기의 하나.

78. тунсе(tuŋsye, 퉁셰). =퉁소[洞簫]. 육진방언은 '퉁쉐[tʰúŋšwe]'이다. 퉁쇼+-이>퉁쇠>퉁쉐>퉁셰. '통세'라고도 한다.

79. цуми(tsumi, 춤). =춤[舞].

<Letoschisleniye>(연대기): 생략

<Schet, ves, mera>(수, 무게, 도량형)

80. тчени(ʧʰyəni, 쳔이). =천(千). 유기음을 특이하게 'тч[ʧʰ]'로 전사하였다.

81. наги(pɛgi, 백이). =백(百). 'н(=n)'은 'п(=p)'의 오식이다.

82. 10 тченмани(ʧʰyənmani, 10쳔만이). =1억(億).

83. мани(mani, 만이). =만(萬).

84. оги(əgi, 억이). =억(億).

85. te(tye, 뎨). =조(兆). 됴+-이>됴]>뎨(tywe>tye).

86. Дань(dan, 단). 미상. 1단은 10대두라 함.

87. тату(tɛtu, 대두). =대두(大斗). 대두는 6소두라 함.

88. седу(syedu, 셰두). =소두(小斗). 소두는 10되라 함. 쇼+-이>쉐두>셰두(sywedu>syedu)?

89. тои(toi, 도이). =되[升]. 한 되는 10홉이라 함.

90. хоби(hobi, 홉이). =홉.

91. Цаи(tsai, 자이). =재[尺]. 1자는 10치라 함. 1자는 약 30.3cm이나 Nasekin은 13vershok(4.445cm x 13)=57.79cm라 함.

92. тши(tʃi, 치). =치. 1자는 10치라 함.

93. пхири(pʰiri, 필). =필(疋). 1필은 30자라 함.

94. ли(li, 리). =리(里). 1리는 약 0.393km. Nasekin은 1리는

1/2verste(=500m)라 함.

95. Тунги(tuŋgi, 둥기). =두멍[鑵]. Nasekin은 질그릇 두멍과 철제 두멍이 있는데 용량은 같다 함. 배가 불룩하고 운두가 조금 높은 오지그릇의 하나. 부엌에다 두고 물을 길어다 붓는다. 보통 10동이 정도가 든다. 이 명사는 비자동적교체를 보인다. 자음으로 시작하는 조사, 또는 합성어의 선행 요소일 때 '두무'로 교체되고, 모음으로 시작하는 조사 앞에서는 '둥ㄱ'으로 교체된다. 그러나 현재 대부분의 함북 방언 화자는, 모음 조사 앞에서는 '둥ㄱ-'으로 교체되나 자음 조사 앞에서는 '둥기'로 교체되는 경향이 현저한데 혹간 옛 교체 방식대로 '두무'로 교체되는 경우도 있다. 또 '둥구'로 교체되는 경우도 있다. 합성어에서는 '둥기' 또는 '두무'로 나타난다. 고어는 '두무'이다.

96. тоивои(toivoi, 도이보이/도이워이). =동이. 물을 긷는 데 쓰는 질그릇의 하나. 'toivoi'에서 'toi-'는 'toŋi'의 ŋ이 약화 탈락한 것이나 그에 이어지는 '-voi'는 알 수 없다. Nasekin은 6L가 든다 함.

97. тан-и(tan-i, 단-이). 미상. Nasekin은 1butylka(=0.6L)가 든다 함. '단디' 또는 '통'을 잘못 전사한 것으로 보인다.

<Xarakter korejtsa>(한국인의 특징)

98. Цой(Tsoj, 최). =최(崔). 성씨의 하나.

99. Пах(pah, 방). =박(朴). 성씨의 하나. 말음 'ㄱ'을 [x]로 전사한 점이 흥미롭다. 『노한사전』에도 그런 예가 있다. 쟉셕(tsyaksyə^{x})(푸79).

100. Пах, Ким, Ди, Хан(Pah, Kim, Di, Han/방, 김, 디, 한). 박(朴), 김(金), 이(李), 한(韓). '이(李)'를 "Di"라 한 것은 "^{d}ni-'를 "Di-"로 청취한 까닭이다.

101. си/Пахси, Кимси, Диси(si/Paxsi, Kimsi, Disi/시, 박시, 김시, 디시). 씨(氏)/박씨, 김씨, 이씨. 된소리와 평음을 구분하지 못함. Nasekin은 여성들은 이름이 없이 이렇게 성씨만이 족보에 오른다고 함. 그러나 결혼하면 남편의 성을 따른다고 하였는데 이는 물론 잘못이다.

102. 여자아이들의 이름. "사실, 대부분의 여자아이들은 다음과 같은 이름을 얻는다."고 하고 아래와 같은 이름을 열거하였다.

обонне[obonnye/oboŋnye]: '오본녜/오복녜'의 'обо([obo])'는 '빠르게 자라는 풀'이라 하였는데 미상이다. 본디 '오복(五福)+녀+-이' 에서 유래한 이름으로 보인다.

нени[nyeni]: '녀+-이'인데 현재 육진방언 노년층은 '녜엔이'라 한다.

кобунне[kobunnye, 고분녜]: '곱-[麗]+-은 녀+-이'에서 유래한 이름. '고운 여자아이'라는 뜻.

бубунне[bubunnye]: 뮙운녜>부분녜? 대역 러시아어 'urod'는 '불구자, 추남 추녀, 괴물' 등의 뜻을 가지고 있어 아마도 뮈분녜(<뮙(뮙)-+-은+녀+-이)를 전사한 것으로 생각된다.[16] 앞서 Tajshin" (1898) 및 Matveev(1900)에서 $\#^{b}$mV-와 같은 동시조음을 #bV-로 전사한 예들을 보았다.[17] 이 경우도 어두 음절 '뮈-'를 '부-'로 전사한 것으로 보인다.

---

16 Ross King(1991: 204)에서는 중세국어 '믭-'에서 활음이 탈락한 '믑-'이 원순모음화를 겪어 '뭅-'이 되고 여기에 어미 '-은'이 결합된 것으로 해석하였다.

17 이 동시조음에 대해서는 'Ⅰ부의 [각주 30]'을 참고. Ⅱ부의 1.5.2.2에서는 $\#^{b}$mV-와 같은 동시조음은 '어두 위치'에서만 나타나되 개구도가 큰 저모음 /ㅏ/에 선행하는 [m]에서는 나타나지 않는다고 하였다.

огионне[ogionnye]: 대역 러시아어 'ryabaya devochka'는 '마마자국이 있는 소녀'라는 뜻인데 'огио-'는 뜻을 알기 어렵다. 마마 자국이 난 것을 '얽었다'고 하므로 '얽-'의 피동사 '얼기우-'에 '-은 녜'가 결합된 복합어이거나 '옥-'의 피동사 '옥이우-'에 '-은 녜'가 결합된 복합어일 것으로 생각된다.

сетдзанне[setdzɛnnye]-셋째 여자아이, туртцанне[turttsɛnnye]-둘째 여자아이: 출생 순서에 따라 부르는 이름.

위와 같은 이름은 어린 시절에 집에서 나이가 많은 친척과 친구들에 의해 사용되며 낯선 사람들은 '어린 아가씨'라는 뜻의 [agi-si] 또는 [saagi-si]로 불러야 한다고 하였다. [agi-si] 또는 [saagi-si][18]는 각각 [ɛgis'i], [sɛɛgi-s'i]를 전사한 것이다. '새애기'는 지시 범위가 넓어서 여자아이부터 혼기가 찬 젊은 여자 또는 갓 시집온 색시를 이르기도 한다. 어린 여자아이는 '새아가'라는 말을 많이 쓴다. '애기씨'는 시집간 손아래 시누이를 높여 부르거나 이르는 말이다.

103. 남자아이들의 이름.

3세까지의 사내아이는 'номи(nomi, 놈)', муадзи(muɛdzi, 무애지-'쇄지(송아지)'의 잘못), тусдзи(tusdzi, 둣지-'돼지'의 잘못), кадзи(kɛdzi, 개지-강아지) 등으로 불린다. 그 후 사내아이는 평생 동안 쓰게 될 이름을 받는다. 이름은 두 음절로 구성된다. 예: Чан-чыни(?), Ту-сей (두세이 혹은 두셔이←두셩-이), Сен-ноги(셩녹이). 그리고 한 음절로 된 아버지의 성을 갖는다.

18 [a]는 '애[ɛ]'를 전사한 것. 러시아 자모로 [ɛ]를 표기할 방도가 없어 [a]로 전사한 것이다.

'номи(nomi, 놈)'은 3세까지 쓴다고 하였으나 호적부를 보면 10세가 지난 아이도 '놈'이라 한 예가 있다. 그 호적부에는 10세 미만은 대체로 이름이 없이 '놈'이라 하였다. 한편 'муадзи'의 'м'은 'ш'의 오식이다. 'тусдзи'의 'c'는 'a'의 오식이다. 여기서 '돼지'는 성돈(成豚)이 아닌 '돼지 새끼'를 뜻한다. 『노한소사전』(1904: 87)에 의하면 '돼지'는 '돼지 새끼'를 뜻하고 성돈은 '돝'이라 한다. 요컨대, 본 이름을 갖기 전에 아이들은 '놈', '쇄애지(송아지)', '돼지(새끼 돼지)', '개지(강아지)'와 같은 이름으로 불렸던 것이다.

104. сори(sori, 설이). =설[元旦]. [ə]가 'o'로 전사되었다.

105. сансиногя(sansinogya, 山神오갸?). 미상. поминовение умерших(죽은 자를 추모)라 되어 있다.

106. тянгуй(tyaŋguy, 댱귀). =장구. 타악기의 하나.

107. Сеипнени(syeipnyeni, 셰입녠이). 미상. Nasekin은, "한인들은 모든 것을 창조한 가장 위대한 유일신 Сеипнени(syeipnyeni)를 받아들이고 심판의 날에는 그가 모든 사람에게 행한 일에 따라 상을 줄 것이다."라 한다고 하였다. 풀이를 보면 '상제(上帝)'와 가깝지만 그 어원은 알기 어렵다. 표기에 문제가 있는 듯하다.

108. сенген(syəngyəŋ, 션경). =선경(仙境). raj(천당, 극락, 낙원)의 뜻으로 씀. '선경'은 도교에서 유래한 말이다.

109. куси-ни(kusini, 구신). =귀신(鬼神). d'yavol(악마)의 뜻으로 씀.

110. окхан-сиянте(ok^{h}aŋsiyaŋtye, 옥항샹뎨). =옥황상제(玉皇上帝).[19]

111. иогуй(yoguy, 요귀). =요괴(妖怪).

---

19 Tajshin"(1898: 2)에, "Bog, iz chisla glavnyx, prinimayushchiy dushi umershix."(죽은 자의 영혼을 받아들이는 주요 신.)

112. Шеини(ʃyeini, 셰인이). =도교에서 말하는 성인(聖人). 조성환(2011: 171-173)은 성인(聖人)에 대해, "신선도가 도교로서 체계를 갖추면서 형성된 신으로 신선도의 신선이 개인의 불로장생을 추구하는 개인 구복의 경향이 강했다고 한다면, 도교의 성인은 천하를 교화하는 가르침(教)의 주체로서 모든 생명을 구제하는 이타적인 구세주의 이미지를 띠고 있다."라 하였다. 육진 지방에서는 '셰엔이'라 한다.[20] 곽충구(2019a, '세엔이', '셰엔이' 항목)에 의하면, 아이를 갖도록 해 달라거나 젖이 많게 해 달라고 할 때 '셰엔이'에게 빌었다 한다. 또한 마음이 곱고 자비를 베푸는 신선이 '셰엔이'라 하였다. 한 제보자는 '셰엔이'는 '셩인(聖人)'의 변음일 것이라 했다.[21] Nasekin은, "boga neba(하늘의 신)"이라 하였다. 그리고 '하느님'은 "samo nebo Xanɨ-Nimi"(하늘 자체인 하느님)이라 하였다. Nasekin은, 한인들은 3월 초 이른 봄과 곡물을 수확하는 8월 초 두 차례에 걸쳐 길일을 잡아 '셰엔이'와 '하느님'에게 제를 올리고 기원하였다 한다. 이 밖에 산신님(산신령)에게도 치성을 하였다 한다. 이러한 의식은 마을 주민이 모두 모여서 치렀다고 하였다.

또 Nasekin은, "가뭄이 들고 장마가 지면 불교도이든 기독교인이든 모든 한인들은 여전히 다음과 같은 관습을 행한다. 가장 높은 산이나 동물을 방목한 적이 없는 계곡으로 가서 구입한 소를 도살한 후, 음식을 준비하고 하늘의 '셰인이'와 하늘인 '하느님'에게 특별한 주문을 외우는 무당(샤먼)을 통해 고통으로부터의 해

20 Tajshin"(1898: 6)에, "Vysshij Bog"(최고의 신): Sein - shein"이라 하였다.

21 Putsillo(1874: 97)에는 "Genij (수호신): Syəini … 셔인이, 신셔이"가 있다. '셔인이'는 '셩인이>셔인이'의 변화. 즉, 모음 사이에서 'ㅇ'이 약화 탈락한 것이다.

방을 위해 빌었다. 그러고 나서 그들은 나무에 '셰인이'와 '하느님'의 두 이름이 쓰인 종이를 매달고, 나무나 돌 아래에 모든 요리한 음식과 술을 놓고, 무당이 주문을 읽은 후 신의 이름으로 두 종이를 태우고 연회를 시작한다."고 하였다.

113. Ханы-ними(haninimi, 하느님이). =하느님.

114. Сан-син-ними(sansinnimi, 산신님이). =산신령(山神靈).

115. pok-siu(poksiu, 복슈). =복수(福手). 『표준국어대사전』에는, "주로 혼인과 관련하여 함을 받아서 들고 들어오는 일을 하는 사람이나 신부의 머리를 얹어 주는 일을 하는 사람을 이른다."고 하였다. 그러나 Nasekin은, "결혼식 전날이나 이틀 전에 신부는 친구 중 한 명에게 머리를 올려달라고 부탁한다. 신랑은 친척이나 지인 누군가에게 같은 봉사를 하도록 요청한다. 이 의식을 수행하는 사람들은 가장 철저한 방식으로 선택된다. 그들은 pok-siu 즉, 행복한 손이라고 한다."라고 하여 약간 의미가 다르다. '가장 철저한 방식'은 흠결이 없는 청결한 사람을 엄밀하게 심사하여 가려내는 방식을 말한 것이다. 임신부, 상제, 죄를 지은 이, 부정 탄 이는 모두 철저하게 배제된다.

116. нан-цаи(nantsai, 난자이). =난장(蘭章). '난자이'는 '난장-이'의 'ㅇ'이 모음 사이에서 약화된 것을 전사에 반영하지 않은 것이다. '난장(蘭章)'은 본디 '남의 편지를 높여 이르는 말'이다. Nasekin은, "결혼식 날, 당사자의 합의에 따라 신부의 아버지에게 편지를 쓴다. 며느리를 삼을 수 있도록 허락해 주신 데 대해 감사한다-nan tsai, 이 편지는 계약의 힘을 가지고 있다."라 하였다. 따라서 여기서의 '난장'은 신랑의 아버지가 신부의 아버지에게 '당신의 딸을 며느리로 삼게 해 준 대해 감사한다'는 편지를 말한 것이다.

117. усы(usiy, 우싀). =위요(圍繞). =후행(後行). =상객(上客). 함북 지방에서는 혼사를 지낼 때 신랑 또는 신부의 후견인으로 가는 사람을 '우시'라 한다. 주로 가족이나 가까운 친척 또는 지인 중에서 명망이 높은 사람이 후행이 된다. 허물이 없는 깨끗한 사람이어야 하고 언변이 좋아야 한다. 자식이 없는 이, 상제, 임신부는 피한다. '우시' 중에서 우두머리가 되는 사람을 '슈우시'라 하는데, 혼례 때 신랑을 데리고 가서 일체의 행사를 주관한다.

118. чери(ʧyəri, 졀-이). =젓가락.

<Poxorony i pominki>(장례식)

119. чеун-си(ʧyeunsi, 졔운시/져운시). =미상. Nasekin은, "고인이 누워 있는 방에 들어가기 위해서는 회색 삼베옷으로서 찢어지고 가능한 한 더러워진 단순한 чеун-си와 같은 친척과 친척들을 위한 특별한 옷이 필요하다."고 하였는데, 기술 내용으로는 '상복'을 말한다.

120. э-го[ɛ-go, 애고]. =아이고. Nasekin은, 부모가 사망했을 때 상제는 '애고'하고 25분에서 30분 가량 슬피 운다고 함. 그리고 고인의 친척이 되는 사람이나 조문객은 '어이어이' 한다 함. 그리고 곡소리가 크고 길수록 애도하는 사람이 더 존경을 받는다고 함.

121. о-и, о-и(o-i, o-i, 어이어이). =어이어이. 상제(喪制)를 제외한 복인(服人)이나 조객이 곡할 때 내는 소리.

122. кау или чусеии(kau 또는 ʧusyeii[sic.], 가우 또는 츄셰니/츄셔니 → 츄셰이/츄셔이). =가위. =추석(秋夕). 'ʧusyeii'는 'ʧusyegi'의 잘못이다.[22] 'г[=g]'가 'и[=i]'로 잘못 전사되었다. 현재 함북 육진 방언 화자는 '가위, 한가위, 츄셕, 취셕' 등으로 말한다.

123. хуанту(hwaŋdu, 황두). =상여(喪輿). 현재 함북 지방에서는 '황뒤(<황두+-이), 향뒤(향도+-이), 샹뒤(<향뒤)' 등으로 부른다.

124. чуии(ʧuii, 츄이이 → 츅이). =축(祝). 제사 때에 읽어 신명(神明)께 고하는 글. 'ʧuii'는 'ʧugi'의 오식이다. 앞 122처럼 'и'는 'г'의 잘못이다. Nasekin은, "고인이 땅에 묻힐 때 '츅'이라는 옛 책을 읽는다. 또 추도식(=제사)에서도 같은 것을 읽는다."고 하였는데 한문 투의 '祝文'을 말한 것이다.

125. цуаман(tswamaŋ, 좌망 → 좌샹). 'tswamaŋ'은 'tswaʃaŋ'의 오식. 'ш[=ʃ]'가 'м[=m]'으로 전사되어 있는데 러시아어 'ш'와 'м'의 필기체가 서로 비슷하여 인쇄시 혼동을 일으킨 것이다. ≒좌상(座上). 喪事 전반을 주관하는 사람. 마을에서 제일 나이가 많은 이가 맡는데 지금은 좌새(<좌샹+-이)라 부른다. 현재 중국 조선족자치주 육진방언 화자 마을에는 상사를 주관하는 마을의 공조직이 있는데 이를 '향뒤텽(鄕徒廳)'이라 하며 이에는 '좌새', '고원', '쇄애미'가 있다. '고원'은 '좌샹'을 대리하고 재무를 담당한다. '쇄애미'는 '향뒤'(=상여)와 '향뒤막'(=상엿집)을 관리하고 喪事 때, 현장에서 모든 일을 주관한다. 상여의 출납과 인도를 담당하고 광중(壙中)을 짓는 일도 맡는다. Nasekin은, "마을 전체에서 가장 나이 많은 '좌샹'은 상여를 담당한다; 더하여, 차례로 임명되는 두 명의 임원(任員)(저자: '좌샹'을 보좌하고 상사의 일을 맡아 보는 사람을 가리킴) - xwaŋtu, soymi가 있는데, 그들은 곧 있을 장례식에 대해 마을의 남성들에게 알린다. 그리고 모든 남

22 Tajshin"(1898: 29)에 "Pyatnadtsatoe avugusta ….: ka-o, kau, chusegi, chuseni"라 되어 있다. 이 사전에는 '츄셕이'가 올라 있다.

자들은 벌금을 내지 않기 위해 죽은 사람을 호위하고 운반한다.” 고 하였다. 인용문의 ‘xwaŋtu’는 ‘고원’의 오류이다. 앞서 말한 바와 같이 ‘xwaŋtu’는 상여를 말한다.

126. сойми(soymi, 쇠미). =유사(有司). 현재 함북 지방에서는 ‘쇠미(soymi)’가 ‘쇄애미’로 음이 변화하였다. 육진방언에서는 ‘ㅚ’가 ‘ㅙ’로 변화하였다. ‘쇠미’는 상사(喪事)의 여러 잡무를 맡아 보는 사람이다. 부고를 알리고 상여를 준비하며 광중(壙中)을 짓거나 또는 요령을 들고 상여를 인도하는 등의 일을 한다.

127. куени(kuyəni, 구연이). =궤연(几筵). 저자가 조사한 함북 방언에서는 이 말을 쓰지 않는다. ‘상문’이라 한다. 이 상문은 중부 지방에서 볼 수 있는 궤연과는 모양이 조금 다르다. Nasekin은 이 궤연에 대해서 자세히 기술하고 있다. “사람이 죽은 뒤에, 가족은 고인이 그들에게 누구였는지를 종잇조각(저자: 紙榜)에 적는다: 아버지, 어머니, 형제, 자매 등. 이 지방은 남자가 죽으면 3년 동안 보관하고 여자가 죽으면 2년 동안 보관한다. 그것들은 나무틀에 끼워져 있고 한국의 두꺼운 천을 두르고 높이가 1과 1/2아르신(약 106cm)이고 다리가 4개인 상에 부착한다. 이를 궤연이라고 한다. 매일 조석으로 정해진 시간에 궤연의 휘장을 걷고 약 5분 동안 지방을 드러내고 항상 궤연의 아래에 똑같은 접시와 술이 있는 테이블을 바라본다. 만약 고인이 담배를 피웠다면 불이 붙은 담뱃대를 둔다. 그런 다음 상을 청소하고 가족은 음식을 먹는다. 매년, 고인이 죽은 날에 가족은 마을 전체를 대상으로 한 추념식을 마련한다. (누군가 마을 사람으로서 오지 않으면 모욕으로 간주한다) 부유한 사람들의 추념식은 그 비용이 때때로 500루블이 든다. 만약 고인이 카드놀이를 좋아했다면 궤연이 있는 곳에

서 항상 돈이 없이도 카드놀이를 재현한다. 궤연 전체와 궤연 앞에 놓았던 상조차도 마지막 추념식 동안 추도식에 참석한 사람들이 있는 자리에서 불태워진다. 부친을 추모하기 위해 차려진 그 궤연은, 카자케비치(Kazakevich) 마을의 한인 가정에서 보았다.”

<Prazdniki>(명절)

128. сори(sori, 설이). =설[元旦]. Nasekin은, “새해에는 젊은이들이 노인, 가족, 이웃 그리고 일반적으로 나이든 사람들을 찾아 축하하고 각 집은 찾아온 손님들을 대접해야 한다. 보통 새해 첫날과 새해 전날 예의 바르게 두 번 인사를 한다. 새해의 축하는 매우 중요하며 아무도 그것을 포기할 수 없다. 그렇게 하지 않으면 불가피하게 이별하거나 관계가 소원하게 될 것이다.”라고 했다. 섣달그믐날(=까치설)에 동네 어른을 찾아뵙고 인사드리는 풍속이 있었음을 알 수 있다.[23]

129. тануи(tanuy, 단위). =단오(端午). 함북 지방에서는 ‘단위’, ‘단이(<단위<단오+-이)’라 한다. Nasekin은, “이 날 부모의 무덤에 간다.”고 하였는데 중국의 조선족 교포나 중앙아시아의 한인들은 지금도 그러한 풍속을 지키고 있다. 그들은, “한 해 세 번 산소에 가는데, 한식이라는 것이 그게 아침이지, 돌아가신 분에게는. 단오는 점심이지. 추석은 저녁이지. 그래 한 해에 세 번 산(=산소)로 가는 날이 (있지).”라고 말한다.[24] 그리고 이 날은 Nasekin이

23 문익환 목사의 모친인 김신묵 권사(1895-1990, 함북 종성)의 구술에서 ‘아치설’이라 했다는 기록이 있다(조항범, 2021: 140 참조). 함북 지방에서 까치설을 쇠었음을 알 수 있다.

24 우즈베키스탄 타시켄트의 김슈라 할머니의 증언(곽충구: 2009).

말한 바와 같이 음식을 해서 나누어 먹고 춤을 추고 노래를 하고 그네를 뛴다. 또 중앙아시아 한인은, "오월 단오는 우리 고렷사람은 오월 단오가 이게 큰 명절이지. 그렇다 보니 큰 명절이고 보니 오월 단오는 모두 의복도 새것을 해 입고. 아이들도 그러고 어른들도 그러고. 의복도 새것을 해 입고. 음식도, 음식도 뭐 찰떡도 만들고 증편도 만들고 뭐 이렇게 반찬도 만들고 이렇게 하고 쇠지. 그 다음에 윗분이 있는 곳으로 음식을 가져도 가고."라 한다.

130. куи или чусени(kui 또는 ʧusyeni, 구이 또는 츄셔니 → 가위, 츄셕이). =가위. =추석(秋夕). 앞 122에서는 'kau'라 하였는데 여기서는 'kui'라 하였다. 이는 'kauy, 가위'의 'a'가 탈락한 것이다.

131. купри(kupri, 굽리 → 구일이). =구일(九日). =중양절(重陽節). 'и'가 'п'로 잘못 전사되었다.

132. Шян-сами[sic.](ʃyaŋ-sami, 샹삼이 → ʃyaŋ-sani, 샹산이). =향산제(香山祭). 본디 檀君의 誕日을 기념하는 제례 의식. 'м'은 'н'의 잘못이다. 앞 49의 '밤상기(반상기)'와 같은 오류이다. 추수가 끝나고 10월 1일에 하늘에 지내는 제사. 날짜는 음력 10월 1일 또는 초승이다. 대략 해방 직후까지 이러한 제례 의식이 행해 졌으며 중국 조선족 사회에서는 문화대혁명 때 없어졌다. 추수를 한 후 낟가리 앞이나 그 위에 차좁쌀로 만든 떡(=찰떡)을 올려놓고 제사를 지냈다. 때문에 '낟가리졔세'라 부르기도 한다. 이전에 이 지역에서는 주로 피와 조를 심었기 때문에 차좁쌀로 떡을 했다. 추수가 마무리되는 음력 시월상달에 고사를 지내는 일은 많은 지역에서 볼 수 있었던 민속이나 낟가리에 떡을 놓고 하늘과 조상에 감사를 드리고 또 명년의 풍년을 기원한 것은 함북에서만 볼 수 있었던 독특한 풍속이다. '시월샹산, 시월상산, 시월조온이, 시

월조은이' 등으로 말해진다(곽충구: 2019a). Nasekin은, "'샹삼이'는 한인이, 경작을 주관한다고 생각하는 선지자(prorok-샹삼이)를 기리는 명절이다. 의식은, 사람들의 수에 따라, 때로는 솥에서 5 푸드(пуд(=16.38x5=81.9k)까지 무게가 나가는, 김이 나는 떡으로 이루어진다. 무게가 약 1푼트(=0.41kg)가 나가는 세 조각으로 잘라 제상에 올려놓고 그것을 탈곡장으로 가져가 내년에도 좋은 수확을 할 수 있도록 기원하면서 그 상 앞에서 빈다. 이 모든 것은 기독교인에 의해 이루어진다."라고 하였다. Tajshin"(1898: 23)에도 이 '샹산제'라는 의식이 소개되어 있다.

133. хуан-габи(hwan-gabi, 환갑이). =환갑(還甲). Nasekin은, "한국인에게 환갑은 가장 엄숙한 삶의 순간으로 인정받고 있다. 가난하고 부유한 모든 사람들이 이 날을 축하하기 위해 가능한 한 최선을 다한다."고 하였다.

2.4.2.2. 한국어 전사

1) 단모음 전사

한국어의 모음과 그 모음을 전사한 키릴문자를 보이면 아래와 같다.

한국어	ㅣ,	ㅔ,	ㅐ,	ㅡ,	ㅓ,	ㅏ,	ㅜ,	ㅗ
키릴문자	и,	(е),	а,		о,	а,	у,	о
			е,		а,			
			ай					

한국어 모음의 음가를 가진 키릴문자가 없는 경우는 한국어 모음과

유사한 음을 가진－음운론적으로 말하면 계열이나 서열상 대립을 이루는 모음이 대부분－키릴문자로 전사하였다. 위에서 'ㅓ'는 그와 원순성 자질로 대립을 이루는 'o'로 전사되었는데 개중에는 그와 고저대립을 이루는 'a'로 전사된 예도 있다. 그러나 그 예는 그리 많지 않다. 또 'ㅐ'는 전후의 대립을 이루는 'a'로 전사되었다. 다만, '매슈끼', '걋대'의 경우는 'aj'로 전사되었다. 이것이 실제 이중모음으로 발음이 된 것인지 아니면 한글 자모의 구성에 따른 문자전사인지는 확인하기 어려우나 후자의 경우로 봄이 옳을 듯하다. 한국어 'ㅔ'는 예가 적으나 키릴문자 'e'로 전사하였다. 'e'는 한국어 이중모음 'ㅕ', 'ㅖ'를 전사하기도 하였다. 'ㅗ'를 'a'로 또는 'ㅏ'를 'o'로 전사한 경우도 있는데 이는 러시아 모음자 'a'와 'o'의 필기체가 서로 유사해서 생긴 오류이다.

2) 이중모음

ㅑ,	ㅕ,	ㅛ,	ㅠ,	ㅖ,	ㅒ
я	е	ио	ю	е	?

한국어 이중모음의 음가를 가진 키릴문자로 전사하였고 그렇지 않은 경우는 키릴문자 조합으로 나타내거나 대립을 보이는 문자로 전사하였다. 예컨대 'e'는 'ㅖ'와 'ㅕ'를 전사하였다. 'e'는 또 단모음 'ㅔ'를 전사하기도 하였다. 때문에 한국어 전사에 쓰인 'e'의 음가를 정확하게 추정하기는 어렵다.

ㅚ: тои(toi, 되[升]), сойми(soymi, 쇠미[有司])

ㅟ: иогуй(yoguy, 요귀), тянгуй(tyaŋguy, 댱귀)

ㅢ: хын-шу-ки(hɨyn-ʃu-ki, 알이 흰 옥수수)

'ㅚ'는 문자전사한 경우도 있는 듯하다. 이 보고서가 작성되고 나서 6년 후에 간행된 『초급 교과서』(1901), 그리고 1904년에 간행된 『노한회화』, 『시편 노한소사전』의 자료를 보면 'ㅚ'는 모두 'wɛ'로 전사되었다. 'ой', 'ои'로 전사된 것은 문자전사한 흔적이 아닌가 생각된다.

w-계 이중모음은 아래와 같이 전사되었다.

wa,	wə,	we,	wɛ
ya,	yo,	?	?

3) 자음의 표기

평음(무성/유성):	к/г(ㄱ),	т/д(ㄷ),	п/б(ㅂ),	ц/ц(дз, з)(ㅈ),	ч(ㅈ),	с(ㅅ),	х(ㅎ)
된소리:	кк(ㄲ),	т(ㄸ),	п(ㅃ),	?,	ч,	сс(с)(ㅆ)	
유기음:	к(ㅋ),	тх(т)(ㅌ),	пх(ㅍ),	цх(ㅊ),	ч(тч, тш)(ㅊ)		

평음은 무성음과 유성음으로 나뉘어 정확하게 전사되었으나 간혹 유성음이 무성음으로 전사된 예가 있다.

유기음은 유기음의 징표인 'х'를 무기음에 부가하여 전사하였다. 그러나 흥미롭게도 연구개의 'ㅋ'은 평음과 동일한 к로 전사하였는데 'ㅌ'도 'т'로 전사한 예가 있다. 경구개파찰음(ч[ʧ])은 유기음의 예가 없다. 다만, 유기음일 것으로 추정되는 음이 'тч, тш'로 전사되었는데 'тч'는 'tʧ'에 해당되므로 된소리와 비슷한 음으로 청취한 것으로 생각된다. 『초급 교과서』에서도 이와 같은 전사 예가 발견된다. 예: Котчи(고추, 18), Хутчи(후추, 18). 『시편 노한소사전』에도 이와 관련된 내용이 있다(131쪽 참고). 따라서 경구개파찰음의 유기음은 유기음보다는 된소리에 가깝게 발음되지 않았나 생각된다.

된소리는 대부분 평음과 동일하게 무성무기음으로 전사하였는데, 극히 일부 어사에서 겹자음으로 전사하였다. 예: кка(깨[荏]). 다만 유성음 사이에서는 된소리를 무성무기음으로 전사하여 평음과 식별된다. 이처럼 평음의 유무성음은 정확하게 전사하고 된소리는 아예 전사를 하지 않은 것은 러시아어 자음체계의 영향이다.

전사에는 오류가 많다. 植字 또는 인쇄 시, 한국어를 모르는 이들은 키릴문자로 적힌 원고의 한국어를 정확하게 판독하기 어려운 경우가 있었을 것인데 그 때문에 이 보고서에 수록된 한국어 어휘에는 오탈자가 많다.

4) 기타

1) 어두 'ㄴ'을 'ㄷ'으로 표기한 예. 주로 '^{d}ni–'를 'di–'로 전사한 것이다. 예: дипаби(dipabi, 니팝=이밥), дитои(ditoi, 니떡=찰떡), Di(di, 니=이(李)). 이 환경이 아닌 경우에도 'ㄴ'이 'ㄷ'으로 전사된 예가 있다. 예: доктуй(doktuy, 녹두). 이런 전사 예는 앞서 다른 한국어 문헌에서도 본 바 있다.
2) 성씨 박(朴)을 'Pax'로 전사하였다. 러시아인들에게는 이 성씨의 어말 'ㄱ'이 연구개무성마찰음으로 들린 것으로 보인다. 예: Паxcc i(Paxssi, 박(朴) 씨).[25]

25 Putsillo(1874: 79)의 "쟉셕tsyaksēx"에도 말음 'ㄱ'이 마찰음 x로 전사되어 있다. 그리고 D.G. Anuchin(1884)의 호적부에도 그렇게 전사된 예가 있다.

2.4.2.3. 한국어의 특징

전반적으로 육진방언의 특징을 지니고 있다. 특징을 간단히 아래에 언급해 둔다.

1) ㄷ구개음화는 아직 이루어지지 않았다. 예: 댱귀(장구), 바디(바지), 옥항샹뎨(옥황상제) …
2) ㅎ-구개음화: 샹삼이(sic., 샹산이)(향산제(香山祭)).
3) '샤, 셔, 쇼, 슈(=syV)'와 어두 위치의 '냐, 녀, 뇨, 뉴, 니(=#nyV)'가 그대로 유지되고 있다. 'ㅈ'도 '자, 저, 조, 주(=ʦV)'와 '쟈, 져, 죠, 쥬(=ʧV)'의 대립이 존재한다. '지'는 [ʧi]로 전사되었으나 [zi], [ʦi]로 전사된 예도 있다.

syV: 슈끼(옥수수), 미슈(미시), 셰인이(성인이), 샹산이(香山祭), 복슈(福手), 보션이(버선), 셕기(食器).

nyV: 냥반(양반), 냔자(연자매).

ʦV: 자(尺), 기장, 난장(蘭章), 좌샹(座上), 차물(茶水), каакци(kaaktsi, 각지, 괭이).

ʧV: 감지(감자), 쟝(醬), 져고리(저고리), 졍월(正月), 졀(젓가락), 츅(祝), 츄셕(추석), 후치(농기구), 쳔(千). cf. -zV-: 감지(감자).

4.3. 「俄領實記」(1920)

「俄領實記」는 뒤바보가 1920년 2월 20일(제48호)부터 같은 해 4월 12일(제62호)까지 12회에 걸쳐 『獨立新聞』(上海版)에 연재했던 연해주 한인의 초기 이주사, 풍속, 노동, 仕宦, 사회 제도, 종교, 교육, 독립운동 등에 대한 기록이다. 필명인 '뒤바보[北愚]'는 독립 운동과 국어 연구에 헌신했던 계봉우의 아호이다(윤병석: 1993). 사학계에서는 한인들의 노령 이주사와 독립운동사 자료로서 이 「俄領實記」를 인용하지만 국어국문학계에서는 아직 다루어진 바가 없다.[1]

이 實記는 이주 후 연해주 한인 사회의 전반을 조목조목 상세하게 기술하면서 기술 내용과 관련된 어휘를 제시하기도 하였다. 「俄領實記」가 발표된 후, 1923년 연해주에는 61만여 명의 주민이 살고 있었는데 그 가

1 뒤바보[北愚] 계봉우(桂奉瑀)(1880-1959)는 함남 영흥 출신이다. 그는 자신의 이름을 '게봉우'로 표기하였으나 본서에서는 '계봉우'로 적는다. 『獨立新聞』(상해판)에 「의병전(義兵傳)」, 「북간도(北墾島)」, 「아령실기(俄領實記)」, 「김알렉산드라」 등을 연재하였고 저서로는 『동학당폭동(東學黨暴動)』, 『조선역사(朝鮮歷史)』와 국어학 관련 저서로 『조선문법』(1947~8), 『조선말의 되어진 법』(1921, 1955년 증보), 고려어 교과서(1932, 1937) 등이 있다. 이 밖에 그의 유고 중에는 『북방민족의 말』(32쪽, 1955)이 있다. 그의 생애와 업적은 아래 저서를 참고할 것.
인하대학교 한국학연구소 편(2013), 『러시아의 한국학자 북우北愚 계봉우桂奉瑀』(동아시아한국학연구총서 16), 소명출판.
『北愚 桂奉瑀 資料集(1)-꿈속의 꿈 · 조선문학사-』, 韓國獨立運動史 資料叢書 第10輯, 독립기념관 한국독립운동사연구소.

운데 17.4%에 달하는 106,409명이 한인이었다. 도시 거주 한인은 11,072(10.4%) 정도였고 나머지는 농촌에 거주하였다. 당시 연해주에는 러시아인, 중국인, 만주퉁구스족(나나이족, 우데헤족, 울치족 등)이 어울려 살고 있었다. 때문에 「俄領實記」에는 러시아어와 중국어에서 차용한 어휘가 보인다. 연해주의 원주민은 만주퉁구스족이지만 그 수는 매우 적었고 러시아인이 주류였다. 정치, 사회, 문화적으로 러시아 민족이 선진이었으므로 자연히 러시아어가 중심 언어이자 지배언어(dominant language)였다.

19세기의 한인들은 대부분 농촌에 거주하였다. 그러다가 20세기에 들어서서 일제의 국권 침탈로 한인 이주민이 늘어나고 또 민족학교와 각종 언론 기관이 들어서고 한인 단체가 결성되기 시작하면서 도시민이 증가하였다. 블라디보스토크에 한인촌(개척리)이 건설된 것은 1893년이었고 그 후 1911년에 신한촌이 건설되었다. 1915년 블라디보스토크 거주 한인은 1만여 명에 달하였다. 이에 따라 한국어 변종간의 접촉, 이민족 언어와의 접촉, 내지의 중앙어의 수용이 이루어지면서 농촌과는 다른 한국어의 변종이 생겨나게 된 것이다.

Ⅰ부에서 본 바와 같이 첫 이주부터 20세기 전까지는 러시아정교회의 선교학교 및 교구학교, 러시아 정부가 세운 러시아학교가 있었는데 이들 학교에서는 러시아어, 러시아의 역사, 산수, 지리 등을 가르쳤다. 게다가 학교 수는 매우 적었고 정상적으로 운영되지 못하였으며 학생 수도 매우 적었다. 또한 한인들은 이주 초기부터 서당을 베풀어 구학문을 가르쳤다. 그러다가 20세기에 들어서서 민족학교가 설립되고 또 신문 잡지가 간행되면서 서울 중심의 서사어인 중앙어가 도입되어 교육되기 시작하였다. 오창환, 계봉우의 고려말(또는 조선어) 교과서 편찬은 러시아 혁명 이후인 1923년부터 시작된다.

「俄領實記」가 집필될 당시는 아직 소비에트화가 완전히 이루어지기 전이다. 주로 도시 거주 한인들이 이민족과 일정한 사회적 관계를 맺고 있던 시기였다. 「俄領實記」에 수록된 어휘는 연해주 한인들이 이민족과 교류하는 과정에서 차용되거나 또는 그로부터 파생된 것이다. 서구 문명의 수용 과정에서 형성된 순수 고유어 및 러시아어 중국어 차용어를 통해서 이 시기 연해주 사회의 여러 단면을 살펴 볼 수 있다. 즉, 「俄領實記」에 등장하는 신어와 차용어는 사회사나 사회언어학적으로 의미가 있다.

저자가 중앙아시아에서 만난 제보자들은 1937년 강제 이주 직전에 대부분 농촌에서 살았다. 소학교 재학 중이었는데 그 무렵에는 러시아어를 제대로 구사하지 못하였다. 이주 후 1938년 한인 학교가 폐교되면서 본격적으로 러시아어를 습득하였다. 따라서 「俄領實記」의 어휘는 블라디보스토크, 하바롭스크, 우수리스크, 포시예트, 얀치헤 등과 같은 도시나 읍에서 이민족과 접촉하게 되면서 쓰던 말일 것이다. 그런데 이 무렵 여러 분야의 직종에서 '통새[通事]'라는 사람들이 활동한 것을 보면 이민족과의 언어 소통은 제한적이었을 것이다.

이 「俄領實記」가 발표되기 전에 간행된 Ⅱ부의 한국어 문헌에는 「俄領實記」에서 볼 수 있는 차용어, 신어가 대부분 보이지 않는다. 그런 점에서 「俄領實記」는 연해주에 다민족 사회가 형성되면서 생긴 新語와 차용어를 보여 준다는 점에서 소중하다. 다만 자료가 많지 않아 아쉬움이 남는다. 이 밖에 계봉우의 「꿈속의 꿈」, 「강동쉰해」에도 한인 이주사, 생활문화사와 관련된 어휘가 수록되어 있는데 이들 어휘는 'Ⅲ부(권 2), 제2장'에서 함께 다루어진다.

4.3.1. 「俄領實記」의 어휘

4.3.1.1. 차용어

1) 중국어 차용어

중국어 차용어는 함경도 사람들이 중국인과 교류하면서 차용한 것이 이주와 함께 연해주로 옮아간 것인지 또는 연해주 거주 한인이 역시 연해주에 거주하는 중국인과 접촉하면서 차용한 것인지 분명히 드러나지 않는다. 『노한소사전』(1904), Matveev(1900) 등의 사전에도 중국어 차용어가 보인다. 이들은 주로 중국의 동북 3성에서 쓰이던 어휘로 지금은 쓰이지 않는 것들이 많다.

① 보토얼: 중국어 '跑腿兒[pǎotuǐér]'를 차용한 말. '호불애비'(또는 '하불애비')와 달리 '보토리'는 결혼하지 않은 채로 혼자 사는 남자를 뜻하며 약간 낮추는 뜻이 있다. 뒤바보는 이민족과의 접촉으로 러시아어와 중국어 차용어가 쓰인다는 사실을 말하며 '보토얼'을 그 예로 들었다.

> 또 韓中俄三國의 語를 混合通用하는 것이 잇다 우리말에 「셕유화」를[2] 「비지깨」라 하며 夫婦間 살림을 「주자얼」이라 하며 單身의 人을 「보토얼」이라 하는 等의 言語가 有하고 …."

2 =셕뉴황(石硫黃). '셕뉴황'은 잎성냥이다. 『노한소사전』(1904)에는 '셕뉴왜(<石硫黃+-이)'로 등재되어 있다. 이 말이 변화하여 '성냥'이 되었다. Matveev(1900: 14)에도 올라 있다.

지금은 '보토리'라 하며 함경도 지방에서 널리 쓰인다. 연해주 거주 한인 중에는 홀몸으로 두만강을 넘어와 돈벌이를 하는 젊은이들이 많아 이러한 차용어가 쓰였다.

② 얼마우재(二毛子[Èrmáozi]): 뒤바보가 "얼마우재「中語에 第二俄人이란 말」"이라 한 것처럼 '얼마우재'는 중국어로 제2의 러시아인이란 뜻이다. 중국어 "二毛子"를 차용한 말이다. 고송무(1984: 28)에서는, "19세기에 러시아 이주 조선인들 사이에서 '러시아 시민권을 가진 조선인'을 시민권이 없는 조선인이 '얼마우재'라 불렀다."고 하였다. 이 말에는 좀 비하하는 뜻이 있다. '본디 러시아인이 아니면서 러시아인 행세를 하는 사람'을 일컬었다. 곽충구(2019b)에 의하면, '마우재(毛子)'는 본디 '老毛子'가 줄어든 말이다. 清末 중국 동북 지방에서 쓰이기 시작하였는데 당시 중국을 침략한 러시아인을 경멸적으로 이르던 말이다. 한편 清末 義和團이 외세를 배척하던 시기에는 외국인을 '大毛子'라 하였고 천주교를 믿는 중국인 또는 서양인의 앞잡이가 되어 자기 민족을 핍박하는 사람을 통칭 '二毛子'라 하였다. 또 漢語 방언에서는 두 살 먹은 羊이나 러시아인과 중국인 사이에서 태어난 혼혈아를 뜻하기도 한다. 함경도에서, '얼마우재(二毛子)'는 러시아인과 한인 사이에서 태어난 혼혈아를 뜻하기도 한다. 또 서양인의 흉내를 내며 가볍게 구는 사람을 뜻하기도 하는데 김태균(1986)에도 그와 같이 풀이되어 있다. 뒤바보는, "그 中에 所謂 얼마우재「中語에 第二俄人이란 말」로 得名한 一流人物도 업지 안이하나 民族自決權 또는 人本主義가 大膨漲하는 今日에 그 心理의 變嬗은 勿論이오 原來붓터 愛國志士에게 對한 同情이 不無하엿고 朔方健兒 好身手는 將來 現今에 大有望하다 하노라"고 하였다.

③ 뒤바보는 연해주 한인 사회에 도박이 널리 성행하고 그 때문에 개인과 사회가 병들어 간다는 사실을 말하기 위하여 '도박'의 여러 유형을 말하였다.

가) 야휘/주이상/센승/포풍군

'야휘'는 중국어 押會[yāhuì]를 말한다. 王充闾(2014)의 『充闾文集』(辽海春深)에 의하면, 이전에 중국 동북 지방에서 성행했던 도박의 하나이다. 돈이나 재물을 걸고 따먹기를 하던 노름을 말한다. 자신이 꾼 꿈을 해몽을 해서 노름을 주관하는 이가 미리 써 둔 36문 중의 어느 하나에 걸어서 그것과 맞으면 건 돈의 몇 곱절을 받는다. 그 기원은 중국 남방(절강, 복건, 광동 지방)에서 유래된 것이고 거기에서 사용하는 용어는 '花会'라고 한다.[3] 이 노름은 보통 여러 사람이 한 조가 되어 주관한다. 뒤바보가 말한 '주이상, 센승, 포풍군'이 그들이다. 뒤바보는 이들을 "야회 主任者의 稱號"라 하였으니 '야휘'라는 도박을 주관하는 사람들을 가리키는 용어이다. 각각 맡은 바 임무가 있다. '센승'은 회계를 담당하는 역할을 하는 '账房先生[xiānshēng]'을 말하고, 포풍군[포풍꾼]은 "집집마다 돌아다니며 돈을 거두어 노름이 끝난 후 당첨된 사람에게 돈을 돌려주며 수고비를 받는 사람"을 뜻하는 跑封[pǎofēng]을 말한다. '주이상'은 미상인데 아마도 이 도박을 주관하는 우두머리를 뜻하는 말이 아닌가 한다.

나) 야바위: 押宝[yābǎo]. 속임수로 돈을 따는 중국 노름의 하나.

다) 싼쳐군[싼쳐꾼]: 한어 '싼쳐'에 접미사 '꾼'이 결합한 혼종어다.

3 https://zhidao.baidu.com/question/552781110.html

위 '야휘' 도박을 職業的으로 하는 사람을 일컫는 말이다. '싼쳐'의 漢語는 확인하지 못하였다.

④ 약담배: 중국어 '藥煙'의 번역차용어.

⑤ 불술긔: 중국어 '火車'의 번역차용어. 얼마 전까지만 해도 중앙아시아의 고려인들은 '부술기', '불술기'란 말을 썼다.[4] 중국 조선족자치주 노인층의 일부는 '불술기'를 알고는 있지만 일상적으로는 쓰지 않는다. 사어가 된 것이다. 이 말은 일제강점기에 쓰인 이용악의 시 「절라도가시내」(1939년, 시학)에도 나온다. 계봉우는 이 단어를 소개하면서, "電報를 「쇠줄글」이라 하며 火車를 「불술긔」라 하는 等 語는 우리 國語의 新發明이니라"하여 이 순수 고유어로 된 신조어를 높이 평가하였다.

⑥ 윤선(輪船): 한국 한자음으로 읽어 차용한 중국어. =회륜선, 기선(汽船).

⑦ 다동: 大冬[tàdōng]. "다동「中國人 過冬한다는 말」"이라 하였는데 '한겨울'을 뜻하는 '大冬'을 말한 듯하다.

⑧ 다스포[5]: '요리사'를 뜻하는 중국어 '大師傅[dàshīfù]'를 차용한 말. 『노한소사전』(1904)에도 '다스포(요리사)', '다스포안까니(여요리사)'가 보인다. 이 차용어가 널리 쓰였음을 알 수 있다. 이 밖에 '뽀바리'라는 러시아어 차용어도 쓰였다. 이로 보면 당시 한인들의 말에는 '요리사'를 뜻하는 말이 없었음을 알 수 있다.[6] 전통적으로

4 『조선일보』(1927. 5.4)에 실린 가람 이병기의 글에 '불수레(긔차)'가 보인다. 비슷한 시기에 중국어 '火車'를 번역해서 쓴 듯하다.

5 중앙아시아 고려말에는 '다스포' 외에 '뽀바리'라는 말이 있다. 이는 러시아어 'povar'를 차용한 것이다.

‘熟手’라는 말이 쓰였지만 널리 쓰이지 않아 한어를 차용한 것이다.

⑨ 커우대바지: 중국어 口袋[kǒudài]에 ‘바지’가 결합한 합성 혼종어. ‘口袋’는 ‘굵고 거친 삼실로 짠 마대 자루’이다. 따라서 ‘커우대바지’는 ‘거친 삼실로 짠 바지’를 일컫는 말로 당시 노동자의 열악한 생활 형편을 대변해 준다. 뒤바보는 아래와 같이 ‘커우대바지’를 언급하고 있다.

지게군 此는 貨物을 肩背의 力으로써 擔運하는 者인대 弊破한 洋服져고리에 커우대바지를 着하고 곰방대문채로 지게를 지고 …

‘커우대’는 Ⅱ부의 한국어 문헌에 빠짐없이 등장할 정도로 당시에는 널리 쓰이던 말이다. 함경도 지역에서도 널리 쓰였으나 지금은 ‘마대(麻袋)’라는 말을 많이 쓴다. 보통 한 커우대에는 6말이 든다(곽충구, 2019b: 139).

⑩ 주자얼(做家兒[zuòjiāér]): 살림살이, 살림을 차리다. ‘做家’, ‘做人家[zuòrénjiā]’는 ‘살림살이’를 뜻하는 중국어. 「俄領實記」에서 두 차례 쓰였는데 뒤바보는 ‘부부간 살림’을 뜻하는 말이라 하였다.

夫婦間 살림을 「주자얼」이라 하며 單身의 人을 「보토얼」이라 하는 等의 言語가 有하고 ….”

作義派 … 「주자얼」된 者가 그 妻에 對한 外來侵略을 圖免하려고 함도 一方의 原因이 되엿다.

---

6 ‘料理師’는 일본어 차용어.

"作義派 … "라 한 부분은, 부부의 연을 맺어 살림을 하는 자가 그 아내를 빼앗기지 않기 위하여 의형제를 맺는다는 말이다. 다시 말하면 의형제가 있어야 외부로부터 침입이 있을 때 함께 막을 수 있다거나 도움을 받을 수 있다는 말이다. 사회 질서와 기강이 문란했음을 보여 준다.

⑪ 로에(老爺): 중국어 '老爺(lǎoyé)'를 차용한 말. 淸 말기에 '村長'을 뜻하는 말이었는데 이 말이 중국과 연해주 한인 사회에서 널리 쓰였다. 「꿈속의 꿈」(169쪽)에서는 "각사(社-지금의 面)에 도소(都所)을 설하고 로에(面長)를 공천하여써 모든 사무를 집행하엿다"라 하여 '로에'라 부르고 그 직은 面長에 해당한다 하였다. 더 자세한 내용은 4.3.2의 '풍속(風俗)' 항을 참고할 것.

⑫ 紅鬍賊: 만주와 연해주 일대에서 활동한 중국인 비적(匪賊)이다. 함북 방언 화자들은 '후우재, 호오재, 홍오재, 호적' 등으로 부르며 '紅胡子'로 쓰기도 한다(곽충구: 2019a). 이 마적 집단은 연해주 한인 마을을 습격 약탈하여 피해를 주기도 하였다. 중앙아시아 한인, 중국 조선족 중에는 이 집단이 저지른 만행과 악행을 지금도 기억하며 몸서리치는 노인들이 있다. 또 이들은 한인 빨치산 부대의 교란을 위해 일본군의 지원을 받아 활동하기도 했다.

⑬ 방젼: 방세(房稅) 또는 방세(房貰)를 뜻하는 한어 房錢[fángqián]을 한국한자음으로 읽어 적은 것이다. 지금도 중앙아시아 한인은 '방천 준다(사글세를 받고 방을 세 주다)'라는 말을 쓴다.

⑭ 세찬군: "세찬군 此는 埠頭에서 從船을 타고 荷物 부리우는 勞働者의 名稱인대 …"라 하였는데 '선상의 荷役夫'를 지칭하는 말이다. 중국어 '塞船[sāichuán]'에 '-군(꾼)'이 결합한 혼종어로 보인다. 중국의 동북방언에서는 塞[sāi]를 [sēi]로 발음한다.[7]

2) 러시아어 차용어

러시아어 차용어는 상당히 많았을 것으로 짐작되지만 「俄領實記」에는 10여 예가 보인다. 모두 부정적인 뜻을 지닌 어휘다. 小倉進平(1927), 미승우(1987), Ross King(1996), 곽충구(1996, 2019a) 등을 참고하면 새로운 문명어를 뜻하는 러시아어 차용어들이 20세기에 함경도 지방에서 널리 쓰였음을 볼 수 있다. '마션(재봉틀), 가란다시(연필), 거르만(호주머니), 비지깨'가 그 대표적인 예이고 혼종어로 '벳마션(탈곡기), 발마션(발재봉틀)' 등이 있다. 「俄領實記」에 나오는 러시아어 차용어는 아래와 같다.

① 비사리: 러시아어 'pisar''를 차용한 말. 이는 러시아 혁명 전에는 "書記, 寫字生"을 뜻하는 말이었다. 구어로서 '글을 쓸 줄 아는 사람'을 뜻한다. 뒤바보는 이에 대해 아래와 같이 말하고 있다.

> 비사리 此는 우리말로 하면 書記이엿다 俄國中學校의 出身으로서 어늬 官廳에 月給밧고 記事하는 者인대 그 設心行事가 通辭輩보다 얼마콤 高潔하나 母國語에 沒識한 것이 큰 遺憾이다.

관청에서 일하는 서기를 지칭한 듯하다. 한인과 러시아인 사이에서 통역의 일을 보는 '통사'보다 비교적 순수하기는 하나 러시아 학교를 다닌 탓에 모국어에 무지한 것이 흠이라고 하였다.

---

7 劉月 선생(숭실대 박사 과정)은 "'塞'는 물건을 밀어서 틈을 채우다, 밀어 넣다, 채우다."의 뜻을 지닌다고 하였다.

② 보바니까: 러시아 도박의 하나. 뒤바보는 "東江 우리 民族의 富者得名하던 者는 거지반 「보바니까」 노름에 蕩敗하엿다(「俄領實記」 4)"고 하여 東江(연해주) 한인 중에는 이 도박으로 가산을 탕진한 사람이 많았음을 말하고 있다.

③ 따졸: 온갖 어려움을 극복하면서 근면 성실하게 농사를 짓는 한인을 러시아인들이 일컫는 말. 러시아어 'dozor'(순찰병, 척후병)일 것으로 생각된다. 뒤바보는, "農業甲子渡江하야 地新墟開拓에 先着手한 後로 土肥泉甘한 地段을 隨하야 荊榛을 披하고 鳥獸를 逐하고 蚊蝱을 抗하야 遺傳的 農業國民의 特色을 大發揮하엿다 그럼으로 俄人은 우리 民族을 指하야 「따졸」이라 하고 農作上에는 先進의 徽號를 惜지 아니한다."라 하였다.

④ 레비지아(lebediya): "돈을 벌기 위해 조선에서 봄가을로 연해주를 왕래하는 조선인들"을 러시아인들이 이렇게 불렀다(한득봉, 1991: 610). 흰옷을 즐겨 입은 한인들을 백조(lebediya)에 비유해서 말한 것이다.

⑤ 뽀드랴치크(podryadchik): podryadchik는 청부인(기관), 御用商人을 뜻하는 말. 어용상인은 "자신의 이익을 위하여 권력자나 권력 기관에 영합하여 권력자의 보호를 받으며 궁중이나 관청 따위에 물건을 대는 상인"을 말한다.[8] 뒤바보는, "마참내 初等小學이나 또 一步를 進하야 中學까지 畢業하더라도 大則 「비사리」나 「뽀리까즈시크」에 不過하고 其次는 「뽀드랴치크」와 通辭나 될 뿐이엿다."고 하였다. 공부를 한 한인이라도 상점의 서기나 점원 또는 어용상인이나 통역

8 계봉우(1944/1996), 「꿈속의 꿈」, 168쪽에, "로시아말에 능한 사람들은 「뽀드라지끄」로 되어 자긔의 동족인 로동자의 힘을 착취하는 거긔에서 더욱 부요하엿다."고 하였다.

의 역할밖에 못 한다는 말.

⑥ 뽀리까즈시크(prikazchik): 상점 점원. 뒤바보는 "此는 우리 말에 商店雇傭이라" 하였다. 특이하게도 어두자음군 사이에 'ㅗ'가 삽입되었다.

⑦ 별니채(politsiya+-이): =경찰서.

⑧ 비지깨(spichka): =성냥. 국어에 어두자음군이 없기 때문에 어두 'sp-'가 'ㅂ'으로 반사되었다. 19세기에는 부싯돌을 써서 불을 일으켰고 또 '셕뉴왜(←石硫黃+-이)'라는 것을 써서 불을 옮겼다. '셕뉴왜'는 가늘고 긴 겨릅대나 나뭇개비 끝에 액체 유황을 바른 잎성냥을 말한다. 성냥처럼 마찰로 불을 얻지는 못하고 다만 부싯돌을 쳐서 얻은 불씨나 또는 화로에 담아 놓은 불씨에 불을 붙여 불을 옮기는 데 썼다. 길이는 10cm에서 20cm 정도가 된다(곽충구(2019a)의 <셕뉴왜> 항 참조). 때문에 '성냥'은 「俄領實記」가 쓰이던 시기에는 신문물로서 매우 귀한 존재였다. 지금도 함경도, 중국 조선족(함경방언 화자), 중앙아시아 한인 사회에서 널리 쓰인다.

4.3.1.2. 고유어

① 비깃개: =최비깃개. 연해주 한인의 삶의 증진과 교육 및 독립운동에 헌신한 최재형 선생의 별명. '따뜻한 난로'와 같은 사람이라고 해서 '비깃개'라 하였다. '비깃개'는 러시아어 'pechka(페치카)'에 접사 '-이'가 결합된 말. '비지깨'가 '비깃개[비기깨]'가 된 것인데 이 'ㅈ>ㄱ'의 변화는 함북 방언의 특징이다. 예: 뎔>졀>결, 뎔당>졀당>결당[寺], 졉칼>겹칼, 디나[過]->지나->기나-.

② 쇠줄글: =전보(電報). 새로운 문명어에 대한 신조어다. 電線을 통해 글을 전한다고 하여 '쇠줄+글'이라 한 것인데 뒤바보는 이를 '불술

기'와 함께 "우리 국어의 신발명"이라 하였다.

③ 불술긔: =기차(汽車). 중국어 '火車'를 번역차용한 말. '술긔'는 '수레'를 뜻하는 함북 방언.

④ 맨明川 통吉州: 연해주에 함북 길주, 명천 사람이 넘친다는 뜻으로 한 말.

⑤ 사토리: =사투리. 18세기에 간행된 <이쥬풍쇽통>에도 '사토리'라 하였다. 지금도 함북 방언 화자(일부 노인층)들은 '사토리'라 한다.

⑥ 몽동장가: 손을 잡거나 허리를 껴안는 방법으로 여자를 추행하고 그것을 구실 삼아 여자를 아내로 삼는 장가. 이주 초기에 단신으로 연해주로 넘어와 노동자로 일하던 홀아비가 많아 생긴 악습이다.

⑦ 과부동이기: =보쌈.

⑧ 강동(江東): 연해주를 달리 이르는 말. '두만강의 동쪽 땅'을 줄여서 이르는 말이다. 중앙아시아의 한인, 중국 조선족(노인층)은 지금도 이 말을 쓰는데 혹자는 '강도'라고도 한다. '강도'는 '강동'의 어말 'ㅇ'이 약화하거나 탈락하는 음운 현상에 말미암은 것이다. 연해주 이주 50년 역사를 약술한 『新韓民報』의 「강동쉰해」라는 칼럼도 있다. 「俄領實記」에서는 또 '東江'이라 하였다. 이와 비슷한 뜻을 가진 '遠東'은 러시아어 Dal'nij Vostok Rossii를 번역한 말이다. 원동은 본디 '러시아의 동쪽 지역'(=아무르주, 축치 자치구, 유대인 자치주, 캄차카 지방, 하바롭스크 지방, 마가단주, 프리모르스키 지방, 사할린주)를 가리키는 말로 학술적으로는 '러시아 극동'이라 한다.

⑨ 한것: =상전(上典). 뒤바보는, "平日에 胡虜라고 恆罵하던 中俄人을 「한것」(上典이라는 말)으로 삼고"라 하였다. 중앙어에서는 '항것'이 중세국어, 근대국어 시기에 쓰인 바 있다.

⑩ 원호인(元戶人): 러시아 국적에 편입된 연해주 한인.[9]

⑪ 여호인(餘戶人); 러시아 국적이 없는 연해주 한인.

⑫ 주신(珠愼): 지금의 만주와 연해주 지방에 살던 퉁구스족. 고구려 서천왕 때에 일부가 복속되었고 광개토대왕 8년(398)에 완전 병합되었다(『표준국어대사전』). 뒤바보는 이 '주신'이 살던 지역을 우리 민족의 구강(舊疆)으로 보았다.

⑬ 분통노이: 先利子를 받는 변놀이. 뒤바보는 "「金錢을 貸與하되 每元頭에 幾錢式의 預利를 取하는 것」"이라 하였다. '노이'는 '놓-+-이'. 보통 이자놀이를 할 때 '변을 놓다'라 한다. '분통'은 어원을 알기 어렵다.

⑭ 금졈군: 금광에서 사금을 채굴하는 사람.[10]

⑮ 금쌈: 쌈(<빰)은 금의 무게를 나타내는 단위. 한 쌈은 금 백 냥쭝이다.

---

9 한득봉(1991: 609)에는 '원호지인'이라 하고, "1884년까지 러시아로 이주해 온 조선 사람으로, 그들은 러시아 국적을 받고 식솔매명에게 15헥따르(약 15정보)의 토지를 분배 받았습니다."라 하였다.

계봉우(1944/1996: 167-9)의 「꿈속의 꿈」에서는 연해주 거주 한인들의 사회적 계층과 그들의 삶을 기술하고 있다. '원호(元戶, 러시아 국적 취득자)', '여호(餘戶, 러시아 국적 미취득자)', '외품자리(품팔이꾼)', '아재비(머슴)' 등이 그 예다. 원호와 여호는 대립과 갈등이 심했는데 이는 러시아 혁명기는 물론 그 후로도 지속되었다. 혁명 후 원호인들은 대부분 쿨락(Kulak)이라 하여 청산 대상이 되었다.

반병률(2008: 105-106)에서는 위 계봉우의 글을 인용하여 다음과 같이 기술하였다. "원호가 여호를 '레베지' 또는 '보토리'. 여호가 원호를 '얼마우재' 또는 '주자리'라 부르며 서로를 냉소적으로 불렀던 것이 그 좋은 예이다. 여호는 원호를 조선말도 모르고 러시아어도 제대로 못하는 '얼치기 러시아인'으로 원호는 여호를 흰두루미 걸어가듯 흰옷 입고 뒷짐 지고 가는 한심한 사람으로 비소했던 것이다. … 원호는 지주, 포드랴치크(청부업자), 비사리(서기), 통사로서 여호들이 품었던 원한의 대상이었고, 여호는 소작인, 질등일군(철도건설노동자), 아재비(머슴), 외품자리(임금노동자)로 원호들의 착취 대상이었다."

10 박보리스(1997: 139)에서는 "1913년에 이르러서는 시베리아와 원동 지방의 금광에서 4,088명(총 노동자의 10%)의 한인노동자가 일하고 있었다. 쁘리아무르지역의 여타 산업분야에서도 한인노동자들이 그 대다수를 차지하고 있었다."라 하였다.

⑯ 함지: 나무를 파서 만든 그릇. 용도에 따라 그 크기가 다르다. 뒤바보는 사금을 채취할 때 쓰는 함지(복대기나 감흙을 일어 금을 잡는 데에 쓰는, 함지박 비슷한 그릇,『표준국어대사전』)를 말한 것이다.
⑰ 걸양군(乞壤軍): 하루 사용료를 광주에게 지불하고 하루하루 매일같이 금을 채취하는 일을 하는 사람.
⑱ 졈군(店-): 금점 · 은점 · 옹기점 따위에서 일품을 팔아 살아가던 사람을 이르던 말.
⑲ 담배마리군: 잎담배를 종이에 말아서 파는 사람을 이르는 말.
⑳ 질등일군. 烏蘇里鐵道와 東淸鐵道를 건설할 때 일하던 노동자를 일컫는 말.
㉑ 어리바잇개: 漁場에서 하는 노동.
㉒ 아재비: =머슴. 새경을 받고 일하는 남자 일꾼을 집주인의 아내가 부르던 말. 1년에 100원 정도의 새경을 받았다. 본디 '아재비'는 함남북 지방에서 '작은아버지', '삼춘', '아저씨'를 뜻하는 친족어로 쓰였는데 낮추는 뜻이 있다. 집에 둔 일꾼을 친근하게 '아재비'로 부른 것이다.『노한소사전』(1904: 30)에는 'dyadya'(삼촌, 아저씨)의 대역어로 '삼촌', 아재비"가 제시되어 있다.
㉓ 가삭[雇金]: 새경을 일컫는 말.
㉔ 빗새기: 뒤바보는 '身票'라 하였다. 신분증명서.
㉕ 연해주 한국어의 종결어미: 계봉우는 아래 세 종결어미를 들고 있다.
-둥: 합쇼체 의문형 종결어미.
-꾸마: 합쇼체 서술형 종결어미. 사실에 대한 진술.
-궈니: 합쇼체 서술형 종결어미. 어떤 사실을 확인해 줄 때 쓰인다.
㉖ 귀밀. 귀리의 함경도 방언. 흔히 '구밀'이라 한다. 중부방언은 '귀'에 '보리'가 결합하여 '귀보리>귀보리>귀오리>귀리'가 되었지만

함경도 방언은 '귀'에 '밀[小麥]'이 결합되었다.

㉗ 가재미: =가자미. 본디 두 눈이 한 곳에 있으나, 뒤바보는 전면과 후면에 붙어 있는 것으로 이해하고, 통역을 하면서 러시아인과 조선인 양쪽에서 이익을 취하는 자를 비유적으로 '가재미'라 하였다.

㉘ 동강: =강동. 연해주를 달리 이르는 말. 동강말: 연해주에서 쓰이는 한국어.

㉙ 통사(通辭)[11]: 함북에서는 '통새'라 한다(곽충구: 2019a). 러시아인과 한인 사이에서 통역을 해 주는 사람. 아래와 같이 몇 유형이 있다. 통사 중에는 위 '가재미'처럼 사리사욕을 채우는 이들이 많았다.

가) 별니채통사: 별니채(Politsiya, 경찰서)에서 일하는 통사. 관에서 일하는 고로 권력을 남용하는 경향이 있었다. 뒤바보는, 자기의 뜻에 맞으면 신분증 하나라도 얼른 내어 주고 조금이라도 자신의 뜻에 어긋나면 온갖 방해를 서슴지 않는, 호가호위하는 자를 일컫는다고 하였다.

나) 새통사: 마초(馬草)를 사고 팔 때 중개하는 통사.

귀밀통사: 귀리를 사고 팔 때 중개하는 통사.

이들은 자기 동포를 해롭게 하고 또 러시아인을 속여 양쪽에서 이익을 취한다.

다) 빼애지통사: '빼애지'는 러시아어 'pyat'(다섯)'. 하나부터 다섯까지의 러시아어만 알고 통사 노릇을 한다는 뜻으로 러시아어에 능통하지 못한 통사를 비꼬아 이르는 말.

11 흔히 '通事'라 하는데 뒤바보는 通辭로 적었다.

㉚ 세찬군: 부두에서 종선(從船)을 타고 짐을 하역하는 노동자.

㉛ 지게군: =지게꾼.

㉜ 한인의 결사체: 연해주 한인 사회의 자치 조직과 그 조직을 운영하는 직함이 있었다.

가) 색중청(色中廳): 이주 초기에 보부상의 예규를 원용하여 만든 조선인의 결사체(結社體). 농촌, 시내, 금광에 지청을 두고 서로 연락을 주고받았다.[12]

나) 풍속(風俗): 마을의 공적인 일을 수행하던 자치 조직. 뒤바보는 '風俗'을 아래와 같이 말하고 있다.

"… 우리 韓人이 成聚한 곳에는 農坪과 市街를 勿論하고 다 風俗이라는 名義를 設하야 俄官의 認許 업시 非公式으로 하는 自立機關이 되야 都所下에 在한 것이니 東江社會에는 가장 滋味잇고 가장 完美한 것은 風俗이라 한다 그 主任者는 風尊或老爺라 하는대 風俗이 모혀서 公選하엿다 그는 風俗을 治理하는 權이 有하고 그 治理라는 方法은 冠婚喪祭에 公同히 助與케 하는 것과 患難을 相救케 하는 것과 過失을 相規게 하는 等의 몃 가지 일이다 그리하야 洞里 가운데 如何한 大小事던지 風俗에서 모르고 決處될 수는 업나니 農坪에는 흔이 風尊을 두고 市街에는 흔이 老爺를 두는데 近來에는 新式을 取하야 會長 또는 民長으로 改定한 地方이 多하다 그런데 風尊과 老爺라 함은 東江社會에 한 「벼슬」 일홈과 갓치 免任된 後에도

12 계봉우(1944/1996), 「꿈속의 꿈」(169쪽)에, "여호와 외품자리의 사이에는 단체적 행동이 생기게 되었나니, 각 도시에서는 보따리장사의 단체인 색중(色中)을 조직하고 접장(接長)이라는 직임자가 강한놈은 억제하고, 딱한놈은 붙들어 주는등의 행정권을 가지엇으며, 금광이나, 어장에서는 적으면 이삼십명, 많으면 백여명의 작동생(結義)을 무엇는데, 거긔에는 장형(長兄)이 있어 환난의 구제, 풍긔(風紀)의 교정, 우애(友愛)의 돈독에 특히 주의하였다."고 하였다.

尊崇하는 稱號가 되엿다.”

‘風俗’은 洪良浩(1724~1802)의 『北塞記略』(「孔州風土記」)에 ‘里中公事謂之風俗’이라 하여 처음 등장한다. 홍양호는 1777년에 경흥부사로 부임한 바 있다. 이에 대해서는 小倉進平(1927: 24-26), 곽충구(2001b, 2019a)에서 언급한 바 있다. 위 연해주의 ‘風俗’은 『北塞記略』의 그 ‘風俗’을 이은 것이다. 즉, 오래 전부터 함북 지방에 내려오는 민속이 연해주 한인 이주민 사회에 그대로 이식된 것이다. 풍속에서는 관혼상제 때 상부상조하고 환난을 만났을 때 서로 구제하고 과실을 서로 규제한다고 하였는데 이는 鄕約과 다를 바 없다.

이 자치 조직의 우두머리를 ‘風尊’, ‘老爺’라 하였다. ‘老爺’는 金光薰·申先郁(1884?)가 제작한 『俄國輿地圖』의 ‘延秋我民村圖’에 “又有社老爺一人檢察社中事”라는 구절에 나온다. 즉, ‘社’(面 정도에 해당하는 행정 구역)에는 老爺一人이 있어 社 안의 질서를 바로잡고 통제하였다는 것이다.

한편 계봉우(1944/1996)의 「꿈속의 꿈」(169쪽)에서는 “각사(社-지금의 面)에 도소(都所)을 설하고 로에(面長)를 공천하여써 모든 사무를 집행하엿다”라 하여 老爺를 ‘로에’라 부르고 그 직은 面長에 해당한다 하였다.

앞서 Ⅱ부의 『노한회화』에서는 “영게' 뉘'기 노예우'?(여기 촌장이 누구요?)”라는 회화문이 나온다. ‘노예’는 중국어 老爺(lǎo yé)의 직접 차용어이다. 당시 함북과 이웃하고 있던 길림성의 중국인들 또는 연해주 중국인의 말을 차용한 것이다.

현재 중국 훈춘시 경신진 회룡봉촌의 村史를 기록한 「회룡봉혁명투쟁개황」이란 기록에 의하면(곽충구 외, 2008: 633-640(【부록】), 1908년 당시 이 마을에는, 마을의 관리로 한 씨 성을 가진 ‘한로예’와 ‘기성로예’라는 사람이 있었다는 기록이 있는데 여기에는 ‘로예’로 기록되어 있다.[13]

'노야'가 아닌 '로예'라 한 점으로 미루어 중국어를 직접 차용하였음을 알 수 있다. '老爺'는 청나라 말기의 村長의 직함이었다.

『漢語大詞典』에 의하면 '老爺'는 다의어인데, 첫 번째 의미는 "舊時對官紳的稱呼, 或官紳的自稱"(옛날 관리에 대한 칭호, 혹은 관리의 자칭)이라 하였다. 따라서 일반적으로 '관리'를 뜻하던 말이었음을 알 수 있다. 위 「회룡봉혁명투쟁개황」에서도 '관리'라 하였다. 따라서 마을의 촌장격에 해당하는 관리를 지칭하는 말이었음을 알 수 있다. 즉, '社'의 우두머리를 '노예'라 한 것이다.[14]

다) 도소(都所): 연해주 한인 사회의 관리 경영 및 조세 수납의 권한을 가진 자치 조직. 남도소(얀치헤 소재)와 북도소(아지미 소재)가 있었다. '都所'의 우두머리는 '都憲'이다. '都憲'은 『正祖實錄』 卷十(1780, 7월)에 보이는데, "講行鄕約, 擇其邑中有德望者, 定爲都憲"이라 하였다. 이에 의하면 '都憲'은 조선 후기에 일반적으로 쓰였던 직함임을 알 수 있다. 이와 달리 러시아 문헌에는 'volosnaya starshina'라는 말도 나오는데 이는 都憲을 지칭한 것이다. 이상근(1994: 45-46) 및 반병률(2009: 63-64)에는 제정러시아 행정 단위로서의 '都所'에 대한 언급이 있다.[15]

---

13 '노예'를 '로예'라 한 것은 기사자가 중국 조선족 맞춤법에 따라 표기한 때문일 수도 있다.

14 한편 '老爺'는 『朝鮮王朝實錄』에는 『中宗實錄』, 『宣祖實錄』으로부터 『孝宗實錄』에 이르기까지 모두 837건이 검색되는데 명나라의 사신이나 고위 관리 또는 임진왜란 때 파견된 명나라 장수에 대한 존칭어로 쓰였다. 그리고 제주도에 표류한 중국인들이 조선의 관원을 '老爺'라고 불렀다. 따라서 실록에서는 관원에 대한 존칭으로 사용하였음을 알 수 있다. 연해주 한인들은 '社'의 官長을 '노예'라고 불렀다. 한국 한자음 '노야'가 아닌 중국어음 '노예~로예'로 호칭을 하였으니 중국어를 직접 차용하여 쓴 것이다.

라) 샤~사(社): 본디 함경도에 있었던 행정 단위. 연해주 한인 사회에도 이 '社'가 있었다.

『민족문화대백과사전』에는 다음과 같이 사(社)를 설명하고 있다.

지방행정구역으로서의 사는 주례(周禮)에서 25가(家)를 사(社)라고 한 데서 비롯되었으며, 원(元)에서는 50가를 1사로 하고 나이가 많은 자를 장(長)으로 하여 권농에 힘썼는데, 이 영향에 의하여 고려말기와 조선 초기에 함경도 지방의 종래의 촌(村) 또는 진(鎭)이 사로 개편되었다.

『東國輿地勝覽』(咸南 永興都護府 條)에는 함경도의 '社'는 '里'와 같고 본도 사람들은 모두 里를 '社'라 한다(社猶言里也 本道人凡稱里皆爲社)고 하였다. 1600년경의 함북 경흥부(慶興府) 내 社의 호구를 보면 가장 큰 邑社는 606戶에 1752人이고, 가장 작은 造山社는 70戶에 189人이다. 社는 행정구역 개편 시 面으로 바뀌었다. 앞서 본 바와 같이 뒤바보는 '社'를 '面'이라 하였다.

㉝ 작의파(作義派): '작의'는 남과 남이 서로 義兄弟가 되기로 結義를 맺는 일. 이주 한인들은 일가붙이가 없는 경우가 많았고 또 험지에서 서로 의지하고 상부상조할 필요가 있어 작의을 맺는 일이 많았다. 특수한 지역적 시대적 상황에서 생겨난 것이다. 지금도 중앙아

15 반병률(2009: 64-65), "1884년 조선과 러시아가 국교를 수립하여 한인 이주민들의 안정적인 정착이 보장되면서, 러시아 정부는 한인 농촌사회를 러시아 행정단위에 편입시켰다. 그리하여 都憲(volosnaia starshina)·社憲제도가 도입되어 '인민의 자치제'가 시행되기 시작하였다. 연추마을에 연추도회소를 설치하여 두만강 및 중국 훈춘과의 국경지역에 분포되어 있던 한인 마을을 관할하였다. 이후 그 이북지역의 아지미 마을에 도소를 두고 그 주변의 한인 마을을 관할케 하였다. 그리하여 한인들은 연추도회소를 '南都所', 아지미 도회소를 '北都所'라 불렀던 것이다."

시아와 중국 거주 한인들은 '작이(<작의)'라는 말을 쓴다. '작이를 맺는다', '작이르 뭇는다'고 한다(곽충구: 2019a).

쟉'이 그 쟉'이르 뭇는다'구. 쟉'이르 맺는다'구두 하구. 뭇는다'디. 이'르 맺는다'는 게디. 남가 남'이 딱 다정한 그런 친구간에' 뜻'으 같'이 하쟈구서' 쟉'이르 맺는단 말'이오.(작의를 뭇는다고 하지. 작의를 맺는다고도 하고. 원래는 '뭇는다'(=여러 사람이 한데 모여 조직 따위를 만들다)지. 의(義)를 맺는다는 것이지. 남과 남이 딱 다정한 그런 친구 간에 뜻을 같이 하자고 작의(作意)를 맺는단 말이오.)

이에 대하여 뒤바보는 아래와 같이 말하고 있다.

作義派 此는 東江勞働界에 처음 生긴 大團體인대 그 結義文을 보면 반드시 中國의 劉關張三人의 桃園結義하던 意思를 取하야 제법 政治的 色彩를 包含한 듯하나 그 實狀은 此와 反하야 異域孤蹤으로 彼此에 依支하자는 宗旨가 잇고 또는 「주자얼」된 者가 그 妻에 對한 外來侵略을 圖免하려고 함도 一方의 原因이 되엿다 結義式을 行하는 그 時에는 各自의 「목젼」을 收聚하야 大宴會를 開하는대 長兄은 가장 年高한 者로 하되 대에 「大爺」라 하고 그 다음은 年齒의 順次로 열, 스물, 乃至 百名까지 하야 마감아위는 「말재」라 하고 「대예」와 「말재」에게는 목젼을 免除하야 주는 터이다 그리고 「대예」한데는 帽子를 드리고 「말재」에게는 鞋子를 주나니 此는 初와 終을 意味함이오 아울너 兄弟되는 節次를 行함에 當하야는 女子의 下內衣를 만드러 가지고 「대예」로붓터 「말재」까지 次例로 그 속옷가리(저자 주: 속옷가랑이)로 머리를 各긔내여 보내나니.

㉞ 절당: 정교회 교회. 기존의 단어에 새로운 개념을 넣어 사용하는 예다. 지금도 중앙아시아와 중국에 거주하는 교포(노년층) 중에는

'교회'를 '결당', '절당'이라 하는 이가 있다.

㉟ 즁: '정교회의 神父'를 이르는 말.

㊱ 야소교(耶蘇新教): 예수교.

㊲ 희랍교(希臘教): 러시아정교회.

5. 문법서

Slova i Vyrazheniya k" Russko-Korejskim" Razgovoram"

(『노한회화에 대한 단어와 표현』, 러시아정교선교회, 카잔, 1904)

5.1. 체재 및 내용

『노한회화에 대한 단어와 표현』은 1904년 러시아의 카잔(Kazan')에서 러시아정교선교회에 의해서 출판된 소책자로 서문 xxxv+본문 41쪽으로 구성되어 있다.

이 책은 같은 해 3월에 간행된 『노한회화』의 자매편이자 참고서이다. 『노한화화』의 본문에 나온 한국어 단어를 순차적으로 뽑아 배열한 다음 그 단어의 뜻을 러시아어로 풀이하고 그 단어가 다른 한국어 단어와 어떻게 결합되어 쓰이는지를 기호로써 나타내었다. 『노한회화』는 앞 3장에서 본 바와 같이 두만강 하류의 함북 慶興에서 이주한 가정에서 태어난 연해주 한인의 한국어로 엮은 회화서이다. 러일전쟁 시기에 정보 수집용으로 편찬되었다.

서문은 연해주 한인촌 지신허 마을의 한국어 방언(주로 함북 경흥 지역어)를 조사 · 분석하여 얻은 기초적인 문법 지식을 제공하고 있는바, 회화 본문의 한국어 방언에 대한 이해를 돕기 위해 베풀어졌다. 부연하면, 『노한회화』의 한국어 방언과 동일한, 연해주 한인촌 지신허 마을의 한국어를 대상으로 체언의 곡용과 격조사 그리고 용언의 활용과 어미를 보여 주고 있다. 곡용과 활용의 체계 및 격조사와 활용어미가 일목요연하게 제시되어 있으며 또 체언과 조사, 용언 어간과 어미의 통합 과정에서 나타나는 다양한 음운 변동, 특히 고저 악센트(pitch-accent)의 실현과 그 변동을 볼 수 있다. 따라서 이 책은 기술 대상이 중앙어가 아니고 연해주 한인의 한국어라는 점, 이른 시기 외국인에 의해서 기술된 한국어 문법의 한 부면을 보여 준다는 점에서 중요하다 할 수 있다.

이 책은 앞서 본 러시아정교선교회에서 간행한 다른 문헌들처럼 프랑스 외방선교회 소속 신부들이 편찬한 『한불ᄌ뎐』(1880)과 『한어문전』(1881)을 참고로 하여 편찬되었다. 이러한 사실은 카잔의 한국어 연구가 이들 책에서 많은 영향을 받았음을 시사하는 것이다. 그러나 기술 대상 언어인 한국어는 이들 『한불ᄌ뎐』이나 『한어문전』의 한국어 혹은 당시 중앙어가 아니고 연해주 한인의 한국어다.[1]

5.2. 서문: 한국어 조사와 어미

이 책이 기술하고 있는 연해주 한국어와 그에 대한 간단한 문법을 그대로 보여 주기 위해 책의 서문을 번역하여 소개한다. 그리고 러시아어 문법 술어나 고유명사는 괄호를 두어 밝혀 둔다.

서문(Predisloviye)

금년(1904) 3월에 Russko-Korejskiye Razgovory(『노한회화』)라는 이름으로

1 20세기 초부터 블라디보스토크 등에서 오창환, 계봉우, 폴리바노프, 포트스타빈 등에 의해서 연구되고 간행된 각종의 한국어 문법서와는 성격이 다르다.

소책자가 출판되었다. 그 책은 10편의 會話로 나뉘어 있다.

會話의 각 편은 한국어 번역이 딸린 러시아어로 구성되어 있다. 이 책은 이전에 한국어를 전혀 알지 못했던 사람들의 이해를 돕기 위해 편찬되었다. 위 책의 출판 시에 이 참고서도 함께 출판이 준비되었다. 이 책은 『노한회화』라는 소책자 속에 수록되어 있는 단어들의 순서에 따른, 한국어 단어들의 목록에 다름 아니며 그것들을 대상으로 하여 만들어졌다. 단어들의 목록과 얼마간의 표현이 함께 수록 제출되었다. (러시아 : 한국어) 번역의 이해를 돕는다는 동일한 목표를 이루기 위해 여기에 한국어에 대한 보잘 것 없는 양의 지식이 제공된다. 그 지식의 當今의 목적은 얼마간의 명사와 동사의 어미를 익히는 데 있다.

간략한 지식(Kratkiya svedeniya)

자주 쓰이는 몇몇 한국어 명사와 동사의 어형변화에 대한 약간의 지식.[2]

명사(Sushchestvitel'nyya)

단수와 복수가 있고 10가지의 격조사가 있다. 격조사는 성(性)과 무관하다.[3]

---

2 *A.V. Starchevskij(1892), 『러시아 해양 통역』, 동양 언어, 4~5권, 상트페테르부르크, pp. 487-490에 따라 편집됨. 그리고 한국 내의 프랑스 선교사들에 의하여 편찬된 *Grammaire Coréenne,* Yokohama, 1881, *Dictionaire Coren-Français*, Yokohama, 1880으로부터 인용된 지식과 약간의 명칭들이 있다.
'간략한 지식'에 수록된, 일상어로 쓰이는 **모든 조사들은 연해주 한인들의 방언인데, 그 중에서도 특히 지신허(Tizin-h'e) 마을의 방언**이다. 그러나 이 마을에 살고 있는 모든 한인이 이 책에 전사된 것처럼 말하지 않는다는 사실을 미리 말해 둔다. 이는 그들이 각각 다른 지방으로부터 이 마을로 이주한 데 말미암는다.

3 [역자 주] 문법 술어는 러시아어의 번역을 그대로 사용한다. 따라서 현행 문법 체계 및 술어와 다르다. 현행 문법서에서는 보통 '여격, 향격, 처격, 출발격'은 부사격조사로 처리하고 그 하위 범주로 다룬다. '주제격'은 '보조사'의 하나다. '기본격'은 『노한소사전』에서 복수 접미사 '-덜' 앞에 위치하는 형태라 한 바 있다. 아래 표의 격조사와 그 기능 및 용례는 Ⅲ부(권 2) "1.2. 문법"을 참조.

〈표 1〉 격조사(Padezhnyja okonchanija)(V쪽)[4]

	단수	복수
기본격(Osn.)	—	t/d ər ⎫
주격(Im.)	i	" -i ⎬ nè
생격(P.)	=기본격, ɨ, u	=기본격 ⎭ 혹은 생격
여격(D)[5]	k'e kè, { k'è, gè, igè, ugè	t/d ər -k'e ne-è-gè
대격(V.)	irɨ, ɨ, u	" -ɨ nè-rɨ
호격(Z.)	a, yè	" -a,=기본격
향격(Or.)	i ⎫ ɨ ⎬ llɨ u ⎭	t/d ər -lɨ " -llɨ
처격(M.)	k'è, gè e,è { }(=여격) igè	t/d ər -e, =여격 =여격
출발격(Ish.)	처격+ʃə	처격+ʃə 처격(=여격)+ʃə
주제격(N.)	i ⎫ ɨ ⎬ nɨn u ⎭	t/d ər-inɨn nè-nɨn

위와 같이 연해주 한인의 한국어 조사를 10개의 격으로 분류하고 그것을 다시 단수, 복수로 나눈 다음 각 格과 數가 교차하는 곳에 알맞은 조사를 제시하고 있다. 각 격조사 항에는 선행 명사 말음에 따라 교체되는 즉, 음운

4 이 격조사 목록은 아래의 곡용 패러다임에 주어진 예와 단어 'sarɨmi'(=사람)의 어형 변화를 통해 작성되었다. XV쪽을 참조.

5 여기에 예시된 지신허 사람들의 여격형은 '누구-에게', '무엇-에'라는 질문에 대한 응답형이다. 그런데 그들(지신허 한인)은 러시아어 여격의 번역에 대격형을 사용하다. [역자 주] 연해주 한국어는 'NP-에게, NP-을/-를' 구문을 'NP-으(우)/-르, NP-으(우)/-르'와 같은 대격중출 구문으로 나타낸다. 예컨대, '그 사람에게 책을 준다'라 할 것을 "그 사름우 책으 준다"라 한다. '-에게' 대신에 대격조사 '-으/-르'를 쓴다. 또 '하느님우 빌어셔'(하나님에게 빌었어)처럼 '-에게' 대신 대격조사를 쓰는 것이 일반적인데 이는 함경도 방언의 두드러진 특징이다. 구체적인 예는 Ⅲ부(권 2)의 "1.2. 문법"을 참조.

론적 조건에 의한 이형태들을 제시하고 있다. 가령 대격의 조사를 보면, 단수는 “irɨ(=이르), ɨ(으), u(우)”, 복수는 “t/d ər-ɨ(=-덜-으), nè-rɨ(-네-르)”를 제시하고 있다. ‘-덜’, ‘-네’를 복수 표지로 보고 있다. 실례를 보이면,

단수

irɨ(이르): 슌금-이르(순금(人名)-이를)

ɨ(으): 책-으(책-을), 떡-으(떡-을)

u(우): 사름-우(사람-을), 밥-우(밥-을), 쥭-우(죽-을)

복수

t/d ər(=-덜): 책-덜으tsʰɛktərɨ(책-들을), 말덜으mardərɨ(말-들을)

nè-rɨ(=-네르): 느븨-네르(누이-네를), 셩님-네르(형님-네를)

위 조사 목록에서 대격과 향격, 주제격의 조사 ‘-ɨ’와 ‘-u’는 선행하는 명사의 말음이 순자음인 경우와 그렇지 않을 경우를 고려하여 제시한 것이다. 순자음 아래의 ‘ㅡ>ㅜ’ 원순모음화 규칙이 이 한국어에 존재하기 때문이다(‘Ⅲ부(권 2)의 1장’을 참고).

주제격은 ‘-ɨnɨn’ 한 예만이 소개되어 있지만 이보다 뒤에 간행된 『시편 노한소사전』(1904)에는 ‘-ɨn, -ɨnɨ, -ɨnɨn/-nɨ’와 같은 이형태들이 제시되어 있다. ‘-nɨ’는 개음절 어간 다음에 연결되고 그 밖은 폐음절 뒤에 연결된다. 따라서 이들은 음운론적 조건에 의한 이형태들이다. ‘-ɨn, -ɨnɨ, -ɨnɨn’은 수의적으로 교체되는데 이 세 이형태는 형태론적 중가 현상에 의한 것으로 생각된다.

그런데 위 표에는 공동격의 ‘-과’가 빠져 있다. 이 조사를 접속사로 본 것이다. 다른 카잔(Kazan') 문헌 자료를 참고하면 이 연해주 한국어에는 이형태 ‘-와’가 존재하지 않는다. 또 주격조사 ‘-가’도 존재하지 않는다. 그리고 대격조사 ‘-으’는 명사 말음 /ŋ/ 뒤에서 비모음화하면서 동시

에 선행하는 모음에 동화된다. 예: 콩+-으 → 코오kʰõõ(콩을). 위 표에는 이런 사실이 반영되어야 한다.

한편 위 표의 격 가운데 특이한 존재는 '基本格(osnovyj padezh)'이다. Kazan' 문헌의 편자들은 복수 표지의 '-덜'과 결합하는 형태를 '기본격'이라 하였다.[6] 예컨대, '여우'는 단독형과 주격형은 '예끼', 대격형은 '여끄', 자음 조사와의 결합형은 '여스과'(여우-와)이다. 이때 '-덜'과의 결합형 즉, '여스덜'의 '여스'를 기본격이라 한 것이다. 현대의 문법처럼 '문장 속에서 체언이나 체언 상당어가 서술어에 대하여 가지는 자격'을 格이라 한다면 위 '기본격'은 '격'이 될 수 없다. 또한 현대의 '기본형(basic form)'이나 '기저형(underlying form)'과도 다르다. 『노한소사전』의 서문에 의하면 '괘흙-이'의 기본격은 '괘흑-덜'의 '괘흑'이기 때문이다.

이렇게 '기본격'을 내세운 것은 동북, 육진방언의 명사 말에 붙는 '-이' 때문인 것으로 생각된다. 이 때의 '-이'는 주격조사와 그 성격이 다르다. 주격이 나타날 위치가 아님에도 불구하고 이 '-이'가 출현한다. 가령, '이것이 무엇이냐?'라 질문하면 '연필-이'라 한다. 이 때의 '-이'의 기능을 어떻게 규정할 것인지 문제가 되는데, 이 책과 『시편 노한소사전』의 편찬자들은 '주격조사'라 하였다. 이 형태소는 오직 체언이 단독형으로 발화될 때와[7] 주격의 위치에서만 나타난다. 그렇기 때문에 모음(또는 /ŋ/)으로 끝나는 체언은 모두 이 '-이'가 어간의 일부로 고정됨으로써 전통적인 동북 및 육진방언의 체언은 전설모음으로 끝나는 형태소구조제약을 갖

6 [역자 주] 『시편 노한소사전』에서도 '기본격'이라는 술어를 사용하고 있다. 이에 대해서는 'Ⅱ부(1.2.2)의 [각주 17]'을 참고할 것.

7 [역자 주] 단독형에는 '-이'가 결합되기 때문에 현대의 특수어간교체 명사들은 모두 '-이' 결합형으로 단일화하는 경향을 보인다. 예컨대 '나무/낭ㄱ'은 '낭기'(또는 '냉기')로, '두무/둥ㄱ'은 '둥기'로, '여스/엮'은 '여끼'(또는 '예끼')로, '쟈르/쟑'은 '쟐기'로 교체 이형태의 단일화가 이루어지고 있다.

게 되었다. 예: 쵸마+-이>쵸매(치마), 손녀+-이>손녜, 념통+-이>념튀. 단독형에 붙는 이 때의 '-이'는 사람의 이름에 붙는 '-이'와 흡사하다.[8]

위 한국어의 격 체계는 단순하다. 그것은 격 체계가 중부방언에 비해 미분화되어 있음을 말해주는 것이다. 위에서 '='로 표시된 곳 외에도 대체로 격조사의 형태가 단일하다는 사실을 알 수 있다. 특히 생격(속격)이 거의 나타나지 않는 점이 흥미롭다. 또 나타난다 하더라도 대격조사와 같다. 예: 여스 사등(여우 잔등), 여끄 사등(여우의 잔등). 그리고 다른 격조사도 대부분 대격조사에 일정한 첨사를 붙인 것이라는 점이 주목된다. 이들은 한국어 조사의 통시적 발달을 설명하는 데 일조가 될 것으로 생각된다.

그리고 복수는 '-덜', '-네'와 같은 접미사를 어간에 붙여 표시함으로써 나타내고 있다. 뒤에서 이들 접미사의 쓰임을 보이겠지만 이들 두 접미사는 각각 차이점이 있다. 즉, '-덜'은 무정체나 유정체 명사에 모두 결합될 수 있지만 '-네'는 유정체 명사에만 결합된다. 그러한 이유로 복수 접미사를 위와 같이 제시한 것이다.

이러한 격조사의 분류 체계는 '[각주 2]'에 의하면, "Ⅱ부 1.3"에서 소개한 A.V. Starchevskij(1892: 487-490)를 따른 것이라 한다.

여기서 주목할 점은 조사(여격 · 처격)에 악센트 표지를 붙여 놓았다는 사실이다. 이 악센트는 뒤에서 다시 언급되겠지만 선행 명사가 악센트를

8 [역자 주] 육진방언에서는 형태소의 말음 'ㅣ'가 조사와 결합하면 탈락된다. 또 복합어에서도 역시 탈락한다. 예: 져굴-으(저고리-를), 져굴에셔(저고리-에서), 져굴셞이(저고리 섶). 가대기(극젱이): 가닥-으, 가닥-날, 가닥-줄. 이 같은 현상은 '연필이'(단독형)가 조사를 만나면 '연필'이 되는 것과 평행하다. 단독형에 붙는 '-이'를 저자는 주격조사와 구분하여 G.J. Ramstedt(1939)의 술어를 써서 '한정첨사(determinative particle)'라 한 바 있다(곽충구: 1991/1994). 그러나 적절한 술어라 할 수 없다. 이에 대한 전반적인 논의는 '-이'를 접미사로 본 최전승(1983/1995: 295-321)을 참고할 것.

지니고 있다 하더라도 이들 조사 앞에서는 실현되지 않고 대체로 이들 조사에서만 실현된다. 이를테면 선행어의 고조를 소거시키는 말소자(김완진: 1977)와 같은 기능을 가지고 있다.

위에서 분류 도표화한 한국어의 격조사들은 명사와의 통합 관계를 고려하여 다시 그 쓰임을 보이고 있다. 즉, 명사 말음에 따라 달리 교체되는 이형태들을 보여 주고 또 '특수 어간 교체 명사'들처럼 조사와 통합될 때 어간이 교체되는 예들을 보여 준다. 그 밖에 악센트의 변동이나 또는 조사 이형태들이 명사의 의미 자질에 따라 통합상 제약을 받는다는 사실을 여러 사례를 들어 소개하고 있다. 원본에서 제시한 패러다임의 예를 그대로 소개한다.

패러다임의 유형(Obraztsy skloeniya)

〈표 2〉 單數(Ⅵ-Ⅶ쪽)

	촌(村)	제비[燕]	떡[餠]
기본격	ts^hon	ʧèb–i	t'ək
주격	ts^hòn–i[9]	ʧèb–i[10]	t'èg–i[11]
생격	=기본격	ʧèb–i	=기본격
여격	ts^hon–k'è	ʧeb–igè	t'ək–kè
대격	ts^hòn–ɨ	ʧèb–irɨ	t'əg–ɨ
호격		ʧəb–a	
향격	ts^hòn–ɨllɨ	ʧèb–illɨ	t'əg–ɨllɨ
처격	ts^hon–è	=대격	t'əg–è
출발격	ts^hon–eʃə	ʧeb–igèʃə	t'əg–eʃə
주제격	ts^hòn–ɨnɨn	ʧèb–inɨn	t'əg–ɨnɨn

9 생격 대신에 지신허인들은 보통 기본격을 쓴다. 특히 복수에 있어서는 예 23(=원본 [각주 23])을 볼 것. [역자 주] 앞서 보인 '여스 사등'처럼 생격의 '-으'는 거의 쓰이지

위 <표 2>에서 '촌', '졔비', '떡'에 결합되는 연해주 한국어의 다양한 격조사를 볼 수 있다. 그리고 이들 명사가 격조사와 결합할 때의 여러 음운 변동을 볼 수 있다.

'촌'은 '졔비', '떡'과 달리 조사와 결합할 때 변화하지 않는다. 악센트의 이동만 있을 뿐이다. 어간의 변화가 없는 일반적인 곡용 패턴을 보여 준다.

반면, 유정체 명사인 '졔'비'에 호격조사 '-아'가 결합하면 어간의 일부였던 'ㅣ'가 탈락하여 '졉'이 된다. 다른 Kazan' 자료의 예를 참고하면 이러한 탈락은 규칙적이다. 중앙어에서도 이 현상이 있지만 그리 광범위하지는 않다(송철의: 1978, 1990). 이 문제는 앞서 언급한 '-이'와 더불어 좀 더 폭넓게 논의되어야 할 사항이다. 이렇게 호격조사 앞에서 'ㅣ'가 탈락하기 때문에 앞의 격조사 목록에서는 '향격'과 '주제격'란에 '-illɨ', '-inɨn'을 이형태로 각각 삽입해 넣었던 것이고, 또 그것을 실증적으로 보이기 위해서 '졔비'의 곡용을 제시한 것이다.

한편 '떡'의 곡용은 '-이'가 명사에 결합하면 Umlaut에 의거 모음이 변화한다는 사실을 보이기 위해 제시한 듯하다.

않고 '기본격형'이 쓰인다.

10 한국어의 모든 단어가 호격을 취할 수 있는 것은 아니다. 그렇기 때문에 여기에 인용된 14개의 많은 예들의 격변화에서 호격은 전혀 언급되지 않았다.

11 러시아어로 xleb(빵)이다.

〈표 3〉 複數(VII쪽)[12]

	꽃[花]	집[家]
기본격	k'ot⌐tər	ʧip⌐tər
주격	k'ot⌐tər⌐i[13]	ʧip⌐tər⌐i[14]
생격	=기본격	=기본격
여격	k'ot⌐tər⌐k'è	ʧip⌐tər⌐k'è
대격	k'ot⌐tər⌐ɨ	ʧip⌐tər⌐ɨ
호격	k'ot⌐tər⌐a	ʧip⌐tər⌐a
향격	k'ot⌐təl⌐lɨ	ʧip⌐təl⌐lɨ
처격	k'ot⌐tər⌐e =여격	ʧip⌐tər⌐e =여격
출발격	k'ot⌐tər⌐eʃə k'ot⌐tər⌐k'èʃə	ʧip⌐tər⌐eʃə ʧip⌐tər⌐kèʃə
주제격	k'ot⌐tər⌐ɨnɨn	ʧip⌐tər⌐ɨnɨn

<표 3>은 복수 형태와 그 격 변화를 보인 것이다. 여기서 처격조사 '⌐e'와 여격, 출발격에서 볼 수 있는 조사 '⌐k'è'에 주목하지 않을 수 없다. 우선 명사가 무정체임에도 불구하고 이 조사가 쓰인다는 점이고 또 '⌐gè'가 아닌 '⌐k'è'라는 점이다. 이에 대해서는 Ⅲ부(권 2, 1.3.2의 4) 부사격조사를 참고.

그리고 말음 'r'이 유음으로 시작하는 격조사와 통합될 때 즉, '⌐r+⌐rɨ'와 같은 유음의 연쇄에서는 그 유음이 설측음으로 실현된다. '⌐r+⌐rɨ>⌐llɨ⌐'. 형태소 경계를 사이에 두고 두 탄설음이 접하게 되면 탄설음이 길게 지속되어 어의나 조사의 기능이 분명히 드러나지 않으므로 휴지를 두어 설측음으로 조음하게 된 것이 아닌가 한다. 원문 각주에서 밝힌 바와 같이 위 곡용형의 처격과 출발격은 실제로는 쓰이지 않는다. 단수를 참고

12 복수는 지신허인이 드물게 사용하나 복수 처격과 출발격은 전혀 쓰이지 않는다. 그렇기 때문에 이 격조사는 일부분 형식적으로 기입되었고 얼마쯤은 단수 조사의 예에 따라 기입되었다.

13 러시아어로 'tsvety'.

14 러시아어로 'doma'.

하여 곡용형을 제시한 것으로 보인다.

한편 '집', '꽃'은 무성조 어간(atonic stem)이다. 이들 명사가 접미사 '-덜'과 결합하면 '-덜'에 고조가 놓이지만 여기에 다시 조사 '-k'e'가 결합하면 이 조사에 고조가 놓인다. 이 책의 각주에서 이러한 악센트의 변동을 특별히 언급한 것은 이 '-k'è'가 선행하는 음절의 고조를 소거하는 기능을 가졌기 때문이다.

다음에는 말음이 유음인 명사가 격조사와 결합할 때의 곡용형을 보기로 한다.

〈표 4〉 單數(VIII쪽) 複數(IX쪽)

	말[言]	아들[子]	말[馬]+-덜	아[兒]+-덜
기본격	mar	adɨr	mar-dər	aà-dər
주격	màr-i[15]	adɨr-i[16]	mar-dər-i[17]	aà-dər-i[18]
생격	=기본격	adɨr	=기본격	=기본격
여격	màr-k'e	adɨr-k'è	mar-dər-k'è	aa-dər-k'è
대격	màr-ɨ	adɨr-ɨ	mar-dər-ɨ	aà-dər-ɨ
호격		adɨr-a	mar-dər-a	aà-dər-a
향격	màl-lɨ	adɨl-lɨ	mar-dəl-lɨ	aà-dəl-lɨ
처격	màr-e	{ adɨr-è =여격	{ mar-dər-e =여격	{ aà-dər-e =여격
출발격	màr-eʃə	{ adɨr-èʃə adɨr-k'èʃə	{ ar-dər-eʃə mar-dər-k'èʃə	{ aà-dər-eʃə aa-dər-k'èʃə
주제격	màr-ɨnɨn	adɨr-ɨnɨn	mar-dər-ɨnɨn	aà-dər-ɨnɨn

15 러시아어로 'slovo'.

16 러시아어로 'syn'.

17 러시아어로 'loshadi'

18 러시아어로 'deti'.

<표 4>는 말음이 유음인 명사에 결합되는 조사를 보여 준다. 그리고 호격조사가 유정체의 체언에만 결합될 수 있다는 사실을 보여 준다. 앞서 든 예는 모두 무정체 명사였다. 또 처격조사 '–e'는 무정체와 유정체 명사에 두루 결합될 수 있지만 여격의 '–k'e'는 유정체 명사이거나 무정체 명사인 경우에는 그것이 의인화한 경우에만 결합될 수 있음을 보여 준다. 또한 '처격'은 '여격'과 같다고 하였는데 이는 '–에'와 여격 '–께'의 기능이 일부 같기 때문이다. 위 조사에 '–셔'가 결합되어 出發點임을 나타내는, '출발격'(=부사격)의 두 조사 '–에셔'와 '–께셔'도 기능이 같다. 예: 그 돈은 아들에셔/아들께셔 나왓소(그 돈은 아들에서/아들에게서 나왔소). 마지막으로 위 표에서 주목할 점은 역시 악센트 변동이다. 아래 표와 같이 결합하는 조사에 따라 악센트가 놓이는 위치가 달라진다.

단어/조사	–ì(주격)	'–k'è'(여)	'–è'(처)	'–èʃə'(출)	'–k'èʃə'(출)
말[言]	màri	x	x	x	x
아들	adɨ̀ri	o	o	o	o
말[馬]+덜	maldə̀ri	o	x	x	o
아아+덜	aàdəri	o	x	x	o

위 네 단어가 조사와 결합할 때의 악센트 변동은 규칙화가 가능하다. 그러나 왜 어사에 따라 다른 악센트 변동 규칙을 적용 받는지는 설명하기가 어렵다. 즉, '아들'은 본디 제2음절 모음에 고조가 놓이는데 여격의 '–k'è', 처격의 '–è', 출발격의 '–èʃə', '–k'èʃə'가 결합되면 이들 조사에 고조가 놓인다. 그러나 '말[言]'은 어떤 조사가 결합되어도 결코 악센트 변동이 없다.[19] 그런데 복수 접미사 '–덜'은 조사 '–k'è', '–k'èʃə'가 결합될

19 [역자 주] '말[言]'은 중세국어에서 고정적 상성의 성조를 지녔던 명사다. 이 유형의 명사는 대부분 악센트의 변동이 없다. 거성을 지녔던 일부 명사들도 위와 같은 변동을

때에만 악센트의 변동이 있다. 앞 <표 3>에서 본 바와 같이 무성조 어간 ‘꽃’, ‘집’에 ‘-덜’이 결합할 때에도 그와 동일하다.

앞서 말한 바와 같이 ‘-r+-ri’와 같은 유음 연쇄에서는 -rr-이 설측음 -ll-로 실현된다.

<표 5>는 유정체 명사의 패러다임과 이른바 특수 어간 교체 명사(이기문: 1962)의 비자동적 교체를 보여 주고 있다.

〈표 5〉 單數(X쪽)

	형님(兄-)	아우[弟]	여우[狐]
기본격	ʃəŋ-nìm	asɨ	yəsɨ
주격	ʃəŋ-nìm-i[20]	ɛkk-ì[21]	yekk-ì[22]
생격	=기본격	akk-ɨ	yəkk-ɨ
여격	ʃəŋ-nim-k’è	asɨ-gè	yəsɨ-gè
대격	ʃəŋ-nìm-u	=생격	=생격
호격	ʃəŋ-nim-yè	akk-à	yəkk-à
향격	ʃəŋ-nìm-ullɨ	akk-ɨllɨ	yəkk-ɨllɨ
처격	ʃəŋ-nìm-e =여격	=여격	=여격
출발격	ʃəŋ-nìm-eʃə ʃəŋ-nim-k’èʃə	asɨ-gèʃə	yəsɨ-gèʃə
주제격	ʃəŋ-nìm-unɨn	akk-ɨnɨn	yəkk-ɨnɨn
복수 주격			yəsɨ-dəri yekkì-dər-i

<표 5>는 말음이 순음인 유정체 명사와 특수 어간 교체 명사의 곡용을 보여 준다. 이 곡용 패러다임을 제시한 목적은 손위 친족에게는 호격

겪는다. 이에 대해서는 R.S. Ramsey(1978), 곽충구(1991/1994: 373-378), 박진혁(2014: 90-95)를 참고할 것. 동남방언의 경우는 이토 다카요시(2015: 82-90)을 참고할 것.

20 손위 남자 혹은 손위 여자. 이 단어는 나이 어린 남자가 나이 든 남자 혹은 나이 어린 여자가 나이든 여자를 지칭한다.

21 나이 든 남자 형이 남동생을, 혹은 누나가 남동생이나 여동생을 이르는 말이다.

22 러시아어로 ‘lisnitsa’.

조사 '-yè'가 결합된다는 점, 명사의 말음이 순자음일 때에는 조사 '-ɨX'가 원순모음화에 의하여 '-uX'로 변화한다는 점, 일군의 명사들이 특이한 어간 교체를 보인다는 점 등을 보이기 위해서다.

위 ʃəŋ-nim-yè(셩님예!)에서 보듯 손위 친족을 부를 때에는 '-yè'가 결합된다. 예: 아바녜:'!(할아버지!), 맏아바녜:'!(큰아버지!). 이때 악센트의 변동도 있다.

그리고 '셩님'은 처격조사 '-è', 출발격조사 '-èʃə'가 결합되면 악센트 변동이 없지만 여격 '-k'è', 출발격 '-k'èʃə'가 결합되면 이들 조사에 고조가 놓인다. 접미사 '-님'은 <표 3>, <표 4>의 접미사 '-덜'과 동일한 악센트 변동 패턴을 보인다.

위 <표 5>는 특이한 어간 교체와 어간 이형태를 보여 준다. '아우'는 'ɛkk-', 'akk-', 'asɨ'의 세 교체 이형태가 출현한다. 이는 15세기 국어의 '아ᅀᆞ/앗ㅇ'와 동일한 어간 교체이다. 즉, 모음 조사 앞에서는 '앗ㅇ: akk(<ask)'으로 자음 조사 앞에서는 '아ᅀᆞ: asɨ'로 교체된다. 15세기 국어의 'ㅇ'이 'ㄱ[k]'로 실현되고 'ㅿ'이 'ㅅ[s]'로 실현된다는 음운사적 차이만이 있을 뿐이다.

아래 <표 6>은 접미사 '-덜'과 '-네'의 쓰임을 보이고 있다.

〈표 6〉 複數(XI)

	양반+-덜	동생+-네
기본격	nyàŋ-ban-dər	⎫
주격	nyàŋ-ban-dər-i[23]	⎬ toŋ-sɛŋ-nè[24][25]
생격	=기본격	⎭
		혹은 생격 toŋ-sɛŋ-ne-è
여격	nyaŋ-ban-dər-k'è	toŋ-sɛŋ-ne-gè
대격	nyàŋ-ban-dər-ɨ	toŋ-sɛŋ-nè-rɨ
호격	=기본격	toŋ-sɛŋ-nè-ya
향격	nyàŋ-ban-dəl-lɨ	toŋ-sɛŋ-nè-llɨ
처격	nyàŋ-ban-dər-e =여격	=여격
출발격	nyàŋ-ban-dər-eʃə nyaŋ-ban-dər-k'èʃə	toŋ-sɛŋ-ne-gèʃə
주제격	nyàŋ-ban-dər-ɨnɨn	toŋ-sɛŋ-nè-nɨn

‘냥반덜’은 호격이 기본격과 같다고 하였다. 이는 아마도 ‘이 냥반덜!’ 처럼 ‘냥반’이 부차적 의미로 쓰이는 경우일 것이다. 반면 손아래에 해당하는 ‘동생네’에는 ‘–야’가 결합되었다.

<표 6>에 등장하는 접미사와 조사는 모두 기저에서 고조를 갖는다. 그런데 앞서 언급한 바와 같이 처격조사 ‘–è(ʃə)’, 호격조사 ‘–à, –yà, –yè’, 여격조사 ‘–gè, –k’è’는 대부분 선행하는 명사가 지닌 고조를 소거시키는 기능이 있다. 이들이 서로 통합될 때 악센트 실현이 다양하게 나타나는데, ‘여격의 ‘–gè, –k’è와 처격의 ‘–è’ > 복수의 nè > 호격의 ‘–à, –yà, –yè’와 같은 위계를 갖는다.

형동사(Prilagatel'nyya) – (XII쪽)

명사를 수식할 때 쓰이는 러시아어 형용사를 번역하는 한국어 단어는 한국어 동사의 특수한 종류에 속하는 ‘과거 관계 분사(otnositel'noye prichastiye proshedshego vremeni)’이다. 이 후자의 특성은 그들이 그 어떤 주체의 성질을 가리킨다는 점에 있는데, 예를 들면, kʰɨgi – 크기. 그것에 의해 수식된 명사가 없으면 이 분사는 사용되지 않는다.

그런데 그러한 형동사가 동물이나 사물의 명칭을 수식하는 역할을 할 때에,

---

23 러시아어로는 ‘znatnye’.

24 나이 어린 남자 동생이나 혹은 나이 어린 여자 동생(ʃəŋ–nimi와 유사하게 단어 toŋ–sɛ는 나이 어린 남자 동생이나 나이 어린 여자 동생 중의 어느 한 사람을 지칭한다).

25 기본격과 주격의 한 그룹과 다른 한 쪽의 생격 사이에는 차이가 있다. 생격에서는 toŋ–sɛŋ–nè가 말해진 후 소리가 단절된다. 아마도 이는 생격 조사 ‘–으’가 지금은 탈락한 때문으로 설명될 수 있다. 그런데 이러한 현상 대신에 단어 끝에 두 개의 e가 있고 두 번째 e에 악센트가 있음이 관찰된다. [역자 주] 주격과 기본격은 toŋ–sɛŋ–nè로 조음되지만 생격은 toŋ–sɛŋ–ne로 조음되는데 이는 ‘toŋ–sɛŋ–ne+–으’의 ‘–으’가 탈락된 때문이라 본 것이다. 그러나 이 대신 ‘toŋ–sɛŋ–ne–è’가 쓰인다고 하였다.

이 명칭을 '-gət, -ge'라는 말로 대신할 수 있다. 이의 변이형으로는 '-kət, -kəʃi - 사물'이 있다. 단어 '-kət, -kəʃi'는 연해주 한국어에서는 명료하게 나타나지 않고 그 변이형은 다른 단어와의 결합에서만 쓰일 뿐이다. 그리고 오직 그러한 경우에만 의미가 있다.

비교(Sravnitel'naya) (XIII쪽)

한국어로 비교의 정도를 나타낼 때에는 특별한 어미를 취하지 않는다. 그러나 러시아어 비교급을 번역할 때에는 러시아어의 원급과 똑같은 표현이 사용된다. 다만 한국어에서는 비교되는 대상의 단어 뒤에 반드시 "pogù 혹은 pòda(=<pogì - 보다(示, 視)"와[26] 같은 말을 추가한다는 점에서 차이가 있다. 그러나 러시아어의 비교급에 해당하는 경우는 단어 앞에 '더'를 둔다.

수사(Chislitel'jnyya) (XIII쪽)

한국어에서 수사는 항상 그에 관계되는 명사에 선행한다.[27] 서수(단어 '첫째'를 제외하고)는 관계되는 양수사에 'ʦɛ | ʦ'ɛ'를 첨가함으로써 만들어진다.

예를 들면,	han, hannɛ - 하나	ʦ^{h}ət-ʦɛ - 첫째
	nirgùp, nirgùbi - 일곱	nirgùp-ʦɛ - 일곱째
	yar, i - 열	yàr-ʦ'ɛ - 열째

26 [역자 주] 연해주 한국어는 '-보구'이다. 현재의 육진방언에서는 대체로 '-보다'를 쓴다.
27 [역자 주] 수관형사와 양수사를 모두 '수사'라 하고 있다.

대명사(Mestoimeniya) - (XIV쪽)

A. 인칭대명사(Lichnyya)

	(1) 單數		(2) 複數		
	1인칭	2인칭	1인칭	2인칭	2인칭
기본격	nɛ	ne	urì	nəə	nəə-dər
주격	nɛ	ne	urì	nəə	nəə-dər-i
생격	nɛ	ne	urì[29]	nəə	nəə-dər
여격	nɛ-gè	ne-gè	uri-gé	nəə-gé	nəə-dər-k'è
대격	nà-rɨ	nə-rɨ	uri-rɨ	nəə-rɨ	nəə-dər-ɨ
호격	—	(yàa)[28]	—	(yàadəra)	
향격	na-llɨ	nə-llɨ	uri-llɨ	nəə-llɨ	nəə-dəl-lɨ
처격	nɛ-gè	ne-gè	uri-gé	nəə-gé	nəə-dər-k'è
출발격	nɛ-gèʃə	ne-gèʃə	uri-geʃə	nəə-géʃə	nəə-dər-k'èʃə
주제격	nà-nɨn	nə-nɨn	uri-nɨn	nəə-nɨn	nəə-dər-ɨnɨn

(3) 單數

	당신	그(저 사람)
기본격	Taŋ-ʃìn	tyə sarɨm
주격	Taŋ-ʃin-nì	tyə sàrɨm-i
생격	=기본격	tyə sàrɨm-u
여격	Taŋ-ʃin-k'è	tyə sarɨm-k'è
		tyə sarɨm-ugè

---

28 이 호격은 'y àa - 이 아이'라는 표현으로부터 인용한 것이다. 만약에 호격 'y àadəra'를 IX쪽의 aàdəra'와 비교해 보면, 분명히 대명사 'i'가 뒤따르는 단어에 긴밀하게 연결됨으로써 악센트가 달라진 사실을 알 수 있다. 호격에서의 대명사 'i'의 사용은 한국어에서는 낯설지 않다. 예를 들면, 'i nyàŋ-ban-dər' - (XI쪽을 참조)을 들 수 있다.

29 생격 대신에 지신허인들은 자주 기본격을 사용한다. 복수에서는 거의 그러하다. 예7(=본문 [각주 7])을 참조. 처격은 일반적으로 여격과 같다. 그리고 출발격은 보통 '여격+ʃə'의 형태를 취한다. 이 조항은 비록 명사와 대명사의 패러다임에서 약간의 차이를 보이고 있지만 대명사의 검토를 용이하게 해 줄 것이다. 거기에는 예가 풍부하나 여기서는 오직 필수적인 것만 소개했다. 위 표에서 빠진 것으로 'tyə sàrɨmi-그 *he*'가 있다. 이 경우는 'sàrɨmi-사람'의 패러다임 예를 참고할 수 있다.

	Taŋ-ʃin-ɨ	=생격
대격	——	——
호격	Taŋ-ʃin-illɨ	tyə sàrɨm-ullɨ
향격	=여격	sàrɨm-e
처격		=여격
	Taŋ-ʃin-k'èʃə	" sàrɨm-eʃə
출발격		" sarɨm-k'éʃə
		" sarɨm-ugéʃə
	Taŋ-ʃin-ɨnɨn	" sàrɨm-unɨn

(4) 複數

	당신+-네	그-들(저 사람+-덜)
기본격	Taŋ-ʃin-nè[30]	tyə sarɨmdər
주격	Taŋ-ʃin-nè	tyə sàrɨmdər-i
생격	Taŋ-ʃin-nè	=기본격
혹은 생격	Taŋ-ʃin-ne-è	
여격	Taŋ-ʃin-ne-gè	tyə sarɨmdər-k'è
대격	Taŋ-ʃin-nè-rɨ	tyə sarɨmdər-ɨ
호격	———	———
향격	Taŋ-ʃin-nè-llɨ	tyə sarɨmdəl-lɨ
처격	=여격	tyə sarɨmdər-e =여격
출발격	Taŋ-ʃin-ne-gèʃə	tyə sàrɨmdər-eʃə tyə sarɨmdər-k'èʃə
주제격	Taŋ-ʃin-nè-nɨn	tyə sàrɨmdər-ɨnɨn

위 (1)~(4)의 예들은 인칭대명사의 패러다임을 보인 것이다. 3인칭대명사로 '뎌 사름'을 내세웠다.[31]

예 (3)~(4)에서 '당신'을 대문자로 표기한 것은 존대어임을 나타내기

30 예 19(원문 [각주 19])를 참조. 이 복수형은 많은 사람들에게 공손하게 말을 걸 때에만 사용된다.

31 [역자 주] 앞 1.3의 Starchevskij와 1.4의 Tajshin"에서는 3인칭대명사 '뎌', '그' 등을 제시하고 있다.

위해서이다. 러시아어의 표기 관습을 따른 것이다. 존대어이기 때문에 호격은 빈칸으로 남아 있다.

한편 '-k'è'는 (2)의 예에서 본 바와 같이 존칭 조사가 아니다. 모음으로 끝난 명사 뒤에는 '-gè'가 결합하고 유음으로 끝난 명사에는 '-kè'가 결합하니 '-kè'와 '-gè'는 음운론적 조건에 의한 이형태가 된다. 이에 대한 용례와 기술은 Ⅲ부(권 2, 1.3.2. 4) 부사격조사)를 참고할 것.

또한 위 (1)~(4)의 예는 악센트에 대해서 시사하는 바가 많다. (1)의 인칭대명사 '나', '너'는 악센트 실현이 불규칙하다. (1)의 대명사가 보여주는 악센트 및 그 변동은 중세국어의 그것과 같다(정연찬: 1960, 1976, 김완진: 1977).

(3)의 '당신'은 주격, 대격조사들과 통합될 때 악센트가 놓이지 않는다. 그럼에도 불구하고 기본격형은 두 번째 음절에 악센트가 놓였다. 이러한 현상은 앞서의 '우리[我等]'도 마찬가지다. 이는 무성조 어간(atonic stem)이 단독으로 발화될 때에는 말음절이 고조로 실현됨을 의미하는 것이다. 이를 저자는 語末高調化라 부른 바 있다(곽충구: 1991/1994).

소유대명사(B. Prityazhatel'nyya) -(XVII쪽)

러시아어 소유대명사는 관련되는 인칭대명사의 기본격으로 번역된다. 그런데 이 기본격 뒤에는 반드시 러시아어 소유대명사로 지시되는 인물에게 속하는 사물을 나타내는 명사가 나와야 한다.

예		
예	nɛ ʦʰɛgi	내 책
	ne mək ʧərʷĩ'[32]	네 잉크병

32 카잔사범학교 학생인 안드레야 콘스탄티노비치 한 씨(下얀치헤 마을 출신)의 발음. [역자 주] '절윙'(LH)'을 '잉크병'이라 하였는데 어원을 알기 어렵다.

Taŋ–ʃin ʧõè	당신 종이
tyə sarɨm put tɛ	그의 붓대
urì ʧibì	우리 집
nəə madɛ̃̀	너의 마당
Taŋ–ʃinnè ʦʰòni	당신네 촌(마을)
tyə sarɨmdər ʃəŋ tyǜi	저 사람들의 도시(=城中)

그 어떤 활동체나 비활동체에 소속된 것을 언급할 때에는 소유자의 표시로서 '–kət, –ke'(=사물[33]; 더 정확히 말하면 '–gət, –ge' 혹은 '–k'ət, k'e'가 붙는다; 이 '–kət, –ke'는 앞 단어의 음성으로부터 구속됨이 없이 주어진 단어의 형태(vid)를 표시한다.[34])가 붙는다.

소유하는 사물의 이름은 '–kət, –ke'로 대체한다. 이러한 代用 표현은 이 사물의 명칭이 이미 말이나 담화 속에서 사용된 경우에만 가능하다.

아래의 단어와 표현은 그러한 방식으로 얻어진 것이다.

nɛ–gè	나의 것
ne–gè	너의 것
Taŋ–ʃin–k'è	당신 것
tyə sarɨmu–gè	그의 것(저 사람의 것)
uri–gè	우리의 것
nəə–gè	너희 것
Taŋ–ʃin–ne–gè	당신네 것
tyə sarɨmdər–k'è	그들의 것(저 사람들의 것)[35]

33 *Gramm. cor.*(『한어문전』), 54.

34 [역자 주] 현대의 술어로 말하면 '–kət, –ke'는 '–gət, –ge' 혹은 '–k'ət, –k'e'의 기저형이라는 뜻.

35 위에 제시한 모든 단어와 표현은 인칭대명사 혹은 그의 代用에 상응하는 여격과 유사하다. 그러나 이러한 일치는 같은 기원에서 비롯된 것은 아닌 것으로 추정된다. [역자

指示辭(V. Ukazatel'nyya)

i,	ì–ge	이것
tyə,	tyə–ge	저것
kɨ,	kɨ–gè	그것

代名詞 'i'는 가까운 사물을 지시하고, 'tyə'는 비교적 멀기는 하지만 눈에 띄는 사물을 지시하고, 'kɨ'는 멀기도 하거니와 눈에 띄지 않는 사물을 지시한다. 이 세 대명사는 지신허 마을 사람들에게는 오직 명사 앞에서만 사용된다.[36] 그리고 패러다임이 없다. 또 이들 뒤에 나오는 명사는 일정한 조건하에서 '–ge'(=ke, '소유대명사'를 참고.)로 대신할 수 있다.

ìrən, ìrən-ge	etakij(이런)		i
tyərən, tyərən-ge	takoj(저런)	참조	tyə
kɨrən, kɨrən-ge	takoj(그런)		kɨ

'–ge'와 통합되는 대명사의 용법은 소유대명사에 관해서 언급한 곳을 참조하라. (ìrən, tyərən, kɨrən의) 말음 'n' 뒤에 출현하는 '–g'는, 'Taŋ–ʃin–k'è'라는 말에서 보듯 '–k''로 나타나는데, 이는 악센트가 오직 단어 '–ke'에만 놓이고 다른 경우는 그러하지 않은 사실로부터 기인한 것일지도 모른다.[37]

주] 인구어의 소유대명사에 맞추어 '내–게'(나의 것), '네–게'(너의 것)처럼 대명사 '내'와 '게' 사이에 하이픈을 두어 '내–게'를 하나의 대명사로 간주한 듯하다. 그리고 이들 대명사는 여격형 '내–게 (주다)'와 형태가 동일하지만 어원은 다른 듯하다고 하였다.

36 [역자 주] 지시대명사 '이, 그, 뎌'에 조사가 붙어 쓰이는 경우는 없고 '이것, 그것, 뎌것'이 쓰인다는 말.

37 [역자 주] '뎌런–게[ge])'와 '당신–게[k'e]'(당신의 것)의 '게'는 모두 'ㄴ(n)' 뒤에 나오는데 하나는 [ge]로, 다른 하나는 [k'e]로 실현되는 원인을 악센트에서 찾고자 한 것이다. 물론 오류이다.

의문사(G. Voprositel'nyya) – (XX쪽)

	누구	무엇
기본격, 생격	nùe? nòe? nəe?	musú–gət?
주격	nʷìgi?	musú–ge?
여격, 처격	nùe–ge?	musu–gə–gè?
대격	nʷìgi–rɨ	musù–gə?
향격	nʷìgi–llɨ?	musù–gə–llɨ?
출발격	nùege–ʃə?	musu–gə–gè–ʃə
주제격	nʷìgi–nɨn	musù–gə–nɨn

musùŋ? / əttə=n? } 어떤?(kakoj?)

'musù–ge'의 語構成은 'musuŋ'과 앞서 말한 단어 '–kət, –ke'로 되어 있다.[38] 여기에 이 후자의 단어가 단수로 어형변화를 한 예가 있지만, 악센트를 제외하고는 'k'ottər–i – 꽃들'(VII쪽을 보라)처럼 복수로 바뀐다.[39] 이 단어는 대명사나 형용사로서 어디서나 볼 수 있다. 대명사 'əttə=n'은 그 자신의 구성 속에 'han'('hagì – 하다'의 과거시제형[40])을 가지고 있다.

動詞(Glagoly)

한국어 동사는 두 부류로 나뉜다.

a) 유기음(Pridyhaniya)이 없는 동사류. ikkì – 있기[有], pìrgi – 빌기[祈].

b) 유기음을 지닌 동사류(이 책에서 이들 동사는 'h'를 이용해서 전사하였

38 [역자 주] '무수거'는 '무수'와 '거'가 결합한 합성어다. '무숭'은 관형사다.

39 [역자 주] 'musù–gə?'의 '–gə'가 '–kət, –ke'의 단수 패러다임을 보여 주는데 이의 복수형(=musù–gə–dər–i)은 악센트를 제외하고는 'k'ottər–i – 꽃들'과 같다는 말.

40 *Gramm. cor.*, 58. [역자 주] 'əttə=n'은 'əttəhan'의 준말이므로 '과거시제'가 아닌 '관형사형'이다. 'n'을 동사에 붙는 과거시제의 어미로 본 것이다. 러시아어의 문법에 따라 'əttə=n'을 대명사라 하였다.

다): tyok^{h}i—좋기[好], ʧik^{h}i - 짓기[作][41]

이러한 예들로부터 둘째 부류의 동사들이 위 동사 파생 명사의 어말 모음 앞(저자: tyok^{h}–i, ʧik^{h}–i의 'i')에서 'h'를 지니고 있다는 사실이 명백해 진다. 그 'h'가 비록 어말에 나타나지 않는다 할지라도 위와 같은 단어(tyok^{h}i 등) 속에서 나타난다. 그리고 패러다임상에서 여러 차례 나타난다.

한국어 동사의 영역에는 그에 해당하는 러시아어 형용사를 의미하는 단어가 포함된다. 이에 대해서는 이미 XII쪽에서 언급한 바 있다.

한국어는 약간의 형동사를 소유한다. 그들은 관형적인 것과 동사적인 것으로 나뉜다. 여기에 동사 'hagì - 하기[爲]'로부터 취한 한국어 형동사의 몇 예를 소개한다.

	모음어미	자음어미
과거	hɛ–ɛ	ha–n
과거	미완(nesovershennyj)	hà–dən
현재		ha–nɨn
미래	(ha–ge)[42]	ha–r

바로 위에서 언급한 형동사의 명칭은 물론 이하 시제의 명칭은 *Gramm. cor.*와 Starchevskij의 책에서 그대로 가져온 것이다. 우리는 한국어 동사의 활용형 가운데 하나를 不定法으로 삼아야 한다는 점을 미리 약속해 두어야 한다('하–기'

41 *Gramm. cor.*, 84, Zdes' nazvany glagolami na hta=тxa(여기서는 'hta=тxa' 동사라고 부른다).

42 이 예 'hage'는 지신허 마을에서는 사용되지 않는다. 그러나 그것은 참고서 *Gramm. cor.*. 66, § 5* - 미래시제 그리고 *Dict. cor. franc.*, 16*의 단어 ha–kei의 밑에 있다. *Gr. cor.*의 위에서 언급한 §의 끝에는 얼마간의 한국인이 이러한 형동사들로부터 만들어진 미래형 hayɛtta 대신에 hayètta를 쓴다는 것에 대한 주석이 있다. 이 책에서는 hayɛtta를 받아들였다. [역자 주] 『한어문전』에는 '하겟다'가 있지만 자신들은 연해주 한국어에 따라 '하갯다'를 채택한다는 말.

로부터 ‘하다’로).

후자(=‘하다’)는 의미상 현재에 해당하지만 주문장에서는 직설법 과거 시제를 나타낼 때만 사용된다. 때때로 거기에 음절 ‘ɣa’가 추가되어 ‘hà-da-ɣa’의 모습으로 나타난다. i sàrɨmi kasiri hàda(=hàdaɣa), sònɨ pèesso – 이 사람이 가을걷이를 하다가 손을 베었소.

활용 예(Obraztsy spryazheniya)

간단한 형태의 어미

		ha=gì[43]			하다
형동사		동사적	관형적		
	부정법(Neopr.)				hà-da[44]
		⎧ hε-ε		> 직설법 과거	hεε-t-ta[45]
	과거(prot.)	⎪		명령법	hεε-ra
		⎪		" 복수 1인칭	ha-ʤà[46]
		⎩	ha-n >	직설법 현재	hàn-da
	현재(nast.)		hà-nɨn		
				직설법 미래	haɣε-t-ta
	미래(bud.)	(ha-ge)	> ⎨		
				조건	haɣε-tən-i

43 *Hagi* – 동사 파생 명사. 그런데 기술된 내용에 의하면 그것은 라틴어의 supin(목적이나 동기를 나타내는 동사의 불변화형) ‘u’와 일치한다. *Gramm. cor.*, 19 참조.

44 앞 페이지 참고.

45 직설법 과거 시제의 번역에 종종 어미 ʃə를 지닌 동사와 형용사가 사용된다. 예를 들면, hεε, hεεʃə. 이러한 형동사는 敬語의 등급을 나타내는 데는 어떤 다양성도 없다. [역자 주] “hεε(=해), hεεʃə(=했어)”는 반말체이므로 청자를 높인다거나 낮추는 기능은 없다는 말.

46 [역자 주] 청유법을 명령법(복수 1인칭)에 포함시켰다.

의문법(Voprositel'nyya)-(XXIII쪽)

직설법 과거.	hεε ⁻n⁻nɨn⁻ya?	일반적으로	hεε	n⁻n⁻ya?
직설법 현재.	ha⁻ ⁻n⁻nɨn⁻yà?	일반적으로	haa⁻	n⁻n⁻yà?
직설법 미래.	hayε⁻ n⁻nɨn⁻ya?	일반적으로	hayε⁻	n⁻n⁻ya?
조건	hayε⁻ ⁻t⁻tən⁻ya?			

의문문은 판정의문문만을 다루었다. '-느냐'를 '-는-'과 '-야'로 분석하였다. 연해주 한국어는 오른편의 '일반적으로'로 표시된 의문형 어미를 쓴다. 현재는 '하안냐?'(하느냐?), '가안냐?'(가느냐?), '보온냐?'(보느냐?)에서 보듯 어미 '-은냐'가 어간에 결합된다. 이 어미의 첫소리 '으'는 선행하는 어간 모음에 동화된다.

		nyə⁻kʰi		놓다
형동사		관형적		
	부정법			nyə⁻tʰa
	과거	nyə⁻ə	> 직설법 과거	nyəə⁻t⁻ta
			명령법	nyəə⁻ra
			" 복수 1인칭	nyə⁻ʧà
		nyə⁻ən		
	현재	nyə⁻n⁻nɨn	>직설법 현재	nyə⁻n⁻nɨn⁻da
	미래	(nyə⁻kʰe)	>직설법 미래	nyəkʰε⁻t⁻ta
			조건	nyəkʰε⁻t⁻təni

의문법(Voprositel'nyya)⁻(XXIII쪽)

직설법 과거.	nyəə ⁻n⁻nɨn⁻ya?	일반적으로	nyəə	⁻n⁻n⁻ya?
직설법 현재.	nyə⁻ ⁻n⁻nɨn⁻yà?	일반적으로	nyə	⁻n⁻n⁻yà?
직설법 미래.	nyəkʰε⁻ n⁻nɨn⁻ya?	일반적으로	nyəkʰε⁻	⁻n⁻n⁻ya?
조건	nyəkʰε⁻ ⁻t⁻tən⁻ya?			

	nòr-gi				놀-기[遊]
형 동 사		동사	관형적		
	부정법				nòda
		nor-à		>직설법 과거	norà-s'o
	과거		non		
	현재		nò-nɨn	>직설법 현재	nò-o
				명령법 현재	nò-o
	미래		(nor-ge)	>직설법 미래	nòrɣɛ-s'o
				조건	nòrɣɛ-t-təni

의문법(Voprositeljnyja)

직설법 과거.	norà-s'o?
직설법 현재.	nò-o?
직설법 미래.	nòrɣɛ-s'o?
조건	nòrɣɛ-s'upte?[47]

	no-kʰi				놓다
형 동 사		동사	관형적		
	부정법				no-tʰa
		no-à		>직설법 과거	noà-s'o
	과거		no-òn		
	현재		no-n-nɨn	>직설법 현재	no-s'ò
		–		명령법 현재	no-s'ò
	미래		(no-kʰe)	>직설법 미래	nokʰɛ-s'o
				조건	nokʰɛ-t-təni

47 '-숩데'는 과거에 경험한 사실을 자리를 옮겨 현재에 와서 보고할 때 쓰이는 하오체 종결어미다. 모음으로 끝난 어간 뒤에는 '-읍데'가 결합된다(Ⅲ부(권 2) 1.3을 참고).

의문법(Voprositel'nyya)-(XXVI쪽)

직설법 과거. noà s'o?

직설법 현재. no s'ò?

직설법 미래. nok^hɛ- -s'o?

조건 nok^hɛ̀- -s'upte?

5.3. 요약

『노한회화에 대한 단어와 표현』의 서문은 한국어 초심자들에게 한국어 조사와 어미, 체언과 용언 및 그 패러다임을 중심으로 간략한 한국어 문법을 기술하고 있다. 19세기 후기 20세기 초 연해주 한국어 문법의 얼개와 그 대강을 일목요연하게 파악할 수 있다. 기술 체계는 A.V. Starchevskij(1892) 및 『한불ᄌᆞ뎐』(1880)과 『한어문전』(1881)을 참고로 한 것이다. 분석 대상으로 삼은 한국어는 최초의 연해주 한인촌인 지신허 마을에서 쓰이는 한국어 방언(육진방언)이다. 이러한 방언 문법 기술은 평북 방언을 대상으로 한 *Corean Primer*(1877) 이후 처음이다. 10개의 格과 數를 설정하고 그 체계 속에서 조사(음운론적 또는 형태론적 조건에 의한 이형태 포함)를 추출하여 제시하였다. 조사와 통합하는 명사, 대명사, 수사를 폭넓게 보였다. 즉, 명사는 무정체/유정체, 불규칙한 패러다임(특수 어간 교체 명사 등), 어말 자음, 접미사, 고저 악센트의 변동 따위를 고려하여 제시하고 통합 상의 제약, 음운 변동(악센트 포함) 등도 밝혔다. 용언은 시제와 서법을 중심으로 각각 관련 어미들을 보였다.

6. 맺음말

Ⅱ부에서는 19세기 후기에서 20세기 초(제1기: 전통주의 시기)에 간행된 宣教, 政治, 軍事, 러시아어 教育 등의 목적으로 간행된 辭典(또는 對譯語彙集), 教科書, 會話書, 文法書와 旅行記 그리고 제2기(민족주의 애국계몽기)에 간행된 「俄領實記」를 解題하고 그들 문헌에 실려 있는 한국어를 분석 · 기술하였다. 최초의 한국어 대역사전인 Putsillo의 『시편 노한사전』의 한국어는 『朝鮮偉國字彙』에 수록된 어휘, Putsillo 자신이 조사한 어휘가 혼재되어 있고 또 對譯 및 轉寫의 오류가 종종 발견되며 사전의 巨視構造라 할 표제어의 선정과 배열이 특이하다. 표제어는 러시아어의 어휘 체계 내에서 선정하기보다는 한국의 역사, 사회, 문화 등을 염두에 두고 선정한 듯하다. 또 한 갈래로 묶일 수 있는 계열어나 유사한 개념을 지닌 항목들을 한데 모아 배열하기도 하였다. 표제항에 한국의 역사, 생활 문화와 관련된 한국어가 실려 있고 또 이에 대한 인류학적 관점에서의 설명이 각주에 제시되어 있다. 그런데 러시아어의 악센트(udareniye)는 발음, 형태 변화에 관여하므로 마땅히 표제어에 표시되어야 하지만 그렇지 않다. 이 같은 사실에 의하면 이 사전은 한국과 한인에 대한 이해를 돕고 또 한인과의 소통이나 통치를 위해 편찬되었다고 할 수 있다.

이후 사전이란 이름으로 몇 권의 대역어휘집이 편찬 간행되었다. 1890년에 Starchevskij의 대역어휘집이 간행되었는데 Putsillo의 『시편 노한사전』에서 전재한 표제어가 많고 또 문헌어가 다수 수록되어 있다. 다른 사전과 달리 천주교 관련 용어가 실려 있고 만주퉁구스어도 한두 예 보인다. 서문에는 한국어 문법에 대한 개략적인 내용이 소개되어 있다.

1900년에는 Matveev의 「노한소사전」이 간행되었다. 전사가 다소 불투명하기는 하나 당시 블라디보스토크 거주 한인의 한국어 어휘와 회화문이 수록되어 있어 도시 거주 한인의 일상어를 확인할 수 있다.

1898년에는 Tajshin"의 『노한사전』이 북부의 하바롭스크에서 간행되었다. 이 사전은 한인과의 소통을 위해서는 한인의 민족 정체성과 문화를 이해할 필요가 있다는 관점에서 편찬되었다. 이 점은 Putsillo의 『시편 노한사전』과 같다. 러시아인들이 한국어를 배우기 위해 편찬한 것이 아닌가 하는 인상을 준다. 표제어에는 한인의 민속에 관한 어휘가 많이 올라 있다. Putsillo의 사전, Nasekin(1895)의 인류학적 보고서 등을 많이 참조 인용하였다. 표제어의 선정과 배열이 Putsillo의 사전과 흡사하다. 순수 고유어로 '숟물'(숫것), 쟈랴지(신갈나무), 조하다(깨끗하다), 아지다(아침먹다), 물구뷔[灣], 수메군(파수꾼) 등과 같은 어휘가 보인다. 그리고 만주퉁구스어로서 'Sasennegi(사션냉기), sot"(→sat, 잎), 갈개다(교배하다), 살공(살강, <sarhū(만주어))' 등도 보인다. 또 러시아어나 중국어에서 들어온 차용어도 여럿 눈에 띈다. 한편, '밭[田]-이'를 '밫-이'라 하였는데 이와 같은 형태소 경계에서의 ㄷ구개음화는 중부방언이나 남부방언에서 볼 수 있다. 이는 한국어 제보자 중에 중부방언 화자가 있었음을 시사하는 것이다.

Nasekin(1895)는 연해주 거주 한인에 대한 종합 보고서이다. 한인의 이주로부터 각양각종의 생활문화 전반이 기록되어 있다. 러시아어로 씌어졌지만 주요 한국어 술어, 생활용어 등은 키릴문자로 전사되어 있다. 오탈가가 많은 점이 흠이기는 하지만 연해주 한인에 대한 인류학적 관찰이므로 기술 내용은 연해주 한인의 생활 문화사 연구에 소중하다.

한편 러시아 동방학의 중심지 카잔에서 러시아정교선교회에 의해 간행된 한인을 위한 『초급 러시아어 교과서』(1901), 『한인을 위한 철자 교과서』(1902), 『시편 노한소사전』(1904), 『노한회화』(1904), 『노한회화에 대한 단어와 표현』(1904)는 연해주 한인의 한국어를 정밀하게 전사하였다는 점에서 보기 드문 특이한 문헌들이다. 이들 문헌은 『한어문전』과 『한불ᄌ뎐』을 참고하여 한국어 문법을 이해한 바탕 하에서 당시 카잔에 재학 중이던 카잔사범학교 학생들이 구사하는 연해주 한국어의 음성을 정밀하게 관찰하고 그 음성들을 전사하기 위한 전사문자를 마련하였다. 그리고 그 전사문자로 연해주 한국어를 채록해 놓았다. 이들 문헌에 수록된 한국어는 대체로 전형적인 함북 북부의 육진방언이다.

『초급 러시아어 교과서』는 연해주 한인 학생들의 러시아어 회화 학습을 위해 편찬된 책자로 한국어 음성에 대한 정밀한 관찰이 돋보인다. 카잔사범학교 학생들의 조음 특징까지도 일일이 전사에 반영하고자 하였다. 음성 및 음운 특징으로 보아 학생들 가운데 한 사람은 함남 남부 또는 중부방언권에서 이주한 화자이다. 때문에 연해주 한인공동체 안에서 지역 방언 화자들 간의 접촉으로 인해 발생한 수평화(leveling) 경향을 보여 주는데 ㄷ구개음화에 대한 과도교정이 그 대표적인 예이다.

『시편 노한소사전』은 노한사전이지만 부분적으로 '노한노사전'으로 편찬되었다. 거시구조나 미시구조 및 그 기술이 기왕의 사전보다는 진일보하여 최초의 대역사전다운 면모를 갖춘 노한사전이라 할 수 있다.

『한인을 위한 철자 교과서』는 톨스토이의 『새 철자 교과서』를 번안한 것으로 러시아어 철자를 익히기에 안성맞춤인데 주로 寓話를 당시 한인의 구어체 문장으로 전사해 놓았다. 『노한회화』와 함께 당시 연해주 한국어의 전 부면을 생생하게 살필 수 있다.

『노한회화』는 노일전쟁 시기에 정보 수집을 목적으로 간행된 것이고 『노한회화에 대한 단어와 표현』은 그와 관련된 한국어 문법을 간략히 소개한 다음 『노한회화』에 실린 한국어 어휘의 의미를 러시아어로 풀이하고 어휘들의 연결 관계를 밝힌 참고서이다. 19세기 후기 육진방언의 문법을 체계적으로 살필 수 있는 문헌이다.

1920년에는 뒤바보(계봉우)에 의해 『獨立新聞』(상해판)에 「俄領實記」가 연재되었는데 여기에는 한인의 이주사는 물론 다민족이 거주하는 연해주의 여러 사회적 상황을 알 수 있는 어휘들이 등장한다. 이민족과의 접촉에서 차용된 차용어와 신문물에 대한 어휘를 볼 수 있다. 『韓人新報』에 연재된 「강동쉰해」 역시 이주 후의 한인의 역사와 사회를 알 수 있는 사료이다.

19세기에서 20세기 초까지 유럽의 여행가들이 연해주의 한인 사회를 방문하고 쓴 견문기도 몇 있다. 그 가운데 남부우수리 지역을 방문하고 쓴 프르제발스키의 '남우수리의 한인들'이라는 견문기에는 한인들의 생활 문화, 종교가 자세히 기록되어 있다. 그러나 아쉽게도 한국어 어휘는 몇 예에 불과하다.

참고 문헌

강신항(2004), 「외래어가 국어에 끼친 공과」, 『새국어생활』 14-2, 국립국어연구원, 23-57.

강채정, 계봉우(1937), 『고려어교과서』(일권, 일이년급용, 레쎄페쎄르 교육인민 위원부 인준) 원동변강국립출판부, 하바롭쓰크.

계봉우(1944/1996), 「꿈속의 꿈」, 『북우 계봉우 자료집』(1), 독립기념관 한국독립운동사연구소, 167-169.

계봉우(1955), 「우리말이 되어진 법」(원고본).

고송무(1980a), 「제정 러시아에서의 한국어 및 한국 연구」, 『한글』 169, 193-212.

고송무(1980b), 「『대한인정교보』에 실린 한글 풀어쓰기 흘림과 그 판독」, 『한글새소식』 89, 한글학회.

고송무(1984), 『쏘련 중앙아시아의 한인들』, 한국국제문화협회.

고영근(1997), 「1920년대 소련 한인사회의 한국어문 표준화 운동」, 『관악어문연구』 22, 서울대학교 국어국문학과, 1-28.

고영근(2008), 『민족어의 수호와 발전』, 제이앤씨.

고영근 · 구본관(2018), 『개정판 우리말 문법론』, 집문당.

고영근(2018), 『우리말 문법, 그 총체적 모습』, 집문당.

곽충구(1986a), 「노한회화(해제)」, 『한국학보』 44, 일지사, 206-220.

곽충구(1986b), 「노한회화와 함북 경흥방언」, 『진단학보』 62, 79-125.

곽충구(1987), 「노한소사전의 국어학적 가치」, 『관악어문연구』 12, 서울대학교 국어국문학과, 27-63.

곽충구(1988), 「『로한ᄌᆞ뎐』의 한국어와 그 전사에 대하여」, 『이화어문논집』 11, 이

화어문학회, 125-155.
곽충구(1991), 「함경북도 육진방언의 음운론」, 박사학위 논문(서울대)[『함북 육진방언의 음운론』, 국어학총서 21, 태학사, 1994].
곽충구(1992), 「함경도 방언 연구의 전개 과정과 그 전망」, 김영배 편: 『남북한의 방언연구』, 경운출판사.
곽충구(1993), 「함경도 방언의 친족명칭과 그 지리적 분화」, 『진단학보』 76, 진단학회, 209-239.
곽충구(1994), 『함북 육진방언의 음운론』, 태학사.
곽충구(1997), 「중부방언의 특징과 그 성격」, 『한국어문』 4, 한국정신문화연구원, 1-39.
곽충구(1998a), 「육진방언의 어휘」, 심재기 편: 『국어 어휘의 기반과 역사』, 태학사, 617-669.
곽충구(1998b), 「동북 · 서북방언」, 『문법 연구와 자료』(이익섭 선생 회갑기념논총), 태학사, 985-1028.
곽충구(2000a), 「함북 방언의 비자동적 교체 어간과 그 단일화 방향」, 『21세기 국어학의 과제』, 월인, 1123-1166.
곽충구(2000b), 「재외동포의 언어 연구」, 『어문학』 69, 한국어문학회, 1-41.
곽충구(2001a), 「구개음화 규칙의 발생과 그 확산」, 『진단학보』 92, 진단학회, 237-268.
곽충구(2001b), 「조선 후기 문헌의 함북 방언 어휘」, 『국어연구의 이론과 실제』(이광호 교수 화갑기념논총), 태학사, 163-196.
곽충구(2002), 「방언 연구와 정보화」(우산 홍윤표 교수 회갑 기념 논문집), 『한국어와 정보화』, 태학사. 55-88.
곽충구(2003), 「현대국어의 모음체계와 그 변화의 방향」, 『국어학』 43, 국어학회. 59-91.
곽충구(2004a), 「중앙아시아 고려말의 역사와 그 언어적 성격」, 『관악어문연구』 29, 서울대학교 국어국문학과, 127-168.
곽충구(2004b), 「함북 방언의 피·사동사」, 『어문학』 85, 1-34.
곽충구(2005), 「육진방언의 음운변화—20세기 초로부터 1세기 동안의 변화」, 『진단학보』 100, 진단학회, 183-220.

곽충구(2006a), 「초기 노한사전의 편찬 경위 및 체제와 구조」, 『한국사전학』 7, 한국사전학회, 35-64.
곽충구(2006b), 「돌오기(兀剌)와 우라초(烏拉草)의 함북 방언」, 『이병근선생퇴임기념국어학논총』, 태학사. 1117-1147.
곽충구(2007a), 「동북방언의 어휘」, 『방언학』 5, 한국방언학회, 23-70.
곽충구(2007b), 「중앙아시아 고려말의 자료와 연구」, 『인문논총』 58, 서울대학교 인문학연구원, 231-272.
곽충구 · 박진혁 · 소신애(2008), 『중국 이주 한민족의 언어와 생활』(국립국어원 해외지역어 구술 자료 총서 1-1), 태학사.
곽충구(2009a), 「중앙아시아 고려말 소멸 과정의 한 양상-50대 고려말 화자의 경우」, 『방언학』 10. 한국방언학회, 57-92.
곽충구(2009b), 『중앙아시아 이주 한민족의 언어와 생활—우즈베키스탄 타슈켄트』(국립국어원 해외 지역어 구술 자료 총서 2-2), 태학사.
곽충구(2010a), 「중앙아시아 고려말의 음운 변이」, 『최명옥 선생 정년 퇴임 기념 국어학논총』, 태학사.
곽충구(2010b), 「李匡明의 '이쥬풍쇽통'과 18세기 咸南 甲山 지역의 언어 문화」, 『방언학』 12, 한국방언학회, 141-201.
곽충구(2011), 『중앙아시아 이주 한민족의 언어와 생활-키르기스스탄 비슈케크』(국립국어원 해외 지역어 구술 자료 총서 2-3), 태학사.
곽충구(2012), 「육진방언의 음성과 음운사」, 『방언학』 16. 한국방언학회, 121-154.
곽충구(2013), 「동북방언 'X자/사/다-'류 형용사의 음운론과 형태론」, 『국어학』 67, 국어학회, 1-31.
곽충구(2014), 「육진방언의 종결어미와 청자높임법-중국 조선조자치주 육진방언을 중심으로」, 『방언학』 20, 한국방언학회, 195-234.
곽충구(2015a), 「육진방언 어휘의 잔재적 성격」, 『진단학보』 125, 진단학회, 183-211.
곽충구(2015b), 「육진방언의 어간말 자음과 그 변화」, 『방언학』 22, 한국방언학회, 137-169.
곽충구(2017a), 「동북방언에 잔존한 만주퉁구스어와 몽골어 차용어」, 『국어학』 84,

국어학회, 3-32.
곽충구(2017b), 「육진방언의 종결어미와 청자높임법(2)-중국 조선조자치주 육진방언을 중심으로」, 『방언학』 26, 한국방언학회, 105-134.
곽충구(2018a), 「한자어(방언) 속의 특이 한자음」, 『국어학』 88, 국어학회, 3-32.
곽충구(2018b), 「동북방언과 국어국문학」, 『개신어문연구』 43, 5-42.
곽충구(2019a), 『두만강 유역의 조선어 방언 사전』, 태학사.
곽충구(2019b), 「북부방언의 한어 차용어」, 『방언학』 29, 한국방언학회, 119-149.
곽충구(2019c), 「북부 방언의 어제와 오늘」, 『방언학』 30, 한국방언학회, 295-340.
구본관(1994), 「경주 방언 피동형에 대한 연구」, 『국어연구』 100, 국어연구회.
권재일(1998), 『한국어 문법사』, 도서출판 박이정[개정판, 2021].
권재일(2001), 「한국어 격틀 구조의 역사적 변화」, 『어학연구』 37-1, 서울대학교 어학연구소, 135-156.
권재일(2010), 『중앙아시아 고려말의 문법』(서울대학교 규장각한국학연구원 한국학연구총서 29), 서울대학교출판문화원.
김경란(1992), 「19세기 후반 서구 언어학 사조의 변화」, 『인문연구』 13-2, 영남대학교 인문과학연구소, 313-339.
김기원(2018), 「개화기 조선의 외국 국명 한자 표기에 반영된 언어학적 특징 고찰」, 『중국문학연구』 71, 113-144.
김낙현 (2020). 「구소련 고려인 시에 대한 고찰-『先鋒』에 수록된 시를 중심으로」, 『어문론집』, 83, 중앙어문학회, 155-187.
김동언 · 로스 킹(2011), 「20세기 초 러시아 동방학원의 한국어 학습서 『조선어독학(朝鮮語獨學)에 대하여」, 『한국어학』, 한국어학회, 51-80.
김두응(1978), 「Medhurst의 『朝鮮偉國字彙』에 대하여」, 『국어교육』 23, 한국국어교육연구회, 141-152.
김병제(1965), 『조선어방언학개요(중)』, 평양: 과학원출판사.
김봉국(2003), 「복수기저형의 유형(Ⅰ): 형성 요인의 관점에서」, 『진단학보』 95, 진단학회, 165-199.
김봉국(2004), 「함북 육진방언의 복합성조」, 『국어교육』 113, 한국국어교육연구학회, 525-543.

김봉국(2004), 「함북 육진방언의 '-어/-아' 교체 양상과 중립모음의 성격」, 『배달말』 35, 배달말학회, 321-341.

김성규(1988), 「비자동적 교체의 공시적 기술」, 『관악어문연구』 13, 서울대학교 국어국문학과, 25-44.

김성규(1996), 「'드틀'과 '듣글'의 공존」, 『이기문교수 정년퇴임기념논총』, 신구문화사.

김성규(1998), 「중세국어의 쌍형어에 대한 연구」, 『전농어문연구』 10, 서울시립대 문리과대학 국어국문학과, 25-44.

김수영(2021), 「한국어 자음 말음 어간의 형태음운론적 변화에 대한 연구」, 서울대학교 박사학위 논문.

김영배(1984), 『평안방언 연구』, 동국대출판부.

김영진(1982), 「加耶語에 대하여」, 『가라문화』 1. 경남대 가라문화연구소, 51-72.

김영진(2002), 『국어사연구』, 이회.

김옐레나(2011), 「1864~1937 년간 연해주 한인의 인구 변동과 경제 활동」, 고려대 석사학위 논문.

김옥영(2013), 「강릉 방언의 이중(二重) 피 · 사동 접사 연구」, 『국어국문학』 164, 국어국문학회, 161-189.

김옥영(2020), 「어휘변화의 문화적 요인 고찰」, 『국어국문학』 191, 국어국문학회, 41-70.

김완진(1971), 「음운현상과 형태론적 제약」, 『학술원논문집』 10, 대한민국학술원, 91-115[『국어음운체계의 연구』, 일조각, 1971].

김완진(1972a), 「다시 β>w를 찾아서,」 『어학연구』 8-2, 서울대학교 어학연구소, 51-62[『음운과 문자』, 신구문화사, 1996].

김완진(1972b), 「형태론적 현안의 음운론적 극복을 위하여,」 『동아문화』 11, 서울대학교 문리과대학 동화문화연구소, 271-299[『음운과 문자』, 신구문화사, 1996].

김완진(1974), 「음운변화와 음소의 분포」, 『진단학보』 38, 진단학회, 105-120[『음운과 문자』, 신구문화사, 1996].

김완진(1977), 『중세국어 성조의 연구』(국어학총서 4), 탑출판사.

김완진(1978), 「모음조화와 모음체계에 대한 반성」, 『어학연구』 14-2, 서울대학교 어학연구소, 127-139.

김주원(1997), 「구개음화와 과도교정」, 『국어학』 29, 국어학회, 33-49.

김주원(2007), 「고려말 어두 비자음의 음성 특징」, The 7th International Conference on Korean Studies Central Asian Association for Korean Studies 발표 논문.

김주필(1985), 구개음화에 대한 통시론적 연구, 『국어연구』 68, 국어연구회.

김주필(1988), 「15세기 피동접미사의 이형태와 그 분화 과정에 대하여,」 『관악어문연구』 13, 서울대학교 국어국문학과, 45-72.

김주필(1994), 「17 · 8세기 국어의 구개음화와 관련 음운현상에 대한 통시론적 연구」, 서울대학교 박사학위논문.

김주필(2013), 「ㄷ구개음화와 원순모음화 현상의 통시적 변화와 특성」, 『진단학보』 118, 진단학회, 95-137.

김춘자(2008), 『함경남도 삼수 지역어의 음운론』, 역락.

김태균(1986), 『함북 방언사전』, 경기대출판국.

김필영(2004), 『소비에트 중앙아시아 고려인 문학사』, 강남대학교 출판부.

김한별(2014), 「국어의 음운 변화 'syV>…>sV'에 대한 재고찰>, 『국어학』 72, 323-365.

김한별(2020), 『19세기 전기 국어의 음운사 연구』(국어학총서 70), 국어학회.

남광우(1960), 『국어학논문집』, 일조각.

니라리사(2002), 「카자흐스탄 고려말의 문법과 어휘에 대한 연구」, 서울대 석사학위 논문.

뒤바보(계봉우)(1920), 「俄領實記」, 『독립신문』(상해판).

리극로(1931), 「조선말의 사투리」, 『동광』 29, 9-12.

리극로(1966), 『조선어 조 연구: 북청방언을 중심으로』, 평양: 사회과학원출판사.

미승우(1987), 「함경도 사투리 속의 러시아말들」, 『어문연구』 54, 한국어문교육연구회, 205-215.

박경래(1917), 「중국 지린성 조선족의 언어 정체성 변화와 언어 사용 양상」, 『사회언어학』 26-4, 한국사회언어학회, 57-90.

박기영(1018), 「정약종의 『쥬교요지』에 대한 국어학적 연구」, 『우리말연구』 54, 65-90.

박보리스(1997), 「러시아의 한인, 19세기 중반~1930년대 말」, 『교민논총』 제1집, 경북대학교 한국교민연구소, 135-147.

박진혁(2014), 「함북 경흥지역어의 성조론」, 서강대학교 박사학위 논문.

박환(1993), 「勸業新聞에 대한 일고찰」, 『사학연구』 46, 한국사학회, 145-208.

박환(1995), 『러시아 한인 민족 운동사』, 탐구당.

반병률(2003a), 「러시아 최초의 한인 마을 地新墟」, 『한국근현대사연구』 26, 한국근현대사학회, 210-271.

반병률(2003b), 「러시아지역 한인신문 『선봉』과 1920 · 30년대 한인사회」, 『역사문화연구』 19, 한국외대 역사문화연구소, 63-92.

반병률(2008), 「러시아 한인(고려인) 사회와 정체성의 변화-러시아원동 시기(1863-1937)를 중심으로-」, 『한국사연구』 140, 한국사연구회, 99-124.

반병률(2009), 「러시아 연해주 한인마을 연추의 형성과 초기 모습」, 『동북아역사논총』 25, 동북아역사재단, 39-73.

반병률(2011), 「러시아원동지역 초기 한인마을 형성과 러시아의 정책에 대한 재해석」, 『역사문화연구』 40, 역사문화연구소, 281-340.

배영환(2017), 「음운 변화에 대한 과도교정의 양상 고찰-ㄷ구개음화와 원순모음화를 중심으로-」, 『한국언어문학』 100, 한국언어문학회, 35-64.

배은경(2015a), 「니콜스크-우수리스크 고려사범전문학교에 관한 연구-고려인 신문 『선봉』에 기초하여-」, 『한국민족운동사연구』 84, 한국민족운동사학회, 129-174.

배은경(2015b), 「1920-30년대 연해주 고려인 교원 양성 정책과 원동조선사범대학에 관한 연구」, 『슬라브학보』, 30(3), 슬라브학회, 81-123.

보리스 박, 니콜라이 부가이(2004), 『러시아에서의 140년간』, 시대정신.

소신애(2005), 「공시적 음운변이와 통시적 음운변화의 상관성-함북 육진방언을 중심으로」, 서강대 박사학위 논문[『음운론적 변이와 변화의 상관성』(국어학총서 64), 국어학회, 2009].

소신애(2007a), 「언어 변화 기제로서의 과도 교정-20세기 초 함북 방언을 중심으로」, 『어문연구』 35-1, 한국어문교육연구회, 183-207.

소신애(2007b), 「어기 및 접사 변화와 파생어의 재형성-사 · 피동 파생어를 중심으로」, 『국어학』 50, 국어학회, 3-26.

소신애(2008), 「중세 국어 음절말 유음의 음가와 그 변화-방언 자료와 문헌 자료에 근거하여」, 『국어학』 53, 국어학회, 35-64.

소신애(2012a), 「국어의 ㅿ>ㅈ 변화에 대하여」, 『진단학보』 114, 진단학회, 51-84.

소신애(2012b), 「점진적 음변화로서의 ㅅ>ㅿ-방언 반사형에 대한 해석을 중심으로」, 『국어국문학』 162, 국어국문학회, 45-83.

송민(1974), 「모음 <ᆞ>의 비음운화 시기」, 『성심여대 논문집』 5, 성심여자대학교.

송철의(2004), 「한국 근대 초기의 어문운동과 어문정책」, 『한국문화』 33, 서울대학교 규장각한국학연구원, 1-35.

송철의(2008), 『한국어 형태음운론적 연구』, 태학사.

송철의(2010), 『주시경의 언어이론과 표기법』, 서울대학교출판문화원.

신승권(1994), 「江左輿地記 · 俄國輿地圖 解題」, 『韓國學資料叢書』 2, 한국정신문화연구원.

신승용(2003), 「/k/>/h/ 변화에 대한 고찰」, 『국어학』 41, 국어학회, 93-122.

신승용(2007), 「사전(lexicon)과 복수기저형 및 활용형」, 『한국어학』 37, 한국어학회, 75-104.

신승용(2014), 「교체의 정의와 교체의 해석 그리고 기저형」, 『한말연구』 41, 한말연구학회. 77-101.

신중진(2001), 「국어움라우트 연구사: 동화주, 피동화주, 개재자음의 본질을 찾아서」, 『울산어문논집』 15, 울산대학교, 159-183.

안병희(1959), 「15세기 국어의 활용어간에 대한 형태론적 연구」, 『국어연구』 7[국어학 연구선서 2, 탑출판사, 1978)].

안병희(1968), 「중세국어의 속격어미 'ㅅ'에 대하여」, 『이숭녕박사송수기념논총』.

안병희(1998), 시(詩)의 올바른 해석을 위하여 '오라비(娚)'를 예증으로, 『한글사랑』 9(가을호), 54-63.

오상학(2013), 「조선후기 세계 지리지에 대한 시론적 고찰」, 『규장각』 43, 서울대학교 규장각한국학연구원, 1-30.

오창환(1930), 『고려문전 -교원참고용』, 원동변강인민교육부, 하바롭스크.

왕한석(1996), 「언어생활」, 『중국 길림성 한인동포의 생활문화』, 국립민속박물관.
위국봉(2010), 「한국어 /ㅎ/의 통시음운론 -/k/>/h/의 변화 과정과 관련하여-」, 서강대학교대학원 국어국문학과.
위국봉(2017), 『고대 한국어의 음운체계 연구』, 태학사.
윤병석(1993), 「계봉우의 생애와 저술목록」, 『인하사학』, 인하역사학회,
윤상원(2013), 「소련의 민족정책 변화와 1937년 한인 강제이주」, 『사림』 46, 63-92.
윤진영(2019), 「ㄷ구개음화와 과도교정의 연구사 고찰」, 『동아인문학』 46, 동아인문학회, 267-291.
이경숙(2011), 「블라디보스토크 한인학교의 변동, 1905~1922」, 『정신문화연구』 34, 한국학중앙연구원, 7-40.
이경희(2000), 국어 마찰음의 유성음화 현상, 『우암어문논집』 10, 부산외국어대학교 국어국문학과, 107-125.
이균영(1994), 「해제」, 『선봉』, 고려서점.
이기갑(2003), 『국어 방언 문법』, 태학사.
이기갑(2008), 「중앙아시아 고려말의 어휘」, 『이숭녕, 현대국어학의 개척자』, 태학사.
이기갑 · 김주원 · 최동주 · 연규동 · 이헌종(2000), 「중앙아시아 한인들의 한국어 연구」, 『한글』 247, 한글학회, 5-72.
이기문(1962), 「중세국어의 특수어간교체에 대하여」, 『진단학보』 23, 진단학회, 119-153.
이기문(1970), 『개화기의 국문연구』, 일조각.
이기문(1972a), 『개정 국어사개설』, 민중서관.
이기문(1972b), 『국어음운사연구』, 한국문화연구소[탑출판사, 1977].
이기문(1979), 「국어의 인칭대명사」, 『관악어문연구』 3, 서울대학교 국어국문학과 [이기문(1990)에 재수록].
이기문(1980), 「19세기 말엽의 국어에 대하여」, 『난정 남광우박사화갑기념논총』, 일조각, 255-266.
이기문(1990), 『국어 어휘사 연구』, 동아출판사.
이기문 외(1991), 「한국어 방언의 기초적 연구」, 『학술원논문집』(인문사회과학 편)

30, 45-143.

이기문(2010),「19세기 말엽의 국어 어휘 연구」,『한국어연구』 7, 163-210.

이병근(1970),「19세기 후기 국어의 모음체계」,『학술원논문집』 9(인문 · 사회과학편), 대한민국 학술원), 375-390.

이병근(1980),「동시조음 규칙과 자음 체계: Prestopped Nasals를 중심으로」,『말소리』 1, 40-55.

이병근(1981),「유음탈락의 음운론과 형태론」,『한글』 173 · 174, 한글학회, 223-246.

이병근(1986),「국어사전 편찬의 역사」,『국어생활』 7, 국어연구소, 8-35[『한국어 사전의 역사와 방향』, 2000].

이병근(1992),「근대국어 시기의 어휘정리와 사전적 전개」,『진단학보』 74, 진단학회, 195-213[『한국어 사전의 역사와 방향』, 태학사, 2000에 재수록].

이병근(2001),「서양인 편찬의 개화기 한국어 대역사전과 근대화-한국 근대 사회와 문화의 형성과정에 관련하여-」,『한국문화』 28, 서울대학교 규장각한국학연구원, 1-31.

이병근(2003),「근대국어학의 형성에 관련된 국어관-대한제국 시기를 중심으로-」,『한국문화』 32, 서울대학교 규장각한국학연구원[『국어학사-시대와 학문』, 태학사, 2022에 재수록].

이상근 (2000).「제정러시아의 연해주 경영과 한인 이주」,『사학연구』 60, 157-181.

이상근(1996),『한인 노령이주사 연구』, 탐구당.

이숭녕(1954),「15세기의 모음체계와 이중모음의 Kontraktion적 발달에 대하여」,『동방학지』 제1집, 331-432[『이숭녕국어학선집』(1), [음운편Ⅰ], 민음사, 1988에 재수록].

이숭녕(1956),「「ㅿ」음고」,『서울대 논문집』 3, 51-235[『이숭녕국어학선집』(2), [음운편Ⅱ], 민음사, 1988에 재수록].

이승재(1983),「재구와 방언분화; 어중 'ㅅㄱ'류 단어를 중심으로」,『국어학』 12, 국어학회, 213-234.

이왕무(2005).「『俄國輿地圖』에 나타난 조선의 러시아 영역 인식과 국경 상황」,『동북아역사논총』 5, 동북아역사재단, 335-365.

이익섭(1981), 『영동영서의 언어분화』, 서울대출판부.
이익섭(1984), 『방언학』, 민음사[개정 증보, 2006].
이익섭(1994), 『사회언어학』(대우학술총서 · 인문사회과학 75), 민음사.
이진호(2002a), 「음운교체 양상의 변화와 공시론적 기술」, 서울대학교 박사학위논문.
이진호(2002b), 「국어 비모음화와 관련된 이론적 문제」, 『국어학』 37, 국어학회, 61-84.
이진호(2006), 「음운규칙의 공시성을 바라보는 시각」, 『국어학』 47, 국어학회, 39-63.
이진호(2008), 『통시적 음운변화의 공시적 기술』, 삼경문화사.
이진호(2017), 『국어 음운론 용어 사전』, 역락.
이토 다카요시(伊藤貴祥)(2015), 「동남방언 성조의 지역적 분화 연구」, 서울대학교 박사학위 논문.
이현복(1982), 「속도의 리듬에 따른 말소리의 변동」, 『어학연구』 18-1, 서울대학교 어학연구소, 115-120.
이희승(1931), 「인대명사 소화」, 『조선어문학회보』 1.
이희승(1955), 『국어학개설』, 민중서관.
임경화(2015), 「'붉은 한글운동'의 기원-소련시대 연해주 고려인 사회의 언어 운동-」, 『한국문화』 73, 서울대학교 규장각한국학연구원, 179-205.
전경옥(1999), 『함경도의 민속』, 고려대학교 출판부.
전학석(1987), 「훈춘지방말의 어음론적 특성」, 『조선어문석사논문집』, 심양: 료녕 민족출판사.
전학석(1993), 『함경도방언의 음조에 대한 연구』, 태학사[1998, 흑룡강조선민족출판사].
정광 편(1988), 『(諸本集成) 倭語類解』, 태학사.
정광(1978), 「『朝鮮偉國字彙』의 해제」, 朝鮮偉國字彙 영인 부록, 홍문각.
정승철(2013), 『한국의 방언과 방언학』, 태학사.
정승철(2018), 『방언의 발견』, 창비.
정연찬(1960), 「15세기 국어의 Tone에 대한 연구」, 『국어연구』 8, 국어연구회
정연찬(1976), 『국어 성조에 관한 연구』, 일조각.
정영숙(1998), 「서유견문에 나타난 외국 국명의 한자 표기에 대하여 -일본, 중국과

의 비교를 중심으로-」, 『일본학보』 41, 129-138.

정용호(1988), 『함경남도 방언연구』, 평양: 교육도서출판사.

정인호(2013), 「하강이중모음 '외'의 변화와 방언 분화」, 『방언학』 18, 한국방언학회, pp. 147-170.

조남호(1997), 「근대 국어 어휘」, 『국어의 시대별 변천 연구 2-근대 국어』, 국립국어연구원, 130-131.

조성환(2011), 「도교의 형성과 성인의 탄생-생사관의 변화를 중심으로」, 『생명연구』 22, 서강대 생명문화연구소, 159-188.

조원형(2013), 「언어학자 '게봉우'-민족어 연구와 마르주의사이에서」, 『러시아의 한국학과 북우 계봉우』(동아시아한국학연구총서 16), 인하대학교 한국학연구소, 소명출판, 95-137.

조항범(1993), 『국어의미론』, (주)와이제이물산.

조항범(1996), 『국어 친족 어휘의 통시적 연구』, 태학사.

조항범(2022), 『우리말 어원 사전』, 태학사.

최강현(1976), 『北關路程錄』, 일지사.

최기영(1995), 「『권업신문』·『대한인정교보』·『청구신보』·『한인신보』 해제」, 한림대학교 아시아문화연구소.

최기영(2004), 「1914년 이광수의 러시아 체류와 문필활동」, 『식민지시기 민족지성과 문화운동』, 한울아카데미, 157-158.

최명옥(1980), 『경북 동해안방언 연구』, 영남대출판부.

최명옥(1988), 「국어 UMLAUT의 연구사적 검토」, 『진단학보』 65, 진단학회. 63-80.

최명옥(1989), 「국어 움라우트의 연구사적 고찰」, 『주시경학보』 3, 주시경학회.

최명옥 외(2002), 『함북 북부지역어 연구』, 태학사.

최전승(1983), 「비어두음절모음의 方言的 分化(u~i)와 접미사 -i의 기능」, 『국어학연구』(정병욱선생화갑기념논총 Ⅰ), 신구문화사, 154-175[최전승(1995)에 재수록].

최전승(1987), 「언어변화와 과도교정(hyper-correction)의 기능: 19세기 후기 전라방언 자료를 중심으로」, 『국어학 신연구 Ⅱ(김민수 교수 회갑 기념)』, 탑출판사, 340-359[최전승(1995)에 재수록].

최전승(1989), 「국어 i-umlaut 현상의 기원과 전파의 방향-19세기와 20세기 전기 국어 방언을 중심으로-」, 『한국언어문학』 27, 한국언어문학회, 27-61[최전승(1995)에 재수록].

최전승(1995), 『한국어방언사연구』, 태학사.

최전승(2009), 「19세기 후기 국어방언에서 진행 중인 음성변화와 과도교정(hyper-correction)의 개입에 대한 일 고찰」, 『국어문학』 46, 국어문학회, 323-385[최전승, 『국어사와 국어방언사와의 만남』, 역락, 2009에 재수록].

최주한(2014), 「이광수와 『대한인정교보』 9, 10, 11호에 대하여」, 『대동문화연구』 86, 성균관대학교 대동문화연구소, 517-544.

최학근(1976), 「M. 푸칠로의 「노한사전」에 대하여」, 『관악어문연구』 1, 서울대학교 국어국문학과, 15-154.

최현배(1946), 『우리말본』, 정음사.

킹(R, King)(1991), "A Soviet Korean Grammar from 1930", 『한국말교육』 3.

킹(R, King)(1992), "Experimentation with Korean Writing in Russia and the USSR", *ICKL*, The George Washington University, August 6-8, Washinton D.C.

킹, 러쓰 · 연재훈(1992), 「중앙 아시아 한인들의 언어-고려말」, 『한글』 217, 한글학회, 83-134.

플로트니코바 마리나(Marina, Plotnikova)(2006), 「1863~1910년까지 연해주로의 한인 이주와 그들에 대한 러시아의 정책: 러시아 국립 역사기록보관소 극동지부 소장 문서를 중심으로」, 석사학위논문, 한국학중앙연구원 한국학대학원.

한득봉(1991), 「소련에서의 한국어 교육」, 소련에서의 한국어학과 한국어 교육, 『이중언어학회지』 8, 이중언어학회, 609-613.

한영균(1985), 「국어음운사에 대한 지리언어학적 연구」, 『국어연구』 55.

한지형(2018), 「『고려인을 위한 문자교본(Азбука для корейцев)』(1902) 연구: 20 세기 초 제정 러시아 한·노 이중어 강독서의 한 유형.", 『국제어문』 76, 153-183.

한지형(2016), 「『고려인을 위한 기초 러시아어 교과서: 회화수업을 위한 시험적 교재』(1901)에 관한 소고", 『노어노문학』 28-2, 한국노어노문학회, 73-102.

한지형 · 김인택(2017), 「『고려인을 위한 기초 러시아어 교과서: 회화수업을 위한 시험적 교재』(1901)의 고려말 전사법 연구", 『우리어문연구』 57, 우리어문학회, 539-572.
허웅(1965), 『국어음운학』, 정음사.
홍윤표(1985), 「구개음화에 대한 역사적 연구」, 『진단학보』 60, 진단학회, 143-157.
홍윤표(1991), 「방언사 관계 문헌자료에 대하여」, 『행촌 김영배 선생 회갑기념 논총』, 경운출판사[김영배 편(1992), 『남북한의 방언 연구』에 재수록].
홍윤표(1993), 『국어사 문헌자료 연구』, 태학사.
황대화(1986), 『동해안방언연구-함북, 함남, 강원도의 일부 방언을 중심으로』, 평양: 김일성종합대학출판사.
황철산(1960), 『함경북도 북부 산간 부락 <"재가승" 부락>의 문화와 풍습』, 평양: 과학원출판사.
宣德五·趙習·金淳培(1991), 『朝鮮語方言調査報告』, 延邊人民出版社[1991년 태학사 영인].
菅野裕臣(1971), 「한국관계 노서아어 문헌목록(1854-1969)」, 『아세아연구』 44, 고려대학교 아세아문제연구소, 289-325.
小倉進平(1917), 「京元·咸鏡鐵道沿線方言」, 『朝鮮教育研究會雜誌』 20.
小倉進平(1923). 『國語及び朝鮮語發音概說』, 近澤印刷出版社.
小倉進平(1927). 「咸鏡南北道方言」, 『朝鮮語』 2, 朝鮮教育研究會.
小倉進平(1929), 「平安南北道の方言」, 『京城帝大法文學部研究調査册子』 1, 京城: 京城帝國大學.
小倉進平(1930), 「咸鏡南道及び黃海道の方言 研究」, 『京城帝大法大學部研究調查册子』 No 2.
小倉進平(1931), 「六十年前の咸鏡方言」, 『中等朝鮮語講座』[「七十餘年前の咸鏡道方言」(1943년 보충), 『朝鮮語方言の 研究(上 · 資料篇)에 재수록].
小倉進平(1934), 「朝鮮語に於ける外來語(中)」, 『季刊外來語研究』 2,3.
小倉進平(Ogura Simpei)(1940), *The outline of the Korean Dialects*, Memoirs of the Research Department of the Toyo Bunko 12, Tokyo.
小倉進平(1944), 『朝鮮語方言の 研究(上 · 資料篇, 下 · 研究篇))』, 東京: 岩波書店[영

인: 1973, 亞細亞文化社].

伊藤智ゆき(2007),『朝鮮漢字音研究』, 汲古書院.[이진호 역(2011),『한국 한자음 연구』, 역락.]

赤松智城・秋葉隆 共編(1938), 심우성 역(1991),『朝鮮巫俗の 研究』(下), 동문선.

河野六郎(1945),『朝鮮方言學試攷-'鋏'語攷-』, 東京; 東都書籍[『河野六郎 著作集』再收錄].

河野六郎(1951),「諺文古文獻의 聲点에 對하여」,『朝鮮學報』 1.

河野六郎(1968),「朝鮮漢字音の研究」,『河野六郎 著作集』(李珍昊 譯註(2010),『한국한자음의 연구』, 역락).

Adami, N.R.(1982), "Die in Russland vor 1910 Erschienen Materallien zur Koreanischen Sprache-Lexicalisches", in Hau, *Korea Kultur Magazin,* Heftz, 50-60., Institut für Kor. Kultur:Bonn.

Anuchin, D.G.(1884), *Sbornik" Glavnějshix" Official'nyx" Doku-mentov" Po upravleniyu Vostochnoi Sibir'yu*, Tom" 4: Inorodcheskoye naseleniye Priamurskogo kraya, Vypusk" P-j, Korejtsy i inorodtsy Yuzhno-Yssyrijskago Kraya Primorskoj Oblasti, 1884 g., Irkutsk": Tifografiya Shtaba Vostochi. Sibirskago Voennago Okruga.

Asher, E.R. et al. (eds.) (1994), "Koinés", The *Enclopedia of Language and Linguistis*, Oxford: Pergamon Press.

Azbuka dlya Korejtsev(1902), Izdaniye Pravoslavnago Missionerskago Obshchestva, Kazan': Tipografija V.M. Kljuchnikova.

Cincius, V.I. et. al.(1975-77), *Sravniteljnyj Slovarj Tunguso-Manjchzhurskikh Jazykov*, Leningrad: Izdateljstvo NAUKa Leningradskoe Otdelenie.

Grave, V.V.(1912), *Kitajtsy, korejtsy, yapontsy v priamur'ye*. S.-Petersburg.

Jakobson, R.(1971), The Kazan's School of Polish Linguistics, Selected Writings II, Mouton, The Hague, 394-428.

Kang, G.V.(1994), *Koreitsy Kazaxstana*, Almaty.

Kim Syn-Xva/김승화(1965), *Ocherki po Istorii Sovetskikh Koreitsev*, Alma-Ata[정

태수 편역(1989), 『소련한족사』, 대한교과서주식회사].

Kim, G.(2008), Pereseleniye v Rossiyu i prosveshcheniye korejtsev v dor-evolyutsionnyj period(http://world.lib.ru/k/kim_o_i/ch2rtf.shtml).

Kim-Pen-Ok(1904), *Pazvedchiku v Koree*(Russko-Korejskij Slovarj), S.-Peterburg: Izdanie Voenno-Statisticheskago Otdela Glavnago Shtava.

King, J.R.P(Ross).(1987), "An Introduction to Soviet Korean", *Language Research* 23 · 2, Seoul National Univ., 233-274.

King, J.R.P.(1988), "The Korean Dialect Materials in Matveev's 1900 Reference Book to the City of Vladivostok", *Language Research* 24, Seoul National Univ., 281-329.

King, J.R.P.(1989), "A 1902 Cyrillic-script Rendition of 'Little Red Riding Hood' in North Hamkyeng Dialect", in the proceedings of the Third Annual *WOKL*.

King, J.R.P.(1991a), "Russian Sources on Korean Dialects", Doctorial dissertation in Havard Univ.

King, J.R.P.(1991b), "North Hamkyeng Pitch-Accent according to the Russian Source", Papers delivered at the *AKSE* Conference, March 22-26, 1992 in Dourdan, France.

King, J.R.P.(1991c), 「소련의 한국어학 연구: 과거, 현재 및 미래」, 『새국어교육』 47, 한국국어교육학회, 245-548.

King, J.R.P.(1991d), "Korean Language Studies in the USSR", 『제3회 국제학술대회, 소련에서의 한국어학과 한국어 교육』, 『二重言語學會誌』 8, 二重言語學會, 42-153.

King, J.R.P.(1992), "Archaisms and Innovations in Soviet Korean Dialects," *Language Research* 28 · 2, Seoul National Univ, 201-223.

King, Ross.(1996), "Russian Loanwords in Hamkyeng and Soviet Korean Dialects", 『李基文敎授 停年退任紀念論叢』, 신구문화사, 939-966.

King, Ross(2001a), "Blagoslovennoe: Korean village on the Amur", 1871-1937. *Review of Korean Studies* 4 · 2 (December), Korea: Academy of Korean

Studies, 133-176.

Kirillov, A. V.(1895), Korejtsy sela Blagoslovennago (Istoriko-etnograficheskij ocherk), Priarmurskago Otdela Imperatorskago Russgago Geograficheskago obshchestva, Xabarovsk, pp. 1-4.

Koncevich, L.R.(菅野裕臣 譯註)(1971), 「소련의 한국어학」, 『아세아연구』 14 · 2, 고려대학교 아세아문제연구소, 187-216.

Korejtsy-zhertvy politicheskix repressij v SSSR(2004), 1934-1938 gg., t.5, Moskva.

Kuz'min, K.(1900), *Elementarnoye posobiye k izucheniyu korejskogo yazyka*, s grammaticheskimi pravilami i uprazhneniyami", Xabarovsk.

Lynsha, O. V.(2006), "Zarozhdeniye shkol'nogo obrazovaniya sredi korejskogo naseleniya Yuzhno Ussurijskogo kraya vo vtoroj polovine XIX veka", 『역사문화연구』 24, 3-72.

Martin, S.E.(1954), *Korean Morphophoemics*, Baitimore.

Martin, S.E.(1982), "On Dating Changes in the Phonetic Rules of Earlier Korean," paper presented at the Second Intonational Conference on Korean Linguistics, 10-14 August, U. of Hawaii: Honolulu.

Matveev(1900), "Kratkij Russko-Korejskij Slovarj," *Spravotchanja Kniga g. Vladivostoka, 1900*, Vladivostok.

Mel'nikov A. V.(2009), *Toponimicheskij slovar' Amurskoj oblasti*. Blagoveshchensk: Xabarovsk. kn. izd-vo, 232 c.(www.uglekamensk.info)

Nasekin, N.A.(1895), "Korejtsy Priamurskogo kraya," (Kratkij istoricheskij ocherk pereseleniya korejtsev v Yuzhno-Ussurijskijkraj), *Trudy Priamurskogo otdela IRGO*, Vyp.1(T.11), Xabarovsk, s.1-66[Korejtsy Priamurskogo kraya, Senatskaya tipografiya, S.-Peterburg, Zhurnal Ministerstva narodnogo prosveshcheniya, 1904].

Norman, J.(1978), *The Concise Manchu-English Dictionary,* Univ. of Washington Press.

Noskova Natalia(2012), 「시험적인 노-한 사전(1874)과 시험적인 노-한 소사전(1904)의

비교 분석」, 연세대학교 석사학위 논문.

Opyt" Kratkago Russko-Korejskago Slovarya(1904), Izdaniye Pravoslavnago Missionerskago Obshchestva, Kazan': Tipo-litografija V.M. Kljuchnikova.

Pak, B. D.(1993), Korejtsy v Rossijskoj imperii (Dal'nevostochnyj period). M.: Mezhdunarodnyj tsentr koreyevedeniya MGU imeni M.V. Lomonosova.

Pak, N.S.(1991), "On Korean Dialects in the USSR", 『이중언어학회지』 8, 이중언어학회, 617-620.

Pak, N .S.(1995), "Tendentsii Razvitija Kore Mar", Xabarlary-izvestija, Natsionaljnoj Akademii Nauk Respubliki Kazakhstan, Serija Obschestvennyx Nauk. 21-29.

Pak, N.S.(1996), "Korean Kinship Terminology(Yukchin Dialect of Kore mar)", Izvestija Koreevedenija Kazaxstan, Vypusk 1, Almaty, 87-99.

Pak, N.S.(1997), "Divergent Processes in Language Development(Yukchin Dialects)", 『李基文教授 停年退任紀念論叢』, 신구문화사, 1050-1061.

Pak, N.S.(2001), "Jazyk-Variant Jazyka-koiné-Dialect." The Second Kazakhstan-Korean International Conference, *Korean and Central Asian Region* N 2. Almaty.

Pak, N.S.(2004), "Problema Ischeznovenija Minoritarnyx Jazykov", Avtoreferat Dissertatsija na Soiskanie Uchenoj Stepeni, Doctora Filologicheskix Nauk, Almaty.

Pak, V.(2013). Pervyye korejskiye sem'i Yuzhno-ussurijskogo kraya, Zemlya vol'noj nadezhdy Kniga 3, Vladivostok Izdatel'stvo «Valentin».

Pervonachaljnyj Uchebnik" Russkago Jazyka dlya Korejtsev(1904), Izdaniye Pravoslavnago Missionerskago Obshchestva, Kazan':Tipografija V.M. Kljuchnikova)

Petrov, A.I.(2008), "Koreans in Russia in the Context of History of Russian Immigration Policy," *International Journal of Korean History* 12, 157-197.

Putsillo, M.(1874), *Opyt" Russko-Korejskago Slovarja*, S. Peterburg.

P'yankov, V.G.(1874), V Polyzu Korejskix shkolj Yuzhno-Ussrjskago Kraja, *Korejskaya Azbuka*, (Litograf Korejtsa, obuchavshagosja V Missionerskoj

Shkolu, Izdal Dejstviteljnyj Permskago gubernskago statisticheskago Komissii Korejskij Missioner, S-Peterburg.

Ramsey, R.S.(1978), *Accent and Morphology in Korean Dialects*, 塔出版社.

Ramstedt, G.J.(1928), "Remarks on Korean Language," *Mémoires de la Société Finno* 58.

Ramstedt, G.J.(1939), *A Korean Grammar*, Helsinki.

Ramstedt, G.J. (ed., by P. Aalto) (1953), *Studies in Korean Etymology*, Helsinki.

Russko-Korejskiye Razgovory(1904), Izdaniye Pravoslavnago Missionerskago Obshchestva, Kazan':Tipografija V.M. Kljuchnikova.

Sbornik" Glavnějshix" Official'nyx" Doku-mentov" Po upravleniyu Vostochnoi Sibir' yu, Tom" 4: Inorodcheskoe naselenie Priamurskogo kraya, Vypusk" P-j, Korejtsy i inorodtsy Yuzhno-Yssyrijskago Kraya Primorskoj Oblasti, 1884 g., Irkutsk": Tifografiya Shtaba Vostochi. Sibirskago Voennago Okruga.

Siegel, J.(1985), "koinés and koinéization", *Language in Society* 14 · 3.

Solov'ev, F.V.(1975), *Slovar' Kitajskix toponimov na Territorii Sovetskogo dal'nego Vostoka*, Akademiya NAUK SSSR Dal'nevostochyj Nauchnyj tsentr.

Slova i Vyrazhenija k" Russko-Korejskim" Razgovoram(1904), Izdaniye Pravoslavnago Missionerskago Obshchestva, Kazan':Tipografija V.M. Kljuchnikova.

Starchevskij, A.V.(1890), Nashi sosědi. spravochnaya knizhka. *Pogranichnyj Perevodchik"*, S. Peterburg".

Tajshin", *Russko-Korejskij Slovarj*, 1898, Habarovsk.

Toivonen, Y.H.(1950), "Gustaf John Ramstedt", *Discours Commémoratif Prononcé* 2. 12. 1950, À L'asemblée Annuelle de La Société Finno-Ougurinne[『G.J. Ramstedt 논문집』, 태학사, 409-427].

Weinreich, U.(1953), *Languages in Contact*: Findings and problems, New York: Linguistic Circle of New York, No. 1.

Xlynovskii, M.(1904), *Russko-Iaponsko-Koreiski Voennyi Perevodchik*, Irkutsk.

Xolodovich, A.A.(1954), "Fonetica Severnya dialektov", *Ocherk Grammatiki Korejskago Jazyka*, Moskva.

찾아보기

ㅂ

ㅅ

ㅇ